HERAUSGEBER
ZAHI HAWASS
Generalsekretär des Supreme Council of Antiquities und Leiter der Ausgrabungsarbeiten an den Pyramiden von Giseh

FACHREDAKTION
Laura Accomazzo
Valeria Manferto De Fabianis

GRAFISCHE GESTALTUNG
Paola Piacco

DIE SCHÄTZE DER PYRAMIDEN

Weltbild

Einleitung

Ihre Exzellenz Frau Suzanne Mubarak

Es ist mir eine große Freude dieses außergewöhnliche Buch *The Treasures of the Pyramids* vorzustellen. Die in aller Welt berühmten Pyramiden sind die bekanntesten Symbole Ägyptens und der antiken Welt. Ihre zeitlose Erhabenheit erfüllt die Menschen seit fünf Jahrtausenden mit Ehrfurcht, weckt Neugier, regt zu Spekulationen und Vermutungen an. Ein Besuch der Pyramiden ist für viele Menschen das Ereignis, die Erfahrung ihres Lebens; obwohl wir sie nicht selten in Büchern oder im Fernsehen sehen oder – wie viele von uns – in ihrem Schatten leben, sind wir für die Rätselhaftigkeit dieser Bauwerke doch immer wieder empfänglich. Die Pyramiden fordern unser Staunen heraus, und die weitere Erforschung ihrer Geheimnisse, ihres Zweckes und ihres Aufbaus lässt uns die Geschichte Ägyptens – und der Welt – besser verstehen.

Die Pyramiden repräsentieren die einzigartigen technischen Errungenschaften der alten Ägypter, widerspiegeln deren komplexes religiöses Denken und lassen vieles über das Funktionieren der altägyptischen Gesellschaft deutlich werden. Die moderne Forschung versetzt uns in die Lage, unsere Erkenntnisse darüber, wie und warum die Pyramiden errichtet wurden, immer wieder zu überprüfen und zu verbessern. Ihre Resultate belegen, dass am Bau dieser Monumente Menschen aus allen Schichten der Bevölkerung beteiligt waren – Verwalter und Priester, Techniker und Aufseher, Handwerker und Künstler Seite an Seite mit jenen, die die zum Bau verwendeten Steine zuschnitten, transportierten und an Ort und Stelle setzten. Die Pyramiden waren also nationale Projekte, an denen sich alle beteiligten, um die Stabilität des Universums zu bewahren und die Kräfte des Chaos zu beherrschen – diese Vorstellung stand im Mittelpunkt der altägyptischen Religion.

Die Erkundung der Pyramiden führt uns nicht nur zu den großen Königsgräbern von Giseh, sondern durch ganz Ägypten – von Sakkara und Dahschur nach Medum, Hawara und Lahun. Bei einer Reise von der Stufenpyramide in Sakkara zu den großen Pyramiden in Giseh, dann weiter zu den Gräbern des Mittleren Reiches im Faijum, kann man die Entwicklung der Pyramiden und auch die Veränderungen in den altägyptischen Vorstellungen über Religion und Königtum verfolgen. Die Bezirke rund um die Pyramiden – Tempelanlagen, Schiffsgruben, Gräber der Angehörigen der Oberschicht sowie Arbeitersiedlungen – stecken voller Informationen und haben uns schon wunderbare Schätze freigegeben.

Die Untersuchung der Pyramiden und ihrer Umgebung hat nicht nur unser Wissen über den Aufbau, sondern auch über die Rolle der Königsgräber im Leben der Nation vermehrt und ein helleres Licht auf unsere Vorfahren geworfen, die ganz in der Nähe dieser Monumente lebten, arbeiteten und starben. Das vermindert unsere Bewunderung für die Pyramiden aber nicht, sondern regt uns an, die Bedeutung dieser Bauwerke weiter zu ergründen, während wir danach streben die Geschichte der Zivilisation zu verstehen. Dieses prächtige Buch, das von Dr. Zahi Hawass in Zusammenarbeit mit vielen anderen führenden Ägyptologen aus unserem Land und aus aller Welt erarbeitet worden ist, stellt eine wunderbare Sammlung all der Schätze der vielen herrlichen Pyramiden Ägyptens vor.

Suzanne Mubarak

1
Luftbild der Pyramide des Chephren.
4. Dynastie. Giseh.

2 – 3
Der Sphinx mit der Chephren-Pyramide im Hintergrund. 4. Dynastie. Giseh.

4
Luftbild des Plateaus von Giseh mit der Cheops-Pyramide und der Pyramide des Chephren.

5
Goldener Anhänger Sesostris' II. Mittleres Reich. Kairo, Ägyptisches Museum.

6 – 7
Wandrelief des Verstorbenen, der Opfergaben entgegennimmt. Altes Reich. Sakkara, Grab des Ptahhotep.

8
Holzstatue Sesostris' I. Mittleres Reich. Kairo, Ägyptisches Museum.

9 unten
Schönes Detail einer Spange der Prinzessin Sit-Hathor. Mittleres Reich. Kairo, Ägyptisches Museum.

Mitwirkende Autoren

ZAHI HAWASS

Als Generalsekretär des Supreme Council of Antiquities (Regierungsgesellschaft zum Schutz des nationalen Kulturerbes) und Leiter der Ausgrabungsarbeiten in Giseh und in der Oase Bahrija brachte Zahi Hawass durch zahlreiche Fernsehauftritte, insbesondere für National Geographic, BBC, CNN und Discovery Channel, sein Land Ägypten den Menschen in aller Welt nahe. In mehr als zwanzig Jahren Ausgrabungsarbeiten machte er mehrere große Entdeckungen, zu denen die Gräber der Pyramidenbauer und das „Tal der Goldenen Mumien" in der Oase Bahrija gehören. Zahi Hawass, Autor vieler Bücher und Artikel über die Pyramiden, lehrt weltweit und arbeitet gegenwärtig am Projekt zur Erhaltung des Pyramidenfeldes von Giseh; er setzt sich für ein neues Herangehen zur Verbindung von Fremdenverkehr und Archäologie ein.

MATTHEW ADAMS

Matthew Douglas Adams ist Research Scholar am Institute of Fine Arts der New York University und hat an der University of Pennsylvania promoviert. Er arbeitet seit 1981 in Abydos und ist Associate Director des Abydos Early Dynastic Project. Adams ist Autor mehrerer Artikel und Berichte.

JAMES P. ALLEN

Zu James Allens Spezialgebieten gehören Sprache, Texte und Religion Altägyptens; zu diesen Themen hat er bereits umfassend geschrieben. Gegenwärtig ist er Kustos für Ägyptische Kunst im New Yorker Metropolitan Museum of Art und Vizepräsident des Internationalen Ägyptologen-Verbandes.

DIETER ARNOLD

Dieter Arnold ist Leiter der Ägypten-Abteilung des New Yorker Metropolitan Museum of Art. Er hat vierzig Jahre lang Ausgrabungen in Theben, Lischt, Dahschur und an anderen Orten durchgeführt. Arnold ist Autor zahlreicher Publikationen über ägyptische Architektur, darunter der Bücher *Building in Egypt: Pharaonic Stone Masonry* (1991), *Temples of the Last Pharaos* (1999) und *The Pyramid Complex of Senwosret III at Dahshur* (New York, 2000).

VASSIL DOBREV

Vassil Dobrev, Autor mehrerer wissenschaftlicher Studien, arbeitet seit 1987 bei Ausgrabungen der Pyramiden und Tempel König Pepis I. und dessen Königinnen in Sakkara-Süd. Seit dem Jahr 2000 ist er für das IFAO-Projekt zur Kartierung von Sakkara-Süd verantwortlich und arbeitet als Leiter der IFAO-Mission in Tabbet el-Guesch (Sakkara-Süd).

GÜNTER DREYER

Günter Dreyer studierte in Hamburg und Berlin Ägyptologie, Assyriologie und Archäologie des Alten Nahen Ostens und promovierte 1978. Er leitete bzw. leitet die Ausgrabungsarbeiten auf der Nilinsel Elephantine (1973–1986) und in Abydos (1980 bis heute). Seit 1998 ist Dreyer Direktor des Deutschen Archäologischen Instituts in Kairo.

RENEE FRIEDMAN

Renee Friedman ist Kustos in der ägyptischen Abteilung des British Museum und Leiterin der Hierakonpolis-Expedition. Sie hat Grabungsarbeiten an einer Reihe von Ruinenstätten in Ägypten durchgeführt, darunter in Giseh, Mendes, Tell el-Muqdam und Hierakonpolis, wo sie seit 1983 arbeitet.

AUDRAN LABROUSSE

Audran Labrousse, Architekt und Doktor der Literaturwissenschaften und Humanwissenschaften, forscht am CNRS. Er führte Ausgrabungen im Iran, bei Sedeinga und im Sudan durch und arbeitet seit 1973 in Ägypten, wo er die Mission Archéologique Française in Sakkara leitet.

MARK LEHNER

Mark Lehner wurde von der American University in Kairo und der Yale University mehrfach für seine Forschungsarbeit ausgezeichnet. Er hat zahlreiche Abhandlungen und Artikel verfasst. Für sein Buch *The Complete Pyramids* erhielt Lehner 1999 den American Archaeological Society Book Award. Lehner ist Research Associate am Oriental Institute der University of Chicago und beim Harvard Semitic Museum.

PETER DER MANUELIAN

Peter Der Manuelian ist Mellon Research Fellow der Ägyptischen Kunst im Bostoner Museum of Fine Arts sowie Dozent für Ägyptologie an der Harvard University und an der Tufts University. Derzeit arbeitet er am „Giza Archives Project", in dessen Rahmen eine wissenschaftliche Website mit Ausgrabungsbildern und Archivmaterial von der Nekropole Giseh geschaffen werden soll.

KAROL MYŚLIWIEC

Karol Myśliwiec ist Leiter des Forschungszentrums der Polnischen Akademie der Wissenschaften und Professor für Altägyptische Archäologie an der Universität Warschau. Darüber hinaus leitet er die polnisch-ägyptischen Ausgrabungsarbeiten in Sakkara. Myśliwiec, der seit 1969 in Ägypten an verschiedenen Stätten Ausgrabungen durchführt, leitete 1985–1995 auch die polnisch-ägyptischen Rettungsgrabungen in Tell Atrib (Nildelta).

DAVID O'CONNOR

David O'Connor ist Professor für Ägyptische Kunst und Archäologie am Institute of Fine Arts der New York University, Emeritus der University of Pennsylvania und leitete früher die Ägyptische Abteilung des Museum of Anthropology and Archaeology dieser Universität. Er hat in Ägypten und im Sudan ausgedehnte Ausgrabungsarbeiten durchgeführt. O'Connor ist Autor und Mitautor mehrerer Monografien.

ALI RADWAN

Ali Radwan ist Professor an der Kairoer Universität und lehrt Ägyptische Kunst und Archäologie. Er war früher Dekan an der Kairoer Universität und hat Ausgrabungsarbeiten in Abusir durchgeführt.

DAVID P. SILVERMAN

David P. Silverman ist Eckley B. Coxe Jr. Professor für Ägyptologie und Leitender Kustos der Ägyptischen Abteilung des Museums of Archaeology and Anthropology der University of Pennsylvania in Philadelphia. Er hat mehrere große Ausstellungen, u. a. *Treasures of Tutankhamen*, geleitet. Silverman hat an einer Reihe von Ausgrabungsstätten in Ägypten, darunter in Abydos, Bersche, im Delta und in Giseh, gearbeitet und leitet seit 1990 eine Sakkara-Expedition.

HOURIG SOUROUZIAN

Hourig Sourouzian, die als W. K. Simpson Professorin Ägyptische Kunst und Archäologie an der American University in Kairo und an der Ludwig-Maximilians-Universität München lehrt, hat an mehreren archäologischen Missionen in Karnak, Dahschur, Tanis und Theben-West teilgenommen, wo sie u. a. mit der Untersuchung der Tempelstatuen betraut war. Gegenwärtig leitet sie die Ausgrabungen des Tempels Amenophis' III.

RAINER STADELMANN

Rainer Stadelmann, Honorarprofessor an der Universität Heidelberg und ehemaliger Erster Direktor des Deutschen Archäologischen Instituts in Kairo, hat archäologische Grabungen auf der Nilinsel Elephantine durchgeführt, den Totentempel Sethos' I. in Gurna und die Pyramiden des Snofru in Dahschur ausgegraben. Stadelmann hat verschiedene Artikel und Bücher, darunter viele Monografien über die Pyramiden, geschrieben.

MICHEL VALLOGGIA

Michel Valloggia, Professor für Ägyptologie an der Universität von Genf und Direktor der Archäologischen Mission in Abu Roasch, war in der Zeit zwischen 1976 und 1993 verantwortlich für die archäologischen Ausgrabungen im Oasengebiet Charga (Dusch) und der Großoase Dachla (Balat). Valloggia arbeitet außerdem als Berater im Auftrag der UNESCO.

MIROSLAV VERNER

Der 1941 geborene Miroslav Verner absolvierte an der Karls-Universität Prag ein Studium der Ägyptologie und der Vorgeschichte. Er stand fünfundzwanzig Jahre lang an der Spitze des Tschechischen Instituts für Ägyptologie und leitet seit 1976 die Ausgrabungsarbeiten tschechischer Archäologen im ägyptischen Abusir. Verner ist Professor an der Karls-Universität Prag und wirkt daneben als Gastprofessor an den Universitäten von Wien und Hamburg sowie an der American University in Kairo.

ARALDO DE LUCA

Araldo De Luca wurde 1952 in Rom geboren. De Luca, der als einer der weltweit besten Fotografen von Plastiken und Schmuck gilt, hat für seine Arbeit ausgeklügelte Beleuchtungstechniken entwickelt, dank derer seine Aufnahmen dem Betrachter die in den Werken steckende künstlerische Leidenschaft nahe bringt. Von ihm stammen auch die Fotos in den folgenden Publikationen: *The Treasures of the Egyptian Museum* (1999), *Tutankhamun: The Eternal Splendor of the Boy Pharaoh* (2000), *The Illustrated Guide to the Egyptian Museum in Cairo* (2001), *Treasures of the Valley of the Kings* (2001).

Inhalt

Der Verlag dankt
Seiner Exzellenz Farouk Hosny, dem ägyptischen Minister für Kultur;
Nabil Osman, dem Präsidenten des ägyptischen Informationszentrums;
Attiya Shakran, dem Generaldirektor des Kairoer Pressezentrums;
M. El-Damaty, dem Direktor des Ägyptischen Museums in Kairo;
dem Mena House Oberoi Hotel in Kairo;
Gamal Shafik vom Kairoer Pressezentrum;
den Kustoden und Assistenten des Ägyptischen Museums in Kairo;
Rajiv Kaul;
Guido Paradisi und Fabio Salamante, den Assistenten der Fotografen.

Der Herausgeber dankt Werner Mark Linz und Neil Hewison von American University in Cairo Press. Er dankt auch Esam Shehab vom Inspektorat Giseh sowie Mohamed Ismail, Mohamed Megahed, Brook Myers und Shar Mabrouk vom Technischen Büro des Supreme Council of Antiquities.

10–11
Gänsefries aus einem Grabmal in Medum. Altes Reich. Kairo, Ägyptisches Museum.

I tresori delle piramidi
Zuerst veröffentlicht 2003 in Italien von White Star

Deutsche Erstausgabe

Koordination und Bearbeitung der deutschen Ausgabe:
NEUMANN & NÜRNBERGER Naunhof GmbH
Übertragung ins Deutsche: Martina Fischer, Hamburg, (Seite 265–389);
Regina van Treeck, Naunhof
Umschlaggestaltung: Studio Höpfner-Thoma, Gräfelfing
Umschlagmotiv: Araldo De Luca
Gesamtherstellung: Druckerei Sirivatana, Thailand
Printed in Thailand

13
Zahi Hawass bei Ausgrabungsarbeiten vor der Chephren-Pyramide. Altes Reich. Giseh.

Die Pyramiden

Zahi Hawass

Die Pyramiden von Ägypten sind seit langem meine größte Leidenschaft. Als ich 1977 zum ersten Mal nach Giseh kam, wohnte ich in einem Rasthaus gegenüber der Cheops-Pyramide. Jeden Morgen beobachtete ich, wie die Sonne über den riesigen Bauwerken aufging, lange bevor irgendjemand seinen Fuß auf das Plateau setzte. Jeden Tag saß ich da, betrachtete die Pyramiden von meiner Veranda aus und erlebte ganz unmittelbar den Zauber, mit dem diese großartigen Monumente so viele Betrachter bannen, und die zeitlose Rätselhaftigkeit, die so viele Menschen entzückt.

An meine erste Ausgrabung machte ich mich zusammen mit meinem Freund und Kollegen Mark Lehner 1977 in Giseh. Wir arbeiteten an einem Hügel, der nördlich des Sphinx, innerhalb des der Cheops-Pyramide angeschlossenen Ostfriedhofs lag. Dieses Gebiet war von früheren Ausgrabungen unberührt geblieben; unsere Funde bestätigten, dass der Sphinx aus der Zeit des Alten Reiches stammt.

Zu Beginn meiner Zeit in Giseh hatte ich eine faszinierende Begegnung mit einem seltsamen Trupp von Leuten, die man heute als „Pyramidioten" bezeichnen würde. Einige von ihnen kamen in mein Büro auf dem Plateau von Giseh und baten mich um die Erlaubnis im Innern der Pyramiden meditieren zu dürfen. Gelegentlich hallten die Monumente vom vereinten Klagen wider, das das Ende ihrer Zusammenkünfte kennzeichnete. Ein Mann wandte sich mit der Bitte an mich einen Film über die Pyramiden drehen zu dürfen. Er glaubte, diese Bauten seien zur Zeit des Propheten Joseph (1. Mos.) als riesige Kornspeicher genutzt worden. Einmal schickte mein verehrter Freund, der verstorbene Gamal Mokhtar, eine Dame zu mir, die mit ihrem Kind von Hawaii gekommen war, um vor dem Sphinx zu meditieren. Sie blieb die ganze Nacht vor der Löwenskulptur, und am Morgen erzählte sie mir, der Sphinx hätte ihr die Weisung erteilt sich nach Süden zu begeben. Im Lauf der Jahre bin ich vielen dieser Leute begegnet, und einige von ihnen sind sogar meine Freunde geworden.

Auf meiner ersten Reise in die Vereinigten Staaten fand ich eine ganze Anzahl Bücher über die Pyramiden, die zu meiner Bestürzung jeglicher wissenschaftlichen Grundlage entbehrten. Viele Autoren meinen, den Pyramiden wohne eine geheimnisvolle Macht inne. Andere sind überzeugt, die Cheops-Pyramide und der Sphinx seien vor mehr als 10 000 Jahren von einer alten Zivilisation errichtet worden, die heute in den Nebelschleiern der Zeit verloren ist und von der die Ägypter ihre spätere Größe ererbt hätten. Tatsache ist, dass die Cheops-Pyramide nur eine von fünfunddreißig größeren, bedeutenden Pyramiden ist, die über einen Zeitraum von neunhundert Jahren erbaut wurden, und dass sämtliche Pyramiden Teil einer außerordentlich gut dokumentierten Kultur sind. Ich habe stets die Meinung verfochten, dass man seinen Geist müßiger Spekulation öffnet, wenn man sich mit der Geschichte und der Archäologie Altägyptens nicht gründlich beschäftigt. Die „Pyramidioten" begehen den Fehler sich nur auf die Pyramiden zu konzentrieren und ignorieren eigensinnig die Beweise, die die modernen Archäologen gefunden haben – die Grabstätten, Statuen, Bäckereien, Städte und Inschriften, die die Verbindung dieser Wunderwerke mit den alten Ägyptern herstellen.

In anderen Fällen, da die „Pyramidioten" nicht umhin können, die Beweise zur Kenntnis zu nehmen, versuchen sie diese zu verdrehen, teilweise in Zweifel zu ziehen oder unberücksichtigt zu lassen. In der Cheops-Pyramide gibt es beispielsweise alte Graffiti, die jenseits aller berechtigten Zweifel belegen, dass dieser Bau für und von Cheops errichtet worden ist. Um den Druck der Pyramidenkonstruktion von der granitenen Grabkammer des Königs zu verlagern, erdachten die Ingenieure des Cheops eine der erstaunlichsten Besonderheiten, die eine Pyramide aufzuweisen hat. Sie zogen im Abstand von jeweils einer Steinlage drei Granitdecken ein, die vier Entlastungskammern bildeten. Darüber legten sie noch einen fünften, mit verpichten Kaltsteinträgern abschließenden Entlastungsraum an. In die erste der fünf Kammern gelangte man im Altertum über einen kleinen Schacht vom oberen Ende der Großen Galerie (des Korridors, der zur Grabkammer führt). Durch diesen Schacht kamen die Arbeiter wahrscheinlich, um mit Gips die Risse zu verschmieren, die in den gewaltigen granitenen Deckenbalken der Königskammer entstanden waren (jeder Balken wog über fünf Tonnen).

Die oberen Kammern wurden in der modernen Zeit erstmals 1837 betreten; damals sprengte sich der englische Entdecker Howard Vyse den Weg dahin mit Dynamit frei. Er fand an den Mauern rote Höhenmarken, Achsenmarkierungen und die Namen der Arbeitskolonnen mit der Kartusche des Königs. In einem sehr schön erhaltenen Graffito am obersten Kalksteinträger steht „Freunde des Cheops", der Name einer der Kolonnen, die an der Pyramide mitgearbeitet hatten. Diese Inschrift bestätigt, dass Cheops der Bauherr dieser Pyramide war, doch „Neuzeitler" und alternative Pyramidentheoretiker behaupten mit Vehemenz, dass Howard Vyse sich das Graffito selbst ausgedacht hat, um seinen Ruhm als Archäologe zu mehren. Dagegen spricht, dass die Markierungen tief in dem Raum zwischen den Blöcken, außerhalb der Reichweite eines möglichen Fälschers, liegen. Sie wurden zweifellos vor dem Einsetzen der Blöcke in die Pyramide angebracht.

Es gibt fünfunddreißig bekannte größere Pyramiden, von denen die meisten der Herrschaft bestimmter Könige eindeutig zugeordnet werden können; darüber hinaus existiert eine viel größere Zahl kleinerer Pyramiden – manche für die Bestattung von Königinnen sowie andere, die rituellen Zwecken in Verbindung mit dem Königskult dienten. Die erste Pyramide, die Stufenpyramide von Sakkara, ließ Netjeri-chet Djoser, König der 3. Dynastie, erbauen, der um 2650 v. Chr. regierte. Nicht einmal hundert Jahre später wurde im Auftrag Cheops', eines Königs der 4. Dynastie, die Große Pyramide in Giseh errichtet; dieses außergewöhnliche Monument und seine steinernen Gefährten auf dem Plateau verkörpern den Höhepunkt des Pyramidenbaus. In einem Wüstenstreifen auf dem Westufer des Nils, der sich von Abu Roasch im Norden bis nach Dahschur im Süden erstreckt, baute sich jeder der nachfolgenden Könige des Alten Reiches, das noch weitere vier Jahrhunderte existierte, seinen Pyramidenbezirk. (Im Süden etwas abgelegen steht in Medum die aus der Anfangszeit der 4. Dynastie stammende Pyramide des Snofru.) Diese Bauwerke wurden fast alle identifiziert und ausgegraben; sie haben uns in Verbindung mit den Grabstätten der Elite und mit anderen archäologischen Spuren rund um diese Bauten bis jetzt riesige Mengen an wichtigen Informationen über die altägyptische Kultur geliefert.

Der Pyramidenbau des Alten Reiches ging in den Unruhen und dem Chaos der Ersten Zwischenzeit zu Ende, und erst mit dem Beginn der 12. Dynastie (etwa 1985 v. Chr.), mit der Herrschaft Amenemhets I., waren die Grabstätten ägyptischer Könige wieder durch riesige Pyramiden gekennzeichnet. Die Herrscher des Mittleren Reiches ließen ihre Grabanlagen im Gebiet von Faijum erbauen, nur einige Könige wählten dafür noch Dahschur, die Pyramidenstätte des Alten Reiches. Vor kurzem wurde in Abydos ein zweiter Bestattungskomplex Sesostris' III. gefunden. Mit dem Untergang des Mittleren Reiches endete das Zeitalter der Errichtung monumentaler Pyramiden.

Dieses Buch erscheint zu einer günstigen Zeit. Die Autorinnen und Autoren, die an diesem Band mitgewirkt haben, sind auf dem Gebiet der Pyramidenforschung sehr aktiv. Es sind Archäologen, die heute die Königsgräber des Alten und des Mittleren Reiches erkunden, und Fachleute auf dem Gebiet der Religion, der Kunst und der Verwaltung jener Zeiten. Diese Männer und Frauen verfügen über ein unmittelbares Verständnis dieser Monumente, und sie haben dieser Arbeit ihr Leben ge-

widmet. Alle in diesem Buch vertretenen Wissenschaftler haben bei Ausgrabungen größere Entdeckungen gemacht und zu unserem Verständnis der Pyramiden beigetragen. Hier lassen uns hoch angesehene Ägyptologen an ihren bedeutendsten Entdeckungen und ihren zum Nachdenken herausfordernden Theorien teilhaben. Dieser Text ist nicht allein für Gelehrte von Nutzen, sondern wird auch die allgemeine Öffentlichkeit interessieren.

Das Buch beginnt mit einem Aufsatz von James Allen, einem der herausragenden Ägyptologen unserer Zeit. Darin geht es um die religiöse Bedeutung der Pyramiden und um die Gründe, die die alten Ägypter einst zur Wahl dieser besonderen Form veranlassten. Mit seiner Arbeit mit den Pyramidentexten – magischen Formeln, die in die inneren Kammern der Pyramiden der späten 5. und der 6. Dynastie geschrieben wurden – beleuchtet Allen die religiösen Vorstellungen, die die Menschen damals zum Bau dieser Monumente veranlassten.

Zum Bau der Pyramiden bedurfte es natürlich eines durchorganisierten und gefestigten Verwaltungssystems; dieses Thema behandelt Vassil Dobrev, der uns hier von seiner Arbeit über die Graffiti berichtet, die die Arbeiter von damals in und an den Pyramiden hinterlassen haben. Diese Graffiti bringen Licht in die Organisation der Arbeitskolonnen und sind eine große Hilfe bei der Rekonstruktion des Verwaltungsaufbaus.

Entscheidend für den Pyramidenbau waren fortgeschrittene ingenieurtechnische und baukünstlerische Arbeitsmethoden. Darum geht es in einem Aufsatz von Mark Lehner. Über dieses faszinierende Thema erfährt man ständig neue Dinge. Wir sind heute beispielsweise sicher, dass die Basis der Cheops-Pyramide aus massivem Felsen besteht und etwa 8,2 Meter hoch ist. Es gibt deshalb keinen wissenschaftlichen Beleg dafür, dass diese Pyramide aus 2 300 000 Steinblöcken besteht, wie man früher berechnet hatte. Ein Team von der Universität Heluan hat die Steine der Cheops-Pyramide einmal gezählt und festgestellt, dass ihre Zahl näher bei 1 300 000 liegt. Auch das Gewicht der Blöcke wird neu mit durchschnittlich etwa 1,6 Tonnen angegeben.

Als nächstes steuere ich zwei Kapitel bei. Im ersten Beitrag geht es um die Entwicklung des Königsgrabes und der Pyramidenform von den Anfängen auf dem alten Friedhof von Abydos durch die gesamte Pharaonengeschichte hindurch. Das zweite Kapitel beschäftigt sich mit den baulichen Bestandteilen der typischen Pyramidenanlage und damit, wie diese sich im Verlauf von nahezu einem Jahrtausend Pyramidenbau entwickelt und verändert haben.

Das folgende Kapitel führt uns mit einem Aufsatz von Renee Friedman zu den nebelhaften Anfängen der ägyptischen Geschichte. Die Autorin, eine hervorragende Wissenschaftlerin, arbeitet gegenwärtig an der bedeutenden frühdynastischen Stätte von Hierakonpolis, am Standort eines der bedeutendsten Artefakte, die zu den ersten Königen Ägyptens gehören; dort hat man die Überreste eines Bauwerks gefunden, das viele für einen frühdynastischen Tempel halten. Dieser Ort ist entscheidend für das Verständnis der Grundlagen der Architektur, Kunst und Religion des alten Ägypten. Mit ihren Erfolgen dort setzt Renee Friedman die Arbeit des verstorbenen Michael Hoffman fort.

Den Ausgrabungsarbeiten in Abydos, einem weiteren wichtigen Standort mit bedeutenden Überresten aus der frühdynastischen Zeit Ägyptens, haben sich Günter Dreyer und David O'Connor verschrieben. Dreyer hat bei Nachgrabungen an den Grabmälern der 1. und der späten 2. Dynastie in Umm el-Qa'ab bei Abydos eine Reihe bedeutender Entdeckungen gemacht. Er hat eine Anlage identifiziert, bei der es sich seiner Meinung nach um das Grab des archäologisch als frühester König bezeugten Skorpion handelt, und hat uns einen faszinierenden neuen Zeitpunkt für die Entstehung der Schrift – noch vor dem Beginn der 1. Dynastie – genannt. Darüber hinaus ist er auf Hinweise gestoßen, die die gesellschaftliche Stellung des Djoser, des Erbauers der Stufenpyramide, als erster König der 3. Dynastie bestätigt. Heute arbeitet Dreyer mit dem Supreme Council of Antiquities zusammen am memphitischen Ausgrabungsort von Sakkara, wo hohe Beamte der 1. Dynastie und einige Könige der 2. Dynastie bestattet wurden; er unterstützt damit die ägyptischen Bemühungen zur Ausgrabung und Erhaltung der monumentalen Bauten.

Zum Fachgebiet Ägyptologie viel beigetragen hat David O'Connor. Einer seiner wertvollsten Beiträge ergab sich daraus, dass er seinen Studenten die Möglichkeit bot in Abydos zu arbeiten. Seine Schützlinge haben bei der Arbeit an verschiedenen Stellen dieses Standortes wichtige archäologische Informationen zutage gefördert. Besonders hervorzuheben ist O'Connors Tätigkeit in der Nähe von Schunet ez-Zebib, einer alten Lehmziegelanlage, die noch heute über der sie umgebenden Wüstenlandschaft aufragt. In dieser Gegend befinden sich Bestattungsanlagen (darunter auch Schunet) aus der Zeit der 1. und der späten 2. Dynastie, die mit den Grabstätten in Umm el-Qa'ab weiter draußen in der Wüste korrespondieren. O'Connor hat unser Verständnis dieser Bauten erhellt und wichtige neue Entdeckungen gemacht; so fand er beispielsweise eine „Proto-Pyramide" in Schunet, und – zusammen mit Matthew Adams – eine Flotte aus zwölf Schiffen, die von Lehmziegeln umbaut in der nahen Wüste vertäut lagen. Der Supreme Council of Antiquities hat gern einer Zusammenarbeit mit O'Connor zugestimmt, deren Ziel die Restaurierung der Mauern von Schunet ist. Der Beitrag O'Connors und Matthew Adams' als Mitautor zu diesem Buch beschäftigt sich mit den königlichen Talbezirken in Abydos und Hierakonpolis.

Ali Radwan, ein weiterer mitwirkender Autor dieses Buches, hat viel Zeit auf die Ausgrabung eines aus der 1. Dynastie stammenden Friedhofes in Abusir verwendet und dort einige bemerkenswerte archäologische Entdeckungen gemacht. Sein Beitrag, in dem es um die ersten Pyramiden im Allgemeinen und die Stufenpyramide des Djoser im Besonderen geht, zeichnet die außerordentlichen Leistungen der frühen Pyramidenbauer nach. Diese frühen Monumente sind weltweit die ersten Bauten, die vollständig aus dem dauerhaften Material Stein errichtet wurden.

Das folgende Kapitel stammt von Rainer Stadelmann. Wegen seiner großartigen Arbeit an den beiden Pyramiden König Snofrus, der Roten Pyramide und der Knickpyramide in Dahschur, habe ich Stadelmann, der das Werk von Ahmed Fakhry fortsetzt, gebeten, über die Pyramiden aus der Zeit der 4. Dynastie zu schreiben. Ich hielt es auch für wichtig, dass er über Giseh schreibt, und zwar als Vorbereitung auf ein ausführliches Buch über diesen Ort und dessen außergewöhnliche Pyramiden, das Mark Lehner und ich gerade beenden. Stadelmann hat ein überzeugendes Bild von der Herrschaft des langlebigen und aktiven Königs rekonstruiert, mit dem er verdeutlicht, dass Snofru über fünfzig Jahre lang regierte und das Pyramidenbauen mit seinem Grabmal in Medum begann und beendete.

Zum Material über die 4. Dynastie habe ich ein Kapitel über die Königinnenpyramiden in Giseh, einen Aufsatz über die Entdeckung der Nebenpyramide des Cheops, eine Erörterung über das Pyramidion und ein Kapitel über die königlichen Schiffe des Cheops beigetragen. Mark Lehner, einer der heutigen führenden Sphinx-Experten, hat ein Kapitel über diese außergewöhnliche Skulptur geschrieben.

Zu den Dingen, die das Studium der Pyramiden und die Ägyptologie im Allgemeinen so lebendig und faszinierend machen, gehört der Umstand, dass die Gelehrten nicht immer einer Meinung sind. Nehmen wir beispielsweise den Sphinx von Giseh. Die Ägyptologen stimmen ausnahmslos darin überein, dass die Löwenskulptur etwa 2500 v. Chr. entstand, also aus der Zeit der 4. Dynastie stammt; die Beweise dafür sind überwältigend und widerlegen vollständig die Behauptung, die Skulptur sei viel früher geschaffen worden, wie manche Forscher gern glauben möchten. Stadelmann, der seine Theorie in diesem Buch vorstellt, ist überzeugt, dass sie den Erbauer der Großen Pyramide, König Cheops, darstellt. Ich wiederum und mein Freund und Kollege Mark Lehner stimme den vielen Wissenschaftlern zu, die meinen, der Sphinx sei eine Generation später als Abbild von Cheops' Sohn Chephren entstanden, da er, unter architektonischen Gesichtspunkten betrachtet, ein Bestandteil der Chephren-Anlage zu sein scheint.

Als Beweis dafür nennen wir folgende Fakten: Die Südseite des Sphinxgrabens bildet den nördlichen Rand des Aufweges, der am Sphinx vorbei zum Taltempel des Chephren führt, und die Entwässerungsrinne an der Nordseite des Aufweges mündet in die südwestliche Ecke an der Rückseite des Sphinxgrabens. Das lässt darauf schließen, dass der Steinbruch, der den Sphinxgraben bildet, erst nach dem Bau des Chephren-Aufweges angelegt wurde. Wäre das nicht der Fall, hätten die damaligen Steinbrucharbeiter die Rinne nicht in den Graben münden lassen. Außerdem steht der Taltempel des Chephren auf derselben Terrasse wie der Sphinxtempel. Die Vorder- und die Rückseite der Tempel liegen fast in einer Flucht, und die Mauern beider Tempel sind im gleichen Stil gebaut: Große

Kalksteinblöcke mit einer Verkleidung aus hartem Rotgranit; die Steine in der Südmauer des Taltempels des Chephren sind die gleichen wie in der Fassadenwand des Sphinxtempels. Zudem stimmen die meisten Fachleute darin überein (und computergenerierte Modelle haben dies bestätigt), dass die Gesichtszüge des Sphinx stark denen des Chephren ähneln, wie wir sie von seinen Statuen kennen, auch wenn Stadelmann dazu eine andere Meinung vertritt.

1978 fanden Lehner und ich Beweise dafür, dass Chephrens Baumeister den Sphinxkomplex nicht ganz fertig gestellt hatten. Sie hatten die Tempelterrasse tiefer als den Sockel des Sphinx aus dem Stein gemeißelt und dadurch einen hohen Sims aus gewachsenem Felsen stehen gelassen. Im Westen bildet dieser Sims die Nordseite des Grabens, doch hier setzten die Steinbrucharbeiter die Linie nicht bis zum Ende fort. Die Stelle, bis zu der sie gekommen waren, liegt genau gegenüber der linken Vorderpranke des Sphinx. Von hier bis zur Rückseite des Grabens bildet der unfertige Teil einen Gesteinssims von abnehmender Breite. Hinter dem Sphinx waren die Arbeiter noch sehr weit von der Vollendung der Grabenbegrenzung entfernt. Als sie ihre Arbeit einstellten, blieb nur einige Meter hinter dem Sphinx ein gewaltiges Massiv aus hartem Gestein stehen.

Chephren schuf den Sphinx zu einem bestimmten Zweck. Die Skulptur sollte ihn als Horus darstellen, der dem Sonnengott – seinem Vater Cheops – Opfer darbringt; Cheops war im Leben und nach seinem Tod mit dem Sonnengott Re gleichgesetzt worden, der nun jeden Morgen direkt vor dem Sphinxtempel aufging. Zur Datierung eines Monuments müssen wir uns der Kunst, der Archäologie, der Architektur und aller anderen relevanten Beweismittel bedienen. In Anbetracht all dieser Erwägungen kann ich keinen Grund zu der Annahme finden, es sei Cheops gewesen, der den Sphinx aus dem Stein hat herausmeißeln lassen.

Nicht in dieses Buch aufgenommen worden sind die Diskussionen über zwei bemerkenswerte neue Entdeckungen. Mark Lehner ist vor kurzem auf den Versorgungsbereich der beim Pyramidenbau beschäftigen Arbeiter gestoßen. Dort fand er Bäckereien, in denen einst das Brot für die Arbeiter gebacken, eine Säulenhalle, in der Salzfisch sortiert und Bereiche, in denen Metall bearbeitet wurde, sowie eine Fayence-Werkstatt, eine gepflasterte Straße und eine monumentale Mauer, die Lehner für den Teil eines königlichen Bauwerks hält.

In der Nähe des Geländes ist meine ägyptische Arbeitsgruppe gerade mit der Ausgrabung zweier Friedhöfe aus dem Alten Reich beschäftigt. Der untere Friedhof war für die Bauaufseher und für die Arbeiter bestimmt, die die Kalksteinblöcke für die Pyramiden transportierten; die Arbeiter waren zeitweilig zum Arbeitsdienst einberufene Männer aus ganz Ägypten. Die Grabstätten auf diesem Friedhof sind aus Lehmziegeln gebaut und weisen viele verschiedene Formen auf – *Mastabas*, wabenartig angelegte Felsgräber, sogar ein Grab in Form einer Stufenpyramide gab es. Manche ihrer Inhaber sind auf Scheintüren aus Kalkstein und auf Opferbecken identifiziert; auch wurde eine Reihe einzigartiger Statuen gefunden. Der obere Friedhof war Künstlern und Beamten vorbehalten, er weist aus Kalkstein und Lehmziegeln gebaute Grabstätten eines gehobeneren Standards auf, die voller Inschriften und schöner Statuen waren. Das Grab des Nefertheith beispielsweise, eines Mannes mit zwei Frauen und achtzehn Kindern, zeigt auf einer der drei Scheintüren schöne Szenen, in denen Menschen Korn mahlen und Brot backen. Das Grab des Peteti wiederum ist bemerkenswert wegen der außergewöhnlichen Drohung, die darauf zu lesen ist und die mit den Worten endet: „... wenn irgendjemand mein Grab berührt, wird er von einem Krokodil, einem Nilpferd und einem Löwen gefressen." Zu mehreren Gräbern auf diesem Friedhof führen Rampen, die an die Aufwege der nahen Pyramidenanlage denken lassen.

Auf diesem Friedhof entdeckten wir vor kurzem das Grab eines Mannes mit Namen Nesut-weret. Man gelangt dorthin über eine Rampe, und in der Grabkammer fanden wir einen unbeschädigten Sarkophag aus Kalkstein. An dem mit Mörtel versiegelten Sarkophag entdeckten wir zu unserer Freude die Fingerabdrücke der Arbeiter, die die Bestattung ausgeführt hatten. In einem weiteren Schacht innerhalb des Grabes fanden wir das Skelett eines Mannes, neben dem man einen Hund bestattet hatte. Am 17. September 2002 öffneten wir den Sarkophag in einer Live-Übertragung für National Geographic; im Innern fanden wir das Skelett eines 35–40 Jahre alten Mannes. Diese Fernsehsendung war sehr aufregend, denn sie war nicht nur dem Fortschritt des archäologischen Wissens gewidmet, sondern sollte auch das Publikum aufklären, den Zuschauern die wahre Geschichte der Pyramidenbauer nahe bringen und ihnen aus erster Hand zeigen, dass es so etwas wie eine verlorene Zivilisation nicht gibt. Die übergroße Mehrheit unseres Berufsstandes war erfreut und auch stolz über die erstaunliche Zahl der Menschen in aller Welt, die das Programm verfolgt hatten.

Der obere Friedhof in Giseh hat uns auch Aufschluss über viele der Titel jener Menschen gegeben, die einst mit dem Bau der Pyramide zu tun hatten: Inspektor des Grabmalbaues; Aufseher der Handwerker; Aufseher der Wäsche; Aufseher der Zeichner; Aufseher, der hinter den Beamten steht; Aufseher des Hafens; Aufseher des Verwaltungsbezirks; Aufseher der Arbeiter, die die Steine schleppen; Aufseher der Pyramidenseite. Diese Titel liefern uns eine Menge Informationen über die Verwaltung und Organisation der Pyramidenbauer.

Die Untersuchung der Skelette, die bei den Ausgrabungsarbeiten am oberen und auch am unteren Friedhof gefunden worden waren, hat wichtige Informationen ans Tageslicht gebracht. Sämtliche Skelette, von Frauen und Männern gleichermaßen, wiesen am Rücken Spuren von übermäßiger Belastung auf. Ein Arbeiter hatte unter einem Gehirntumor gelitten; an seinem Schädel waren Anzeichen eines chirurgischen Eingriffs zu erkennen, nach dem der Mann dann noch zwei Jahre gelebt hatte. Wir erfuhren auch, dass die Ägypter an Ort und Stelle notfallmedizinische Behandlungen durchführten, wie eine Anzahl Skelette mit gebrochenen Händen bewies, die von hölzernen Schienen gehalten waren. Eine Person hatte nach der Amputation eines Beines noch vierzehn Jahre gelebt. Wir wissen, dass es damals in Ägypten etwa eine Million Menschen gab. Die Skelettfunde belegen, dass das Durchschnittsalter zum Zeitpunkt des Todes etwa 30–35 Jahre betrug und dass die Ägypter im Durchschnitt 1,52–1,83 Meter groß waren.

Im Osten unserer Ausgrabungsstätte, unter dem Dorf Nazlet es-Samman, stießen Lehner und ich auf die Überreste einer Siedlung, die sich über mehr als sechs Quadratkilometer erstreckte; unter den Relikten befanden sich auch die Lehmziegelmauern der Arbeiterhütten in ihrer ursprünglichen Lage, Blütenpollen, Knochen von domestizierten Tieren wie Kühen, Schafen und Schweinen sowie Keramiktäfelchen aus Oberägypten. Der Friedhof, der Versorgungsbereich und die Siedlung waren von den Pyramiden durch eine gewaltige Mauer, genannt „Die Mauer der Krähe", getrennt; die Mauer ist etwa zehn Meter hoch, zweihundert Meter lang und in der Mitte mit einem massiven Tor versehen. Ich bin der Auffassung, dass die Zahl der beim Bau der Pyramiden beschäftigten Arbeiter etwa 20 000 betrug. (Herodot spricht von 100 000 Personen, doch es hätte wohl kein Staatsvorhaben der damaligen Zeit eine so große Anzahl Arbeiter beschäftigen können.)

Ohne eine Vorstellung von den Menschen, die dem Kult der Pyramideninhaber dienten, können wir die Pyramiden nicht verstehen. Diese Priester und andere hohe Beamte der königlichen Verwaltung bauten ihre Grabstätten rund um die Pyramide ihres Herrschers. Sie waren darauf bedacht, im Innern des Grabes ihre Titel auf den Scheintüren sowie Statuen als ewigen Wohnsitz für ihre Seele zu hinterlassen. Peter Der Manuelian schreibt über die Gräber von Giseh und die Entwicklung der Friedhöfe rund um die einzelnen Pyramiden aus der Zeit der 4. Dynastie.

Michel Valloggia arbeitet bei einer ägyptisch-französisch-schweizerischen Expedition in Abu Roasch an der Pyramide des Djedefre, des Sohnes und Nachfolgers König Cheops'. Er hat u. a. eine Königinpyramide entdeckt, die eine Grabkammer mit einzigartigen Artefakten, so beispielsweise ein großes Alabastergefäß mit dem Horusnamen des Cheops, enthält. Es ist also wahrscheinlich, dass die in der Pyramide bestattete Königin Cheops' Tochter war. Valloggias Kapitel beschäftigt sich mit den unvollendeten Pyramiden aus der Zeit der 4. Dynastie.

Miroslav Verner, der Autor eines ausgezeichneten Buches über die Pyramiden, arbeitet in Abusir, wo Pyramiden hauptsächlich aus der Zeit der 5. Dynastie stehen. Ich nenne Abusir gern die „Vergessene Stätte", da der Öffentlichkeit die Bedeutung dieses Ortes nicht bewusst ist. Verner hat bei den dortigen Pyramiden wichtige Entdeckungen gemacht; er fand beispielsweise Papyri, in denen es um die Organisation des Königskultes geht, sowie die täglichen Aufzeichnungen des Tempels König Neferirkares, die über zweihundert Jahre Geschichte – von der Herrschaft Neferirkares bis zur Zeit Pepis II., des letzten Königs der 6. Dynastie – berichten. Verner hat in einer der Nebenpyramiden in Abusir auch wichtige Informationen über

16
Der Autor bei der Untersuchung eines Skeletts, das in einem unlängst entdeckten Sarkophag liegt. Grabmal des Nesut-weret, Friedhof der Pyramidenbauer, Altes Reich.

19 unten
Detail einer Grabstele aus Sakkara. Ägyptisches Museum, Kairo.

20–21
Dioritstatue des Königs Chephren. Ägyptisches Museum, Kairo.

die Bauweise von Pyramiden gefunden, die unterstreichen, dass wir unsere archäologisch gesicherten Kenntnisse über ein solches Grabmal nicht auf alle übrigen Pyramiden anwenden können. Planung und Bau einer jeden Pyramide waren eine einmalig zu lösende Aufgabe, und ein großer Teil der Lösung hing von den topografischen Gegebenheiten des Standortes ab. Ich hatte das große Glück, mit Verner an der Entdeckung des unversehrten Grabes des Iwf-aa, eines hohen Beamten aus der Zeit der 26. Dynastie, teilnehmen zu können. Verners Beitrag zu diesem Buch konzentriert sich auf die Pyramiden aus der Zeit der 5. und 6. Dynastie in Sakkara und Abusir.

Wir sind gerade dabei, das Gelände von Abusir erstmals für die Öffentlichkeit zugänglich zu machen. Während der Herrichtung der Stätte entdeckten wir einige einzigartige Blöcke vom Aufweg König Sahures, eines Herrschers der 5. Dynastie; diese Blöcke sind mit faszinierenden szenischen Darstellungen geschmückt. Über die Steine haben Verner und ich gemeinsam ein Kapitel verfasst.

Ich freue mich, dass ich in Sakkara nun mit den Ausgrabungsarbeiten rund um die Pyramiden Iputs I. und Chuits begonnen habe; die beiden Frauen waren Königinnen Tetis, des ersten Königs der 6. Dynastie. Ich kann mit Stolz verkünden, dass wir ein gewaltiges Granittor – den Eingang zum Tempel Iputs I. – lokalisiert und den Grundriss des gesamten Tempels umfassend vermessen haben. Wir haben auch neue Titel der Chuit gefunden und entdeckt, dass das Grabmal der Königin, das jahrelang

Die Pyramiden

als *Mastaba* galt, in Wirklichkeit eine Pyramide ist. Die mit Reliefs dekorierten Kalksteinblöcke, die wir in diesem Grab vorgefunden haben, erweitern unsere Kenntnisse über das Programm der Wandreliefs im Alten Reich beträchtlich.

Unsere Ausgrabungen in dem Gelände in Sakkara haben uns auch zu einigen sehr interessanten Schlussfolgerungen über die Ereignisse zu Beginn der 6. Dynastie verholfen. Wir haben das bis dahin unbekannte Grab des Tetianch-Kem, des ältesten Sohnes von König Teti und dessen Hauptkönigin Chuit, gefunden. Die Analyse des Skeletts, das in der Grabkammer gefunden wurde, sagt uns, dass Tetis Sohn im Alter von fünfundzwanzig Jahren starb; eine alte Quelle berichtet, dass Teti bei einer Palastrevolte getötet wurde, und wir glauben, dass

Tetianch-Kem vielleicht mit seinem Vater starb. Danach gelangte Userkare, ein schattenhafter Prinz ohne bekanntes direktes Verwandtschaftsverhältnis zu Teti, an die Macht. Es gelang Königin Iput I., Userkare die Herrschaft zu entreißen und ihren Sohn Pepi I. auf den Thron zu bringen. Das wäre eine Erklärung dafür, dass man in Sakkara keine Monumente von Userkare gefunden hat und dass dieser König nur sieben Jahre lang geherrscht haben soll.

Zu den führenden Experten auf dem Gebiet der Pyramiden der 6. Dynastie gehört Audran Labrousse; er hat für das vorliegende Buch ein Kapitel über diese Monumente geschrieben. Labrousse assistierte meinem Freund Jean Leclant in Sakkara, wo beide in den Pyramidenanlagen Pepis I., Merenres und Pepis II. arbeiteten. Sie haben nicht nur bei der Rekonstruktion der Pyramidentexte in diesen Anlagen Außerordentliches geleistet, sondern darüber hinaus rund um die Pyramide Pepis I. neue kleine Königinnenpyramiden entdeckt. Infolgedessen kennen wir heute die Namen der Königinnen, die bis dahin für die Geschichte verloren gewesen waren.

Zu diesem Buch habe ich auch ein Kapitel beigetragen, in dem es um die Ausschmückung der Pyramidenanlage und die Bedeutung der Dekorationsprogramme in den Pyramiden und den ihnen angeschlossenen Anlagen geht. Karol Myśliwiec, der neben der Stufenpyramide ein einzigartiges Grab mit schönen szenischen Darstellungen entdeckt hat, schreibt über die aus der Zeit der 5. und 6. Dynastie stammenden Gräber der Adligen in Sakkara.

Es gibt keinen Archäologen, der die Pyramiden des Mittleren Reiches besser kennt als Dieter Arnold; über diese Monumente hat Arnold ein Kapitel geschrieben. Er hat die Pyramide Amenemhets I. in Lischt sowie die Pyramiden Amenemhets III. und Sesostris' II. in Dahschur ausgegraben und in Lischt vieles Interessante entdeckt, darunter Aufschlüsse über wieder verwendete Steinblöcke aus dem Alten Reich, die als Füllmaterial in der Pyramide Amenemhets I. verbaut wurden. Darüber hinaus hat er festgestellt, dass die sieben Gräber in dieser Anlage, die man ursprünglich für *Mastabas* gehalten hatte, in Wirklichkeit Pyramiden waren. Er fand auch das unbeschädigte Grab der Weret, der Mutter Sesostris' III., das märchenhafte Schmuckstücke enthielt. Ich hielt mich gerade in Dahschur auf, als Arnold dort Ausgrabungsarbeiten durchführte, und erinnere mich lebhaft an das Labyrinth von Korridoren, die unter der Pyramide Amenemhets III. lagen, und auch an das prächtige Innere der Pyramide Sesostris' III.

Von David Silverman stammt der Beitrag über die Gräber der Adligen und Priester im Mittleren Reich. Silverman arbeitet gegenwärtig an der Dokumentierung der Gräber im Mittleren Reich in Sakkara, und bei der Arbeit an einer früheren Ausgrabungsstätte konnte er eine große Entdeckung machen, die er im vorliegenden Buch erläutert. Das Buch enthält auch einen hervorragenden Aufsatz der hoch angesehenen Kunsthistorikerin Hourig Sourouzian über die königlichen und privaten Statuen aus der Zeit des Alten und des Mittleren Reiches.

Bevor ich Sie den Abenteuern dieser großartigen Wissenschaftler folgen lasse, würde ich gern zwei weitere Punkte hinzufügen. Als Erstes möchte ich die Geschichte meines aufregenden letzten Besuches im Innern der Stufenpyramide des Königs Djoser erzählen. Auf unserem Arbeitsgebiet gibt es wahrscheinlich nur einen oder zwei Wissenschaftler, die bereits die Gelegenheit zu einem solchen Besuch hatten. Ich betrat die Stufenpyramide um neun Uhr dreißig und verließ sie wieder nachmittags um siebzehn Uhr. Ich ging fünfeinhalb Kilometer weit durch Korridore und sah auf meinem Weg den schönen Alabastersarkophag von Djosers Tochter, die Reliefs mit Djosers Titulatur und Szenen aus dem *Sed*-Fest dieses Königs, und ich besuchte natürlich auch Djosers großartige Grabkammer. Den Zauber, den das Innere dieses überwältigenden Monuments verbreitet, werden Sie durch die von meinem Freund Ali Radwan stammende Beschreibung erleben können.

Der zweite Punkt betrifft folgendes: Ich habe zwar viele der über fünfzig modernen Pyramiden gesehen, die man in Kanada, Europa und Amerika errichtet hat, doch es gibt heute niemanden, der eine Pyramide bauen kann wie es die alten Ägypter einst taten. Uns fehlt die Hingabe dieser Menschen von einst. Die Pyramide war das nationale Projekt eines jeden Königs. Jeder Haushalt trug zum Bau des Monuments bei, indem er Arbeiter auf bestimmte Zeit, Nahrungsmittel oder sonstigen Nachschub zur Unterstützung des Königs schickte. Für die Arbeiter muss es wie der Eintritt in die Streitkräfte gewesen sein, eine Art sein Land zu ehren und einen Beitrag zur Gesellschaft zu leisten. Die Pyramiden sollten die Wiedergeburt des Königs und dessen Aufstieg zu den Göttern sichern; all das garantierte das geordnete Funktionieren des ägyptischen Kosmos.

Manche Menschen sagen, es seien die Pyramiden gewesen, die Ägypten erbaut hätten. Jedes Pyramidenprojekt einigte das Land für ein gemeinsames Ziel. Um die Wunderwerke der Technik zu planen und zu errichten, mussten die alten Ägypter außergewöhnliche Fähigkeiten und Fertigkeiten auf dem Gebiet der Kunst, der Architektur, der Astronomie und des Ingenieurwesens entwickeln.

Dieses Buch erzählt uns nicht nur die Geschichte der ägyptischen Pyramiden und wie diese Monumente erbaut wurden, sondern berichtet auch von der Leidenschaft und dem Engagement jener Wissenschaftler, die ihr Leben den Ausgrabungen der Bauwerke und dem Übersetzen der zutage geförderten Texte gewidmet haben.

Die Pyramiden geben ihre Geheimnisse nur langsam preis, doch durch sorgfältige Kartierung und Untersuchung der Spuren und Anhaltspunkte aus dem Altertum erlangen wir eine bessere Vorstellung, wie die Rätsel der Pyramiden zu lösen sind.

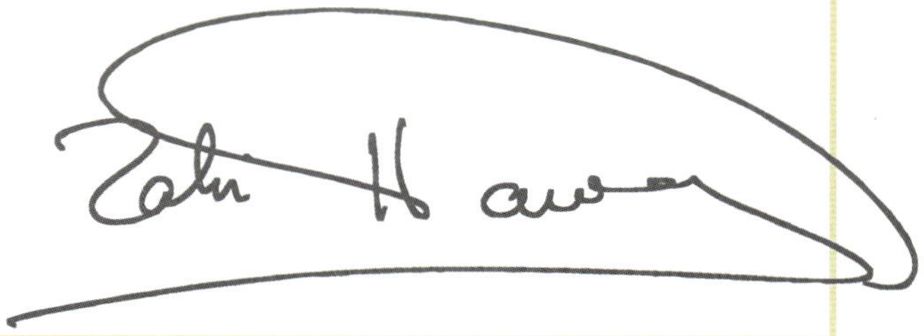

Zeittafel

PRÄHISTORISCHE ZEIT (BIS 3000 V. CHR.)

VOR 10 000

Paläolithikum; nomadisierende Jäger und Sammler.

UM 4500–3000

Neolithikum; Ackerbau, beginnende Viehhaltung und erste Siedlungen; einfache Keramik; Kupfer- und Goldverarbeitung; lokale Herrscher.

FRÜHDYNASTISCHE ZEIT (UM 3000–2650 V. CHR.)

UM 3000–2650 1. UND 2. DYNASTIE

Narmer
Aha
Hetepsechemui
Raneb (Nebre)
Ninetjer
Peribsen
Chasechemui

Einigung unter einem Herrscher; Hauptstadt in Memphis, Königsgräber in Abydos und Sakkara.

ALTES REICH (UM 2650–2150 V. CHR.)

UM 2650–2575 3. DYNASTIE

Djoser

Stufenpyramide in Sakkara

...

Huni

UM 2575–2465 4. DYNASTIE

Snofru
Cheops

Starke zentralisierte Regierung; Pyramiden in Dahschur und Giseh.

...

Chephren
Mykerinos
Schepseskaf
Königin Chentkaues

UM 2465–2325 5. DYNASTIE

Userkaf
Sahure
Neferirkare

Pyramiden und Sonnentempel in Abusir und Sakkara; Pyramidentexte.

...

Unas

UM 2325–2150 6. DYNASTIE

Teti

...

Pepi I.

...

Pepi II.
Königin Nitokris

Starker Beginn, jedoch Niedergang während der langen Herrschaft Pepis II.; Pyramiden in Sakkara; letzter Herrscher wahrscheinlich Königin Nitokris.

ERSTE ZWISCHENZEIT (UM 2150–2040 V. CHR.)

UM 2150–2040 7. BIS 10. DYNASTIE

Zusammenbruch der Zentralregierung; Aufteilung des Landes unter lokale Herrscher; Hungersnöte und Armut.

MITTLERES REICH (UM 1640–1550 V. CHR.)

UM 2040–1991 11. DYNASTIE

Mentuhotep II.

Wiedervereinigung Ägyptens durch thebanische Herrscher.

UM 1991–1783 12. DYNASTIE

Amenemhet I.
Sesostris I.
Amenemhet II.
Sesostris III.
Amenemhet III.
Amenemhet IV.
Königin Sobeknofru

Mächtige Zentralregierung; Expansion nach Nubien (Sudan). Hauptstadt in Lischt bei Memphis.

UM 1783–1640 13. DYNASTIE

Rasche Aufeinanderfolge der Herrscher; Land im Niedergang.

ZWEITE ZWISCHENZEIT (UM 1640–1550 V. CHR.)

UM 1640–1580 14. DYNASTIE
UM 1585–1530 15. UND 16. DYNASTIE
UM 1640–1550 17. DYNASTIE

Land mit den im Delta herrschenden Asiaten geteilt. Thebanische Dynastie leitet den Prozess der Wiedervereinigung ein.

...

Sekenenre Tao I.
Sekenenre Tao II.
Kamose

NEUES REICH (UM 1550–1070 V. CHR.)

UM 1550–1307 18. DYNASTIE

Ahmose
Amenophis I.
Thutmosis I.
Thutmosis II.
Thutmosis III.
Königin Hatschepsut
Amenophis II.
Amenophis III.
Echnaton
Tutanchamun
Aja
Harembab

Wiedervereinigung und im Norden Vertreibung der Asiaten, im Süden Annexion Nubiens. Zeit der größten Ausdehnung und des größten Aufschwungs. Theben (Luxor) wird Hauptresidenz.

UM 1307–1196 19. DYNASTIE

Ramses I.
Sethos I.
Ramses II.
Merenptah
...
Siptah
Königin Tausret

Nach ruhmreicher Herrschaft Ramses' II. Bedrohung des Aufschwungs durch Einfälle der „Seevölker" im Norden. Residenz im Delta.

UM 1196–1070 20. DYNASTIE

Sethnacht
Ramses III.–XI.

Wirtschaftlicher Niedergang und schwache Könige, die vom Delta aus regieren. Unruhen und Streiks der Arbeiter. Plünderung königlicher Gräber.

DRITTE ZWISCHENZEIT (UM 1070–712 V. CHR.)

UM 1070–945 21. DYNASTIE

Smendes
...
Siamun
...

Ägypten im Niedergang. Siamun ist vielleicht jener Pharao der seine Tochter mit König Salomo verheiratet.

UM 945–828 22. DYNASTIE

Scheschonk I.
Osorkon I.
Scheschonk II.
...
Osorkon IV.
...

„Schischak" (Bibel, 1. und 2. Könige). Ägypten zersplittert und politisch uneinig.

UM 828–712 23. UND 24. DYNASTIE

Ägypten unter lokalen Herrschern aufgeteilt.

SPÄTZEIT (UM 712–332 V. CHR.)

UM 712–657 25. DYNASTIE

Kaschta
Pianchi (Pije)
Schabako
Schabitko
Taharka
Tantamani

Einigung Ägyptens und Beginn einer kulturellen Wiederbelebung durch Herrscher aus Kusch (Sudan). Bedrohung durch Assyrer, die 671, 667 und 663 v. Chr. einfallen. Flucht des letzten Königs in den Süden.

664–525 26. DYNASTIE (SAITEN)

Psametik I.
Necho II.
Psametik II.
...

Dynastie aus Sais im Delta. Niederlage der kuschitischen Könige und Fortsetzung des Wiederaufbauprogramms nach dem Abzug der Assyrer.

525–404 27. DYNASTIE

Kambyses
...

Einverleibung Ägyptens in das Persische Reich.

404–343 28. BIS 30. DYNASTIE

Amyrtaios
...
Nektanebos I.
Nektanebos II.

Letzte einheimische Herrscher Ägyptens. Kulturelle Wiedergeburt und Nationalismus, doch politischer Niedergang.

343–332 31. DYNASTIE

Artaxerxes III.

Erneute Eroberung Ägyptens durch die Perser.

GRIECHISCH-RÖMISCHE ZEIT (332 V. CHR. – 642 N. CHR.)

332–304 MAKEDONISCHE DYNASTIE

Alexander der Große

Makedonische Herrscher nach Alexanders Tod in Babylon (323 v. Chr.).

304–30 PTOLEMÄISCHE DYNASTIE

Ptolemäus I.–XV.

Bündnis der letzten Herrscherin Kleopatra VII. mit Marcus Antonius gegen Rom. Niederlage durch Octavian in der Schlacht von Actium.

30 V. CHR. – 642 N. CHR. RÖMISCHE PROVINZ

Ägypten wird römische Provinz. Ausbluten des Landes durch schwere Steuerlasten. Ausbreitung des Christentums und damit Beseitigung der alten Religion.

Weshalb eine Pyramide? Die Pyramidenreligion

James Allen

Die Pyramide – von den einfachen aufgetürmten Bauklötzen der Kinder bis zu den von Hochkulturen in aller Welt errichteten Monumenten – ist eine der häufigsten und unter dem Gesichtspunkt der Statik eine der stabilsten architektonischen Formen, die die Menschen kennen. Es verwundert daher nicht, dass die alten Ägypter ihre imposantesten architektonischen Leistungen in diese Form kleideten. Die Pyramiden Altägyptens waren jedoch mehr als nur gewaltige Bauwerke aus Stein. Sie waren auch der dingliche Ausdruck bestimmter religiöser Vorstellungen über das Leben in dieser und der nächsten Welt. Um zu verstehen, weshalb die Ägypter in erster Linie Pyramiden bauten, müssen wir uns mit der Bedeutung und der Kraft dieser Glaubensvorstellungen beschäftigen.

Das Alte Ägypten stellte eine agrarisch geprägte Gesellschaft dar, die Weltanschauung seiner Bewohner war zum Teil vom landwirtschaftlichen Leben entlang des Nils bestimmt. Jedes Jahr speisten die Frühjahrsregenfälle in den äthiopischen Hochländern die Nilquelle und ließen den Fluss in Ägypten schließlich über seine Ufer treten, so dass der Strom von Juni bis Oktober das Land zu beiden Seiten überflutete. Aufzeichnungen aus der Zeit der frühesten ägyptischen Dynastien belegen, dass das Wasser bei dieser jährlichen Überschwemmung bis zu 4,4 Meter über den normalen Pegel steigen konnte und dabei einen Großteil der ländlichen Gebiete in riesige Seen verwandelte. Ging die Flut wieder zurück und hinterließ den mitgeführten fruchtbaren Schlamm, sprossen auf den höchsten Erhebungen, die als erste aus dem Wasser dieser Seen auftauchten, neue Pflanzen empor.

Aus diesem alljährlichen Erlebnis abgeleitet verband sich im ägyptischen Denken der Beginn des Lebens mit dem Bild von einem Erdhügel, der sich aus einer weiten Wasserfläche erhebt. Diese Vorstellung erweiterten die Ägypter zu ihrem Verständnis von der Entstehung der Welt. Einer der ältesten ägyptischen Schöpfungsberichte stellt den ersten festen Ort der Welt als einen Erdhügel inmitten eines alles bedeckenden Ozeans und die erste Lebensform als einen auf dem Gipfel dieses Urhügels wachsenden Lotos dar. Der Lotos war im ägyptischen Denken ein Gott, dessen Name Nefertem „der völlig Schöne" bedeutet. Nefertem wurde als Vorbote der Sonne verehrt, die aus den Blütenblättern des Lotos emporstieg, um der neu erschaffenen Welt das Leben zu bringen. Auch der Hügel selbst wurde als Gott mit dem Namen Tatenen – „erhobene Stätte" – verehrt.

Zu den frühen Tempeln gehörte mitunter ein Erdhügel als Symbol für den Ursprungsort allen Lebens. Dieser Hügel konnte eine Erhebung aus Erde oder Sand sein, doch es gab ihn auch in der dauerhafteren Form einer kleinen, aus einem einzelnen Steinblock gemeißelten Pyramide. Eine solche Miniaturpyramide nannte man *bnbn* (*Benben*stein); diese Bezeichnung geht auf die Wurzel *bn* zurück, die „aufsteigen" oder „auftauchen" bedeutet. Der *Benben*stein war ein körperliches Abbild des Urhügels aus trockenem Land, der aus den Wassern des Universums, wie es vor der Schöpfung war, „auftauchte". Im Grunde genommen war dieser Stein nicht nur ein Symbol des Urhügels, sondern auch der Sonne, die erstmals von ihm aufstieg; das ägyptische Wort für den Sonnenaufgang ist *wbn*, es kommt von derselben Wurzel wie der *Benben*stein.

Die Pyramidenform repräsentierte also von Beginn an die Vorstellung vom neuen Leben, das aus einem Erdhügel und im Licht und in der Wärme des Sonnenaufgangs erschien. Für die Ägypter jedoch war der *Benben*stein mehr als nur ein Bild. Wie der Urhügel enthielt auch er die absolute Kraft des Lebens selbst, die Kraft, die es dem neuen Leben ermöglichte, nach einer Zeit des Schlafes oder der Ruhe aufzutauchen.

Bei dieser Anschauungsweise überrascht es nicht, dass die Ägypter Hügel und Pyramiden auch mit ihren Grabmälern assoziierten. Im altägyptischen Denken stellte der Tod nicht das Ende des Lebens, sondern den Beginn einer neuen Existenzform dar. Im Leben, so glaubte man, bestand jeder Mensch aus drei hauptsächlichen Wesenheiten – dem Körper, dem *Ba* und dem *Ka*. Der Körper war die physische Form, die materielle Hülle, in der ein Lebewesen wohnte. Der *Ba* war so etwas wie die heutige

22 unten rechts
Kopf des Tutanchamun, der als Sonne aus der auf dem Urhügel stehenden Lotosblüte auftaucht. Dieses Abbild stand vor dem versiegelten Vorraum von Tutanchamuns Grab, es verkörperte den wiedergeborenen Geist des Königs, der sein Grab jeden Morgen verließ.

22–23
Die Pyramide des Königs Snofru in Medum. Dieser Blick über die bebauten Felder hinweg beschwört die altägyptische Vorstellung herauf, nach der die Pyramide ein Erdhügel über dem darunter eingepflanzten Körper des Königs war.

Vorstellung von der Seele – das einzigartige Wesen eines jeden Individuums, der Person, die den Körper im Leben bewohnte. *Ka* war die Energie des Lebens selbst, eine vom Schöpfer auf jede lebende Person übertragene Kraft; der Tod erschien, wenn diese Kraft vom *Ba* und dessen Körper getrennt wurden. Nach dem Tod, so glaubte man, vereinigte sich der *Ba* mit seiner Lebenskraft, seinem *Ka*; die Toten nannte man „jene, die zu ihren *Kau* gegangen sind". Diese Vereinigung erlaubte dem Individuum, dem *Ba*, weiterzuleben – allerdings nicht in körperlicher, sondern in einer geistigen Form. Die Ägypter bezeichneten diese neue Lebensform als *Ach*, was eine „kraftvolle" Lebensweise bedeutet. Da die neue Form keine physische Komponente mehr besaß, war sie nicht mehr dem Altern oder dem Tod ausgesetzt; der *Ach* war im Gegensatz zur vorübergehenden Form des irdischen Lebens im Grunde etwas Ewiges.

In das Grabmahl aufgenommen, spendete der Hügel oder *Benben*stein die Kraft, die der Verstorbene für die geistige Wiedergeburt benötigte. Die frühen ägyptischen Gräber waren meistens von einem rechteckigen Lehmziegelbau, einer so genannten *Mastaba* (arab. „Bank"), gekrönt, doch in diesen Bauten hat man auch Erdhügel über der Grabkammer gefunden. Das älteste Pyramidengrab, die Pyramide König Djosers aus der 3. Dynastie in Sakkara, wurde als Bankgrab begonnen, doch dann zu einer sechsstufigen Pyramide umgebaut, indem man auf das ursprüngliche Bauwerk fünf von Stufe zu Stufe kleiner werdende *Mastaba*s setzte. Die endgültige Form scheint eine abgewandelte Ausführung des Urhügels gewesen zu sein, der hier nicht als Erhebung mit glatten Seiten, sondern als eine Stufenfolge dargestellt wurde; die gleiche Form hat man auch in älteren *Mastabas* in Sakkara gefunden. Die echten, erstmals in der 4. Dynastie erbauten Pyramiden gehen auf die Stufenpyramide zurück, deren Absätze zu vier glatten Flächen aufgefüllt wurden, doch sie sind auch ins Monumentale vergrößerte Darstellungen des häufigeren pyramidenförmigen *Benben*steines. Einige der neu entdeckten Beamtengräber aus der gleichen Zeit, die südlich der drei großen Pyramiden von Giseh liegen, waren von kegelförmigen Hügeln gekrönt; diese Hügel dienten zweifellos dem gleichen Zweck wie die Königspyramiden und repräsentieren eine weitere architektonische Variante des Urhügels.

Außer der Vorstellung, dass sie die Kraft neuen Lebens enthielt, ist über die Rolle, die den ältesten Pyramiden im jenseitigen Leben des Königs zugedacht war, nicht viel bekannt. Die großen Pyramiden aus der Zeit der 3. und 4. Dynastie zeigen fortlaufende Veränderungen und Innovationen an Architektur und Grundriss, was auf eine Entwicklung in der ägyptischen Auffassung von der Funktion dieser Bauwerke hindeutet. In der Zeit der 5. Dynastie jedoch wurde die Anlage der Kammern in der königlichen Pyramide standardisiert. Diese neue Form widerspiegelt eine Vision vom Leben nach dem Tod, die von da an für das ägyptische Denken charakteristisch war.

Der typische Plan für die Innenräume der Pyramiden aus der späteren Zeit des Alten Reiches besteht aus drei Hauptelementen: Erstens aus einer Vorkammer unter der Pyramidenspitze, die durch einen zur Nordseite der Pyramide führenden Eingangskorridor mit der Außenwelt verbunden ist; zweitens aus einer Grabkammer westlich der Vorkammer und drittens aus einem steinernen Sarkophag am westlichen Ende der Grabkammer. Einige dieser typischen Merkmale wurden bereits in der 4. Dynastie eingeführt – der Steinsarkophag erstmals in der Cheops-Pyramide und eine separate Vorkammer unter der Spitze des Bauwerks in der Pyramide des Mykerinos –, doch der Normgrundriss mit allen drei Elementen trat erst gegen Ende der 4. Dynastie, in dem für König Schepseskaf, Mykerinos' Nachfolger, erbauten Grabmal auf. Dieses Grabmal war eher eine *Mastaba* als eine Pyramide, was auf einen Bruch mit den Traditionen hindeutet, die die königlichen Bestattungen seit der Zeit Djosers, 150 Jahre zuvor, charakterisierten.

Schepseskafs Grabmal sollte möglicherweise ein Abbild der *Mastaba*s der ersten ägyptischen Könige im oberägyptischen Abydos sein. Abydos war ein Kultzentrum des Osiris, des Gottes, den die ägyptische Mythologie am stärksten mit dem Leben im Jenseits assoziiert. Wie der Urhügel repräsentierte auch Osiris die Kraft des neuen Lebens. Seine Macht offenbarte sich in der Weitergabe des Lebens von einer Generation zur nächsten und im Wachstum neuer Pflanzen, in dem geheimnisvollen Vorgang, der aus einem in die Erde gelegten, anscheinend schlafenden Samenkorn eine lebende Wesenheit erzeugte.

Auch für das ägyptische Verständnis des täglichen Sonnenlaufs war Osiris wesentlich. Die Sonne schien jeden Abend unter die Erde zu sinken und zu sterben, doch am Morgen tauchte sie wieder auf, wiedergeboren um am Tag zu leben. Für die Ägypter war das nur möglich, weil die „tote" Sonne in der Nacht die Kraft des neuen Lebens empfangen hatte. Für diesen Prozess existierten im Denken der Ägypter zwei Erklärungen zugleich. Nach der einen kehrte die Sonne nachts in den Leib der Himmelsgöttin Nut zurück und wurde in der Morgendämmerung zwischen deren Schenkeln wiedergeboren. Die andere Erklärung lautete, dass die Sonne in eine Unterwelt, die *Dat*, eintrat und dort mitten in der Nacht mit der Mumie des Osiris verschmolz, die in den Tiefen der *Dat* lag, und aus dieser Vereinigung die Fähigkeit empfing wieder zum Leben zu erwachen. In diesen beiden Erklärungen verband sich die Rolle der Mutter und des Vaters in der Zeugung neuen Lebens.

Die beiden Vorstellungen widerspiegeln sich in der standardisierten Anordnung der inneren Kammern, die Schepseskaf eingeführt hatte und die in den Pyramiden seiner Nachfolger der 5. und 6. Dynastie übernommen wurde. Wir wissen dies aus den Pyramidentexten, einer Sammlung von Bestattungsriten

24
Die Vereinigung des Re mit Osiris in der Unterwelt mit Unterstützung durch Isis und Nephthys in einer Darstellung aus dem Grab der Nofretari, der Königin Ramses' II. Der Sonnengott Re wird durch die Scheibe und den Widderkopf, Osiris durch den mumifizierten Körper dargestellt.

25
Osiris, der Gott der Wiedergeburt, als Mumie und als König des Jenseits dargestellt. Aus dem Totentempel Ramses' III. in Medinet Habu, heute im Ägyptischen Museum in Kairo.

und Zauberformeln, die einst auf die Wände dieser Kammern und der Sarkophage in den Pyramiden des Unas, des letzten Königs der 5. Dynastie, und seiner Nachfolger aus der 6. Dynastie geschrieben wurden. Diese Texte belegen die damalige Vorstellung, dass das jenseitige Leben des Königs parallel zum täglichen Sonnenrhythmus verlief.

Jede Nacht, wenn sich die Sonne in den Körper der Nut und in die *Dat* begab, kehrte der Geist des Königs ins Innere des Grabes zurück. Der Steinsarkophag am westlichen Ende der Grabkammer entsprach dem Leib der Nut. Darin war die Mumie des Königs ein Fetus und ein Analogon zu der in der *Dat* liegenden Mumie des Osiris. Die Grabkammer selbst wird in den Pyramidentexten als *Dat* bezeichnet, und die Zaubersprüche an den Wänden dieses Raumes nennen den König nicht nur bei seinem Namen, sondern auch Osiris – beispielsweise also „Osiris Unas". Wenn die Sonne mit der Mumie des Osiris in der *Dat* verschmolz, so glaubte man, verband sich der Geist des Königs in der *Dat* des königlichen Grabes mit der Mumie des Königs selbst und empfing durch diese Vereinigung genau wie die Sonne die Kraft neuen Lebens.

Bei den Inschriften in der Grabkammer handelt es sich um Texte über zwei Kulthandlungen, die man bei der Bestattung vollzog. Sie beginnen mit einem Opferritus, der stets an die Nordwand der Grabkammer geschrieben ist. Dieser mag die wirkliche Darbietung von Opfern bei der Bestattung begleitet haben, sollte überdies aber jeden Tag im Totentempel der Pyramide wiederholt werden; da die Inschrift im Innern der Grabkammer angebracht war, versorgte sie den *Ba* des Königs auch weiterhin mit allem Lebensnotwendigen. Dem Opferritus folgte eine zweite Kulthandlung, deren Worte immer an die Südwand der Grabkammer geschrieben sind. Es ging hier um einen Auferstehungsritus, der den *Ba* des Königs aus seiner Verknüpfung mit dem Körper befreien sollte, damit dieser *Ba* sich wieder mit seinem *Ka* vereinen und von neuem leben konnte. Der Text beginnt damit, dass dem König versichert wird, er sei nicht als Toter, sondern als Lebender weggegangen; er ermuntert den König seiner Sonne zu folgen … und neben dem Gott zu sein und sein Haus seinem Sohn zu überlassen, und er endet mit der an den König gerichteten nochmaligen Versicherung, dass dieser nicht untergehen und nicht enden werde, dass seine Identität unter den Menschen bestehen bleibe, selbst wenn sie unter den Göttern weilt.

Wenn die Sonne den Leib der Nut und die *Dat* verließ, begab sich der wiederbelebte Geist des Königs von der Grabkammer der Pyramide in die Vorkammer. Im Denken der Ägypter entsprach dieser Raum *Achet*, einer Schwellenzone zwischen der *Dat* und dem Taghimmel (*Achet* war praktisch die ägyptische Erklärung dafür, weshalb morgens das Sonnenlicht erscheint, ehe die Sonne selbst über den Horizont gestiegen ist). Der Name *Achet* bedeutet „Ort des Kraftvollwerdens" und bezieht sich auf den Prozess, durch den der *Ba* – der Sonne und des Toten zugleich – als *Ach* eine „kraftvolle" Form neuen Lebens annehmen: Die Pyramidentexte sagen der Sonne, dass sie und der tote König aus dem *Achet* aufsteigen (*wbn*) sollen, von dem Ort, an dem sie beide *Ach* geworden seien. Die Texte an den Wänden der Grabkammer stellen Riten dar, die von den Lebenden im Namen des verstorbenen Königs vollzogen wurden, die Inschriften in der Vorkammer hingegen sollten vom König selbst rezitiert werden. Sie gaben dem Verstorbenen die richtigen Worte und Anweisungen, die er zur Überwindung der Gefahren auf seiner Reise zwischen der *Dat* und der Welt der Lebenden brauchte: Zaubersprüche, die ihm halfen physische Hindernisse zu bewältigen, feindselige Kräfte zu beherrschen und zu bezwingen, den himmlischen Fährmann zu überreden ihn als Passagier überzusetzen und die Götter zu ermuntern ihn in ihre Gemeinschaft aufzunehmen. An diesem Punkt wurde der König nicht mehr mit Osiris gleichgesetzt, die Texte der Vorkammer nennen ihn nur noch bei seinem Königsnamen.

Wenn schließlich Nut die Morgensonne gebar, verließ der *Ach* des Königs das Grab. Das sollte in den ältesten Pyramiden anscheinend durch den langen Korridor zur Nordseite der Pyramide geschehen, der die Vorkammer mit der Außenwelt verband und dem Geburtskanal vergleichbar war. Von der 4. Dynastie an gehörte zum Pyramidenbezirk jedoch auch ein östlich der Pyramide stehender Totentempel mit einer Scheintür, die es dem *Ach* erlaubte in Richtung der aufgehenden Sonne herauszutreten. Jedenfalls konnte der wiedergeborene König das Leben bei Tage genießen, wenn er mit der Sonne über den Himmel fuhr und die Welt der Lebenden besuchte.

Zumindest von der Zeit des Schepseskaf an stellte man sich deshalb das Leben nach dem Tod als einen täglich sich wiederholenden Zyklus der geistigen Wiedergeburt vor. Da Schepseskaf selbst nicht unter einer Pyramide, sondern unter einer *Mastaba* bestattet wurde, war für diesen Zyklus anscheinend die Funktion der inneren Kammern des Grabmals – als *Dat* und *Achet* – wichtiger als die Form ihres Überbaus. Die Könige der 5. und 6. Dynastie griffen die Pyramidenform jedoch wieder auf, behielten dabei aber die Anordnung der inneren Kammern wie unter Schepseskaf bei. Auf diese Weise verbanden sie Osiris' unterirdische Kraft des neuen Lebens mit der Leben spendenden Kraft des Urhügels über der Erde. Das Ergebnis

war eine beschwörende Metapher der Wiedergeburt: Unter der Pyramide lag als Mumie der König wie ein Samenkorn, das man in einen Erdhügel gelegt hat, und wartete jede Nacht darauf, Osiris' neue Lebenskraft in seinen Geist gelangen zu lassen. Die Pyramiden waren nicht mehr nur monumentale Grabbauten, die man errichtet hatte um die Erinnerung an Ägyptens Könige unsterblich zu machen: sie waren auch – und grundlegender – Wiederbelebungsmaschinen, die immerwährendes Leben erzeugen und sichern sollten.

Weniger Informationen besitzen wir über die Vorstellungen, die sich die Untertanen des Königs im Alten Reich über ihr Leben nach dem Tod machten, doch es besteht kein Grund zu der Annahme, dass ihre Gedanken darüber anders waren. Ihre Gräber aus der Zeit des Alten Reiches waren nicht mit Pyramidentexten versehen, doch sie enthalten Listen mit den gleichen Opfergaben, die beim königlichen Opferritus dargebracht wurden. Manche Listen waren mit Szenen der Bestattungsriten geschmückt, die dem Auferstehungsritus des Königs entsprachen, und ihre Besitzer behaupten, einen „fähigen *Ach*" zu besitzen, Zauberformeln und „alles, wodurch ein *Ach* zum *Ach* wird" zu kennen. Die Privatgräber waren in der Regel *Mastabas* mit einer einzigen Grabkammer, enthielten aber auch Sarkophage, und die in Giseh neu entdeckten Hügel auf einigen dieser *Mastabas* dienten eindeutig dem gleichen Zweck wie die Königspyramiden.

All diese Merkmale deuten auf eine gemeinsame Vorstellung vom jenseitigen Leben für Könige und Untertanen gleichermaßen hin. Nach dem Alten Reich wurden die nicht für Könige bestimmten Gräber, Sarkophage und Särge ebenfalls mit Pyramidentexten– in manchen Fällen sogar mit direkten Abschriften der Textsammlung, die erstmals in der Pyramide des Unas hinterlassen worden war – und mit neuen Zaubersprüchen derselben Art versehen. Aus diesen Inschriften, die wir heute Sargtexte nennen, entstanden schließlich das Totenbuch und andere Bestattungstexte, die von der Zeit des Neuen Reiches an sowohl bei königlichen als auch bei sonstigen Begräbnissen benutzt wurden. Manche Privatgräber des Neuen Reiches waren auch von kleinen Pyramiden gekrönt. Wie die großen Pyramiden selbst, zeugen auch diese Bauten und ihre Texte von der Hoffnung auf das ewige Leben, die alle Ägypter hegten.

26–27
Der Nachthimmel, im Grab Ramses' VI. als Göttin Nut dargestellt. Der obere Teil der Darstellung zeigt den Lauf der Sonne durch den Körper der Nut bis zur Wiedergeburt in der Morgendämmerung; der untere Teil zeigt Nut mit sternenbedecktem Körper.

27 *rechts*
Ausschnitt aus der Darstellung des Nachthimmels im Grab Ramses' VI.; hier nimmt Nuts Körper die Sonne auf, die in der Abenddämmerung vom Himmel des Tages verschwindet.

Kapitel 2

Die Verwaltung der Pyramide

Vassil Dobrev

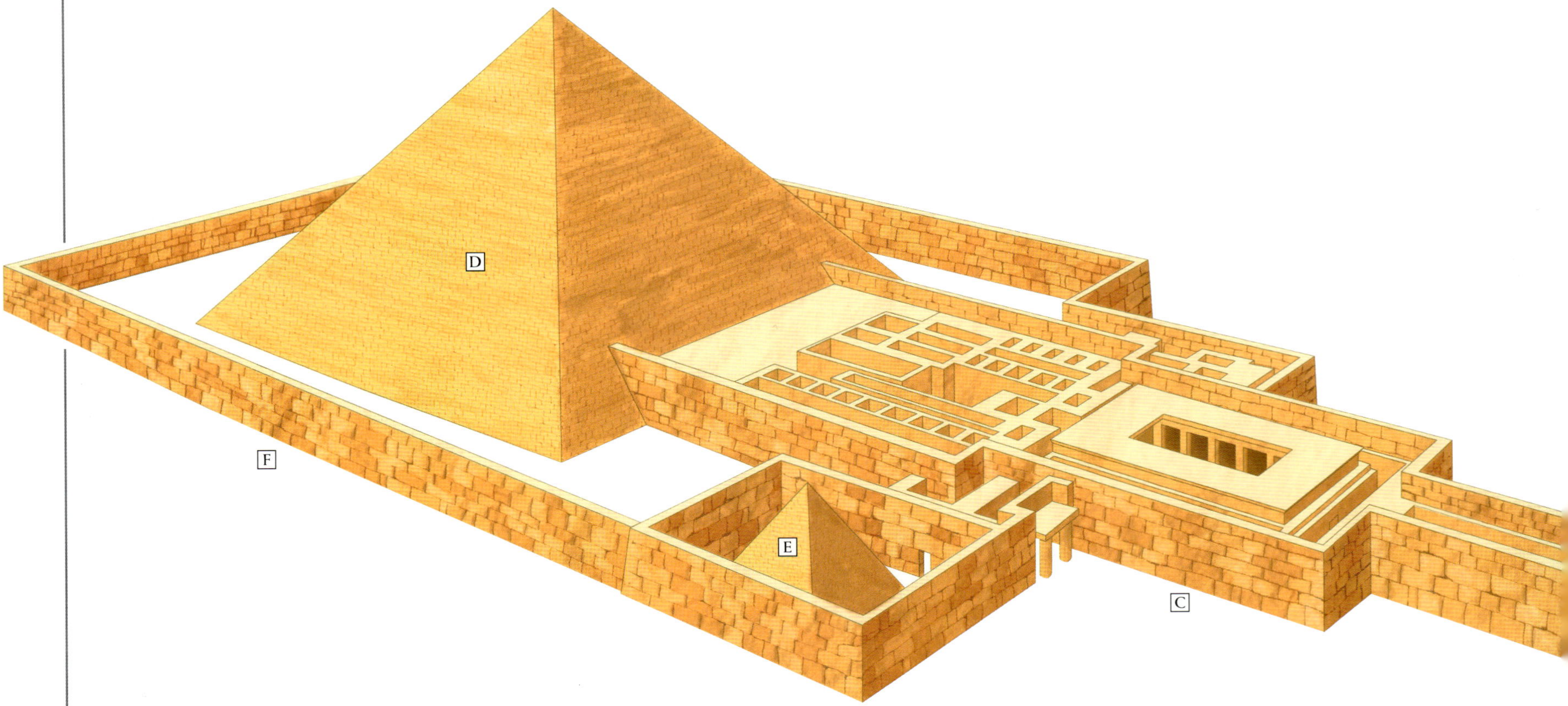

War im Alten Ägypten ein König gestorben, beschäftigte den Nachfolger des Toten ein wichtiger Gedanke – ein Grabmal bauen zu lassen, das ihm half, wieder zum Leben erweckt zu werden und Eingang in die Welt der Ewigkeit zu finden. Über tausend Jahre lang (von der 3. bis zur 13. Dynastie, während der historischen Zeitabschnitte also, die wir Altes und Mittleres Reich nennen) errichteten die Ägypter Steinpyramiden, unter denen ihre Pharaonen beigesetzt werden sollten. Diese Zeitspanne ist das so genannte „Pyramidenzeitalter" Ägyptens, in dem über hundert solcher Monumente erbaut wurden. Zu Beginn errichteten die Ägypter Stufenpyramiden, später, von der 4. Dynastie an, bauten sie echte Pyramiden, deren größte die Cheops-Pyramide in Giseh ist.

Der Bau einer Pyramide war ein wichtiges, großes Ereignis während der Regierungszeit eines Königs. Die Pyramide war jedoch nicht das einzige Bauwerk, das man für den königlichen Bestattungskult errichten musste; sie wurde von einer schützenden Mauer eingefasst und mit verschiedenen anderen Baulichkeiten ergänzt. Zu diesen gehörte ein geräumiger Totentempel für die Kulthandlungen der Priester; eine kleine Kultpyramide, auch Kenotaph genannt, die eine Art zweites Grab, allerdings ohne Königsmumie, darstellte; ein langer Aufweg, auf dem die Mumie des Königs transportiert und ein Taltempel, in dem der Körper des Königs balsamiert wurde. Den Taltempel erreichte man über einen großen Hafen, der an einem mit dem Nil verbundenen Kanal angelegt war. All diese Nebenbauten der Pyramide bilden den königlichen Grabbezirk.

Das erste, was ein neuer König zu tun hatte, war die Auswahl eines geeigneten Ortes für seine Bestattungsanlage. Ihm zur Seite standen dabei verschiedene Personen – Priester, Architekten, Schreiber u. a. –, die zu seiner Administration gehörten. Die meisten von ihnen hatten bereits jahrelang am Grabkomplex des gerade erst verstorbenen Königs gearbeitet. Mitunter geschah es auch, dass die Pyramide eines Königs bei dessen Tod noch nicht fertig gestellt war; dann musste der Nachfolger (im Allgemeinen einer der Königssöhne) das Werk vollenden und den toten Herrscher bestatten. Zur gleichen Zeit musste der neue König aber bereits mit der Arbeit an seiner eigenen Pyramide beginnen. Es leuchtet ein, dass die meisten Personen, die den Grabbezirk des Verstorbenen verwaltet hatten, auch dem neuen König dienen und die Arbeit an der neuen Anlage organisieren mussten. Dennoch war eine bestimmte Anzahl Priester verpflichtet beim Grabmal des Verstorbenen zu bleiben, der bereits als Gott galt, um dessen Totenkult fortzuführen. Die Pflichten dieser Priester waren auf zahlreichen Papyri verzeichnet. Einige Fragmente dieser Papyri aus der Zeit der 5. Dynastie sind als Tempelarchiv von Abusir bekannt. Dieses Archiv ist unsere hauptsächliche Quelle für Informationen über die Organisation der Verwaltung im Zeitalter der Pyramiden. Natürlich hätten wir gern auch ähnliche Akten über den Bau eines Grabbezirkes, doch bisher wurde nichts Derartiges gefunden. Allerdings haben die Steinbrecher, die Steinträger und die Bauleute zahlreiche Inschriften, meist in Rot, Schwarz und Ocker, sehr selten auch eingemeißelt, an den Bausteinen hinterlassen. Diese Inschriften stellen eine weitere wichtige Informationsquelle hinsichtlich der Verwaltung der Pyramiden dar.

Die ägyptische Verwaltung existierte schon lange vor dem Zeitalter der Pyramiden. Man kann sogar sagen, dass die Schaffung einer gut organisierten Verwaltung lebenswichtig für das Land war. Es stellt sich nur die Frage, was der Grund für ihre Einführung war.

Es begann vor langer Zeit, 10 000 – 5000 v. Chr., als Nomadenstämme die Ufer des Nils zu besiedeln begannen. Sie sahen sich von Anfang an mit einer wichtigen Naturerscheinung konfrontiert – mit dem periodisch auftretenden starken Hochwasser des Flusses, das stets Ende Juli seinen Höhepunkt erreichte. Ohne regulierendes Eingreifen hätte das Land vor einer allgemeinen Katastrophe gestanden, da die Flut die Landwirtschaft zerstört und der Bevölkerung Hungersnöte gebracht hätte. Die Ägypter hatten also keine Wahl; sie mussten sich organisieren, Kanäle ziehen und Becken ausheben, um das Nilhochwasser zu steuern und einen Wasservorrat anzulegen. Es ist kein Zufall, dass eine der ersten bekannten bildlichen Darstellungen einen ägyptischen König beim Kanalgraben zeigt. Es entwickelte sich eine ausgefeilte Verwaltung, die die Arbeit im Land organisierte und lenkte. Das Ergebnis war ein fruchtbares, ständig bewässertes Land. Ägypten blühte auf und galt sogar als Kornkammer der antiken Welt.

Unser Wissen über die pharaonische Verwaltung ist wahrscheinlich sehr weit von der altägyptischen Wirklichkeit entfernt. Doch die uns vorliegenden Informationsquellen zeichnen uns ein bestimmtes Bild von dieser Verwaltung und deren Organisation im Zeitalter der Pyramiden.

In der Pharaonensprache existiert ein Wort, das „za" ausgesprochen wird und die wichtigsten Personengruppen in der Verwaltung bezeichnet haben könnte. Der älteste Nachweis der Hieroglyphe *za* stammt von Inschriften auf königlichen Steintöpfen aus der 1. Dynastie (3100 v. Chr.). Das Schriftzeichen stellt eine zu Schlingen gelegte Schnur dar, wie man sie als Fußfessel für das Vieh verwendete. Einer der jüngsten Belege findet sich in einem zweisprachigen Erlass des Königs Ptolemäus III. (237 v. Chr.), in dem *za* als das griechische Wort „phylé" übersetzt ist, das „Stammesverband" bedeutet. Die Tatsache, dass Phylen in den drei Jahrtausenden altägyptischer Geschichte immer wieder erwähnt werden, macht deutlich, dass sie das Gerüst der ägyptischen Verwaltung darstellten. Die Phylen bestanden hauptsächlich aus Priestern. Ein ägyptischer Priester konnte neben seinem Amt mehrere andere Funktionen besitzen, konnte Schreiber, Leiter der Bauvorhaben, Architekt, Richter, Wesir, Königssohn usw. sein. Deshalb waren einige Mitglieder der Phylen bereits hohe Beamte; sie hatten in den Phylen leitende Stellungen inne und dienten zusammen mit den anderen Priestern dem Pharao. Die Priester wohnten in einer Stadt in der Nähe der Pyramidenanlage des herrschenden Königs, in der so genannten Pyramidenstadt; einige hatten ihren Wohnsitz in den königlichen Tempeln, wo sie ihren Dienst versahen. Diese Tempel enthielten Magazine für die gewaltigen Mengen von Opfergaben, die für die Feier des königlichen Totenkults aus ganz Ägypten eintrafen. Tatsächlich wurden diese Opfergaben nach den Zeremonien auch anderweitig verwendet – als Einkünfte für die Priester. Es liegt auf der Hand, dass die Priester nach der Inthronisierung eines neuen Königs niemandem sonst die Planung und Leitung der Bauarbeiten an dessen Pyramide und den dazugehörigen Bauten, d. h. ihren hauptsächlichen Arbeitsplatz, überließen. Vom ersten Stein

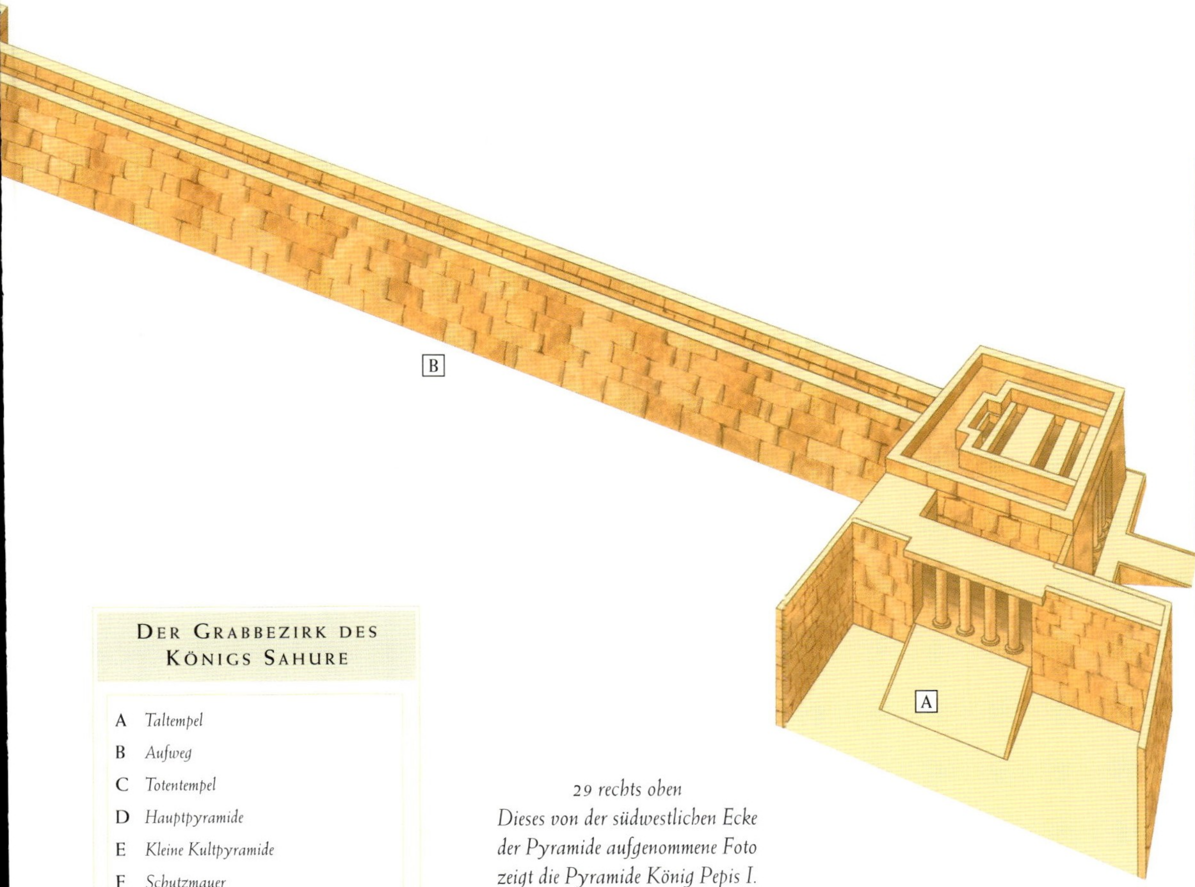

Der Grabbezirk des Königs Sahure

A *Taltempel*
B *Aufweg*
C *Totentempel*
D *Hauptpyramide*
E *Kleine Kultpyramide*
F *Schutzmauer*

Diese Zeichnung wurde nach dem Modell des Grabbezirks König Sahures (5. Dynastie) angefertigt, das im Ägyptischen Museum in Kairo aufbewahrt ist. Sie zeigt die für einen Pyramidenkomplex typischen Bauten.

29 rechts oben
Dieses von der südwestlichen Ecke der Pyramide aufgenommene Foto zeigt die Pyramide König Pepis I. in Sakkara.

29 rechts unten
Bei dieser Inschrift, die in Schwarz auf einem der inneren Steine der Pyramide Pepis I. aufgemalt wurde, ist der Name des Pyramidenarchitekten Inti zu lesen.

der künftigen Pyramide bis zur Vollendung des königlichen Grabbezirks waren die Priesterphylen vor Ort, um die Arbeit zu organisieren und zu kontrollieren und später, auch nach dem Tod des Herrschers, die notwendigen Handlungen für den Totenkult des Königs vorzunehmen.

Das System der Phylen veränderte sich im Verlauf des Pyramidenzeitalters. Im Alten Reich existierten den oben erwähnten Papyri aus Abusir zufolge fünf Phylen, die von Adjektiven wie etwa „groß“, „grün“ oder „klein“ abgeleitete Namen trugen. Jede Phyle bestand aus zwei Abteilungen, die mit Namen wie „die Lebende“, „die Starke“, „die Edle“, „die Auserwählte“, „die Vordere“, „die Erste“ oder „die Aufstrebende“ bezeichnet wurden. Die Mitglieder einer solchen Abteilung arbeiteten in einem zehnmonatigen Zyklus wechselnden Dienstes, d. h. sie taten einen Monat lang Dienst in einem, den nächsten Monat in einem anderen Tempel, und nach zehn Monaten arbeiteten sie wieder im ersten Tempel. Von diesem Wechsel ausgenommen waren die fest angestellten Personen (Vorlesepriester und Reinigungspriester, Schreiber, Wächter, Kunsthandwerker, Töpfer, Handwerker u. a. in ähnlichen Positionen).

In der Zeit des Mittleren Reiches stellte sich das System der Phylen etwas anders dar: Aus den Papyri, die in der Pyramidenstadt Kahun (El-Lahun in der Oase Faijum) gefunden wurden, erfahren wir, dass es vier Phylen mit den Bezeichnungen „Erste“, „Zweite“, „Dritte“ und „Vierte“ gab (später kam eine „Fünfte“ hinzu). Jede Phyle leistete einen einmonatigen Dienst und wechselte sich in numerischer Reihenfolge mit den anderen Phylen ab. Dieses System war anscheinend viele Jahrhunderte lang, bis zur Ptolemäerzeit, in Gebrauch.

Es wurde bereits vor langer Zeit festgestellt, dass einige abgewandelte Namen der Phylen im Alten Reich vier nautischen Begriffen ähneln, die mit der rechten und der linken Schiffsseite – Steuerbord und Backbord – sowie mit dem vordersten und hintersten Teil des Schiffes – Bug und Heck – korrespondieren. Die Schlussfolgerung daraus wurde zu rasch gezogen: In einem Land wie Altägypten, in dem der Nil eine politische und wirtschaftliche Achse bildete, war es nur natürlich, dass man die Arbeit auf dem Fluss schon früh organisiert hatte und diese nautische Organisation später für andere Tätigkeiten übernahm, so dass an der Verwendung nautischer Begriffe als Namen für Priesterphylen nichts Überraschendes war. In Wirklichkeit zeigt die Analyse sämtlicher Phylennamen, dass die Bezeichnungen nicht aus seemännischen Ausdrücken, sondern aus verschiedenen charakteristischen Zeichen entstanden sind. Diese Zeichen oder Symbole könnten bestimmte Menschengruppen bezeichnet haben, die es schon lange vor der Zeit gab, da die ersten Kriegs- oder Handelsschiffe den Nil befuhren. In diesem Fall könnte die Organisation der Schiffsmannschaften von der Organisation der Priesterphylen beeinflusst worden sein und nicht umgekehrt.

Es existiert die allgemein anerkannte Vorstellung, nach der die Verwaltung einer Pyramide von großen Mannschaften oder Trupps geleitet wurde, zu denen auch die fünf Phylen und deren Abteilungen gehörten. (Aus den Papyri von Abusir geht hervor, dass es zwei Abteilungen je Phyle gab, doch aus dem Totentempel des Mykerinos wissen wir von vier und aus der Pyramide Pepis I. von noch mehr Abteilungen.) Diese Vorstellung muss überprüft werden, da große Mannschaften aus mehreren hundert Personen, bezeichnet mit der Hieroglyphe *aper*, erst bei Bedarf, insbesondere zu Beginn der Bauarbeiten an einer Pyramide, angeworben wurden. Außerdem scheint es sie im Gegensatz zu den Phylen nicht auf Dauer gegeben zu haben. Die Namen der *Aper*-Mannschaften, die wir aus Inschriften der Pyramidenbauer kennen, enthielten sehr oft auch einen der Pharaonennamen. Aus der Cheops-Pyramide in Giseh gibt es Hinweise auf einige *Aper*-Mannschaftsnamen wie „Die Zweiländer(Ägypten)-Reiniger des Horus Medjedu (Cheops)“ (Mannschaftsname A), „Die Reiniger des Horus Medjedu“ (Mannschaftsname B), „Die Freunde des Cheops“ (Mannschaftsname C) und die „Anhänger der Mächtigen Weißen Krone des Cheops“ (Mannschaftsname D). Einige Elemente dieser Namen, so beispielsweise „Freunde“, konnten über verschiedene Regentschaften hinweg fortbestehen, wie die Bezeichnung „Die Freunde des Mykerinos“ veranschaulicht. Den Namen einer anderen *Aper*-Mannschaft aus der Zeit des Mykerinos hat man fast ein Jahrhundert lang völlig falsch verstanden; die Übersetzung „Die Trinker des Mykerinos“ ist unlogisch und könnte durch „Die Arbeiter des Mykerinos“ ersetzt werden, was für eine Gruppe von Menschen, die eine Pyramide bauen, viel angemessener klingt. Die vielen in *Aper*-Mannschaften organisierten Menschen mussten von anderen Personen mit einer Dauerstellung beim Pharao angeleitet und kontrolliert werden; letztere waren wahrscheinlich meistens Angehörige einer Phyle. Dass man den Namen der *Aper*-Mannschaft vor den Namen einer Phyle schrieb, wie an einigen Steinen vom Totentempel des Mykerinos zu sehen ist, bedeutete nicht, dass die Mannschaft die Arbeit leitete und die Priesterphyle unter ihrer Kontrolle stand. Die Namen der *Aper*-Trupps beinhalteten ein wichtiges Wort – die Königskartusche –, das am Anfang der Inschrift erscheinen musste wie der durch einen Kreis dargestellte Name des Gottes Re (die Sonne) in der Kartusche des Mykerinos (ägyptisch: Menkaure), der das wichtigste Element des Königsnamens war. Der Name des Gottes wurde zwar zuletzt gesprochen (Men-kau-Re), stand jedoch nach der bekannten ägyptischen Regel der so genannten Inversion ehrenhalber am Anfang der Kartusche.

Deshalb geht man heute besser davon aus, dass es die aus mehreren Abteilungen bestehenden Phylen waren, welche die Arbeit der großen Mannschaften wie etwa der *Aper*-Trupps, doch auch der *ges*-Trupps oder vielleicht anderer Mannschaften leiteten. Diese Trupps mit zahlreichen Arbeitern verrichteten die schweren, körperlich anstrengen-

30 links
Die Stufenpyramide des Königs Djoser in Sakkara, von der südöstlichen Ecke gesehen.

30 und 31 unten
Inschriften der Pyramidenbauer auf einigen Steinen der Cheops-Pyramide und des Totentempels des Mykerinos (4. Dynastie, Giseh).

Phylennamen aus der Zeit des Alten Reiches: aus den Papyri von Abusir	abgewandelte Namen aus anderen Dokumenten	Nautische Begriffe	Charakteristische Zeichen
wr ausgesprochen „ur“	*jmy-wr*; *jmy-wr.t* ausgesprochen „imi-uret“	*jmy-wr.t* = Steuerbord	*wr* = groß
t3 ausgesprochen „to“	*t3-wr* ausgesprochen „to-ur“	*t3-wr* = Backbord	*t3* = verborgen, versteckt
w3ḏ ausgesprochen „uadj“	*w3ḏ.t* ausgesprochen „uadjet“	*w3ḏ.t* = Bug	*w3ḏ* = grün, frisch
nḏs ausgesprochen „nedjes“	*nḏs.t* ausgesprochen „nedjeset“	*nḏs.t* = Heck	*nḏs* = klein
jmy-nfr.t ausgesprochen „imi-neferet“	*nfr.t* ausgesprochen „neferet“	–	*nfr* = vollkommen, schön

31 oben
Die Hieroglyphe za *(eine in Schlingen gelegte Schnur, wie man sie als Fußfessel für das Vieh verwendete) bezeichnet das Wort „Phyle".*

den Aufgaben wie die Arbeit im Steinbruch sowie das Schleppen und Heben der Steine, während kleinere Gruppen, die Abteilungen der Phylen, ausgesprochene Präzisions- und Spezialarbeiten erledigten. Die fachliche Qualifikation dieser kleineren Gruppen machte das Wunder des Pyramidenzeitalters im Alten Ägypten möglich.

Eine der Papyrusrollen aus dem Archiv von Abusir belegt, dass eine Phylenabteilung aus zehn Priestern bestand; deren Namen sind deutlich auf den Papyrus geschrieben. Diese Priester, genannt *hemiu-netjer* („Diener Gottes") und *chentiu-netjer* (wörtlich übersetzt „Jene vor dem Becken") waren mit der Durchführung von Tag- und Nachtriten im Totentempel oder auf dessen Dach sowie rund um die Pyramide und an der sie umgebenden Mauer betraut. (Diese Riten könnten selbst während der Bauarbeiten am Pyramidenkomplex stattgefunden haben). Sie bereiteten die rituellen Mahlzeiten für den König und reichten sie ihm dar, vollzogen das Trank- und das Rauchopfer (beispielsweise mit Weihrauch), enthüllten, säuberten, bekleideten und schmückten Statuen, bewachten bei Nacht die Monumente usw. Die Erfüllung der einzelnen Aufgaben wurde streng kontrolliert, indem man Anwesenheit und Abwesenheit der Priester notierte; ein schwarzer senkrechter Strich bedeutete, dass der Betreffende seine Arbeit getan hat, einen roten Strich gab es für Abwesenheit.

Wir dürfen allerdings nicht vergessen, dass die Papyri von Abusir über die Arbeit von etwa 200–250 Personen berichten, die den Totenkult eines verstorbenen Königs vollzogen. Im Verlauf der Regierungszeit eines Königs hatte die Verwaltung viel mehr Menschen zu leiten. Herodot erwähnt, dass am Bau der Cheops-Pyramide 100 000 Personen beteiligt waren, doch nach den Schätzungen heutiger Ägyptologen lag diese Zahl bei „nur" 30 000. Die meisten ägyptischen Pyramiden reichten nicht an die Größe der Cheops-Pyramide heran, man kann sich also vorstellen, dass für ihren Bau 10 000–20 000 Menschen ausgereicht haben.

Solche Zahlen machen deutlich, dass die Anzahl der Personen, die in der Nekropole eines lebenden Herrschers während der Bauarbeiten an der Königspyramide organisiert werden mussten, etwa hundertmal größer war als die Zahl jener, die mit dem Kult eines toten Königs beschäftigt waren. Folglich müssen die Informationen aus den Tempelakten von Abusir sehr weit von der wirklichen Dimension der Verwaltung einer im Bau befindlichen Pyramide abweichen.

Der ägyptischen Wirklichkeit näher kommen wir mit den Inschriften der Pyramidenbauer; diese liefern uns direkte Informationen über die Verwaltung einer Pyramide. Die Nutzung dieser Quelle bereitet allerdings Schwierigkeiten, da die übergroße Mehrheit der mit Inschriften versehenen Steine noch unter Sand und Schutt begraben liegen; die unteren Steinlagen der gemeinhin bekannten Pyramiden sind in der Regel noch nicht freigelegt. Der Grund dafür ist höchstwahrscheinlich, dass es an finanziellen Mitteln für die Beendigung der Arbeit fehlt; eine Rolle könnte auch eine gewisse Abneigung gegen diese Tätigkeit spielen. Andererseits ist es schwer zu erklären, dass von über hundert Pyramiden und nach über 150 Jahren neuzeitlicher Ausgrabungen in Ägypten nur die Pyramiden des Cheops und des Chephren in Giseh, die Pyramide Pepis I. in Sakkara-Süd und bis zu einem gewissen Grad die Pyramide des Unas in Sakkara systematisch gesäubert und bis zum Fundament vom Sand befreit worden sind. Das riesige Potenzial der Inschriften der Pyramidenbauer ist bei weitem noch nicht vollständig erforscht. Einige Beispiele beschriebener Steine aus der Pyramide Pepis I. machen deutlich, wie ergiebig diese Informationsquelle ist.

Wenn wir uns die wichtigen Hinweise ansehen, die aus den Inschriften der Pyramidenbauer bereits gesammelt worden sind – Informationen über den Pyramidenbau, die Verwaltung der Pyramide und die Personen, die die Verwaltung leiteten –, erscheint es wirklich bedauerlich, dass man nicht versucht die Sammlung dieser Dokumente zu erweitern. Die Archäologen müssen allmählich daran denken, die untersten Teile einiger Pyramiden in Sakkara, Dahschur, Abusir und Giseh systematisch freizulegen und zu säubern. Einige erstklassige Objekte wären die Pyramide des Djedkare (5. Dynastie) in Sakkara-Süd, eine der besterhaltenen Pyramiden in Ägypten; die Pyramide des Teti (6. Dynastie) in Sakkara; die Pyramiden der Halbbrüder Merenre und Pepi II. (6. Dynastie) in Sakkara-Süd; die Pyramide des Mykerinos (4. Dynastie) in Giseh; die beiden großen Pyramiden des Snofru (4. Dynastie) in Dahschur; die Rote Pyramide und die Knickpyramide, welche die am besten erhaltene Pyramide in Ägypten ist, sowie das Monument des Snofru in Medum, an dem bei der Freilegung der Nordwestecke (1984–1986) Hunderte von Inschriften zum Vorschein kamen. Selbst die Stufenpyramide des Djoser in Sakkara, eines der berühmtesten und am häufigsten besuchten Monumente in Ägypten, steht mit dem unteren Teil der Westseite noch im Sand.

Angesichts der Zerstörung der ägyptischen Pyramiden während der drei bis fünf Jahrtausende, die uns vom Zeitalter der Pyramiden trennen, kann sich selbst der größte Optimist kaum oder gar nicht vorstellen, dass man eines Tages in einem unversehrten Pyramidengrab Schätze wie beispielsweise jene aus dem Grab des Tutanchamun finden könnte. Was wir stattdessen in der Zukunft vielleicht finden werden, wenn wir bereit sind Mittel in die Freilegung einiger Pyramiden zu investieren, sind immer mehr Inschriften von den Erbauern dieser Monumente, die uns authentische Informationen darüber liefern werden, wie man die Pyramiden einst baute und verwaltete. Diese Inschriften wären die wahren „Schätze der Pyramiden"!

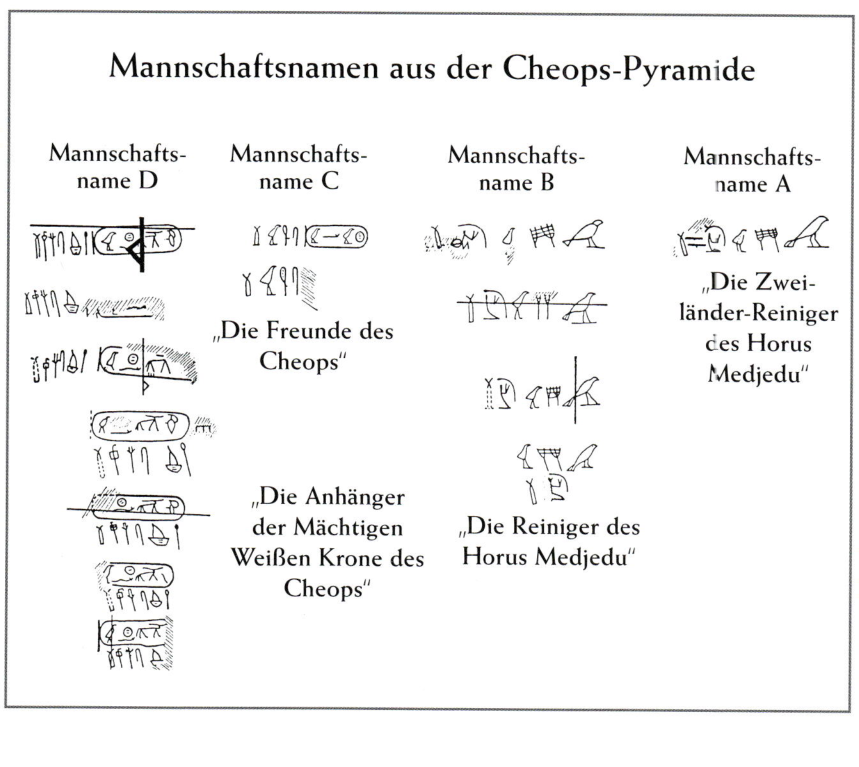

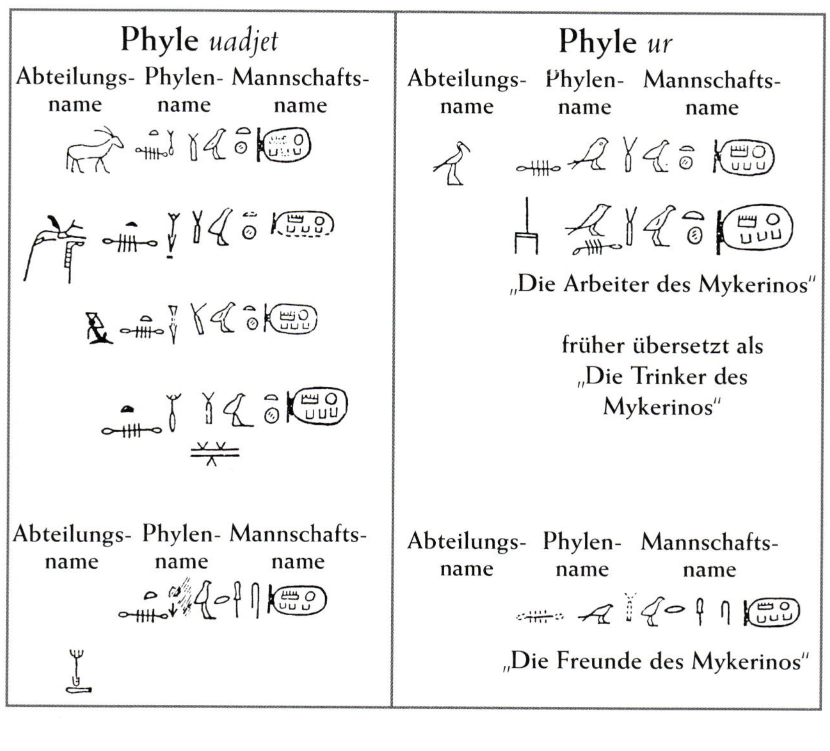

Kapitel 3

Der Bau einer Pyramide im Alten Reich

Mark Lehner

Bei der Frage, wie die Ägypter einst ihre Pyramiden bauten, denkt der Fragende in der Regel an die bekannten riesigen Pyramiden und erwartet eine Art Standardantwort. Es existieren lediglich fünf oder sechs riesengroße Steinpyramiden, die innerhalb von nur drei oder vier Generationen erbaut wurden. Die Ironie liegt darin, dass gerade diese Monumente, die der Versuchsphase des Pyramidenbaus zuzuordnen sind, die größten Unterschiede in den Baumaterialien, den Größen und Arbeitsmethoden aufweisen.

Bei solch gewaltigen Pyramiden werden natürlich auch viele Fragen nach dem Wie gestellt. Es geht nicht nur darum, wie man ein so perfektes Quadrat von mehreren Tausend Quadratmetern Grundfläche vermisst, den Baugrund nivelliert, einen bestimmten Neigungswinkel und die quadratische Grundform einhält, wenn man von Schutt und Rampen umgeben nach oben baut, sondern auch darum, wie man einen Bauplatz und einen Steinbruch auswählt. Wie werden die Steine zugeschnitten, die Blöcke geschleppt, die schweren Lasten gehoben und die Steine an die richtige Stelle gesetzt? Was verwendet man als Mörtel, wie viel harten Granit verwendet man, wie erzielt man bei dieser riesigen Pyramidenfläche glatte, gleichmäßige Seiten?

Arbeitsvorgänge wie das Bewegen tonnenschwerer Steine, die auf Transportschlitten oder Schiffe geladen und wieder abgeladen werden mussten, das Hantieren mit den schweren Blöcken, wenn die Arbeiter kurz vor dem Erreichen der Pyramidenspitze immer weniger Platz hatten, waren hier keine Selbstverständlichkeit. Hinzu kam, dass mit kleinen Meißeln Tausende Quadratmeter Verkleidungssteine geglättet werden mussten. Damit die Pyramide auch wirklich zu Lebzeiten des Königs vollendet wurde, mussten all diese Einzelheiten aufeinander abgestimmt ablaufen. Die Gesamtheit all der Werkzeuge, Methoden und Arbeitsvorgänge bildete das *technische System* des Pyramidenbaus.

Bei den meisten Fragen denken wir an die Cheops-Pyramide – den Höhepunkt der Pyramidenbaukunst. Viele der Antworten werden daher kaum die Bauweise einer Pyramide aus der Zeit der 6. Dynastie oder einer aus dem Alten Reich stammenden Lehmziegelpyramide berühren, manche Antworten, beispielsweise zur Verkleidung des Pyramidenäußeren, werden für alle gleichermaßen gelten. Andererseits setzt vieles, was über die Konstruktion dieser Monumente geschrieben wurde, eine idealisierte Pyramide auf ebenem Untergrund voraus.

Der Steintransport

Die bildlichen Darstellungen in Gräbern zeigen nur selten Transportarbeiten oder andere Vorgänge beim Pyramidenbau. (Die Frage nach dem Warum ist zwar sehr interessant, würde uns hier jedoch zu weit vom Thema wegführen.) Die Grabkünstler stellten etwas anderes dar – auf kleinen Schiffen transportierte, vielleicht aus Stein bestehende Särge. Die Särge werden mit Hilfe von Trägern und Stützen vom Schiffsdeck gehoben. Der Reliefschmuck am Aufweg des Unas zeigt den Transport zweier granitener Palmsäulen, die längs hintereinander auf einem Lastkahn liegen; Säulen dieser Art wurden tatsächlich im Pyramidentempel des Unas aufgestellt. Ihre Höhe betrug zwischen 5,5 und 6,5 Meter. Die Säulen in der Szene ruhen auf Transportschlitten, die wie die Särge mit einem Stützgestell aus Balken oder Tragstangen von Deck gehoben werden. Die Tragstangen könnten dazu gedient haben, den Druck der Ladung auf das Deck zu verringern. Sie könnten auch eine Rolle beim Verladen gespielt haben; diese Arbeit war gefährlich, wenn man bedenkt, dass ein fünfzig Tonnen schwerer Granitblock von der Art, wie sie in der Cheops-Pyramide verbaut wurden, ein Schiff ohne weiteres zum Kentern bringen konnte, wenn er zu weit nach einer Seite rutschte.

Weitere Informationen aus bildlichen Darstellungen finden wir, wenn wir ein Jahrtausend weiter, in die Zeit des Neuen Reiches, schauen (und uns dabei die Frage stellen, wie stark sich diese Arbeitsabläufe in der Zwischenzeit verändert haben könnten). Nach Reginald Engelbachs Auffassung warfen die Bauleute der Königin Hatschepsut (18. Dynastie) zum Verladen der großen Granitobelisken für ihre Herrscherin rund um die Obeliskenschiffe, die an den Wänden des Hatschepsut-Tempels in Der el-Bahari abgebildet sind, zunächst eine bis in Deckhöhe reichende Böschung aus Erde auf. War der Obelisk abgeladen, konnte man das Schiff wieder freilegen. Möglicherweise wurde der Lastkahn auch in einen schmalen Kanal gebracht, wo man unter die Ladung große Zedernholzbalken schob, deren Enden auf Lagern beiderseits des Kanals ruhten. Das Transportschiff konnte dann mit Ballast beschwert und unter der Ladung hindurch wieder aus dem Kanal geschoben werden.

Ob diese Verfahrensweise tatsächlich durchführbar ist (die Obelisken wogen bis zu mehreren hundert Tonnen, die für eine beliebige Anzahl Querbalken eine starke Belastung wären), sei dahingestellt, doch durfte keine Transportmannschaft den Fehler begehen ihre Last, ganz gleich ob an Land oder auf dem Schiff, einfach zu ebener Erde abzulegen. Ein tonnenschwerer Block, der einmal auf dem Schiffsdeck oder auf dem Boden liegt, besitzt eine gewisse Trägheit, lässt sich schwer bugsieren und wieder in Bewegung bringen. Die Steinarbeiter der heutigen Zeit lassen ihre Last stets auf Drehzapfen, Stützen oder Hebeln liegen, bis sie ihre Arbeit daran beendet haben und den Stein einsetzen können.

Die Inschrift über der Darstellung des Transports von Unas' Granitsäulen lautet: „...die Ankunft dieser Schiffe aus Elephantine, beladen mit [Granit-]Säulen von zwanzig Ellen" oder 10,46 Metern, womit wahrscheinlich die Gesamtlänge der beiden Säulen gemeint war. In einem Fragment dieser Inschrift, die von dem für die Lieferung verantwortlichen, namentlich nicht genannten Beamten stammt, wird behauptet, die Fahrt (zurück?) sei in sieben Tagen gemacht worden, was auf eine Reisegeschwindigkeit von 5,5 Stundenkilometern rund um die Uhr schließen lässt. In der Inschrift heißt es sogar „vier Tage auf dem Transport"!

Ein Beamter mit Namen Weni aus der Zeit der 6. Dynastie holte aus dem Alabasterbruch Hatnub einen Opfertisch und aus Assuan Granit für eine Scheintür sowie andere Teile für König Merenres Pyramide. Er berichtet, dass er „...mit ihnen in einer einzigen Expedition mit sechs Lastschiffen und drei Schleppkähnen mit acht Spanten nach Norden zur Pyramide ‚Merenre erscheint in Vollendung' gefahren [sei].

Seine Majestät schickte mich nach Hatnub, damit ich aus Hatnub einen großen Opfertisch aus Alabaster bringe. Ich brachte diesen Tisch für ihn in siebzehn Tagen herbei. Nachdem er aus dem Bruch in Hatnub herausgeschlagen war, ließ ich ihn mit diesem Lastschiff, einem Schiff aus Akazienholz von sechzig Ellen (31,5 Meter) Länge und dreißig Ellen (15,75 Meter) Breite, das ich dafür gebaut hatte, stromabwärts fahren. Zusammengebaut in siebzehn Tagen, im dritten Monat des Sommers, als kein Wasser über den Sandbänken stand, landete es sicher bei der Pyramide ‚Merenre erscheint in Vollendung'...

Seine Majestät schickte mich, dass ich in Oberägypten Kanäle grabe und drei Lastschiffe und vier Schleppkähne aus Akazienholz von Uauat (Unternubien) baue. Später schnitten die fremden Oberen von Irtjet, Uauat, Yam und Medja das Holz für sie. Ich habe das alles in einem Jahr gemacht. Die flottgemachten Schiffe wurden mit sehr großen Granitblöcken für die Pyramide ‚Merenre erscheint in Vollendung' beladen".

Wenis Wichtigtuerei mit diesen Leistungen in der Zeit der 6. Dynastie steht in deutlichem Gegensatz zum Stillschweigen der Beamten, die für weit größere und zahlreichere Granit- und Alabasterladungen für die riesigen Pyramiden der 4. Dynastie verantwortlich waren. Wir haben von ihnen nur Namen wie Hemiun und Anch-haf, die den Titel „Aufseher aller baulichen Anlagen des Königs" trugen.

Beim Bau von Schiffen der damaligen Zeit wurden die Einzelteile mit Seilen verbunden, so dass

die Barken auch auseinander genommen und wieder zusammengesetzt werden konnten. Defekte Schiffsbalken wurden von den Pyramidenbauern möglicherweise als Balkeneinlagen für Transportstraßen verwendet, auf denen man schwere Steine über Land zur eigentlichen Baustelle zog. Ausgräber vom Metropolitan Museum in New York haben solche Straßen in Lischt bei den Pyramiden aus der 12. Dynastie gefunden.

Auf Transportstraßen beförderten Arbeitskolonnen das Baumaterial aus dem Steinbruch zum Fluss oder Kanal und vom Hafen zum Bauplatz. Diese Wege mussten fest und stabil sein, denn nichts bremst einen zwei Tonnen schweren Steinblock schneller als weicher Sand. Die Baustraßen in Lischt waren fünf Meter breit und bestanden aus Kalksteinsplitt und Mörtel. In die Straßendecke eingesetzt und mit Füllmaterial bedeckt lagen schwere Holzbalken. Diese bildeten eine stabile Bettung. Auf die Straßenoberfläche wurden dünne Schichten aus Schlamm oder feuchtem Gips aufgebracht, die als Gleitmittel für die Schlittenkufen dienten. Aus dem Pyramidenzeitalter stammende Baudämme und Rampen, die bis heute in Giseh erhalten sind, bestehen aus Kalksteinsplitt, Gips und *Tafla*, einem feinkörnigen, kalkhaltigen gelbbraunen Wüstenlehm, der sich stark vom grauen Schwemmton aus dem Niltal unterscheidet. Dieses Gemisch gibt es zu Millionen Kubikmetern in Giseh, wo es die riesigen Steinbrüche am Südostrand des Pyramidenfeldes füllt. *Tafla* findet sich zwischen und unter den großen Baublöcken der Tempel von Giseh; es wurde demzufolge als Füllmaterial *und* als Gleitmittel verwendet.

Auf Grabszenen findet man Darstellungen von Arbeitstrupps, die auf Transportschlitten Statuen aus Holz oder Stein ziehen. Meistens gießt ein Arbeiter eine Flüssigkeit, wahrscheinlich Wasser, vorn unter die Schlittenkufen. Die am häufigsten angeführte Szene befindet sich in dem aus dem Mittleren Reich stammenden Grab des Djehutihotep. Bei dieser Darstellung ziehen 172 Männer eine Last, die man (falls sie in Wirklichkeit existierte) für eine 58 Tonnen schwere Statue dieses lokalen Herrschers hält. Auf jeden Transportarbeiter kam dabei also eine Last von einer Dritteltonne. Auf einer nahezu reibungsfreien Oberfläche wäre das vielleicht möglich gewesen. Der französische Ingenieur Chevrier zog bei seiner Arbeit an einem Tempel in Karnak mit nur sechs Arbeitern einen Block von fünf oder sechs Tonnen Gewicht auf einem Schlitten über eine mit Wasser gleitfähig gemachte Baustraße. 1991 wurde in einem Experiment für das amerikanische wissenschaftlich-dokumentarische Fernsehprogramm NOVA eine kleine Pyramide errichtet; dabei konnten jeweils zehn bis zwölf Männer ohne weiteres zwei Tonnen schwere Blöcke auf Schlitten eine ansteigende Straße hinaufziehen.

33 oben
Die Hypothesen über die Methoden der Pyramidenbauer, schwere Steine unter Ausnutzung der Hebelwirkung nach oben zu befördern, setzen voraus, dass sämtliche Blöcke rechtwinklig zugeschnitten, die Stufen sehr regelmäßig angelegt und als Arbeitsbühne breit genug waren. Die Wirklichkeit sah bei den größten Pyramiden ganz anders aus. Lithographie aus dem 19. Jahrhundert.

33 unten
Die Pyramidenbauer müssen einen großen Teil ihrer Hilfsmaterialien (Gips, Holz, Korn, Kupfer und Vieh) auf kleinen Transportschiffen mit stumpfem Bug und Heckaufbau herangeholt haben. Detail aus einem Wandrelief vom Grab des Ibi. 6. Dynastie. Kairo, Ägyptisches Museum.

Bau einer Pyramide

34
Die Blöcke an der Basis der Cheops-Pyramide sind nicht maßeinheitlich, dafür aber riesig und bis zu fünfzehn Tonnen schwer. Die Steine werden zur Spitze des Bauwerks hin immer kleiner. Die Cheops-Pyramide steht auf einer Plattform aus feinem Kalkstein.

35 oben
Teil der Granitverkleidung am Taltempel des Chephren. Die Quadersteine haben kein einheitliches Format und bilden keine gleich hohen Schichten; die Blöcke sind einander im Trapezmuster angepasst.

Es existiert auch eine Darstellung aus dem Altertum, auf der Ägypter Rinder allein oder zur Unterstützung der Transportarbeiter zum Steineziehen einsetzen. In der Anlage des Mentuhotep (11. Dynastie) in Luxor fanden Ausgräber in dem von den Bauleuten zurückgelassenen Schutt auch Skelette von Zugtieren. Dieter Arnold wies in dem Zusammenhang darauf hin, dass durch den Einsatz von Arbeitstieren eine größere Kraft auf eine kleinere Fläche verteilt werden kann, wobei ein Ochse fünf Männer ersetzt.

Steinbrüche: Mengen und Arten von Baumaterial

Die Größe der Grundfläche bestimmte, welche Materialmengen die Bauleute zu Lebzeiten des Königs zu einer Pyramide zusammenfügen mussten. Eine Grundfläche wie die der Cheops- Pyramide (rund 53 000 Quadratmeter) erforderte eine Bauhöhe von 146,5 Metern und 2 600 000 Kubikmeter Baumaterial. Natürlich vertraute das Königshaus in höchstem Maß darauf, dass die erforderlichen menschlichen und natürlichen Ressourcen aufgebracht werden konnten. Die meisten Bausteine für die drei Pyramiden in Giseh wurden wahrscheinlich direkt am dortigen Kalksteinplateau, hangabwärts von der großen Nordost-Südwest-Diagonale, auf der die Pyramiden stehen, gebrochen.

Der feine, homogene weiße Kalkstein für die Außenverkleidung der Pyramide – eine Qualität, die es in Giseh nicht gab – kam in großen Mengen aus den östlichen Steinbrüchen in den Mokattamhügeln, von Maasara und in erster Linie aus Tura. Aus Assuan, das 933 Kilometer südlich der Hauptregion des Pyramidenbaus lag, schafften Nachschubkolonnen Granit heran. Für die Grabkammern des Cheops und des Mykerinos, für die ersten siebzehn Lagen der Verkleidung der Mykerinos-Pyramide sowie für die unterste Verkleidungsreihe der Pyramide und die Auskleidung der Tempel des Chephren verwendeten die Bauleute von Giseh reichlich Rotgranit. In der Zeit des Alten Reiches wurden in den Steinbrüchen von Assuan 45 000 Kubikmeter Granit gebrochen. Für die Fußbodenplatten der Tempel ließen die Pyramidenbauer Alabaster und Basalt aus vielen verschiedenen Orten kommen. Die Statuen wurden aus Alabaster, Granit und Gneis gearbeitet, für Schlag- und Glättwerkzeuge verwendete man Diorit und Quarzit.

Die riesigen Materialmengen für das Kernmauerwerk in der Nähe der Pyramidenbaustelle brechen zu lassen, war für die Bauleute natürlich höchst vorteilhaft. Man kann davon ausgehen, dass durch den Abbau eine Grube in etwa der Größenordnung des zu errichtenden Monuments entstand. Einige der großen Pyramiden aus der Zeit des Mittleren Reiches wurden aus Lehmziegeln errichtet. Das dafür benötigte Material, eine riesige Menge Lehm, wurde sicherlich aus dem nahen Talgrund gewonnen.

Ein wichtiger Punkt, den es zu berücksichtigen galt, muss für die Pyramidenbauer der Standort des Steinbruches gewesen sein. Einer der Hauptgründe für die verschiedenen Mauerwerksarten im Kern der Pyramiden mag die Qualität des lokalen Gesteins sein. Die vermeintliche große „Bodensenke" rund um den Djoser-Bezirk ist in Wirklichkeit vielleicht die Quelle, aus der ein Großteil der Stein- und Lehmfüllung der Pyramide stammt. In Giseh liegen entlang des flachen südöstlichen Plateaubereichs dicke Gesteinsschichten, die durch dünne, weichere Schichten unterbrochen sind, was ideal für die Gewinnung großer Steinblöcke ist. Hier befinden sich die deutlich abgegrenzten hufeisenförmigen Becken der Steinbrüche für die Cheops- und die Mykerinos-Pyramide.

Etwa dreihundert Meter genau südlich der Cheops-Pyramide befindet sich der Steinbruch, der das Kernmaterial für diesen Bau geliefert haben muss. Die tiefste Stelle des Steinbruchs liegt dreißig Meter unterhalb des ursprünglichen Geländeniveaus; hier haben die Steinbrecher in der Zeit der 4. Dynastie fast 2 760 000 Kubikmeter Baumaterial herausgeholt. Diese Menge übersteigt zwar das Volumen der Cheops-Pyramide etwas, reichte aber noch nicht aus, da fast dreißig Prozent des Gesteins für Schrotgräben verloren gingen. Der Steinbruch erstreckt sich südlich über eine unbekannte Entfernung jenseits der Linie des Mykerinos-Aufweges, wo Abd el-Aziz Saleh 1980 für die Kairoer Universität einen Teil der westlichen Bruchwand freilegte. Ein großer Teil der Steine wurde aus dem Zentralwadi selbst geholt, das ein Volumen von 4 400 000 Kubikmetern darstellt. Die Pyramidenbezirke von Giseh verkörpern ein Gesamtvolumen von 5 220 000 Kubikmetern; in den Steinbrüchen von Giseh gab es also genug Material für die Kernfüllung der drei Pyramiden, selbst wenn man die Steinbrüche speziell für die Projekte des Chephren und des Mykerinos außer Acht lässt.

Der Steinbruch südlich des Chephren-Aufweges war bis zu den Ausgrabungen in diesem Jahrhundert mit Millionen von Kubikmetern Kalksteinsplitt, Gips, Sand und Wüstenlehm (*Tafla*) gefüllt. Ein großer Teil davon könnten Reste der Baurampe sein, die die Bauleute nach der Fertigstellung der Cheops-Pyramide wieder in den Steinbruch geworfen haben. Dessen westlicher Rand stand zwar immer sichtbar aus dem Boden hervor, doch der Umstand, dass der Steinbruch zugeschüttet und verdeckt war, ließ Pyramidenforscher wie Sir Flinders Petrie glauben, dass man die Bausteine für die Pyramiden hauptsächlich vom anderen Ufer des Flusses geholt hatte. Als der ägyptische Archäologe Selim Hassan in den 1920er und 1930er Jahren einen Großteil des Schuttes abtrug, legte er etwa anderthalb Meter hohe Steinsimse frei, die stehen geblieben waren, als die Steinbrecher hier einst Blöcke von der Größe der Steine im Pyramidenkern abtrennten. Hinter den Simsen hatten sie lange schmale Kanäle in die Gesteinsoberfläche gemeißelt, um die Breite der herauszubrechenden Blöcke festzulegen.

Zwischen dem Beckensteinbruch direkt südlich der Cheops-Pyramide und dem Sphinx ist eine dreieckige Fläche wabenartig mit Felsgräbern durchsetzt. Einige Gräber sind eingesenkt und liegen unter Rechtecken aus massivem Fels, die die Größe mehrerer Güterwagen oder kleiner Häuser haben und durch gähnende Korridore voneinander getrennt sind. Diese Rechtecke sind in Nachschlagewerken der Ägyptologie zwar als *Mastabas* verzeichnet, doch sie wurden in der Zeit der 4. Dynastie bei der Vorbereitung der Felsoberfläche geschaffen, aus der Blocksteine gebrochen werden sollten. In dem älteren Steinbruch der Cheops-Pyramide waren die Rechtecke abgebaut, und die Steinbrecher meißelten dann Baublöcke entlang offener Bänke oder Terrassen heraus. Doch hier, südwestlich des Sphinx, beuteten sie den Felsen nicht so gründlich aus; so kann man heute durch stille Gänge gehen, in denen einst das Klirren und Klingen der steinernen Hämmer und Meißel und der Singsang der Arbeiter, die die Blöcke wegzogen, widerhallte. Die großen Blöcke aus anstehendem Gestein sind durch schmalere Gräben unterteilt, die gerade so breit sind, dass ein Mann hineinpasst und mit dem Pickhammer einen Trennungsgraben durch ein Felsmassiv brechen kann, das etwa die Höhe eines Stockwerks hat und einige Dutzend Meter breit ist. An einigen Stellen haben die Steinbrecher einen Block von den Abmessungen der großen, tonnenschweren Steine in den Kernmauern der Chephren-Pyramide abgetrennt und dann liegen gelassen.

Der ebenfalls hufeisenförmige Steinbruch für die Mykerinos-Pyramide, dessen tiefes Ende in Richtung der Pyramide liegt, befindet sich genau südöstlich von der dritten Pyramide. Man kann hier noch immer die Löcher für Holzhebel von der Größe einer Eisenbahnschwelle sehen; diese Hebellöcher sind in Reihen in eine weichere Kalksteinschicht gemeißelt. Hatten die Steinbrecher einen Block an drei Seiten vom umgebenden Gestein abgetrennt, brauchten sie ihn nur noch mit Hilfe von Hebeln vom Untergrund loszubrechen.

In den Kalksteinbrüchen von Tura, aus denen das Material für die Pyramidenverkleidung kam, gruben die Steinbrecher, immer den Schichten

höchster Qualität folgend, in und unter der Abraumschicht aus schlechterem Stein Gänge bis tief in den Hang hinein und schufen so höhlenartige, geradlinig verlaufende unterirdische Galeriesteinbrüche. Sie begannen mit einem „Leitsims", der entlang der späteren Galeriedecke herausgeschnitten wurde. Dann entfernten sie den Stein in Terrassen oder Bänken, wie sie es am Grund des Steinbruches von Giseh praktizierten.

Die Steinbrüche von Assuan, die über 933 Kilometer südlich von Giseh lagen, lieferten die Granitblöcke zum Auskleiden der Grabkammer des Cheops, zum Verkleiden der Pyramidentempel des Chephren, der Pyramide des Mykerinos, für die Säulen der Pyramiden aus der Zeit der 5. und 6. Dynastie, für Scheintüren, Opfertische und manche Pyramiden-Schlusssteine. Man sagt, die Bauleute aus der Zeit des Alten Reiches hätten die zahlreichen Granitfindlinge, die man am 1. Nilkatakt fand, eingesammelt und dann formgebend bearbeitet. In Anbetracht der Tatsache, dass Granit so viel schwerer zu bearbeiten ist als Kalkstein, mag das weitgehend der Wahrheit entsprechen. Doch die längeren Granitwerkstücke, die die Ägypter zu Deckenbalken für die Gruft des Cheops und für vier der fünf darüber liegenden Entlastungskammern verarbeiteten, waren bis zu 5,5 Meter lang und wogen 60 (!) Tonnen. Sie wurden wahrscheinlich wie Kalksteinblöcke gebrochen, indem man das Urgestein mit Ausnahme des Granits herausschnitt; die Kanäle dafür mussten durch anstrengend-qualvolle Schläge mit Diorithämmern ausgearbeitet werden, eine Methode zum Brechen von Granit, die man fast die ganze Pharaonenzeit hindurch anwendete. „Zum Granit geschickt" zu werden, muss wohl die schlimmste Arbeit beim Pyramidenbau gewesen sein.

Rätsel des Pyramidenbaues

Die Konstruktion einer Pyramide war viel weniger regelmäßig und standardisiert als unsere Denkgewohnheiten uns glauben oder sehen lassen. Wenn die Blöcke aber kein einheitliches Maß aufweisen, konnten die Arbeitsmittel für ihren Transport, beispielsweise hölzerne Schlitten, nicht vereinheitlicht werden. Man kann sich nur schwer Bauleute vorstellen, die mit Hebeln, Hebekränen und Holzunterbauten „Blöcke" heben, die nicht rechtwinklig, sondern trapezförmig, oval oder überhaupt unregelmäßige geformt sind. Vorausgesetzt, dass ein Großteil des Pyramidenfüllmaterials fast ausschließlich aus Schutt besteht, ist es viel wahrscheinlicher, dass nicht Hebel und Hebekräne, sondern Rampen und Böschungen zum Transport des Materials auf den noch unfertigen Baukörper benutzt wurden. Wir sollten uns sogar fragen, ob die Bauleute für die Rampen und den Pyramidenkern nicht manchmal das gleiche Steinmaterial verwendet haben. Auch gab es wahrscheinlich kein Handbuch, nach dem man die ersten Pyramiden hätte bauen können. Vielmehr wandten die Pyramidenbauer wohl einige grundlegende Steinsetztechniken an und wandelten die Gestaltungsmethoden, die Blöcke, die Lagen und andere Merkmale eigens für den Bau der einen, danach der nächsten und übernächsten Pyramide ab.

Vermessen der Grundfläche

Viele Menschen sind der Meinung, die genaue Bestimmung der wahren Nordrichtung zum Zweck der Ausrichtung der Pyramide, das Abstecken des Quadrats für die Grundfläche und das Nivellieren seien einmal durchgeführte, eigenständige Arbeitsvorgänge gewesen; nachdem die Vermesser einmal das riesige Quadrat auf dem Boden markiert hätten, seien ganze Züge steinbeladener Schlitten angekommen und die Pyramidenbauer hätten mit dem Aufsetzen der Steinblöcke begonnen. So mag es bei einigen Pyramiden gewesen sein, und zwar bei jenen Bauten, die auf Wüstenboden errichtet wurden. Bei den riesigen Monumenten in Giseh jedoch mussten die Pyramidenbauer zunächst eine anstehende Natursteinfläche bis in eine für die Gründung gewählte Tiefe abtragen. Dabei ließen sie inmitten der quadratischen Grundfläche eine unregelmäßig geformte Felskuppel stehen, die in der Cheops-Pyramide bis zu sieben und in der Nordwestecke der Chephren-Pyramide fünf Meter hoch aufragte. Dieser Felsen wurde später in den Pyramidenkern eingebaut.

Rund um die Basis des Felskerns nivellierten die Arbeiter eine Fläche von etwa der Breite einer Großstadtstraße. Die ebenste Fläche im anstehenden Gestein war allerdings nur etwa so breit wie ein moderner Bürgersteig. Die am genauesten nivellierte Fläche der Cheops-Pyramide war eine Plattform aus Tura-Kalksteinplatten; sie wies über den gesamten Umfang nur 2,5 Zentimeter Differenz auf. Die Grundlinie der Chephren-Pyramide wurde einfach mit einem vertikalen Schnitt vorn am Fuß der untersten Verkleidungslage festgelegt; auf dem Oberkantenniveau dieser Schnittfläche wurde später das Pflaster des Pyramidenhofes verlegt. In den Felsuntergrund waren Aussparungen gehauen, deren Tiefe der variierenden Höhe der einzelnen Verkleidungsblöcke entsprach, so dass die Oberkanten der eingesetzten Granitblöcke schließlich eine waagerechte Flucht bildeten. (Es war nämlich wesentlich einfacher, den anstehenden Kalksteingrund wegzumeißeln als die Granitblöcke auf ein gestimmtes Maß zu bringen.) Hier wird klar, dass das Anlegen der Grundfläche und das Nivellieren eine Art Huhn-Ei-Problem darstellte. Um feststellen zu können, wo etwa die vorgesehene Fläche zu nivellieren war, mussten die Pyramidenbauer das Quadrat markieren. Doch das akkurate Anlegen dieses Quadrats – in dessen Mitte ein Felsmassiv aufragte – erforderte wiederum eine möglichst ebene Fläche.

Die Pyramidenbauer konnten praktisch nur nach dem Prinzip der *sukzessiven Approximation* (der schrittweisen Näherung) vorgehen. Während sie den Fels für die breite Terrasse abtrugen, auf der die Pyramide, der sie umgebende Pyramidenhof und die Umfassungsmauer sowie der Totentempel errichtet werden sollten, visierten sie immer wieder die wahre Nordrichtung an und legten ihre

Bezugslinien an. Sie verfeinerten nach und nach die Ausrichtung der Linien nach den Haupthimmelsrichtungen und die Rechtwinkligkeit der Ecken, die voreinander verborgen lagen, da sich das Kernmassiv zwischen ihnen immer höher türmte, je tiefer die Arbeiter in das anstehende Gestein vordrangen, um eine ebene Fläche für die Grundlinie herzustellen.

Das Feststellen der wahren Nordrichtung

In alten Texten werden die Zirkumpolarsterne „die Unvergänglichen" genannt, weil sie weder auf- noch untergehen, wenn sie um den etwa 26 Grad über dem Horizont liegenden Himmelspol am nördlichen Himmel kreisen. In einem Fragment einer Szene aus dem Sonnentempel des Neuserre (5. Dynastie) schlagen der König und die Göttin Seschat lange Fluchtpfähle in den Boden, die durch einen Strick miteinander verbunden sind. Eine Wand im Tempel von Edfu, der zwei Jahrtausende nach dem Alten Reich entstand, zeigt den damaligen König mit Seschat und Thot, dem mit der Schreibkunst und der Wissenschaft assoziierten Götterpaar bei Gründungszeremonien. Eine Inschrift aus dem Tempel von Dendera lässt den König „zum Himmel schauen, die Sterne beobachten und seinen Blick zum Großen Bären wenden".

In seinem Buch *The Pyramids* äußert I. E. S. Edwards die Ansicht, die Vermesser des Altertums könnten zur Feststellung der wahren Nordrichtung „auf dem bereits nivellierten Felsuntergrund [eine runde Mauer] mit einem Durchmesser von einigen Fuß" gebaut haben. Stand der Beobachter in der Mitte des Kreises und schaute nach Norden, konnte er den Punkt markieren, an dem ein Stern rechts (östlich) vom Beobachter über der Mauer aufging und an dem er links (westlich) hinter der Mauer unterging. Die Halbierung des Winkels zwischen Aufgangs- und Untergangspunkt (mit dem Senkblei auf die Grundlinie der Mauer übertragen) und der Mitte des Kreises hätte dann die wahre Nordrichtung ergeben.

Kochab, Mizar und das Jahr 2467 v. Chr.

Von Kate Spence stammt der Vorschlag, die Pyramidenvermesser könnten die Nordrichtung durch Beobachtung der Zirkumpolarsterne Kochab, des Sterns β im Sternbild Kleiner Bär, und Mizar, eines Sterns in der Deichsel des Großen Wagens, gefunden haben. Da der Himmelsnordpol nur im Jahr 2467 v. Chr. einmal genau in einer Linie mit diesen Sternen lag, nimmt sie diese Konstellation als Gründungszeitpunkt für die Cheops-Pyramide an. Theoretisch mag diese Theorie aufgehen, doch hier bestehen praktische Bedenken. Die von Kate Spence vorgeschlagene Methode setzt voraus, dass die Ägypter das Alignement der beiden Sterne über und unter dem Himmelspol fanden und mit einer Lotschnur auf den Boden projizierten. Jeder, der beim Vermessen oder Bauen schon ausgiebig Gebrauch von einer Lotschnur gemacht hat, weiß, wie viel schwieriger es ist, die Schnur am Hin- und Herschwingen zu hindern, je höher man sie über seinen Kopf hält. Der Himmelspol liegt etwa 26 Grad über dem Horizont, wir müssen uns also zunächst eine Art großes Holzgerüst vorstellen, an dem die Lotschnur hängt. Wie aber konnte man in der nächtlichen Finsternis, ohne Hilfe einer modernen Beleuchtung, eine „stellare" Methode praktizieren? Kate Spence hat die Vorstellung von einem Ring aus „Fackeln überall". In diesem Fall müssen die Vermesser das Kunststück vollbracht haben, die am Gerüst hängende Lotschnur und die gewünschte Linie auf dem Boden zu beleuchten, ohne dass dabei das Licht der fernen Sterne abgeschwächt wurde. Schließlich hätte all das auch in der sehr kurzen Zeit, da Kochab und Mizar in einer Linie mit dem Pol lagen, ausgeführt werden müssen.

Sonne und Schatten

Die Szenen und Texte über das Anlegen von Gründungen sprechen auch von „dem Schatten" und dem „Schritt des Re" in Verbindung mit den Zeremonien des Strickspannens. Martin Isler vertritt die Ansicht, die Ägypter könnten die erstaunliche Präzision bei der Nordung mit einem einfachen Stab oder Gnomon, „einem Stab im Boden, einem Stück Schnur und einem Schatten", erzielt haben. Die Schattenmethode beruht auf dem Wissen, dass die Sonne in gleichem und entgegengesetztem Winkel zur Mittagslinie (wahre Nordrichtung) auf- und untergeht. Man stellt einen Stab senkrecht auf. Etwa zwei bis drei Stunden vor zwölf Uhr wird die Schattenlänge des Stabes auf einer ebenen Fläche ausgemessen. Das festgestellte Maß macht man zum Durchmesser eines Kreises, der mit Schnur und Stab um den Schattenweiser als Mittelpunkt gezogen wird. Steigt die Sonne auf Mittag zu höher, zieht sich der Schatten von der Kreislinie zurück. Nachmittags verlängert er sich wieder und liegt dann schräg zum Schatten vom Vormittag; schließlich erreicht sein Ende die Kreislinie. Die Halbierung des Winkels zwischen Vormittags- und Nachmittagsschatten entspricht der Mittagslinie. Während der Sonnenwende durchgeführt ist diese Methode am genauesten.

Verlängern und Abmessen

Unabhängig davon, auf welche Weise die Vermesser im Altertum die wahre Nordrichtung feststellten, mussten sie die einmal gefundene Nordlinie anschließend verlängern. Bei der Kreis- oder Sternmethode war diese Linie nur einige Dutzend Zentimeter lang. Bei der Verlängerung auf die über 230 Meter der Basis der Chepos-Pyramide musste sich aber die kleinste Ungenauigkeit, von den Vermessern „Winkelfehler" genannt, zu einer gewaltigen Abweichung auswachsen.

An der verlängerten Nordlinie wurde die Länge einer Seite der Pyramidenbasis abgemessen. Dann musste man im rechten Winkel „abbiegen", um die ersten beiden Ecken anzulegen. Von diesen Ecken ausgehend wurden zwei weitere Strecken für das Pyramidenquadrat abgemessen und an deren Endpunkten wiederum im rechten Winkel die beiden anderen Ecken angelegt.

Die verschiedenen Vorschläge für das Auffinden der Nordrichtung setzen alle einen Anfangspunkt voraus, der bei Edwards Sternmethode und auch bei Islers Sonne-Schatten-Methode der Mittelpunkt des Kreises ist. Bei der Schattenmethode könnten die Vermesser mehrere Gnomone benutzt haben, die in einer Reihe ungefähr von Nord nach Süd aufgestellt, aber etwas von Osten nach Westen gestaffelt waren. Wurde an jedem Gnomonkreis der Winkel zwischen Vormittags- und Nachmittagsschatten halbiert, erhielten die Vermesser mehrere kurze Nordlinien, die parallel verliefen und sich in Nord-Süd-Richtung teilweise überlagerten. Sie konnten dann jede Linie als Kontrolle für die Verlängerung der Nordorientierung benutzen, indem sie den entsprechenden Abstand zur Hauptbezugslinie für die Pyramidenbasis abmaßen.

Angeregt durch die Darstellungen des Königs mit der Göttin Seschat, in denen beide Figuren Fluchtpfähle mit einem doppelt um jeden Pfahl geschlungenen Strick halten, hat Isler eine weitere mögliche Methode vorgeschlagen. Man zieht beiderseits runder Pfähle eine doppelte Schnur, und zwar so, dass diese Schnur die Pfähle an beiden Seiten berührt. Die gewünschte Linie weicht von der Geraden ab, wenn ein Strick am letzten Pfahl spannt, während der andere am Pfahl vorbeigeht, ohne diesen zu tangieren. Die Gerade ist akkurat gezogen, wenn beide Stricke den Pfahl seitlich in jeweils einem Punkt berühren. Die genaue Richtung ist der Spalt zwischen den parallel laufenden Stricken.

Für diese letzte Methode benötigte man wohl Pfähle ein und desselben Durchmessers. Die Zimmerleute im Altertum hätten eine solche Aufgabe zwar lösen können, doch ist diese Art Normung bei einer Technik, der die Drehbank noch unbekannt war, nicht als selbstverständlich vorauszusetzen. Die Methode des Strickspannens erforderte zudem, dass die Pfähle in den Boden eingelassen wurden. Natürlich hätten die Pyramidenbauer sie einfach in den Boden einschlagen können, wenn sie den Platz für einen Tempel unten im Talgrund oder für Pyramiden, die in der Wüste auf Lehm und Geröll errichtet wurden, absteckten. Doch das *endgültige* Abstecken (das Ergebnis einer Reihe immer genauerer Näherungen) der Fläche für die Pyramiden des Cheops und des Chephren geschah auf bearbeitetem Kalksteingrund. Hier mussten die Vermesser die Richtungslinien entweder auf dem Felsgestein anreißen oder mit Farbe auftragen, oder aber kleine Vertiefungen in den Stein meißeln, in die sie die Pfähle einsetzen konnten.

Kontrollmarken

Die Verkleidungssteine am Fuß der Cheops- und der Chephren-Pyramide konnten mehrere Tonnen wiegen. Beim Einsetzen dieser Blöcke in die richtige Position ließ es sich wohl nicht vermeiden, dass die vorübergehend gezogene Grundlinie beseitigt oder unkenntlich gemacht wurde.

36 oben
Werkzeuge der Pyramidenbauer. Von links nach rechts: Holzhammer und Kupfermeißel, Lehmziegelform, Breithaue zum Ausheben von Erde und Schutt, Winkellot (Dreieck mit verlängerten Seiten und Lotschnur) zum Nivellieren.

37 links
Die Herstellung von Lehmziegeln in einer Szene aus dem Grab Rekmires, des Wesirs von Thutmosis III. (18. Dynastie), in Theben. In der Spätzeit des Alten Reiches verwendeten die Bauleute in einigen Pyramiden und deren Nebengebäuden Lehmziegel.

37 rechts
Rechendreiecke aus dem mathematischen Handbuch „Papyrus Rhind" aus der Zeit des Neuen Reiches. Die Ägypter errechneten den Neigungswinkel über das Seqed genannte Verhältnis von so und soviel Einheiten Anstieg zu Rücksprung.

Es ist daher wahrscheinlich, dass die Vermesser eine Bezugslinie *außerhalb* der tatsächlichen Grundlinie der Pyramide anlegten, denn Letztere wäre natürlich unbrauchbar gemacht, zerschrammt, zerstampft und mit Schutt zugedeckt worden, sobald die Arbeiter mit dem Bau begannen.

Rund um die Basis der Pyramiden finden wir *tatsächlich* Löcher, die in regelmäßigem Abstand voneinander in Reihen angelegt sind. Eine solche Reihe verläuft an der Ostseite und zum Teil auch an den übrigen drei Seiten der Cheops-Pyramide. Die Vertiefungen sind rechteckig, ihre Seitenlänge schwankt zwischen 35 und 68 Zentimetern, ihre Tiefe beträgt 45 bis 85 Zentimeter und der Abstand von Mittelpunkt zu Mittelpunkt zwischen 3,5 und 3,8 Metern. Sie bilden eine Linie, die etwa drei Meter vom Sockel der

Pyramide entfernt ist. In viele dieser Löcher passten die Bauleute Kalksteinplatten ein, andere verdeckten sie, wenn sie am Ende des Bauvorhabens den Pyramidenhof mit Pflasterplatten auslegten. An der Chephren-Pyramide existieren drei separate Lochreihen, die wahrscheinlich von den letzten Planungs- oder Absteckphasen stammen. Hier sind die Löcher rund, ihr Durchmesser beträgt zwischen 30 und 50 Zentimeter und der Abstand zwischen ihnen 5,1 – 5,9 Meter. An der Außenlinie der Umfassungsmauer der Pyramide verläuft 13,5 Meter von der Pyramidenbasis entfernt eine Doppellinie aus versetzt angeordneten Löchern. Zwei weitere Linien aus versetzten Löchern liegen an der Innenseite der Umfassungsmauer, ihr Abstand zur Pyramidenbasis beträgt zwischen 9,1 und 9,9 Meter. An beiden Pyramiden sind die Löcher so breit, dass sie wohl eine genauer ausgerichtete Gerade aus Pfosten ermöglichten, über deren obere Enden die endgültige Gerade aus Strick gespannt worden sein könnte.

Der Abstand zwischen den Löchern, der innerhalb eines gewissen Toleranzbereichs variierte, hatte sicherlich nichts mit dem Abmessen von Entfernungen, sondern nur etwas mit der Linienführung zu tun. In ägyptischen Grabszenen sind Messstricke mit Knoten zu sehen, die Maßsprünge markierten. Solche Messstricke könnten sich gut zum Vermessen von Feldern geeignet haben, wohl aber nicht für eine akkurate Gerade und eine Strecke von 230 Metern. Strick dehnt sich und hängt durch, also könnten Cheops' Vermesser ihre erstaunlichen Ergebnisse vielleicht mit Hilfe von Stäben erzielt haben.

Altägyptische Ellenstäbe sind uns durch Funde erst aus späteren Zeiten bekannt. Die im Bauwesen verwendete Königselle war 0,525 Meter lang. Der Vermesser und Ägyptologe Joseph Dorner hat gezeigt, dass die Ägypter die Länge und Genauigkeit der Grundlinie der Cheops-Pyramide mit vier oder acht Ellen (2,1 bis 4,2 Meter) langen Stäben festgelegt haben könnten.

Das Konstruieren eines rechten Winkels

Zu der Zeit, da die Bauleute Cheops' und Chephrens den Felsen bis auf das Niveau der Pyramidenbasis entfernt hatten und mit dem Markieren der tatsächlichen Grundlinie beginnen konnten, hatten sie die Verlängerung der Nordlinie und das Konstruieren der rechten Winkel für die Ecken bereits wiederholt durchgeführt. Sie hatten mit diesen Arbeitsgängen an der ursprünglichen Plateauoberfläche begonnen, die zu der Zeit etwa fünf bis zehn Meter höher lag. Das Basisquadrat verfeinerten sie dann im Verlauf der Abtragungsarbeiten *nach und nach* immer mehr.

Beim Anlegen der endgültigen Pyramidenbasis hinderte der nicht abgetragene Felskern die Pyramidenbauer natürlich am Ausmessen der Diagonalen, womit man die Genauigkeit des Quadrats hätte kontrollieren können. An der Nordostecke der Cheops-Pyramide fehlen heute am Kernmauerwerk so viele Steine, dass der gewachsene Fels zu sehen ist, der sich in vier Stufen bis zu einer Höhe von vier Metern erhebt. Hier liegt der Sockel des Felsmassivs sechs bis sieben Meter hinter den Lochreihen, die vielleicht die äußeren Bezugslinien für das Aufstellen und Schneiden der Verkleidungssteine für die Basis markieren.

Den rechten Winkel für die Ecken könnten die Vermesser damals nach drei Methoden konstruiert haben. Sie konnten mit den „Heiligen" oder pythagoreischen Tripeln – drei Einheiten auf einer Kathete, vier auf der anderen und fünf auf der Hypothenuse eines rechtwinkligen Dreiecks – gearbeitet haben. Solche Dreiecke nach dem pythagoreischen Lehrsatz ($a^2 + b^2 = c^2$) scheinen der Gestaltung und der Anlage der zu den Pyramiden gehörenden Totentempel aus dem Alten Reich zu Grunde zu liegen. Der Beweis dafür ist allerdings nicht schlüssig. Die Vermesser konnten auch das ägyptische Winkeldreieck – ein Instrument aus zwei rechtwinklig zueinander stehenden und mit einer Querstrebe verbundenen Schenkeln – verwendet haben, und zwar auf folgende Weise: Man legt einen Schenkel des Winkeldreiecks auf die

bereits markierte Gerade und nimmt die Senkrechte dazu vom zweiten Schenkel ab. Dann wird das Dreieck umgeklappt und der Arbeitsgang wiederholt. Die exakte Senkrechte ermittelt man aus dem kleinen Winkelfehler zwischen den beiden Positionen. Eine dritte Methode, die im Alten Ägypten angewendet worden sein könnte, ist das Bogenschlagen, bei dem man von zwei auf einer Geraden liegenden Punkten mit einem Messstrick zwei einander schneidende Bögen mit gleichem Radius zieht. Die Verbindungslinie zwischen den Schnittpunkten liegt stets rechtwinklig zur Ausgangsgeraden.

Das Anlegen der Fundamentfläche

Die von allen so bewunderte außergewöhnlich genaue Nivellierung der Cheops-Pyramide betrifft nicht den Felsuntergrund, sondern die Oberfläche der Gründungsplattform. Die Ecken des Fundaments waren aus außerordentlich großen Platten geformt; diese zeichnen sich heute noch an allen außer der südwestlichen Ecke durch die Vertiefungen ab, die mehrere Zentimeter weit in den Felsboden gemeißelt sind. Die Linie zum Verlegen der Gründungsplattform wäre beim Einsetzen der riesigen Platten natürlich verschrammt und zerkratzt und von den Bossen unsichtbar gemacht worden,

38 oben
Verkleidungs- und Hintermauerungssteine nahe der Spitze der Chephren-Pyramide. Die akkurat bearbeitete Außenverkleidung verbarg die großen Unregelmäßigkeiten am Kernmauerwerk, an den Füll- und Hintermauerungssteinen.

38 unten
Blick über die Verkleidung im oberen Teil der Ostseite der Chephren-Pyramide. Die Platten sind nicht ganz fluchteben, was darauf hindeutet, dass sie vielleicht schon vor dem Verlegen zugerichtet wurden.

die man bis zum Schluss an der Vorderseite der Fundamentplatten beließ, eine Praxis, von der unvollendetes Mauerwerk in ganz Altägypten zeugt. Deshalb brauchte man eine äußere Bezugslinie, die jetzt vielleicht mit Pfählen, Strick und Absteckpflöcken markiert wurde; die Pflöcke setzte man wohl in die Löcher, die drei Meter vom Fundament entfernt eine Gerade bilden. Die Maßlinien zum Abarbeiten von Vorderseite und Oberkante des Fundaments wurden an jeder Platte erst beim Einsetzen angerissen, wobei man von der Bezugslinie ausgehend nach innen maß.

Musste man die Bezugslinie kreuzen, um auf einem Transportschlitten weitere Platten heranzuschleppen, ließen sich Teile der abgesteckten Linie entfernen und später neu markieren, indem man die Gerade von beiden Seiten der Länge nach anvisierte.

Der Aufbau des Pyramidenkörpers

Die meisten Pyramiden sind aus Kernsteinen zusammengesetzt, die den Großteil des Pyramidenkörpers bilden. Die Kerne einiger, wenn nicht gar aller Pyramiden weisen Mantelschichten und Stufen, mit anderen Worten, eine innere Stufenpyramide, auf. Das Mauerwerk, mit dem die Stufen ausgefüllt waren, könnte man Füllung nennen. Außen war die Pyramide mit einer glatten Verkleidung aus Kalkstein oder Granit versehen. Die weicheren Steine, die die Bauleute zwischen Kern und Verkleidung setzten, könnten wir vielleicht als Hintermauerungssteine oder *backing stones* bezeichnen.

Die Kernsteine der Pyramiden

Es ist schon oft darüber geschrieben worden, dass die Cheops-Pyramide schätzungsweise 2 300 000 Steinblöcke enthält, die im Durchschnitt 2,5 Tonnen wiegen. Theoretiker – Profis wie Amateure – gehen davon aus, dass die Pyramiden aus gleichartigen Zweieinhalb-Tonnen-Blöcken bestehen. Dann machen sie sich an die Lösung des Rätsels, wie die damaligen Bauleute diese Blöcke wohl nach oben gebracht und aufgesetzt haben mögen. Nehmen wir einmal die drei Riesenpyramiden von Giseh als Ausgangspunkt und schauen uns den Aufbau dieser Monumente genau an, statt vorauszusetzen, dass sie aus regelmäßigen Lagen maßeinheitlicher Steinblöcke bestehen.

Auf den ersten Blick hat man den Eindruck, die Pyramiden von Giseh, deren glatte Verkleidung im Mittelalter abgebaut wurde, seien aus regelmäßigen Stufen errichtet. Was vor unseren Augen liegt, sind die Lagen der Hintermauerungssteine oder *backing stones*; sie füllten einst den Raum zwischen dem Pyramidenkern und der Außenverkleidung aus. Bei genauerem Hinschauen fällt auf, dass die Stufen keineswegs regelmäßig gearbeitet sind. Hier findet man eine Stufe von über einem Meter Breite, da drüben ist die Stufe fast nicht zu sehen. Die Vorstellung von den regelmäßigen Stufen ist eine Denkschablone, eine Vorstellung, von der die meisten Theoretiker ausgehen. Statt ausschließlich rechteckig behauener Steinblöcke mit einheitlichen Abmessungen gibt es selbst an der Cheops-Pyramide nicht wenig „Pfusch".

Die sichtbaren Hintermauerungssteine sind nicht nur unregelmäßig, sondern werden mit zunehmender Höhe immer kleiner. Die Steine des Kernmauerwerks hinter den *backing stones* sind noch gröber bearbeitet. In den 1830er Jahren sprengte Howard Vyse auf der Suche nach einem anderen Eingang ein Loch mitten in die Südseite der Cheops-Pyramide. In dieser Wunde erkennen wir, dass die Bauleute einst Mörtel und Steinschutt in die breiten Zwischenräume zwischen den Steinen gekippt haben. Da entdeckt man große Blöcke, kleine Felsbrocken, keilförmige Stücke, ovale und trapezförmige Steine und auch kleinere Bruchstücke, die in die bis zu 22 Zentimeter breiten Lücken zwischen den größeren Blöcken geklemmt sind.

An der Basis der Chephren-Pyramide ist die Schichtenanordnung der Kernmauersteine nicht einheitlich waagerecht. Die Blöcke wurden von den Bauleuten passend zur Schräge des anstehenden Felsgesteins zugeschnitten, das bei der Nivellierung des Hofes und der Terrasse nicht abgetragen worden, sondern als Pyramidenkern stehen geblieben war. An der Nordost- und der Südostecke, wo aufgrund des Plateaugefälles kein Fels mehr im Pyramidenkern stand, glichen die Bauleute den Rand mit gewaltigen, zwei Lagen dicken Kalksteinblöcken aus.

Weiter oberhalb der Basis besteht der Pyramidenkern aus sehr groben, unregelmäßigen Steinen. Diese Schicht aus unbehauenem Bruchstein macht mehr als das untere Drittel der Pyramide aus und könnte die Hintermauerung zwischen Kern und Verkleidung sein, die übrig blieb, nachdem man die Verkleidungssteine abgerissen hatte. Das obere Drittel des Pyramidenkerns scheint aus Steinblöcken in regelmäßigen Stufenlagen zu bestehen. Bei näherer Prüfung stellt sich jedoch heraus, dass die Höhe dieser Stufen von 90 Zentimetern bis 1,20 Meter reicht und die Breite zwischen 23 Zentimetern und einem Meter schwankt.

Der Kern der Chephren-Pyramide besteht wie der Kern der Cheops-Pyramide aus einer losen unregelmäßigen Füllung. Durch die Fugen und Lücken in den gestuften Kernblöcken sind Kalksteinsplitter und Schutt zu sehen. Als Giovanni Belzoni 1818 einen Gang freilegte, den Grabräuber mitten durch die Nordseite der Pyramide getrieben hatten, stürzte immer wieder Kernbausubstanz herab. Vito Maragioglio und Celeste Rinaldi, die die Pyramiden zwischen 1963 und 1975 vermaßen, schrieben: „… dies war zweifellos der Unfestigkeit des inneren Mauerwerks und dem Fehlen von Mörtel geschuldet, wodurch die Blöcke an den Seiten nicht immer Kontakt haben und sich nicht gegenseitig stützen können."

Trotz der Unregelmäßigkeit ihrer Kerne weisen die Pyramiden von Giseh das massivste Großblock-Mauerwerk von allen Pyramiden auf. König Djosers Stufenpyramide oder Stufen*mastaba*, das erste Monument dieser Art, war anfangs ein Bankgrab (*Mastaba*) aus kleinen grauen Kalksteinblöcken, die

39
Die Knickpyramide des Königs Snofru in Dahschur. Die glatte Verkleidung, die das gröbere Kernmauerwerk verdeckt, ist zu einem großen Teil erhalten. Über den Aufbau des inneren Kerns der riesigen Pyramiden vom Beginn der 4. Dynastie wissen wir bisher nur wenig.

nur so groß waren, dass ein Mann sie tragen konnte. Diese Blöcke wurden in annähernd waagerechten Lagen in Kies und Wüstenlehm (*Tafla*) aufgesetzt und mit feinem weißem Tura-Kalkstein verkleidet. Die Bauleute vergrößerten die *Mastaba* zweimal, ehe sie auf die Idee kamen, direkt über der Verkleidung des früheren Bankgrabes eine sechsstufige Pyramide aus grob zugerichteten größeren Kernsteinen zu bauen. Den Kern errichteten sie als eine Folge von angebauten Schalen, die sich im Winkel von etwa 74 Grad nach innen neigen; die Neigung wurde dadurch erzielt, dass man die einzelnen Lagen schräg, in Richtung des Pyramidenkerns leicht abfallend, setzte. Diese Art Kernmauerwerk findet sich auch in allen späteren Stufenpyramiden: in der Stufen*mastaba* des Sechemchet; in der „Layer"-Pyramide in Saujet el-Arjan; in sieben kleinen „Provinzpyramiden" in oder bei Elephantine, Edfu, Hierakonpolis, Ombos, Abydos, Saujet el-Meitin und Seila; sowie in den beiden Stufenbauphasen E1 und E2 der Pyramide von Medum.

Zur Zeit König Snofrus setzten die Bauleute an der Pyramide von Medum und am unteren Teil der Knickpyramide bei Dahschur die Kernblöcke noch nicht in ein waagerechtes Mörtelbett, sondern schräg, zur Pyramidenmitte geneigt. Sie bauten auf dem Kies und dem Lehm der Wüste, doch in Dahschur drohte der weichere Untergrund und der versuchsweise steile Anstieg von über 60 Grad die Pyramide absacken und einstürzen zu lassen. Die Bauleute fügten rund um die Basis einen Steinmantel an, verringerten damit den Neigungswinkel auf 54°31′13″ und bauten etwa von der halben Höhe an mit dem kleineren Neigungswinkel von 43°21′ weiter, wodurch die geknickte Form entstand. Von dieser Stelle an wurden die Kernblöcke nicht mehr in schräge, sondern in waagerechte Bettungen gelegt.

Die Nordpyramide bei Dahschur errichteten König Snofrus Bauleute mit einem einheitlichen Neigungswinkel von 43 Grad. An der Pyramide von Medum glichen sie die Stufen mit Füllsteinen und einer Verkleidung aus Tura-Kalkstein aus und bauten das Monument so zu einer echten Pyramide (E3) mit einem Neigungswinkel von 51°50′35″ um; dieser Winkel entsprach praktisch dem der Cheops-Pyramide und lag im 52–53-Grad-Bereich der klassischen Pyramide des Alten Reiches.

Die riesigen Steinpyramiden, d. h. die klassischen Pyramiden, die man sich gemeinhin vorstellt, wurden in nur drei Generationen – für Vater, Sohn und Enkelsohn – gebaut. Alle anderen Königspyramiden, einschließlich der des Mittleren Reiches (mit Ausnahme der Königinnen- und anderen Nebenpyramiden), zusammengenommen machen nur 54 Prozent der Gesamtmasse der Pyramiden Snofrus, Cheops' und Chephrens aus.

Bevor die Pyramiden von Giseh errichtet wurden, setzten die Bauleute die Blöcke eher in natürlichen Wüstenlehm (*Tafla*) als in Gips. *Tafla* mischt man einfach mit Wasser an, während Gips erst auf 100–200° erhitzt werden muss, wenn man ihn als Mörtel verwenden will. Die Pyramidenbauer von Giseh brauchten also reichlich Brennstoff für die vielen Feuer, auf denen sie ihren Pyramidenmörtel herstellten. Die Größe der Steinblöcke und die Menge des Gipsmörtels – im Gegensatz zu der des Wüstenlehms – nahm von den Pyramidenbauten in Dahschur bis zu denen in Giseh zu. Die Cheops-Pyramide war die größte und am akkuratesten gebaute und ausgerichtete ägyptische Pyramide überhaupt; sie erhob sich mehr als 146 Meter hoch über einer quadratischen Grundfläche von 230 Metern Seitenlänge und enthielt rund 2,3 Millionen Blöcke. Mykerinos verwendete für die dritte Pyramide von Giseh ebenfalls noch mehrere Tonnen schwere Steinblöcke, doch deren Gesamtmasse reichte schon nicht mehr an die Masse der Stufenpyramide König Djosers heran.

Die Pyramidenbauer der 5. und 6. Dynastie bauten Pyramidenkerne aus kleinen Steinen, Schutt und manchmal bindigem Erdstoff für die Stützmauer – aus der Art Material, die ihre Vorgänger für den Bau von Rampen an den großen Steinpyramiden der 4. Dynastie verwendet hatten. Es war eigentlich auch bequemer, die Rampe nach innen zu verlegen und sie zum Schluss mit einer Verkleidung aus feinem Kalkstein zu verdecken. Die Bauleute des Mittleren Reiches verwendeten für den Pyramidenkern bereits steinerne Stützmauern, Füllmasse aus Schutt und schließlich Lehmziegel.

Die innere Stufenpyramide

Der innere Kern selbst der größten und schönsten Pyramiden in Giseh weist zwar beträchtliche Unregelmäßigkeiten auf, doch das heißt nicht, dass die Bauleute hier einfach Schutt aufhäuften, wenn sie den Kern – aller Wahrscheinlichkeit nach mit einem kleinen Vorsprung vor den Verkleidungsarbeiten – aufbauten. Es ist erwiesen, dass sie in großen Strukturen bauten, die den *Mastabas* in der Nähe der Pyramiden ähnelten.

Pyramidentheoretiker vertreten die Ansicht, das Innere der Pyramiden bestünde aus einem abgetreppten Kern. Manche meinen, Höhe und Rücksprung der Stufen stünden in einem bestimmten Verhältnis zum Neigungswinkel der Außenverkleidung. Die Anregung zu diesen Vorstellungen kommt von der Pyramide in Medum, in der die Stufen der inneren siebenstufigen Struktur, die von einer achtstufigen Pyramide abgelöst wurde, scharfkantige Ecken und Flächen aufweisen, die als Bezug für das Abmessen festgesetzter Maße hin zur Schräge der vergrößerten echten Pyramide gedient haben könnten.

Wir wissen nicht, ob die größten Pyramiden der 4. Dynastie – von der Snofrus bis zur Chephren-Pyramide – mit einer inneren Stufenpyramide gebaut sind.

Howard Vyse sprengte eine klaffende Öffnung in die Südseite der Cheops-Pyramide; der Einschnitt beginnt etwa achtzehn Lagen oberhalb der Basis und reicht bis zur einunddreißigsten Lage. In der Wunde sehen wir nichts, was den regelmäßigen Stufen nahe kommt, die Martin Isler in der Kernstruktur vermutet (siehe unten). Nicht eine einzige senkrechte Fuge korrespondiert mit einer anderen. Keiner der Blöcke gleicht in seinen Abmessungen einem anderen, und man erkennt keine regelmäßigen aufsteigenden Fugen. Es gibt nur waagerechte, zudem undeutliche Fugen; hier und da bilden zwei Steine eine einzelne „Lage". An der östlichen Seite der Öffnung verlaufen die Lagen zwar nicht regelmäßig, doch dort könnte es zwei grobe Stufen – 1 und 1,2 Meter – eines großen inneren Baukörpers, vielleicht des Mantels eines groben Stufenkerns, geben.

Eine ähnlich grobe Struktur ist in den Kernen der teilweise zerstörten oder unvollendeten Königinnenpyramiden des Cheops und des Mykerinos sowie in der Öffnung an der Nordwand der Mykerinos-Pyramide zu sehen. Wahrscheinlich bestehen die Kerne dieser Pyramiden aus großen rechteckigen Blöcken groben Mauerwerks, deren Form einem Bankgrab (*Mastaba*) ähnelt; wahrscheinlich wurde in einer Art „Blockbauversuch" eine innere Stufenpyramide errichtet, der aber die wunderbar abgearbeiteten Flächen und Ecken der Pyramide von Medum fehlen. An der Königinpyramide GIc erkennt man das *Mastaba*-Schema kaum, denn die breiten Stufen sind mit Füllsteinen von fast der Größe der Teile, die die bankgrabähnlichen Klötze bilden, und mit kleineren Hintermauerungssteinen zwischen Kern und Verkleidung ausgeglichen.

Ab einer gewissen Höhe konnte man mit den Bezugslinien auf dem Boden nicht mehr arbeiten, weil diese inzwischen von Rampen und Bauschutt zugedeckt waren. In dieser Phase könnten die Bauleute das Vermessen und Kontrollieren aber nach oben auf den Pyramidenstumpf verlegt haben. Oberhalb des gewachsenen Felsens, den man in der Grundfläche der Cheops- und der Chephren-Pyramide stehen gelassen hatte, konnten sie quer über den Pyramidenstumpf Messungen vornehmen, um sicher zu stellen, dass die Diagonalen und die Seiten gleich lang waren. Wuchs das Kernmauerwerk über die fein zugerichtete Außenverkleidung hinaus, konnten die Bauleute, während sie an der Verkleidung weiterarbeiteten, die erforderlichen Messungen vornehmen, indem sie von Bezugspunkten oder -linien auf dem Kern ausgingen.

Das Kernmauerwerk, aus groben rechteckigen Teilen gebaut und mit unregelmäßigen Stücken aufgefüllt, muss ein gutes Stück über die Verkleidung hinausgeragt haben. Die aus drei Mänteln bestehende Stufenpyramide im Innern der Königinnenpyramiden diente für sich genommen sicherlich nicht als Bezug für die Neigung der Außenverkleidung. Aber auf dem Kern hätte man mit Farbe, Pflöcken und Strick Bezugslinien und Bezugspunkte anbringen können. An den Mantelecken der Stufenpyramide im südlichsten Grabmal der Cheops-Königinnen befinden sich kleine Löcher von etwa fünf Zentimetern Durchmesser. Einige davon liegen in einer Flucht mit den akkurat ausgearbeiteten Ecken, die in der Verkleidung unten an der Pyramidenbasis noch erhalten sind. In den Löchern könnten einst kleine Pflöcke gesessen haben, an denen provisorische Bezugslinien aus Strick befestigt waren; von diesen Linien ausgehend maßen die Bauleute den entsprechenden Wert aus, um die Linie der äußeren Pyramidenfläche zu markieren, wenn die Baumannschaften die Verkleidung aufsetzten.

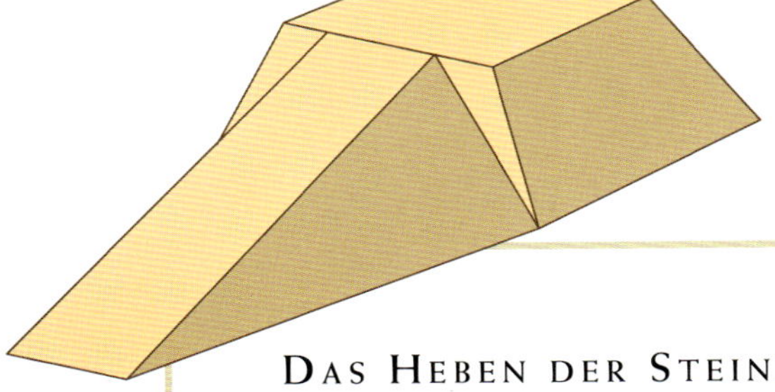

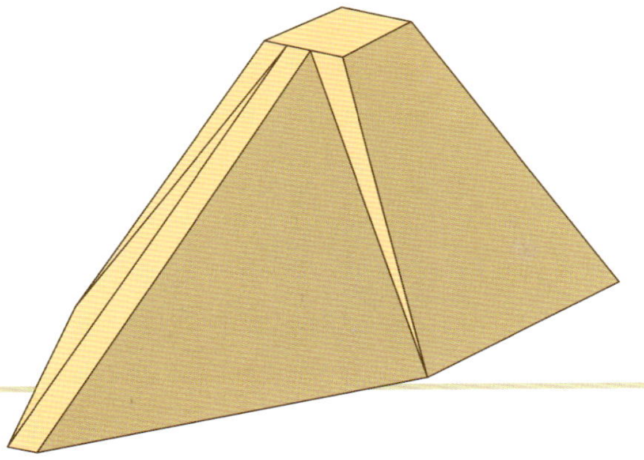

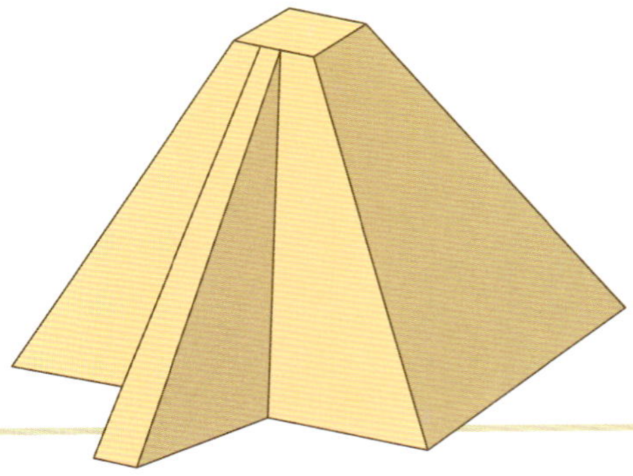

Das Heben der Steine – mit Rampen oder Hebelkraft?

Es gibt nur drei grundlegende Methoden, die die alten Ägypter zum Heben von Steinblöcken angewendet haben könnten: Die schiefe Ebene (Rampe), Hebelkraft und eine Konstruktion aus Seil, Holz und Stein. Der Transport der meisten Bausteine ging wahrscheinlich über Rampen vor sich, die allein schon, unabhängig von ihrer Form, gewaltige Konstruktionen gewesen sein müssen.

Baumaterial für die Rampen

Es ist schon oft die Ansicht geäußert worden, die Rampen seien aus Lehmziegeln gebaut gewesen. Die Rampen, die man in Lischt an Pyramiden des Mittleren Reiches gefunden hat, weisen tatsächlich Stützmauern aus Lehmziegeln und eine Füllung aus Nilschlamm und Ziegeln auf. In Giseh jedoch deutet nichts auf die großen Ablagerungen und Flecken von Schlammaufschüttungen hin, die eine riesige Rampenkonstruktion aus Lehm hinterlassen hätte, selbst wenn die Bauleute die meisten Rampen wieder entfernten. Die Steinbrüche südlich der Pyramiden von Giseh sind mit Millionen Kubikmetern von Kalksteinsplittern, Gips und Wüstenlehm (*Tafla*) gefüllt. Es muss sich hierbei um das Material handeln, aus dem die Bauleute einst die Pyramidenrampe errichteten. Doch hätte man mit einer Rampe aus diesen Baustoffen eine Steigung von über hundert Metern – bei immer schmaler werdenden Pyramidenflächen – überhaupt bewältigen können?

Zur Regierungszeit des Cheops muss es genau wie heute Fachleute für das Bauen mit Bruchstein und Lehm gegeben haben. Heute baut man mit diesem Material sehr schnell. Ein Vorteil der Mischung besteht darin, dass sie beim Abriss der Bauwerke, der Mauern, Rampen oder Dämme ohne weiteres wieder in ihre Bestandteile – Gesteinssplitter, Gips und Lehm – zerfällt.

Rampenreste aus dem Altertum

In Giseh stehen noch heute kleine Rampen, die mit bestimmten Bankgräbern verbunden sind. Östlich der Cheops-Pyramide und südlich der Königinnenpyramiden und *Mastabas* im Östlichen Gräberfeld haben Archäologen von der Universität Kairo zwei parallel verlaufende Mauern aus Bruchstein und *Tafla* ausgegraben. Eine der Wände ist dicker und besteht aus zehn Ellen (5,25 Meter) langen Segmenten. Hierbei muss es sich um Stützwände handeln, die, mit Schutt aufgefüllt, eine Rampe oder einen Damm bildeten, der einst in Richtung der *Mastabas* und der Königinnenpyramiden östlich der Cheops-Pyramide führte.

Nördlich der Chephren-Pyramide führt eine moderne befestigte Straße auf einen alten Baudamm, wo heute die Reisebusse parken. Dieser Damm verläuft an einer gewaltigen unfertigen Mauer aus großen Kalksteinblöcken. Die Seiten des Dammes sind zusammengebrochen, doch Petrie entdeckte 1881 eine Reihe von Querwänden, die Zellen für die stützende Schuttfüllung bildeten. Ähnlich müssen die Pyramidenrampen – zumindest in Giseh – konstruiert gewesen sein. 1993 führte Zahi Hawass in dicken Schuttablagerungen, die dem Material ähnelten, aus dem die o. g. Mauern und Dämme bestanden, Testgrabungen durch. Am Grund einer Grabungsstelle vor der Südwestecke der Cheops-Pyramide und südlich der befestigten Straße fand er die Fundamente von Bruchsteinmauern, die nach der Südwestecke der Pyramide ausgerichtet sind. Das sind vielleicht Überbleibsel jener Art Rampe, die vom südlichen Steinbruch zur Südwestecke der Pyramide führte.

Welche Form die Baurampen hatten und ob solche Rampen überhaupt benutzt worden sind, ist eines der heikelsten Probleme im Zusammenhang mit dem Pyramidenbau. Die vielen Theorien, die dazu aufgestellt wurden, lassen sich auf zwei wesentliche Vorschläge reduzieren – eine Rampe, die in einer gewissen Entfernung von der Baustelle beginnt und sich in einer ansteigenden Geraden an einer Pyramidenseite erhebt; und eine oder mehrere Rampen, die an der Basis beginnen und sich, der zunehmenden Bauhöhe folgend, immer weiter rund um die Pyramide winden.

Gerade Rampen

Die gerade Rampe musste jedes Mal, wenn man ihre Höhe der Bauhöhe der Pyramide angleichen wollte, verlängert werden, damit eine zweckmäßig flache Neigung von etwa einer Höheneinheit auf zehn Längeneinheiten erhalten blieb. Während der Erweiterung ruhten die Arbeiten an der Pyramide entweder oder die Rampe wurde in zwei Hälften gebaut, wobei man eine Seite für den Baustofftransport nutzte, während die für den Rampenbau zuständige Baukolonne die andere Seite erhöhte und verlängerte. Das größte Problem war allerdings, dass die Rampe extrem lang sein musste, wenn die flache Neigung bis zum höchsten Teil der Pyramide beibehalten werden sollte. In Giseh hätte die Rampe für die Cheops-Pyramide bei besagtem Neigungswinkel bis weit über den Steinbruch im Süden, in dem Cheops' Bauleute den Großteil der Steine für den Pyramidenkern brachen, verlängert werden müssen.

Spiralrampen

Eine Spiralrampe musste entweder mit der Schräge der Pyramide „mitlaufen" oder auf dem Baugrund ruhen; in letzterem Fall hätte sie sich wie eine riesige Hülle mit einem ansteigenden Weg obenauf um die Pyramidenflächen gelegt. Eine solche Hülle rund um die gesamte Pyramide könnte jedoch das Kontrollieren der quadratischen Grundform und des Neigungswinkels des wachsenden Bauwerks erschwert haben. Saß die Spiralrampe auf der um 52 Grad geneigten Pyramidenschräge auf, mussten die Bossen der Verkleidungsblöcke stufenartig und weit genug vorstehen, dass sie das Gewicht der Rampe tragen konnten. Die nicht abgearbeiteten Sichtflächen der granitenen Verkleidungsblöcke an der Pyramide des Mykerinos beispielsweise erfüllen diese Voraussetzung nicht. Bei Grabungen an den Fundamenten der Königinnenpyramiden neben der Pyramide des Cheops entdeckte Zahi Hawass kürzlich, dass die Bauleute hier einen großen Teil nicht zugerichteter Steine in groben, über die ebene Pyramidenfläche hinausragenden Stufen stehen gelassen haben. Das mag an dieser Stelle ungewöhnlich sein, da die Steine Teil der Gründung sind, doch wenn die weit vorstehenden Bossen auch an höher liegenden Verkleidungssteinen belassen wurden, könnten sie durchaus eine Spiralrampe getragen haben.

Für den Fall, dass man sich im Altertum für diese Lösung entschieden hatte, mussten die nicht zugerichteten, vortretenden Verkleidungssteine diagonal versetzt über die Pyramidenfläche nach oben führen, damit der Rampenweg die erforderliche Neigung erhielt. Die Bauleute hätten auch waagerechte Lagen in bestimmten Abständen hervortreten lassen können, so dass die Grundmauer der Rampe waagerecht verlaufen und in Abständen erhöht worden, der eigentliche Weg auf der Rampe aber in gleichmäßiger Neigung angestiegen wäre.

Sämtliche Rampentheorien geraten in Erklärungsnot, wenn es um die Spitze der Pyramide

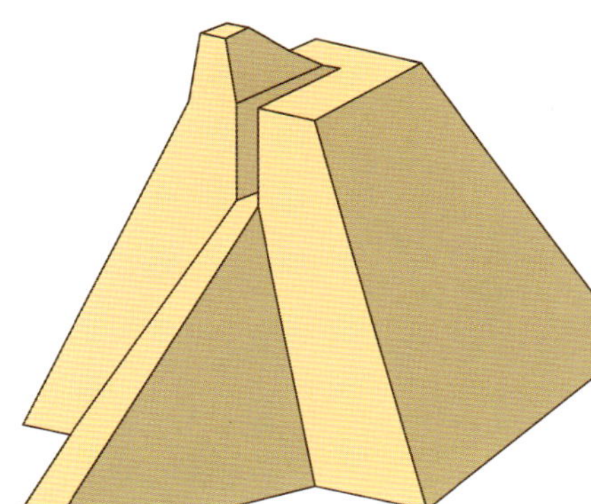

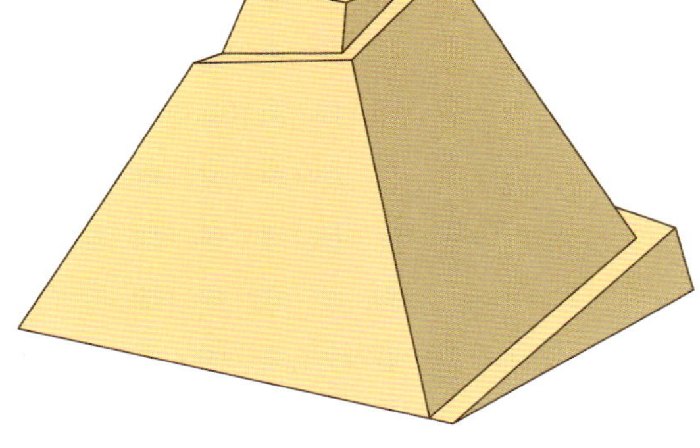

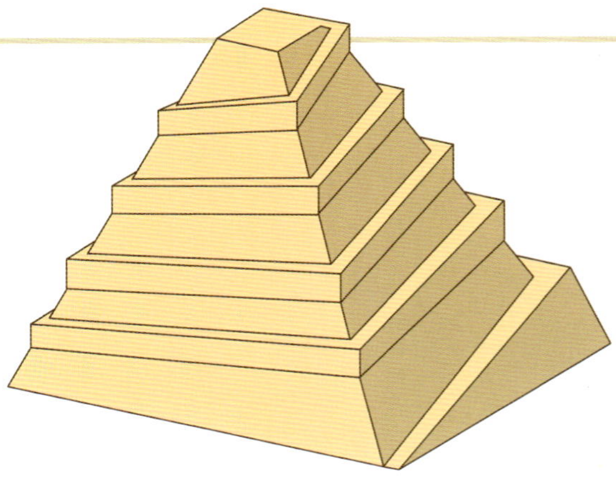

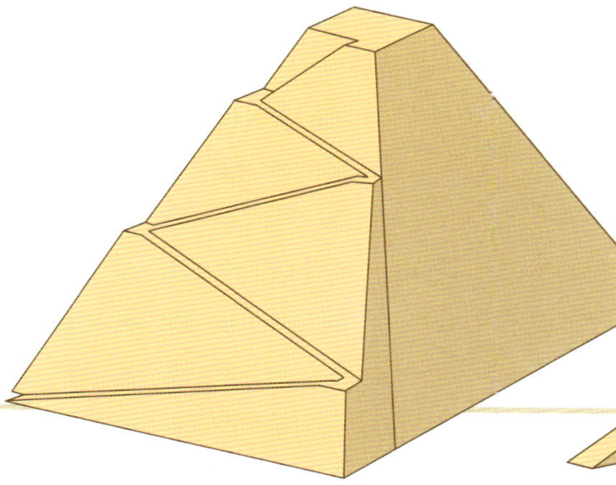

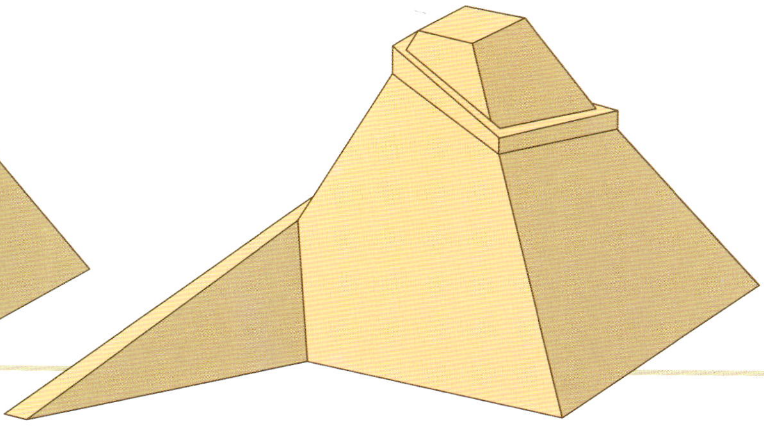

geht, wo der Anstieg immer steiler wird und die Pyramidenflächen zu schmal werden, um eine Rampe von einer Ecke zur nächsten zu tragen.

Transport vom Steinbruch

Hatte die Pyramide noch keine große Höhe erreicht, konnten die Bauleute ihre Steine über viele kurze Rampen heranschaffen. Wuchs das Bauwerk, mussten sie den Zugangsweg vom Steinbruch natürlich erhöhen. Wenn die Transportrampe zur Cheops-Pyramide an der nördlichen Öffnung des südlichen Beckensteinbruchs begann, wo die Steinbrecher eine schiefe Ebene aus Felsgestein bis zum Boden des Steinbruchs stehen ließen, dann erstreckte sie sich bis zur südwestlichen Basis der Pyramide 320 Meter weit. Reichte sie an der Pyramide 37 Meter hoch, hatte sie einen Anstieg von 6°36′. Ein 30 Meter breiter Rampenweg hätte ohne weiteres Platz für zwei „Verkehrsbahnen" geboten. Von einer Rampe ähnlicher Abmessungen berichtet ein Schreiber Papyrus Anastasi I.: 383 Meter (730 Ellen) lang, 29 Meter (55 Ellen) breit, 31 Meter (60 Ellen) hoch und eine Böschung von 8 Metern (15 Ellen).

Anwendung von Hebeln

Entgegen dem Vorschlag der Pyramidentheoretiker, die altägyptischen Pyramidenbauer hätten den Großteil der Bausteine mit Hilfe von Hebeln in die Höhe befördert, weisen alle Anzeichen darauf hin, dass Hebel nur für waagerechte Bewegungen und das abschließende Einpassen und Ausrichten angewendet wurden. Lasten lassen sich zwar nach oben „wippen", indem man eine Seite hochhebelt, eine Stütze unterlegt und dann die andere Seite hochhebelt. Aber jedem vernünftig denkenden Menschen, der die Cheops- oder die Chephren-Pyramide erklettert, wird eines klar – es ist unvorstellbar, dass dieses Hochhebeln von Lasten auf den abgestuften Lagen des Kernmauerwerks oder der noch nicht zugerichteten Verkleidungssteine stattfand. Wer es für möglich hält, denkt an ganz regelmäßige, breite Lagen, die einer Treppe, nicht aber der tatsächlichen Struktur des Pyramidenkerns ähneln. Viele der „Blöcke" haben eine ausgefallene Form und Größe, die zu unhandlich oder sperrig ist, als dass man sie mit einem Hebel nach oben befördert haben könnte. Allein der steile Neigungswinkel schließt das Hochhebeln vieler Tonnen von Bausteinen für die höheren Lagen aus.

In seinem Buch *Sticks, Stones, and Shadows* (Seite 250) äußert Martin Isler, die Bauleute könnten massive Steintreppen benutzt haben, die in der Mitte jeder Seite des Pyramidenkerns nach oben führten und später mit Füllsteinen und der Verkleidung verdeckt wurden. Isler stellt sich vor, dass kleine Steine und Bruchgestein von Hand die Stufen hochgetragen, größere Steine von zwei, vier oder sechs Mann auf Tragbahren nach oben transportiert wurden, dass man für kleinere Blöcke Kufenschlitten benutzen konnte; dass Schlitten, die über zwei oder mehr Stufen reichten, immer über einige Lagen auf einmal nach oben gezogen werden oder dass über mehrere Stufen gehende Bretter als Gleitflächen dienen konnten, über die man die Blöcke zog. Er stellt sich auch vor, wie die Bauleute noch größere Blöcke auf diesen Stufen emporhebelten: Sie schaukelten die Steinkolosse hin und her und kippten sie dann über die einzelnen Stufen der Nachschubtreppe.

Islers einziger Beweis für diese in den Pyramidenkern eingebetteten Stufen sind die abgetreppten Lagen, die man im oberen Drittel der Chephren-Pyramide erkennt. Isler zitiert Maragiolio und Rinaldi mit der Aussage, diese Lagen hätten einen wirklichen Treppenlauf gebildet. Doch misst man einmal die Breite eben dieser Stufen, stellt man fest, dass diese zwischen 58 und 86 Zentimetern schwankt! Selbst ein Meter wäre zu schmal, um bei einer Steigung von 53 Grad die Enden schwerer Steinblöcke auf die bewusste Weise zu bewegen. Dennoch lässt Isler die gewaltigen Granitbalken von Cheops' Grabkammer mit Hilfe von Hebeln auf ähnlichen Stufen nach oben befördern. In seinen Zeichnungen stehen nur zwei Männer auf den Stufen und hebeln die Enden dieser mehrere Dutzend Tonnen schweren Balken hoch, doch er gesteht ein, dass man dafür mindestens zehn Hebel an jedem Ende gebraucht hätte. Zehn Männer haben aber einfach keinen Platz auf einer Stufe von einem Meter Breite, ganz zu schweigen von einer Stufe, die nur 58 Zentimeter breit ist. Es gibt noch viele, viele weitere ganz spezielle Probleme, die mit dem Emporheben von Pyramidensteinen unter Ausnutzung der Hebelkraft zusammenhängen.

Als Isler bei einem Fernsehauftritt seine Methode mit einem 680 Kilogramm schweren Stein testete, bat er die Steinmetzen, in die seitlichen Unterkanten des Steines zwei Hebellöcher zu meißeln. An dieser Stelle hat seine Theorie einen kleinen Haken, denn solche Hebellöcher sind wohl mitunter an Verkleidungssteinen – hier vermutlich zum Zweck des seitwärtigen Ausrichtens –, nicht jedoch an den Kernsteinen der Pyramiden zu finden. Dann wurden an jeder Seite des Blocks zwei Hebel angesetzt; an jedem Hebel standen zwei Männer. Zwei weitere Männer arbeiteten vor dem Block; sie waren damit beschäftigt, Stützteile unterzulegen. Bei jeder Betätigung der Hebel wurde die jeweilige Seite des Blocks gerade so weit angehoben, dass ein glatt gehobeltes Brett untergeschoben werden konnte. Auch hier gibt es wieder ein Problem.

Wie viele abgerichtete Bretter hätte man für den Bau der Cheopspyramide wohl gebraucht? Der Bedarf an Bauholz allein für die Hebel und Transportschlitten muss schon riesig gewesen sein; sämtliche Steinblöcke auf Holzunterlagen nach oben zu heben, hätte den Bedarf enorm erhöht. In der heutigen Zeit sind maschinell gehobelte Bretter etwas Selbstverständliches. Aber im dritten Jahrtausend v. Chr. hätte der Umstand, dass die Unterlagen glatt abgerichtet sein mussten, eine gewaltige Steigerung des Arbeitsaufwandes bedeutet. Ungeglättete Holzunterlagen hätten die Stabilität des wachsenden Stapels, auf dem der Block lag, stark beeinträchtigt. Selbst mit unseren maschinell gehobelten Brettern wäre der „Hebestapel" – zwölf Bretter für das Anheben eines Steinblocks um 72 Zentimeter – etwas sperrig. Um eine möglichst große Hebelwirkung zu erzielen, hätte der Drehpunkt – aufgesetzte Steine – mit zunehmender „Steigung" des Steinblocks ständig erhöht werden müssen. Doch auch die Drehpunkte mussten sich allmählich immer schwerer handhaben lassen. Daraus zieht Isler die Konsequenz und zeichnet mit Leichtigkeit stabile Podeste aus Mauerwerk unter die Enden des Blocks und erhöht so den Drehpunkt. Doch in der Praxis kann man derartige Podeste unter einer schweren Last, die nur in kleinen Schritten angehoben wird, nicht bauen. Wenn schon nicht geglättetes Bauholz, kann man noch kleine Steine unterschieben, die am Ende aber nur einen weiteren unpraktischen Haufen bilden.

Es ist fraglich, ob die meisten Bausteine der Pyramide wirklich auf diese Weise gehoben und nach oben befördert wurden. Es ist aber durchaus möglich, dass die Anwendung von Hebeln der einzige Weg war, die Blöcke der obersten, dicht unter der Pyramidenspitze aufzusetzenden Lagen an Ort und Stelle zu bringen, nachdem die Bauleute sie zunächst auf Rampen möglichst nahe herangeschafft hatten. Die Blöcke in den oberen Schichten sind im Allgemeinen viel kleiner als die in den unteren Lagen.

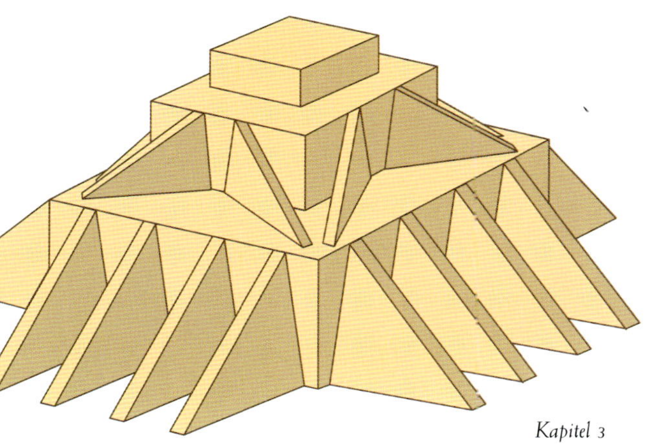

40 und 41
Die verschiedenen Theorien über den Bau von Rampen lassen sich in zwei Hauptvarianten einteilen: Eine gerade verlaufende geneigte Rampe, die sich an einer Pyramidenseite erhebt (Zeichnungen links oben) oder eine bzw. mehrere Rampen, die dicht an der Pyramidenbasis beginnen und um das Bauwerk herum verlaufen (Zeichnungen rechts oben und links unten). Alternativen sind beispielsweise eine Zickzackrampe an einer Pyramidenfläche oder eine in die Pyramide hineinführende Rampe.

Der Aufbau der ersten Lage der Cheops-Pyramide

Die erste Lage der Königspyramide aus Verkleidungs-, Hintermauerungs- und Kernblöcken bauten die Steinmetzen des Cheops anderthalb Meter hoch. Den Fuß der schrägen Verkleidung setzten sie 38 Zentimeter hinter die Linie, mit der die Oberkante der Gründungsplattform markiert war. Die Stirnseiten der Plattform und die Sichtflächen der Verkleidungssteine blieben zunächst unbearbeitet, damit die Flächen, die am Ende glatt zugerichtet sein mussten, beim Transport und beim Einsetzen der Steine nicht beschädigt wurden. Die unfertigen Steinflächen und Hebebossen sind noch heute am unverkleideten unteren Teil der Pyramide GIc, die für eine von Cheops' Königinnen gebaut worden war, zu sehen. An den Sichtflächen der unteren Verkleidungssteine der Cheops-Pyramide konnte es nicht viel abzuarbeitendes Material gegeben haben, da die Plattform nicht sehr weit vorstand.

Nach dem Versetzen sämtlicher Verkleidungssteine konnten die Steinmetzen die Stirn- und die Oberseite der Gründungsplattform bearbeitet und danach die Basislinie der Verkleidung vermessen haben, und zwar von der Oberkante der Plattform oder von der Bezugslinie aus, die man mit in Löchern steckenden Pfählen angelegt hatte. Mussten große Verkleidungsblöcke herangeschafft werden, ließ sich die Bezugslinie so weit wie nötig entfernen und dann an dieser Stelle wieder neu abstecken. Die Verkleidungssteine wurden wahrscheinlich im Rohzustand auf Transportschlitten angeliefert, dann, auf Rollen oder Keilen gelagert, an den Schmalseiten auf Maß abgearbeitet, so dass sie sich genau in die Verkleidungslage einpassen ließen. Waren die Schmalseiten zugerichtet, rissen die Steinmetzen auf der Frontseite jedes Blockes die Linien der geneigten Pyramidenfläche an. Die markierte Pyramidenschräge zeigte an, wie viel Material von der Sichtfläche des Steins später noch abgetragen werden musste.

Verkleidungssteine – Zusammenspiel von Neigungswinkel und Flucht

Die Kernsteine in den Pyramiden waren von ganz unregelmäßiger Form, da sie ja nur als Füllmaterial für die blendende Hülle dienten. Die äußere Hülle, die aus Blöcken von homogenem, feinem weißem Kalkstein aus den östlichen Steinbrüchen von Tura bestand, war jener Teil der Pyramiden, bei dem die Bauleute höchste Präzision erreichten. Cheops' Bauleute brauchten für die Verkleidung des königlichen Grabmals rund 67 390 Kubikmeter Kalkstein von Tura-Qualität. Die ganz wenigen Verkleidungssteine, die an der Basis noch erhalten sind, lassen erkennen, mit welcher Geschicklichkeit und Sorgfalt die Bauleute sie einst zur ersten Lage der Pyramide aufsetzten. Die Fugen zwischen den großen, in einigen Fällen fünfzehn Tonnen schweren Blöcken sind oftmals so fein, dass nicht einmal eine Rasierklinge zwischen die Steine passt, und diese feinen Fugen reichen von der Außenfläche manchmal über einen Meter weit nach innen.

Das Erscheinungsbild unvollendeter Pyramiden deutet darauf hin, dass die Steinmetzen das überschüssige Material an den noch rohen, unebenen Sichtflächen erst nach der Fertigstellung der gesamten Pyramide entfernten; sie arbeiteten sich dabei von der Spitze zur Basislinie hinab, während die Baurampen und Aufschüttungen entfernt wurden. Wie aber konnten sie sich vergewissern, dass unter all den Bossen am Ende vier gerade Ecken und vier schöne, glatte Flächen zutage kämen, die gleichmäßig nach oben zu einer Spitze führen würden? Wie konnten sie Tausende Quadratmeter feinen Kalksteins abarbeiten, ohne zu viel Material wegzumeißeln und das Werk durch quer über die weite Pyramidenfläche laufende Wellen zu verderben?

Während die Steinmetzen einen Block an den anderen fügten, brachten sie an jedem Verkleidungsstein Korrektur- oder Leitlinien für die abschließende Sichtflächenbearbeitung an. Das zeigt uns die ungeglättete Kalksteinverkleidung am Fuß der Pyramiden von Cheops' Königinnen und die nicht abgearbeitete Granitverkleidung am Fuß der Mykerinos-Pyramide. Wahrscheinlich wurden, wie es heute auch üblich ist, zunächst die „Leitblöcke" an den Ecken und in der Mitte der Pyramidenseiten aufgesetzt. Vorn ragten die Bossen über die vorgesehene Ebene der Pyramidenfläche hinaus. Die Steinmetzen stellten die auf hölzerne Keile oder Rollen gehievten Blöcke, die aneinandergefügt werden sollten, genau über dem für sie bestimmten Platz in der Steinlage ab. Dann schnitten sie die Seitenflächen parallel zu. Diese waren nicht unbedingt rechtwinklig zu den waagerechten Schichtflächen und konnten auch an den Seiten und in der Senkrechten schief sein. Bevor die Seitenfläche eines Blockes durch Ansetzen des nächsten Steines verdeckt wurde, mussten die Steinmetzen die Neigungslinie der Pyramidenfläche markieren – entlang dieser Markierungen wurden nach der Beendigung der Bautätigkeit die Bossen wie mit einem riesigen Schnitt abgearbeitet werden. Für die erste Lage maßen die Steinmetzen von einer äußeren Bezugslinie aus einen Sollabstand ab, dann kennzeichneten sie den Punkt, an dem sich die Grundlinie der Pyramide mit den geglätteten Seitenflächen des Blocks schneiden würde, und rissen schließlich auf den Seitenflächen die Neigungslinie der Pyramidenfläche an.

Der Neigungswinkel einer Mauer wurde im Alten Ägypten anhand eines *Seqed* genannten Maßes – des Rücksprungs der Mauerfläche auf eine Steigung von einer Elle (0,525 Meter) – bestimmt. Der Rücksprung von einer Elle auf eine Steigung von einer Elle ergibt einen Neigungswinkel von 45 °. Die fast 52 ° betragende Neigung der Cheops-Pyramide erreichte man mit einem Rücksprung von 11 auf eine Steigung von 14.

Wir wissen nicht mit Sicherheit, wie der *Seqed*-Winkel konstruiert wurde. Cheops' Bauleute könnten von der bereits festgelegten Grundlinie elf Einheiten nach innen und vierzehn Einheiten nach oben abgemessen haben, wobei sie den oberen Punkt der Neigungslinie mit Hilfe einer Lotschnur kenntlich machten. Vielleicht markierten sie die Neigungslinie mit Hilfe von Holzdreiecken, die im gewünschten Winkel gebaut waren und an der Fugenfläche jedes Blockes angelegt wurden. Voraussetzung für das Arbeiten mit einem Dreieck war allerdings, dass man eine Fläche hatte, die absolut parallel zum Boden lag. Arbeitet man heute beim technischen Zeichnen mit einer Reißschiene, die nicht genau rechtwinklig zur Seite des Zeichenbretts liegt, überträgt sich dieser Fehler auf jeden Winkel. Eine an die senkrechte Seite eines Dreiecks gehaltene Lotschnur mag vielleicht hilfreich gewesen sein, doch eine Lotschnur bewegt sich. Im günstigsten Fall hätte sich der Fehler an den Steinen nicht addiert, sondern über Hunderte und Tausende Steinblöcke hinweg ausgeglichen. Wahrscheinlich orientierten sich die Pyramidenbauer auch an Markierpunkten, die in langen Abständen gesetzt und zur Kontrolle der Neigungslinie anvisiert wurden.

Als Nächstes wurden die Bossen an der Stelle, wo die vier Fugenflächen der einzelnen Steinblöcke (oben, unten und an den Seiten) auf die geneigte Ebene der Pyramidenfläche trafen, schräg abgearbeitet. Dieses Abschrägen, Block für Block vorgenommen, diente als Richthilfe für das abschließende Bearbeiten und Glätten der Verkleidungssteine. Wurde der nächste Stein für die Blocklage gebracht und eingesetzt, wobei eine Stoßfuge entstand, ragte die passgenau behauene Kontaktfläche und die noch unbearbeitete Sichtfläche des Steins zunächst über die abgeschrägte Fugenfläche des benachbarten Steines hinaus. Beim Abschrägen der unebenen Sichtfläche orientierten sich die Steinmetzen an der Schräge des zuvor eingesetzten und bearbeiteten Nachbarblocks. Den Arbeitsgang wiederholten sie an der gegenüberliegenden freien Seitenfläche, indem sie den Neigungswinkel markierten und die Bosse entlang dieser Linie sowie oben und unten, d. h. dort, wo Ober- und Unterseite auf die Ebene der Pyramidenfläche trafen, schräg abarbeiteten.

Block um Block bauten die altägyptischen Steinmetzen die geneigten Ebenen der Pyramidenflächen auf, die sich vorläufig unter den noch nicht vollständig geglätteten Sichtflächen der Verkleidungssteine verbargen. Kam die markierte Schräglinie auf einem Stein etwas von der Richtung ab, wichen andere Markierungen vielleicht nach einer anderen Richtung ab, so dass sich die Fehler ausglichen.

Die Pyramidenspitze – Streben nach Vollkommenheit

Als sich die vier Pyramidenseiten zum Abschluss hin immer mehr verkürzten, wurde den Pyramidenbauern der Platz für Rampen und für Arbeiter, die die Seile um die Steine legten, immer knapper. An dieser Stelle konnten die Bauleute die letzten Blöcke mit Hebeln nach oben befördert haben. Es ist ganz klar, dass sie jetzt kleinere Blöcke verbauten und dass hier nicht mehr das lockere Kernmauerwerk genügte, als die fertigen Kanten immer mehr zusammenrückten. Für die Kanten und den Schlussstein an der Spitze wurde eine feinere Steinqualität gebraucht. Bei genauer Betrachtung der Hintermauerung, die heute an der Cheops-Pyramide sichtbar ist, bemerkt man, dass die Bauleute

43
Südansicht der Pyramiden von Giseh. Südöstlich der Mykerinos-Pyramide (links) liegt der dazugehörige hufeisenförmige Steinbruch (unten rechts). Feldsteinmauern bilden einen großen rechteckigen Bezirk rund um jede der Hauptpyramiden.

über die gesamte Länge der Kantenlinien und oben, vor der heute stumpfen Spitze, zwar keine Tura-Qualität, so doch feineren Kalkstein verwendet haben. Das von den Pyramidenspitzen erhaltene Mauerwerk zeigt, dass die Bauleute hier ganz auf die Kernsteine verzichteten und bis zur Spitze mit Kalkstein von der Qualität des Verkleidungsmaterials arbeiteten.

Die Spitze der Roten Pyramide König Snofrus und der Nebenpyramide König Cheops'

An der Ostseite der Roten Pyramide König Snofrus in Dahschur-Nord wurden von Rainer Stadelmann Stücke des ältesten Pyramiden-Schlusssteins gefunden. Es handelte sich dabei um einen einfachen Abschluss der Verkleidung, um ein schlichtes Pyramidion aus gutem Kalkstein.

Den zweitältesten Schlussstein einer Pyramide, ein großes Pyramidion aus feinem Kalkstein von Tura-Qualität, das einst die Nebenpyramide vor der Südostecke der Cheops-Pyramide krönte, fand Zahi Hawass. Er entdeckte auch ein großes Stück mit drei schrägen äußeren Pyramidenflächen; dieser Fund bildete einst die reichliche Hälfte der Südseite der dritten Steinlage unter der Pyramidenspitze. Die Unterseite des Blocks ist flach abgearbeitet, die Oberseite tetragonal-pyramidenförmig ausgetieft. Die mit dem Block einst komplette quadratische Oberseite der dritten Lage wies vier dreieckige ebene Flächen auf, die 2,6 Meter (fünf Ellen) zur Mitte abfielen und praktisch die Diagonalen des Quadrats bildeten. An diesen Diagonalen orientierten sich die Bauleuten sicherlich bei der akkuraten Bearbeitung der Pyramidenspitze, deren Seiten sich ja in einem Punkt treffen mussten. Die pyramidenförmige Austiefung an der Oberseite sollte außerdem die als Gegenstück zugehauene Unterseite des Blockes bzw. der Blöcke der zweiten Steinlage – von oben gezählt – aufnehmen. Offensichtlich enthält der Oberbau der Pyramide, der zur Spitze immer schmaler wird, hier kein Füll- oder Kernmaterial, sondern besteht nur aus Verkleidungssteinen.

Die zweite Steinlage von oben fehlt, doch Zahi Hawass fand den eigentlichen Schlussstein der Nebenpyramide, der aus einem einzigen Stück feinen Kalksteins von Tura-Qualität besteht. Die Unterseite des Pyramidions ist wie eine vierseitige Pyramide gearbeitet; die vier dreieckigen Flächen neigen sich sacht dem erhöhten Mittelpunkt der Unterseite zu. Die hervortretende Unterseite sollte in die Austiefung an der Oberseite der zweiten Steinlage passen, so wie die erhabene Basis der zweiten Lage zweifellos in die ausgetiefte Oberseite der dritten Steinlage gepasst hatte. Der durchschnittliche Neigungswinkel der Flächen beträgt 51°45' und gleicht damit fast dem Neigungswinkel der Cheops-Pyramide (51°51').

Die Spitze der Königinpyramide GIII-a

Bei Ausgrabungen in den letzten Jahren wurden rund um die Nordostecke und die Ostseite der Pyramide GIII-a der Königin des Mykerinos zahlreiche Bruchstücke von Verkleidungssteinen in Tura-Qualität zutage gefördert. An bestimmten Stücken ist zu erkennen, dass und wie die Steinmetzen die Eckblöcke mit besonderer Sorgfalt behandelten, um dauerhafte Fugen zu garantieren. Die Unterseiten der großen Eckblöcke sind mit Nuten oder Vertiefungen versehen, die auf eine erhöhte Kante an der unterhalb liegenden Verkleidungslage der Pyramide passen. Aus solchen Blöcken bestanden einst die letzten oberen Lagen; diese wurden von den Bauleuten ganz aus feinem Verkleidungsstein zusammengesetzt, da die Pyramide hier für das lockere, unregelmäßige Kernmauerwerk schon zu schmal war. Die mit erhöhten Kanten und Nuten versehenen Unter- und Oberseiten der ausgegrabenen Fragmente der Pyramidenecken passten einst ineinander wie Legosteine.

Die Reste eines Schlusssteins, der der krönende Abschluss von GIII-a auf der Südseite der Königinpyramide gewesen sein könnte, sind von Peter Jánosi beschrieben worden. Jánosi zufolge sind an dem beschädigten Pyramidion Teile dreier glatt abgearbeiteter Seiten erhalten; die ursprüngliche Breite des Schlusssteins betrug 1,125 Meter (15 Handbreit).

Bau einer Pyramide

An der Unterseite war ein quadratisches Feld von etwa 7,5 Zentimetern Tiefe und einer Kantenlänge von 1 x 1 Elle (etwa 0,525 Meter) ausgeschnitten. Zur Befestigung des Schlusssteins könnte es auf der darunter befindlichen Steinlage ein etwa gleich großes erhabenes Quadrat gegeben haben, auf das diese Austiefung gepasst hätte. Das Pyramidion mit einem Neigungswinkel von 52 Grad war ursprünglich zehn Handbreit (75 Zentimeter) hoch.

Die Spitze der Chephren-Pyramide

Der Schlussstein der Chephren-Pyramide liegt nicht mehr an seinem Platz, sondern fehlt heute, die Kalksteinverkleidung hingegen ist von oben gemessen noch 40 – 45 Meter weit erhalten. An den letzten Blöcken der stumpfen Spitze ist ein Sockel oder eine Verankerung zu erkennen, in der einst der Schlussstein gesessen haben muss; das Pyramidion bestand, passend zur Basis, möglicherweise aus Granit.

Ich habe die Höhe der Verkleidungslagen dort, wo ich sie auf dem Vorsprung der Nordostecke erreichen konnte, einmal ausgemessen. Die Maße betragen von unten nach oben 82, 67, 35, 45, 66, 44 und 45 Zentimeter. Diese Lagen weisen ein bis zwei Drittel der Höhe der untersten Verkleidungslage auf, die aus 1,05 Meter hohen Granitblöcken besteht.

Das Erste und das Letzte – die Grundlinie der Pyramide

In den Pyramiden von Giseh steckt ein gewisses ironisches Detail – die Grundlinie des Bauwerks war nicht nur die erste, sondern auch die letzte, abschließende Arbeit der Bauleute. Das belegt die Pyramide des Mykerinos, deren Basis nie fertig gestellt wurde.

Beim Freilegen eines Teiles der untersten Verkleidungslage der Mykerinos-Pyramide stellte Petrie fest, dass hier keine saubere Grundlinie existiert. Die Bauleute ließen die Pyramidenbasis wie sie war, ohne die Granitverkleidung an deren unterem Teil zu glätten. Die unterste Lage ruht auf dem rohen Kalksteinfundament. Die Bauleute hatten die einzelnen Granitblöcke nur an den Seiten geglättet, um die Steine aneinander fügen zu können. Beim Einsetzen eines Blockes schrägten sie die Bosse am Übergang zur geglätteten Seitenfläche ab, an die der nächste Stein angesetzt werden sollte. Diese Schräge folgte der vorgesehenen Neigungslinie der Pyramidenfläche (etwa 51°), die etwa 1,8 bis 5,5 Meter oberhalb des Fundaments endete. Die Bauleute des Mykerinos beabsichtigten wahrscheinlich, den Fuß der untersten Verkleidungslage zu einer Senkrechten abzuarbeiten, an die sie dann die Pflasterplatten des Hofes – wäre dieser jemals fertig geworden – angesetzt und so die richtige Grundlinie hergestellt hätten. So ist es auch bei der Chephren-Pyramide: deren Grundlinie wird praktisch von der Oberkante der senkrechten Schnittfläche am Fuß der untersten Verkleidungslage gebildet. Auf der Höhe dieser Kante verlegten die Steinmetzen dann das Hofpflaster und stellten die Grundlinie somit wirklich fertig. Das Pflastern des Hofes war eine der letzten Arbeiten, was auch an der Mykerinos-Pyramide deutlich wird. Es mag heute seltsam anmuten, dass man das Herstellen einer sauberen Grundlinie nicht als erste, sondern als letzte Aufgabe beim Bau einer Pyramide in Angriff nimmt, doch das entsprach dem damals üblichen Arbeitsablauf.

Da die Bauleute König Mykerinos' nicht so weit kamen, steht für uns die Frage, was als echte Grundlinie der Mykerinos-Pyramide zu betrachten ist. Die Antwort darauf lautet, dass es überhaupt keine solche Grundlinie gibt – die in die Seitenflächen der Granitblöcke geschnittene Schräge endet nicht auf einheitlichem Niveau. Wie aber überprüften die Bauleute des Altertums das Pyramidenquadrat, wenn keine richtige Basislinie existierte? Petrie stellte die Höhe sämtlicher Granitlagen fest, die mit Ausnahme der zehn bis zwanzig Zentimeter höheren untersten Lage bei allen nahezu gleich, „jede nur ganze zwei Ellen", ist. Er ermittelte den Durchschnittswert und nahm als Basis eine gedachte Linie an, die eine durchschnittliche Schichthöhe unter der Oberseite der ersten Lage liegt.

Für ihre Zwecke hätten die Bauleute die Unterseite der ersten Lage, so wie sie war, sicherlich nicht als Orientierung benutzen können, da die Höhe der Blöcke in dieser Schicht zwischen 1,11 und 1,40 Meter schwankt. Bei der untersten Verkleidungslage hatten sie nur die Oberseite der Blöcke eben und bündig abgearbeitet, die Unterseiten hingegen standen in ungleichmäßigem Niveau auf dem unebenen Fundament. Wie wir bei der Chephren-Pyramide gesehen haben, müssen die Bauleute damals die Oberseite der ersten Lage als Höhenlinie benutzt haben, ähnlich wie Petrie sie benutzte um zu einer theoretischen Grundlinie zu kommen. Beim Versetzen der untersten Lage müssen sie sich nach einer provisorischen äußeren Bezugslinie gerichtet haben, die vielleicht wie die Pfostenlöcher rund um die Basis der Cheops- und der Chephren-Pyramide ebenfalls Spuren hinterlassen hat.

Die Bauleute des Cheops gingen bei ihrer Arbeit anders vor. Sie hatten bereits eine brauchbare ebene Basislinie, die dort verlief, wo die unterste Verkleidungslage aus großen Kalksteinblöcken auf der Gründungsplattform auflag. Es besteht aber noch immer die Wahrscheinlichkeit, dass auch hier die Basislinie unter den Bossen verborgen lag, bis die Steinmetzen am Ende der Bauarbeiten die Sichtflächen der Verkleidungssteine abgearbeitet und geglättet hatten.

Unvollkommenheiten durch die menschliche Hand

Die Erbauer der Pyramiden von Giseh waren bei all ihren Leistungen doch nicht vollkommen. Die Pyramiden sind von Menschen, nicht von übernatürlichen Kräften geschaffene Monumente. Das wird beispielsweise an dem kalksteinverkleideten Quadrat der Chephren-Pyramide deutlich, das einen kleinen Makel aufweist. 1881 ermittelte Petrie das Quadrat der Pyramidenbasis, indem er aus dem Verkleidungssockel, der Bettung der untersten Lage, die Ecken ableitete. Dann überprüfte er die Winkel der Verkleidung an der Pyramidenspitze im Verhältnis zum Basisquadrat und entdeckte eine leichte Torsion der Pyramide um 3°50'. Die Bauleute mussten damals die Winkel der Ecken leicht verändern, damit die Kanten an der Spitze auch wirklich zusammentrafen. Selbst wenn man diese Unstimmigkeiten in Betracht zieht, haben die Pyramidenbauer nie wieder die Genauigkeit der Pyramiden von Giseh erreicht. Wie Petrie bei den Pyramiden der 4. Dynastie in Giseh, so vermaß auch Borchardt mit modernen Instrumenten die aus der Zeit der 5. Dynastie stammende Pyramide des Sahure in Abusir. Er stellte fest, dass die Südostecke um 1,58 Meter weiter nach draußen verschoben ist als die Nordostecke, weshalb die Pyramidengrundfläche eigentlich kein vollkommenes Quadrat, sondern ein Rhombus ist. Die Bauleute Sahures glichen das im Anstieg der Pyramide aus und verbargen den Fehler in der Grundfläche unter dem hinteren Teil des Pyramidentempels. Das Feststellen der von Menschenhand verursachten Unvollkommenheiten steigert jedoch unsere Bewunderung für die erstaunlichen Leistungen der Menschen, die die Pyramiden errichteten, nur noch. Es lässt uns darüber hinaus das Gefühl der Vollendung und Gemeinsamkeit nachempfinden, das die Bauleute gehabt haben müssen, als das Werk vollbracht war. Zahi Hawass entdeckte vor kurzem eine Darstellung, die in den feinen Kalkstein am Aufweg der Sahure-Pyramide eingeschnitten ist. Die Szene zeigt, wie die Menschen beim Aufsetzen des Schlusssteins tanzen, singen und feiern.

45
Die aus feinem Kalkstein gearbeitete Spitze der Chephren-Pyramide. Das Mauerwerk unterhalb der Verkleidung erscheint zwar regelmäßig abgestuft, doch die Breite der Stufen und Größe der Blöcke variieren beträchtlich. Weiter unten, wo die Verkleidung entfernt wurde, sind die Bruchsteinlagen der Hintermauerung verwischt.

Die bauliche Entwicklung des ägyptischen Königsgrabes

Zahi Hawass

Die Könige der 1. Dynastie wurden auf dem Friedhof ihrer Vorfahren in Abydos bestattet. In Sakkara, nahe der frühdynastischen Hauptstadt Ineb-hedj, existiert ebenfalls eine Gruppe großer, kunstvoll gearbeiteter Gräber aus der Zeit der 1. Dynastie. Diese werden nach dem derzeitigen Stand der Kenntnisse von den Ägyptologen für Gräber hoher Beamter gehalten, doch es ist auch denkbar, dass es sich hierbei um königliche Kenotaphe (Zweit- oder Scheingräber) oder um Kultzentren handelt.

Die aus der 1. Dynastie stammenden Gräber in Abydos liegen in einem Gebiet, das man Umm el-Qa'ab – „Mutter der Töpfe" – nennt. Diese frühdynastischen Begräbnisstätten markieren eine bedeutende Veränderung der Konstruktion gegenüber den einfachen ovalen oder rechteckigen Grabstellen der vordynastischen Zeit. Die Grabbauten wurden immer kunstvoller, die Gruben und Kammern mit Lehmziegeln oder in einigen Fällen mit Holz ausgekleidet. Außer der Sargkammer gab es auch Vorräume für Grabbeigaben. Die Grabstätten aus der Zeit der 1. Dynastie waren von kleinen Nebengräbern für Personen umgeben, die möglicherweise geopfert wurden um den König ins jenseitige Leben zu begleiten.

An der Ostseite eines jeden Grabes wurden Stelen aus Kalkstein aufgestellt, die in einem *serech* (einem Rechteck, dessen unteres Ende durch die Darstellung einer nischengegliederten Palastfassade begrenzt war) den Namen des Königs trugen. Die meisten Könige der 2. Dynastie wurden in Sakkara bestattet; die Gräber der beiden letzten Herrscher dieser Dynastie, Peribsen und Chasechemui, befinden sich in Abydos.

Etwa zwei Kilometer entfernt von den frühdynastischen Grabstätten in Umm el-Qa'ab liegt eine Gruppe großer Umfassungen, die mit dem Bestattungskult der Könige verbunden waren; zu den älteren umbauten Bezirken gehörten auch Nebengräber. Diese, so glaubt man, enthielten einst Ritualgegenstände aus vergänglichen Materialien. David O'Connor von der Pennsylvania-Yale-Expedition fand vor kurzem eine Flotte aus zwölf Schiffen, die in der Nähe des Bestattungskomplexes des Königs Chasechemui (2. Dynastie) festgemacht waren (aber nicht unbedingt zu diesem König gehören müssen). Die Anlagen, die zu den aus der 2. Dynastie stammenden Gräbern in Sakkara gehören, hat man bisher noch nicht gefunden. Wir sind jetzt gerade dabei, in Zusammenarbeit mit Günter Dreyer vom Deutschen Archäologischen Institut einen neuen Plan von diesen Gräbern anzulegen; zur Vorbereitung auf diese Arbeit haben wir bereits mit der Freilegung und Säuberung der Gräber begonnen.

Die Untersuchung der Königsgräber und der ihnen angeschlossenen Bezirke in Abydos ermöglicht es uns, deren grundlegende bauliche Bestandteile zu identifizieren und mit den Elementen jüngerer Anlagen – Grab, Umfassungsmauer, Stelen (die dem oberen Tempel entsprechen), Bestattungskomplex (unterer Tempel) und Schiffe – zu vergleichen. Das heißt, die Grundelemente der Königsgräber existierten bereits zu dieser frühen Zeit und entwickelten sich im Verlauf der ägyptischen Geschichte ständig weiter.

In Sakkara gibt es eine Reihe frühdynastischer Gräber, deren Schächte mit einem Hügel und in einem Fall gar mit einer gestuften Plattform überbaut sind. Es wird vermutet, dass auch die Gräber von Abydos von Hügeln bedeckt waren. Diese Aufhäufungen hält man heute für Symbole des Urhügels, auf dem einst der Schöpfergott stand um das Universum zu erschaffen.

Der Bezirk um die Stufenpyramide des Djoser stellt in der Architektur des königlichen Bestattungswesens einen wichtigen Entwicklungsschritt dar. König Djoser und sein oberster Baumeister Imhotep führten die beiden Elemente des frühdynastischen Bezirks, den Grabbezirk und den Talbezirk, zu einem monumentalen Komplex zusammen und setzten anstelle der Lehmziegel und der vergänglichen Materialien den Baustoff Stein ein. Der Hügel über dem Grabschacht wurde zu einer hoch aufragenden Stufenpyramide, die sich mit ihren sechs Absätzen in eine Höhe von sechzig Metern erhob.

Zum Djoser-Bezirk gehören folgende Komponenten:

1. Die Umfassungsmauer samt Eingang mit doppelter Säulenreihe
2. Die Pyramide
3. Der Nordtempel
4. Das Südgrab
5. Der Südhof
6. Der *Sed*-Festhof
7. Der Südaltar
8. Tempel „T"
9. Der Nordtempel
10. Der Nordaltar
11. Pavillon des Nordens („maison du nord")
12. Pavillon des Südens („maison du sud")
13. Wendemarken

Im Verlauf der nächsten hundert Jahre entwickelten sich die Hauptelemente des Stufenpyramiden-Bezirks zu standardisierten Bestandteilen des für das Alte Reich typischen Pyramidenbezirks. Vieles von dieser Entwicklung ist in den Bezirken des Snofru, des ersten Königs der 4. Dynastie, in Medum und Dahschur zu erkennen. König Snofru ließ vier Pyramiden bauen – je eine in Seila und Medum und zwei in Dahschur. Die Seila-Pyramide wurde nicht als Grabmal, sondern als Symbol des Urhügels erbaut und gehörte zu einer Königsresidenz in dem Gebiet. Die Pyramide in Medum, zu Beginn der Herrschaft König Snofrus als Stufenpyramide errichtet, blieb aus Gründen, die wir nicht kennen, unvollendet. Etwa im fünfzehnten Jahr seiner Regierungszeit begann Snofru in Dahschur mit dem Bau eines neuen Pyramidenbezirks; hier sollte die erste echte Pyramide entstehen. Aus baulichen Gründen musste man den Neigungswinkel der Pyramide auf nicht einmal halber Höhe verändern, was der Pyramide das charakteristische Knickprofil verlieh. Diese Anlage in Dahschur wurde schließlich aufgegeben, und in Dahschur-Nord entstand ein neuer Bezirk mit einer echten Pyramide, die als königliche Grabstätte diente.

Der Komplex in Medum enthält einige der Grundelemente eines Pyramidenbezirks – eine Mauer, die eine kleine Nebenpyramide im Süden und eine Opferkapelle im Osten umgibt sowie einen in Richtung Talaue führenden Aufweg. In der Nähe der Pyramide befinden sich auch die Gräber von Beamten und Familienmitgliedern.

Im Bezirk der Knickpyramide gibt es neben all diesen baulichen Bestandteilen einen Taltempel am östlichen Ende des Aufweges. Diese Elemente werden nun zur Norm und sind auch im nördlichen Pyramidenbezirk König Snofrus in Dahschur zu finden. Belegt ist auch die Existenz einer diesem Bezirk angeschlossenen Pyramidenstadt.

Zur Zeit Cheops', des Sohnes und Nachfolgers König Snofrus, gab es die Grundelemente des Pyramidenbezirks also bereits. Den frühdynastischen Erdhügel hat eine Pyramide mit geradlinigen Seiten abgelöst. Die Königsstelen sind zum erhöht gelegenen Pyramiden- oder Totentempel geworden. Aus Djosers Südgrab, *Sed*-Festhof und Tempel „T" werden die Neben- oder Kultpyramide und deren Hof. Im Djoser-Bezirk stehen auch *Sed*-Festkapellen, Altäre sowie die Pavillons des Nordens und des Südens. Diese separaten Bauten entwickeln sich zu Räumen und Nischen im Innern der späteren Pyramidentempel. Cheops fügt den Komponenten des Pyramidenbezirks drei Königinnenpyramiden und einen planmäßig angelegten Friedhof für Verwandte des Königshauses und Beamte hinzu. Man hat auch Hinweise auf Häfen gefunden, die den Bezirken König Cheops' und dessen Sohnes Chephren angeschlossen waren, und kürzlich sind Spu-

46
Gesamtansicht des Djoser-Bezirks in Sakkara mit der Stufenpyramide aus der Zeit der 3. Dynastie.

47
Der imposante Pyramidenbau König Cheops' aus der Zeit der 4. Dynastie beherrscht das Plateau von Giseh. Er stellt eine architektonische Leistung dar, die in den folgenden Dynastien nie wieder erreicht wurde.

ren vom Palast des Cheops freigelegt worden. Bei den laufenden Ausgrabungsarbeiten in Giseh fördert man ständig neue Hinweise auf die Arbeiter, die einst die Pyramiden errichteten, zutage – die Gräber der Pyramidenbauer, das Wohnlager der Arbeiter und die Einrichtungen, in denen die beim Pyramidenbau eingesetzten Arbeiter Werkzeug und Verpflegung erhielten und vielleicht auch übernachteten.

Die Arbeit in Giseh bringt nach und nach Klarheit in die strittige Frage, wo der König in der Zeit des Pyramidenbaus seinen Wohnsitz hatte. Früher war man der Auffassung, dass sich die Hauptstadt, die Residenz des Königs, in Memphis selbst befand. Die Ausgrabungen der Egypt Exploration Society unter Leitung von David Jefferson in Memphis haben keinen Hinweis auf eine Siedlung aus der Frühzeit oder dem Alten Reich erbracht. Am Fuß des Wüstenplateaus von Sakkara, neben den dortigen Gräbern aus der Zeit der 1. Dynastie, haben die Ausgräber allerdings Spuren einer frühzeitlichen Siedlung entdeckt.

Neben den Überresten eines monumentalen Bauwerks, bei dem es sich vielleicht um den Palast König Cheops' handelt, haben wir in Giseh Spuren einer Ansiedlung aus dem Alten Reich gefunden, und zwar unter dem Ort, der heute am Fuß des Plateaus liegt. Die Siedlung erstreckte sich einst über etwa fünf Quadratkilometer; meiner Meinung nach hatte hier die königliche Administration ihren Sitz. Diese Interpretation wird durch Textfunde aus der Zeit der 5. Dynastie bestätigt: In den im Pyramidenbezirk des Neferirkare-Kakai gefundenen Papyri von Abusir ist ein Palast des Djedkare-Isesi erwähnt, der in der Nähe der Djedkare-Pyramide stand.

Die Pyramide war ein ägyptisches Nationalprojekt; an dieser gewaltigen Aufgabe hatte jeder Haushalt Anteil, indem er zur Unterstützung des Königs Arbeitskräfte und Nahrungsmittel schickte. Der Bau der Pyramide und des dazugehörigen Bezirkes sorgte auf wunderbare Weise für die Wiedergeburt und den Aufstieg des Königs in die Welt der Götter und garantierte somit die Sicherheit und den Wohlstand des Landes. Man sagt, die Pyramiden hätten Ägypten erbaut; die komplexe Verwaltung, die zur Verwirklichung dieser riesigen Vorhaben erforderlich war, trug zur Schaffung der altägyptischen Hochkultur bei. Der König musste seinen Hauptsitz in der Nähe des Pyramidenbauplatzes gehabt haben, damit er dieses wichtigste Projekt seiner Regierungszeit überwachen konnte.

Für den Bau der Cheops-Pyramide wurde eine große Zahl Männer benötigt, die mehr als 2 600 000 Millionen Kubikmeter Stein bewegten und versetzten, Kunsthandwerker hingegen

48
Die Pyramide Amenemhets III. in Dahschur. Mittleres Reich.

brauchte man verhältnismäßig wenige. Das Verhältnis von Steinschleppern zu Kunsthandwerkern änderte sich im Verlauf der nächsten beiden Dynastien, da die Baumeister das Steinvolumen verringerten, indem sie kleinere Pyramiden entwarfen und kleinere Steine, Lehmziegel oder lose Schuttfüllungen verwendeten, gleichzeitig aber die Zahl der schönen Wandreliefs zur Ausschmückung der Tempel erhöhten. Schätzungen zufolge macht beispielsweise die Pyramide Userkafs, des ersten Königs der 5. Dynastie, nur den dreizehnten Teil des Volumens der Cheops-Pyramide aus. Tatsächlich entsprechen die 2 600 000 Kubikmeter unbehauenen Gesteins in der Cheops-Pyramide fast der Menge Rohgestein, die für sämtliche Pyramiden der 5. und 6. Dynastie zusammen verbraucht wurde. Andererseits hatte die Pyramide des Sahure in Abusir laut dem deutschen Ägyptologen Ludwig Borchardt 10 000 Quadratmeter Wandreliefs aufzuweisen. Die rückläufige Größe der Pyramiden und damit der geringere Bedarf an Arbeitskräften waren vermutlich nicht wirtschaftlich begründet. Immerhin bedeutete die zunehmende Zahl von Reliefs, dass man mehr gut ausgebildete Kunsthandwerker anstellen musste, die eine höhere Bezahlung als die Steinschlepper forderten.

Am Ende der 5. Dynastie tauchten an den Innenwänden der Pyramidenkammern die Pyramidentexte auf; das erste Beispiel dafür ist die Pyramide des Unas in Sakkara. Bei diesen Texten handelte es sich um Zaubersprüche, die in Kolumnen auf die Wände der Vorkammer und der Grabkammer geschrieben waren. Die Zaubersprüche sollten dem König helfen in den Himmel aufzusteigen, die Verwandtschaft des Königs mit den Göttern erläutern und die Göttlichkeit des Königs sichern. In der folgenden Dynastie zieren die genauen Anweisungen und Formeln die Grabkammern von Königen wie auch Königinnen.

Neben dem erweiterten dekorativen Repertoire tauchen in den Pyramidenbezirken der 5. Dynastie einige Veränderungen an Details auf, die typisch für den Bezirk der 4. Dynastie waren. Anders als bei den Pyramiden in Giseh liegen die Eingänge zu den Pyramiden des Userkaf, des Sahure, des Neferirkare-Kakai und des Neuserre auf Bodenniveau, und auch die Anordnung der Innenräume ist anders. Der Sarkophag steht nun am westlichen Ende der Kammer, und die Kammerwände sind mit Darstellungen einer Palastfassade, mit einer Alabasterschicht und später mit Pyramidentexten geschmückt. Die Tempel werden größer (sie bieten damit mehr Wandfläche für die Reliefs) und enthalten zahlreiche Räume und Magazine. Die Höfe des oberen Tempels, in der Zeit der 4. Dynastie von Nord nach Süd ausgerichtet, liegen jetzt auf der Ost-West-Achse.

Die Könige der 5. Dynastie errichteten etwa einen Kilometer nördlich von Abusir auch Sonnentempel. Diese Anlagen bestehen aus einem großen gedrungenen Obelisken und einem Altar in einem offenen Hof, aus einem oberen Tempel, einem Aufweg und einem unteren Tempel. Diese Tempel waren dem Kult des Sonnengottes Re geweiht. Bisher wurden zwei der Tempel gefunden und ausgegraben; wir besitzen Textbelege für sechs solcher Tempel.

Nach den Wirren der Ersten Zwischenzeit wurden die Könige des Mittleren Reiches wieder in Pyramiden bestattet. Amenemhet I., der Begründer der 12. Dynastie, baute seine Pyramide in Lischt, in der Nähe des Zugangs zur Oase Faijum. Der Kern dieser Pyramide besteht aus groben Kalksteinblöcken und einer Füllung aus Lehmziegeln und Schutt. In dem Schutt sowie in der Auskleidung und Verriegelung der unterirdischen Kammern befanden sich beschriftete Blöcke aus den Pyramidenbezirken von Cheops, Chephren und Unas. Diese Blöcke mögen als magische Verbindung zu den göttlichen Vorgängern Amenemhets gedient haben.

Die Anlage Amenemhets I. ist unverkennbar nach dem Vorbild des Pyramidenbezirks aus der Zeit des Alten Reiches gebaut, weist jedoch einige Details auf, die den thebanischen Ursprung der Familie offenbaren. Von den Standardmerkmalen sind vorhanden: der obere Tempel, der Aufweg und der untere Tempel, der Aufweg war allerdings – wie die Prozessionswege der thebanischen Gräber der Vorgänger Amenemhets I. – nicht überdacht. Typisch thebanisch ist auch, dass die Pyramide und ihr Tempel auf Terrassen stehen. Es gab keine Nebenpyramide, und die Familienmitglieder waren in *Mastaba*s oder Schachtgräbern innerhalb des Pyramidenbezirks bestattet. Vor dem auf der Nordseite der Pyramide liegenden Eingang zu den unterirdischen Kammern stand eine kleine Kapelle. Der König wurde in einer Kammer bestattet, die am Grund eines Schachtes auf der senkrechten Achse der Pyramide liegt; dieser Schacht ist ein weiteres thebanisches Element. Die Dekoration aus der Zeit des Mittleren Reiches, die aus diesem Komplex Amenemhets I. gerettet und wieder hergestellt worden ist, lässt sich nur schwer von den Fragmenten versenkter Reliefs aus dem Alten Reich unterscheiden, da die späteren Künstler anscheinend versucht haben, die älteren Vorbilder möglichst genau zu kopieren. Der Aufweg war mit Darstellungen von Angehörigen fremder Völker, von Grabanlagen, von königlichen Beamten und von Göttern geschmückt.

Sesostris I., Sohn und Nachfolger Amenemhets I., ließ seine Pyramide neben der seines Vaters errichten. Trotz des sinnreichen Systems aus Skelettmauern im Kern war die Pyramide instabil, und heute ist von ihr nur noch ein Ruinenhügel erhalten. Sesostris setzte wie sein Vater an die Nordseite seiner Pyramide eine Eingangskapelle; von dort führt ein absteigender Korridor zur Grabkammer, die weit unter der Erdoberfläche (und heute unterhalb des Grundwasserspiegels) liegt. Als Ausdruck ihres Strebens nach der Verbindung mit Osiris, dem König der Unterwelt, verlegten die Könige der 12. Dynastie ihre Grabkammern ausnahmslos tief unter die Erde.

Der Pyramidenbezirk Sesostris' I. enthält einen Großteil der Elemente, die am Ende des Alten Reiches zur Norm geworden waren – den oberen Tempel, den Aufweg (ursprünglich offen, später jedoch überdacht) und eine Nebenpyramide in der Südostecke der inneren Umfassungsmauer. Innerhalb der äußeren Umfassungsmauer, rund um die Hauptpyramide, liegen neun Königinnenpyramiden. In den Nischen an der Innenseite des Aufweges waren große Statuen des Königs mit der roten und der weißen Krone aufgestellt. Eine weitere dekorative Neuerung in dieser Anlage ist die Hinzufügung monumentaler *serechs* mit den Namen des Königs an beiden Seiten der inneren Umfassungsmauer. Die Mauer war ebenfalls in Nischen gegliedert, eine Gestaltung, die wir bereits im Djoser-Bezirk aus der Zeit der 3. Dynastie und bei den frühdynastischen Mauern in Abydos und Sakkara finden.

Die nachfolgenden Könige Amenemhet II. und Sesostris II. bauten Pyramidenanlagen, die deutlich anders aussehen; sie stehen vielleicht mehr in der Tradition der Stufenpyramiden-Bezirke der 3. Dynastie, als in der jüngerer Vorbilder aus dem Alten Reich. Auf jeden Fall ließen alle späteren Könige einen einzigen Bezirk bauen, in dem einige der üblichen Elemente mit neuen Merkmalen standen. Die Pyramide Amenemhets II. in Dahschur steht in einem rechteckigen ost-westlich orientierten Bezirk. Die Pyramide selbst wurde als steinernes Skelett errichtet, mit Sand gefüllt und dann mit feinem weißem Kalkstein verkleidet; sie liegt heute in Trümmern. Der Eingang auf der Nordseite führt zu einer Grabkammer mit einem Sarkophag aus Sandstein. Dieser Bezirk ist von den Archäologen bisher wenig beachtet worden; über den Grundriss des oberen Tempels ist kaum etwas bekannt, und den unteren Tempel hat man nie gefunden, obwohl ein offener Aufweg hinab zum Rand der Talaue führt.

Sesostris II. verlegte seine Residenz wieder nach Faijum zurück und baute dort in einem quadratischen Bezirk eine Pyramide hauptsächlich aus Lehmziegeln. Die unterirdischen Innenräume der Pyramide sind ungewöhnlich; hier wurde erstmals versucht, zum Schutz vor Grabräubern den Eingang versteckt anzulegen. Ins Innere gelangt man über einen Schacht an der Südseite der Pyramide. Ein waagerechter Gang am Boden des Schachts führt zu einer überwölbten Kammer; an einem Ende der Kammer liegt ein tiefer Brunnen, auf dessen Grund noch nie jemand gewesen ist. Der waagerechte Gang führt weiter durch eine Vorkammer zu der granitverkleideten Grabkammer, in der ein Sarkophag aus Rotgranit und ein Opfertisch aus Alabaster gefunden wurden. Rund um die Grabkammer verläuft ein Korridor; dieser Korridor sollte dem Geist des Königs die symbolische Reise und dem König die Vereinigung mit Osiris, dessen Kult in dieser Zeit an Bedeutung gewann, ermöglichen.

Im Pyramidenbezirk Sesostris' II. gibt es eine Anzahl *Mastabas* und eine Nebenpyramide. Die Umfassungsmauer des Bezirks war wie bei der Anlage Sesostris' I. in Nischen gegliedert. Zu dem Komplex gehörten ein oberer Tempel, der Aufweg und ein unterer Tempel; keine dieser Komponenten ist bisher hinreichend erforscht. Am Fuß des Plateaus liegt die Pyramidenstadt Sesostris' II., eine planmäßig angelegte Siedlung, die uns eine Menge über den Alltag in der Zeit des Mittleren Reiches – zumindest über den Bereich, der unter königlichem Schutz stand – erzählt.

Sesostris III. verlegte seine Residenz nach Dahschur, wo er ebenfalls eine Pyramide mit Ziegelkern und Kalksteinverkleidung errichtete. Der unterirdische Teil besteht aus einem verborgenen Eingang an der Westseite, einem absteigenden Gang, der zu einer Vorkammer, zum Magazin und zur granitenen Grabkammer mit einem Granitsarkophag führt. An der Nordseite der Pyramide befindet sich eine Eingangskapelle, im Osten steht ein kleiner oberer Tempel. Der Pyramidenbezirk wurde später in der Regierungszeit Sesostris' III. erweitert, und im Süden kam ein zweiter Tempel hinzu. An der Südostecke des erweiterten Bezirks beginnt ein Aufweg; ein Taltempel wurde bisher nicht gefunden. Die Hauptpyramide ist von sieben kleinen Pyramiden umgeben, unter denen die Schachtgräber mehrerer Frauen aus der Königsfamilie liegen. In diesen Schachtgräbern wurde eine Reihe beschrifteter Artefakte sowie Schmuck gefunden. Außerhalb des Pyramidenbezirks, vor der Südwestecke, befindet sich ein Ziegelbau und eine Flotte aus sechs Holzschiffen, von denen jedes sechs Meter lang ist.

Relieffragmente vom oberen Tempel zeigen den König an einem Opfertisch, die Speisen bei einer Bestattung, Opfergabenträger, Darstellungen von Göttern und Beamten sowie das Schlachten großer Opfertiere. Auf Reliefstücken aus dem Südtempel ist der König in einem *Sed*-Festgewand zu sehen. Ein zweites Grab für Sesostris III., möglicherweise die tatsächliche Grabstätte des Königs, wurde kürzlich von Josef Wegner in Abydos entdeckt.

Amenemhet III. baute zwei Pyramiden, eine in Dahschur, die andere in der Oase Faijum. Das Monument in Dahschur wurde aus Ziegeln errichtet. Darunter befindet sich ein Labyrinth aus Korridoren und Kammern mit weißer Kalksteinverkleidung – die Grabkammer des Königs, eine Reihe kleiner Kapellen, außerdem die Kammern für die Bestattung und die Grabbeigaben mehrerer Königinnen. Es existieren zwei Eingänge und die Korridore sind nach einem komplizierten System angelegt. Neben ihrer praktischen Funktion stellten sie möglicherweise ein Abbild der Unterwelt dar. 1997 hatte ich die Gelegenheit, diese Pyramide zusammen mit Dieter Arnold zu besuchen. Es war ein wunderbares Erlebnis, die labyrinthartigen Gänge zu erkunden.

Zum Pyramidenbezirk Amenemhets III. in Dahschur gehörte ein oberer Tempel, der Aufweg und ein unterer Tempel. Bauliche Probleme veranlassten den König jedoch den Ort zu verlassen und eine zweite Pyramide in Hawara in der Oase Faijum zu errichten. Der Plan dieser Pyramide und des dazugehörigen Bezirks unterscheidet sich stark von der Vorgängeranlage in Dahschur. Das Pyramideninnere mit seinen Sackgassen und in der Decke verborgenen Durchgängen ist hier wirklich ein Labyrinth. Die Grabkammer selbst ist aus einem einzigen Quarzitblock gearbeitet. Darin standen der Quarzitsarkophag des Königs, ein kleinerer Sarkophag und zwei Kanopenschreine.

Der nord-südlich ausgerichtete Pyramidenbezirk Amenemhets III. in Hawara ist die größte derartige Anlage aus der Zeit des Mittleren Reiches. Man erreichte ihn von Osten her auf einem offenen Aufweg. Der obere Tempel ist ganz und gar einmalig; Besucher nannten ihn in alten Zeiten „das Labyrinth". Leider ist ein Großteil der Anlage inzwischen zerstört; allein die Überreste vermitteln uns einen Eindruck davon, wie riesig der Komplex aus kleinen Höfen und Heiligtümern einst gewesen sein muss. Nahe der Pyramide fand Petrie eine große Granitstatue des Königs. In diesem Gebiet wurden auch Fragmente anderer Statuen von Göttern, vom König und von Opfergabenträgern ausgegraben.

Die Herrscher des Neuen Reiches wussten, dass weder die gewaltigen Monumente aus der Zeit der 4. Dynastie noch die Korridorlabyrinthe aus der späten 12. Dynastie die Königsgräber geschützt hatten. Deshalb errichteten die Pharaonen ab Thutmosis I., König der 18. Dynastie, nur ihre Totentempel im Freien, in der Talaue entlang des westlichen Nilufers. Anstelle eines Taltempels oder unteren Tempels nutzten sie die Tempel in Karnak. In dem vergeblichen Bemühen ihre Mumien und Schätze zu schützen, versteckten sie ihre eigentlichen Grabstätten weiter westlich in einem abgelegenen Tal, im Tal der Könige. Über dieser Gruppe von Wüstenwadis erhob sich der pyramidenförmige Berg el-Qurn. So waren die Königsgräber weiterhin von dem mächtigen Symbol der Pyramide gekrönt. In gewissem Sinn kehrte das Neue Reich wieder zum Ausgangspunkt – zu den von ihren Kultzentren räumlich getrennten Gräbern, die wir aus der Zeit der 1. Dynastie kennen – zurück. Jede Zeit brachte Änderungen in den Totenkult ein, doch die ursprüngliche Bedeutung der Pyramiden blieb, von ihren Anfängen als Sandhügel auf den ersten Königsgräbern bis zu dem aufragenden Berg, der die letzten Grabstätten schützt, erhalten.

Kapitel 5

Die baulichen Bestandteile der Pyramidenanlage

Zahi Hawass

Für viele Menschen stellen die Königspyramiden des Alten und des Mittleren Reiches isolierte Monumente dar. In Wirklichkeit aber bildet jede große Pyramide das Kernstück einer wohl durchdachten Anlage aus vierzehn typischen Elementen, die jedes für sich wichtig für das jenseitige Leben des Königs und für das ordnungsgemäße Funktionieren des ägyptischen Kosmos waren.

Die Pyramide

Der wichtigste Bestandteil einer jeden Pyramidenanlage ist die Pyramide selbst; sie kennzeichnet den Bestattungsort des Königs. In der Zeit des Alten Reiches baute man die Pyramiden hauptsächlich aus lokalem Kalkstein und verkleidete sie mit feinerem weißem Kalkstein aus den Steinbrüchen von Tura; im Mittleren Reich bestand der Pyramidenkern aus Kalksteinschutt oder Lehmziegeln und die Verkleidung aus Kalkstein. Der Eingang der Pyramiden des Alten Reiches lag auf der Nordseite des Bauwerks, wobei es einige Ausnahmen gab. Die Knickpyramide in Dahschur beispielsweise besaß zwei Eingänge, einen auf der Nordseite und einen auf der Westseite. Im späten Mittleren Reich wechselt die Lage des Pyramideneingangs von Fall zu Fall, da die Baumeister die Zugänge verbargen, um so die Grabräuber hinters Licht zu führen. Die Grabkammer befindet sich stets unter der Pyramide; von dieser Regel weichen nur die Cheops-Pyramide in Giseh und die Snofru-Pyramide in Dahschur ab, bei denen die Grabkammern im Pyramidenkern, oberhalb des Geländeniveaus, liegen.

Der obere Tempel

Der obere Tempel, der so genannte Totentempel, in dem man den Kult des verstorbenen Königs feierte, liegt in der Regel auf der Ostseite der Pyramide, wenn er nicht, wie im Djoser-Bezirk (3. Dynastie) und im Pyramidenbezirk des Userkaf (5. Dynastie), aufgrund der Geländebeschaffenheit verlegt werden musste. In der 3. und zu Beginn der 4. Dynastie war der Tempelgrundriss sehr einfach, er bestand im Allgemeinen aus einer kleinen, von einer Königsstele gekennzeichneten Opferstelle. Später gestaltete man den oberen Tempel größer und kunstvoller. Von der Zeit König Snofrus an waren seine Wände mit bildlichen Darstellungen geschmückt.

Die Umfassungsmauer und der Pyramidenhof

Jede Pyramide war von einer etwa drei Meter hohen Bruchsteinmauer umgeben. Rund um die erste wurde eine zweite Mauer gezogen. Ein gut erhaltenes Beispiel dafür sind die Umfassungsmauern im Pyramidenbezirk des Mykerinos. Die Mauern sollten die Pyramide und deren Innenhof abschließen; Zutritt hatten nur die Priester, die direkt für den Kult des Königs verantwortlich waren. In der Zeit des Alten Reiches beließ man die Umfassungsmauern ohne Dekoration; ab der 12. Dynastie meißelten die Könige ihre Namen in riesigen Hieroglyphen in die Mauern.

Der Aufweg

Der Aufweg führt in östlicher Richtung vom oberen zum unteren Tempel. Bei unserer derzeitigen Arbeit in Giseh wurden einige verzierte Blöcke *in situ* gefunden, was darauf hindeutet, dass man die Aufwege bereits zu Zeiten König Cheops' mit einem Dach oder einer Abdeckung versah. Die meisten Aufwege bestanden aus Kalkstein, einige, beispielsweise der Aufweg des Mykerinos, aus Ziegeln. Sie waren mit bildlichen Darstellungen geschmückt, die Aktivitäten des Königs oder Ereignisse wie das Aufsetzen des Pyramidions zeigen. Der Aufweg hatte im Durchschnitt eine Länge von etwa anderthalb Kilometern.

Die Nebenpyramiden

Als Bestandteil des Pyramidenbezirks tauchen zwei Arten von Nebenpyramiden auf – die Königinnenpyramiden und die Kultpyramiden. Diese kleineren Bauwerke waren meistens etwa fünfzig bis sechzig Meter hoch, mit feinem weißem Kalkstein verkleidet und sind östlich oder südlich der Hauptpyramide zu finden. Östlich der Nebenpyramiden stehen oftmals kleine Kapellen. Die Königinnenpyramiden enthalten in der Regel Hinweise auf eine Bestattung, also beispielsweise einen Sarkophag, Knochen oder Grabbeigaben.

In den Pyramidenanlagen aus der Frühzeit des Alten Reiches variiert der Standort der Kultpyramide zunächst, schließlich legt man dafür die Südostecke der Hauptpyramide fest (wo die Kultpyramide beispielsweise im Pyramidenbezirk des Cheops zu sehen ist). Das Innere der Pyramide kann die Form eines T haben oder maßstäblich verkleinert das Innere der Hauptpyramide widerspiegeln; in den Kultpyramiden deutet nichts auf eine Grabstätte hin. Die Urform der Kultpyramide ist das Südgrab König Djosers. Über die Funktion der Nebenpyramiden sind sich die Gelehrten noch nicht einig.

Die Bootsgruben

Seit frühdynastischer Zeit gehören zu den königlichen Grabanlagen auch Bootsgruben. David O'Connor und die Pennsylvania-Yale-Expedition in Abydos fanden in der Nähe einiger großer Bezirke, die mit dem Totenkult der Könige der 1. und 2. Dynastie in Verbindung stehen, dreizehn mit Ziegelmauerwerk eingefasste Holzboote. Einige andere Grabmonumente weisen auch Nachbildungen von Schiffen oder Bootsgruben als Teil ihrer Anlagen auf.

Zum Pyramidenkomplex des Cheops gehören fünf Bootsgruben, die rund um die Pyramide in den Felsgrund gehauen sind. Drei liegen auf der Ostseite und haben die Form von Schiffen. Die vierte und die fünfte Bootsgrube, beide rechteckig, befinden sich südlich der Pyramide. In jeder dieser Gruben hatte man eine Holzbarke in Originalgröße in ihre Einzelteile zerlegt bestattet. Eines dieser Schiffe ist inzwischen ausgegraben und wieder hergestellt worden; es ist heute in einem Museum südlich der Pyramide zu besichtigen. In der Anlage des Chephren gibt es ebenfalls fünf Bootsgruben, die alle östlich der Pyramide angelegt sind.

DIE PYRAMIDENANLAGE KÖNIG CHEOPS'
A Cheops-Pyramide
B Oberer Tempel
C Umfassungsmauer und Pyramidenhof
D Aufweg
E Nebenpyramiden
F Bootsgruben
G Werkstätten
H Unterer Tempel
I Pyramidenstadt
J Ra-She
K Palast
L Gutsanlagen
M Hafen
N Handwerkerkommune
A
B
C
D
E
F
G
H
I
J
K
L
M
N

Die Werkstätte

Für die Pyramidenwerkstätten, in denen man Kultgegenstände wie etwa kleine Statuen fertigte und lagerte, die Einbalsamierung (Mumifizierung) durchführte und in der sich Küchen für die Zubereitung frischer Opfergaben befanden, gibt es keinen speziellen Standort. Hinweise auf die möglichen Werkstätten des Cheops wurden südlich des Aufweges gefunden. Unsere derzeitige Arbeit in Giseh hat gezeigt, dass die so genannten „Arbeiterbaracken" westlich der Chephren-Pyramide in Wirklichkeit Werkstätten und Magazine waren. Die Werkstätten des Mykerinos befanden sich südlich vom Aufweg des Königs. In der Umgebung der Pyramiden aus der Spätzeit des Alten Reiches hat man bisher noch keine Werkstätten gefunden, doch das liegt hauptsächlich daran, dass hier noch nicht genügend archäologische Grabungen durchgeführt wurden.

Der untere Tempel

Der untere Tempel oder Taltempel steht stets östlich des Pyramidenbezirks, im Allgemeinen am Rand der Talaue. Nach Ansicht einiger Gelehrter wurde der Tempel für die Einbalsamierung und auch für die Personen genutzt, die an den Feierlichkeiten und Festmählern nach dem Tod des Königs teilnahmen. Meiner Meinung nach diente der Tempel dem Kult des Königs als Horus.

Bei Ausgrabungsarbeiten wurden die Grundrisse von acht Taltempeln aus der Zeit des Alten Reiches gefunden; der am besten erhaltene davon ist der Tempel des Chephren. Der Tempel des Unas in Sakkara wird derzeit restauriert. Den Taltempel des Cheops hat man vor kurzem beim Bau eines Kanalisationsnetzes für das Dorf am Fuß des Plateaus von Giseh entdeckt. Da an der Stelle heute eine moderne Villa steht, konnten wir nicht den gesamten Tempel ausgraben; wir haben dafür einige der Basaltblöcke mitgenommen, die einst ein Teil der Pflasterung waren.

Die Pyramidenstadt

Zu jeder Pyramide gehörte eine Pyramidenstadt, die stets südlich des Taltempels lag und den gleichen Namen trug wie die Pyramide selbst. In der Zeit der 4. Dynastie lebten in der Pyramidenstadt nur die Priester, die den Kult des Königs vollzogen und alle Verwandte des Königs waren; gegen Ende der 5. und in der 6. Dynastie dehnte die Pyramidenstadt ihre Fläche aus. Wir haben kürzlich südlich von Cheops' Taltempel Belege für die Pyramidenstadt des Königs gefunden; diese Stadt erstreckte sich über etwa fünf Quadratkilometer unter dem heutigen Dorf Nazlet es-Samman. Weitere bekannte Pyramidenstädte sind die der Chentkaues in Giseh und des Sesostris' II. im Gebiet der Oase Faijum.

Ra-she

Ra-she steht für den Abfluss eines Sees, für eine Flussmündung oder meint die Areale, die als Bauplätze für den Pyramidenbezirk abgegrenzt wurden. Auf dieses Areal wird in Texten verwiesen; es scheint die Stelle gewesen zu sein, an welche die königlichen Güter überall im Land ihre Erzeugnisse zur Verwendung für den Königskult und für den lebenden König geliefert wurden. *Ra-she* war das Gebiet, in dem die Grenze zwischen der irdischen Welt außerhalb des Pyramidenbezirks und der heiligen Welt drinnen verlief. Bisher ist nur ein *Ra-she* gefunden und ausgegraben worden, und zwar vor dem Taltempel der Chephren-Pyramide. Hier befinden sich zwei Rampen, die vom Hafengebiet nach Osten ansteigen und zu den beiden Tempeleingängen – dem nördlichen und dem südlichen – führen. Unter jeder Rampe verläuft ein bootsförmiger Tunnel, der jene Schiffe darstellen mag, die der König für seine Tag- und Nachtfahrten benutzte oder der vielleicht angelegt wurde, damit man die Rampen unterqueren konnte, ohne das geheiligte Gebiet der Pyramidenanlage zu betreten.

Der Palast

Früher war man der Meinung, der Königspalast habe in Memphis gestanden, doch heute wissen wir, dass jeder Herrscher einen Palast am Standort seiner Pyramide hatte. Die Pyramide war ein nationales Projekt, an ihrem Bau beteiligte sich jeder Haushalt vom Nildelta bis nach Assuan, indem er Arbeitskräfte und Nahrungsmittel schickte. Aus diesem Grund musste der König anwesend sein, um die Nation zu einen, und der angemessenste Ort, von dem aus er sein wichtigstes Projekt überwachen konnte, war natürlich die Pyramide selbst.

Neuere Ausgrabungen David Jefferys' in Memphis belegen, dass in der frühgeschichtlichen Zeit oder im Alten Reich in der Region keine große Siedlung existierte. Stattdessen fand Jefferys in der Nähe der Gräber aus der 1. und 2. Dynastie in Sakkara Belege für die archaische Hauptstadt Inbhedj. Die im Grab des Senedjemib-Inti in Giseh gefundenen Papyri besagen, dass Djedkare-Isesi, König der 5. Dynastie, in einem Palast in der Nähe seines Pyramidenbauplatzes wohnte. Außerdem haben wir in neuerer Zeit Hinweise auf einen Palast südlich von Cheops' Taltempel gefunden.

Die Gutsanlagen

Von der Existenz der Gutsanlagen wissen wir aus Opferlisten und bildlichen Darstellungen personifizierter Gutsanlagen, mit denen Pyramidentempel und Privatgräber geschmückt wurden. Diese lagen entlang des Nils verstreut. Die Gutsanlagen waren landwirtschaftliche Anwesen, die Opfergaben in Form von Getreide, Obst, Gemüse und Tieren für den Lebensunterhalt des lebenden Königs und für die Pflege des Königskults lieferten. Naturalien aus den königlichen Gütern gingen als Gunstbeweise auch an die Verwandten des Königs und die Priester. Archäologische Belege für die Gutsanlagen gibt es nicht.

Der Hafen

Der Hafen lag stets in der Nähe des Taltempels. Die Häfen des Cheops und des Chephren in Giseh sind beide archäologisch belegt. Man geht davon aus, dass die alten Ägypter einst einen großen Kanal parallel zum Nil gruben und von da aus zusätzliche Kanäle als Verbindung zu diesen Häfen anlegten. Der zur Pyramidenanlage gehörende Hafen diente zur Anlieferung von Steinen – von Granit, Basalt, Alabaster und feinem weißem Kalkstein – aus anderen Gegenden sowie von Opfergaben aus den königlichen Gutsanlagen. Im Hafen kamen auch die in der Nähe wohnenden Bauleute auf ihrem allmorgendlichen Weg zur Arbeit und die Gäste der Götterfeste an.

Die Kommune der Arbeitsleute

Das einzige weitgehend freigelegte Beispiel einer Kommune für Arbeitsleute befindet sich in Giseh, südöstlich des Hauptplateaus. Der Komplex wurde erst in jüngerer Zeit entdeckt, die Ausgrabungsarbeiten sind noch im Gange. Zu ihm gehören die folgenden Bereiche:

1. Die Gräber der Pyramidenbauer. Der untere Friedhof enthält die Grabstellen der Aufseher und der Steinschlepper; auf dem oberen Friedhof liegen die Gräber der gelernten Kunsthandwerker, beispielsweise der Zeichner und Künstler, sowie der niederen Beamten.

2. Der Gewerbebereich. Hier sind Bäckereien, ein Bereich zum Sortieren von Salzfisch, Metall- und Fayencewerkstätten und auch Herbergen angesiedelt, in denen die Arbeiter und Handwerker während der Arbeitswoche übernachteten.

3. Die Siedlung der Arbeitsleute. Zu der aus dem Alten Reich stammenden Siedlung in diesem Gebiet, von der wir bislang nur einen flüchtigen Eindruck haben, scheint ein Dorf für die dort ansässigen Kunsthandwerker und ein Lager für die Steinschlepper gehört zu haben.

4. Die „Krähenmauer". Diese Mauer sonderte das Quartier der Arbeitsleute von den Königsgräbern ab. Sie ist aus Kalkstein erbaut, etwa zehn Meter hoch und zweihundert Meter lang. Ein Torweg in der Mitte führt vom Arbeiterquartier zum heiligen Pyramidenstandort.

Es gibt nur sehr wenige Pyramidenanlagen, für die wir all diese Bereiche gefunden haben; bei den heutigen Ausgrabungsarbeiten werden ständig neue Teile der jeweiligen Pyramidenanlage gefunden, die früheren Ausgräbern entgangen waren. Es sind noch viele wichtige Informationen unter dem wandernden Sand der ägyptischen Wüste begraben oder durch neue Wohnhäuser überbaut, von denen im Gebiet um Memphis für die rasch anwachsende ägyptische Bevölkerung immer mehr entstehen.

52 unten
Szene aus dem Mereruka-Grab in Sakkara, die eine Schmuckwerkstatt darstellt. Altes Reich.

53 oben links
Szene aus einer Möbelwerkstatt. Grab von Nianchnum und Chnumhotep in Sakkara. Altes Reich.

53 oben rechts
Arbeit an einer Statue. Grab von Nianchnum und Chnumhotep in Sakkara. Altes Reich.

53 Mitte rechts
Holzstatuette eines Mannes, der ein Feuer hütet. Altes Reich. Kairo, Ägyptisches Museum.

53 unten
Holzplastik zweier Männer, die Brot backen und Bier brauen. Altes Reich. Kairo, Ägyptisches Museum.

Kapitel 6

Die prädynastische Zeit

Renee Friedman

Im Unterschied zu anderen Abschnitten der ägyptischen Geschichte mit ihren erhabenen Monumenten und Schriftzeugnissen musste die prähistorische oder prädynastische Zeit erst entdeckt werden. Die Annalen des Altertums liefern uns eine chronologische Liste von Königsnamen, die bis in die 1. Dynastie zurückreicht, doch die Zeit davor schrieb man den Geistern der Toten zu – Herrschern, deren Namen, nicht jedoch die Existenz, schon lange vergessen waren. Wie wahrheitsgetreu diese alte Erinnerung war, zeigte sich vor etwas mehr als einem Jahrhundert. Bei der Untersuchung des Tempels des Gottes Seth im oberägyptischen Negade stieß W. M. F. Petrie 1895 auf einen Friedhof mit mehr als zweitausend Gräbern. Die Gräber enthielten Keramik und Gegenstände, die sich gänzlich von dem unterschieden, was Petrie bis dahin gesehen hatte. Das tatsächliche Alter der Funde erkannte zwar ausgerechnet Petries Erzrivale Jacques de Morgan, doch Petrie setzte die Untersuchung des Materials fort und arbeitete – lange vor der Einführung der Verfahren zur absoluten Altersbestimmung, beispielsweise der C-14-Methode – ein System zur relativen Datierung aus, um diese prädynastische, also noch nicht schriftlich belegte Zeit zu systematisieren. Nach dieser Entdeckung entwickelte sich ein reges Interesse, und in ganz Oberägypten wurden mehr als fünfundsechzig vordynastische Friedhöfe erkundet. Die Gräber, die sich von Sandgruben zu größeren Grabstätten mit Särgen aus Korbgeflecht bis hin zu Grüften mit Lehmziegelauskleidung entwickelten, ließen neben anderen Dingen auch das Entstehen einer Vorstellung vom jenseitigen Leben und von dessen materiellen Voraussetzungen sichtbar werden. Das Freilegen der Friedhöfe brachte jedoch keine Klarheit darüber, wie die prädynastischen Bauern und Händler zu den Gründern eines der weltweit ersten Nationalstaaten und zu den Erbauern der Pyramiden wurden. Aus der Keramik, den Werkzeugen und dem Schmuck in den Gräbern ließ sich kaum etwas ablesen, das den Ursprung der religiösen, wirtschaftlichen und baulichen Traditionen erklärt hätte, jener Traditionen, die im Zeitalter der Pharaonen ihre Blüte erlebten. Der Umstand, dass es hierzu nur karge Hinweise gibt, hat manche zu der These angeregt, es müsse eine fremde „dynastische Rasse" für die Entwicklung verantwortlich sein, und auch heute noch hält sich diese Idee in fantastischen Theorien, die Weltraumreisende und erloschene Zivilisationen von Atlantis als Gründer der altägyptischen Hochkultur betrachten.

54 und 55
Die Palette des Königs Narmer zeigt mit dem Gebrauch von Schrift zur Benennung von Personen und Orten und auch mit ihrem Gegenstand – die Einigung der Beiden Länder – anschaulich das Ende der prädynastischen Zeit an. Narmer trägt hier die weiße Krone Oberägyptens. Er erschlägt im Beisein des Falkengottes Horus, des Schutzpatrons des Königtums, der das Volk der Papyruspflanze aus dem Delta gefangen hält, einen Feind. Auf der Vorderseite der Palette (Ausschnitt links) marschiert König Narmer mit der roten Krone Unterägyptens in einer Siegesprozession, um den enthaupteten Feind zu betrachten. Kairo, Ägyptischen Museum.

In den letzten dreißig Jahren werden die Lücken durch die Ergebnisse neuer Ausgrabungen auf Friedhöfen und wichtiger noch in Siedlungen Oberägyptens und im Delta sowie tief in der Wüste Sahara allmählich gefüllt. Die neuzeitlichen Entdeckungen haben nicht nur einen reichen Hintergrund einheimischer kultureller Entwicklung ans Licht gebracht, sondern die Ursprünge vieler Aspekte der ägyptischen Hochkultur bedeutend weiter in die Vergangenheit gerückt, als man je hätte erwarten können.

Bemerkenswert ist, dass frühe Belege für die Veränderung, die einst vielleicht als Sprungbrett für die ägyptische Zivilisation diente, gerade in der Sahara, etwa einhundert Kilometer westlich von Abu Simbel zu finden sind. Hier, in der Gegend um Nabta Playa, haben Fred Wendorf und Romuald Schild die verstreuten Spuren von Menschen untersucht, die womöglich die allerersten Ägypter waren. Das ehemalige Seebecken Nabta gehört heute zu den trockensten Orten der Erde, doch das war nicht immer so. In der Zeit zwischen 8500 und 4500 v. Chr. war das Klima hier feuchter, es brachte grasbewachsene Savannen und periodische Seen oder *Playas* hervor, die viertausend Jahre lang nicht wenige Vieh züchtende Gemeinschaften ernährten. Es war allerdings eine unsichere Existenz, die von den sommerlichen Regenfällen abhing. Untersuchungen in dem Gebiet haben den – im Niltal selbst bislang fehlenden – Nachweis für die Entwicklung einer einheimischen neolithischen (nicht nur auf das Sammeln angewiesenen, sondern auch Nahrung produzierenden) Lebensweise und für die eigenständige Erfindung der Töpferei erbracht. Noch eindrucksvoller sind die Steinmonumente, die diese Wüstenbewohner als Ausdruck ihrer religiösen Vorstellungen schufen; diese Bauten zeugen von einem ungeahnten Niveau der Organisation bereits um 5000 v. Chr. Nabta vermittelt einen Eindruck von den ältesten Kulten in größerem Umfang; es muss ein regionales Kultzentrum gewesen sein, in dem alljährlich verschiedene Menschengruppen zusammenkamen, um das Einsetzen der Leben spendenden Regenfälle zu feiern. Dazu hatte man einen Kalenderkreis aus Sandsteinplatten – eine Art Miniaturausgabe von Stonehenge – geschaffen, um zur Sommersonnenwende, an dem so wichtigen Tag des Beginns der Regenzeit, den Sonnenaufgang zu beobachten. Die Menschen von damals legten außerdem Linien aus bis zu 2,5 Meter hohen Megalithen an; die Steine stammten aus mindestens einen Kilometer entfernten Steinbrüchen. Die radial angeordneten Sandsteinplatten waren in drei Gruppen aufgestellt und wahrscheinlich nach Sternen wie Sothis (Sirius) und Orion ausgerichtet, die in der ägyptischen Kosmologie auch später noch eine wichtige Stellung innehatten.

Zu dem Zeremonienzentrum gehörten außerdem acht große Steinhügel, in denen man die Überreste von geopferten Rindern und auch dreißig rätselhafte „komplexe Strukturen" – einen großen Ring aufrecht stehender, rund um eine Platte angeordneter Steine – fand.

Die „Strukturen" waren über tiefen Gruben errichtet worden, und in einer der Gruben lag ein sorgfältig bearbeiteter Stein mit glatten Seiten und scharfen Kanten begraben, bei dem es sich durchaus um die älteste Skulptur Ägyptens handeln kann.

Die Größe der Megalithe, von denen einige mehrere Tonnen wogen, zeigt, dass man auf die Schaffung der Monumente einst eine beträchtliche Menge Muskelkraft, Zeit und Geschick verwendet hat. Sie deuten auch darauf hin, dass es führende Köpfe gab, die nicht nur die menschlichen Talente steuerten, sondern, was noch wichtiger war, die es als notwendig empfanden öffentliche Bauten zu schaffen, die das Funktionieren ihres Kosmos sichern sollten; die Menschen der dama-

56 oben

Diese etwa vier Tonnen schwere Steinstatue, vielleicht eine stilisierte Kuh, wurde in Nabta Playa unter einem Aufbau aus Steinen gefunden. Mit ihren scharfen Kanten und den beiden sorgfältig geglätteten Seiten ist sie ein eindrucksvolles Artefakt; vielleicht verkörpert sie die allerersten Anfänge des gestalterischen Umgangs mit großen Steinen, der die Ägypter so in seinen Bann gezogen hat.

56 Mitte

Welchem Zweck diese „komplexen Strukturen" in Nabta einst dienten, ist unklar. Waren sie Heiligtümer, Gedenksteine für Menschen, die an anderer Stelle gestorben waren, Kenotaphe für Geister oder benutzte man sie für astronomische Beobachtungen? Auf jeden Fall wandten die Erbauer beim Brechen und Aufstellen der Steine, die hier ursprünglich aufrecht standen, zu einem Gesamtgebilde beträchtliche Mühen auf.

ligen Zeit handelten damit vielleicht ähnlich wie zweitausend Jahre später die Erbauer der großen Pyramiden.

Es ist unwahrscheinlich, dass diese überraschend frühen Entwicklungen in einem kulturellen Vakuum erschienen. Die Gräber in Nabta waren ähnlich denen der ältesten sesshaften Bewohner des Niltals reich mit Keramik, Schmuck und Steinpaletten ausgestattet; ihre Entdeckung lässt kaum Zweifel daran, das die Viehzüchter aus der Wüste mit ihren Nachbarn in Verbindung standen. Welche Form die Wechselwirkung zwischen ihnen annahm, als das Klima die Wüste unbewohnbar machte, ist derzeit noch unbekannt. Zu der Zeit, da wir erstmals jenen Menschen begegnen, die sich am Nil ansiedelten, haben diese die verschiedenartigen Einflüsse und vielleicht auch die Zuwanderer aus ihrer Umgebung bereits zu einer unzweideutig eigenen Kultur verschmolzen. Im Delta Unterägyptens ließen andere Einflüsse und andere klimatische Bedingungen eine Kultur mit typischer Keramik, Architektur und eigenen Glaubensvorstellungen entstehen. Das lässt darauf schließen, dass die antike Vorstellung von Ägypten als den „Zwei Ländern" nicht nur auf der Geografie und einer Vorliebe für Symmetrie beruhte. Die Belege für die Delta-Religion sind dürftig und beschränken sich hauptsächlich auf den faszinierenden Tonkopf, der in der Siedlung Merimde am Westrand des Deltas gefunden wurde. Anhand der wenigen entdeckten Friedhöfe im Norden Ägyptens wird jedoch deutlich, dass das jenseitige Leben keine umfangreichen, überreichlichen Grabbeigaben erforderte – einige Töpfe und ein Sarg genügten. Es bereitet folglich Schwierigkeiten, hier verschiedene Stufen von Reichtum zu unterscheiden und sich eine Vorstellung von der Gesellschaft im Delta zu machen. Bei den Bewohnern des Niltals in Oberägypten hingegen hatte sich bereits die Auffassung durchgesetzt, dass die Toten ihren diesseitigen Reichtum und Status mitnehmen konnten und sollten. Die Verschwendung, die in den reich ausgestatteten Gräbern der elitären Minderheit ins Auge fällt, belegt, dass sich die Gesellschaft in der Zeit um 4000 v. Chr. bereits in Herrscher und Beherrschte geteilt hatte. Das ist anschaulich auf einem verzierten Topf dargestellt, der in jüngerer Zeit von der deutschen Abydos-Expedition entdeckt wurde – ein großer, reich gekleideter Herrscher bedroht kleiner dargestellte gefesselte Gefangene mit einer Keule. Es handelt sich hierbei um die älteste Dokumentation des Erschlagens der Feinde – ein Dauerthema in der ägyptischen Kunst, das vor allem durch die berühmte Palette des Narmer bekannt ist.

Die Entdeckung der Narmer-Palette im Jahr 1897 inmitten eines verschlafenen Dörfchens bei Hierakonpolis war eine Sensation. Dieser Gegenstand, ein Symbol der Geburt der ägyptischen Hochkultur, beschreibt eine – wenn nicht gar *die* – Schlacht in dem Krieg, der von Narmer geführt wurde und die Beiden Länder einigen sollte. Narmer gilt allgemein als der erste König der 1. Dynastie. Die prächtige Palette, die man neben hunderten anderer früher Tempelobjekte gefunden hatte, machte Hierakonpolis als eine Hauptstadt des alten Ägyptens bekannt. Ein fein gearbeiteter goldener Kopf des Falkengottes Horus und bemerkenswerte Kupferstatuen König Pepis aus dem Alten Reich, die man ebenfalls entdeckt hat, zeugen von der langen und beständigen Verehrung für den Ort und dessen Schutzpatron Horus.

Es dauerte weitere siebzig Jahre, ehe man schließlich die wahre Bedeutung des Ortes verstand. Damals begann eine Expedition unter Leitung von Walter Fairservis und Michael Hoffman mit Untersuchungen, die sich nicht auf den Tempelhügel, sondern auf die Wüste dahinter konzentrierten. Die Ausgräber fanden hier die größte prädynastische Siedlung, die heute noch am Nil existiert und die sich mehr als vier Kilometer weit erstreckt. Die Siedlung war eindeutig ein regionales Machtzentrum und die Hauptstadt eines frühen Königreiches, das seine Blüte jedoch bereits mehr als fünfhundert Jahre vor Narmers Erscheinen erlebt hatte. Dieser Ort war bereits um 3600 v. Chr. eine hoch entwickelte Stadt mit lebendigem, geschäftigem Treiben; hier sind auch die

56 unten
Der Kalenderkreis in Nabta Playa mit seinem Durchmesser von knapp vier Metern ist der älteste Sonnenkalender, der je gefunden wurde. Vier Paar höhere, schmalere Steine bilden zwei Torgruppen. Eine Gruppe ist nord-südlich, die andere auf die Position der aufgehenden Sonne zur Sommersonnenwende vor 6000 Jahren ausgerichtet.

57 links
Die Untersuchungen in Nabta Playa liefern uns Belege für die Entwicklung einer neolithischen Lebensweise, die auf Viehzucht und dem Sammeln wild wachsender und angebauter Gräser beruhte. Mit Mahlsteinen wie dem hier abgebildeten wurden Sorghum und Hirse zu Mehl zermahlen, daraus kochte man mit Milch oder Blut einen Brei.

57 rechts
Dieser ausdrucksvolle Tonkopf aus Merimde saß ursprünglich auf einem Stab oder einem hölzernen Körper. Er gehört zu den ältesten menschlichen Darstellungen aus Ägypten. In den kleinen Löchern rund um das Gesicht und den Kopf steckten Federn als Haare und Bart. Kairo, Ägyptisches Museum.

58 links
In vier riesigen Löchern standen einst hohe Pfosten, die die Fassade des monumentalen Heiligtums im prädynastischen Tempel von Hierakonpolis bildeten. Das aus Holz und Matten bestehende Heiligtum lässt sich bezüglich Bauweise und Stil mit Bauten im Djoser-Bezirk vergleichen, bei denen solche Holz-Matten-Bauten in Stein nachgebildet wurden.

58 rechts
Ein großer ovaler Hof, Pfostenlöcher und Gräben sind alles, was von einem vordynastischen Tempel in Hierakonpolis geblieben ist. Die Art der Funde lässt jedoch keinen Zweifel daran, dass es sich hier um eine frühe Kultanlage handelt, die schon ein Vorgriff auf die königlichen Kultbezirke der frühdynastischen Zeit, insbesondere der Sed-Festanlage König Djosers in Sakkara, war.

59 links
Diese ausgesprochen eleganten Keramikgegenstände wurden während der frühdynastischen Zeit in Ägypten von Fachleuten hergestellt, die vielleicht das Niltal bereisten und dort ihr Handwerk ausübten. Solch feine Keramik war das „gute Porzellan", das zu Hause benutzt wurde und auch als Grabbeigabe diente.

ersten Anfänge vieler Aspekte zu erkennen, die später typisch für die ägyptische Zivilisation wurden. Das noch heute als Einheit erhaltene Hierakonpolis hat alle Bestandteile einer Stadt aufzuweisen: Häuser, Friedhöfe, Tempel, Gewerbeeinrichtungen, Verwaltungsgebäude, Müllhaufen und anderes mehr; der Ort kann uns mehr als irgendeine andere Siedlung über die Entwicklungen in dieser prägenden Periode sagen.

Die Ausgrabungen und Vermessungen an ausgewählten Stellen des riesigen Ortes liefern uns eine Momentaufnahme vom Leben in der damaligen Zeit. In den Felsen am Rand der Stadt schufen besonders geschickte Handwerker die eleganten schwarz-roten Töpferwaren, die unbestreitbar zu den schönsten Keramikarbeiten gehören, die in Ägypten jemals hergestellt wurden und die man sowohl im Haushalt als auch für die Grabausstattung verwendete. Andere Töpfer fertigten für ihre Kunden in der Nachbarschaft Kochgeschirr für den täglichen Gebrauch. Den Gefahren dieses Handwerks ist es zu danken, dass wir heute, nach so langer Zeit, noch einen beträchtlichen Teil eines Hauses und einer Werkstatt untersuchen konnten. Es kommt selten vor, dass man archäologisch bedeutende Reste von Häusern aus einem beliebigen Stadium der prädynastischen Zeit findet. Hier bedurfte es einst nur eines umher fliegenden Funkens aus dem nahen Brennofen, um die halb in den Boden gebaute rechteckige Behausung des Töpfers abbrennen zu lassen. Das Feuer sorgte dafür, dass Teile des Hauses, darunter die nun verkohlten Dachbalken und der Herd, konserviert wurden. Das rund 4 x 3,5 Meter große Geviert bestand ursprünglich aus Schilf- oder Papyrusflechtwerk, das mit Schlamm beworfen und mit Lehmziegeln – den ältesten, die in Ägypten noch an Ort und Stelle liegen – verstärkt war.

Stärker und in einem weit größeren Maß als das Töpfern scheint das Bierbrauen entwickelt gewesen zu sein. Die erste gewerbliche Brauerei Ägyptens ist in Form riesiger Steingutbottiche belegt, in denen einst die Maische vergoren wurde. Mit Hilfe der Rückstände im Innern der Bottiche konnte das Rezept für ein nahrhaftes, wenn auch nur schwach alkoholhaltiges Bier rekonstruiert werden. Die Hauptzutat war Weizen, dem Datteln und Weinbeeren zugegeben wurden; das Obst lieferte den für die Fermentierung notwendigen Zucker. In der Nähe wurden in einem Brennofen genormte Tongefäße zum Abfüllen des fertigen Bieres hergestellt. Schätzungen zufolge konnte man in den acht ausgegrabenen Bottichen dieser Brauerei pro Tag etwa 1350 Liter Bier herstellen, eine Menge, die den Bedarf einer Familie bei weitem überstieg. Diese Menge entsprach eigentlich der Tagesration von mehr als zweihundert Personen, doch bisher ist nur ein kleiner Bruchteil dieses Viertels erforscht. Die Bedeutung der Stadt Hierakonpolis mag deshalb zu einem großen Teil auf die frühe Organisation der redistributiven Wirtschaft zurückgehen, wie wir sie aus pharaonischen Zeiten kennen, in denen landwirtschaftliche Erzeugnisse zentral gesammelt und dann – womöglich als Lohnzahlun-

59 rechts
Die großen, mit einem schwärzlichen Rückstand überzogenen Bottiche sind die Überreste der ersten gewerblichen Brauerei Ägyptens. Deren Kapazität reichte aus, um die tägliche Bierration für mehr als zweihundert Personen zu brauen, was vielleicht belegt, dass es in Hierakonpolis bereits um 3500 v. Chr. ein königliches Gut gab.

gen – verteilt wurden. Wir wissen noch nicht genug um sagen zu können, ob diese Brauerei Teil einer „königlichen" Gutsanlage war oder ob die Menschen ihre Hilfsmittel aus freien Stücken zusammenlegten, um sich gegen Dürrezeiten oder das zunehmend trockenere Klima abzusichern, denn der Brennstoff, den man zur Unterhaltung des Feuers benötigte, war vermutlich der kostspieligste Teil des Bierbrauens. Was immer auch der Fall gewesen sein mag, die Kontrolle über die Nahrungsmittelversorgung ist sicherlich ein wichtiger Schritt zur Konzentration der Macht in den Händen weniger Personen, und diese Macht lässt sich gar nicht besser festigen als durch die Berufung auf die Götter.

Im Zentrum der vordynastischen Stadt wurde 1985 ein ausgedehnter Tempelkomplex entdeckt. Es steht zwar nur noch wenig, was die einstige Bedeutung der Anlage bezeugt, doch der Umfang und die Art der Funde lassen vermuten, dass der Komplex ein frühes Kultzentrum war. Bei Ausgrabungen kam ein großer ovaler Hof von mindestens vierzig Metern Länge und vierzehn Metern Breite zum Vorschein, der von Mauern aus Holz und Lehmziegeln umgeben war. An der Westseite des Hofes liegen vier riesige Pfostenlöcher, in denen einst hohe Holzsäulen standen. Die Säulen bildeten die Fassade eines monumentalen Bauwerks, das zweifellos ein aus Matten und Pfosten errichtetes wichtiges Heiligtum war. Flache Gräben im Boden deuten darauf hin, dass der hintere Teil des Bauwerks wie die späteren Tempel drei Räume hatte. Die erhalten gebliebenen Reste stimmen mit den frühdynastischen Darstellungen des Urheiligtums von Oberägypten überein; diese Darstellungen zeigen ein gewölbtes Bauwerk aus Pfosten und Gitterwerk, das wie der Umriss eines zusammengekauerten Tieres mit Schwanz und Hörnern geformt ist. Als Heimat des großen Heiligtums der oberägyptischen Krone galt von jeher Hierakonpolis, und es ist denkbar, dass es sich bei dieser Anlage tatsächlich um eben dieses Heiligtum handelt. Später im Djoser-Bezirk in Sakkara in Stein nachgebildet, blieb die Anlage die Urform für die Tempelarchitektur der kommenden Jahrtausende.

Als Kultzentrum wird die Anlage nicht allein durch die baulichen Überreste ausgewiesen. Funde aus dem freigelegten Hof deuten darauf hin, dass hier verschwenderische Feierlichkeiten stattfanden, bei denen neu geborene Schafe oder Ziegen – vielleicht als „Erstlinge" – geopfert wurden. Zu den Opfertieren gehörten auch Gazellen, Krokodile und Flusspferde – große, gefährliche Wildtiere, die man später mit den chaotischen Elementen des Universums gleichsetzte, zu deren Beherrschung Tempel errichtet wurden. In einer Reihe von Werkstätten unterhalb der Tempelmauern wurden feine Steingefäße und andere Gaben hergestellt; das zeigt, dass die Verknüpfung von Handwerk und Tempel im dynastischen Ägypten keine neue Erscheinung war.

Die Vielfalt im Leben widerspiegelt sich auch im Tod. Hierakonpolis ist einer der wenigen Orte, an dem man weit auseinander liegende Friedhöfe für die unterschiedlichen Schichten der Gesellschaft

Prädynastische Zeit

gefunden hat. An der Südseite des Ortes erstreckt sich der große Friedhof der arbeitenden Klasse, deren Angehörige in mattenverkleideten Gruben und mit den Grabbeigaben bestattet wurden, die sie sich leisten konnten – kaum mehr als ein oder zwei Töpfe. Die Toten waren trotzdem schön hergerichtet, wie mit Henna überdecktes graues Haar, Haarverlängerungen und sogar ein Toupé aus Schaffell deutlich machen. Die Entdeckung von Harzen und in einigen Fällen von Leinenbinden rund um Kopf, Hände und einige innere Organe lässt erkennen, dass man sich zunehmend mit der Erhaltung des Körpers beschäftigte; die Funde stellen möglicherweise die ersten Entwicklungsstufen der künstlichen Mumifizierung dar.

Zum anderen Ende der Stadt gelangt man am großen Wadi entlang, das die Stadt je nach Jahreszeit mit Wasser versorgte. Dort lag der Friedhof der Vornehmen. Mit welchem Reichtum die Elitegräber ausgestattet waren, wird an der Qualität der Gegenstände deutlich, die man in den stark geplünderten Grabstätten noch immer findet – schöne Steine, einige davon meisterhaft zu Tieren geformt, exotische Materialien wie Obsidian aus Äthiopien, Figurinen aus Elfenbein und – einzig auf diesem Friedhof – ausdrucksstarke Tonmasken. Diese waren der Kopfform eines Menschen angepasst und mit Riemen befestigt, die durch seitliche Löcher in der Maske gezogen waren. Es handelt sich hierbei wahrscheinlich um Totenmasken, die frühesten, die es in Ägypten gab und die am Anfang einer langen Tradition mit vordem unbekanntem Ursprung stehen.

Den bedeutendsten Angehörigen der Elite reichte es nicht, ins Grab nur die vielen wertvollen und fachmännisch gearbeiteten Gegenstände mitzunehmen. Die Verstorbenen ließen sich außerdem von Menschen und Tieren – exotischen Elefanten, Wildrindern, Pavianen, Wildkatzen, Nilpferden und sogar von einer Muschelsammlung – begleiten. Welchem Zweck diese Begleiter dienten, ist nicht ganz klar, dennoch offenbart diese Praxis den riesigen Reichtum und die Macht dieser Einzelpersonen und ihren gesellschaftlichen Rang, der sich auch in der Größe und dem kunstvollen Bau ihrer Grabstätten zeigt.

Bei neueren Ausgrabungen in Hierakonpolis fand Barbara Adams eine Grabstätte, die aus der Zeit um 3600 v. Chr. stammt und die größte ist, die wir aus dieser Zeit kennen. Das Grab ist über drei Meter breit und fünf Meter lang und liegt innerhalb der ältesten jemals entdeckten Bestattungsanlage. Es ist von einem, möglicherweise auch zwei Holzzäunen umgeben, die eine rechteckige Umfassung bilden. Diese Umfassung ist der Urtyp der späteren Bestattungsbauten aus Lehmziegeln in Abydos. Außer den starken Holzbalken unmittelbar über dem Grab ist von der Konstruktion, die die Stelle kennzeichnet, zwar nichts geblieben, doch weist ein kleines quadratisches Bauwerk an der Ostseite darauf hin, dass der Dienst an dem Herrscher nicht mit dessen Tod endete. Im Innern und rund um den Bau wurden Fragmente der ersten lebensgroßen Menschenstatue Ägyptens, darunter die Nase und ein Ohr, beides schön gearbeitet, entdeckt. Der Fund lässt vermuten, dass das Grab bereits mit einem Statuenraum oder *Serdab* ausgestattet war, vor dem unter dem ewigen Blick des Adressaten geopfert und Zeremonien abgehalten wurden. Der Totenkult des Herrschers war demnach bereits lange vor der Existenz der Pyramiden eine Angelegenheit mit einem festen Platz in der Gesellschaft.

Eine gewisse Vorstellung von den bis ins einzelne ausgearbeiteten Zeremonien vermitteln die geschmückten Wände des Grabes 100, des „Bemalten Grabes", in Hierakonpolis. Die Wandmalereien stellen eine große Bestattungsflottille, Trauernde und Tänzer, das Einfangen und Schlachten von Tieren sowie das Erschlagen von Feinden dar – Motive, die zu einem regulären Bestandteil der königlichen und privaten Bestattungssymbolik in der gesamten dynastischen Geschichte werden sollten. Um 3300 v. Chr., da das bewusste Grab ausgemalt wurde, waren Macht und Status der Stadt Hierakonpolis gerade in einem Wandel begriffen. Wir wissen aus verschiedenen Quellen, dass im prädynastischen Oberägypten mindestens drei wichtige Machtzentren – Hierakonpolis, Negade und Abydos – sowie ungezählte weitere in Unterägypten existierten. Am Ende der prädynastischen Periode, in einer Zeit, die wir heute die Dynastie 0 nennen, begann die Position Hierakonpolis' aus unbekannten Gründen allmählich schwächer zu werden. Der kriegerische Charakter vieler der aufgefundenen Dokumente dieser Zeit, beispielsweise der Schlachtfeldpalette, verdeutlichen, dass das Kriegführen in der wörtlichen Bedeutung wie auch als Symbol ein wichtiger Aspekt des Erringens und Bewahrens der Macht war, dass aber Umwelt und Geografie sowie ein nicht geringes Maß Politik und Diplomatie ebenfalls eine Rolle spielten.

In der Wüste hinter dem alten Theben, an einem Ort mit Namen Djebel Tjauty, entdeckten John und Deborah Darnell kürzlich eine hoch oben in einen Felsen gemeißelte, kunstvoll gearbeitete Darstellung, die ein neuerlicher Beleg für die turbulente Zeit ist. Die Szene zeigt eine Triumphprozession und soll vielleicht die Unterwerfung Negades durch die Herrscher von Abydos und Hierakonpolis verherrlichen, die sich verbündet und ihren Feind auf den Wüstenstraßen umgangen hatten. Nun, da Negade nicht mehr im Weg stand und Oberägypten geeint war, war alles zur Übernahme der Macht über Unterägypten vorbereitet. Der archäologische Beleg dafür beschränkt sich allerdings auf den Umstand, dass die typische Delta-Kultur von oberägyptischen Formen der Baukunst, Töpferei und Religion abgelöst wurde.

Ganz gleich, auf welche Weise tatsächlich die Einigung der Beiden Länder zustande kam – sie war ein Ereignis, das sich nachhaltig in die ägyptische Psyche eingegraben hat. Die Krönung eines jeden Pharaos beinhaltete die rituelle Wiederholung zur Vereinigung der Beiden Länder. Auch wenn die Namen in den Nebeln der Zeit verloren gegangen sein mögen, vergaßen die Menschen das Erbe ihrer wahren Vorfahren, das über zwei Jahrtausende zurückreichte, nicht. Das in der prädynastischen Zeit gelegte Fundament blieb im Herzen der ägyptischen Zivilisation bestehen und bildete die Grundlage der künftigen Entwicklung dieser Hochkultur.

60
Die Jägerpalette gehört zu den ältesten detailliert gearbeiteten Kultpaletten, die einst den Göttern geweiht wurden. Sie zeigt mit Speeren und Waffen aus der vordynastischen Zeit ausgerüstete Krieger, die Jagd auf wilde Tiere, insbesondere auf Löwen, machen. Die Löwenjagd, ein gefährlicher, aber stählender Akt, wird zu einem Symbol des siegreichen Pharaos. London, British Museum.

61
Diese Tonmaske ist die älteste Totenmaske in Ägypten und eine von mindestens vier Masken, die auf dem Friedhof der Oberklasse in Hierakonpolis gefunden wurde. Totenmasken sollten den Verstorbenen im jenseitigen Leben in einen verklärten Geist verwandeln – ein Glaube, der über 4000 Jahre bestanden zu haben schien. Kairo, Ägyptisches Museum.

Kapitel 7

Die Gräber aus der Zeit der 1. und 2. Dynastie in Abydos und Sakkara

Günter Dreyer

Nach der Vereinigung Ober- und Unterägyptens wurde die königliche Residenz in Memphis errichtet, doch die Könige der 1. Dynastie ließen sich nach der Tradition ihrer prädynastischen Vorfahren noch immer in Abydos bestatten. Die zeitliche Aufeinanderfolge der Herrscher ist auf Siegelabdrücken aus den Gräbern des Den und des Qa'a zu erkennen.

Die 2. Dynastie gehört noch immer zu den dunkelsten Abschnitten der ägyptischen Geschichte. Die Horusnamen (so genannt, weil der *Serech* mit dem Königsnamen von einem Falken gekrönt ist) der ersten drei Könige – Hetepsechemui, Raneb und Ninetjer – sind in die Statue eines Priesters eingraviert, die in Mit Rahina gefunden wurde. Siegelabdrücke aus dem Grab des Qa'a in Abydos belegen, dass für die Bestattung des letzten Königs der 1. Dynastie Hetepsechemui verantwortlich war und dass es keinen Bruch zwischen den beiden Dynastien gab, auch wenn Hetepsechemui als erster König dann in Sakkara bestattet wurde. Während der Spätzeit der 2. Dynastie zerbrach die Einheit Ober- und Unterägyptens zeitweise, und Peribsen und Chasechemui, die letzten beiden Könige, bauten ihre Grabstätten in Abydos. Inschriften auf den Statuen des Chasechem (später Chasechemui) berichten von der Unterdrückung eines Aufstandes in Unterägypten. Der Nachfolger Chasechemuis war Netjerichet (auch Djoser genannt), der den königlichen Bestattungsort wieder nach Sakkara verlegte.

62
Hetepdief, kniend, mit Lockenperücke und kurzem Schurz dargestellt, ließ seinen Namen auf den Sockel der Statue schreiben. Auf seiner rechten Schulter sind die Horusnamen der ersten drei Könige der 2. Dynastie eingraviert: Hetepsechemui, Raneb und Ninetjer. Hetepdief diente während der 3. Dynastie wahrscheinlich im Kult dieser Könige.

63 oben
Der Abdruck einer älteren Version des Siegels aus der Zeit des Den erwähnt Narmer, Den und auch Dens Mutter Meretneith, die in der jüngeren Ausgabe ausgelassen ist. Dieser Abdruck wurde an der Treppe von Dens Grabstätte entdeckt.

63 unten
Der Text des rekonstruierten Rollsiegels gibt die Namen des Schakalgottes der Nekropole, Chontamenti (des Ersten der Westlichen, d. h. der Toten), und der in Umm el-Qa'ab bestatteten Könige in umgekehrter chronologischer Reihenfolge (von links nach rechts) an: Qa'a, Semerchet, Anedjib, Den, Djet, Djer, Aha und Narmer. Abdrücke dieses Siegels wurden am Grab des Qa'a auf Tonklumpen gefunden, die als Verschlüsse für Kisten und andere Behältnisse dienten.

64 oben rechts
Der Horusname des Djet an einer Stele aus dem Grab des Djet in Abydos. Die Stele zeigt die Fassade des Königspalastes, den Horusfalken als Königstitel und die Schlange (djt) als Königsnamen. Paris, Louvre.

64 ganz oben und oben
Diese Fotos zeigen die Nebengräber und die Hauptkammern des Aha-Grabes. Die Grabstätte Ahas/Menes', des Begründers der 1. Dynastie, ist viel größer gebaut als die Gräber der Vorgänger dieses Königs. Sie umfasst erstmals auch in Reihen angelegte Nebengräber. Rund um die Kammern wurden Knochen junger Menschen gefunden, die man wahrscheinlich getötet hatte, damit sie dem König im Jenseits dienen konnten. Die großen Kammern enthielten hölzerne Schreine, der König war wahrscheinlich in der mittleren bestattet.

Die Königsgräber aus der Zeit der 1. Dynastie in Abydos

Umm el-Qa'ab (arabisch für „Mutter der Töpfe"), die archaische Königsnekropole von Abydos, liegt in der Wüste, etwa anderthalb Kilometer vom Fruchtland entfernt, vor eindrucksvollen Kalksteinfelsen östlich eines großen Wadis. Dieses Wadi endet in der Nähe eines alten Siedlungsgebietes und neben den großen Talbezirken aus der Zeit der 1. und 2. Dynastie.

Ausgrabungsarbeiten an den Friedhöfen wurden erstmals 1895–1898 von E. Amélineau und später, 1899–1901, von W. M. F. Petrie durchgeführt. Petrie legte acht große Anlagen aus der 1. Dynastie, zwei aus der 2. Dynastie und einige prädynastische Gräber frei. Er unternahm auch Grabungen an den großen Talbezirken, die zu den Bestattungsanlagen gehören. Seit 1973 führt das Deutsche Archäologische Institut Nachuntersuchungen an dem gesamten Friedhof durch; die Talbezirke werden von einer amerikanischen Expedition der Pennsylvania State University und der Yale University ebenfalls neu untersucht.

Die Nekropole scheint sich entlang des Wadis von Norden nach Süden entwickelt zu haben und besteht aus drei Teilen:

1. Friedhof U: Im Norden Gräber aus der Negade-I-Zeit und Gräber von Angehörigen der Oberschicht aus der späten vordynastischen Zeit;
2. Friedhof B: Im mittleren Teil des Friedhofs Königsgräber der Dynastie 0 und der frühen 1. Dynastie;
3. Im Süden Grabanlagen von sechs Königen und einer Königin aus der 1. Dynastie sowie von zwei Königen aus der 2. Dynastie.

Sieht man einmal von den ältesten prädynastischen Gräbern in einfachen Gruben und einigen Gräbern mit Holzauskleidung ab, handelt es sich bei den kleineren wie auch bei den sehr großen Grabstätten um eingesenkte rechteckige, mit Ziegeln ausgemauerte Kammern mit einer nicht mehr erhaltenen Abdeckung aus Holz, Matten und Ziegelschichten. Sie lagen unter dem Wüstenboden und waren vermutlich mit einem Sandhügel versehen, der über das Geländeniveau hinausragte. Der Friedhof U scheint in der Negade-I-Zeit und zu Beginn der Negade-II-Zeit ein gewöhnlicher Begräbnisplatz gewesen zu sein; von der späten Negade-II-Zeit an war er der Oberschicht vorbehalten. Die großen Ein- und Mehrkammergräber gehörten vermutlich Häuptlingen (und deren Verwandten) sowie einer Reihe von Herrschern, die vor den auf dem Friedhof B bestatteten Königen der Dynastie 0 lebten.

Von besonderer Bedeutung ist das große U-j genannte Grab, das 1988 entdeckt wurde. Die Altersbestimmung einiger Proben nach der C-14-Methode ergab, dass es etwa 150 Jahre vor dem Beginn der 1. Dynastie angelegt wurde. Das Grab ist in zwölf Kammern unterteilt und misst 9,10 x 7,30 Meter; die Ziegelauskleidung weist eine Tiefe von 1,55 Meter auf, ihre oberste Schicht liegt etwa einen halben Meter unter dem Wüstenboden. Das Grab wurde in zwei Stufen gebaut. Ursprünglich lagen östlich der großen Grabkammer neun kleine Kammern; Vorbild dieser Anordnung war vermutlich ein Haus mit zentraler Halle oder zentral gelegenem Hof. Später wurden südlich zwei lange Kammern angebaut. Die Räume waren alle durch kleine Schlitze mit jeweils einer oder zwei benachbarten Kammern verbunden.

Das Grab wurde zwar im Altertum ausgeraubt und von Amélineau bereits teilweise freigelegt, doch es enthielt noch immer eine Menge Grabausstattungen und -beigaben: zahlreiche Gegenstände aus Elfenbein und Knochen, etwa 150 Täfelchen mit kurzen Inschriften, große Mengen verschiedenartiger ägyptischer Keramik und mehr als zweihundert Krüge Wein aus dem palästinensischen Kanaan. Im Innern der Grabkammer wurden Spuren eines hölzernen Schreins und ein Krummstab aus Elfenbein gefunden; diese Funde lassen keinen Zweifel daran, dass der Inhaber des Grabes einst ein Herrscher war.

Die Täfelchen, in die Zahlen oder bis zu vier Hieroglyphen eingraviert sind, lassen eine recht gut entwickelte Schrift erkennen. Die Zahlen scheinen die Größe von Stoffstücken, die Hieroglyphen hingegen die Herkunft verschiedener Waren anzugeben. Einige davon sind lesbar (mit Lautwerten), sie erwähnen Verwaltungseinrich-

64 unten
Die mit frühen Hieroglyphen beschrifteten Täfelchen aus Knochen und Elfenbein stammen aus dem Grab U-j. Sie waren an Behältern befestigt und gaben die Herkunft verschiedener Waren an. Die eingravierten Zeichen sind die ältesten Beispiele der Hieroglyphenschrift. Der Storch und der Stuhl stehen für die Lautwerte ba + st, den Namen einer Stadt (Basta) im Delta. Ein Baum und ein Tier auf einem anderen Schild weisen auf die Herkunft von einem landwirtschaftlichen Gut (Baum) hin, dessen Begründer ein Herrscher mit Namen Hund/Schakal war.

65 links
Bauzeichnung eines prädynastischen Palastes. Nach dem Grundriss des U-j, eines sehr komplexen Grabbaues der prädynastischen Zeit, zu urteilen, bestand der Palast eines vordynastischen Herrschers aus einem Eingangsraum, einer zentralen Halle mit erhöhtem Dach, Vorratskammern zur Linken und Wohnräumen im rückwärtigen Teil. Für das Dienerquartier oder die Küche gab es einen gesonderten Eingang.

Gräber aus der Zeit der 1. und 2. Dynastie

tungen, königliche Gutsanlagen oder Orte wie Buto und Bubastis im Delta. Viele der Wellenhenkelgefäße sind ebenfalls „beschriftet", d. h. mit einem oder zwei großen Zeichen in schwarzer Tinte versehen. Am häufigsten kommt ein Skorpion, gelegentlich auch mit einer Pflanze, vor. Das ist wahrscheinlich als „Gutsanlage (Plantage) des Skorpion" zu lesen. Aus der großen Häufigkeit der Gefäße mit dieser Herkunftsangabe kann man den Schluss ziehen, dass in dem Grab ein König mit Namen Skorpion bestattet wurde.

In den jüngeren prädynastischen Gräbern fehlt das Element der Hausdarstellung. Der Grund dafür könnte sein, dass das Hausmodell von der Grabstätte getrennt und an anderer Stelle gebaut wurde. Der wahrscheinlichste Platz dafür wäre das Gebiet der Talbezirke gewesen; die kleinen Ziegelbauten in der Südwestecke der Bezirke des Chasechemui und des Peribsen haben ihren Ursprung möglicherweise in solchen Hausmodellen.

Der Friedhof B besteht aus drei Doppelkammergräbern der letzten Herrscher der Dynastie 0 Irj-hor (B 1/2), Ka (7/9) und Narmer (17/18) sowie aus den Grabanlagen der ersten beiden Könige der 1. Dynastie Aha (B 10/15/19 + 16) und des ephemeren Athotis (B 40/50).

Die bescheidenen Doppelkammergräber gehören noch in die vordynastische Tradition des Grabbaues. Die Anlage des Aha mit ihren drei sehr großen Kammern hingegen stellt schon den Übergang zur Monumentalarchitektur dar; sie spiegelt ein neues Zeitalter wieder, das mit der Vereinigung Ober- und Unterägyptens unter einem Herrscher begann.

Die Kammern messen etwa 7,50 x 4,50 Meter und haben eine Tiefe von rund 3,60 Metern. Jede Kammer enthielt einen von Holzpfosten getragenen hölzernen Schrein. Der König war vermutlich in der mittleren Kammer (B 15) bestattet, deren Dach im Gegensatz zu den anderen Flachdächern leicht gewölbt gewesen zu sein scheint. Dieses Merkmal ist sehr wichtig und könnte als erster Versuch einer „Sicherungskopie" des traditionellen Sandhügels über dem Grab gewertet werden – jenes Hügels, der – ursprünglich nur ein Sichtzeichen – als Symbol des Urhügels der Schöpfung galt.

Bei den Reihen der Nebenkammern (B 16) fand man viele Menschenknochen, die in der Mehrzahl von jungen Männern stammten. Diese Männer starben im Alter von etwa zwanzig, höchstens fünfundzwanzig Jahren, was bedeutete, dass man sie getötet haben musste, als der König bestattet wurde. In der Nähe der östlichsten Kammer lagen die Knochen von mindestens sieben jungen Löwen; offensichtlich wollte der König auch in seinem jenseitigen Leben auf Jagd gehen.

Die Grabanlagen des Djer, des Djet, der Königin Meretneith, des Den, des Anedjib, des Semerchet und des Qa'a weisen im Großen und Ganzen den gleichen Grundriss auf: eine große Grabkammer, die von Magazinen und teilweise mehr als zweihundert Nebengrabkammern umgeben ist. Die Königskammern enthielten sämtlich einen großen hölzernen Schrein (wie U-j und B 10/15/19). In die nach der Bestattung zugemauerte Grabkammer König Dens führt eine Treppe. Dank dieser Neuerung konnte das Dach (und der Oberbau) bereits vor der Bestattung fertig gestellt werden.

In den Grabanlagen König Djers bis König Dens sind die Nebenkammern in gesonderten Reihen rund um die Königskammer angeordnet; lediglich in den Anlagen Semerchets und Qa'as sind sie an die Königskammer angebaut. Bis auf zwei hohe Beamte (in Nebenkammern an den Grabstätten des Den und des Qa'a), die vielleicht zur gleichen Zeit wie der König starben, sind in den Nebengräbern Personen niedrigeren Ranges (Männer, Frauen, Zwerge) sowie Hunde bestattet. Diese Menschen und Tiere wurden aller Wahrscheinlichkeit nach getötet (siehe obige Beschreibung des Aha-Grabes), damit sie dem König im Jenseits dienen konnten. Dieser Brauch wurde am Ende der 1. Dynastie abgeschafft.

An jedem Grab standen zwei hohe Königsstelen mit dem Namen des Inhabers. Es gab auch kleine Stelen für die in den Nebengräbern Bestatteten – selbst für die Hunde. Da leider keine der königlichen oder privaten Stelen *in situ* gefunden wurde, lässt sich ihre ursprüngliche Position (vielleicht auf den Kammern?) nicht mit Sicherheit feststellen.

Der größte Grabkomplex ist der des Djer; er bedeckt eine Fläche von 70 x 40 Metern und besteht aus mehr als zweihundert Nebenkammern, die in

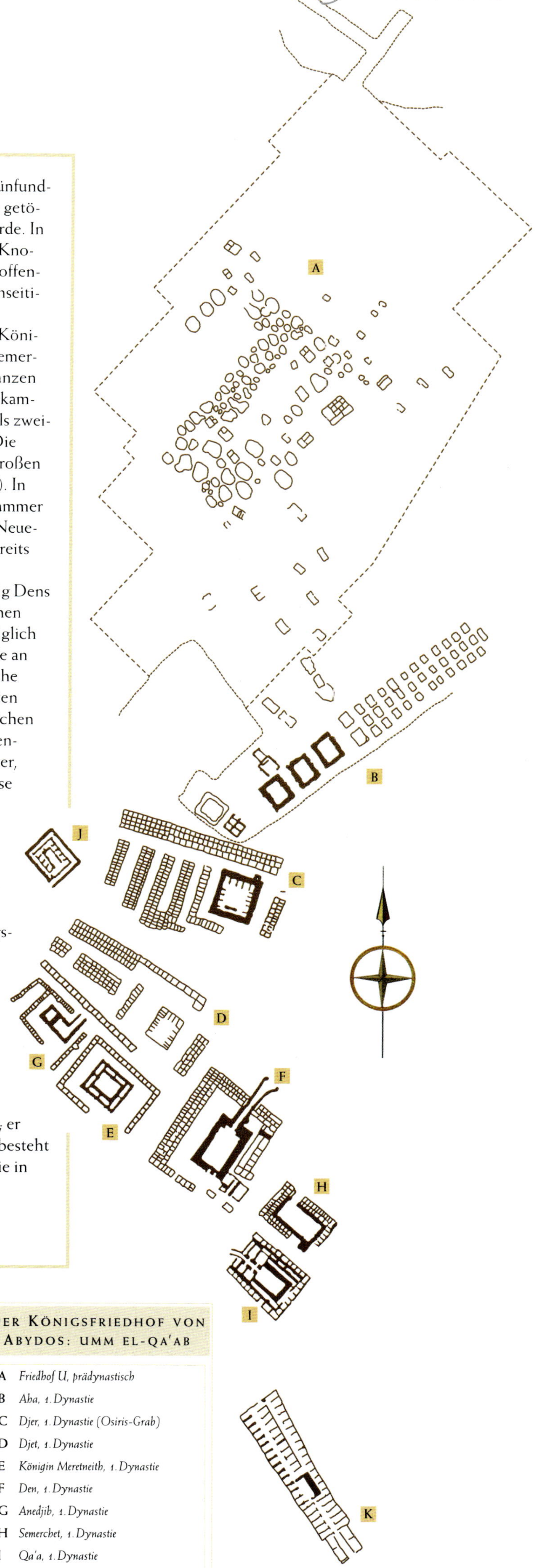

Der Königsfriedhof von Abydos: Umm el-Qa'ab

- A *Friedhof U, prädynastisch*
- B *Aha, 1. Dynastie*
- C *Djer, 1. Dynastie (Osiris-Grab)*
- D *Djet, 1. Dynastie*
- E *Königin Meretneith, 1. Dynastie*
- F *Den, 1. Dynastie*
- G *Anedjib, 1. Dynastie*
- H *Semerchet, 1. Dynastie*
- I *Qa'a, 1. Dynastie*
- J *Peribsen, 2. Dynastie*
- K *Chasechemui, 2. Dynastie*

Gräber aus der Zeit der 1. und 2. Dynastie

66
Von der Zeit des Mittleren Reiches an galt das Grab des Djer als das Grab des Gottes Osiris. Hier ist eine Osiris-Bahre aus schwarzem Granit dargestellt. König Chendjer (13. Dynastie) stattete die Grabkammer mit einer Skulptur aus, die die Zeugung des Horus durch Osiris und Isis (in Gestalt eines Sperbers) zeigt. Kairo, Ägyptisches Museum.

67 oben und unten links
Die Nebengräber waren alle mit kleinen Stelen gekennzeichnet, die den Namen des Bestatteten und ein Zeichen trugen, das angab, ob in der Kammer ein Mann, eine Frau, ein Zwerg (unten) oder ein Hund (oben) bestattet war.

einfachen, doppelten und dreifachen Reihen angeordnet sind. Eine kleine, an die Königskammer angebaute Einzelkammer nahe der Südostecke war vielleicht für einen (bestatteten) Wachtposten gedacht. Der hölzerne Schrein in der rund 2,60 Meter tiefen mittleren Kammer wurde durch Querwände der Magazinräume nördlich, östlich und südlich davon gehalten. In der Zeit des Mittleren Reiches wurde das Grab in ein Kenotaph des Osiris umgewandelt, in das eine Treppe hineinführte. In der Kammer fand Amélineau eine Osiris-Totenbahre (mit einer ausgelöschten Inschrift Chendjers, eines Königs der 13. Dynastie). Hinter der Treppe entdeckte Petrie einen Arm mit einigen wertvollen Armbändern, die aller Wahrscheinlichkeit nach zu dem ursprünglichen Grab gehörten und von Grabräubern versteckt worden waren.

Reste von Oberbauten sind bisher nicht gefunden worden, doch es ist denkbar, dass die Königskammern mit einem Sandtumulus bedeckt waren. Auf der massiven Ziegelauskleidung der Königskammer von Djets Grabanlage legte Petrie die Überreste einer „Stützmauer für eine Sandabdeckung“ über den Deckenbalken frei, die an der Außenseite verputzt, innen hingegen unverputzt war. Den künstlichen Tumulus betrachtete man früher im Allgemeinen als Oberbau, doch eine erneute Prüfung im Jahr 1985 ergab, dass der Sandhügel innerhalb der Grabgrube unter dem Wüstenboden angelegt war. Der Hügel kann (wie im oben beschriebenen Grab des Aha) als eine „Sicherungskopie“ des üblichen Tumulus auf dem Grab betrachtet werden, der mit dem Glauben an den Urhügel der Schöpfung verbunden ist. Im Innern des Grabes garantierte er die Auferstehung des Toten.

Unter den Grabstätten aus der Zeit der 1. Dynastie in Umm el-Qa'ab ist das Grab des Den das

67 Mitte
Diese 10,2–15,6 Zentimeter langen Armbänder aus Gold, Türkisen, Lapislazuli und Amethysten entdeckte Petrie an einem in der Grabkammer Djers versteckten Arm. Den Fund hatten wahrscheinlich Grabräuber dort vergessen. Der Arm gehörte aller Wahrscheinlichkeit nach zur Mumie des Königs, denn eines der Armbänder besteht aus Plaketten, die den Horusfalken auf der Fassade des Königspalastes zeigen.

67 unten rechts
An jedem Königsgrab standen zwei Stelen mit dem Namen des Grabinhabers. Meretneith („Geliebte der Neith“), die Mutter König Dens, herrschte bis zur Volljährigkeit ihres Sohnes als Regentin. Ihre Rolle als Herrscherin berechtigte sie in Umm el-Qa'ab ein Grab zu bauen. Kairo, Ägyptisches Museum.

Gräber aus der Zeit der 1. und 2. Dynastie

Rekonstruktion des südwestlichen Anbaues des Grabes König Dens

A *Kammer mit einer Königsstatue*
B *Treppe*
C *Nebengräber*
D *Hof*

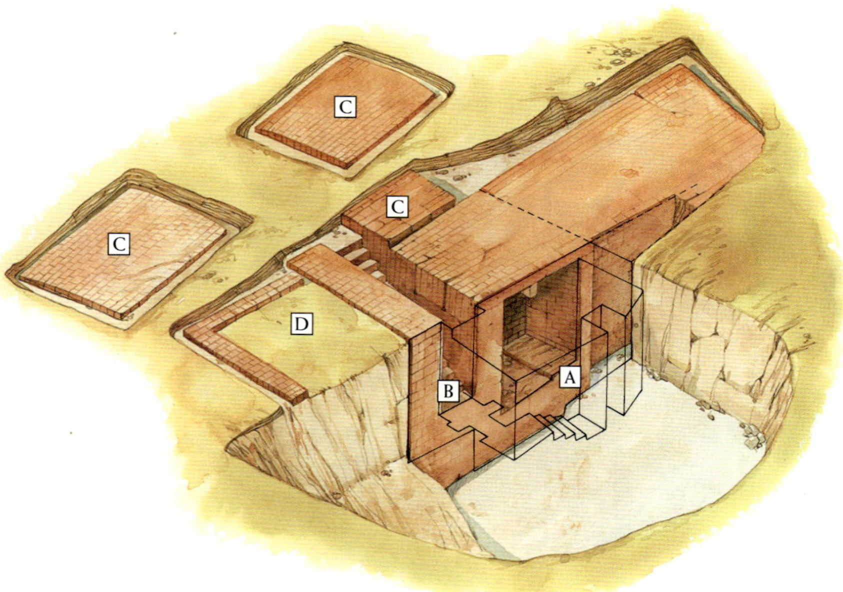

68–69
Der Grabkomplex des Den, hier in Richtung Westen gesehen, nimmt eine Fläche von 40 x 55 Metern ein. Die zentrale Königskammer ist von 144 Nebengräbern für Gesinde und Hunde sowie von drei Lagerräumen für Weinkannen umgeben.

69 oben
Holzreste auf dem Boden der Grabkammer der Anlage des Qa'a zeigen die Position eines großen Schreins an. Die Treppe war durch eine von oben herabgelassene Steinplatte versperrt.

umfassendste. Die Königskammer misst 9 x 15 Meter und ist etwa sechs Meter tief; ihren Fußboden hatte man mit roten und schwarzen Granitplatten gepflastert. Diese Pflasterung belegt die älteste bekannte umfangreiche Verwendung von Stein. Die Wände waren mit Schilfmatten bedeckt. Nach Abdrücken und Pfostenlöchern in einer Ziegelschicht auf dem Steinpflaster und den Löchern zur Befestigung der Balken in den Wänden zu urteilen, betrug die Größe des Holzschreins in dieser Kammer 24 x 12 x 6 Ellen. Rund um diesen Schrein war eine große Menge Steingefäße und importierte kanaanitische Keramik aufgehäuft. Die Königskammer war vom Osten über eine nach unten führende lange Treppe zugänglich. Auf halber Treppe und am Eingang der Kammer, der durch einen Fallstein blockiert war, befanden sich hölzerne Türen.

Das Grab ist von besonderem Interesse, da es an seiner Südwestseite einen Anbau gibt, der sich als *Serdab* (Statuenkammer) deuten lässt. Aller Wahrscheinlichkeit nach diente die kleine Treppe zu diesem Anbau als Ausgang für den aufsteigenden König, der durch seine Statue verkörpert wurde. Die Vorstellung eines solchen Weges nach draußen ist in allen anderen Gräbern der 1. Dynastie

seit Djer präsent. In den Reihen der Nebengräber befindet sich an der Südostecke stets eine Öffnung, und all diese „potenziellen Ausgänge“ zeigen zu der eindrucksvollen Öffnung des Wadis in den Felsen hinter dem Friedhof. Diese scheint man als Eingang in die andere Welt angesehen zu haben, und die Gräber galten lediglich als „Durchgangsstationen“ auf dem Weg dorthin.

Die Gräber wurden von Anfang an immer wieder geplündert. In der „Anweisung für Merikare“ gibt es einen Passus, der sich möglicherweise auf eine Zerstörung der Königsgräber in Abydos während der ersten Zwischenzeit bezieht. Die meisten Gräber aus der Zeit der 1. Dynastie weisen in der Tat Spuren großer Brände auf. Sie wurden zwar teilweise zerstört und des größten Teils ihres Inhalts beraubt, doch die Gräber und die erhalten gebliebenen Gegenstände, darunter reichlich beschriftetes Material, sind dennoch eine wichtige Quelle für die Erforschung der Frühzeit.

In der Zeit des Mittleren Reiches erlangte der Ort neue Bedeutung, da man ihn nun mit dem Osiriskult verband; Osiris war nach den damaligen Glaubensvorstellungen in Abydos bestattet worden. Abydos wurde daher der heiligste Ort in Ägypten. Im Neuen Reich und in der Spätzeit ließen hier Tausende Pilger große Mengen von Opfergefäßen aus Keramik, meistens kleine Schalen (arabisch *qa'ab*, daher der heutige Name Umm el-Qa'ab) zurück. Amélineau schätzte die Gesamtzahl der Gefäße auf etwa acht Millionen.

Verschiedene Anzeichen deuten darauf hin, dass man bereits während der 12. Dynastie Grabungen durchgeführt hat, wahrscheinlich um den Bestattungsort des Osiris festzustellen. Im Grab König Qa'as lag am Boden der Grabkammer Keramik aus der Zeit des Mittleren Reiches; über den erhalten gebliebenen unteren Teil des Fallsteins war eine Treppe aus großen Ziegelsteinen gebaut. Der Eingang zur Königskammer in Dens Grab ist mit großen (ungebrannten) Ziegeln ebenfalls teilweise wiederhergestellt, und die gesamte Treppe weist Spuren eines zweiten Anstrichs auf. Etwa zur gleichen Zeit mag die Umwandlung der Grabstätte König Djers in ein Kenotaph des Osiris stattgefunden haben.

69 unten
Beschriftete Täfelchen dieser Art, die von einem deutschen Ausgrabungstrupp im Grab des Qa'a gefunden wurden, waren einst an Ölbehältern angebracht; auf ihnen hatte man Lieferdatum, Qualität, Menge, Herkunft und den Namen eines Beamten vermerkt. Das Datum ist mit dem Jahresnamen angegeben, der wichtige Ereignisse erwähnt.

Grundriss des Grabes König Dens

- A *Königskammer*
- B *Haupttreppe*
- C *Nebengräber*
- D *Magazinräume S 8, 11, 12*
- E *Anbau mit Statue*
- F *Kammer S 4*

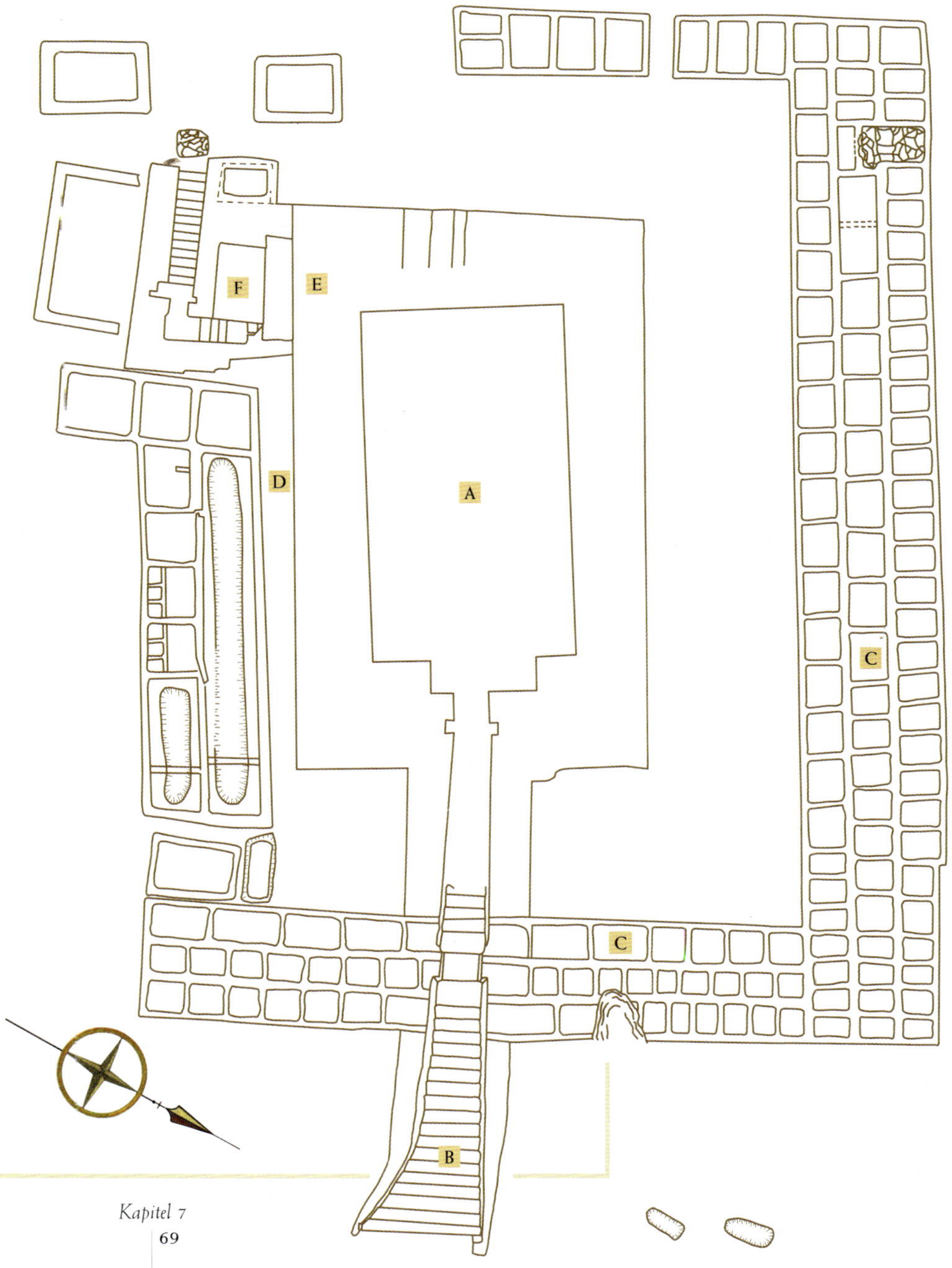

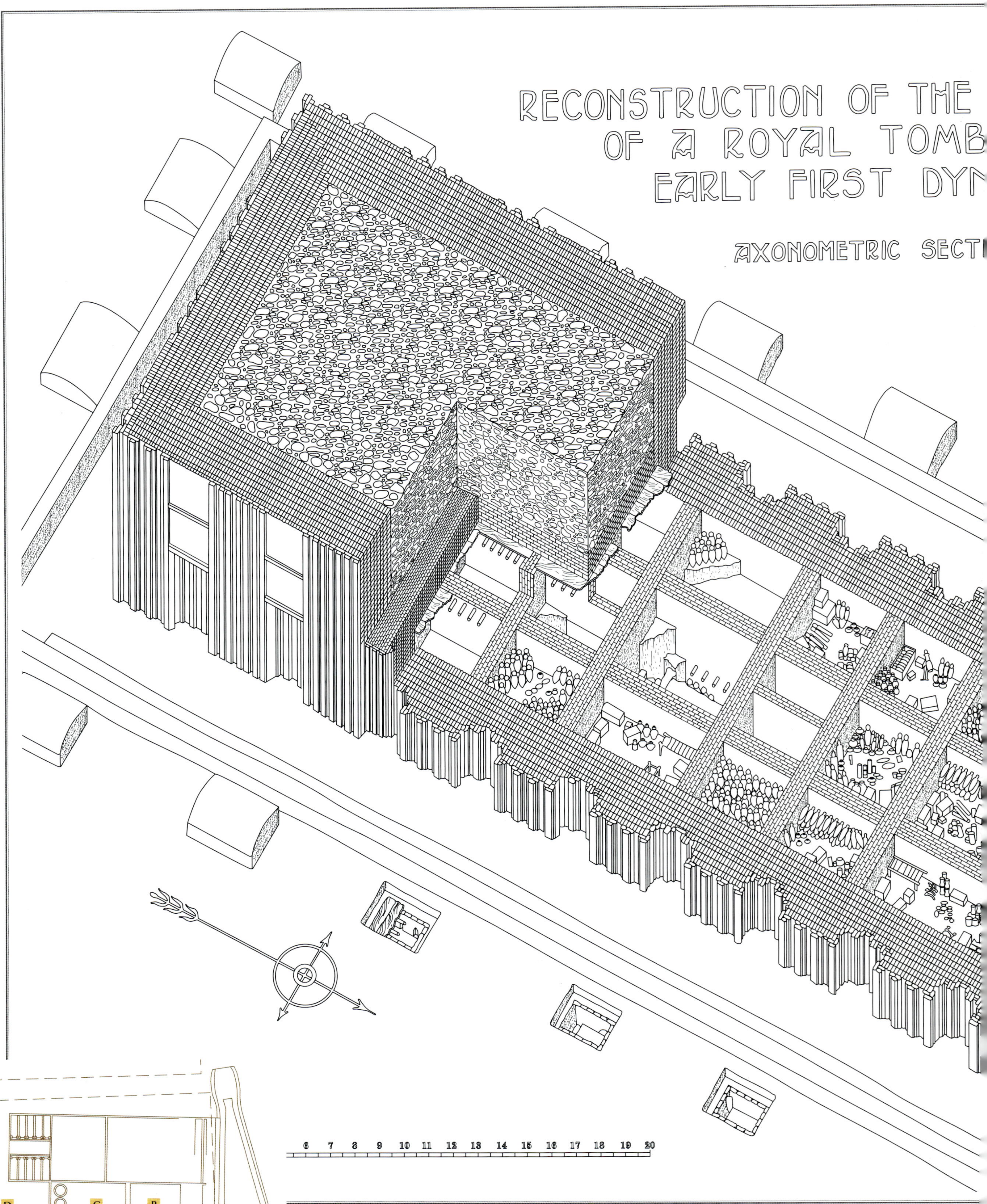

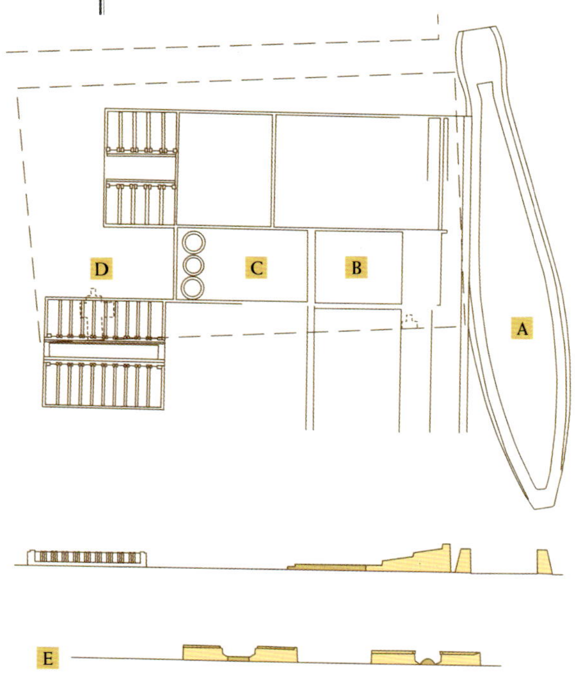

Bootsgrab und Modellbauten des Grabes S3357

A *Bootsgrab*	D *Modellbauten*
B *Terrassen*	E *Profilschnitte*
C *Hof mit Kornspeichern*	

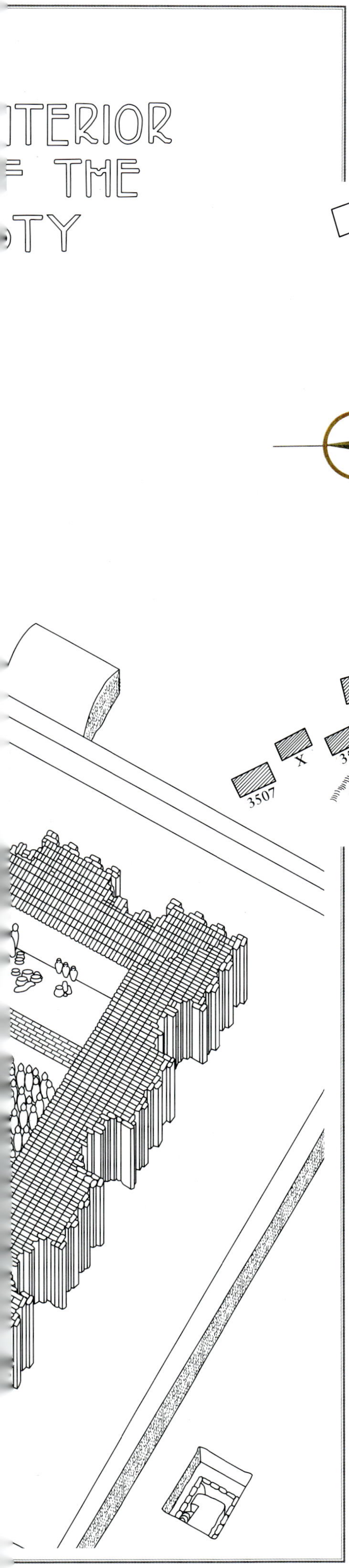

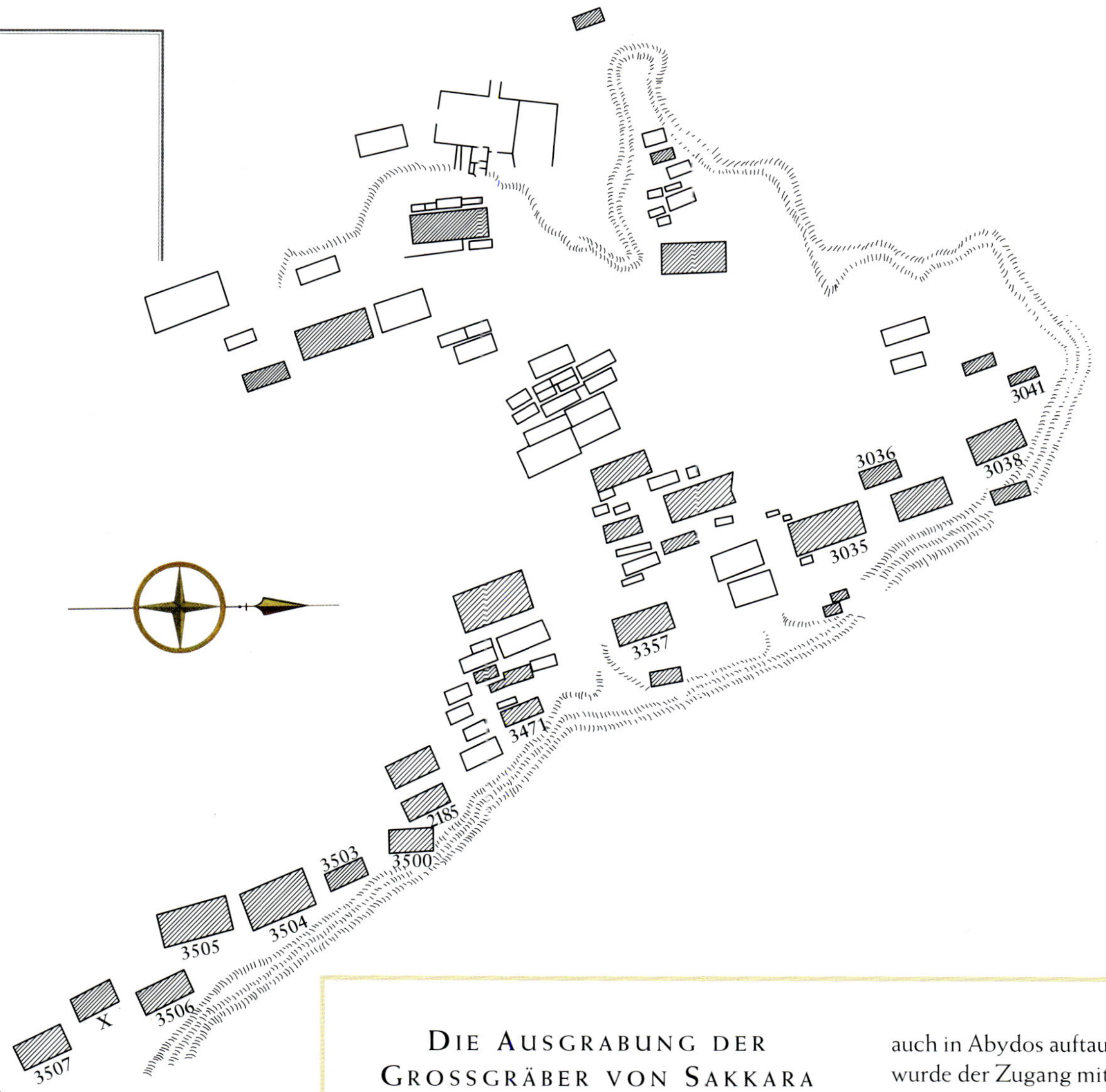

71 oben
Die frühzeitliche Nekropole in Sakkara-Nord war der wichtigste Friedhof für die hohen Beamten aus der Zeit der 1. bis 3. Dynastie. Die Großgräber der 1. Dynastie sind am östlichen Rand des Wüstenabbruchs erbaut, der die alte Hauptstadt Memphis überragt.

71 unten
Die Rekonstruktion des Oberbaues von S 3503 (Zeit der Meretneith) beruht auf Zeichnungen von der Fassade des Königspalastes. Aus Lauer, Histoire Monumentale, *Taf. 3b.*

Die Ausgrabung der Grossgräber von Sakkara durch Emery

Die frühzeitliche Nekropole von Sakkara liegt auf einem steil abfallenden Plateau der Libyschen Wüste südwestlich des heutigen Dorfes Abusir. Zwischen 1936 und 1956 legte W. B. Emery am Rand des Wüstenabbruches oberhalb von Memphis eine Reihe von etwa fünfzehn großen Gräbern aus der Zeit der 1. Dynastie frei, die alle mit eindrucksvollen rechteckigen Oberbauten versehen waren. Die Außenfassaden dieser *Mastabas* (das arabische Wort *mastaba* bedeutet „Bank") wiesen an allen vier Seiten Nischen auf; sie ähnelten der Palastfassaden-Hieroglyphe, die den Horusnamen des Königs auf den Stelen des Djet darstellt. Dieses architektonische Merkmal beweist, dass das Grab als Palast galt, in dem nach damaliger Vorstellung der Verstorbene wohnte. Die Größe der *Mastabas* reicht von 24 bis 57 Metern Länge und von 12 bis 26 Metern Breite. Einige Gräber sind bis zu einer Höhe von 2,5 Metern erhalten, ihre ursprüngliche Höhe schätzte man auf etwa drei bis fünf Meter.

Der ins Geröll und/oder den Fels getriebene unterirdische Teil weist viele Abweichungen auf, doch im Allgemeinen bestehen die Gräber aus einer großen rechteckigen Grube mit Ziegelauskleidung, einer einzelnen Grabkammer oder aus einer Grabkammer und Magazinräumen. Die Grabkammern enthielten wahrscheinlich alle einen großen hölzernen Schrein. Seit der Zeit König Dens war das unterirdische Innere über eine Treppe zugänglich, ein Merkmal, das zur gleichen Zeit auch in Abydos auftauchte. Nach der Bestattung wurde der Zugang mit einem oder mehreren Fallsteinen (Porticulli) versperrt. Einige Gräber sind von Umfassungsmauern umgeben, zu einigen gehören Nebengräber und verschiedene andere dem Grab angeschlossene Bauten.

Die älteste *Mastaba* (S 3357) geht auf die Zeit des Aha zurück. Der Oberbau misst insgesamt 48,2 x 22 Meter und ist in 27 Magazinräume für Grabbeigaben wie Krüge mit Wein, Gefäße mit Speisen usw. unterteilt. Unterhalb des Bodenniveaus liegen in einer flachen, mit Ziegeln ausgekleideten und mit Holz abgedeckten Grube fünf Zellen. Die mittlere Kammer enthielt wahrscheinlich das Grab, in den anderen waren die wichtigsten Besitztümer der verstorbenen Person deponiert. Etwa 35 Meter nördlich der doppelten Umfassungsmauer wurden in einer großen bootförmigen Grube mit Ziegelauskleidung die Überreste eines Holzschiffes gefunden. Dieses Schiff sollte – wie auch die bei den Pyramiden entdeckten Barken – von seinem Inhaber im Jenseits benutzt werden. Zwischen der *Mastaba* und dem Bootsgrab befanden sich zwei Ansammlungen kleiner bankartiger Scheinbauten aus unbehauenem Bruchstein und mit einem Mauerbewurf aus Schlamm sowie zwei stilisierte Terrassen, die an die Bootsgrube und mehrere Höfe angrenzten; in einem der Höfe standen drei runde Bauten, die wahrscheinlich Kornspeicher waren. Ob diese Einrichtungen als Modell einer Gutsanlage (Emery), als Kai oder Anlegeplatz (Lehner) oder als Opferstelle einschließlich eines Schlachthauses (Stadelmann) anzusehen sind, ist nicht ganz klar, doch der Verpflegung müssen sie auf irgendeine Weise gedient haben.

70–71
Rekonstruktion eines Großgrabes in Sakkara (Emery, Great Tombs, *Bd. II, Taf. XXXIX). Die Grabkammer im Zentrum der Grabstätte ist ins Erdreich gebauen. Die Lagerräume oberhalb des Wüstenbodens enthielten Hunderte Keramikgefäße und Kästen mit Ausrüstungen für das Leben im Jenseits.*

Gräber aus der Zeit der 1. und 2. Dynastie

Welche Bedeutung Vorräte für das ewige Leben hatten, lässt die Grabstätte 3504 aus der Zeit des Djet erkennen. Dort sind auf dem Fassadensockel Hunderte tönerner Stierschädel mit echtem Gehörn angebracht. Solche Protomen oder andere Opfergaben wurden bei mehreren *Mastabas*, insbesondere in den größeren Nischen, gefunden; diese Nischen waren wie die späteren Scheintüren magische Begegnungsorte zwischen den Lebenden und der Unterwelt.

Einige *Mastabas* in Sakkara verfügen wie die Grabstätten in Abydos über Nebengräber, doch deren Zahl ist deutlich kleiner, und sie treten auch nur in der Zeit von Djer bis Qa'a auf. An der Grabstätte S 3504 liegen in Reihen nach Osten, Süden und Westen angeordnet 62 Gräber für Diener mit Opfergaben. In einigen Fällen haben die Oberbauten – niedrige Ziegel*mastabas* mit gewölbter Decke, die Zeiten überdauert. Die Oberbauten an der Grabstätte S 3500 (Zeit des Qa'a) sind erhöht und mit den ältesten bekannten Ziegelgewölben gebaut. Auf einer Seite befindet sich eine kleine Scheintürnische.

Der Zeit des Den, die der Höhepunkt der 1. Dynastie gewesen zu sein scheint, können fünf Großgräber zugeordnet werden. In einem dieser Gräber (S 3035), im Grab des wichtigsten Beamten, des königlichen Sieglers Hemaka, wurden viele wichtige Funde gemacht – Gebrauchsgegenstände aus Feuerstein, Gegenstände aus Elfenbein, Waffen, Steingefäße, schön gearbeitete runde Kreiselscheiben und die erste erhalten gebliebene Papyrusrolle.

In einigen *Mastabas* wurden die Reste eines verborgenen ziegelverkleideten Sandtumulus entdeckt; sehr wahrscheinlich enthielten die meisten, wenn nicht gar alle Grabstätten ein solches Merkmal, das auch Bestandteil der Gräber in Abydos (siehe oben) war.

Der Tumulus der Grabstätte S 3038 (Zeit des Anedjib) ist ähnlich wie die Stufenpyramide des Netjerichet/Djoser abgestuft. Dieser Oberbau war innerhalb der nischengegliederten Fassade von Geröll bedeckt, doch über zwei Treppen von Norden und Süden gelangte man zur Spitze.

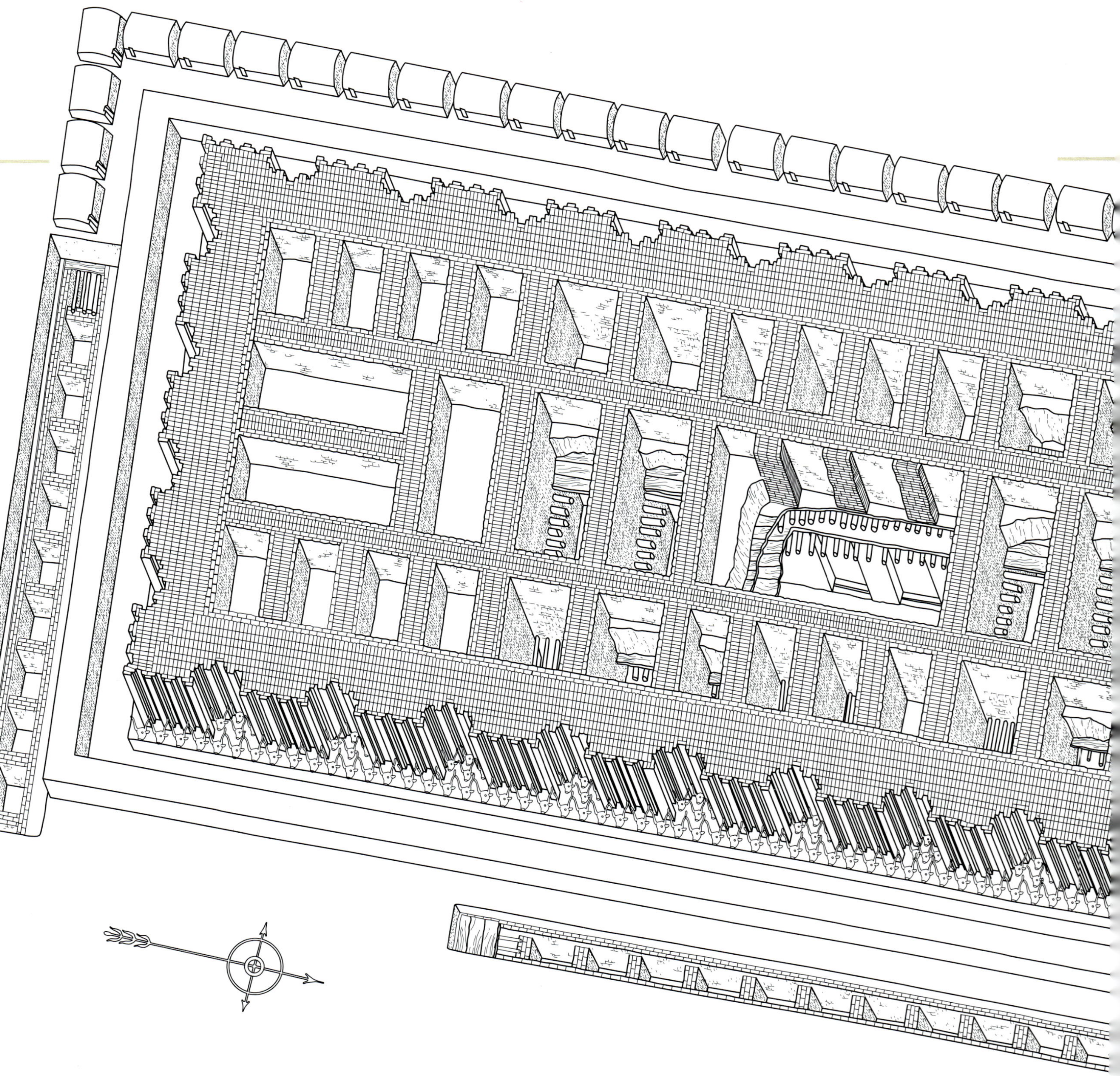

Das jüngste Großgrab (S 3505) stammt aus der Zeit des Qa'a. An seinem nischengegliederten Oberbau sind farbige Fresken mit Flechtmatten imitierenden geometrischen Mustern erhalten geblieben. Eine Stele, die bei einer Nische in der Ostfassade gefunden wurde, weist als Grabinhaber einen hohen Beamten mit Namen Merka aus.

Innerhalb der massiven Umfassungsmauer befindet sich ein bemerkenswerter, aus mehreren Räumen und Korridoren bestehender Totentempel; er ist dem Grab an dessen Nordseite angeschlossen. Dort fand man die Überreste zweier großer Holzstatuen, die höchstwahrscheinlich den Grabinhaber Merka darstellen.

Vor der Entdeckung dieser großen *Mastabas* zweifelte niemand daran, dass die Gräber in Abydos die tatsächlichen Bestattungsorte der frühen Könige waren. Beeindruckt von der Größe der Graboberbauten in Sakkara kam Emery jedoch zu der Auffassung, dass die Könige in Wirklichkeit dort begraben und die kleineren Grüfte in Abydos nur Kenotaphe waren.

Trotz des Widerspruchs in der Anzahl der Gräber in Sakkara – die Zahl übersteigt die Zahl der Könige beträchtlich, d. h. es existieren fünf Gräber aus der Zeit des Den, aber keines von Semerchet – erklärt das nicht die großen Bezirke in Abydos, die in einiger Entfernung von den Grabstätten am Ende des Wadis liegen und ein funktionaler Teil der Grabanlagen waren. Darüber hinaus deuten Keramikfunde und Siegelabdrücke aus zumindest einigen Abydos-Gräbern darauf hin, dass die Ausstattung jüngeren Datums ist als die Pendants in Sakkara, wo sich wahrscheinlich die Gräber hoher Beamter (und möglicherweise auch von Königinnen) befinden, die vor dem jeweils herrschenden König verstorben waren. Die viel größere Anzahl der Nebengräber, das Vorhandensein von Königsstelen (die in Sakkara fehlen), die Skelettreste in den Gräbern des Djer und des Chasechemui und nicht zuletzt der Umstand, dass die alten Ägypter glaubten, Osiris sei in Abydos bestattet, stützen ebenfalls die Theorie, dass Abydos der tatsächliche Bestattungsort der Pharaonen ist.

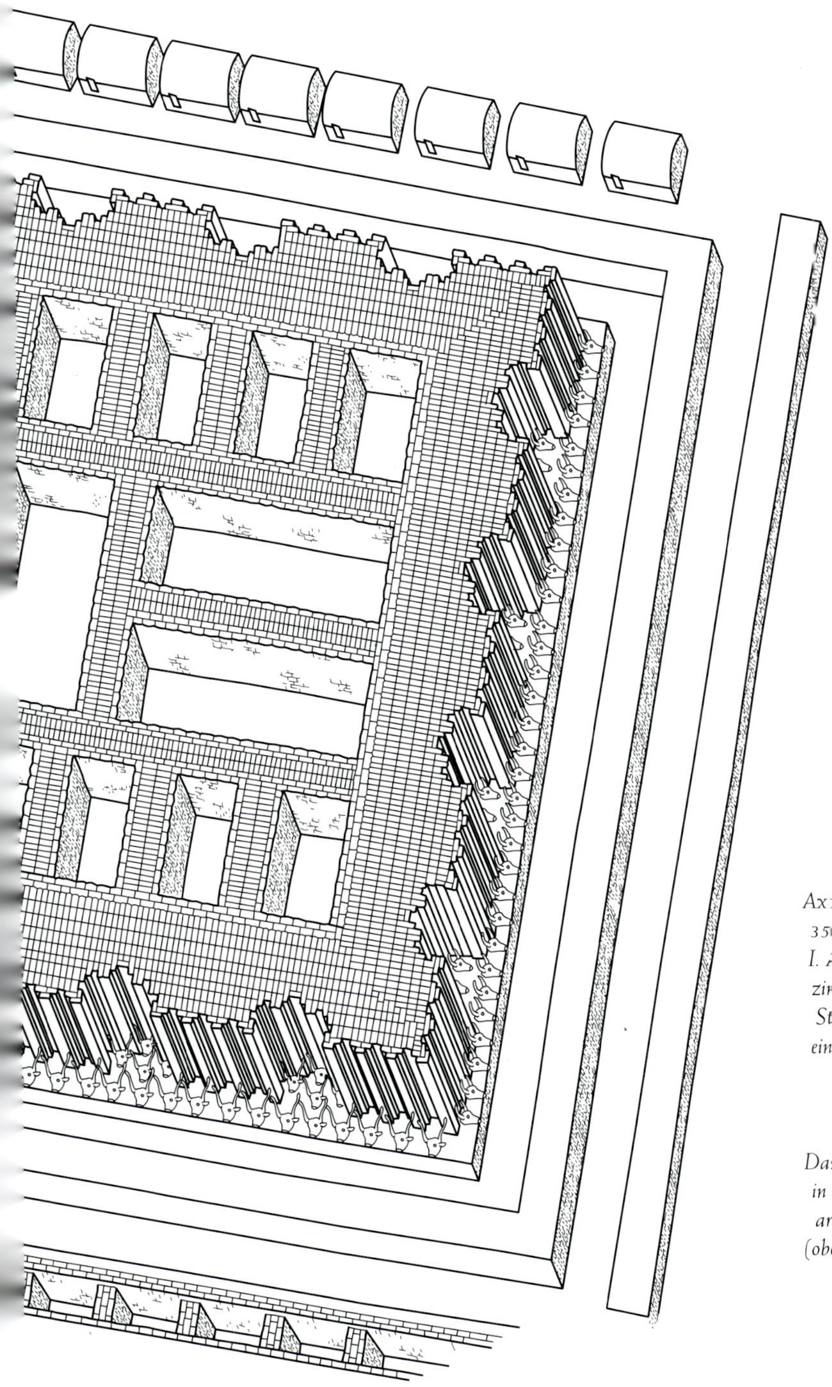

72–73
Axonometrische Projektion des Sakkara-Grabes 3504 aus Emery, Great Tombs, *Bd. 2, Taf. I. Auf einem Sockel rund um den in 46 Magazinräume aufgeteilten Oberbau sind Hunderte Stierprotomen angebracht. Das Grab ist von einer Mauer und 62 kleinen Nebengräbern für die Dienerschaft umgeben.*

73 oben und Mitte rechts
Das Grab des Hemaka, des königlichen Sieglers in der Zeit des Den, war reich an verschiedenartigen Fundstücken. Das Kalksteinostrakon (oben) mit der Darstellung eines Stiers und eines Pavians ist einst vielleicht ein Probestück des Künstlers gewesen. Die runden Scheiben dienten als Kreisel, die in der Mitte auf einen Holzstock aufgesteckt waren. Die schwarze Steatitscheibe (Durchmesser 8,7 Zentimeter) mit eingelegtem hellem Aderalabaster zeigt einen Hund, der eine Gazelle jagt und schließlich fängt. Die andere Kreiselscheibe (Durchmesser 9,7 Zentimeter) besteht aus Kalkstein; in die Umrandung sind Alabasterstücke eingelegt, die beiden Tauben obenauf bestehen aus rosafarbenem Kalkstein, ihre Augen aus Elfenbein. Kairo, Ägyptisches Museum.

Gräber aus der Zeit der 1. und 2. Dynastie

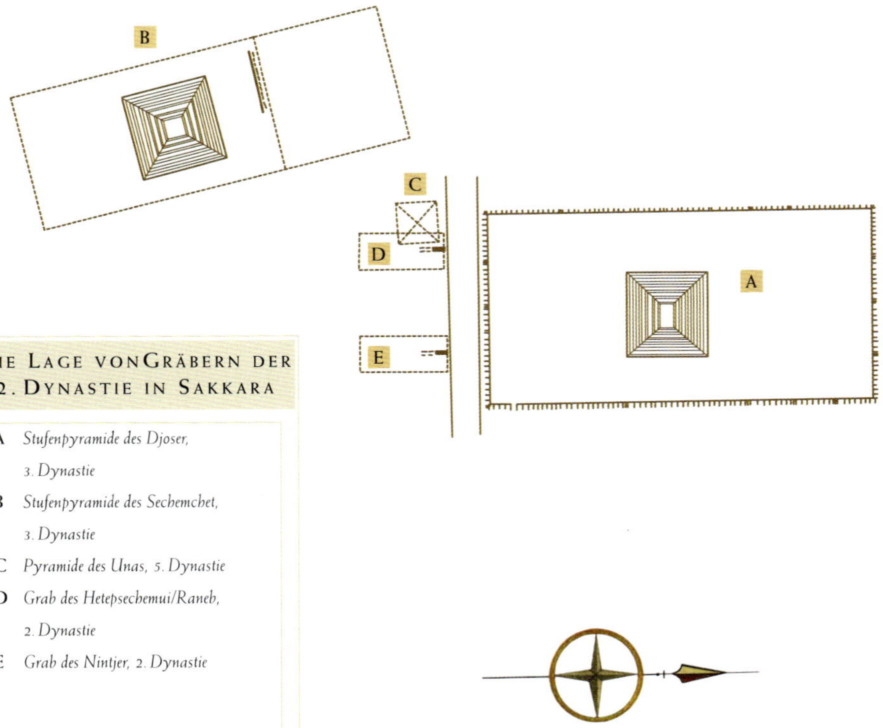

Die Lage von Gräbern der 2. Dynastie in Sakkara

A *Stufenpyramide des Djoser, 3. Dynastie*
B *Stufenpyramide des Sechemchet, 3. Dynastie*
C *Pyramide des Unas, 5. Dynastie*
D *Grab des Hetepsechemui/Raneb, 2. Dynastie*
E *Grab des Nintjer, 2. Dynastie*

74 oben links
Eine aus dem Fels gehauene Treppe führt in den zentralen Korridor des Grabes des Hetepsechemui oder Raneb. Die mit Steinen verschlossene Tür zur Linken ist der Zugang zu einer der unterirdischen Magazingalerien. Die Abdeckblöcke gehören zum Fundament des Pyramidentempels des Unas.

Die Königsgräber der 2. Dynastie in Sakkara und Abydos

Sakkara

Bisher sind in Sakkara nur drei große königliche Galeriegräber aus der Zeit der 2. Dynastie – alle im Gebiet südlich des Djoser-Bezirks – bekannt. Das detailreichste und größte (etwa 130 x 46 Meter) liegt unter dem Pyramidentempel des Unas. Es wurde 1901 von Barsanti entdeckt, doch nur teilweise freigelegt. Dorthin gelangt man von Norden über einen Treppendurchgang in einen langen, sorgfältig aus dem Fels herausgehauenen Korridor, der fünf Meter unter der Erdoberfläche in Nord-Süd-Richtung verläuft. Der Korridor mit vier Fallsteinen führt zur Grabkammer sowie zu einigen Seitenräumen im Süden und zweigt zu mehr als achtzig Kammern auf beiden Seiten ab. Diese Kammern waren mit Ziegelwänden verschlossen, in einigen befinden sich noch Weinkrüge und Tierknochen. Den Siegelabdrücken zufolge gehört das Grab entweder Hetepsechemui, dem ersten Herrscher der 2. Dynastie, oder dessen Nachfolger Raneb.

Etwas weiter östlich wurde Ninetjer, der dritte König der 2. Dynastie, bestattet. An seinem Grab, das vom Aufweg des Unas überbaut ist, wurden erstmals von S. Hassan 1937 – 1938 Grabungsarbeiten durchgeführt; gegenwärtig wird die Anlage von deutschen Archäologen nochmals untersucht. Das Grab ist zwar noch nicht vollständig erkundet, doch es scheint kleiner (40 x 45 Meter) als die Grabstätte des Hetepsechemui zu sein, und auch die Anordnung der Kammern erscheint unregelmäßiger. Der ursprüngliche Grundriss ist aufgrund zahlreicher tiefer Schächte und Kammern aus späteren Zeiten nicht mehr klar zu erkennen.

In neuerer Zeit hat man unter dem Grab eines Beamten (Merneith) aus dem Neuen Reich eine dritte unterirdische Anlage von ähnlicher Art entdeckt. Die Zuordnung ist nicht sicher, doch die mit 15 x 15 Metern deutlich kleinere Ausführung wäre einem der ephemeren Nachfolger des Ninetjer (Weneg, Sened oder Nebnefer) angemessen gewesen. Ein weiteres Grab aus der Zeit der 2. Dynastie soll sich westlich der Unas-Pyramide in einer noch nicht freigelegten Grube befinden.

In keinem dieser Gräber sind Reste eines Oberbaues entdeckt worden; die oberirdischen Teile wurden vermutlich vollständig zerstört. Dennoch ist es sehr wahrscheinlich, dass die Anlagen mit großen rechteckigen *Mastabas* aus Ziegel oder Stein überbaut waren, deren Form dem Südgrab und den westlichen *Mastabas* im Djoser-Bezirk ähnelte. Eine Stele des Raneb, des zweiten Königs der 2. Dynastie, weist auf Opferstellen vor den Gräbern hin, die von zwei Stelen mit dem Horusnamen des Königs flankiert waren. Es ist auch anzunehmen, dass Pendants zu den Talbezirken aus der Zeit der 1. Dynastie existieren. Tatsächlich gibt es weiter westlich im Wadi Abusir mehrere große Bezirke, die wahrscheinlich als solche zu identifizieren sind. Einer davon, Gisr el-Mudir, bedeckt eine Fläche von 500 x 250 Metern; er ist mit einer nischengegliederten Steinmauer eingefasst und stammt sicherlich aus der Zeit der 2. Dynastie.

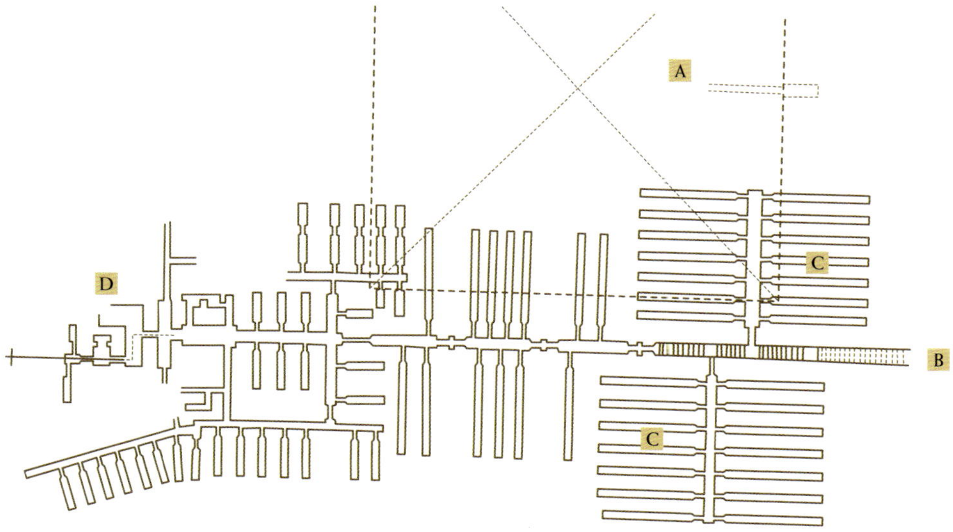

Das Grab des Hetepsechemui/Raneb (Grundriss und Profilschnitt)

A *Pyramide des Unas, 5. Dynastie*	D *Grabkammer*
B *Eingangstreppe*	E *Profilschnitt*
C *Magazinräume*	

Abydos

Im Vergleich mit den großen Anlagen der Könige der 1. Dynastie in Abydos und den ausgedehnten unterirdischen Bauten aus der Zeit der 2. Dynastie in Sakkara fällt die Grabstätte des Peribsen recht klein und einfach aus. Sie scheint zum älteren Grabtyp des Djer und des Djet zurückzukehren, doch der zentral gelegene hölzerne Schrein ist durch eine Ziegelkammer mit einer umlaufenden Passage ersetzt, die den Zugang zu den Magazinräumen ermöglicht. Der Grundriss ähnelt der Hausnachbildung in der Grabstätte U-j. Das neue Merkmal eines umlaufenden Ganges rund um das Grab deutet ebenfalls auf ein Haus für das Jenseits hin. Diese Vorstellung ist noch in den unterirdischen königlichen Wohnräumen oder der unterirdischen Palastdarstellung des Djoser (in den „Blauen Kammern") gegenwärtig. Der Ein- oder Ausgang liegt im Südwesten der Grabstätte. Von Peribsens Grab sind noch zwei Stelen mit dem Namen des Königs erhalten.

Grundriss der Grabstätte des Peribsen

A *Grabkammer*
B *Magazinräume*
C *Umlaufender Gang*
D *Ausgang zu einer Rampe*

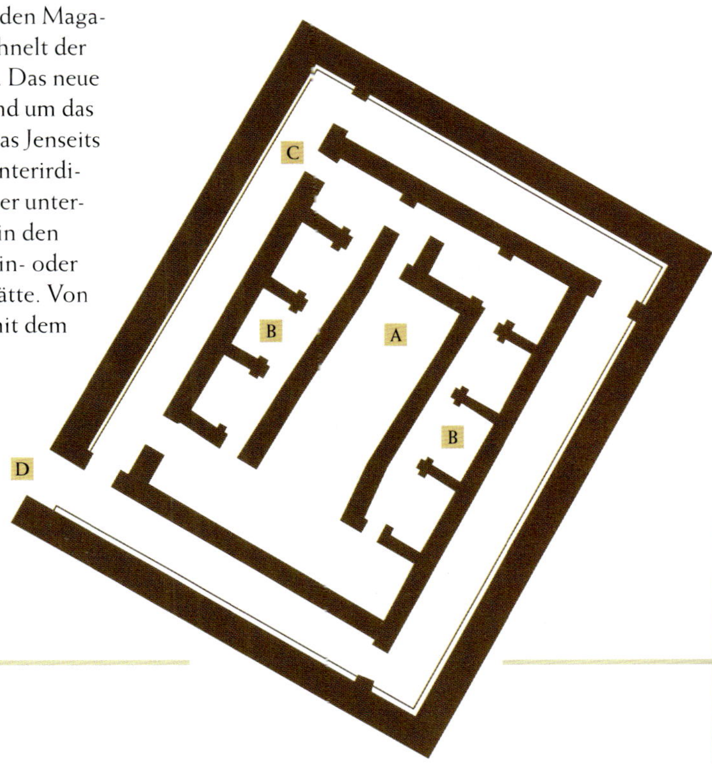

75 rechts
Die Stele des Peribsen ist 1,54 Meter hoch und aus schwarzem Granit gefertigt. Peribsen führte in seinem Namen nicht den Horusfalken an. Bei ihm erscheint stattdessen das Seth-Tier über der Palastfassade. Dies widerspiegelt wahrscheinlich einen Konflikt zwischen Ober- und Unterägypten. Die Darstellung des Seth-Tiers wurde in einer späteren Zeit ausgelöscht. Kairo, Ägyptisches Museum.

76 oben
Chasechem im Mantel des Jubiläumsfestes (des Sed-Festes), das zum dreißigsten Jahrestag der Thronbesteigung gefeiert wurde. Die Inschrift, die von 47 209 Feinden berichtet, bezieht sich auf seinen Sieg über die Bewohner des Nordens.

Das Großgrab des Chasechemui weist eine deutlich veränderte Form auf und ist überdies viel tiefer in den Boden gebaut; sein Dach liegt fünf Meter unter dem Niveau des Wüstenbodens. Eine erneute Untersuchung ergab, dass das Grab in mehreren Bauphasen entstanden ist. Es bestand zunächst aus einer zentralen Grabkammer, einem südlichen Vorraum und einem nach Norden gelegenen hinteren Raum zwischen Reihen aus fünf Magazinräumen auf jeder Seite, zu denen Korridore führten. Dieser Grundriss ähnelt stark dem des Peribsen-Grabes.

Im Rahmen zweier oder dreier Erweiterungen baute man im Süden und im Norden dreiundvierzig Kammern an, die wie in den Sakkara-Gräbern in Galerien angeordnet waren. In einer späteren Phase wurde unter dem zentralen Raum eine mit Kalkstein ausgekleidete Grabkammer eingerichtet. Sie war 1,80 Meter tief, ihre Grundfläche maß rund 5,25 x 3,20 Meter (10 x 6 Ellen) und ihre Längsachse ist zur Achse der alten Kammer um etwa einen Meter nach Westen verschoben. Die Kammer war aller Wahrscheinlichkeit nach mit kleinen Steinplatten gedeckt, von denen einige lose im Innern des Raumes gefunden wurden. Die Platten müssen einst auf dem Dach eines in der Grabkammer befindlichen hölzernen Schreins gelegen haben. Nachdem man die steinerne Kammer nach der Bestattung verschlossen hatte, wurde ein Lehmfußboden aufgebracht, der den Zugang unsichtbar machte.

In der Süderweiterung der Grabgrube, die wahrscheinlich für eine nochmalige Vergrößerung vorbereitet worden war, führt eine kleine Rampe in der Südwestecke bis auf das Geländeniveau nach oben. Die Orientierung der Rampe scheint die Vorstellung von einem Ausfahrtweg für den zu neuem Leben erwachenden König auszudrücken, denn sie verläuft wie die Lücke zwischen den Nebengräberreihen südwestlich der Königskammer (vergleiche auch die Treppe in der Grabstätte des Den) in Richtung der Öffnung des Wüstentals.

Von einem Oberbau ist zwar nichts geblieben, doch anhand einiger Details lässt sich immerhin ein sehr großer Tumulus oder eine *Mastaba* oberhalb des Wüstenbodens rekonstruieren. Während die nördlichen und die südlichen Kammern bis zu ihrer ursprünglichen Höhe von etwa 2,35 Meter noch erhalten sind und keine Deformierung zeigen, weisen die Kammern im Mittelteil ein sehr unregelmäßiges Erscheinungsbild auf: Sie sind von etwa 2,30 Meter Höhe auf 1,20 – 1,50 Meter zusammengesunken, ihre ursprüngliche Breite ist, wie die untersten Mauerwerksschichten anzeigen, teilweise bis auf das Doppelte angewachsen. Sicherlich haben die Kammern dem enormen Druck auf dem Dach nachgegeben und sich, wenn sie feucht waren, nach den Seiten hin verformt. Petrie zufolge waren die Mauern aus gerade erst hergestellten (noch nicht getrockneten) Ziegeln gebaut. Diese Erklärung ist allerdings unwahrscheinlich, da die Mauern in unterschiedlichen Bauphasen errichtet wurden. Der Grund für das „Auseinanderfließen" muss ein zusätzlicher Druck auf den mittleren Kammern gewesen sein, der höchstwahrscheinlich von einem künstlich aufgeschütteten oberirdischen Hügel auf der bereits fünf Meter hohen Sandfüllung der Grabgrube verursacht wurde. Das Gewicht dieses Hügels mag vielleicht erst einige Zeit nach dem Bau der Grabstätte seine Wirkung getan haben, als – nach einem starken Regen – aufsteigende Feuchtigkeit ins Mauerwerk eindrang. Welche Ausdehnung der Tumulus hatte, lässt sich anhand der beschriebenen Beobachtungen rekonstruieren. Auch weisen die Kalksteinblöcke, die man rund um die Anlage verstreut fand und die auf die gleiche Art bearbeitet waren wie die Steinblöcke der Königskammer, darauf hin, dass der Hügel eine Steinverkleidung trug.

Aus der vergrößerten Anzahl der Magazinräume kann man schließen, dass in der Grabstätte eine riesige Menge Güter, vor allem Tausende Keramikgefäße mit Wein, Bier und Öl, Kupfer- und Steingefäße (einige mit goldenen Deckeln), Körbe und Kästen mit Brot sowie Fleisch, Obst und Gemüse eingelagert worden sein muss. In den Räumen östlich der Königskammer fand Amélineau Reste zweier Skelette. Da es in der Anlage keine Nebengräber gibt, stammen die Knochen sehr wahrscheinlich aus dem ursprünglichen Grab.

76 unten
Die Magazinräume der Grabstätte des Chasechemui enthielten Tausende Keramik- und Steingefäße. Einige mit goldenen Deckeln verschlossene Gefäße fand Petrie unter eingestürzten Mauern, wo sie von Grabräubern unentdeckt geblieben waren. Kairo, Ägyptisches Museum.

76 – 77
Das Grab des Chasechemui, hier in Richtung Süden betrachtet, wurde in mehreren Bauphasen erweitert und verfügte am Ende über 56 Magazinräume. Die Königskammer ist der erste aus Stein erbaute Raum. Nach Südwesten führt eine Rampe in Richtung Talöffnung, die als Eingang in die andere Welt galt.

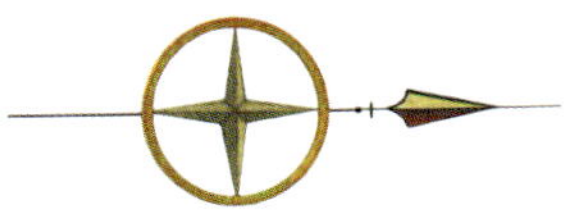

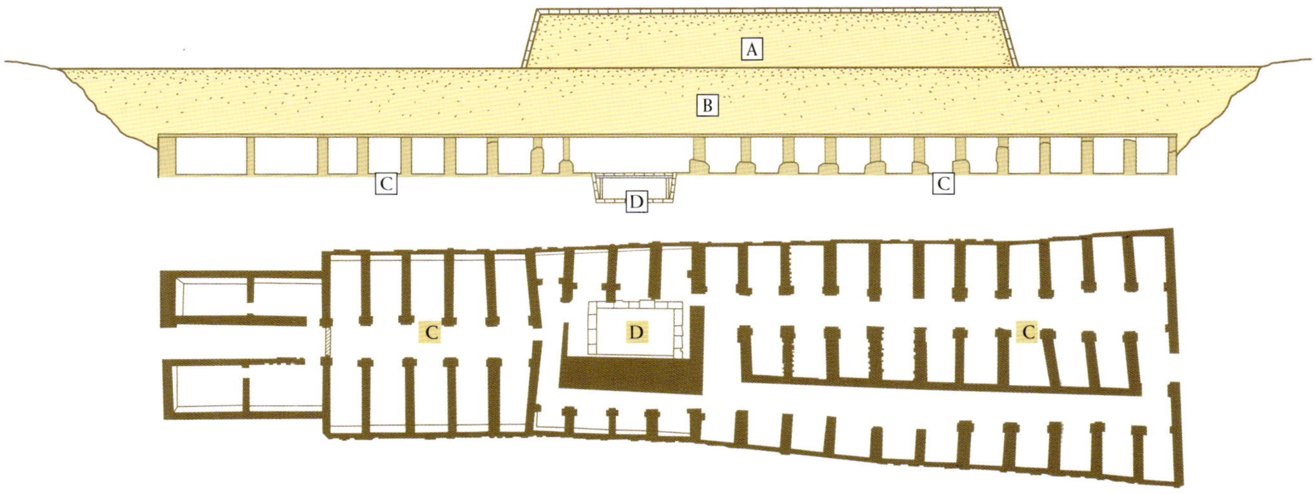

Profilschnitt und Grundriss der Grabstätte des Chasechemui

A *Tumulus mit Steinverkleidung*
B *Baugrube mit Sandfüllung*
C *Magazinräume*
D *Grabkammer*

Kapitel 8

Die königlichen Talbezirke von Abydos und Hierakonpolis

Matthew Adams und David O'Connor

Die Königsgräber aus der Zeit der 1. und 2. Dynastie in Umm el-Qa'ab, einer Stätte bei Abydos, wurden in den Jahren 1900–1902 von Petrie vollständig ausgegraben. Ihre Bedeutung als frühe Königsbauten war von Anfang an klar. Günter Dreyer hat Petries Entdeckungen mit seinen derzeitigen Ausgrabungsarbeiten etliches hinzugefügt und darüber hinaus noch ältere Königsgräber lokalisiert. Die königlichen Talbezirke von Abydos, die in einem zusammenhängenden Gebiet etwa 1,4 Kilometer nördlich der Grabstätten liegen, sind für viele Ägyptologen bis heute ein Rätsel. Einen dieser Talbezirke hatte man zwar bereits fünfzig Jahre vor der Entdeckung des Friedhofes Umm el-Qa'ab erkundet, doch an den Bezirken sind inzwischen nur hin und wieder Grabungsarbeiten durchgeführt worden, und man hat auch noch nicht alle existierenden Anlagen ausfindig gemacht.

Seit 1982 sind die Talbezirke allmählich stärker in den Mittelpunkt gerückt. Unter der Schirmherrschaft der NYU-Pennsylvania-Yale-Expedition mit W. K. Simpson und D. O'Connor als Kodirektoren werden diese Anlagen im Rahmen eines Abydos Early Dynastic Project (Kodirektoren David O'Connor und Matthew Adams) systematisch freigelegt; es ist geplant, im Rahmen des Projekts mit Hilfe von Magnetsonden alle noch unentdeckten Bauten aufzuspüren und dann auszugraben.

Bei den königlichen Talbezirken von Abydos handelt es sich um Anlagen für die in Umm el-Qa'ab beigesetzten Könige der 1. und 2. Dynastie. Diese Anlagen haben in zweierlei Hinsicht Bedeutung: Die Talbezirke sind zum einen Bestandteile der frühen königlichen Grabmäler, die ebenso wichtig wie das Grab selbst sind; zum anderen können Grab und Talbezirk zusammen klar als direkte Vorläufer der Stufenpyramiden- und der Pyramidenkomplexe späterer Zeiten betrachtet werden.

Der jüngste Talbezirk, am Ende der 2. Dynastie für König Chasechemui gebaut, existiert noch heute als eindrucksvolles Monument. Er wird örtlich auch Schunet ez-Zebib genannt. Seine Lehmziegelmauern erheben sich an einigen Stellen nahezu in ihrer ursprünglichen Höhe von vielleicht elf Metern, seine Grundfläche beträgt insgesamt einen Hektar. Alle anderen Bezirke, die dicht beieinander in der Nähe liegen und ebenfalls aus Lehmziegeln gebaut wurden, sind stark abgetragen und können nur mittels Ausgrabung zutage gefördert und untersucht werden. Der Talbezirk des Chasechemui ist das größte noch stehende Monument, das aus der frühdynastischen Zeit erhalten ist; von diesem König gibt es einen weiteren Talbezirk in Hierakonpolis, der ebenfalls noch steht, aber nur halb so groß wie der in Abydos ist.

Der Talbezirk des Chasechemui wurde in den 1860er Jahren im Auftrag von Auguste Mariette erkundet, doch damals konnte man weder etwas über sein Alter noch über seine Funktion sagen. Der englische Archäologe E. R. Ayrton datierte die Anlage im Jahr 1903 in die Zeit König Chasechemuis und lokalisierte einen in der Nähe gelegenen Bezirk für Peribsen (Chasechemuis Vorgänger). Darüber hinaus äußerte er die Vermutung, dass ein dritter Bezirk, der ein noch existierendes koptisches Dorf umgibt, ebenfalls frühdynastischen Ursprungs sein könnte. Das noch vorhandene Ziegelmauerwerk des Letzteren deutet allerdings auf eine viel spätere Entstehungszeit hin.

In der Zeit zwischen 1911 und 1914 fand T. E. Peet Spuren eines weiteren Talbezirks, dem Neben-

78
Die nordöstliche Außenseite des Talbezirks des Chasechemui (Schunet ez-Zebib). Die Nischengliederung ist noch gut erhalten.

78–79
Die Südecke von Schunet ez-Zebib. Die Begrenzungsmauer ist teilweise sichtbar. Der Schaden, den dieser Bezirk im Lauf der Jahrtausende genommen hat, ist offensichtlich. Man geht nun daran, nach einem speziell aufgestellten Programm etwas zur Erhaltung der Anlage zu tun.

80 oben
Schunet ez-Zebib von Süden aus gesehen.

80 – 81
Teilansicht der Hauptmauer und der Begrenzungsmauer von Schunet ez-Zebib.

81 oben
Der Talbezirk des Aha, von Nordwesten gesehen. Die Mauern und das Innere haben sich noch im Altertum stark gesenkt. Innerhalb der Mauern ist hinten die innere Kapelle zu sehen. In der Ferne erkennt man Schunet ez-Zebib. Die Westecke des Aha-Bezirks ist von der Mauer eines heutigen christlichen Friedhofs (rechts im Bild) überbaut.

gräber – ähnlich den Nebengräbern rund um die Königsgräber der 1. Dynastie in Umm el-Qa'ab – angeschlossen waren. Später, 1922, bestätigte Petrie, dass es sich hierbei um einen Talbezirk für die Königinmutter Meretneith handelt; er entdeckte nordwestlich der Anlage zwei riesige eingesunkene Rechtecke (Grundfläche durchschnittlich 86 Hektar) mit Nebengräbern, die aus der Zeit der Könige Djer und Djet (1. Dynastie) stammen. Schließlich fand Petrie südwestlich des Talbezirks der Meretneith einen weiteren möglichen Talbezirk, über dessen Beschaffenheit er sich aber nicht ganz sicher war, weshalb er seine Entdeckung vorsichtshalber „Western *Mastaba*" nannte.

Bis 1986 ruhten die Ausgrabungsarbeiten, doch bereits 1966 äußerte Barry Kemp die Ansicht, dass es sich bei der „Western *Mastaba*" wohl tatsächlich um einen Talbezirk handle und in den Grabrechtecken des Djer und des Djet weitere aus Ziegeln erbaute Bezirke zu erwarten seien. Werner Kaiser, der dem im Großen und Ganzen zustimmte, bemerkte dazu, die vermuteten Bezirke seien möglicherweise nicht aus Ziegeln, sondern im Holzmattenbau errichtet. Beide Wissenschaftler und mit ihnen Günter Dreyer waren jedoch überzeugt, anhand der Talbezirke ließe sich nachweisen, dass die zwar fernen, aber mit den Talbezirken in Beziehung stehenden Königsgräber in Umm el-Qa'ab echte Grabstätten und nicht, wie manche noch immer meinen, Kenotaphe – und die wirklichen Gräber in Sakkara – sind.

Das Abydos Early Dynastic Project hat unser Verständnis der Talbezirke von Abydos erweitert. Die mit einem gewaltigen Tor versehene Nordwestmauer des Peribsen-Bezirks, die früheren Ausgräbern entgangen war, ist inzwischen lokalisiert worden, und wir haben bestätigt, dass der (mit Ziegeln erbaute) Bezirk des Djer und damit auch der Bezirk des Djet, existieren. Es wurde nachgewiesen, dass es sich bei der „Western *Mastaba*" wirklich um einen Talbezirk handelt, und 2001 haben wir eine magnetische Vermessung des gesamten Gebietes in die Wege geleitet, die bereits zur Entdeckung zweier bis dahin unbekannter Talbezirke geführt hat. Es ist offensichtlich, dass einst für jedes Königsgrab in Umm el-Qa'ab weit weg in dem heute als Friedhof Nord bezeichneten Gelände ein Talbezirk gebaut wurde. Die Lokalisierung rückt die Talbezirke viel näher an die alte Stadt am Rand der Talaue als die wirklichen Grabstätten, die weit draußen in der Wüste liegen. Die zwei Talbezirke vom Ende der 2. Dynastie sind zwar identifiziert, doch von den vermuteten acht Bezirken aus der Zeit der 1. Dynastie sind bisher erst sechs aufgefunden worden. Einer der 2001–2002 entdeckten Talbezirke – der älteste bekannte Bezirk – gehört zu Aha. In Hierakonpolis ist Renee Friedman dabei, den Talbezirk des Chasechem (so lautet der ältere Name des Chasechemui), der früher nur sporadisch erkundet worden ist, systematisch zu untersuchen. Der Bezirk in Hierakonpolis (einschließlich der äußeren Mauer) hat im Gegensatz zu den rechteckigen Grundflächen in Abydos einen quadratischen Grundriss; er nimmt eine Fläche von rund 0,49 Hektar ein und seine Mauern stehen teilweise noch elf Meter hoch. Unabhängig davon, welchem Zweck dieser Bezirk einst diente – eine Grabstätte des Chasechemui in Hierakonpolis, deren Existenz bisher nicht belegt ist, war er wahrscheinlich nicht.

Die Könige der 2. Dynastie, die vor Peribsen herrschten, wurden in Sakkara, nicht in Abydos, bestattet, und man hat die These aufgestellt, dass ihre Gräber einst ebenfalls durch räumlich entfernt liegende Talbezirke ergänzt wurden. Die betreffenden archäologischen Überreste sind zeitlich allerdings noch nicht eindeutig zugeordnet; sie können auch aus den Stufenpyramiden-Anlagen aus der Zeit der 3. Dynastie stammen, die nach dem Djoser-Bezirk, der ältesten derartigen Anlage, entstanden sind.

Der Umstand, dass der Talbezirk des Chasechemui noch existiert, ist erstaunlich, doch nun, nach über 4600 Jahren, droht ein großer Teil davon einzustürzen. Unterstützt durch eine Subvention aus dem Fonds der United States Agency for International Development, die über das Projekt für ägyp-

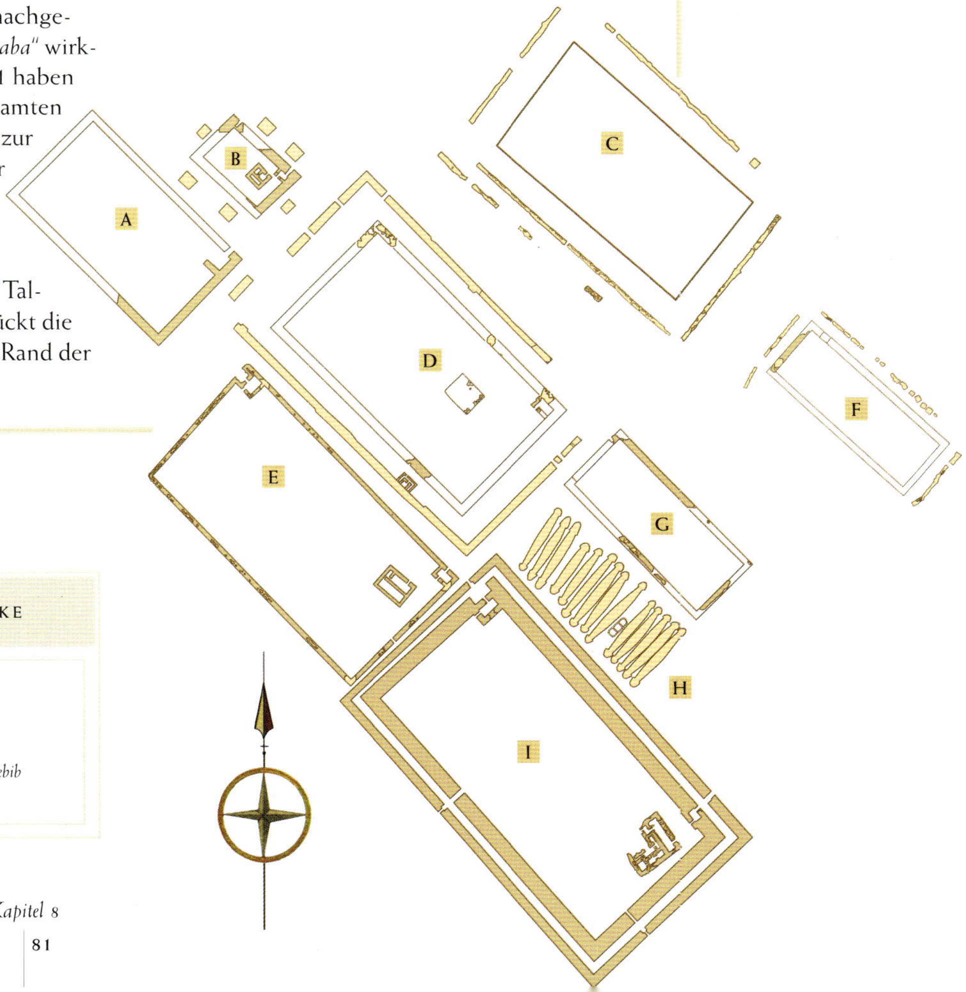

KARTE DER FRÜHDYNASTISCHEN TALBEZIRKE

A *Früher Talbezirk*
B *Aha*
C *Djet*
D *Djer*
E *Peribsen*
F *Meretneith*
G *„Western Mastaba"*
H *Bootsgruben*
I *Chasechemui, Schunet ez-Zebib*

82–83
Einige der Bootsgräber nordöstlich der Schunet ez-Zebib, die im Hintergrund zu sehen ist.

82 unten
Diese Karte stellt die vierzehn Bootsgräber dar, die für den noch unbekannten königlichen Inhaber des Talbezirks „Western Mastaba" bestimmt waren.

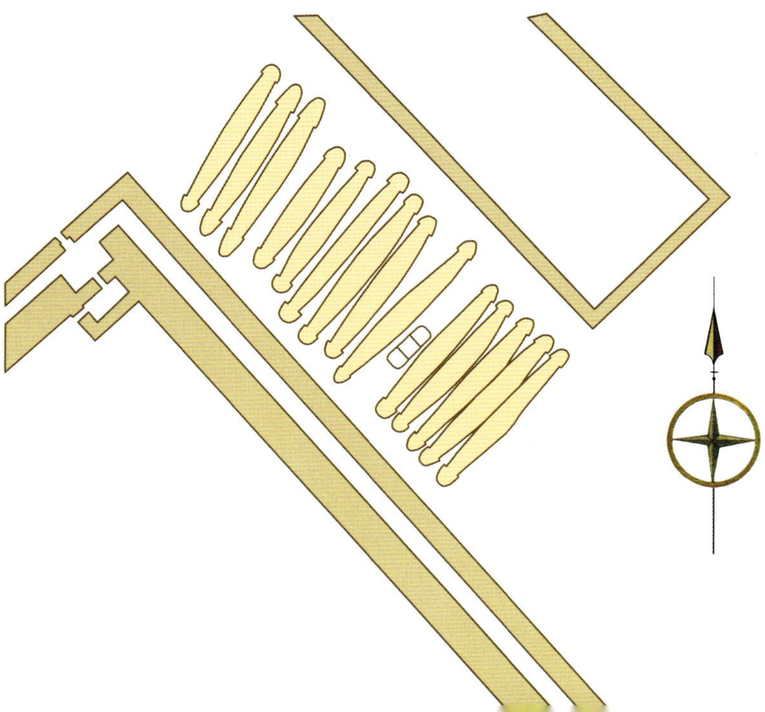

83 oben
Die Restauratorin Deborah Schorsh vom New Yorker Metropolitan Museum of Art bei der Behandlung der freiliegenden Planken im Bootsgrab 10.

83 rechts oben
Diese Abbildung zeigt das teilweise freigelegte Bootsgrab 10. Ein Teil der Bootsbeplankung liegt noch in situ, ist aber auf beiden Seiten durch tiefe Löcher beschädigt.

tische Altertümer des amerikanischen Forschungszentrums in Ägypten ging, haben wir uns daran gemacht, dieses großartige Denkmal zu dokumentieren, zu stabilisieren und zu erhalten und weiter an einer der überraschendsten Entdeckungen in Abydos zu arbeiten.

Die archaische Flotte von Abydos

1991 fanden wir zu unserem großen Erstaunen zwölf riesige Bootsgräber (zwei weitere wurden im Jahr 2000 ausfindig gemacht), die außerhalb des Chasechemui-Talbezirks an dessen Nordostseite in einer Reihe angeordnet waren. Sie stammen aus der Zeit der 1. Dynastie und bilden ein weiteres wichtiges Verbindungsglied zwischen Abydos und den frühdynastischen königlichen Monumenten und den Pyramidenanlagen späterer Zeiten. In letzteren gab es ebenfalls Bootsgräber oder Bootsgruben, die in ihrer Form einem Boot ähnelten.

Die Bootsgräber von Abydos sind, soweit wir es heute sagen können, hinsichtlich Form und Inhalt ähnlich, wenn nicht gar identisch. In allen Fällen lag eine Holzbarke der damaligen Zeit (mit einer durchschnittlichen Länge von 23 Metern) in einem im Wüstenboden angelegten flachen Graben, der das Boot vor dem Umkippen bewahrte. Jedes Boot stand etwa einen halben Meter über den Boden hinaus und war sorgfältig mit Ziegelmauerwerk umbaut. Nachdem die Oberkante erreicht war, hatte man das Boot lückenlos mit Lehmziegeln ausgefüllt. An den Enden war ein stützbogenartiger Ziegelanbau angefügt, so dass das (durchschnittlich 26,23 Meter lange) Grab beträchtlich länger war als das eigentliche Boot. Der gesamte Oberbau des Grabes trug eine geweißte Putzschicht.

Die Oberbauten gaben natürlich den Umriss der innen liegenden Barken wieder, während die Stützbögen Bug und Heck darzustellen schienen. Die Reihe aus vierzehn Bootsgräbern muss wie eine draußen in der Wüste „ankernde" Flotte ausgesehen haben; diesen Eindruck verstärkte der kleine Findling, wohl eine Art Anker, der auf einigen der Boote lag.

Bootsgräber existieren auch bei einigen Elitegräbern aus der Zeit der 1. Dynastie in Sakkara und Heluan; in den dortigen Gräbern findet man jeweils nur ein Boot, das in der Regel kleiner ist und eine weniger kunstvoll ausgearbeitete Form als die Barken in Abydos aufweist. Die Bootsgräber entstanden zur gleichen Zeit wie der Talbezirk „Western *Mastaba*", dessen königlicher Inhaber allerdings noch nicht identifiziert ist. Sie sind eindeutig älter als der Talbezirk des Chasechemui, der mindestens zweihundert Jahre danach, wahrscheinlich auch später, entstand.

Bereits im Jahr 2000 haben wir ein Boot teilweise freigelegt, um erst einmal festzustellen, mit welchen Problemen bei der Ausgrabung und Konservierung zu rechnen ist und um uns mit der Konstruktion des Bootes selbst ein wenig vertraut zu machen. Es ist geplant, eine oder mehrere dieser Barken vollständig auszugraben und zu konservieren.

Anhand des freigelegten Abschnitts konnten wir feststellen, dass zwar vieles von der Beplankung *in situ* erhalten, aber sehr brüchig ist; vieles ist zu Fraßmehl, den getrockneten Exkrementen Holz fressender Insekten, geworden. Dennoch konnte unsere Fachberaterin Frau Professor Cheryl Ward ohne weiteres erkennen, dass die Bootsplanken mit Gewebestreifen „zusammengenäht" waren, die man über Rinnen im Plankenholz geführt hatte. Eine Decklage und Spantwerk waren nicht vorhanden, doch unsere Beraterin meint, die Boote seien nicht nur riesige Modelle, sondern funktionstüchtige Wasserfahrzeuge gewesen. Die tief liegenden, schlanken Bootskörper wurden wohl von dreißig (!) Ruderern in rascher Fahrt bewegt.

Die Boote von Abydos sind, für sich genommen, außerordentlich wichtige Funde für Archäologen, deren Spezialgebiet die Schifffahrt ist. Mit ihnen steigt die bisherige Zahl der in Ägypten noch erhaltenen altertümlichen Holzschiffe auf mehr als das Doppelte. Es handelt sich hier auch nicht nur um die bei weitem ältesten Boote Ägyptens, sondern um die ältesten noch existierenden Bootskonstruktionen der Welt überhaupt.

83 Mitte rechts
Zwei der Bootsgräber, in denen die verbreiterte Form von Bug oder Heck zu sehen ist. Der kleine Steinblock auf dem linken Boot diente einst wahrscheinlich als Anker oder zum Festmacher des Bootes.

83 unten
Grundriss eines (noch nicht freigelegten) typischen Bootsgrabes. Trotz der später entstandenen Löcher ist die Bootform erhalten geblieben und der Umriss des hölzernen Rumpfes noch sichtbar (durch verstärkte dunkle Linien gekennzeichnet).

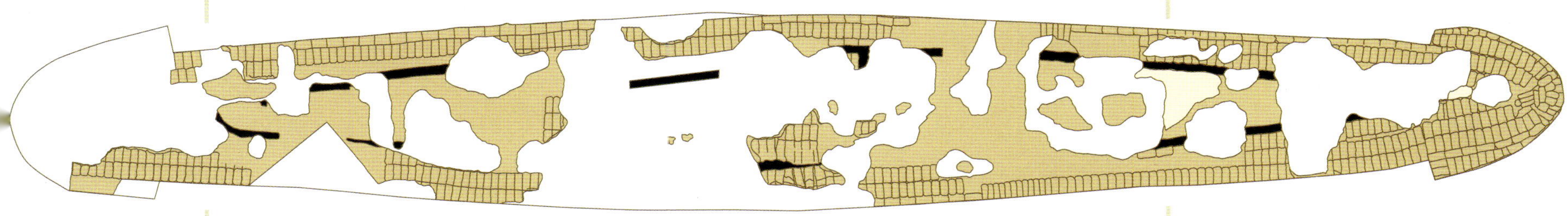

Die Talbezirke von Abydos: Archäologie und Funktion

Es existieren Belege, die, obwohl sehr unvollständig, darauf hindeuten, dass die Talbezirke in Abydos im Wesentlichen als Bestattungsanlagen dienten und sich in den mehr als dreihundert Jahren der frühdynastischen Zeit hinsichtlich ihres Grundrisses und ihres Äußeren verhältnismäßig wenig veränderten. Auf ihre Funktion als Grabanlagen weisen die offensichtlichen Verbindungen mit den zeitgenössischen Königsgräbern in Umm el-Qa'ab und insbesondere die Nebengräber für die geopferten Höflinge hin, die beiden – den Talbezirken wie auch den Königsgräbern – in der Zeit der 1. Dynastie angeschlossen waren. Die geopferten Höflinge und Gefolgsleute (wie auch die bestatteten Boote) sollten dem toten König im jenseitigen Leben im Grab wie auch im Talbezirk dienen.

Die Gräber aus der Zeit der 1. und 2. Dynastie in Umm el-Qa'ab variierten in ihrem Grundriss, doch sie waren alle wahrscheinlich von einem oberirdischen Sand- und Schotterhügel mit Stützmauern aus Ziegeln oder Natursteinen (Chasechemui) bedeckt. Südöstlich eines jeden Hügels könnte eine Kapelle gestanden haben. Gleichzeitig mit dem Königsgrab wurde auch ein Talbezirk im Nordfriedhof angelegt; manche, wahrscheinlich auch alle Bezirke enthielten eine Kapelle für den Kult des toten Herrschers.

Mit der Zeit breiteten sich die Talbezirke über eine große Fläche (vielleicht zehn Hektar) aus, in der es mit Ausnahme der oben erwähnten Nebengräber keine Gräber gleicher Entstehungszeit gab. Besagte Nebengräber waren säuberlich rund um einige, wahrscheinlich aber um alle Talbezirke der 1. Dynastie angelegt. Diese Talbezirke folgten alle demselben Grundschema; einige wichtige Veränderungen in den baulichen Einzelheiten deuten vermutlich auf Neuerungen im Kult hin.

Die Talbezirke weisen unterschiedliche Größen auf. Der kleinste ist der im Jahr 2001 gefundene Talbezirk des Aha mit einer Grundfläche von 0,07 Hektar; die Bezirke der Meretneith und der „Western *Mastaba*" sind rund 0,18 Hektar, die des Djer und des Peribsen 0,55 Hektar groß. Der größte Talbezirk mit einer Fläche von 1.07 Hektar ist der des Chasechemui. Neben den Größenunterschieden existieren jedoch Ähnlichkeiten, die sich nicht nur in den rechteckigen Grundrissen und der Nordwest-Südost-Ausrichtung der Längsachse, sondern auch in wichtigen Details zeigen.

Die Außenfassaden weisen alle eine Nischengliederung nach faktisch identischem Muster auf – drei Seiten sind mit einfachen, die Nordost- oder örtlich die Ostseite hingegen mit gestaffelten Nischen versehen. Sämtliche Mauerflächen sind verputzt; die Mauern im Talbezirk des Chasechemui waren mit einer zusätzlichen weißen Putzschicht versehen. An der Nord- bzw. Ostecke jedes Bezirks befand sich ein Haupteingang, in einigen Fällen gab es zusätzliche Tore. Im Bezirk des Aha wurde eine Kapelle gefunden, ein solcher Bau stand auch in den Anlagen von Djer, Peribsen und Chasechemui. Die Kapellen stehen stets in der südöstlichen Hälfte des Talbezirks. Belege für irgendein anderes größeres oberirdisches Bauwerk innerhalb des Bezirks hat man bisher nicht, auch nicht im vollständig freigelegten Aha-Bezirk, entdeckt. 1988 sah es so aus, als ließen sich im Westquadranten des Chasechemui-Talbezirk Spuren eines oberirdischen Hügels ausmachen, doch 2001 stellte es sich schließlich heraus, dass diese Überreste zu einem Becken gehörten, das während der Bauarbeiten am Talbezirk genutzt worden war.

Der Zugang an der Ostecke war stets verhältnismäßig kompliziert gearbeitet; er besaß einen Innenraum, über den man ins Innere des Talbezirks gelangte. Der Haupteingang lag relativ nahe an der Kapelle und blieb offen, solange der Bezirk existierte. Die Bedeutung des Tores in der Zeit der 1. Dynastie wird durch den Umstand verdeutlicht, dass die Nebengräber in unmittelbarer Nachbarschaft eine breite Gasse bildeten und in der Nähe, dicht beieinander, die größten, vermutlich bedeutendsten, Grabstätten lagen.

Andere Einzelheiten lassen darauf schließen, dass Veränderungen im kultischen Brauch mit der Zeit auch einen Wandel der baulichen Form herbeiführten. In der Zeit der 1. Dynastie besaß das Tor in der Nordecke noch einen verhältnismäßig einfachen Grundriss. Zudem wurde es schon bald nach Fertigstellung des Talbezirks abgeriegelt und bildete dann nur noch eine tiefe Nische. Das Tor benutzte man nur kurze Zeit, vielleicht im Zusammenhang mit Ritualen, die in der nordwestlichen Hälfte des Bezirks abgehalten wurden. Gegen Ende der 2. Dynastie nahm der Eingang an der Nordecke eine komplizierte Form an. Er war tief ausgespart und mit einem Innenraum versehen und blieb anscheinend unversperrt. Diese Veränderungen deuten darauf hin, dass der Haupteingang an der Nordecke an Bedeutung gewonnen hatte und nun vielleicht für einen wiederkehrenden, noch mit der Nordwesthälfte des Bezirks verknüpften rituellen Einzug benutzt wurde.

Die Kapelle in der Nähe des Haupttores an der Ostecke blieb die längste Zeit der frühdynastischen Periode hindurch verhältnismäßig einfach und klein. Im Talbezirk des Aha und des Peribsen bestand sie lediglich aus drei Kammern von fast identischem Grundriss. Diese beiden Kapellen sowie die des Djer nahmen eine durchschnittliche Fläche von 86,5 Quadratmetern ein. Bedeutend größer war die Kapelle des Chasechemui mit 290,7 Quadratmetern. Sie enthielt elf oder mehr Räume, scheint im Gegensatz zu den bisherigen Kapellen also für komplexere Kulthandlungen vorgesehen gewesen zu sein. In sämtlichen Kapellen richtete sich der Kult vermutlich auf ein Abbild des verstorbenen Königs.

Der Talbezirk des Chasechemui war – einmalig für Abydos – zusätzlich von einer Außenmauer umgeben. Diese war niedriger als die Hauptmauer; beide zusammen bildeten einen ungedeckten Korridor rund um den gesamten Bezirk, der vielleicht ebenfalls für Kulthandlungen genutzt wurde.

Für uns vielleicht am überraschendsten war die Entdeckung, dass die Talbezirke in Abydos möglicherweise abgerissen wurden – vielleicht als letzter Akt des Bestattungsrituals für den königlichen Inhaber oder während der Bauarbeiten am Talbezirk des nächsten Herrschers. Die Zerstörung scheint ebenfalls eine Art „Begräbnis" gewesen zu sein, das die Gewähr gab, dass der Talbezirk und seine Kapelle, genau wie die bestatteten Höflinge und Boote, dem verstorbenen König voll und ganz und auf ewig zu Diensten standen. Der Chasechemui-Bezirk blieb vom Niederreißen verschont; denkbar ist, dass man allein seine außerordentliche Größe als hinreichende Garantie dafür ansah, dass der tote Herrscher ihn im jenseitigen Leben auch wirklich nutzen konnte.

Etwas anders als der Bezirk des Chasechemui in Abydos ist der Talbezirk dieses Königs in Hierakonpolis aufgebaut. Hier existiert zwar eine ähnliche Doppelmauer, doch die Kapelle liegt nicht in Richtung des Südendes des Bezirks, sondern zentral. Außerdem besitzt der Bezirk in Hierakonpolis nur einen und nicht zwei Haupteingänge, und sein

Grundriss ist quadratisch statt rechteckig. Inschriften belegen, dass er eine Chasechemui gewidmete Kultstätte beherbergte, die jedoch nicht speziell für den Totenkult des Königs gedacht war.

Die Ursprünge der abydenischen Talbezirke und der Pyramiden

Die altägyptischen Pyramidenanlagen gehen eindeutig auf den Stufenpyramidenbezirk zurück, der zu Beginn der 3. Dynastie in Sakkara für König Djoser gebaut wurde. Doch welche Beziehung besteht zwischen dem unmittelbar nach den Monumenten des Chasechemui entstandenen Djoser-Bezirk und den frühdynastischen Königsgräbern und (separat liegenden) Talbezirken von Abydos?

Die Unterschiede sind offensichtlich. Der Djoser-Bezirk in seiner endgültigen Form war, verglichen mit seinen abydenischen Vorgängern, riesig, denn mit etwa fünfzehn Hektar Grundfläche besaß er die vierzehnfache Größe des Talbezirks des Chasechemui. Als Baumaterial hatte man nicht Lehmziegel, sondern ausschließlich Stein verwendet. Der Djoser-Bezirk war mit einer Umfassungsmauer umbaut, in deren Grenzen nicht etwa nur eine Kapelle stand und ansonsten Leere herrschte; innerhalb dieser Mauer gab es vielmehr dicht gedrängte Gebäude und Höfe mit einem Grab in der Mitte, über dem sich eine gewaltige, 62 Meter hohe Stufenpyramide erhob.

Der Grabbezirk des Djoser wies anfangs einen kleineren, einfacheren Grundriss auf und zeigte eine augenscheinliche Verwandtschaft mit den frühdynastischen Urformen. Er bestand aus einer Umwallung mit Toren nahe der Nordost- und der Südostecke wie in Abydos; die äußere Nischengliederung war allerdings stärker ausgearbeitet. Das Innere enthielt ein Grab mit einem flachen, aus Naturstein errichteten Hügel (der stark an die Königsgräber von Umm el-Qa'ab erinnert) und einige andere Bauten. Aus dieser ersten Anlage entstand dann der Djoser-Bezirk mit der Stufenpyramide, wie wir ihn heute kennen.

Die unmittelbare Anregung zur ersten Entwicklungsphase des Djoser-Bezirks stammt möglicherweise nicht von den frühdynastischen Königsgräbern und den Talbezirken in Abydos, sondern eher von den königlichen Grabmonumenten der früheren 2. Dynastie in Sakkara, nicht weit vom Standort des Djoser-Bezirks. Zwei der Königsgräber in Sakkara aus der Zeit der 2. Dynastie sind eindeutig identifiziert, beide bestehen aus einem ausgedehnten System in den Felsen gehauener unterirdischer Magazine, einer südlich davon gelegenen Grabkammer sowie dazugehörigen Räumen und Galerien. Was oberirdisch über dem Grab stand, ist nicht bekannt; es entsprach aber wahrscheinlich dem Grundplan der abydenischen Talbezirke, auch wenn es hier bestimmte wichtige Abwandlungen gab.

In Abydos waren Grabstätte und Talbezirk voneinander getrennt; das Grab lag weit draußen in der Wüste, in der Nähe der Gräber noch früherer Herrscher, während der Talbezirk nahe der Talaue angelegt war. In Sakkara gab es (wie Kemp feststellte) keinen Grund, Grab und Talbezirk voneinander getrennt zu halten, und vielleicht war die Fläche über der gesamten unterirdischen Grabanlage von einer Umwallung – vermutlich in Ziegelbauweise – gekennzeichnet. Aus den Dimensionen der Grabanlage zu schließen, wäre der umwallte Talbezirk etwa so groß wie der des Peribsen in Abydos gewesen. Die eigentliche Grabkammer müsste in der Südhälfte des Talbezirks liegen und mit einem oberirdischen Hügel bedeckt gewesen sein, und südlich des Hügels stand vielleicht eine Kapelle wie in Umm el-Qa'ab. Der Rest des Talbezirks könnte größtenteils unbebaut gewesen sein, der Zugang zum Grab müsste ganz im Norden liegen. Der Leichenzug könnte seinen Weg in den Bezirk durch ein großes Tor nahe der Nordostecke genommen haben, während man den Hügel und die Kapelle über dem Grab durch ein anderes Tor an der Südostecke der Umwallung erreichte.

Die königlichen Monumente von Sakkara aus der Zeit der 2. Dynastie würden, wie hier einmal angenommen werden soll, der ersten Entwicklungsphase des Djoser-Bezirks äußerlich stark ähneln, wenn man davon absieht, dass das Grab und der oberirdische Hügel im Djoser-Bezirk weiter nach Norden verlegt war. Das Südgrab des Djoser mit seiner Scheingrabkammer und die in der Nähe gelegene Kapelle, ebenfalls ein Scheinbau, könnten an das echte Grab und die echte Kapelle erinnern, die in der aus der 2. Dynastie stammenden Talbezirken in Sakkara, wie oben rekonstruiert, an etwa diesen Stellen standen. Auch die letzte Phase des Djoser-Monuments mit der vollendeten Stufenpyramide lässt noch wichtige Verbindungen zu den frühdynastischen Urtypen erkennen. Der Tradition entspricht noch der rechteckige Grundriss des Talbezirks, während der Hügel über dem frühdynastischen Grab in die Stufenpyramide – einen Hügel in erhöhter Ausführung – umgewandelt ist. Die Pyramidenform diente der Stabilisierung der großen Masse von Natursteinmauerwerk, das einer starken inneren Belastung ausgesetzt war.

Schließlich ist festzustellen, dass es sich bei einem Großteil der Kultbauten aus der letzten Entwicklungsphase des Djoser-Bezirks um Scheinbauten handelt, die mit Ausnahme einer oder zweier kleiner, niedriger Kammern mit Steinschutt angefüllt sind. Mit anderen Worten, genau wie die frühdynastischen Talbezirke von Abydos mit geopferten Höflingen „versorgt" und selbst zerstört wurden, damit sie vollständig ins Jenseits eingehen, war auch der Djoser-Bezirk weitgehend für den jenseitigen Gebrauch durch den verstorbenen König bestimmt. Die Aktivitäten der Lebenden waren nur auf einige wenige Orte wie beispielsweise den Totentempel beschränkt.

Eine Verbindung zwischen den frühdynastischen Monumenten und den späteren Pyramidenanlagen wird sogar durch die abydenischen Bootsgräber hergestellt. Sie sind die Vorläufer der Bootsgräber und bootförmigen Gruben, die man vereinzelt an den Pyramiden der 4. Dynastie und späterer Zeiten anlegte.

Die frühdynastischen Königsgräber in Abydos bestanden alle aus zwei voneinander getrennten Teilen – aus dem Grab in Umm el-Qa'ab und dem Talbezirk im rund 1,4 Kilometer nördlich davon liegenden Nordfriedhof. Die königlichen Talbezirke von Abydos waren ein wesentlicher Bestandteil der Grabanlage eines jeden Königs. Neue Entdeckungen und Nachuntersuchungen früherer Ausgrabungsstätten lassen allmählich immer deutlicher werden, worin die spezifischen kultischen Funktionen und symbolischen Bedeutungen der Talbezirke bestanden. Ebenso wichtig ist, dass die abydenischen Talbezirke und Königsgräber, gemeinsam betrachtet, die Urformen für den Djoser-Bezirk mit der Stufenpyramide in Sakkara sind, wobei die Königsgräber aus der Zeit der 2. Dynastie in Sakkara eine wichtige Mittlerrolle spielten. Die frühdynastischen Königsgräber von Abydos sind daher die Quelle der Hauptrichtung jener Entwicklung, die weiter zu den Pyramidenanlagen und schließlich auch zu den Königsgräbern des Neuen Reiches führt.

84
Teil der Südwestseite der Schunet ez-Zebib. Die tiefen, aus dem Mauerwerk heraus gemeißelten Nischen, die im Mittelalter Einsiedeleien koptischer Mönche beherbergten, bedrohen heute die Stabilität der Anlage.

85
Die Südecke der Schunet ez-Zebib. Die Schäden, die das Mauerwerk durch menschliche Aktivitäten erlitten hat, werden durch Hunderte Vögel, die hier ihre Nester gebaut haben, noch vergrößert.

Kapitel 9

Die Stufen-pyramiden

Ali Radwan

Die Gründung der Stadt Memphis („Weiße Mauern") als Hauptstadt der Zwei Länder war Herodot zufolge eine der wichtigsten Leistungen des Menes. Es ist heute allgemein anerkannt, dass dieser legendäre König Horus-Aha, der Gründer der 1. Dynastie, war. Die zentralisierte Administration Ägyptens ließ sich am besten von memphitischem Gebiet aus abwickeln, da dies der wichtigste strategische Punkt zwischen Ober- und Unterägypten ist. Westlich von Memphis am Nordrand des Wüstenplateaus, wo Sakkara lag (nicht weit vom späteren Djoser-Bezirk), errichtete Horus-Aha eine *Mastaba* (Grab Nummer 3357) mit einem nischengegliederten Oberbau, einem nachgebildeten Gutshof und einem Bootsgrab. Dem Beispiel folgten alle seine Nachfolger in der 1. Dynastie, und so wurde eine neue nationale Nekropole – Sakkara-Nord – gegründet. Diese Nekropole war der erste offizielle Friedhof der memphitischen Region und die zweite Königsnekropole nach Umm el-Qa'ab in Abydos. Der inzwischen verstorbene Hans Wolfgang Müller hat überzeugend dargelegt, dass die großen *Mastaba*s von Sakkara (mit dem unterägyptischen Nischensystem) als Kenotaphe (Scheingräber) der Könige der 1. Dynastie anzusehen sind, während in den anderen Grabstätten in der Nähe Angehörige der Königsfamilie und hohe Beamte bestattet waren. Die tatsächlichen Gräber der Könige befanden sich im abydenischen Umm el-Qa'ab. Nach Auffassung Erik Hornungs hatten die Könige der 1. Dynastie ein Zweitgrab in Sakkara, der Nekropole der neuen Residenz in Memphis.

Die in den *Mastabas* von Sakkara zurückgelassenen Grabausrüstungen und –beigaben vermitteln uns wichtige Informationen über die bewährten Einrichtungen und systematischen Methoden, mit denen das Ägypten der 1. Dynastie regiert wurde. Die Titel auf der Stele des Merka (aus der Regierungszeit des Qa'a, des letzten Königs der 1. Dynastie) liefern uns einen konkreten Beleg für diese Verwaltung. Diese Stele war sicherlich ein Zeichen besonderer Gunst und einer großen Ehre, die Merka vonseiten des Königs zuteil wurde, als dieser seinem hohen Beamten gestattete, die Stele an der Ostseite der königlichen *Mastaba* aufzustellen. Sabef, ein anderer Würdenträger unter demselben Herrscher, kam in den Genuss einer ähnlichen Ehrung und der Erlaubnis, seine Stele im abydenischen Grab seines Monarchen zu errichten.

Die alten Ägypter erkannten bereits in der späten frühdynastischen Zeit (Negade III, Dynastie 0) den großen Nutzen des geschriebenen Wortes. Dieser Erkenntnis blieben sie im Verlauf ihrer ganzen weiteren Geschichte treu, und deshalb besteht das ägyptische Erbe aus mehrheitlich beschrifteten, d. h. dokumentierten, Kunstwerken. Die Gräber der ersten Könige der 2. Dynastie sind nie genau lokalisiert worden, doch es existiert eine gravierte Inschrift auf der Schulter einer Statue, die die Horusnamen der ersten drei Könige der 2. Dynastie – Hetepsechemui, Raneb (Neb[i]re) und Ninetjer – nennt. Die Statue des Kultpriesters Hetepdief aus der Zeit der 3. Dynastie wurde im Gebiet um Memphis entdeckt; man kann sie als Beleg dafür betrachten, dass die genannten drei Könige in der Nekropole Sakkara bestattet wurden. Man hat auch tatsächlich die unterirdischen Galerien zweier Großgräber südlich des Djoser-Bezirks, im Bereich der Pyramide des Unas, des letzten Königs der 5. Dynastie, gefunden. Diese Galerien konnten dank beschrifteter Tonsiegel Hetepsechemui (oder Raneb)

86 unten
Eine der so genannten Wendemarken aus dem Südhof des Djoser-Bezirks. Die Stele zeigt den Horusnamen des Königs gegenüber dem Anubis-Fetisch und die Namen und Titel der beiden königlichen Frauen Hetephernebti und Inetkaes. Die Zeichen darüber erwähnen Anubis als den „Ersten des heiligen Landes" (der Nekropole). Chicago, Oriental Institute Museum.

87
Die Gesichtszüge der berühmten Sitzstatue des Djoser (bemalter Kalkstein), die in dem verschlossenen steinernen Raum (Serdab) neben dem Totentempel in Sakkara gefunden wurde. Die eingelegten Augen sind verloren gegangen. Die Erscheinung wirkt durch die schwere Perücke, den Kultbart und das Kopftuch des Königs (Nemes) dennoch majestätisch. Kairo, Ägyptisches Museum.

88
Eine der typischen Figuren des legendären Architekten Imhotep. Der entrollte Papyrus, den Imhotep auf dem Schoß hält, betont seinen Status als gebildeter Mann. Die Schädelkappe verleiht ihm das Aussehen des Gottes Ptah, der als sein Vater gilt. Kairo, Ägyptisches Museum.

und Ninetjer zugeordnet werden. Die Grabstele König Ranebs (aus Sakkara) sollte man als weiteren Hinweis darauf verstehen, dass dieser König höchstwahrscheinlich in der Nekropole Sakkara bestattet wurde.

Die 3. Dynastie war das „Zeitalter der Stufenpyramide", der Zeit einer forcierten Entwicklung, die darauf abzielte, das Alte Ägypten wahre, dauerhafte Größe erlangen zu lassen. Die Baumeister des Djoser und seiner Nachfolger legten den Grundstein für die Erbauer der großen Pyramiden in den folgenden Dynastien des Alten Reiches. Es war das erste „Goldene Zeitalter" der altägyptischen Geschichte. Auf den Artefakten, die aus der Zeit des Djoser erhalten sind, wird dieser Herrscher Netjerichet genannt; dieser Name findet sich auf den Statuen und Reliefs unter der Stufenpyramide sowie im Südgrab des Königs. (Das Südgrab ist ein rätselhafter Bau im Südhof des Pyramidenbezirks; seine unterirdischen Galerien ähneln denen unter der Stufenpyramide, seine Grabkammer, die für ein tatsächliches Grab zu klein ist (siehe unten), weist einen quadratischen Grundriss auf.) Der Name Djoser wurde erstmals in dem berühmten Papyrus Westcar aus dem Mittleren Reich gefunden. Sesostris II. (12. Dynastie) widmete seinem großen Vorgänger König Djoser zum Gedenken eine Statue.

In den Königslisten aus der Ramessidenzeit (aus Abydos, Sakkara und Turin) und später wird für Netjerichet nur noch der Name Djoser verwendet. Der ägyptische Priester und Historiker Manetho, der im dritten Jahrhundert v. Chr. lebte, nennt den König „Tosorthros". Bei der Zusammenstellung der Königsnamen auf dem Turiner Königspapyrus wurde der Name des Djoser nicht mit schwarzer, sondern mit roter Tinte geschrieben (was eigentlich den Beginn einer neuen Dynastie anzeigte); das könnte bedeuten, dass die Herrschaft des Djoser als Beginn eines neuen Zeitalters galt, was tatsächlich ja auch der Fall war. In der Liste aus Sak-

89
Der Sockel der Djoser-Statue mit den Füßen des Königs, die auf neun Bogen (die Feinde Ägyptens nannte man Neunbogenvölker) stehen. Die drei Rhyt-Vögel sollen die demütigen Untertanen seiner Majestät darstellen. Links vom Horusnamen des Djoser sind der Name und die Titel des Baumeisters Imhotep angegeben. Kairo, Ägyptisches Museum.

kara steht Djoser als erster König der 3. Dynastie, doch die Listen aus Abydos und Turin führen beide König Nebka als Vorgänger des Djoser und deshalb als Gründer der Dynastie auf. Günter Dreyer entdeckte in neuerer Zeit Tonsiegel mit dem Horusnamen „Netjerichet" im Grab des Chasechemui, des letzten Königs der 2. Dynastie, in Abydos. Diese Entdeckung stützt die Theorie, dass Djoser der Begründer der 3. Dynastie war. Nebka ist vielleicht mit einem König gleichzusetzen, dessen Horusname Sanacht lautete; der Name erscheint auf Tonsiegeln aus dem Totentempel des Djoser sowie auf zwei Reliefs, die in die Felsen bei den Türkisminen im Wadi el-Maghara auf der Halbinsel Sinai geritzt sind. Die Tonsiegel deuten darauf hin, dass Sanacht nach Djoser herrschte, und der Stil seiner Sinai-Reliefs bestätigt das, wenn man diese mit Reliefs vergleicht, die von Djoser und dessen unmittelbarem Nachfolger Sechemchet (beide in der Position des so genannten Erschlagens der Feinde dargestellt) in demselben Gebiet hinterlassen wurden. Außerdem macht eine Erwähnung des Nebka im Papyrus Westcar deutlich, dass dieser König in der Reihenfolge zwischen Djoser und Snofru (dem Begründer der 4. Dynastie) stand. Laut Dreyer herrschten die Könige der 3. Dynastie in dieser Abfolge:

1. *Djoser*	***ḏsr***	Horus ***nṯry-ḫt***
2. *Sechemchet*	***ḏsr-tti/ḏsr-ti***	Horus ***sḫm-ḫt***
3. *Chaba*	*(nfr-k3-rꜥ)??*	Horus ***ḫꜥi-b3***
4. *Nebka*	***nb-k3-rꜥ/nb-k3***	Horus ***z3-nḫt***
5. *Huni*	***ḥwni***	Horus ***ḳ3i-ḥḏt?***

Die wichtigste Königin der 3. Dynastie war zweifellos die Königinmutter Nymaathep. Sie war die Gemahlin des Chasechemui, des letzten Königs der 2. Dynastie, denn sie ist auf dem Siegelverschluss eines Gefäßes aus der Grabkammer dieses Herrschers als die „Mutter der Kinder des Königs" erwähnt. In der *Mastaba* K1 in Beit Challaf, die der Regierungszeit ihres Sohnes Djoser zugeordnet wird, wird sie „Die Mutter des Königs Ober- und Unterägyptens" genannt. Auf einem Bruchstück von einem Schrein des Djoser, das in Heliopolis gefunden wurde, sind drei zu Füßen ihres Königs kniende königliche Frauen dargestellt. Die beiden Frauen vor Djoser sind als Königin Hetephernebti und Prinzessin Inetkaes identifiziert; das Täfelchen der dritten Dame, die die Füße des Königs von hinten umfasst, ist verloren gegangen, doch es handelt sich hierbei sehr wahrscheinlich um Nymaathep. Auf die in Sakkara-Nord vermutete Kultkapelle der Nymaathep wird in der Grabbiografie des Metjen hingewiesen, der in der Übergangszeit von der 3. zur 4. Dynastie lebte.

Imhotep, der nach Manetho „das Bauen mit behauenem Stein" erfand, steht am Beginn der 3. Dynastie als Symbol eines Zeitalters großer Kreativität, der Entwicklung und des Fortschritts. Er war Djosers Oberbaumeister und erster Ratgeber. Zudem hatte er die mit sehr großer Macht verbundene Stellung des Hohen Priesters von Heliopolis inne. Von seinem Einfluss während Djosers Herrschaft zeugt der Umstand, dass Imhotep das einzigartige Vorrecht besaß, seinen Namen und seine Titel auf den Sockel einer Statue seines Königs schreiben zu dürfen.

Später, zur Zeit der Königin Hatschepsut (18. Dynastie), erhielt der berühmte Baumeister Sen(en)mut das alleinige Recht, sein Grab unter dem unteren Hof des Hatschepsut-Tempels in Der el-Bahari anzulegen; den Tempel hatte er selbst als sein architektonisches Wunderwerk für Ihre Majestät entworfen und gebaut. Der dritte große Baumeister der ägyptischen Geschichte war Amenophis, Sohn des Hapu, der für Amenophis III. (18. Dynastie) der „Aufseher über alle baulichen Anlagen" war. Er erhielt als einziger ägyptischer Beamter die Erlaubnis, in der thebanischen Nekropole seinen Totentempel neben die der Könige zu bauen.

Nach Dietrich Wildungs Auffassung könnte Imhotep bereits unter Chasechemui, dem letzten Herrscher der 2. Dynastie, seine Tätigkeit als Baumeister aufgenommen haben und in der Zeit des Huni, des letzten Königs der 3. Dynastie, gestorben sein. Imhotep war kein Prinz und wurde auch nie in das hohe Amt eines Wesirs erhoben. Wir wissen allerdings, dass dieses Amt damals existierte, da zwei Bruchstücke von Steingefäßen aus einer der Magazingalerien im Djoser-Bezirk (diese Steingefäße waren in der Zeit der 3. Dynastie Erbstücke) einen hohen Beamten mit Namen Menka erwähnen, der den Titel eines Richters und eines Wesirs trug. Dennoch galt Imhotep, der Weise und Schriftkundige, im Neuen Reich als Patron der Schreiber. Der Turiner Königspapyrus nennt ihn „Sohn des Ptah". Dies ist der erste Hinweis auf seinen bereits früh existierenden Ruf als Halbgott; die Vergöttlichung kam später, in der Saitenzeit. Eine aus der Ptolemäerzeit stammende Inschrift auf der südlich von Assuan gelegenen Insel Sehel erwähnt die Namen des Djoser und dessen berühmten Baumeisters Imhotep. Imhoteps Genialität lag sowohl in der neuartigen Verwendung von Stein für große Bauwerke (der Palermostein verzeichnet die Errichtung eines Steintempels am Ende der 2. Dynastie, dessen Fertigstellung allerdings nicht belegt ist) als auch in der Nebeneinanderstellung traditioneller und neuer Formen; beides wird in dem von ihm geschaffenen einzigartigen Djoser-Bezirk sichtbar.

90
Rekonstruierte Einlage aus blauen Fayence-Kacheln von einer Wand der königlichen Jenseitswohnung in der Stufenpyramide des Djoser. Der Wandschmuck sollte eine Schilfmatte mit der Darstellung eines Bogens aus Djet-Pfeilern nachbilden.

Kunst, Architektur und Religion

Der feste Glaube an ein Leben im Jenseits veranlasste die alten Ägypter, sich besonders der Vorbereitung ihres „Hauses der Ewigkeit" (das Grab) zu widmen und dieses „Haus" mit allem auszurüsten, was sie zum Leben in der nächsten Welt benötigen würden. Die Religion war in der Tat die einzige Motivation für nahezu alle künstlerischen Leistungen in Altägypten – Plastik, Malerei, Reliefs, Bauprojekte wie etwa Grabstätten, Kapellen, Schreine und Tempel. Als geeignetstes Material nicht nur zum Bauen, sondern auch für die Kunstwerke, die man für die Ewigkeit bestimmt hatte, bot sich natürlich Stein an. Die religiöse Doktrin der alten Ägypter, die in ihren grundlegenden Punkten die ganze pharaonische Geschichte hindurch festgelegt war, lässt sich in groben Zügen an der folgenden Aufstellung verfolgen:

Himmel	*Unterwelt*
Tag	*Nacht*
Licht und Luft	*Dunkelheit und Stille*
Kreislauf der Wiedergeburt	*Kreislauf des Todes*
Sonnenaufgang (Osten)	*Sonnenuntergang (Westen)*
Re-Harachte	*Osiris*
Tagesfahrt der Sonne	*Nachtfahrt der Sonne*
mʿndt	***msktt***
(Tagesbarke des Sonnengottes)	*(Nachtbarke des Sonnengottes)*

Im Alten Ägypten bezog sich der integrale Begriff der Dualität nicht nur auf die geografische Natur des Landes und folglich auf die Königsherrschaft, sondern auch auf die religiösen Glaubensvorstellungen seiner Bewohner. Nach den unveränderlichen Begriffen dieses Glaubens lassen sich die Bestandteile eines jeden verstorbenen Menschen so definieren:

Himmel	*Erde*
b3-Seele →	*toter Körper (Mumie)*
3h-Geist	*k3-Seele*
Schatten des Toten	*Name des Toten*

In Hieroglyphen ausgedrückt erschien das Grab mitunter als das ***ḥwt-k3*** (Haus des *Ka*). Dieser Begriff könnte auch zur Bezeichnung der oberirdischen Kultkapelle des Grabes, in der die Bestattungsrituale vollzogen werden sollten, oder sogar der Statuenkammer (arabisch *serdab*) verwendet werden. Das Wohlergehen eines Toten hing von der Erhaltung seines Körpers ab, die es dem Verstorbenen ermöglichte, während der täglichen Wiederbelebung ins Leben zurückzukehren. Dem *Ka* wurden Opfer gebracht, und es war wichtig, dass der Körper stets bereit war, seinen *Ba* – den Teil der Seele, der außerhalb des Grabes frei umherschweifen konnte – aufzunehmen. Die richtige Ausführung der kultischen Rituale befähigte den Verstorbenen, ein *Ach* zu werden und zum Himmel aufzusteigen (wie die Zirkumpolarsterne), überall einen lebenden Namen und einen Schatten zu haben. In den Pyramidentexten des Alten Reiches wird das Ganze in den folgenden Worten zusammengefasst: „...der *Ach*-Geist gehört dem Himmel, die Leiche gehört der Erde."

Die Zaubersprüche der Pyramidentexte, erstmals gesammelt und auf die Wände der königlichen Grabkammern unter der Pyramide des Unas, des letzten Königs der 5. Dynastie, geschrieben, sollten dem toten Herrscher helfen, ohne Schwierigkeiten seinen Weg in die Unterwelt zu finden und in den Rang eines ewigen großen Gottes erhoben zu werden. Nach Hermann Kees' Auffassung waren die Priester die ersten Verfasser der Pyramidentexte. Der so genannte Schlangenpfeiler des Djoser, die 1994 von Zahi Hawass gefunden und beschrieben wurde, könnte als Beleg für Kees' Behauptung gelten. Bei dem Fund handelt es sich um eine frei stehende Kalksteinsäule von 211 Zentimetern Höhe. (Der Pfeiler ist nicht komplett und das erhalten gebliebene Stück besteht aus zwei Teilen.) Die Vorderseite ist, von oben beginnend, mit dem Horusnamen des Königs und darunter mit zwölf Feldern geschmückt, die abwechselnd die Gestalt eines Schakals und eines Löwen oder einer Löwin enthalten. Diese Abfolge wiederholt sich unten teilweise, ist aber unvollständig; die Rückseite des Pfeilers hat man glatt und unfertig gelassen. An den Seiten sind zwei erhaben stehende wellenförmige Schlangen aus dem Stein herausgearbeitet. Die Länge der Schlangen stimmt mit der Dekoration der Vorderseite (Horusname und zwölf Felder) überein; die Tiere könnten daher als die beiden Göttinnen interpretiert werden, die dem toten König während der zwölf Tagesstunden (oberer Teil des Pfeilers) und der zwölf Nachtstunden (unterer Pfeilerteil) helfen und ihn beschützen. Schlangengöttinnen mit ähnlichen Funktionen findet man auch in den Pyramidentexten: „Sie [die rote Krone in ihrer Eigenschaft als Horusauge] verschafft dir Ruhm ... an der Spitze der beiden Götterneunheiten, durch die beiden Uräusschlangen, die an deiner Stirn sind. Sie erheben dich ..., sie führen dich zu deiner Mutter Nut, sie fasst deinen Arm ..." (Pyr. 902).

Die Stufenpyramide des Djoser war der erste Versuch, ein monumentales Grab für einen ägyptischen König zu bauen, um den Herrscher im Jenseits in den Rang eines Gottes zu erheben. Man braucht nicht, wie es (nach Herbert Ricke) so oft getan wurde, auf den Tumulus über den Königsgräbern in Abydos als Urform der Stufenpyramide zu verweisen. Der so genannte „Grabhügel" war keine rein oberägyptische Besonderheit, sondern stand im Zusammenhang mit der heliopolitanischen Vorstellung vom so genannten „Urhügel" (einem heiligen Sandhügel). Wie mehrere Zaubersprüche aus den Pyramidentexten bestätigen, war mit Bezug auf die Stufenpyramide als Königsgrab ein starker Einfluss des Sonnenkults von Heliopolis deutlich sichtbar. Diese Sprüche betonen, dass der tote König (als verklärter Geist) zum Himmel aufsteigen müsse, um unter den Göttern zu sein. Der Akt des Aufsteigens oder Aufgehens in den Himmel war sicherlich mit der Vorstellung von der Pyramide als Treppe verknüpft. In zwei Sprüchen (Pyr. 209 und 210) wird der König angewiesen, viermal „auf- und hinabzusteigen". Er muss mit dem Sonnengott einmal in der Nachtbarke (als Akt des Niedersteigens) und das andere Mal in der Tagbarke (als Akt des Aufsteigens) fahren. Da der tote König „der Herr der Dinge von fünf Mahlzeiten, drei am Himmel, zwei auf der Erde" war (Pyr. 717), musste er täglich zum Himmel aufsteigen und zur Erde hinabsteigen. Die Hieroglyphe einer vierstufigen Pyramide wird als Determinativ der folgenden Wörter verstanden: *iʿr* „aufsteigen" –*k33* „Urhügel" – *k3y* – „Auffahrt".

Konnte die echte Pyramide als eine „Strahlenleiter" zum Aufsteigen in die Himmelsgefilde und zum Hinabsteigen verstanden werden, ist die Stufenpyramide sicherlich eine geeignete Treppe zum Himmel. In drei Darstellungen aus späteren Zeiten sieht man die Stufenpyramidenform als Standplatz für die Sonnenbarke, für den inthronisierten Osiris und für eine liegende Mumie. Alle diese Bilder haben nur eine Bedeutung, und das ist die Wiederbelebung oder der Beginn eines neuen Lebens.

Eines der Reliefs von einer nicht mehr vollständigen heliopolitanischen Kapelle des Djoser (heute in Turin) zeigt den Gott Geb (wie gewöhnlich in seiner menschlichen Form); wir können davon ausgehen, dass auf diesem Monument auch Osiris (Gebs Sohn) und andere Angehörige der heliopolitanischen Neunheit dargestellt waren. Nach Alexander Scharff gibt es aus der Frühzeit einige Hinweise darauf, dass der Osiriskult bereits zu jener Zeit entstand. Es ist unrealistisch und unlogisch, dem Gott Osiris eine direkte Verbindung mit dem Sonnenkult in Heliopolis abzusprechen. In den Pyramidentexten taucht immer wieder das Ver-

wandtschaftsverhältnis zwischen Horus und Osiris auf, doch auch die direkte Verbindung zwischen Re und Osiris wird erwähnt. Es ist bekannt, dass der *Djet*-Pfeiler das Hauptsymbol des Osiris ist. Darstellungen dieses Pfeilers sind an verschiedenen Stellen im Djoser-Bezirk zu finden – als Teil des Wandschmuckes aus blauen Fayence-Kacheln unter dem Südgrab und der Stufenpyramide; an der Wand der Statuenkammer im Tempel „T" und zusammen mit dem so genannten „Isisknoten" am Sockel der berühmten Djoser-Statue. Nach Hourig Sourouzian können die drei unvollendeten Statuen des Djoser in dessen *Sed*-Festhof als der erste Versuch interpretiert werden, dem König Osiris Gestalt zu verleihen.

In der Zeit der 3. Dynastie war das künstlerische Erbe der Frühzeit bereits vollständig zu den Formen, Mustern und Techniken des konventionellen ägyptischen „Stils" entwickelt. Die Königsstatuen des Djoser, insbesondere dessen berühmte bemalte Kalksteinstatue aus dem Statuenraum (heute im Ägyptischen Museum), betonten die wahrhaft majestätische Erscheinung des Königs durch die schwere Perücke mit dem Kopftuch (*Nemes*), die geballte Faust vor der Brust und das eng anliegende Gewand, das der Herrscher zum *Sed*-Fest trägt. Die Königstitulatur auf dem Sockel endet mit ***Rʿ-nwb*** („der goldene Re"), was nur der Goldhorusname des Königs gewesen sein konnte. Die Statue einer Prinzessin (heute in Turin) – ihre Züge ähneln denen des Djoser, und die Rückenlehne ihres Sitzes sieht wie der Thron des Königs aus – könnte ebenfalls dem Beginn der 3. Dynastie zugeordnet werden.

Wichtig ist eine nur fragmentarisch erhaltene Standstatue des Djoser aus dem so genannten „schiefen" Tempel südlich der Kolonnadenhalle, denn ihr Sockel ist mit dem Namen und den Titeln Imhoteps, des Baumeisters König Djosers, beschriftet. Bezüglich dieser Inschrift ist Folgendes zu bedenken:

1. Es handelt sich nicht um die „Unterschrift" des berühmten Imhotep.
2. Es ist die einzige Erwähnung von Imhoteps Namen im gesamten Djoser-Bezirk.
3. Der letzte Titel des Imhotep an dieser Statue bezeichnet diesen als „Bildhauer" (*gnwty*); das könnte bedeuten, dass Imhotep selbst für die Schaffung dieser Statue oder gar aller Statuen seines Königs verantwortlich war.
4. Stadelmanns Behauptung, Imhotep sei Djosers Sohn gewesen, ist völlig unbestimmt und kann kaum akzeptiert werden. Selbst den Söhnen eines Königs wäre solch ein Privileg nicht zugestanden worden.

90 unten und 91
Der von Zahi Hawass entdeckte so genannte „Schlangenpfeiler" (in zwei Blöcken, etwa 211 Zentimeter hoch) war ein wichtiges Element im Djoser-Bezirk. Er ist mit den beiden Horusnamen des Königs und mit Feldern versehen, die abwechselnd mit einem Schakal (Anubis) und einem Löwen geschmückt sind. Zwei Schlangen an jeder Seite symbolisieren die Schutzgottheit des Tages (obere Hälfte) und der Nacht (untere Hälfte). Die Rückseite des Pfeilers weist keine Dekoration auf. Kairo, Ägyptisches Museum.

5. Wir haben hier zumindest einen Ausnahmefall, nämlich dass Imhotep für seine beispiellose Leistung eine große Ehre erwiesen wurde.

Was die Statuen von Privatpersonen aus der Zeit der 3. Dynastie betrifft, können wir die des Anch (Louvre und Leiden), die Dame in Brüssel, den Kunsthandwerker Anchua (British Museum) und natürlich die Standfiguren des Seba und dessen Frau Nesa (Louvre) nennen. Die Meijtin-Statue (Berlin) kann dem Ende der 3. oder dem Beginn der 4. Dynastie zugeordnet werden. Der kniende Priester Hetepdief (Kairo, Ägyptisches Museum) aus der ersten Hälfte der 3. Dynastie ist ein einzigartiges Exemplar, und zwar nicht allein wegen der Körperhaltung des Dargestellten, der beide Hände flach auf den Knien liegen hat, sondern weil die in die Schulter gravierte Inschrift anzeigt, dass Hetepdief der Kultpriester der ersten drei Könige der 2. Dynastie gewesen sein könnte. Den Löwen (aus gebranntem Ton, rot bemalt, 42,5 Zentimeter hoch, heute in Oxford, Ashmolean Museum) aus dem Tempelbezirk in Hierakonpolis wiesen Dietrich Wildung und Matthias Stadelmann zeitlich dem Beginn der 3. Dynastie zu, während Hans Wolfgang Müller bei der Datierung eher zur 6. Dynastie tendierte. Der stehende Gott mit dem Messer in der rechten Hand (Brooklyn Museum) wurde von Wildung mit dem *Sed*-Festhof des Djoser in Verbindung gebracht.

Die Reliefs auf den Scheintürenverkleidungen unter der Stufenpyramide und dem Südgrab des Djoser sind von hoher Qualität und hatten eine besondere Funktion. Sie zeigen den König beim Vollzug königlicher Rituale in den Heiligtümern der ober- und unterägyptischen Gottheiten. Diese Reliefs sollten durch die magische Kraft des geschriebenen Wortes und der dargestellten Handlungen dafür sorgen, dass die Bedürfnisse des toten Königs im Jenseits befriedigt werden.

Die Ziegel*mastaba* des obersten Dentisten und Arztes Hesire (nördlich des Djoser-Bezirks) lässt sich anhand eines Gefäßsiegels aus der Grabkammer der Regierungszeit König Djosers zuordnen. Auf einer der Mauern der beiden Korridore des berühmten Hesire-Grabes waren Grabmöbel und erstmals auch einige Szenen aus dem täglichen Leben in anschaulichen Malereien dargestellt. (Das Grab verfügt wie das des Djoser über einen nach Norden gelegenen bemerkenswerten Statuenraum.) Die Holzpaneele des Hesire (Ägyptisches Museum, Kairo) zeigen die Gestalt des Verstorbenen in formalem Stil, der einigen Determinativen für einen Mann in Hieroglyphenschreibweise ähnelt. Hesire ist sowohl stehend als auch sitzend dargestellt. Diese Haltungen symbolisieren nach Wolfhart Westendorf die herkömmlichen Phasen der halben und dann der vollständigen Wiederbelebung. Erstaunlich ist, dass die *Mastaba* des Hesire elf Nischen aufwies, in denen die Holzpaneele des Grabinhabers untergebracht waren; das erinnert uns an die elf Galerien unter der Djoser-Pyramide. Die Reliefs aus der Kapelle des Chabausokar (Ägyptisches Museum, Kairo) könnte zeitlich der Mitte der 3. Dynastie zugerechnet werden, die des Beamten Achetaa (Louvre und Berlin) müsste vom Ende dieser Dynastie stammen.

Ein Relief des Horus Kahedjet (König Huni?) veranschaulicht deutlich die Gleichrangigkeit und die starke Beziehung zwischen dem König und dem Sonnengott von Heliopolis („Horus, der in dem Großen Haus ist", d. h. Horus, der dem Sonnentempel von Heliopolis vorsteht). Selbst die beiden Hieroglyphen des Wortes „Horus", die sich hier auf den König bzw. auf den Gott beziehen, stehen einander auf gleicher Höhe gegenüber. Nicht nur Djoser, sondern auch Huni, der letzte König der 3. Dynastie, maß der Sonnenreligion eine große Bedeutung bei.

Die Inschrift des Metjen widerspiegelt *eine neue Entwicklung*, die vor allem in administrativen und wirtschaftlichen Angelegenheiten auftrat. Die Szenen aus Metjens Grabkapelle (in Steinbauweise) sowie dessen Granitstatue (beides in Berlin) gehören in die Übergangszeit vom Ende der 3. bis an den Anfang der 4. Dynastie.

Ungelöste Fragen

Abgesehen von den Stufenpyramiden des Djoser und des nachfolgenden Herrschers Sechemchet kann über Stufenpyramiden aus der Zeit der 3. Dynastie nichts Genaues gesagt werden. Der Name des Königs Chaba, den man auf einigen Steingefäßen aus einer Ziegel*mastaba* (Z-500) nördlich des unvollendeten Bauwerks in Saujet el-Arjan gefunden hat, ist unser einziger Hinweis für die Zuordnung dieser Stufenpyramide zu Chaba, der einer der Nachfolger des Sechemchet (siehe unten) gewesen sein muss. Nach der allgemein anerkannten Auffassung, dass Nebka (Sanacht) zu den Königen in der zweiten Hälfte der 3. Dynastie (siehe oben) gehörte, ist für Lauers Theorie, dass er in einer der Galerien unter der Stufenpyramide des Djoser bestattet sei, kein Platz. Ganz unsicher ist auch, ob der Bezirk von el-Deir in Abu Roasch oder einer der beiden unvollendeten Bezirke westlich des Djoser-Bezirks als Jenseitsresidenz Nebkas geplant war. Nach Meinung anderer Gelehrter gehören diese Grabbezirke Königen aus der Übergangsperiode zwischen dem Ende der 2. und dem Beginn der 3. Dynastie (z. B. Chasechemui). Ein solcher Grabbezirk in Sakkara-Nord war bereits der Regierungszeit König Dewens aus der 1. Dynastie zugeordnet worden. Die nicht fertig gestellte Ziegelbauanlage in Abu Roasch (el-Deir) könnte ebenfalls aus der zweiten Hälfte der 2. Dynastie stammen. Schwer zu verstehen ist, dass Huni, der letzte und nach Djoser bedeutendste König der 3. Dynastie, keine Grabstätte haben soll. Man nimmt an, dass er der Erbauer all der Stufenpyramiden (außer Seila) in der Provinz sein könnte, wie weiter unten noch erörtert werden soll.

1985 schlug Rainer Stadelmann vor, die Pyramide an der Nordostseite der Teti-Pyramide in Sakkara (Lepsius XXIX) Huni zuzuordnen. Dieser Vorschlag wurde später auch von Stadelmann selbst zugunsten eines späteren Königs verworfen. Es gab auch die Auffassung, Chaba sei Huni gewesen; in diesem Fall könnte die unvollendete Stufenpyramide von Saujet el-Arjan ihm gehören. Stadelmann stellte auch die These auf, Hunis gegenwärtig unbekannte Pyramide könnte im Gebiet von Herakleopolis magna (Ihnasija el-Medina) stehen, da der Name des Königs nach Auffassung Helcks auf diese Stadt verweisen könnte. Viele Jahre lang ging man davon aus, dass die Pyramide in Medum von Huni begonnen und in der letzten Bauphase von Snofru fertig gestellt worden sei; diese Auffassung wird noch heute von einigen Gelehrten geteilt. Auf jeden Fall war die kleine Kultpyramide südlich der Pyramide von Medum eine der letzten Stufenpyramiden Altägyptens, obgleich die Form auch in späteren Perioden noch existierte.

92 und 93

Ein Holzpaneel und Ausschnitte von zwei weiteren Paneelen aus der Mastaba *des „Obersten Zahnarztes" Hesire, der in der Zeit des Djoser lebte. Die schönen Reliefs zeigen den Beamten in zwei Haltungen (sitzend und stehend). Jedes Mal ist er mit Stab und Zepter und der Ausrüstung eines Schreibers dargestellt. Seine Perücken und die persönlichen Züge sind kunstvoll aus dem Holz herausgearbeitet. Paneele dieser Art standen ursprünglich in den elf Nischen der Westwand des langen Korridors in Hesires* Mastaba. *Kairo, Ägyptisches Museum.*

94–95
Gesamtansicht von Sakkara-Nord mit der Stufenpyramide, die den Djoser-Bezirk beherrscht.

94 unten
Modell der Stufenpyramide des Djoser.

95 oben
Blick von unten bis zur obersten Plattform der Stufenpyramide des Djoser.

DER DJOSER-BEZIRK MIT DER STUFENPYRAMIDE

Der Djoser-Bezirk wird unverkennbar von der Erscheinung der Stufenpyramide beherrscht. Diese Pyramide errichtete man einst, um auf den göttlichen Rang des toten Königs hinzuweisen. Innerhalb des Bezirks waren verschiedene architektonische Elemente aus Ober- und Unterägypten in einfacher und gut aufeinander abgestimmter Ordnung zusammengestellt; die gesamte Anlage verdeutlicht, dass die Einigung der Beiden Länder vollzogen und die Einheit gesichert war. Die unterschiedlichen Bauten des Djoser-Bezirkes stellen eine Auswahl von Baugliedern dar, die wichtig für die Existenz des Königs im Jenseits waren: das Südgrab und dessen Totenkapelle, die *Sed*-Festkapellen und der Tempel „T", der Totentempel und der *Serdab*, das Nord- und das Südgebäude und die Stufenpyramide selbst. Außerdem gab es die unterirdischen Galerien unter der Stufenpyramide und die Galerien der so genannten „Westlichen Massive" (oder Hügel), die nördlich gelegenen Kornspeicher sowie die beiden Altäre, die die *Versorgung* des toten Königs für die Ewigkeit absichern sollten. Auch der Säulengang am Eingang und alle anderen Bestandteile dieses riesigen Bezirkes hatten ihre Funktion (die beiden Wendemarken im Südhof beispielsweise kennzeichnen den Weg für den rituellen Lauf des Königs, der auf ewig die Feierlichkeiten seines *Sed*-Festes wiederholen muss. Einfach gesagt, der gesamte Bezirk war jener Ort, an dem der tote König seine jenseitige Residenz aufschlagen und in Ewigkeit all seinen offiziellen Verpflichtungen als Herr der Beiden Länder nachkommen sollte.

Das Traditionsbewusstsein, eine Besonderheit des altägyptischen Charakters, erfuhr in der Zeit der 3. Dynastie eine deutliche Ausprägung. Wichtige Schritte bei der Entwicklung dieses Denkens waren die großartigen Leistungen in der Regierungszeit König Djosers. Das königliche Grab in Form einer Stufenpyramide war das unverwechselbare Kennzeichen der 3. Dynastie. Diese bemerkenswerte Etappe in der Entwicklungsgeschichte des Königsgrabes war zweifellos das Ergebnis eines starken religiösen Glaubens (wie oben bereits erörtert). Die These Kaisers, dass die meisten Elemente des Djoser-Bezirks in einer rein oberägyptischen Tradition, nach dem Modell der Talbezirke in Abydos, gebaut wurden, teile ich nicht. Niemand kann sagen, was der Ursprung der so genannten „abydenischen Tradition" war. Selbst der „Scheinhügel" in den Bezirken des Peribsen und des Chasechemui in Abydos ist höchstwahrscheinlich mit dem „Urhügel" in den heliopolitanischen Schöpfungsmythen verknüpft. Auch lässt sich, wie Müller zeigt, das Nischensystem einiger Mauern der oberägyptischen Bezirke in Abydos oder Hierakonpolis aus der Zeit des Chasechemui der unterägyptischen Tradition zuschreiben, auf die man in Sakkara und überall im Norden trifft. Der Djoser-Bezirk, entstanden an der Schwelle des Alten Reiches, ist das sichtbare Ergebnis der nachhaltigen kulturellen Einigung Altägyptens. Von diesem Punkt an gibt es nur noch *eine* ägyptische Tradition.

Der Name des Djoser-Bezirks – ***ḳbḥw-nṯrw*** („Trankopfer der Gottheiten") – deutet darauf hin, dass in der Kolonnadenhalle mit ihren vierzig Halbsäulen Darstellungen der Gottheiten der Nomoi Ober- und Unterägyptens gestanden haben könnten. Auf jeden Fall befinden sich im *Sed*-Festhof Kapellen eben dieser ober- und unterägyptischen Gottheiten.

Es gab bereits den Vorschlag, das Grab des Anedjib in Sakkara (Grab 3038) als Vorläufer der Stufenpyramide des Djoser zu betrachten. In Abusir haben wir kleine *Mastaba*s mit drei Stufen entdeckt; diese Bankgräber wurden der zweiten Hälfte der 1. Dynastie zugeordnet. Wie bei der Umfassungsmauer des Djoser-Bezirks liegt auch bei allen großen *Mastaba*s in Abusir der einzige Zugang an der Südostseite. Die Opferstelle der *Mastaba* IV in Abusir (Regierungszeit des Den) liegt zwar auf der Ostseite, doch den kleinen Vorsprung an der Nordmauer der *Mastaba* könnte man für eine spezielle Kultnische halten, die sich mit dem Nordaltar im Djoser-Bezirk vergleichen lässt. Tatsächlich besteht auch eine Ähnlichkeit zwischen dem Grundriss des Djoser-Totentempels und der Kultstelle an der Nordseite der *Mastaba* 3505 in Sakkara, die Qa'a, dem letzten König der 1. Dynastie, und nicht einem von dessen Gauhäuptlingen, gehört.

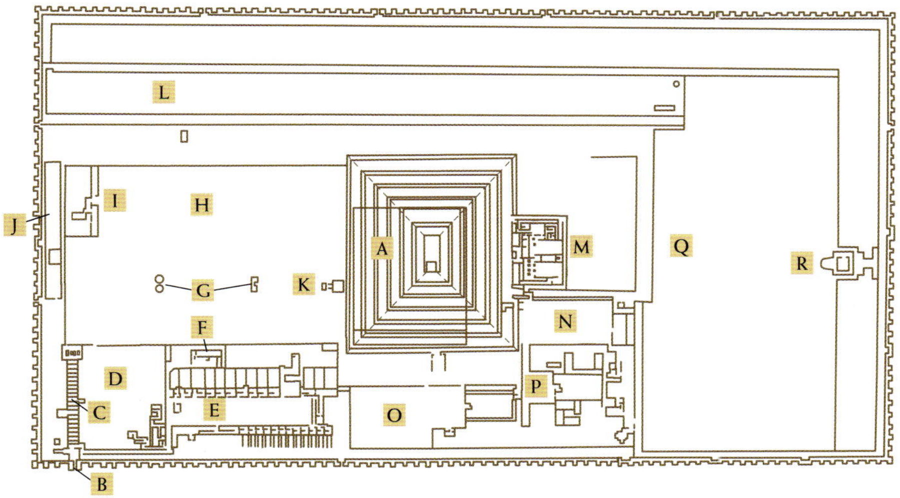

DER DJOSER-BEZIRK

A *Stufenpyramide*
B *Eingang*
C *Eingangskolonnade*
D *Dem Sed-Festhof und der Kolonnade angeschlossene Räume und Galerien*
E Heb-Sed-*Hof (Sed-Festhof)*
F *Königspavillon (Tempel „T")*
G *Wendemarken*
H *Südhof*
I *Kapelle*
J *Südgrab*
K *Altar*
L *Westliche Magazinräume und Galerien*
M *Totentempel*
N Serdab *mit Hof*
O *Südpavillon mit Hof*
P *Nordpavillon mit Hof*
Q *Nordhof*
R *Nordaltar*

Über die Gründe für die mehrmalige Änderung des Grundrisses der Djoser-Stufenpyramide wird noch immer debattiert. Selbst die einzelnen Phasen der Änderungen sind noch nicht von allen Gelehrten endgültig anerkannt. Zunächst wurde eine *Mastaba* mit Kernfüllung und einem quadratischen, annähernd nach den vier Haupthimmelsrichtungen angelegten Grundriss errichtet. Es hat den Anschein, als habe der Baumeister bereits damals beabsichtigt eine Stufen*mastaba* zu errichten, da dieser erste ausgefüllte Bau an allen vier Seiten mit einem flacheren Anbau vergrößert war. Die nochmalige Erweiterung entlang der Ostseite (zum Verdecken der elf Schächte der unterirdischen Anlage) ist ebenfalls flacher als die vorhergehende. Die nächste Änderung im Entwurf des Königsgrabes bestand darin, dass man den Bau in eine vierstufige Pyramide mit einem kleinen Totentempel im Norden umwandelte. An der Ostseite des Tempels sollte auch eine kleine Statuenkammer (*Serdab*) angebaut werden. In der letzten Bauphase wurde die kleine Stufenpyramide in eine 62,5 Meter hohe Pyramide mit sechs Stufen, mit einer viel größeren Grundfläche (nach zwei Erweiterungen im Norden und Westen 121 x 109 Meter) und einer Außenverkleidung aus feinem Tura-Kalkstein verwandelt. Das einzigartige System von Galerien und kleinen Kammern unter der Stufenpyramide des Djoser ist eine rätselhafte (nach Zahi Hawass insgesamt etwa 5635 Meter lange) Anlage mit einem 27 Meter tiefen Schacht, in dessen Mitte eine granitene Grabkammer liegt. Diese Kammer hat eine rechteckige Form, ist für die Benutzung als Sarkophag gebaut und misst 1,6 x 2,9 Meter. (Die frühere Auffassung, es habe auch eine Kalksteinkammer gegeben, wurde von Stadelmann widerlegt.) In der östlichen Galerie sind der Wandschmuck aus kleinen blau glasierten Kacheln, der hängende Schilfmatten darstellt, sowie drei Kalksteinreliefs erhalten geblieben, die von Inschriften mit dem Namen und der Titulatur des Königs umrahmt sind.

96 oben
Die Stufenpyramide des Djoser mit einigen Gebäuden des Bezirks.

96 – 97
Die Zeichnung zeigt den zentralen Schacht der Stufenpyramide des Djoser mit der granitenen Grabkammer und den anderen unterirdischen Galerien und Räumen.

Vom Westhof des nördlichen Totentempels führt eine Treppe in die unterirdische Anlage der Pyramide hinab. Die Ausrichtung des Pyramideneingangs ist bemerkenswert und muss absichtlich so gewählt worden sein. Der *Ba* des toten Königs hatte seinen ständigen Aufenthalt im nördlichen Teil des Himmels, deshalb gab die Lage eines Totentempels oder stattdessen einer kleinen Kapelle den Priestern die Möglichkeit, bei der Ausführung ihrer Rituale mit diesem wichtigen, aktiven Teil der königlichen Seele in Kontakt zu treten.

Einige der elf Schächte unter der Pyramide wurden tatsächlich als Grabstätten für Angehörige der Königsfamilie benutzt; hier hat man mehrere Alabastersarkophage und das Grab eines etwa achtjährigen Jungen in einem Holzsarg gefunden. Das war auch der Grund, dass an der Ostseite der *Mastaba* (M3), vor jedem der fünf nördlichen Schächte ein Paar (blinder) Stelen stand. In den Galerien der übrigen Schächte waren über 40 000 Steingefäße gelagert, die die ständige und immerwährende Versorgung des Königs im Jenseits mit Opfergaben sichern sollten. Viele dieser Behältnisse sind mit den Namen aller Könige der 1. und 2. Dynastie beschriftet, und in einigen Fällen ist eine Gruppe von Königsnamen nach der tatsächlichen Thronfolge zusammengestellt. Auf einer Steinschüssel fand man sogar den Namen König Narmers, was deutlich macht, wie wichtig für Djoser der Besitz dieser beschrifteten Gegenstände war, die nach damaliger Vorstellung auf den Fortbestand des Gottkönigtums der Pharaonen auf der Erde und in der Unterwelt verwiesen. Djoser war der erste König, dem wohl sehr daran lag, durch das Zusammentragen einer solchen Königsliste seine Souveränität in der ewigen Residenz zu legitimieren. Interessant ist hierbei freilich, dass es auf keinem einzigen der Artefakte eine Inschrift mit Djosers Namen gibt.

In den Galerien wurde lediglich ein Tonsiegel mit dem Horusnamen (Netjerichet) gefunden.

98 links
Die so genannte Heb-sed-*Vase (Alabaster, Höhe 38 Zentimeter) wurde in den unterirdischen Galerien der Stufenpyramide König Djosers gefunden. Bauch und Henkel dieser Vase zeigen eine abgestufte Plattform mit einem doppelten* Sed-Festpavillon *und zwei Thronsesseln. Das Ganze ist von der* Heh-*Figur gehalten, die die Jahrmillionen verkörpert. Kairo, Ägyptisches Museum.*

98 rechts oben
Eine der hohen Alabastervasen mit Wellenschnurdekor aus den unterirdischen Galerien des Djoser. Kairo, Ägyptisches Museum.

98–99
Einer von zwei Alabasteraltären, die nördlich des Totentempels König Djosers von Auguste Mariette gefunden wurden. Die Altäre sollen aus der Zeit der 2. Dynastie stammen und könnten zu Djosers Totenkult gehören. Die beiden Löwen sind ein rein ägyptisches Motiv. Kairo, Ägyptisches Museum.

99 rechts
Drei Arten von Grabgefäßen, die aus der Zeit der 3. Dynastie stammen könnten und unter der Djoser-Stufenpyramide gefunden wurden. Kairo, Ägyptisches Museum.

Das Südgrab ist der Vorläufer der Kultpyramide, die man von der 4. Dynastie an bis in die Zeit des Mittleren Reiches neben der Hauptpyramide findet. Das Südgrab hat eine eigene Kultkapelle nördlich des Oberbaus. Diese Kapelle ist mit einem Uräenfries (eine Reihe sich aufbäumender steinerner Königskobras) versehen, der Unheil abwenden sollte oder nach Robert K. Ritner den oberen Teil der Kapelle erleuchtete, indem die Schlangen Flammen in die Finsternis schossen. Die Granitgrabkammer des Südgrabes wurde wie ihr Pendant unter der Stufenpyramide am Grund eines 7 x 7 x 28 Meter messenden Schachtes angelegt. Mit ihrer Grundfläche von 1,6 x 1,6 Metern ist sie jedoch kleiner als jene in der Pyramide, kann also nicht das Grab eines Erwachsenen gewesen sein. Das deutet darauf hin, dass dieses Grab nicht

für die tatsächliche, sondern für eine symbolische Bestattung des Königs vorgesehen war. Meiner Meinung nach handelt es sich hier um das Grab des göttlichen *Ka* des Herrschers, als dessen Stellvertreter möglicherweise eine Königsstatue bestattet wurde. Die Kobras symbolisieren das neue Leben, denn sie sind die Erscheinung der leuchtenden Augen des Sonnengottes (***ʿirt-Rʿ***). Dass das Südgrab zur so genannten „abydenischen Tradition" gehört, ist nicht bewiesen. Nach Herbert Ricke stellt es die unterägyptische, die Stufenpyramide hingegen das oberägyptische Grab des Königs dar. Denkbar ist auch, dass das Südgrab mit den Erneuerungszeremonien des Jubiläumsfestes (*Heb-sed*) zusammenhängt, denn im Jenseits stand der königliche *Ka* im Mittelpunkt dieser Feier. Die mit blauen Fayence-Kacheln ausgestalteten unterirdischen Kammern (ein Äquivalent für die königliche Residenz) dieses Grabes sind von besonderer Bedeutung.

100 und 101
Die Mauer der zum Südgrab gehörenden Totenkapelle ist in Paneele gegliedert, den Tempelsims schmückt ein Fries aus steinernen heiligen Königskobras, die die Hoffnung auf ein neues Leben symbolisieren.

Es ist bisher schon mehrfach die These aufgestellt worden, die nischengegliederte Umfassungsmauer des Djoser-Bezirkes sei einfach eine Nachahmung der Mauern von Memphis gewesen. Sie könnte auch als Umwallung eines unterägyptischen Ziegelpalastes aus der Frühzeit gedeutet werden. Tatsächlich haben die Steinblöcke dieser 10,5 Meter hohen, beeindruckenden Mauer die gleiche Größe wie die frühzeitlichen Lehmziegel. Schwer zu erklären ist, weshalb die Umfassungsmauer zusätzlich zu ihrem Haupteingang mit genau vierzehn Scheintoren versehen ist. Der Sonnengott Re, mit dem der tote König im Jenseits gleichgesetzt werden konnte, besitzt vierzehn *Kau*, und die Zahl der so genannten heiligen *Iat*-Orte – Nischen für die Heiligen oder die Glückseligen im Jenseits – in der Unterwelt beträgt ebenfalls vierzehn. Der tote Körper des Osiris wurde von Seth, dem frevlerischen Bruder des Ermordeten, in vierzehn Teile zerstückelt. Die sterblichen Überreste des Osiris wurden überall im Land verstreut und später an vierzehn verschiedenen Orten Ägyptens bestattet. Könnte das im Fall der vierzehn Scheintore an Djosers Umfassungsmauer bedeuten, dass der tote König und Re im Jenseits ihresgleichen sind? Dann muss der Verstorbene ebenfalls vierzehn *Kau* besitzen, die jeder für sich ihre eigene Scheintür haben. Als heilige Zahl galt bereits die Sieben (Re beispielsweise besitzt sieben *Bau*), und die Vielfachen dieser Zahl müssen die gleiche Bedeutung haben. Merkwürdigerweise gibt es am Oberbau der *Mastaba* XVII in Abusir (aus der zweiten Hälfte der 1. Dynastie) ebenfalls vierzehn Nischen (oder Scheintüren).

Die rechteckige Halle mit den acht Halbsäulen, die das Ende des Säulengangs am Eingang markiert, hat meiner Meinung nach mit der Praxis zu tun, die Besucher ihrem Rang entsprechend in Klassen einzuteilen: Die bedeutendste Person (der lebende König) oder die bedeutendsten Personen sollten den Mittel- oder Hauptgang benutzen, während die weniger wichtigen Besucher rechts oder links gehen mussten.

E. Otto deutet den *Heb-sed*-Hof als rein memphitischen Brauch; das könnte heißen, dass der unterägyptische Einfluss innerhalb des Djoser-Bezirks groß war. Die Krönung in Memphis war zu allen Zeiten – bis in die Zeit Alexanders des Großen – etwas sehr Bedeutendes.

Der so genannte Tempel „T" ist ein ungewöhnliches Gebäude, das man mit einem kleinen Palast oder gar mit einer „Sakristei" gleichsetzen könnte, wo der König Gelegenheit hatte, während des *Sed*-Festes seine Insignien (insbesondere die weiße und die rote Krone) zu wechseln. Man könnte ihn auch als so genannten Statuenpalast (für die Königsstatue) deuten, der dem frühzeitlichen Bauwerk südlich der Eingangskolonnade (dem so genannten „schiefen Gebäude") ähnelt.

In einer kleinen Kapelle am nordwestlichen Ende des *Sed*-Festhofes existiert ein Sockel, auf dem nur noch die Füße von vier Statuen erhalten sind. Zur Beantwortung der Frage, welche Personen hier einst dargestellt waren, ist inzwischen folgendes vorgeschlagen worden:

1. Der König und die Königinmutter (Nymaathep) neben Königin Hetephernebti und Prinzessin Inetkaes. Diese Theorie wird von den meisten Gelehrten akzeptiert (siehe beispielsweise das Relieffragment in Turin).
2. Der König mit Anubis und zwei königlichen Frauen – Hetephernebti und Inetkaes. Diese Theorie wird von Stadelmann vertreten.
3. Nach Jean-Philippe Lauers Auffassung war hier der König durch zwei Statuen, eine mit der weißen, die andere mit der roten Krone, dargestellt; neben ihm standen Hetephernebti und Inetkaes.
4. Auch Matthias Seidel meint, der König sei zweimal dargestellt (einmal mit der Krone Oberägyptens und einmal mit der Krone Unterägyptens) und an seiner Seite hätten die zwei nationalen Krönungsgöttinnen Nechbet und Wadjit gestanden.
5. Ich selbst bin der Auffassung, dass hier der König mit der Doppelkrone neben der Göttin Hathor, Königin Hetephernebty und Prinzessin Inetkaes dargestellt war.

Die anthropomorphe Darstellung der ägyptischen Gottheiten lässt sich bis in die allererste Zeit der ägyptischen Geschichte zurückverfolgen. Es existieren sogar einige Fragmente von der Kapelle König Djosers in Heliopolis, die den Gott Geb in Menschengestalt zeigen. Da Hathor mit der Mutter und Ehefrau des Königs gleichgesetzt wurde, spielte auch sie während der Feierlichkeiten zu dessen Thronjubiläum eine wichtige Rolle.

Den kleinen Tempel- oder Kapellenbau an der Nordwestecke des *Sed*-Festhofes deutete Ricke als Tempel für Chontamenti, den „Ersten der Westlichen", den frühen Gott der abydenischen Nekropole, während es sich nach Lauers Auffassung um eine Kapelle des Königs und der beiden königlichen Damen Hetephernebty und Inetkaes handelt. Der kleine Tempel könnte auch dem Kult des toten Königs in dessen Eigenschaft als Erster seiner Untergebenen im Jenseits gedient haben.

102 links
Diese Seitenansicht von den oberen Absätzen der Stufenpyramide des Djoser lässt den Bau wie eine Himmelstreppe erscheinen, die dem König das tägliche „Auf- und Niedersteigen" ermöglichte.

102–103
Gesamtansicht von Südosten mit der Stufenpyramide des Djoser und den zum Bezirk gehörenden Gebäuden.

103 unten links
Die Stufenpyramide des Djoser (von Norden gesehen) mit dem Südhof (samt Wendemarken, den Massiven der westlichen Galerien, dem Südgrab, dem Tempel „T" und der Eingangskolonnade.

103 unten rechts
Detailaufnahme von einer Ecke der Stufenpyramide des Djoser. Das Foto zeigt deutlich die Überreste einiger Verkleidungssteine an der Basis.

104 oben
Am Ende der Eingangskolonnade steht eine rechteckige Halle mit acht Halbsäulen, deren drei Durchgänge die Besucher entsprechend ihrem Rang durchschreiten durften.

104 – 105
Der Haupteingang zur Kolonnade und ein kleiner Teil der nischengegliederten Umfassungsmauer des Djoser-Bezirkes, die die Fassade eines unterägyptischen Ziegelpalastes darstellen könnte.

106 – 107
Ansicht des Sed-Festhofes mit allen seinen Elementen – mit der Plattform (am südlichen Ende) sowie den Überresten der Südkapellen (westliche Mauer) und der Nordkapellen (östliche Mauer). In der Südwestecke des Hofes ist der Königspavillon (Tempel „T") zu sehen.

107 rechts
Teil- (oben) und Gesamtansicht der rekonstruierten Südkapellen an der Westmauer des Sed-Festhofes mit der Plattform, auf der Djoser während der rituellen Krönung als König Ober- und Unterägyptens inthronisiert wurde.

Der Nord- und der Südpavillon stellen nach Auffassung E. E. S. Edwards' die beiden Reichsheiligtümer Oberägyptens (in Hierakonpolis) und Unterägyptens (in Buto) dar. Der hufförmige Altar, den man im Hof des Südpavillons gefunden hat, zeigt deutlich, dass in beiden Gebäuden einst eine Art Zeremonie abgehalten wurde. Ich würde sie eher als Grabstätten der prädynastischen Herrscher Oberägyptens (*Bau* von Nechem) und Unterägypten (*Bau* von Buto), der mythischen Vorfahren jedes ägyptischen Königs ansehen. Der *Cheker*-Fries, der als Dekorationselement an den Fassaden dieser beiden Gebäude eingesetzt wurde, lässt sich bis in die Zeit des Aha, und zwar bis zu einem Elfenbeintäfelchen aus Negade zurückverfolgen, das einen *Cheker*-Fries am Sims eines kleinen Gebäudes darstellt, in dem drei Beamte stehen.

Da der *Serdab* seinen eigenen Hof hat und nicht im nahen Totentempel gebaut wurde, erscheint es mir plausibel, dass die Statue in diesem Raum ein Ersatzkörper für den toten König war und die göttliche Natur seiner Majestät als Herrscher im Jenseits hervorheben sollte. Dies wäre dann eines der ältesten Zeichen der Vergöttlichung des ägyptischen Königs. Der tote Djoser in der Stufenpyramide wurde ohne Zweifel in den Rang des Sonnengottes erhoben. Der deutlich auf den Sockel seiner Statue geschriebene Goldname ((R^{c}-*nwb*)) weist darauf hin, dass die Statue als Vertreterin des höchsten Herrschers Ägyptens galt.

Eine gesonderte Kapelle wurde in die nördliche Umfassungsmauer gebaut. Sie steht gegenüber der Stufenpyramide und enthält einen aus anstehendem Fels gehauenen Altar. Dieses Bauwerk wurde früher als Sonnentempel bzw. als Stufe oder Podium gedeutet, auf dem sich zwei Thronsitze und darüber ein Baldachin für die Zeremonien des Djoser befanden. Inzwischen hat es den Anschein, dass die Kapelle ausschließlich Opferzwecken diente und mit dem nördlichen Teil der Umfassung verbunden war. Sie ähnelt dem kleinen Vorsprung der *Mastaba* IV in Abusir (aus der Zeit des Den).

Im Djoser-Bezirk kann man noch heute die großartigen Leistungen des Imhotep bewundern. Dessen hauptsächliche und schwierigste Aufgabe war es, eine neue Steinarchitektur zu schaffen, die genau die zuvor verwendeten Baumaterialien wie Lehmziegel, Holz, Schilf, Matten usw. nachbildete. In der Anlage gibt es zwar noch keine frei stehenden Säulen, doch die gerippten oder kannelierten Halbsäulen und insbesondere die Papyrus-Halbsäulen sind die ersten Beispiele ihrer Art in der ägyptischen Architektur. Die Anlage war nicht nur durch die ausschließliche Verwendung von Stein als Baumaterial, sondern auch für die vollkommene Ausführung traditioneller Muster mit der neuen Bauweise mustergültig auch für spätere Generationen. Die Reliefs unter dem Südgrab beispielsweise wurden in der Saitenzeit kopiert.

Die wissenschaftlichen Bemühungen C. M. Firths und J. E. Quibells wurden von Lauer fortgesetzt und in großem Umfang vervollständigt. Lauers wichtigste und viele Jahre dauernde mühsame Aufgabe bestand darin, die verschiedenen baulichen Elemente, die man auf dem Gelände verstreut gefunden hatte, wieder an ihren ursprünglichen Standort zu setzen. Dies ist das bedeutendste und erfolgreichste Rekonstruktionsprojekt in der Geschichte der archäologischen Grabungen in Ägypten. König Djoser konnte sich wohl glücklich schätzen, zwei außerordentlich hingebungsvoll arbeitende Baumeister in seinen Diensten gehabt zu haben – Imhotep zu seinen Lebzeiten und Lauer in unserer heutigen Zeit.

108 oben
Zur Serdab-Kapelle östlich des Totentempels König Djosers gehörte auch ein Hof. Das bedeutet, dass hier, vor der in der Kapelle eingeschlossenen Statue des vergöttlichten Herrschers, Zeremonien abgehalten wurden.

108 – 109 und 109 unten links
In der Gesamtansicht oben kann man den Nordpavillon bewundern, unten ist ein Teil der Fassade und das Tor zu dem kurzen Nischengang zu sehen.

109 unten rechts
Dieses Foto zeigt die Fassade des Südpavillons mit den Überresten kannelierter Säulen und des so genannten Cheker*-Frieses über dem Eingang.*

110 oben links
Blick auf die unvollendete Stufenpyramide des Sechemchet, deren Überreste nur sieben Meter hoch reichen.

110 Mitte
Die Stufenpyramide in Saujet el-Arjan, die heute noch achtzehn Meter aufragt, ist wahrscheinlich nie benutzt worden.

110 unten
Diese Profilansicht ergibt sich aus einer theoretischen Rekonstruktion der Stufenpyramide in Saujet el-Arjan. Archäologisch belegt sind die zur Grabkammer führenden unterirdischen Korridore und die heutigen Abmessungen der Pyramide.

Die Stufenpyramide des Sechemchet und deren unvollendete Anlage

Sechemchet war König Djosers Nachfolger und möglicherweise dessen Sohn. Von ihm gibt es im Wadi el-Maghara (Sinai) drei Reliefs neben denen von Djoser und Sanacht. Den Bemühungen des ägyptischen Archäologen Zakaria Ghoneim ist es zu danken, dass die südwestlich des Djoser-Bezirks gelegene Anlage des Sechemchet entdeckt wurde. Auch hinter diesem Projekt hatte allem Anschein nach Imhotep, der berühmte Baumeister des Djoser, gestanden, denn sein Name und seine Titel waren auf die Umfassungsmauer geschrieben, die das gleiche nischengegliederte System aufweist wie die Umwallung des Djoser-Bezirkes. An diesem Standort ist jedoch nichts vollendet worden. Die Stufenpyramide mit ihrer Grundfläche von 120 x 120 Metern sollte nach ihrer Fertigstellung vermutlich etwa 70 Meter hoch sein und aus sieben Stufen bestehen. Ihre jetzige Höhe beträgt nicht mehr als sieben Meter. Der noch nicht ausgegrabene Totentempel muss nördlich der Pyramide liegen. Von hier führt ein Tunnel unter die Pyramide, von dem aus man in eine Grabkammer gelangt. Auf halbem Weg unterbricht ein Schacht den schräg abfallenden Gang zu den Grabräumen. In dem Schacht fand Ghoneim eine große Anzahl Steingefäße aus der Zeit der 3. Dynastie und einen kleinen Schatz aus einundzwanzig goldenen Armreifen und Ringen, einem kleinen goldenen Behältnis in Form einer Muschel, Halsketten aus Gold, Fayence und Karneolperlen sowie eine kleine Tafel, die mit dem Namen einer Königin (Djosernebtjanachti) beschriftet war. An dieser Stelle biegt ein anderer Gang zu einer U-förmig angelegten Gruppe aus 132 Magazinräumen ab. Durch den absteigenden Tunnel kommt man zur Grabkammer (in der Mitte der Pyramidengrundfläche), um die herum einige Korridore und Galerien liegen. In der Grabkammer erwartete die Ausgräber ein einzigartiger Alabastersarkophag mit einer Schiebewand an einem Ende. Der Sarkophag war versiegelt, auf ihm lagen einige vertrocknete Pflanzen (vielleicht ein Grabstrauß). Beim Öffnen stellte man fest, dass der Sarkophag leer war. Die Interpretation, dass hier einst eine fiktive Bestattung stattgefunden hatte, kann ohne genügend Beweise nicht akzeptiert werden.

Auf jeden Fall handelt es sich hier um eine seltsame und ungeklärte Entdeckung. Lauer war früher der Auffassung, dass der König in seinem Südgrab bestattet worden sei, das südlich der Pyramide liegt, da der vorzeitige Tod des Herrschers die Arbeiten an der Pyramide unterbrochen haben muss. In der Grabkammer dieses Südgrabes wurde allerdings nur ein Holzsarg mit den Skelettresten von einem etwa zweijährigen Kind gefunden. Die Steinvasen, die neben dem Sarg gestanden hatten, machen deutlich, dass der Sarg keinesfalls aus einer Zeit nach der 3. Dynastie stammt. Der Grabbezirk ist bisher noch nicht vollständig erforscht.

Die Stufenpyramide („Layer"-Pyramide) von Saujet el-Arjan

In der Ortschaft Saujet el-Arjan zwischen Giseh und Abusir, etwa sieben Kilometer nördlich von Sakkara, liegen die Überreste einer weiteren unfertig gebliebenen Stufenpyramide aus der Zeit der 3. Dynastie. Der Grundriss des Bauwerks ähnelt dem der Stufenpyramide des Sechemchet, ist mit einer Fläche von 84 x 84 Metern allerdings kleiner. Hinzu kommt, dass an diesem Grabmal noch mehr unvollendet geblieben ist als bei Sechemchet. Die Pyramide erhebt sich fast achtzehn Meter hoch, ihre unterirdischen Korridore führen zu einer Grabkammer, in der es weder einen Sarkophag noch überhaupt Anzeichen einer Bestattung gibt. Nach Alexandre Barsanti, der hier als Erster Ausgrabungen durchführte, ist diese Pyramide nie benutzt worden.

Das interessanteste Merkmal an dieser Pyramide sind die zweiunddreißig Magazine, die wie bei Sechemchet ein U bilden. Diese U-förmige Anordnung, die in beiden Pyramiden die Grabkammer von unten her umfasst, ähnelt meiner Meinung nach der *Ka*-Hieroglyphe, die neben anderen Übersetzungen auch Speise, Nahrung, Lebensmittel (Lebenskraft) bedeutet. Sollte hinter dieser Anordnung eine Absicht stehen, wollte man den verborgenen Magazinen vielleicht die Macht verleihen, den toten König praktisch und magisch mit seiner „Lebenskraft", seinem *Ka*, zu versorgen. Der Aspekt des „Gebens" durch das *Ka*-Zeichen ist bereits in der Form des frühzeitlichen Kultgefäßes (New York, Metropolitan Museum) oder an einer Schminkpalette aus Heluan festzustellen. In Vers 1653 der Pyramidentexte kann man den Wunsch nachlesen, Atum möge seine Arme um den König, um diesen Bau und um diese Pyramide legen *wie die Arme eines Ka-Symbols*, damit des Königs Wesen, ewig fortdauernd, darin sei (kursive Hervorhebung durch den Autoren).

Zweifellos gehört die Schichtpyramide („Layer"-Pyramide) zu den Stufenpyramiden der 3. Dynastie. Der Name ihres Besitzers könnte Horus Chaba sein, denn dieser Name wurde an einigen Steinvasen in einer nördlich der Pyramide gelegenen *Mastaba* (Z-500) gefunden. Nabil Swelim hat die These aufgestellt, dass diese Ziegel*mastaba* der Totentempel der Pyramide war, obgleich man noch andere Ziegelmauerreste östlich der Pyramide ausfindig gemacht hat, der Totentempel also auch dort gestanden haben könnte. Swelim deutet auch andere Spuren weiter östlich als Überreste des Taltempels dieser Pyramide. Das gesamte Gelände bedarf weiterer Erkundung.

Die Stufenpyramiden in Mittel- und Oberägypten

In Mittel- und Oberägypten hat man sieben sehr ähnliche kleine Stufenpyramiden gefunden, die von Elephantine im Süden bis Seila im Norden verstreut liegen. Die massiven drei- oder vierstufigen Bauten sind alle aus örtlich vorkommendem Naturstein errichtet und weisen keinerlei Anzeichen von unterirdischen Anlagen oder Kammern auf.

Seila	*4 Stufen*	*Höhe 6,8 Meter*
Saujet el-Meitin	*3 – 4 Stufen*	*Höhe 4,75 Meter*
Sinki (Abydos)	*3 Stufen*	*Höhe ca. 4 Meter*
Ombos (Negade)	*3(?) Stufen*	*Höhe ca. 4,5 Meter*
El-Kula	*3 Stufen*	*Höhe 8,25 Meter*
Edfu (Süd)	*3 Stufen*	*Höhe 5,5 Meter*
Elephantine	*3 Stufen*	*Höhe 5,1 Meter*

Diese Gruppe kleinerer Pyramiden ohne weitere Belege zu deuten, ist sehr schwierig. In der Nähe der Pyramide von Elephantine wurde ein grauer Granitkegel gefunden, der die gleiche Funktion wie die so genannten „Wendemarken" im Djoser-Bezirk gehabt haben könnte. An der Unterseite des Kegels befindet sich die Kartusche des Huni und das Wort „Palastfenster", das auch als „Palastschrein" gelesen werden kann. Damit wird das gesamte Bauwerk als „Palastfenster (oder Palastschrei) des Huni" identifiziert. Dreyer und Kaiser haben aufgrund dieses Beleges die Vermutung geäußert, diese kleine Pyramide sei einer königlichen Provinz-Residenz in Elephantine angeschlossen gewesen und die anderen kleinen Stufenpyramiden hätten ähnliche Funktionen gehabt. Beide haben zudem den Schluss gezogen, dass alle sieben Pyramiden Teil eines einzigen Bauprogramms waren, das in der Regierungszeit Hunis verwirklicht wurde. Huni war der erste König, der seinen Namen mit einer Kartusche umrahmen ließ. Diese Kartusche war mit dem *Shen*-Ring verknüpft, der den endlosen Kreis des Universums symbolisierte. Die Verwendung der Kartusche besagt, dass die Autorität des Königs grenzenlos war wie der Sonnengott Re. Die kleinen Stufenpyramiden könnten ebenfalls, nur auf andere Weise, Ausdruck dieser Vorstellung sein.

Den Bau kleiner Stufenpyramiden in den Provinzen könnte man als den ersten Versuch der Zentralregierung in Richtung einer offiziellen Religion (Sonnenkult) für das gesamte Land werten. Imhotep, der große Denker der 3. Dynastie, war selbst das Oberhaupt der Priesterschaft von Heliopolis. Nach Andrzej Ćwiek könnte die Stufenpyramide – mit oder ohne Grabkammer – dem „Urhügel" und der „Himmelstreppe", d. h. der Übergangsstelle zwischen Erde und Himmel, ähneln. Ćwiek äußerte den Gedanken, die Pyramiden in Mittel- und Oberägypten seien womöglich in den ersten Regierungsjahren Snofrus entstanden. Für Lauer sind die Bauten Kenotaphe für die Königinnen in deren Provinzen.

An der Ostseite der Pyramide in Seila fand man zusammen mit einem Opfertisch zwei Kalksteinstelen – beides typische Elemente einer Opferstelle –, von denen eine mit Snofrus Namen beschriftet war. An der Nordseite desselben Bauwerks wurden Fragmente eines Schreins und einer Sitzstatue gefunden. Nach Stadelmann stellte man die Statue einst auf die oberste Plattform der Pyramide, um die tatsächliche Anwesenheit des mächtigen Königs in der Provinz anzuzeigen. Lauer meint, diese kleine Pyramide sei das erste Grab der Königin Hetepheres (der Mutter des Cheops) gewesen, und der Pyramidenkern müsse eine Grabkammer enthalten. Ohne gesicherte Faktengrundlage ist dies jedoch Spekulation.

Meiner Meinung nach wurde die Stufenpyramide zu einem Symbol für die ewige Einheit der Beiden Länder, und zwar nicht nur politisch, sondern auch auf dem Gebiet der Religion. Dass sie auch in den Provinzen standen, sollte eben dieses Prinzip veranschaulichen.

Der 16. oberägyptische Gau (*m3-ḥd*), der Gazellengau, war der einzige bezeugte Gau in der Regierungszeit des Djoser. Es ist daher denkbar, dass dieser König der Besitzer der Stufenpyramide von Saujet el-Meitin, dem ältesten Friedhof auf dem Gebiet dieses Gaues, war.

110 oben rechts
Dieses kleine goldene Behältnis in Form einer Muschel, eine Anzahl Goldarmreifen und andere Gegenstände wurden von Zakaria Ghoneim in dem Schacht vor der Grabkammer des Sechemchet entdeckt. Die fein gearbeiteten Funde müssen aus der Zeit der 3. Dynastie stammen. Kairo, Ägyptisches Museum.

111 oben und unten
Diese Fotos zeigen zwei der sieben Pyramiden in Mittel- und Oberägypten. Am weitesten nördlich liegt die 6,8 Meter hohe, vierstufige Pyramide von Seila (oben). Auf der unteren Abbildung ist die 8,25 Meter hohe, dreistufige Pyramide von El-Kula zu sehen.

Die Pyramiden aus der Zeit der 4. Dynastie

Rainer Stadelmann

Mit der langen Herrschaft Snofrus, des ersten Königs der 4. Dynastie, begann das Zeitalter der Pyramiden und die Zeit der Erbauer der großen Pyramiden, eine der großartigsten Perioden der ägyptischen Kultur. Neben der Architektur erlebten Bildhauerei, Reliefkunst und Malerei ihre Blütezeit. In den Naturwissenschaften und der Medizin wurden die Grundlagen für Wissen und Praxis geschaffen, die jahrhundertelang, bis ins Zeitalter der Griechen, Gültigkeit haben sollten. Der Glaube an den allmächtigen Sonnengott Re, den Schöpfer aller Dinge, beherrschte die Religion, die Sitten, den Staat und die Gesellschaft Ägyptens; diese Bereiche öffneten sich all jenen, wurden empfänglich für all jene, die dank ihrer Fähigkeiten und Kunstfertigkeit an großartigen Vorhaben mitarbeiten konnten. Diese Menschen bildeten die neue Klasse der „Schreiber", der Gelehrten, die in der praktischen und theoretischen Führung des Staates ausgebildet waren. Zugang zu dieser Gruppe hatten Prinzen und daneben Menschen, die dank ihrer Vorzüge gesellschaftlich aufgestiegen waren. Als dem Garanten dieses Systems verlieh der Sonnengott Re dem König, dessen Göttlichkeit nicht in seinem Selbst, sondern in seiner Eigenschaft als Herrscher bestand, Macht. Dieser war der „gütige Gott", der Gott der Nekropole, jener Totenstadt, die zu bauen seine Aufgabe war. Snofrus Horusname bedeutet „Herr der Weltordnung"; dieser Titel gilt später nur noch für den Sonnengott Re. Snofrus Sohn Cheops identifizierte sich in seiner Pyramidenanlage und in seinem Grab in einem solchen Maß mit dem Sonnengott, dass seine Söhne und Nachfolger den neuen Königstitel „Sohn des Re" annahmen.

Zeitgenössische Quellen über die Vorfahren Snofrus sind selten. Snofrus Mutter Meresanch war vermutlich eine Nebenkönigin Hunis, des letzten Königs der 3. Dynastie, doch die königlichen Ahnen der Herrscher des Alten Reiches sind niemals direkt erwähnt, da der König vom Wesen her göttlicher Abstammung war. Die wichtigsten Großtaten unter der Herrschaft Snofrus waren neben den großen Pyramidenbauten die Feldzüge in Nubien und Libyen, die beträchtliche Beute an Vieh und Menschen einbrachten. Die Menschen wurden in fünfunddreißig neuen königlichen Gutsanlagen in der Oase Faijum und im Delta angesiedelt. Andere Leistungen, die sich mit dieser Zeit verbinden lassen, sind der Bau eines neuen, mit großen Zedernholztoren ausgestatteten Königspalastes, der in der Nähe von Dahschur zu vermuten ist, ein intensiver Schiffbau, die Schaffung lebensgroßer Königsstatuen aus Kupfer und Gold sowie die Entwicklung einer sehr großen, wertvollen hölzernen Harfe.

Erstaunlich ist, dass die Errichtung der Pyramiden in den Inschriften von Zeitgenossen, Königen oder hohen Beamten nie erwähnt wird, obgleich dies das wichtigste Ereignis in der Regierungszeit eines Herrschers gewesen sein muss. Der Bau einer Pyramide war jedoch so etwas wie die täglichen Kulthandlungen in den Tempeln, die Zeremonien, die den Auf- und Untergang der Sonne, den Lauf der Jahreszeiten und das Eintreten der Nilschwemme gewährleisteten; all diese Handlungen waren ein wesentlicher Teil der Aufgaben, die dem König in seinem irdischen Leben oblagen und daher kaum der Erwähnung bedurften. Snofru war zweifellos der herausragendste Bauherr des Altertums, denn er ließ in seiner langen Herrschaftszeit drei große und zwei kleinere Pyramiden errichten. Für diese Bauten wurden mehr als 3,6 Millionen Kubikmeter Stein verwendet – eine Million mehr als Snofrus Sohn Cheops für seine Pyramide in Giseh brauchte. Dennoch ist Snofru in der ägyptischen Überlieferung als der gute, freundliche König schlechthin bekannt, von dem aus Volkssagen zu erfahren ist, dass er seine Untertanen „Freund" oder gar „Bruder" nannte. Die Form des Pyramidenbezirks änderte sich, beeinflusst vom Kult des Sonnengottes Re von einem in Nord-Süd-Richtung angelegten Rechteck zu einer quadratischen Anlage, die nach dem Lauf der aufgehenden Sonne eine Ost-West-Orientierung aufwies. Durch diese Ost-West-Ausrichtung wurde ein neues Element des Pyramidenbezirks hervorgehoben – der lange Aufweg, der vom Osten, dem Land der Lebenden, zum Pyramidengrab hinauf führte und schließlich am Totentempel endete, der seit dieser Zeit an der Ostseite der Pyramide steht. Das Eingangstor zum Aufweg entwickelte sich zum Taltempel, dem Kultzentrum der Pyramidenstadt, in dem die Göttin Hathor und der König als lokale Gottheiten verehrt wurden.

112
Die Snofru-Stele aus der Kultpyramide in Dahschur-Süd stellt den König als Herrn der Beiden Länder und als Herrn der Göttlichen Weltordnung dar. Sie steht heute im Hof des Ägyptischen Museums in Kairo.

113
Die inzwischen restaurierte lebensgroße Statue Snofrus mit der weißen Krone Oberägyptens war einst in die Nische einer der sechs Kapellen des Taltempels in Dahschur eingefügt. Kairo, Ägyptisches Museum.

114–115
Die Snofru-Pyramide in Medum, ursprünglich eine hoch aufragende Stufenpyramide, wurde gegen Ende der Regierungszeit dieses Königs zu einer echten Pyramide „modernisiert“. Ihre pittoreske Form rührt daher, dass sie von griechisch-römischer Zeit an zur Steingewinnung genutzt wurde.

114 unten
Auf diesem Mauerfragment aus der Mastaba M16 des Prinzen Nefermaat und dessen Gemahlin Atet ist der Vogelfang mit dem Schlagnetz, zwei Gänse auf der Weide und mit Ochsengespannen pflügende Bauern dargestellt. Die Einlagen des Pastenreliefs (mit Farbpasten ausgefülltes versenktes Relief) sind nach dem Trocknen herausgefallen. Kairo, Ägyptisches Museum.

Der Pyramidenbezirk in Medum

- A Umfassungsmauer
- B Pyramide mit Korridor und Grabwohnungen
- C Opfertempel mit Königsstelen
- D Süd- oder Kultpyramide
- E Grabschacht, vielleicht Grab der Meresanch (?), der Mutter des Königs
- F Mastaba M17, Grab eines jung verstorbenen Kronprinzen
- G Aufweg mit den Überresten eines Taltempels

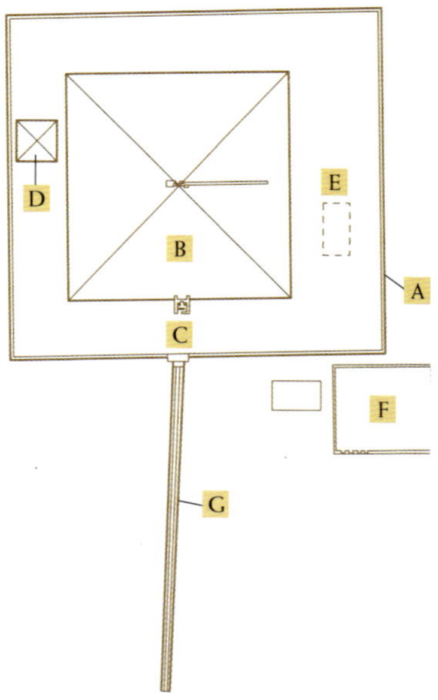

115 oben
Blick von der Pyramide von Medum auf den Opfertempel mit den beiden Stelen und den zum Taltempel im Osten führenden Aufweg.

Seine ersten beiden Pyramiden ließ Snofru noch als Stufenpyramiden in Medum errichten. In Seila entstand eine kleine, massive Stufenpyramide, die am östlichen Rand des Faijum als Wahrzeichen über dem Königspalast aufragte. Zu Snofrus erster Pyramidenanlage, die zehn Kilometer östlich davon lag und über das Niltal hinwegblickte, gehörte eine riesige Stufenpyramide, die in einer zweiten Bauphase zu der gewaltigen Höhe von 85 Metern vergrößert wurde. Sie beherrscht noch heute den Blick auf das Niltal. Gegen Ende seiner langen Regierungszeit „modernisierte" Snofru seine Stufenpyramide, indem er ihr die Form einer echten Pyramide geben ließ.

Die Stufenform der Pyramide hatte ihre Wurzeln in der vorausgegangenen 3. Dynastie; jetzt gab es bedeutende Neuerungen, die zum einen von der oben erwähnten Ausrichtung des Pyramidenbezirks nach dem Sonnenlauf bestimmt waren, und zum andern das System der Grabkammern betrafen. Von den älteren Kultbauten aus der Zeit der 3. Dynastie gab es im neuen Pyramidenkomplex der 4. Dynastie nur noch den Totentempel und das Südgrab. Das Südgrab war dem Königsgrab angeglichen – eine kleine Stufenpyramide, die unmittelbar südlich der Hauptpyramide stand. Der Totentempel in Medum war ein kleines Sanktuar östlich der Pyramide mit zwei hohen Stelen, die den nicht in Medum bestatteten König ersetzten und körperlich darstellten. Auch das Grabkammersystem in der Pyramide unterscheidet sich von den Systemen aus der Zeit der 3. Dynastie. Die Sargkammer befand sich nicht mehr tief in einem Schacht im unterirdischen Felsgestein, sondern wurde oberhalb des Geländeniveaus in der Mitte der Pyramide angelegt. Im Alten Reich befand sich der Eingang in die Pyramide bzw. der Ausgang stets auf der Nordseite des Grabmals. Durch den Grabkorridor, der von der Grabkammer nach oben führt, sollte der König zu den ewigen Sternen am Nordhimmel aufsteigen, um dort den Sonnengott in seiner Barke zu treffen. Die Anfänge eines Drei-Kammer-Systems sind bereits in den Gräbern der 1. Dynastie auszumachen, und zwar in Form der eigentlichen Grabkammer sowie zweier Nebenkammern, in denen anfangs die wichtigsten Opfergaben für den König deponiert waren. In der Djoser-Pyramide galten die Vor- und die Nebenkammern schon als Orte mit religiösen Funktionen. Dementsprechend beginnt der Aufstieg zu den Sternen in der Vorkammer, und aus diesem Grund wurden die Porticulli (Fallsteine) an dieser Stelle mit Sternen verziert. Die östlichen Korridore und die so genannten „Blauen Kammern" stellen den Modellpalast für das jenseitige Leben des Königs dar. In der Zeit der 4. Dynastie ersetzte man die horizontale Anordnung der Kammern durch ein vertikales System, dessen letztes Beispiel in der Cheops-Pyramide geschaffen wurde. In Medum nahm die Tendenz ihren Anfang, nordöstlich der Pyramiden in regelmäßigen Reihen einen königlichen Friedhof anzulegen; hier wurden Doppel*mastabas* für Snofrus Söhne und deren Gemahlinnen gebaut. Direkt an der Nordostecke der Pyramidenanlage – und damit an einer bedeutsamen Stelle – steht eine einzelne gewaltige *Mastaba*. Sie wurde anscheinend in Eile errichtet und enthält den Sarg eines namenlosen Prinzen, wahrscheinlich eines Kronprinzen, der in Snofrus ersten Regierungsjahren jung gestorben war.

Die Bauphasen der Pyramide in Medum

- A *Erste Stufenpyramide aus sieben Stufen*
- B *Zweite Phase mit acht Stufen (Höhe 85 Meter)*
- C *Dritte Phase, echte Pyramide anscheinend nie vollendet*
- a *Eingang*
- b *Absteigender Korridor*
- c *Grabgemächer*

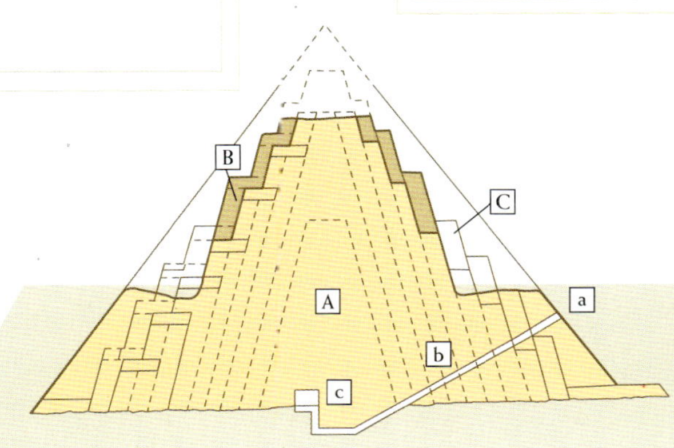

Die Stufenpyramide in Medum

- A *Eingang*
- B *Absteigender Korridor*
- C *Grabgemächer*
- D *Von der Steingewinnung (seit der Antike) stammender Schutt*

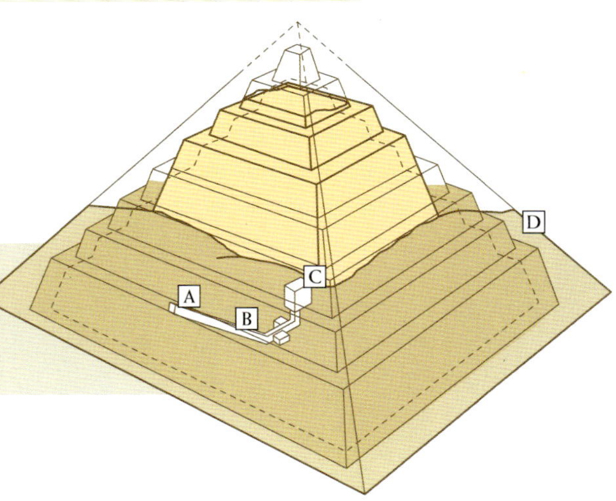

Knickpyramide

Grundriss der Knickpyramide

A *Nordeingang und Korridor*
B *Untere Kammer*
C *Vorkammer*
D *Obere Grabkammer*
PP *Porticulli (Fallsteine als Sperren)*
E *Westlicher Korridor und Eingang in ca. 40 Metern Höhe auf der Westseite*
F *Nebenpyramide*

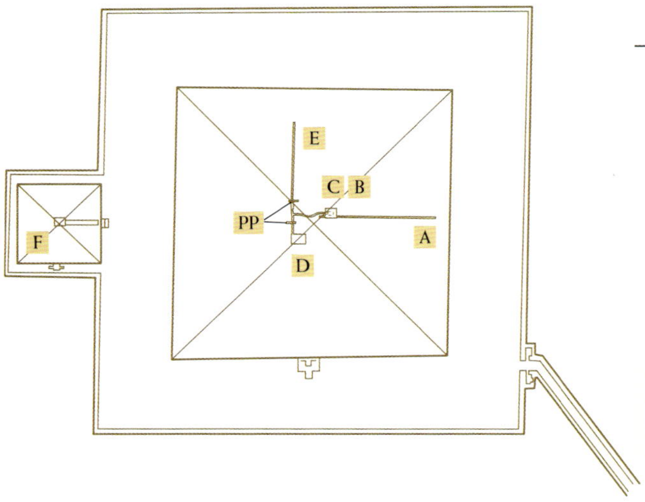

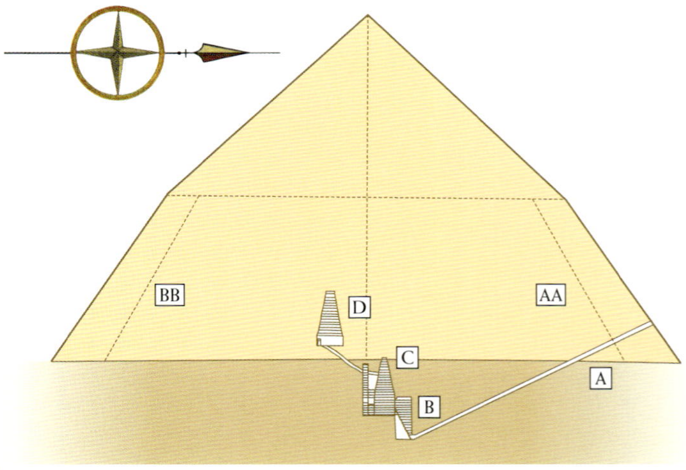

Über die Gründe, die Snofru veranlassten, im fünfzehnten Regierungsjahr seinen Palast sowie die nahezu vollendete Pyramide in Medum aufzugeben und fast fünfzig Kilometer weiter nördlich, bei Dahschur, eine neue Residenz mit einem Königspalast und einer Pyramide zu bauen, können wir nur Vermutungen anstellen. Möglicherweise erwies es sich als schwierig, von Mittelägypten aus die Kolonisierung des Nildeltas und die Handelswege zu überwachen. Der neue Standort bei Dahschur war andererseits sehr praktisch: Ein natürliches Becken für den Hafen sicherte die Entwicklung der Region. Im Osten existierte eine Handelsstraße nach Sinai, ein Wadi führte zu den westlichen Oasen und zum Faijum. Zu beiden Seiten des Nils lagen leicht erreichbare Kalksteinbrüche, die das Baumaterial liefern konnten. Dort tat sich eine neue Möglichkeit für die unbeschäftigten Arbeiter und Fachleute auf, und zwar in einem kühnen Unternehmen, dem Bau einer hoch aufragenden stufenlosen Pyramide mit einer Neigung, die fast so steil wie die der Stufenpyramiden war, einer Pyramide, die die unvorstellbare Höhe von rund 150 Metern erreichen sollte.

Man muss an dieser Stelle hervorheben, dass aus der Stufenpyramide nicht etwa zwangsläufig und unvermeidlich die reine geometrische Form der eigentlichen Pyramide entstand. Keine andere Kultur des Altertums, in der man Stufenpyramiden errichtete, tat diesen Schritt. Die Weiterentwicklung vom Zusammenfügen stufenförmiger Massen zu einem künstlichen Hügel zur abstrakten geometrischen Form der Pyramide ist eine bemerkenswerte intellektuelle Leistung, die das Ergebnis eines außergewöhnlichen und einzigartigen Wagnisses in der Zeit König Snofrus war. Kühne Verbesserungen wurden auch in den Grabkammern der neuen Pyramide vorgenommen, die man wegen ihrer jetzigen Form „Knickpyramide" nennt. Diese Kammern sollten Kraggewölbe erhalten, die man bereits in Medum ersonnen hatte, in der Knickpyramide jedoch zu einer fünfzehn Meter hohen Deckenkonstruktion vervollkommnete. Die nachfolgenden Änderungen, die durch Bodensenkung und Schäden während der Bauarbeiten notwendig wurden, ließen in dieser Pyramide ein außerordentlich kompliziertes und schwer verständliches Kammersystem entstehen.

Älteren religiösen Darstellungen zufolge befand sich der mystische Ort des königlichen Jenseits tief in der Unterwelt. Aus diesem Grund musste die unterste der drei Grabkammern tief im Felsgestein liegen, so wie es bei Djosers Grab der Fall war. Für den geradlinigen Aufstieg zu den Zirkumpolarsternen bedurfte es außerdem eines schräg ansteigenden Grabkorridors. Damit dieser zum erhöht liegenden gewünschten Ausgang an der Nordseite führte, musste er tief unten im Felsen beginnen. Die mittlere Kammer ist mit der Auffahrt des Königs zum Himmel verbunden, den wiederum die Grabkammer darüber repräsentiert, obwohl der Aufstieg eigentlich auch in der Richtung liegt, in der der Grabkorridor verläuft.

Für das Anlegen eines Schachtes von etwa 7 x 7 Metern Grundfläche und einer Tiefe von 22,5 Metern zu erleichtern, wählte man wie in Sakkara einen Baugrund aus wechselnden Mergel- und Schieferschichten; dieser erwies sich allerdings nicht als tragfähige Unterlage für das Gewicht der Steinmassen. Als die Pyramide in die Höhe wuchs, traten in den drei Kammern und im Korridor größere Risse auf. Anfangs besserte man die Risse lediglich mit Füllungen aus, doch es ergab sich schon bald, dass die unteren Kammern und der Eingangskorridor stark beschädigt waren und auch durch weitere Reparaturen nicht gerettet werden konnten. Sämtliche Versuche, das Projekt zu erhalten – selbst die Aufgabe der unteren Kammer und die Verkleinerung des Neigungswinkels – erwiesen sich schließlich als vergeblich. Nach fünfzehnjähriger Bauzeit musste das kühnste aller Pyramidenprojekte aufgegeben werden. Daraufhin begann Snofru mit dem Bau einer dritten Pyramide. Gleichzeitig wurde die Stufenpyramide in Medum modernisiert und zu einer echten Pyramide umgebaut; das geschah sicherlich, um für den König eine Grabstätte zu schaffen, falls dieser vor der Fertigstellung der neuen Pyramide sterben sollte.

116–117
Die Knickpyramide bei Dahschur mit ihren Kultbauten. Östlich der Pyramide steht ein kleiner Opfertempel mit zwei Stelen, südlich die Kultpyramide mit den Überresten zweier Snofru-Stelen.

117 oben
Die Knickpyramide mit ihrer Umfassungsmauer und der kleinen Süd- oder Kultpyramide liegt im Zentrum des Pyramidenfeldes von Dahschur. Etwa zwei Kilometer weiter nördlich ist die Nordpyramide oder „Rote Pyramide" zu sehen.

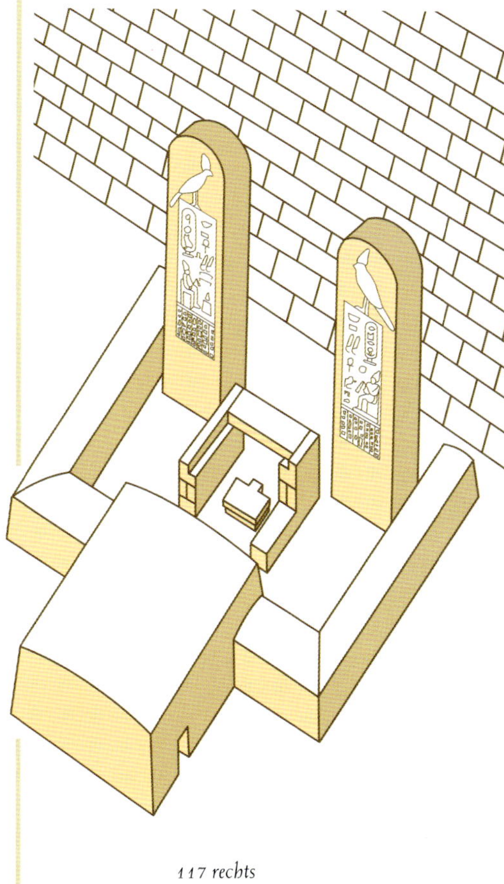

117 rechts
Isometrische Rekonstruktion der Opferkapelle mit einer Vorhalle, dem Opfertisch in Form der Hieroglyphe Hetep, die „geben" bedeutet, sowie mit zwei neun Meter hohen Rundstelen mit dem Namen Snofrus.

117 unten
Die kleine Opferkapelle mit zwei Königsstelen und einem Opfertisch unter einem massiven Kalksteindach ist von einer Ziegelmauer umgeben.

Querschnitt der Knickpyramide

- A *Nordeingang und Korridor*
- B *Untere Kammer mit Treppe*
- C *Vorkammer mit „Schornstein"*
- D *Obere Grabkammer*
- AA, BB *Pyramidenkern*

Rote Pyramide

Querschnitt der Roten Pyramide des Snofru

A	*Korridor*
B, C	*Erste und zweite Vorkammer*
D	*Grabkammer*

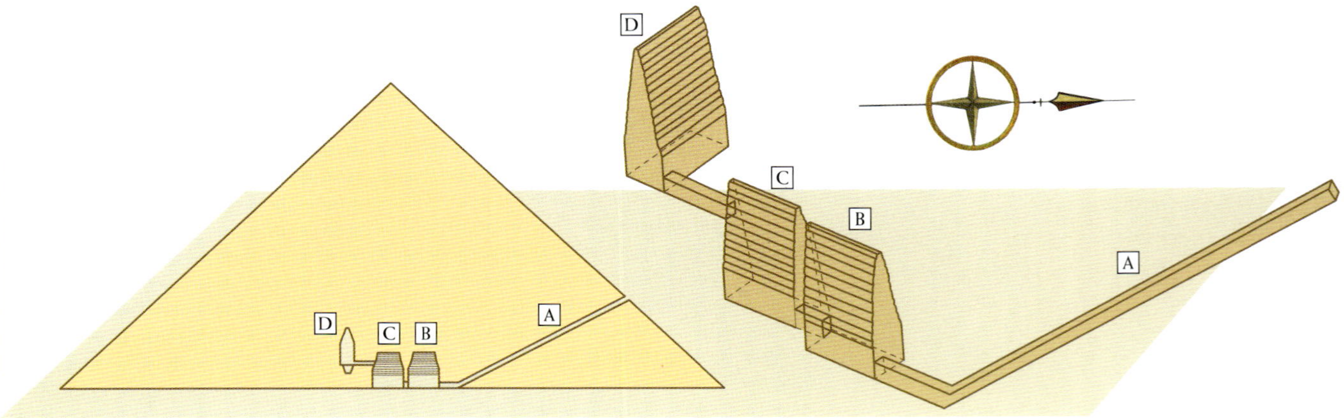

Der Baugrund für die dritte große Pyramide des Snofru, die Rote Pyramide in Dahschur-Nord, wurde gründlich geprüft. Man vergrößerte die Basislänge des Monuments auf allen Seiten auf 220 Meter und beschloss, den Neigungswinkel auf 45° zu verringern. Die bei den Stufenpyramiden angewandte Schalenbauweise wurde nun aufgegeben. Es hatte sich gezeigt, dass die Errichtung steilerer Pyramiden aus einzelnen Schalen nicht etwa Arbeit sparte, und so baute man das Monument stattdessen aus horizontal angelegten Steinschichten.

Die 105 Meter hohe Rote Pyramide ist nach den Grabmonumenten des Cheops und des Chephren die drittgrößte und dritthöchste Pyramide. An diesem Bauwerk trägt alles, was dazugehört, zu einer harmonischen, majestätischen Gesamtwirkung bei. Das Kammersystem ist harmonisch, weil die Räume im Pyramideninnern hintereinander angeordnet sind. Sie liegen nur knapp über dem Boden, man erreicht sie durch einen Eingang auf der Nordseite der Pyramide, der sich fast dreißig Meter über dem Bodenniveau befindet; das muss für den Transport der königlichen Mumie während der Bestattungszeremonie und das abschließende Versperren des Korridors sehr beschwerlich gewesen sein.

Die Fundamente eines eilig vollendeten Totentempels vor der Ostseite der Pyramide und die traurigen Überreste einer mumifizierten Leiche, die man in der Grabkammer fand, deuten darauf hin, dass Snofru schließlich in dieser Pyramide bestattet wurde. Die Prinzen und Prinzessinnen aus den späteren Regierungsjahren Snofrus in Dahschur sind in großartigen Stein*mastaba*s im östlichen Bereich vor den beiden Pyramiden in Dahschur beigesetzt. Bei diesen Gräbern handelt es sich um rechteckige Steinmassive mit glatter Verkleidung. Nur die Ostseite wies ursprünglich zwei Nischen auf, die Südseite war mit den Namen der Verstorbenen und vielleicht mit einer vertieften Scheintür versehen. In einem kleinen Hof an der Vorderseite waren möglicherweise zwei Stelen mit den Namen und den Titeln der Prinzen aufgestellt. Selbst die Hauptkönigin dieser Zeit, vermutlich die berühmte Königin Hetepheres, besaß nur eine bescheidene, schmucklose *Mastaba*. Hetepheres wurde allerdings nicht in Dahschur, sondern später in Giseh, auf dem Friedhof ihres Sohnes Cheops, bestattet.

Die annähernd fünfzig Jahre ständiger Bauarbeiten unter Snofru führten zu bemerkenswerten Verbesserungen der Bautechnologien – beim Mauerwerk, beim Tunnelbau, beim Steintransport und im Hochbau. Die bittere Erfahrung aus einem katastrophalen Fehlschlag, der einem nicht tragfähigen Untergrund geschuldet war, veranlasste die Bauleute künftig zu größter Vorsicht bei der Wahl der Standorte. Die bei der zweimaligen Verlegung der Pyramidenstadt gewonnenen praktischen Erfahrungen flossen in die künftige Organisation und Logistik einer Baustelle ein.

Der Bedarf an Baumaterial, an besonderen Gesteins- und Holzarten sowie an Kupfer für Werkzeuge und Ausrüstungen rief Expeditionen für deren Beschaffung ins Leben und verstärkten den Handel mit den Ländern in Nord und Süd. Diese Entwicklung erweiterte das Bewusstsein für die Welt rund um das Niltal.

Durch ihre verschiedenartigen Aufgaben sammelten auch die Beamten neue Erfahrungen und wurden zu einem effektiven Werkzeug der Zentralregierung.

118–119
Dieses großartige Luftbild zeigt die Nordpyramide oder Rote Pyramide des Snofru in Dahschur von Norden her. Der Eingang in fast 30 Metern Höhe liegt auf der Nordseite. Die Bezeichnung „Rote Pyramide" rührt von der roten Farbe des Kerngesteins her. Die weiße Kalksteinverkleidung der Pyramide wurde im Mittelalter abgebaut.

119 oben
Die erste Vorkammer der Nordpyramide des Snofru zeigt ein perfektes Kraggewölbe von 12,30 Metern Höhe.

120 und 121
Die Nordpyramide des Snofru war ursprünglich 105 Meter hoch. Die Abplattung der einstigen Spitze ist ein Werk mittelalterlicher Steinräuber. Heute beträgt die Höhe des Bauwerks nur noch 92 Meter.

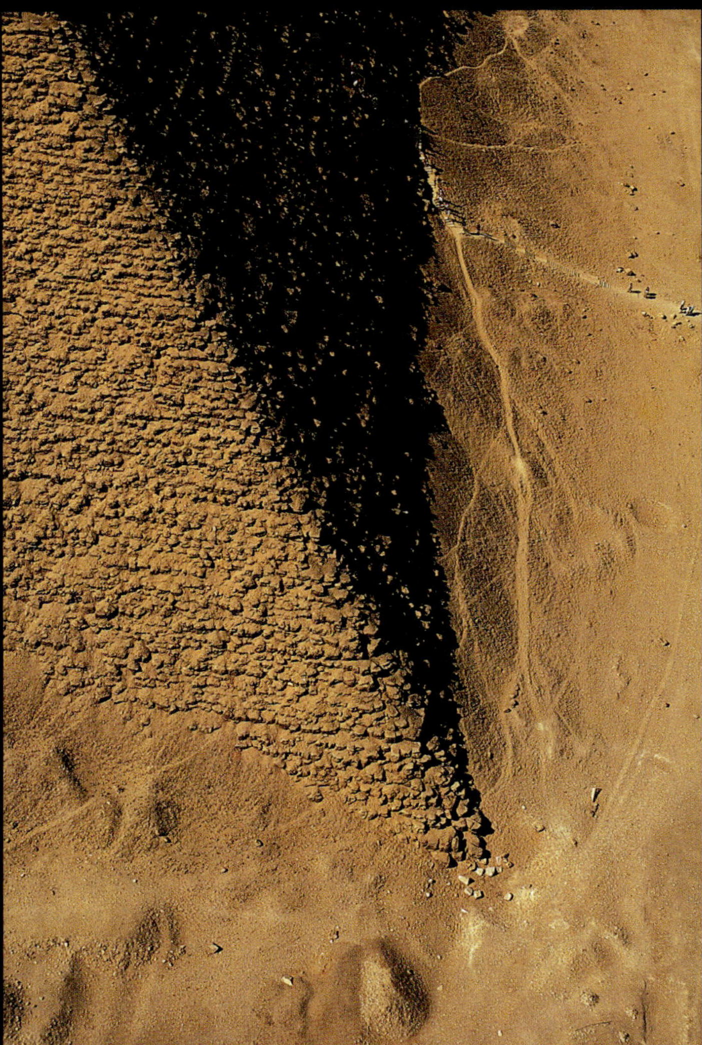

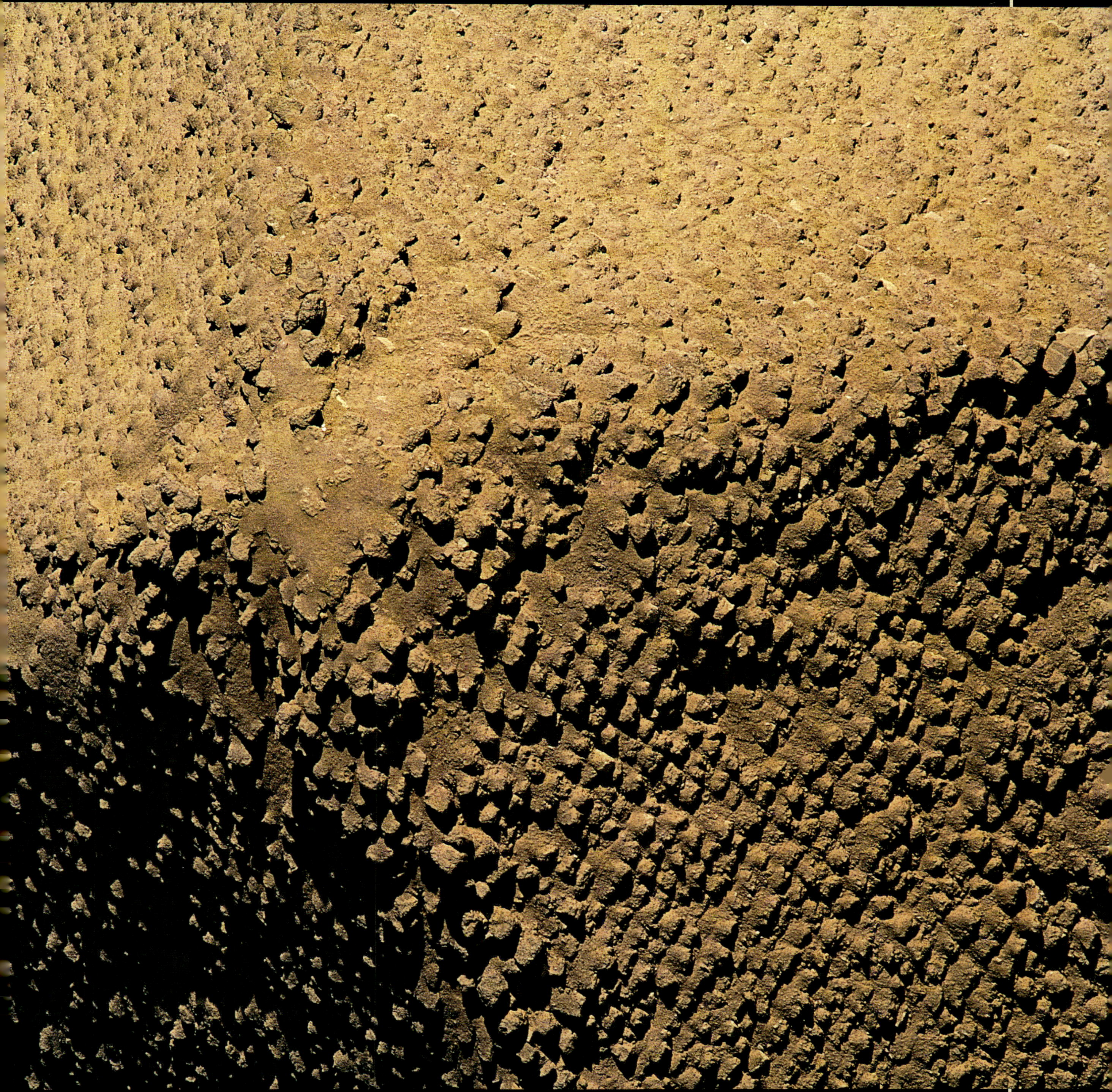

122–123
Blick von Nordwesten auf das Plateau von Giseh mit der Cheops-Pyramide, dem großen Westfriedhof, der Chephren-Pyramide und der Pyramide des Mykerinos mit zwei ihrer Nebenpyramiden.

122 unten
Diese Teilansicht des Plateaus von Giseh zeigt die Nordostecke der Chephren- und der Cheops-Pyramide.

123 oben
Die nur 7,6 Zentimeter hohe Elfenbeinstatuette des Cheops mit der Krone Unterägyptens wurde in Abydos gefunden. Die kleine Figur ist das einzige vollständige Abbild des Königs, der das größte Monument und Weltwunder erbaute.

Snofrus Sohn und Nachfolger konnte also die denkbar besten Beispiele zu seinem Vorteil nutzen, um ein noch ehrgeizigeres Bauvorhaben für seine Grabstätte zu planen. Damit es keine Rückschläge wie bei Snofru gab, entschied er sich für einen festen Felsuntergrund, den er an einer dominierenden Stelle auf dem über dem heutigen Giseh aufragenden Hügel fand.

Der Ausrichtung der Pyramiden nach den vier Haupthimmelsrichtungen wurde seit der Zeit der Stufenpyramiden große Bedeutung beigemessen. Die Cheops-Pyramide weicht von der wahren Nordrichtung nur um fünf Grad ab. Die Pyramiden des Chephren und des Mykerinos sind wahrscheinlich an einer Diagonalen ausgerichtet, die jeweils eine Ecke aller drei Bauwerke berührt. Die meisten anderen Fluchten zwischen den Pyramiden und Tempeln sind lediglich ein Fantasieprodukt von Pyramidenenthusiasten. Das trifft zweifellos auch auf die Theorien vom außerirdischen Ursprung des Grundrissplans der Pyramiden von Giseh zu; diese Theorien behaupten, die Anlage gebe die Konstellation der Gürtelsterne des Orion – des Sternbildes, das in den Pyramidentexten mit Osiris auf der Erde gleichgesetzt wird – wieder.

Die technische Vollkommenheit der Cheops-Pyramide nötigt uns höchste Bewunderung ab; die akkurate Ausrichtung nach Norden, die Nivellierung der Ecken, deren Höhenunterschied nicht mehr als 2,1 Zentimeter beträgt, die winzige Differenz der Seitenlängen von nur 4,4 Zentimetern und eine Abweichung der Winkel von nicht mehr als 2'48" erscheinen in Anbetracht der einfachen Werkzeuge, die man damals hatte, unglaublich. Im Gegensatz zu dem flachen Winkel von 45°, den die letzte Snofru-Pyramide aufweist, wagten sich die Bauleute bei der Cheops-Pyramide an einen Neigungswinkel von 51°50'40". Mit einer Seitenlänge von 440 Ellen (230,37 Meter) erreichte das Bauwerk ursprünglich eine Höhe von 280 Ellen (146,59 Meter), also knapp die ideale Höhe von 300 Ellen. Heute ist das Monument noch 138,75 Meter hoch.

Die Vollkommenheit der Proportionen und der Konstruktion des Oberbaues findet sich genau im Plan des Korridor- und Kammersystems im Pyramideninnern wieder.

Bis heute versuchen Gelehrte in allgemein positiver Absicht nachzuweisen, dass die drei Kammern der Pyramide das Ergebnis dreier aufeinander folgender Entwurfsänderungen sind. Den Baumeistern, die dieses einzigartige Projekt so perfekt entwarfen und ausführten, wird mit der Behauptung, sie seien beim wesentlichsten Bestandteil der Pyramidenkonstruktion, dem Grabkammersystem, ohne Konzept oder Entwurf vorgegangen, allerdings Unrecht getan. Gegen die Ansicht spricht ein schlüssiges Argument: Die Außenkonstruktion und der Entwurf des Kammersystems harmonieren miteinander auf vollkommene Weise, und weder innen noch außen deutet irgendetwas auf eine Änderung des Bauplanes hin. Neuere Forschungsergebnisse belegen, dass Königsgräber seit der Thinitenzeit nicht nur aus einer einzelnen Sargkammer, sondern aus einer Reihe von drei Räumen bestehen, deren Funktion man bisher aber nur teilweise versteht.

Die Erkenntnis hat in neuerer Zeit auch Beweise gegen den Pyramidenmystizismus geliefert, der gerade wieder epidemisch grassiert, und zwar mit der Behauptung, in das Kammersystem der Cheops-Pyramide seien einst verborgene Geheimräume oder gar noch weitere Schatzkammern, die „Kammern des Wissens", eingebaut worden.

Karte des Pyramidenbezirks „Horizont des Cheops"

A	*Cheops-Pyramide*
B	*Ostfriedhof mit den Königinnenpyramiden und den Mastabas von Cheops' Söhnen und Töchtern*
C	*Westfriedhof*
CC	*Mastaba des Hemiun, des Baumeisters der Pyramide*
D	*Totentempel und Aufweg*
E	*Bootsgruben*

Die obere granitene Sarkophagkammer liegt im Pyramideninnern mehr oder weniger isoliert. Über ihr befinden sich fünf Entlastungsräume mit bis zu vierzig Tonnen schweren Granitbalken, die den Druck der Pyramide auf die Grabkammer verringern. Die oberste Entlastungskammer schließt mit einem Satteldach aus riesigen Kalksteinblöcken ab, die auf den Steinen des Kernmauerwerks ruhen. In den oberen Entlastungsräumen findet man von den damaligen Bauleuten angebrachte Graffiti; diese benennen als Bauherrn der Pyramide König Cheops. Die Graffiti sind in dieser Pyramide der einzige authentische Hinweis auf Cheops. Von der Mitte der Süd- und der Nordwand der Grabkammer – und in gleicher Weise von der mittleren Kammer – führen schmale Modellkorridore mit einem Querschnitt von 20 x 20 Zentimetern zum südlichen und nördlichen Himmel. Sie weisen der Seele des toten Königs den direkten Weg zum Himmel. Früher hielt man diese Kanäle für Belüftungsschächte oder Hilfsmittel zur Beobachtung des Firmaments; es steht jedoch fest, dass diese Korridore ursprünglich verschlossen waren und nur dem Aufstieg der Seele des Verstorbenen zum Himmel gedient haben konnten. Bei neueren Untersuchungen des südlichen Schachtes in der mittleren Kammer wurde ein kleiner Kalksteinblock mit zwei kupfernen Formstücken oder Beschlägen auf der geglätteten Oberfläche entdeckt, der das Ende des Schachtes versperrte. Die Beschläge stellen höchstwahrscheinlich Hieroglyphen, Symbole mit magischer Kraft dar, die die Seele des Königs befähigten die Sperre zu überwinden. Bei den jüngsten Untersuchungen wurde in den Kalksteinblock ein Loch für eine endoskopische Kamera gebohrt. Die ersten Bilder zeigen hinter der ersten Sperre einen schmalen leeren Raum sowie einen weiteren, weniger geglätteten Kalkstein mit schwachen Steinbruchmarkierungen, was bedeutet, dass dieser Stein aus dem Pyramidenkern stammt. Das bestätigt eindeutig die nach unserer ersten Untersuchung 1992 entwickelte Theorie, dass diese Schächte nachgebildete Korridore – Modellkorridore – sind, die man einst mit ebenfalls nachgebildeten Blockierungssteinen versperrt hat. Der erste, glatt geschliffene Stein könnte durchaus ein nachgebildeter Fall- oder Schiebestein sein. Die Untersuchung des Modellkorridors, der von der Nordseite der Kammer nach außen führt, brachte mehr oder weniger die gleichen Ergebnisse. Der Korridor endet vor einem Block aus weißem Kalkstein. An seiner geglätteten Oberfläche sind die Spuren von zwei Kupferbeschlägen der gleichen Art wie an dem südlichen Fall- oder Schiebestein zu sehen. Diese Beschläge sind sicherlich keine Griffe, sondern magische Hieroglyphen für die Seele des Königs. Auf der Oberfläche sind

124 oben
Der ursprüngliche Eingang auf der Nordseite der Cheops-Pyramide. Darunter verschafften sich im Altertum Grabräuber einen Zugang ins Pyramideninnere.

124 unten links
Die Große Galerie der Cheops-Pyramide ist 47 Meter lang und 8,50 Meter hoch. Ihre Deckenkonstruktion besteht aus einem vollendet gearbeiteten Kraggewölbe.

124 unten Mitte
Die Vorkammer der Cheops-Pyramide, die so genannte Königinkammer, ist an der Ostwand mit einer Statuennische versehen.

124 unten rechts
Die königliche Grabkammer mit dem Sarkophag aus Rotgranit besteht gänzlich aus Granit. Ihr Dach besteht aus neun riesigen Granitbalken, von denen jeder rund 40 Tonnen wiegt.

125 links
Die Cheops-Pyramide in Giseh: Querschnitt durch die Grabwohnung mit der Königskammer (J), einer Korridorkammer (I) mit dem Raum für die Porticulli und fünf Entlastungskammern (K). Ein grob ausgehauener Gang verbindet die Decke der Großen Galerie mit der ersten Entlastungskammer.

126–127
Die Cheops-Pyramide mit dem Sphinx.

undeutliche Steinbruchmarkierungen, das Zeichen des Arbeitstrupps *wadj* („Der Grüne") und wahrscheinlich die Hieroglyphe *prjj*, „herauskommen" (aus dem Grab), zu erkennen. Es ist mit absoluter Sicherheit anzunehmen, dass diese Korridore nur dem Aufstieg der Seele des toten Königs zum Nord- und Südhimmel dienten und dass es hinter den Abriegelungsblöcken bestimmt keine verborgenen Kammern gab.

Für die konservativen Glaubensvorstellungen und Traditionen der alten Ägypter ist typisch, dass die vorherrschende Glaubenslehre, in deren Mittelpunkt der Sonnenkult stand, auch ältere Anschauungen über ein unterweltliches Jenseits in den Tiefen der Erde neben sich duldete. Dieser „chthonische" oder unterweltliche Aspekt offenbart sich in der dreißig Meter tief in den massiven Felsgrund geschnittenen Felsenkammer. Der Korridor an der Ostseite dieser Kammer, der zu einem Südgrab unter der Pyramide hätte führen können, wurde nie fertig gestellt; vielleicht hatten die Arbeiter in dieser großen Tiefe nicht genügend Atemluft. Cheops baute später an der Südostecke seines Pyramidenbezirks eine kleine südliche Pyramide, die erst vor wenigen Jahren entdeckt und ausgegraben worden ist. An der Ostseite der mittleren Kammer befindet sich eine Statuennische für eine *Ka*-Statue des Königs und wie in der Granitkammer existieren auch hier Modellkorridore, die zum Himmel führen. Diese Kammer kann nicht immer als Grabkammer gedient haben, da sie nicht mit einem Steinsarkophag ausgestattet und nicht mit Porticulli (dicht schließenden Fallsteinen, die man von oben in die Eingangskorridore gleiten ließ) versperrt war. Durch die Aufnahme eines geschlossenen Kultbereichs in den Pyramidenkörper war der Bezirk draußen auf den Totentempel reduziert, von dem heute nur noch die Basaltpflasterung erhalten ist. Die Anordnung der Abdrücke und Markierungen im Pflaster belegt, dass der Tempel einst aus einem großen Kolonnadenhof und einer Kapelle für die Grabopfergaben bestand. Ebenfalls später und erst nachdem man das Südgrab im Felsen unter der Pyramide aufgegeben hatte, wurde an der Südostecke der Anlage eine kleine Kultpyramide hinzugefügt. Bruchstücke von Statuen aus Kalkstein und anderen Materialien machen deutlich, wie reich der Totentempel ausgeschmückt war.

Genauso präzise und sorgfältig geplant wie die Pyramidenanlage selbst war die Nekropole. Südlich und östlich der Pyramide existieren fünf Felsenschächte, in denen einst Bestattungsbarken – keine Sonnenbarken – für Cheops lagen. Die beiden südlichen Schächte fand man verschlossen vor. Der östliche Schacht enthielt ein in mehr als 1200 Teile zerlegtes vollständiges Königsschiff

Axonometrische Ansicht der Cheops-Pyramide

A *Eingang*
B *Absteigender Korridor*
C *Unterirdische Felsenkammer*
D *Versorgungskorridor*
E *Ansteigender Korridor*
F *Vorkammer*
FF *Luftschächte*
G *Horizontaler Korridor*
H *Große Galerie*
I *Korridorkammer mit Porticulli*
J *Königskammer*
JJ *Luftschächte*
K *Entlastungskammern*

Cheops

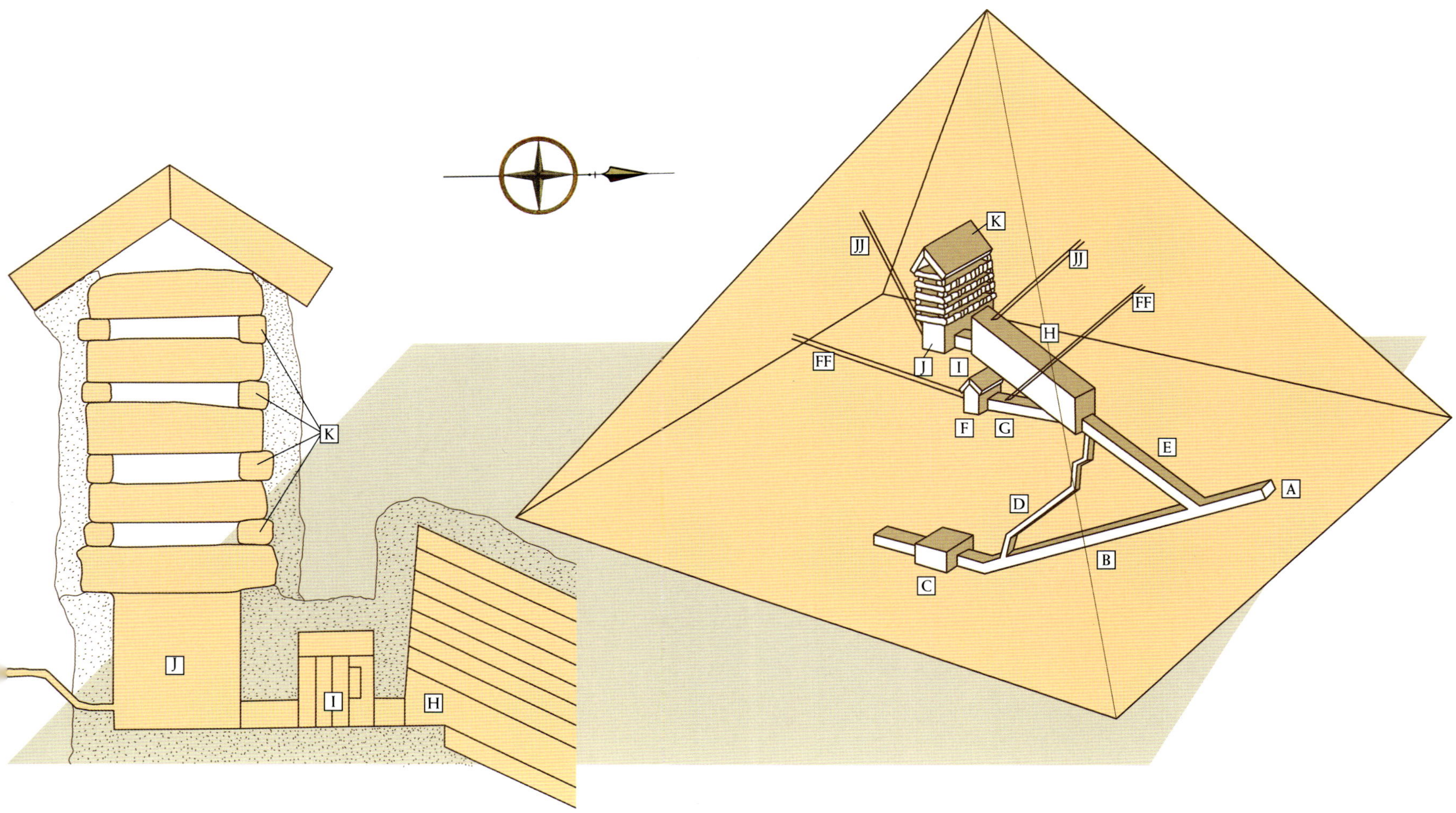

mit Rudern und Tauwerk. Die inzwischen wieder zusammengebaute Barke hat eine Länge von 43,40 Metern. Das andere Bootsgrab ist noch nicht geöffnet worden, doch neuere Videobilder, die man durch ein Bohrloch aufgenommen hat, zeigen, dass die Barke darin durch den Druck des unterirdischen Felsgesteins und den Bau des Bootsmuseums über dem östlichen Schacht stark in Mitleidenschaft gezogen worden ist. Beide Wasserfahrzeuge hatten zu Lebzeiten des Herrschers zweifellos als königliche Verkehrsmittel gedient und sollten Cheops auch im Jenseits zur Verfügung stehen. Sie sind nicht die einzigen Schiffe, die in einer königlichen Nekropole gefunden wurden. Schon in der Zeit der 1. und 2. Dynastie erhielten Könige Boote als Beigabe für das jenseitige Leben. Östlich der Cheops-Pyramide liegen drei kleine Pyramiden. Eine gehört Hetepheres, der Mutter des Königs und Hauptgemahlin des Snofru, die ihren „Ehemann" überlebte und im Palast ihres Sohnes in Giseh starb und auch in Giseh bestattet wurde. Inhaberinnen der beiden anderen Monumente sind die Hauptköniginnen Meritites und Henutsen, die Mütter der Söhne und Nachfolger König Cheops', Djedefre und Chephren. Die leiblichen Söhne und Töchter des Königs erhielten gewaltige, massive Doppel*mastaba*s östlich der Königinnenpyramiden. Hohe Beamte, die Baumeister und selbst Prinz Hemiun, der einflussreiche Bauleiter der Cheops-Pyramide, hatten ihre Grabstätten auf dem Westfriedhof. Im Osten, unten im Tal und in der Nähe seines Palastes, ließ Cheops den Sphinx, eine der größten Statuen, die je geschaffen wurden, aus dem Felsen meißeln. Der Sphinx gilt heute als wahres Meisterwerk des Cheops. Die traditionelle Einordnung der Statue in die Zeit des Chephren entbehrt jeglicher baukünstlerischer, epigrafischer oder stilistischer Grundlage; im Gegenteil – alle Beweise sprechen deutlich für Cheops. Der Sphinx ist aus einer großen Felsformation in den Steinbrüchen des Cheops gehauen. Seine stilistischen und ikonografischen Merkmale sind die des Cheops. Das Sphinxgesicht zeigt eine breite, fast quadratische Form und ein breites Kinn, während die Gesichtszüge des Chephren lang und deutlich schmaler sind und ein fast spitzes Kinn aufweisen. Der Sphinx ist wie die Djoser-Statue mit der älteren, altmodischen, ganz in Falten gelegten Art des Kopftuches (*nemes*) geschmückt. Der gleiche, ganz in Falten gelegte Kopfschmuck ist im Bostoner Museum of Fine Arts an einem Fragment einer Cheops-Statue zu sehen, das aus dem Pyramidentempel des Cheops stammt. Bemerkenswert ist, dass die Kopfbedeckung kein Band in Form eines erhabenen Saumes oberhalb der Brauen aufweist. Auch das entspricht dem älteren Typ wie bei Djoser. Von der Zeit des Djedefre und des Chephren

an wird das erhabene Saumband über den Augenbrauen zur Norm. Unter Chephren sind nur noch die vorn herabhängenden Streifen, doch nie der Kopfteil oder die Seitenteile des Kopfschmucks plissiert. Die Seitenteile des Sphinx-*Nemes* sind tief, bei der Chephren-Statue hingegen überhaupt kaum ausgekehlt. Bei Letzterer sind die Kopftuchecken hochgebogen, beim Sphinx nicht. Der Sphinx trägt am unteren Kopftuchrand eine Uräusschlange. Diese zeigt im Unterschied zu den Kobras bei Chephren und Mykerinos ein Hochrelief mit naturalistischer Detaillierung des Schlangenhalses und der Schildschuppen. Die kräftig nach vorn gewölbten Augenbrauen des Sphinx sind hoch angesetzt und fallen zu den Schläfen hin ab. Die Augen liegen tief, sind aber scharf modelliert, groß und weit geöffnet. Dieser Gestaltung verdankt der Kopf wohl zum Teil seine Monumentalität. Die weit geöffneten Augen sind absolut typisch für die Reserve- oder Porträtköpfe aus der Zeit des Cheops. Ganz anders als bei der Statue des Chephren sehen die Ohren aus. Die Ohren des Sphinx sind sehr breit und nach vorn gebogen, die des Chephren sind länglich und sitzen dichter an den Schläfen. Ein entscheidendes Kriterium ist das Fehlen eines Bartes. Der Sphinx zeigt keinerlei Anzeichen von Barthaar am Kinn, und unter dem Kinn sieht man keine Bruchspuren. Der Sphinx aus der Zeit des Alten Reiches trug folglich keinen Bart. Die Bruchstücke eines geflochtenen Götterbartes, die sich heute im British Museum in London und im Ägyptischen Museum in Kairo befinden, stammen sicherlich aus der Zeit des Neuen Reiches; der Bart wurde dem Sphinx wohl angesetzt, als man ihn mit dem Gott Harmachis gleichsetzte und anbetete. Der gerundete Götterbart ist offensichtlich eine Neuerung der damaligen Zeit und existierte im Alten oder Mittleren Reich noch nicht. Als man ihn an den Kopf anfügte, wurde eine kleine Plattform aus der Brust des Sphinx herausgeschnitten, auf der der Bart und eine Königsstatue ruhten. Der Bart ist ein königliches Attribut. Manche Könige tragen ihn, andere nicht. In der Zeit des Alten Reiches gilt eine absolute, strenge Vorschrift: Trägt ein König den Bart, erscheint dieser in Ober- und Unterägypten in ausnahmslos allen Darstellungen, in Skulpturen und Reliefs. In der 4. Dynastie ist zu beobachten, dass Snofru und auch Cheops nie einen Bart hatten – weder bei der kleinen Elfenbeinstatue, noch an den Köpfen im Brooklyn Museum oder im Staatlichen Museum ägyptischer Kunst München. Von der Zeit Djedefres an tragen jedoch alle Könige, einschließlich Chephren und Mykerinos, den Kultbart, wie Reliefs und die königlichen Skulpturen belegen. Userkaf, der Begründer der 5. Dynastie, legt den Kinnbart wieder ab, trägt aber einen

Schnurrbart. Bei neueren Ausgrabungsarbeiten japanischer Archäologen wurde ein kleiner Sphinx entdeckt. Auf diesem Fund sind die Namen des Cheops und Pepis I. vermerkt. Folglich lebte in der 6. Dynastie noch das Bewusstsein fort, dass Cheops Schöpfer des Sphinx in Giseh war.

König Cheops nahm selbst Einfluss auf die Form der Grabkapellen und deren Ausschmückung, die sich auf Darstellungen der höchst wichtigen Opfergaben beschränkt. So wurden Staat und Gesellschaft in einzigartiger, monumentaler Weise in die strenge Hierarchie der Königsnekropole und in die imaginäre Welt des jenseitigen Lebens des Herrschers eingebunden, damit sie ihm auf ewig dienen könnten. Sie wurden auch zu Empfängern königlicher Spenden und Opfergaben vom zentralen königlichen Totentempel.

Über die Person des Cheops wissen wir ebenso wenig wie über andere Könige des Alten Reiches. Die von Herodot überlieferte Kritik an Cheops' Herrschaft und Leistungen ist eine rein griechische Reaktion auf die einzigartige Architektur, die nach menschlichem Maßstab alles überragte, was für einen Griechen nur ein Zeichen menschlicher Überheblichkeit sein konnte. Dass Cheops Snofrus Sohn war, wissen wir nur vom zufälligen Fund der Grabausstattung seiner Mutter Hetepheres in einem Schachtgrab in Giseh. Hetepheres war zunächst in diesem Schachtgrab und erst später, nach der Fertigstellung ihrer Pyramide, der nördlichsten der Königinnenpyramiden, die östlich der Cheops-Pyramide stehen, dort bestattet worden. Cheops muss einer der jüngeren Söhne des Snofru gewesen und etwa im zwanzigsten Regierungsjahr des Königs in Dahschur geboren worden sein. Das würde bedeuten, dass er im Alter von etwa fünfundzwanzig bis dreißig Jahren auf den Thron gelangte. Zu dieser Zeit waren seine älteren Brüder, die Prinzen Nefermaat und Rahotep, die Baumeister der Pyramiden in Medum und Dahschur, bereits gestorben. Die Ansprüche des Gottkönigtums kommen nie zuvor oder jemals wieder in der ägyptischen Geschichte so stark zum Ausdruck. Dass dies in den dreiundzwanzig bis sechsundzwanzig oder, was wahrscheinlicher ist, in den dreißig Regierungsjahren des Cheops erfüllt werden konnte, ist das Ergebnis der bemerkenswerten Schulung der Verwalter, Baumeister und Arbeiter, die in damals schon seit fünfzig Jahren praktizierten Unternehmungen eingesetzt waren. Ihr Können befähigte die Beteiligten zu erstaunlichen Leistungen – zum Vortreiben eines 100 Meter langen Schachtes in ein tiefes anstehendes Felsmassiv; zur Vorbereitung und Lagerung unglaublich schwerer Steine als ständigen Nachschub für die Arbeitskolonnen; das Anlegen von Rampen und Transportwegen bei minimalem Zeit- und Materialeinsatz, die dennoch nicht das dauernde Vermessen der aufwärts wachsenden Pyramiden behinderten. Wie das im Einzelnen vor sich ging, ist noch immer größtenteils unbekannt. Im Rahmen neuerer Untersuchungen zum Pyramidenbau durch Architekten, Bauingenieure und Archäologen des Deutschen Archäologischen Instituts in Kairo wurden verschiedene Modelle für den Steintransport geprüft. Das Ergebnis ist eine neue Theorie, nach der zunächst an allen Seiten der Pyramide mehrere kleine Rampen errichtet wurden. War eine Höhe von 20 – 25 Metern erreicht – zu diesem Zeitpunkt hatte man bereits fast vierzig Prozent der Steine verlegt – mussten die kleinen Rampen aufgegeben werden, denn weiter oben wäre ihr Anstieg zu steil geworden. Von da an musste man sich einer anderen Transportmethode bedienen. Eine einzelne, gerade Rampe, die schräg an einer Seite der Pyramide anstieg, ist auszuschließen; sie wäre rund 1500 Meter lang gewesen und hätte mehr als siebenmal so viel Baumaterial verschlungen wie die Pyramide selbst. Auch mit einer doppelten Spiralrampe, die an zwei oder gar allen vier Ecken der Pyramide begonnen und sich, auf den Bossen der noch nicht abgearbeiteten Verklei-

dungssteine ruhend, nach oben gewunden hätte, wären schon während des Baues enorme Schwierigkeiten aufgetreten, denn es wäre nahezu unmöglich gewesen, mit Hilfe von Balken ständig die richtige Neigung einzuhalten. Deshalb hat man die These vorgeschlagen, dass an einer Pyramidenseite eine schiefe Ebene als Rampe errichtet wurde. Für diese Ebene konnte man zunächst das Baumaterial der kleinen Rampen verwenden. In einer Höhe von etwa 100 Metern, wenn bereits 97 Prozent des Materials verbaut waren, wäre dann aber selbst diese Rampe zu steil geworden, als dass die Bauleute sie noch hätten nutzen können. Für die letzten vierzig Meter könnten abgetreppte Rampen und mechanische Vorrichtungen, Hebel und selbst Flaschenzüge verwendet worden sein. Der Schlussstein, das Pyramidion, könnte bereits zu einem früheren Zeitpunkt über die Rampe herangebracht und während der weiteren Bauarbeiten von Stufe zu Stufe bis ganz nach oben mitgeführt worden sein. In einer viel späteren Zeit erzählten ägyptische Priester dem griechischen Historiker Herodot seltsame Geschichten über den Pyramidenbau. Sie sprachen von hunderttausenden Arbeitern, Sklaven und für die Zeit der Nilschwemme dienstverpflichtete ungelernte Arbeitskräfte, die mit hölzernen Hebeln und Maschinen die Bausteine nach oben beförderten. Die fantasievollen Schilderungen werden noch heute nacherzählt. Es ist jedoch offensichtlich, dass es auf den engen Baustellen gar nicht ausreichend Platz für eine so große Anzahl Menschen gab. Nach den Steinbruchmarkierungen zu urteilen, die bei Ausgrabungsarbeiten an Snofrus Nordpyramide in Dahschur gefunden und registriert wurden, arbeitete ein hoch spezialisierter Trupp Arbeitsleute, eine Art Pionierarmee, das ganze Jahr über, nicht nur während einer Saison. Unsere Berechungen lassen auf eine Zahl von 20 000 bis 25 000 Arbeitern schließen – Steinbrucharbeiter und Steinmetzen, Träger, Maurer und Putzer, Essenlieferanten und dann viele Ingenieure und Baumeister. Bei einer geschätzten Einwohnerzahl des Landes von rund zwei Millionen hätte ihre Zahl bei knapp einem Prozent der ägyptischen Bevölkerung gelegen. Das Pyramidenbauprogramm beeinträchtigte also das Leben der Bevölkerung kaum. Selbst die Kosten und die materielle Unterstützung für den Bau und die Arbeitskolonnen bleiben bei diesem Anteil im Rahmen. In den Städten rund um den Palast und die Pyramiden wohnte eine neue Klasse Männer und deren Familien, von Berufs wegen Angehörige des Hofes, Verwalter und Kunsthandwerker. Sie waren als Priester und Beamte des Totentempels angestellt. Diese Menschen prägten den Staat und befähigten ihn zu immer größeren Leistungen. Für ein besseres Verständnis des Pyramidenzeitalters müssen wir ein für allemal den positivistischen Standpunkt des 19. und des frühen 20. Jahrhunderts hinter uns lassen und daran denken, dass der Bau der Pyramiden, der Grundrissplan der Grabkammern sowie Form und Größe des Totentempels nicht allein eine architektonische Leistung und einen technischen Fortschritt darstellen, sondern von religiösen Zeremonien und den Erfordernissen des Kults bestimmt sind. Dies und nichts sonst sind die wahren Motive. Das Grabkammersystem im Pyramideninnern und die Form des Totentempels draußen hängen miteinander zusammen. Eine ausgeklügelte Anordnung der Grabkammern korrespondiert mit der einfachen Architektur im Totentempel und umgekehrt. Die Größe einer Pyramide ist keinesfalls ein Maß für die Macht und die Stellung des Besitzers. Djedefre beispielsweise, Sohn und Nachfolger des Cheops, ließ seine Pyramide viel kleiner, aber an einer so beherrschenden Stelle in Abu Roasch (nördlich von Giseh) errichten, dass der Bau, genau wie die Cheops-Pyramide in Giseh, dank seiner Lage die Landschaft beherrscht. Djedefres Totentempel blieb zwar unvollendet, wurde aber trotzdem mit vielen Königsstatuen von höchster Güte geschmückt.

128 – 129
Die Cheops-Pyramide mit ihren Bootsgruben, dem Sonnenbarken-Museum, der Nebenpyramide an der Südostecke, dem Totentempel und dem Friedhöfen der Königinnen und hohen Beamten.

129 oben
Der Portikus der Mastaba der Familie des Seschemnefer, die in der Zeit der 5. Dynastie hohe Beamte und Bewohner der Pyramidenstadt waren.

129 unten
Blick von Osten auf das Plateau von Giseh mit dem Ostfriedhof und den kleinen Pyramiden der Königinnen und den großen Doppelmastabas der Söhne und Töchter des Cheops.

Chephren

Das lässt sich am Beispiel der Pyramidenbezirke des Chephren und des Mykerinos noch verdeutlichen. Chephren war einer von Cheops' jüngeren Söhnen. Er kam unerwartet nach dem plötzlichen, frühen Tod seines Bruders Djedefre auf den Thron. Chephrens Pyramide sollte genauso hoch aufragen wie die seines Vaters, was durch die Wahl eines etwas höher gelegenen Standortes und eines steileren Neigungswinkels auch erreicht wurde. Seine Pyramide nannte der König „Groß ist Chephren". Die Pyramidenbasis wurde erstmals mit Blöcken aus schönem Rotgranit verkleidet. An der Spitze des Bauwerks ist die Originalverkleidung noch erhalten. Das Kammersystem ist so einfach, dass in den 1960er Jahren eine Gruppe bekannter amerikanischer Wissenschaftler ernsthafte Versuche unternahm, mit Hilfe modernster technischer Ausrüstung zusätzliche Räume in der Pyramide aufzuspüren – ohne Erfolg allerdings. Die Grabkammer ist recht groß und mit ihrem Giebeldach ziemlich eindrucksvoll; 1818 entdeckte Giovanni Battista Belzoni einen prächtigen Sarkophag, der im Altertum allerdings zerstört worden war. Toten- und Taltempel des Chephren sind sehr großzügig gebaut; für den Mauerkern wurden riesige Steinblöcke, für die Verkleidung Granit verwendet. Auch diese beiden Tempel waren mit glatt poliertem Rotgranit verkleidet, ebenso die gewaltigen Pfeiler mit quadratischem Querschnitt im Taltempel.
Die Räume des Taltempels waren von massiven, megalithischen Mauern umgeben. Sie erweckten den Eindruck, der Tempel sei entweder in einen gewachsenen Felsen eingeschlossen oder man habe ihn aus dem Pyramidenkern herausgemeißelt und dann außerhalb des Grabmonuments aufgestellt. Zu dieser Wirkung tragen mehr als siebzig majestätische Statuen aus Hartgestein bei, die den König als sichtbares Abbild der Götter darstellen. Die Statuen, darunter auch die berühmte Sitzstatue des Chephren, der vom Falkengott Horus geschützt wird, schmückten einst den Toten- und den Taltempel. Neuere Ausgrabungen vor dem Taltempel förderten wichtige Kulteinrichtungen zutage, die mit dem Kult des Sokar in Verbindung stehen. Dies war sicherlich ein Teil von Rasetjau, vielleicht die erste Entwicklungsstufe dieses berühmten Kultortes, über den von der 4. Dynastie an bis in die Römerzeit berichtet wird. Südlich der Hauptpyramide sind noch der Umriss und einige Verkleidungsblöcke der Südpyramide zu sehen. In einem gesonderten Schacht etwas westlich dieser Pyramide war ein hölzerner Kasten versteckt, der ein rätselhaftes Gestell, wahrscheinlich einen Tragschrein für die in der Südpyramide bestattete *Ka*-Statue, enthielt.

130

Die Dioritstatue des Chephren (Höhe 168 Zentimeter) mit dem schützenden Falkengott Horus im Nacken wurde im Taltempel gefunden. Kairo, Ägyptisches Museum.

131

Luftaufnahme von der Umgebung der Chephren-Pyramide.

Scoperta da G. Belzoni.

132–133
Die Spitze der Chephren-Pyramide zeigt noch gut erhaltene Verkleidungssteine. Rechts sind die Überreste von Chephrens Totentempel zu sehen.

132 unten links
Der Taltempel des Chephren war ganz aus schimmerndem Rotgranit gebaut.

132 unten rechts
In der Grabkammer der Chephren-Pyramide steht ein prächtiger Sarkophag aus schwarzem Granit, der in den Kammerboden eingelassen ist.

133
Dieser Blick von Norden zeigt den Westfriedhof, von dem man auf die Pyramiden des Chephren und des Mykerinos schaut.

Karte vom Pyramidenbezirk des Chephren

- A Pyramide
- B Totentempel
- C Taltempel
- D Sphinx-Graben
- E Grab der Königin Chentkaues
- F Nebenpyramide

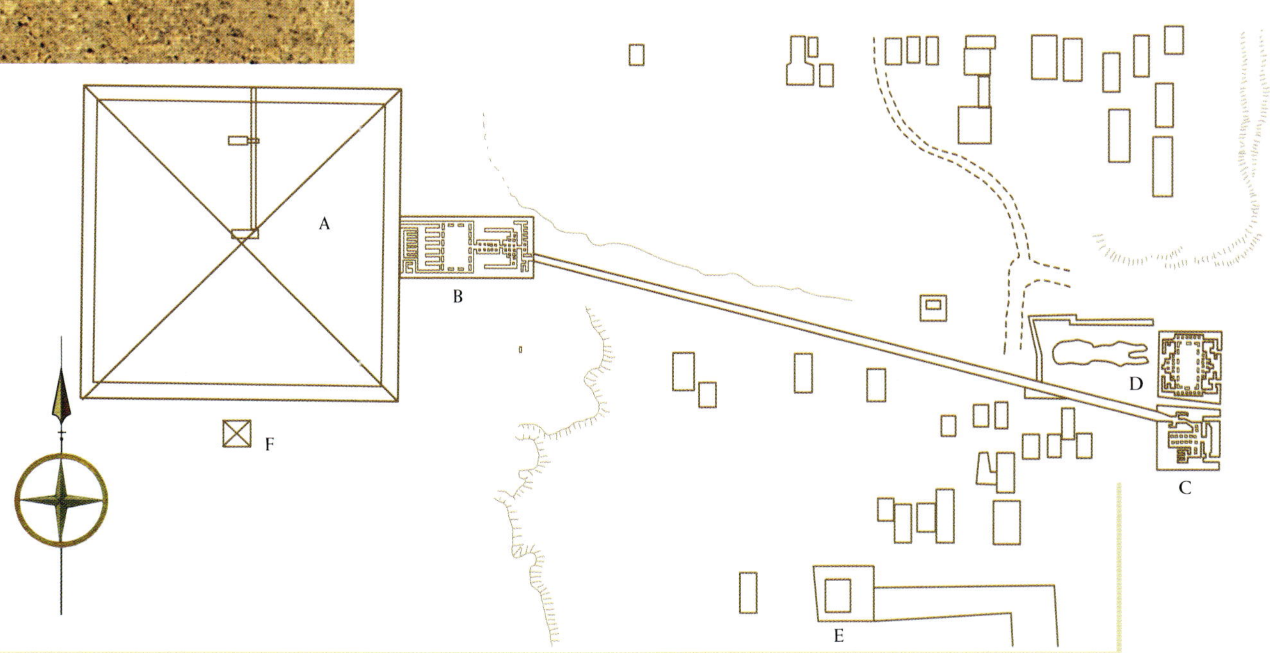

Mykerinos

Die dritte Pyramide in Giseh, die Pyramide des Mykerinos, ist bemerkenswert klein. Ihre Verkleidung bestand jedoch bis zur sechzehnten Lage aus wunderbarem Assuan-Rotgranit. Mykerinos' lange, friedvolle Regierungszeit dauerte achtundzwanzig Jahre, es gibt daher keinen Grund die reduzierte Größe und Masse seiner Pyramide einer wirtschaftlichen Krise zuzuschreiben.

Die Erklärung ist anderswo zu suchen.

Wir dürfen die Pyramiden nicht ausschließlich als königliche Grabmäler, als Verkörperung der Macht verstehen, sondern müssen in ihnen auch ein religiöses Monument sehen, das vergleichbar mit den Kathedralen des europäischen Mittelalters und der Renaissance ist.

Es ist keineswegs die Größe allein, sondern die religiöse Bedeutung, die die Form und den Stil bestimmt. Im Gegensatz zur äußeren Erscheinung der Mykerinos-Pyramide ist das System der Korridore und Grabgemächer im Innern durch eine außergewöhnliche Aufeinanderfolge von Räumen gekennzeichnet, die nur mit denen in der Cheops-Pyramide zu vergleichen ist, wenn man einmal davon absieht, dass die Korridore bei Mykerinos nach unten in den Fels führen, während sie bei Cheops aufsteigend angelegt sind. Diese andere Ausführung geht sicherlich nicht auf spätere architektonische Verbesserungen zurück; sie zeugt womöglich schon von der neuen Vorstellung vom Unterweltgott Osiris. Mykerinos' Totentempel indessen ähnelt mehr dem des Cheops; er besteht aus einem weiten, offenen Hof mit einer großen, lang gestreckten Opferkapelle.

Im Tempel selbst und im Taltempel wurden zahlreiche Skulpturen aus unterschiedlichen Materialien – Kalkstein, Alabaster und Granit – entdeckt. Mit den drei Pyramiden in Giseh erreicht die Entwicklung des Pyramidenbezirks ihren Höhepunkt. Schon die Könige der 18. Dynastie bezeugten einen tiefen Respekt vor den Pyramiden, den Grabmälern ihrer Vorfahren in Giseh. Griechische Reisende, die vom sechsten Jahrhundert an nach Ägypten kamen, bewunderten diese riesigen Monumente, auch wenn sie deren religiöse Bedeutung nicht verstanden.

Ein griechischer Dichter aus dem zweiten Jahrhundert v. Chr. nahm die Pyramiden von Giseh einst in seine Liste der „sieben Weltwunder" auf. Sie sind die einzigen dieser Sieben, die heute noch existieren.

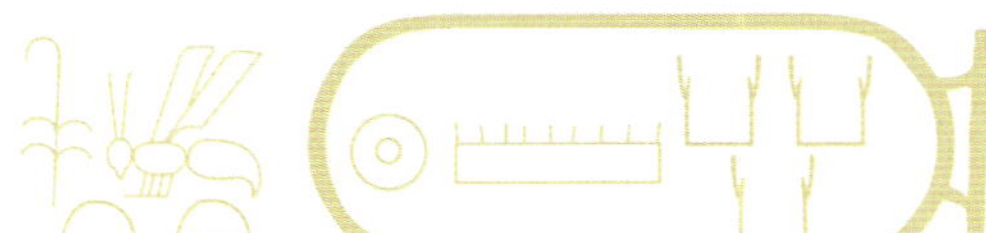

134
Diese Dreiergruppe aus graugrünem Schiefer (Höhe 95,5 Zentimeter) mit Mykerinos, der Göttin Hathor und Bat, der Göttin des 7. oberägyptischen Gaues, gehört zu einer Gruppe von mindestens acht Statuen, die einst im Taltempel des Mykerinos standen. Kairo, Ägyptisches Museum.

135
Dieser Kopf einer Sitzstatue wurde im Taltempel des Mykerinos gefunden. Die Statue, die aus Alabaster besteht und 161 Zentimeter hoch ist, stellt einen Pharao in seiner ganzen Erhabenheit dar. Kairo, Ägyptisches Museum.

Mykerinos

136–137
Diese Luftaufnahme zeigt deutlich die Pyramide des Mykerinos mit den Überresten des angeschlossenen Totentempels.

136 unten links
Die Korridorkammer der Mykerinos-Pyramide präsentiert noch immer ihre schönen Wandpaneele.

136 unten rechts
Im Innern der Mykerinos-Pyramide befindet sich eine Felsenkammer mit sechs Nischen, die vielleicht der Aufbewahrung von Opfergaben dienten.

137
Der Blick von Norden auf die Mykerinos-Pyramide zeigt einen Teil der Granitverkleidung, den Eingang sowie eine gewaltige Bresche, die angeblich Kalif Othman im 12. Jahrhundert schlagen ließ.

Axonometrischer Lageplan der Mykerinos-Pyramide

A	*Hauptpyramide*
B	*Kultpyramide*
C, D	*Königinnenpyramiden*
E	*Totentempel*
a	*Eingang und absteigender Korridor*
b	*Schacht, durch den die Granitblöcke für die Verkleidung der Grabkammer nach innen gezogen wurden*
c	*Korridorkammer und horizontaler Korridor*
d	*Vorkammer*
dd	*Statuennische*
e	*Mit dunklem Granit ausgekleidete Grabkammer, in der einst ein schön verzierter Sarkophag aus dem gleichen Material stand. Dieser wurde von Vyse entfernt und versank bei einem Schiffbruch vor der spanischen Küste.*

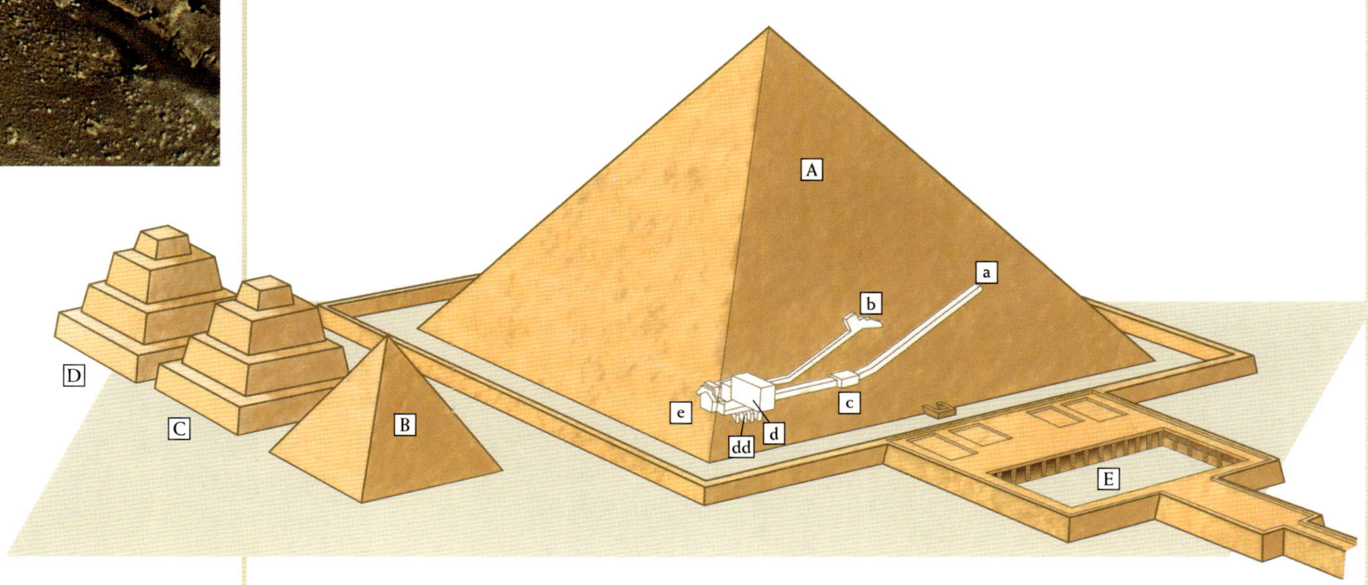

Kapitel 11

Die Königinnenpyramiden der 4. Dynastie in Giseh

Zahi Hawass

Jeder der Könige in Giseh hatte mehrere Königinnen. Einige dieser Königinnen wurden auf den *Mastaba*-Friedhöfen bestattet, die das Plateau von Giseh bedecken; andere erhielten eine eigene kleine Pyramide in den Bezirken ihres Gemahls oder ihrer Söhne.

In Giseh gibt es sieben Königinnenpyramiden – drei in der Pyramidenanlage des Cheops, eine im Bezirk des Chephren und drei im Pyramidenkomplex des Mykerinos.

138 links
Die drei Pyramiden der Königinnen des Cheops auf dem Pyramidenfeld von Giseh. 4. Dynastie.

138–139
Die Pyramiden der Königinnen des Mykerinos vor den Pyramiden des Mykerinos, des Chephren und des Cheops in Giseh. 4. Dynastie.

140–141
Dieses von der Ostseite aufgenommene Luftbild zeigt die drei Königinnenpyramiden des Königs Cheops, die Cheops-Pyramide sowie die Pyramiden des Chephren und des Mykerinos in Giseh. 4. Dynastie.

141 oben rechts
Diese Aufnahme präsentiert einen Ausschnitt von der unmittelbaren Umgebung der Cheops-Pyramide: Zwei Gruben für die Sonnenbarken des Cheops, die Nebenpyramide und die Pyramiden der drei Königinnen des Cheops. 4. Dynastie.

Die Königinnenpyramiden im Pyramidenbezirk des Cheops

In einer Reihe von Nord nach Süd, dicht hinter der östlichen Umfassungsmauer der Cheops-Pyramide und südlich des Aufwegs, liegen drei kleine Pyramiden, die im Allgemeinen drei Königinnen des Cheops zugeordnet werden. Archäologisch belegt ist auch eine kleine Kapelle an der Ostseite jeder Pyramide; außerdem wurden zwei Bootsgruben gefunden, eines an der Südseite der nördlichsten und das andere ebenfalls an der Südseite der mittleren Pyramide.

Diese Pyramiden wurden in modernen Zeiten erstmals 1837 von Vyse erkundet. Im ersten Jahrzehnt des 20. Jahrhunderts unternahm George Reisner nochmals Ausgrabungen in dem Gebiet und fertigte über die meisten architektonischen Elemente schriftliche Aufzeichnungen an. Unsere ägyptische Arbeitsgruppe erledigte einige in meinem Plan zum Standort-Management vorgesehene Aufräumungsarbeiten im Umfeld der Königinnenpyramiden, was unser Verständnis dieser Monumente erweiterte.

Die Königinnenpyramiden gehören nicht zum inneren Komplex der Cheops-Pyramide; sie stehen außerhalb der inneren Umfassungsmauer, von der die Hauptpyramide umgeben ist. Sie scheinen vielmehr Teil des östlichen Gräberfeldes zu sein, auf dem die *Mastaba*s der nächsten Verwandten König Cheops' liegen. Der Zugangsweg vom Norden muss durch einen Tunnel unter dem Aufweg hindurch geführt haben.

141 unten
Grundrisse und Schnittdarstellungen der Pyramiden der Königinnen des Cheops GI-c, GI-b und GI-a (von links nach rechts). Die obere Reihe zeigt die theoretische Rekonstruktion der Königinnenpyramiden mit den abwärts führenden Gängen. Diese Gänge führen, wie in den Grundrissen in der unteren Reihe zu erkennen ist, zu einer Kammer und biegen dann im rechten Winkel zur Grabkammer ab.

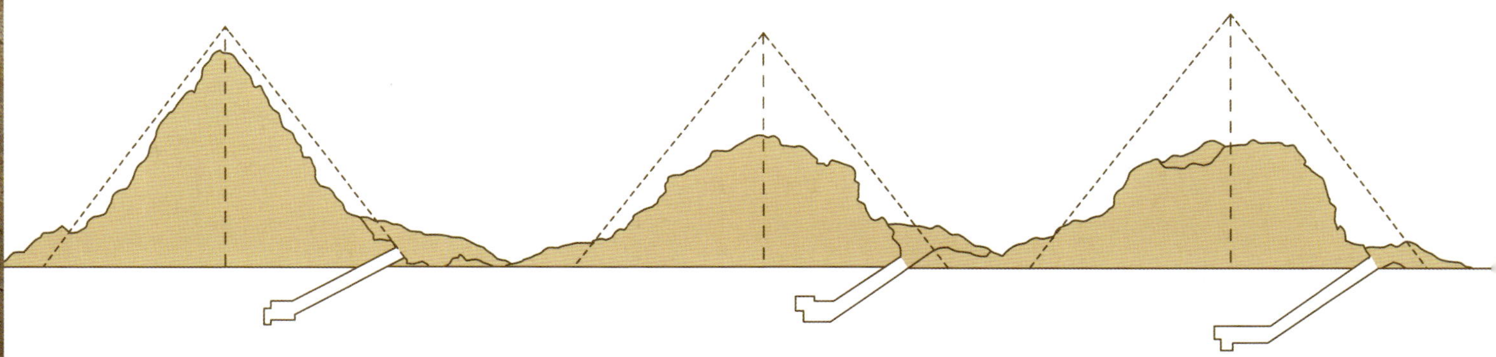

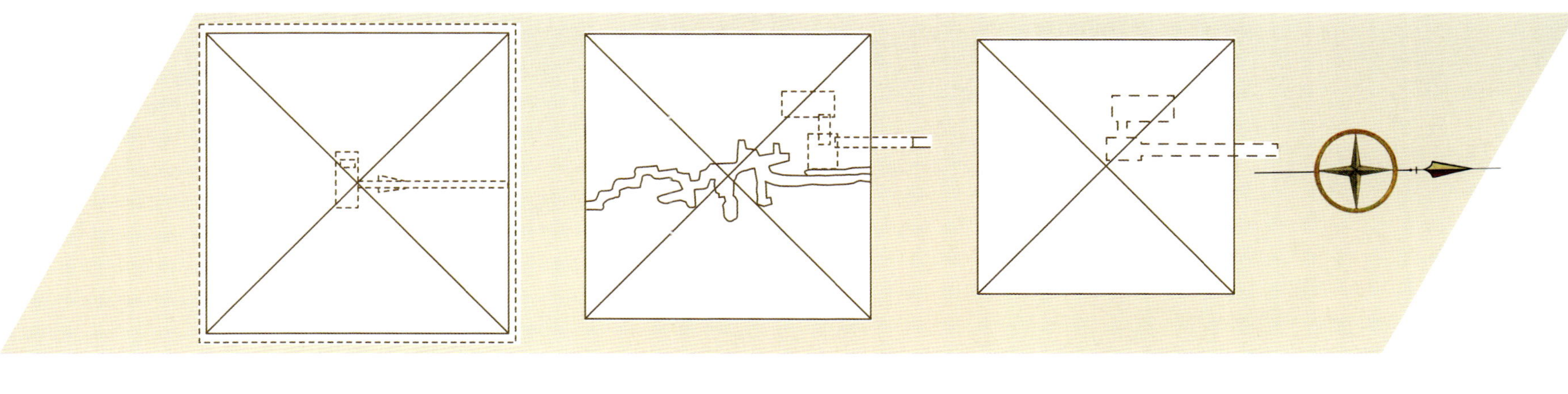

Die nördliche Pyramide GI-a

Diese Pyramide liegt 61 Meter von der Basis der Cheops-Pyramide entfernt. Ihre Seiten messen 49,5 Meter, ihre Höhe betrug ursprünglich wohl 30,25 Meter. Der Großteil der Verkleidung wurde entfernt, und das Bauwerk hat inzwischen fast zwei Drittel seiner einstigen Höhe eingebüßt. Der Eingang befindet sich östlich vom Zentrum der Nordseite, etwas oberhalb des Bodenniveaus.

Die inneren Kammern wurden ins Felsgestein des Plateaus gehauen. Die Grabkammer war mit Kalkstein ausgekleidet; nach Reisners Auffassung stand darin ursprünglich ein Sarkophag aus Kalkstein oder Granit. In die Westwand dieser Kammer war eine flache Vertiefung gemeißelt, in der man mehrere Basaltbruchstücke fand. Vyse glaubte, dass diese Bruchstücke von einem Basaltsarkophag stammten, der einst an dieser Stelle gestanden hatte, doch die italienischen Gelehrten Maragioglio und Rinaldi hielten die Basaltstücke für Teile der Pflasterung vom oberen Tempel des Cheops. Letzteres klingt plausibel, da weitere Fragmente dieses Pflasters im Bereich der Ostseite der Cheops-Pyramide verstreut lagen.

Der Bereich östlich der Pyramide GI-a wurde bis auf das Felsgestein hinunter frei geräumt; hier sind Einschnitte im Gestein zu sehen, die ein Rechteck bilden. Man nimmt an, dass es sich bei den Einschnitten um die Bettung für eine Plattform handelt, auf der eine Kultkapelle errichtet worden sein muss. Leider ist außer diesen Spuren im Felsen nichts von der Kapelle geblieben. An der Südseite der Pyramide fand man eine ins anstehende Gestein gehauene Bootsgrube. Nahe der Oberkante der Grubenmauern befindet sich ein Sims, auf dem einst Abdeckplatten gelegen haben müssen.

Aufgrund der Nähe der Pyramide GI-a zur *Mastaba* von Cheops' Kronprinz Kawab ordnet Reisner diese Pyramide Kawabs Mutter zu, die die Hauptkönigin des Cheops gewesen sein muss. In der *Mastaba* gibt es folgende Inschrift: „Ihr Sohn, ihr geliebter Kawab, die Tochter ihres Gottes, [sie, die] die Angelegenheiten [des ***im3t*** betreut], Meritites [seine Mutter], die [ihn] dem Cheops gebar." Eine von Mariette entdeckte Stele, deren genaue Herkunft unklar ist, die aber vermutlich im östlichen Gräberfeld gefunden wurde, nennt Meritites „Die große Geistliche des Snofru und des Cheops, von Chephren verehrt." Meritites war offensichtlich so bedeutend, dass sie ein Pyramidengrab verdiente, und die Lage von Kawabs Grabstätte ganz in der Nähe lässt uns mit einiger Wahrscheinlichkeit annehmen, dass GI-a tatsächlich ihr Bestattungsort war.

Mark Lehner machte dazu den alternativen Vorschlag, GI-a sei ursprünglich als Grabstätte für König Cheops' Mutter Hetepheres I. gebaut worden. Er deutet eine bestimmte Ansammlung von Einschnitten im Felsgestein als Beleg dafür, dass mit dem Bau von GI-a weiter östlich begonnen wurde, und erwähnt, dass der Schacht, in dem die Grabausstattung für die Verstorbene, nicht aber die sterblichen Überreste gefunden wurden, in einer Flucht mit der ursprünglichen Lage von GI-a im Norden liegt. Der Leichnam wurde später, nach der Vollendung der Pyramide GI-a in ihrer veränderten Position, mit einer neuen Grabausrüstung in die Sargkammer der Pyramide überführt.

Die mittlere Pyramide GI-b

Die Pyramide GI-b liegt etwa zehn Meter südlich von GI-a und auf derselben Nord-Süd-Achse wie diese. Ihre quadratische Basis weist eine Seitenlänge von 49 Metern auf, ihre Höhe muss ursprünglich 30 Meter betragen haben. Auch dieses Bauwerk befindet sich in einem schlechten Zustand, der Großteil seiner Verkleidung und fast die Hälfte der einstigen Höhe fehlen heute. Der Pyramideneingang liegt in der Mitte der Nordseite, knapp über dem Bodenniveau. Wie bei GI-a wurden auch hier alle unterirdischen Gänge in den felsigen Untergrund gehauen, die Grabkammer ist mit Kalkstein ausgekleidet.

Es ist sicher, dass an der Ostseite von GI-b einst eine einfache Kultkapelle stand. An der Südseite von GI-b fand Kamal El Mallakh 1953 eine Bootsgrube, die dem längs der Pyramide GI-a liegenden Bootsgrab ähnelte. Die Grube ist heute nicht mehr sichtbar; sie wurde von dem Ausgräber mit Steinen und Schutt verfüllt, da sie in das Gebiet hineinreichte, auf dem eine moderne Straße gebaut werden sollte.

Nach Reisners Auffassung ist GI-b einer aus Libyen stammenden unbekannten Königin zuzuordnen. Diese Königin muss die Mutter einiger Kinder des Cheops, darunter des Djedefre, gewesen sein. Als Beleg dafür, dass es nach Cheops' Tod zwischen den verschiedenen Zweigen der Familie Misshelligkeiten gab, führt Reisner an, dass Djedefre seine Pyramide nicht in Giseh, sondern in Abu Roasch bauen ließ und dass das Grab des Djedefhor, der vielleicht ebenfalls ein Sohn der bewussten Königin war (andere Gelehrte halten ihn für einen Sohn der Meritites), absichtlich zerstört wurde. Neuere Erkundungen in Giseh und in Abu Roasch scheinen der Theorie von einer Familienfehde eher zu widersprechen. Reisners Vorstellung von der libyschen Herkunft der Königin findet ebenfalls keine Zustimmung. Die Pyramide GI-b könnte dennoch für die Bestattung der unbekannten Königin, Djedefres Mutter, bestimmt gewesen sein. Lehner hingegen schlägt vor, diese Pyramide als Grabmal für Meritites zu betrachten; dieser Meinung ist auch Stadelmann.

142
Die nördliche Königinnenpyramide GI-a, die Cheops-Pyramide und dahinter die Pyramide des Chephren. 4. Dynastie. Giseh.

143
Die mittlere Königinnenpyramiden GI-b. 4. Dynastie. Giseh.

Die südliche Pyramide GI-c

Dieses Bauwerk ist von den drei kleinen Pyramiden das am besten erhaltene; hier sind noch ein großer Teil des Kernmauerwerks und mehrere Schichten der Verkleidung vorhanden. Die Pyramide liegt etwa 3,8 Meter südlich von GI-b und ist etwas nach Osten versetzt. Ihre Seitenlänge beträgt 46,25 Meter und die ursprüngliche Höhe 29,62 Meter. Der Eingang liegt wie bei den beiden anderen Pyramiden etwa in der Mitte der Nordseite, knapp über dem Geländeniveau. Rund um den Eingang sind mehrere Verkleidungssteine *in situ* erhalten geblieben. Westlich vom Eingang liegen Kalksteinblöcke im rechten Winkel zur Pyramidenfläche; Maragioglio und Rinaldi sind der Meinung, dass diese Blöcke zu einer späteren Zeit angefügt wurden. Die unterirdischen Kammern sind ähnlich wie in den anderen Königinnenpyramiden angelegt, und auch hier ist die Grabkammer mit Kalkstein ausgekleidet. In der Südwand der Grabkammer befindet sich eine vier Zentimeter tiefe Nische; nach Maragioglio und Rinaldi diente diese Aussparung einem nicht näher erläuterten kultischen Zweck.

An der Ostseite der Pyramide steht ein Isis-Tempel jüngeren Datums. In diesen Tempel sind die Überreste der Kultkapelle aus der Zeit der 4. Dynastie eingebaut. Die Kultkapelle wurde einst auf einer Plattform aus riesigen Kalksteinblöcken errichtet, die bis an die östliche Pyramidenseite heranreichten. Der ursprüngliche Eingang befand sich in der Ostmauer, deren Außenseite mit einem als Flachrelief ausgeführten Flechtmattenmuster verziert war. An der Westwand der Kapelle existiert nur noch ein Kalksteinblock vom südlichen Ende. In diesen Block ist ein Nischenmuster eingemeißelt. Der ursprüngliche Innengrundriss der Kapelle wurde durch spätere Ergänzungen und Änderungen zerstört.

Da man an der Südseite der beiden anderen Königinnenpyramiden Bootsgruben gefunden hatte, wollte ich natürlich in Erfahrung bringen, ob zu GI-c vielleicht auch eine solche Grube gehörte. Statt eines Bootsgrabes fanden wir aber nur eine dafür vorbereitete Fläche. Wir entdeckten auch Anzeichen dafür, dass der Oberbau der Pyramide unvollendet geblieben war – zwei in den Felsgrund geschnittene, rechtwinklig zueinander liegende Linien, die anzeigen, wo die Pyramidenecke angelegt werden sollte. GI-c wird nach einer Inschrift am Fuß einer Stele, die meist als die „Inventory Stela" bezeichnet wird, der Henutsen zugeschrieben. Die Stele fand Mariette in dem Isis-Tempel, der auf den Resten der östlichen Kapelle errichtet worden war. Der betreffende Text auf der Stele lautet: „Es lebe Horus Medju Hor, König von Ober- und Unterägypten, Cheops, dem Leben gegeben ist. Neben dem Haus des Sphinx nordwestlich des Hauses des Osiris, des Herrn von Rasetjau, errichtete er das Haus der Isis. Neben dem Tempel dieser Göttin baute er seine Pyramide. Neben diesem Tempel baute er eine Pyramide für des Königs Tochter Henutsen."

Die Stele stammt aus der Zeit der 18. Dynastie, ist aber vielleicht eine abgewandelte Nachbildung einer älteren Inschrift. Wäre es eine genaue Kopie, würde das bedeuten, dass der Sphinx bereits vor Cheops' Regierungszeit geschaffen worden wäre, was nach unserer Kenntnis nicht stimmt. Auf jeden Fall ist Henutsen ein Name aus dem Alten Reich, und da andere Beweise für oder gegen die Zuordnung fehlen, scheint es vernünftig, die Pyramide weiterhin als die der Henutsen gelten zu lassen.

Die Dekoration der Kapellen

In verschiedenen Geländeabschnitten wurden verzierte Bruchstücke gefunden, die womöglich von den Kapellen der drei Königinnenpyramiden (siehe oben) stammen. Die Fragmente sind hinsichtlich ihres künstlerischen Stils, der Qualität und des Bildgegenstands mit anderen Reliefs aus den Totentempeln des Alten Reiches vergleichbar. Die Bildgegenstände der Reliefreste lassen sich in die sechs folgenden Kategorien gliedern: Titel der Königinnen, Namen der Königskinder, Palastfassaden, Ruderboote, Opferlisten und das Herantragen von Opfergaben sowie verschiedene Fragmente von Inschriften.

Nach dem Ende des Alten Reiches

Irgendwann, vermutlich nach dem Zerfall des Alten Reiches, wurden die kleinen Pyramiden und die ihnen angeschlossenen Kapellen stark zerstört. Wie bereits oben erwähnt, haben die Königinnenpyramiden inzwischen den größten Teil ihrer Verkleidung eingebüßt, und von GI-a und GI-b steht nur noch ein kleiner Teil des Kernmauerwerks. Von den Kapellen der Pyramiden GI-a und GI-b sind allenfalls sehr magere Spuren vorhanden.

Es existieren, wie es in Giseh allgemein der Fall ist, keinerlei archäologische Anhaltspunkte oder Textbelege dafür, dass in der Zeit des Mittleren Reiches in einer dieser Pyramiden Kulthandlungen stattfanden. Erst während der 18. Dynastie interessierte man sich wieder für diese Monumente. In dieser Zeit wurde die Kapelle der Pyramide GI-c als Isis-Tempel, wahrscheinlich in Verbindung mit der Verehrung des Sphinx, genutzt. Der Name der vermuteten Inhaberin des Grabmals, Henutsen, enthält die Hieroglyphe *Henwt*, die „Herrin" bedeutet; er stellt eine Verbindung zum Kult der Isis als Herrin der Pyramiden her. Die Kapelle wurde in der 21. und 26. Dynastie erweitert und nahm schließlich die Fläche von der Ostseite der Pyramide GI-c bis zur Westseite der *Mastabas* von Chufuhaf und dessen Gemahlin (G7130–71400) ein.

Irgendwann wurden die Bootsgruben von GI-a und GI-b durch Mauern in Zellen unterteilt. Man nimmt an, dass diese Zellen in späteren Zeiten als Gräber oder in der 26. Dynastie möglicherweise als Magazine genutzt wurden.

Die Nebenpyramide GII-a des Chephren

Südlich der Chephren-Pyramide, im Gelände zwischen der inneren und der äußeren Umfassungsmauer, gibt es eine einzelne Nebenpyramide (GII-a). Diese liegt auf der Nord-Süd-Achse der Hauptpyramide und ist etwa 29 Meter von deren Basis entfernt. Von ihrem Oberbau ist nur sehr wenig erhalten geblieben, doch die Blöcke aus lokalem Kalkstein, die man an der Stelle gefunden hat, lassen erkennen, dass die Pyramide aus diesem Material gebaut worden war und ihre Flächen einst eine Neigung zwischen 53 und 54 Grad aufwiesen.

Zu den in den Felsen geschlagenen unterirdischen Räumen gibt es zwei Eingänge. Der erste besteht aus einer Reihe von Stufen, die von der Mitte der Pyramidennordseite nach unten führen; ein zweiter absteigender Gang ins Innere beginnt jenseits der nördlichen Pyramidenbasis. Die Wände der Grabkammer waren verputzt, auf ihnen sind zahlreiche Bezugslinien zu sehen, deren einstiger

Zweck unklar ist. In der Grabkammer wurden Holzteile, Ochsenknochen, Bruchstücke von Büchsen- oder Vasenverschlüssen und zwei Halsketten aus Karneol gefunden. Die Inschrift auf einem der Verschlüsse lautet: „Der älteste leibliche Sohn des Königs, von ihm geliebt, dem einzigen Freund." In den unterirdischen Räumen dieser Pyramide fand man keine Spur eines Steinsarkophags. Die Holzfragmente wurden von Ahmed Youssef wieder zusammengebaut; sie bildeten einst eine Art Schrein, „Götterbaldachin" genannt, wie er auf Grabszenen mit einer Statue im Innern zu sehen ist. An der Nordseite des Eingangs existieren Spuren, die von einem Teil eines Altars stammen können; falls im Osten eine Kapelle stand, ist sie inzwischen völlig zerstört, ohne dass noch irgendwelche Reste vorhanden wären. Einige Gelehrte meinen, dass GII-a einer Königin des Chephren gehörte und führen als Argumente die Lage der Pyramide, die Größe der Grabkammer und die darin gefundenen Halsketten an. Andere halten das Bauwerk für eine Kultpyramide, da keinerlei Steinreste gefunden wurden, die von einem Sarkophag stammen könnten, oder gar für eine Art Notgrab, in dem man den Leichnam des Königs vorübergehend, d. h. bis zur Fertigstellung der Hauptpyramide, beigesetzt hatte. Lehner unterstützt die These von der Kultpyramide; er nennt als Beleg dafür, dass hier eine dem *Ka* des Chephren gewidmete Statue bestattet wurde, die Holzteile von einem Statuenschrein. Ich glaube, dass es sich um eine Königinnenpyramide handelt. Die Gräber von zwei Königinnen des Chephren, von Chamerernebti I. (der Mutter des Mykerinos) und Meresanch III., kennen wir, doch es gab mindestens noch zwei Königinnen, deren Grabstätten bisher nicht identifiziert sind.

144–145
Blick von Osten auf die südliche Königinnenpyramide mit dem Isis-Tempel und mit den Pyramiden des Cheops, des Chephren und des Mykerinos im Hintergrund. 4. Dynastie. Giseh.

145 links
Diese Luftaufnahme wurde schräg über der Chephren-Pyramide gemacht. Von hier aus ist die Struktur der Nebenpyramide des Chephren zu erkennen. 4. Dynastie. Giseh.

145 rechts
Blick von Süden auf das Fundament der Nebenpyramide des Chephren. 4. Dynastie. Giseh.

Die Königinnenpyramiden in der Anlage des Mykerinos

Südlich der Pyramide des Mykerinos liegen drei Nebenpyramiden, und zwar zwischen der inneren Pyramidenmauer und der äußeren Umfassungsmauer. Die drei Pyramiden wurden erstmals von Lepsius registriert und dann von Vyse untersucht. Reisner war bis vor einiger Zeit der letzte Forscher, der die Bauten betrat und beschrieb. Ich bin vor kurzem als Nächster in die Grabkammer der östlichsten dieser drei Monumente hinabgestiegen.

Die drei Pyramiden liegen auf ein und derselben Ost-West-Achse. An der Ostseite einer jeden steht ein Tempel aus Lehmziegeln. Die drei Bauwerke sind von einer achtzig Zentimeter starken Mauer aus unbehauenen Bruchsteinen umgeben. Zu dieser Mauer gelangt man über die Nordwestecke des Tempels der am weitesten östlich stehenden Pyramide, auf einer Straße, die beiderseits von einer dicken Mauer gesäumt ist; letztere schließt sich an den Pyramidentempel des Mykerinos an. Der Umstand, dass nur dieser Zugang zu den Tempeln der kleinen Pyramiden existiert, lässt darauf schließen, dass die Priester, die das tägliche Ritual für Mykerinos ausführten, dies auch für die Inhaber der kleinen Pyramiden taten.

Die östliche Pyramide GIII-a

GIII-a ist die größte der drei Pyramiden und die einzige, die als echte Pyramide gebaut wurde; man nennt sie mitunter auch die vierte Pyramide von Giseh. Sie wurde aus örtlich gebrochenem Kalkstein errichtet, ihre unterste Gesteinslage war mit Granit verkleidet. Man nimmt an, dass der Rest des Bauwerks einst eine Verkleidung aus Tura-Kalkstein besaß, doch ein Beleg dafür existiert nicht. Die äußere Schicht könnte auch gänzlich aus Granit bestanden haben.

Die Pyramide GIII-a misst an den Seiten 44 Meter, ihre Höhe betrug ursprünglich 28,4 Meter. Der Haupteingang zu den inneren Kammern liegt auf der Nordseite. Die unterirdischen Gemächer bestehen aus einem mit Kalkstein verkleideten schmalen absteigenden Korridor, der sich zu einem annähernd quadratischen Bereich öffnet. Dieser Bereich ist mit einem Blockierstein verschlossen; dahinter führt ein kurzer Korridor zur Grabkammer. In einer Direktübertragung im Fernsehen habe ich diese Räume vor kurzem untersucht und blieb bei dem

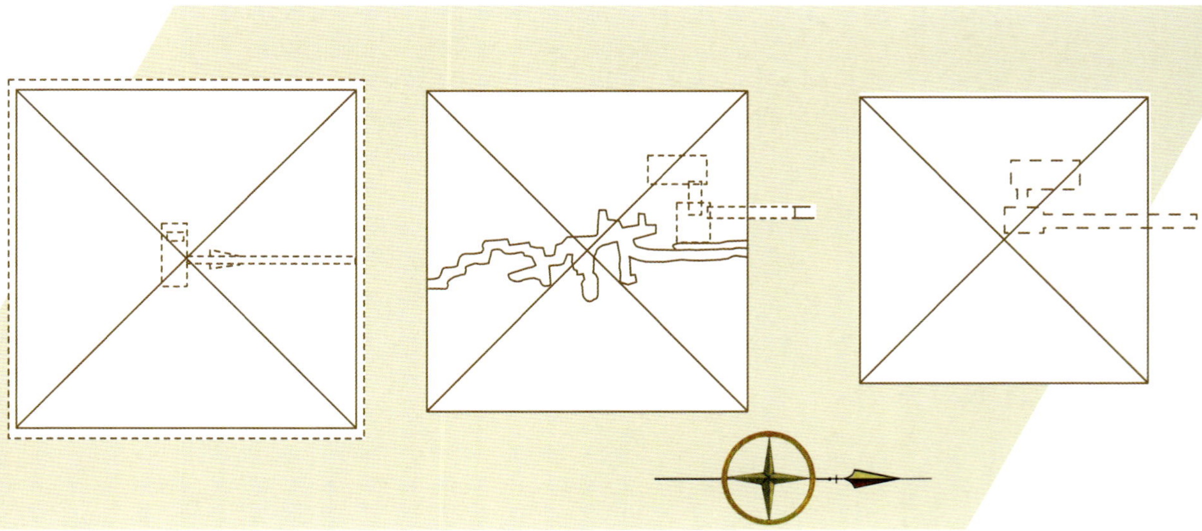

146–147
Die Königinnenpyramiden des Mykerinos aus der Zeit der 4. Dynastie stehen im Wüstengebiet des Giseh-Plateaus.

146 unten
Die Grundrisse der Königinnenpyramiden des Mykerinos: GIII-c, GIII-b und GIII-a (von links nach rechts).

147
Die Schnittdarstellungen von GIII-c, GIII-b und GIII-a (von links nach rechts) verdeutlichen die unterschiedliche Bauweise der drei Königinnenpyramiden.

Versuch, unter der Sperre hindurchzukriechen, mit der Kamera auf dem Rücken stecken!

Die Grabkammer war unverkleidet. In eine Vertiefung in der Westseite des Bodens eingelassen fanden wir einen Granitsarkophag. Dieser Sarkophag enthielt Bruchstücke von roter Keramik, grün glasierter Keramik und Überreste von verbranntem Holz und Schilf. An die Decke der Grabkammer war mit roter Tinte der Name des Mykerinos geschrieben.

Der Ziegeltempel östlich der Pyramide war auf einer Plattform aus lokalem Kalkstein errichtet, was darauf hindeutet, dass er von Mykerinos geplant und von dessen Sohn und Nachfolger Schepseskaf gebaut wurde. Während der 5. und 6. Dynastie durchgeführte Restaurationsarbeiten lassen darauf schließen, dass der Kult der Königin zumindest bis zum Ende des Alten Reiches fortgeführt wurde.

Der Tempeleingang befindet sich an der Nordostecke. Der Tempel ist deutlich komplexer als die Kapellen, die den Pyramiden der Cheops-Königinnen angeschlossen sind. Er lässt sich in zwei Abschnitte gliedern – in die Außenräume mit einem Hof und in die inneren Kammern mit einem Sanktuarium. In den Außenräumen fand man die Überreste eines Altars aus Steinplatten, außerdem Kohle und Asche sowie acht Opfergefäße.

Reisner vertritt die Ansicht, dass einige dieser Räume einst als Küchen dienten, und nach Meinung Maragioglios und Rinaldis wurde in dem Bereich das Fleisch der im Hof geopferten Tiere zubereitet. Die Räume sind gepflastert, die meisten Küchen hatten aber einen ungepflasterten Boden; mir erscheint eine Küche direkt im Tempel auch unpassend – die Speisen dürften wohl anderswo zubereitet worden sein. Ich denke vielmehr, dass diese Räume im Alten Reich als Magazine genutzt und erst in der Römerzeit zu Küchen umfunktioniert wurden; in dieser Zeit nutzte man viele Gräber und Tempel zu diesem Zweck.

Zum nicht öffentlichen Teil des Tempels gehört eine lange Halle, die man die „Nischenhalle" nennt. Die Westwand dieser Halle schmücken zwei große, komplexe Nischen, zwischen denen eine Tür liegt. Die Tür führt in einen Raum, den ich für das einstige Sanktuarium halte. Beide Nischen waren von insgesamt sechs kleineren Nischen flankiert. In der Nordwestecke des Raumes war eine Opferstelle aus sieben Steinplatten in den Boden eingelassen. Eine der waagerechten Platten weist eine kleine Vertiefung auf, in der einst eine kleine Stein- oder Keramikschale gestanden haben könnte. Auf dem Boden neben der Opferbank befand sich ein rechteckiges Becken. Ehe man auf die Bank stieß, wurden in den Trümmern fünfzig bis sechzig kleine Opfergefäße und kleine rotbraune Keramikteller entdeckt.

Auf einem Ziegelsockel nördlich der Türöffnung kann ein kleiner Obelisk gestanden haben, der mit der Verehrung des Re in Verbindung stand; er wurde möglicherweise in der Zeit der 5. oder 6. Dynastie als Ergänzung in den Raum eingefügt. In der Halle wurden außerdem Fragmente einer Alabasterstatue einer Königin, Bruchstücke anderer Statuen, ein kleiner Topf mit fünf Modellbechern darin, die mit dem Namen „Königssohn Kai" beschriftet waren, und ein Schieferbecher ohne Inschrift gefunden.

Eine Türöffnung in der Mitte der Westwand führt in das Sanktuarium. Darin befindet sich, ebenfalls in der Mitte der Westwand, eine Nische, in der einst eine Statue der Hathor oder der Neith gestanden haben könnte. Denkbar ist auch, dass sich in der Nische eine Scheintür für die Königin befand und dass davor ein Altar stand.

Der in der Grabkammer von GIII-a gefundene Sarkophag lässt kaum einen Zweifel daran, dass diese Pyramide als Grabstätte diente. Die Statuenfragmente aus dem Tempel sowie die Anordnung

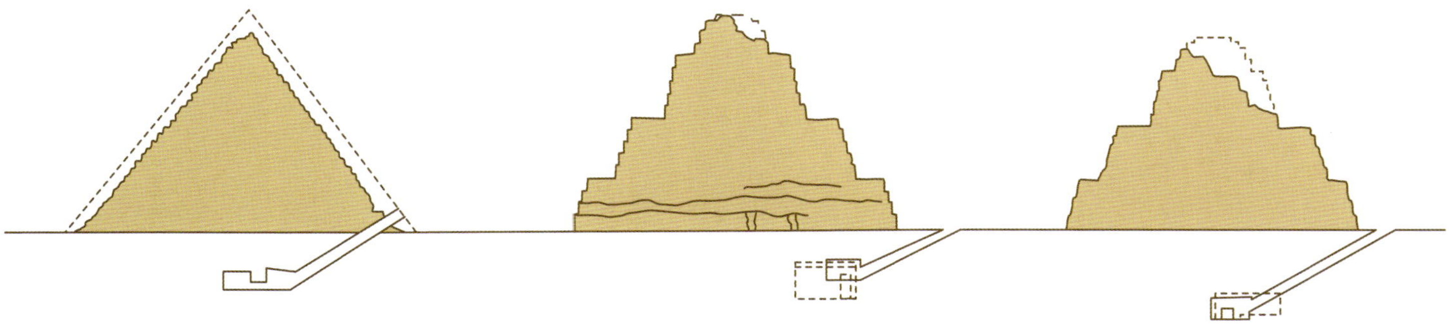

der mehrfach gegliederten Nischen im inneren Opferraum, die der Anordnung in Privatkapellen aus der Zeit der 4. Dynastie vergleichbar ist, deuten stark darauf hin, dass es sich bei der bestatteten Person um eine Königin handelte. In Privatkapellen gibt es in der Regel zwei Nischen – eine für den Grabinhaber und eine für dessen Gemahlin bzw. deren Gemahl. Die Nischen im Tempel der Pyramide GIII-a müssten also für die Königin und Mykerinos vorgesehen gewesen sein.

Reisner hat die Ansicht geäußert, GIII-a gehöre der Hauptkönigin des Mykerinos, Chamerernebti II.; Chamerernebti ist in mehreren Gruppenstatuen, die man im Taltempel des Königs fand, zusammen mit Mykerinos dargestellt. Reisner meint, dass es sich bei dem „Königssohn Kai" um den Sohn der Königin handelte, die hier bestattet wurde. Dies scheint in der Tat die wahrscheinlichste Zuordnung zu sein. Ricke und Stadelmann meinen allerdings, die Pyramide sei ursprünglich als Nebenpyramide des Mykerinos errichtet worden.

Die mittlere Pyramide GIII-b

Diese Pyramide liegt etwa 10,15 Meter westlich von GIII-a; es handelt sich um eine vierstufige Pyramide aus lokal gebrochenem Kalkstein. Die Seiten ihrer quadratischen Grundfläche messen 36 Meter, die Höhe des Bauwerks beträgt heute nur noch neun Meter. Verkleidungssteine sind bisher nicht gefunden worden, doch man nimmt an, dass die Konstruktion früher eine Außenhaut aus feinem Kalkstein besaß, deren geradlinige Seiten die abgestufte Form verbargen.

Vom Eingang auf der Nordseite der Pyramide gelangt man durch einen in den Felsen gehauenen Gang in eine Vorkammer. Dort fand man ein Stück Stein mit einer Inschrift, die „Leben gebend" lautet. Dieses Attribut folgt in der Regel einer Königskartusche, was anzeigt, dass die bestattete Person der Königsfamilie angehörte. In dem Vorraum wurden auch Keramikbruchstücke, ein Stück von einer grünen Statuette und ein Stab unbekannten Alters entdeckt.

Hinter dem Vorraum liegt eine mit Granit ausgekleidete Grabkammer. In dieser Kammer fand man einen schmucklosen Sarkophag, der mit seinen Abmessungen wohl für eine ziemlich kleine Person gedacht war; die Knochen und Zähne im Innern des Sarkophags stammten von einer jungen Frau. An der Decke der Kammer befinden sich Steinbruchmarkierungen mit roter Tinte, unter denen auch der Name des Mykerinos in einer Kartusche zu erkennen ist.

Der Tempel östlich von GIII-b war mit den Resten zerfallener Lehmziegel, vermischt mit Sand, Asche, Staub und Kohle, gefüllt. Sein Fundament besteht aus großen Steinen, der Tempel selbst war – vermutlich im Auftrag des Schepseskaf – aus Lehmziegeln errichtet. Er ist nicht so groß wie der zu GIII-a gehörende Tempel. Sein Eingang liegt östlich von der Mitte der Nordseite; dorthin gelangt man über die Straße von Mykerinos' Pyramidentempel. Vom Eingang kommt man in einen rechteckigen Raum, der einst wohl als Küche, Magazin oder Vorraum diente. Eine Türöffnung in der Westseite dieses Raumes führt in eine quadratische Kammer, die Reisner für eine ehemalige Wachstube hält; meiner Meinung nach wurde darin die Tempelausrüstung aufbewahrt. Durch eine Tür in der östlichen Ecke der Südwand des Vorraumes betritt man einen offenen Hof mit Lehmfußboden und lehmverputzten Mauern.

Ein Tor in der Südmauer des Hofes führt in eine lange, von Nord nach Süd ausgerichtete Halle. In deren Nordostecke steht ein Altar aus Kalksteinplatten, der dem im Tempel der Pyramide GIII-a ähnelt; darunter befindet sich ein Becken. Die Opferungen fanden vermutlich vor dem Altar und dem Becken statt. In der Westwand der Halle gibt es zwei Türen, die zu rechteckigen Räumen führen. Die Wände des am weitesten südlich gelegenen Raumes trugen eine dicke Putzschicht; der Raum diente wahrscheinlich einmal als Magazin. Ich denke, dass hier die Wertgegenstände des Tempels aufbewahrt wurden und der Raum einst verschlossen und mit amtlichen Siegeln gesichert war. In der Südostecke des nördlichen Raumes befindet sich eine mehrfach gegliederte Nische; auf der Nordseite existierte wahrscheinlich ein Pendant dazu und in der Mitte ein Sockel oder eine Nische, wo eine Statue der Hathor oder der Neith gestanden haben müsste, welche die in der Pyramide bestattete Königin repräsentierte. Dieser Raum liegt gegenüber der Grabkammer, daher glaube ich, dass er einst als Tempelheiligtum diente. Da sich in einem Sarkophag in der Pyramide GIII-b die Skelettreste einer jungen Frau befanden, erscheint die Deutung des Bauwerks als Königinnenpyramide vollauf berechtigt. Die Zuordnung wird überdies durch Fragmente einer Statue gestützt, die man im Tempel fand und die darauf hindeuten, dass der Kult auch nach dem Tod der Königin aufrechterhalten wurde. Auch Mykerinos' Name in einer Kartusche im Pyramideninnern und der Umstand, dass die Verstorbene in der Anlage des Königs bestattet wurde, untermauern die Theorie, dass diese Königin mit Mykerinos verwandt war. Wahrscheinlich war sie die Mutter von Schepseskaf. Reisner hingegen

meint, die in der Pyramide GIII-b beigesetzte Königin sei eine Nebenfrau des Königs gewesen und erst nach dessen Tod gestorben.

Die westliche Pyramide GIII-c

Diese Pyramide liegt etwa 13,6 Meter westlich von GIII-b. Sie wurde als Stufenpyramide mit vier Absätzen aus lokalem Kalkstein errichtet und sollte möglicherweise wie GIII-b eine Kalksteinverkleidung erhalten, die das Bauwerk wie eine echte Pyramide aussehen ließ. GIII-c befindet sich in einem sehr schlechten baulichen Zustand, und inzwischen sind nur noch drei Stufen zu sehen. Ihre Seitenlänge beträgt 36 Meter, die Höhe neun Meter.

Am Eingang auf der Nordseite beginnt ein absteigender Korridor, der in eine unvollendete Vorkammer und von da durch einen kurzen Gang in die ebenfalls nicht fertig gestellte Grabkammer führt. In sämtlichen unterirdischen Kammern fand man zerfallenes Holz, das nicht von einem Sarg stammt, sowie Steine, doch in der Grabkammer stand kein Sarkophag.

Der Tempel an der Ostseite von GIII-c wurde aus Lehmziegeln gebaut. Die Mauern stehen in Gräben, die man zuvor in den Felsen des Plateaus gehauen hatte. Der Tempelgrundriss ist mindestens einmal verändert worden; die Mauern waren verputzt und geweißt, und der Schotterboden war mit Lehm befestigt. Der Tempeleingang liegt auf der Nordseite und besteht aus einer Türöffnung, die von einer zweiflügeligen Tür verschlossen war. Diese führt in einen Raum östlich der Tempelachse. Eine Tür in einer Ziegelwand auf der Westseite des Raumes verschafft uns Zugang zu einer kleineren westlichen Kammer. Dort entdeckte man ein Opfergefäß, vier unglasierte Keramiktabletts, sechs kleine Modellgefäße, zwei Modellschüsseln und ein Stück von einem Gefäßhals. Die Funde deuten darauf hin, dass der Raum einst als Lager diente. Die östliche Kammer war vielleicht ein Wachraum.

Zum Tempel gehört auch ein großer offener Hof. Die Mauer, die den Hof im Osten, Westen und Norden begrenzt, ist mit einer Reihe einfacher und mehrfach gegliederter Nischen geschmückt; auf der Südseite stand ein Portikus. Im Bereich dieses Portikus wurden sehr viele Gegenstände gefunden, darunter 620 kleine Modelle von Opferschalen, 278 kleine Opfermodelle unterschiedlicher Art, der untere Teil eines Untersatzes einer flachen Schale sowie Bruchstücke mehrerer Schüsseln.

Der Tempel umfasst eine Reihe weiterer Kammern, darunter Magazinräume und eine Halle mit Nischenwänden, die das Sanktuarium gewesen zu sein scheint. Auf dem Boden in der Südwestecke dieser Halle steht ein rechteckiger Sockel aus Lehmziegeln; davor befindet sich ein Kalksteinbecken ohne Inschriften. Unter den Fundstücken aus dieser Halle waren ein kleines beutelförmiges Gefäß ohne Hals, 34 Modelle von Opfertöpfen und 76 Modelle von Opferschalen. Die Tür in der Westwand führt zu einer weiteren, lang gestreckten Halle, die möglicherweise als innerer Opferraum oder vielleicht als Magazin für die wertvollen Kultgegenstände diente.

Die Zuordnung der Pyramide GIII-c erweist sich als sehr schwierig, da keinerlei Hinweise auf ein Grab vorliegen. Die Grabkammer war nicht ausgekleidet, und es existiert kein Sarkophag. Vyse glaubte, dass GIII-c zu keiner Zeit der 4. Dynastie als Grabstätte genutzt wurde. Reisner hingegen war nach seinen Grabungen in dieser Pyramide und deren Tempel überzeugt, dass während der 4. Dynastie in GIII-c ein Begräbnis stattgefunden hatte. Seiner Ansicht nach sind die Statuenfragmente aus dem Tempel sowie der Umstand, dass nach der 4. Dynastie in dem Tempel ein Kult gepflegt wurde, Beweise für eine Nutzung der Pyramide als Königsgrab. Maragioglio und Rinaldi machten die Beobachtung, dass der Tempel in der Zeit des Alten Reiches viele Male neu verputzt wurde, ein Anzeichen dafür, dass hier noch lange Zeit ein Kult praktiziert wurde. Ihrer Auffassung nach könnte die Pyramide als Grabstätte genutzt worden sein, auch wenn der Tempel unvollendet geblieben war.

Die Hinweise belegen jedoch nur, dass es hier einen aktiven Kult gab; der Tempel könnte auch einem anderen Zweck als dem Kult einer in der Pyramide bestatteten Königin gedient haben. Der Umstand, dass man die Grabkammer leer und unvollendet vorgefunden hatte, stützt Vyses Behauptung, die Pyramide sei nie als Grab genutzt worden. Den Inhaber der Pyramide hat man bisher noch nicht identifiziert, im Innern oder außerhalb des Bauwerks oder im Tempel von GIII-c wurde nichts gefunden, was ein Anhaltspunkt für den Namen oder den Status des Pyramidenbesitzers sein könnte. Wir besitzen keinerlei Überlieferungen, die uns den Namen einer dritten Königin des Mykerinos nennen.

Meiner Ansicht nach war GIII-c die Kultpyramide des Mykerinos, und praktiziert wurde hier ein Kult des Mykerinos selbst. Man erwartet wohl nicht zu Unrecht, dass auch Mykerinos eine solche Pyramide besaß, die den Kultanlagen der anderen Pyramiden des Alten Reiches entsprach. Wie bereits oben erörtert, sehen einige Gelehrte in GIII-a eine Kultpyramide, da diese die einzige echte Pyramide unter den drei Bauten ist, teilweise oder vollständig mit Granit verkleidet war und auf der Nord-Süd-Achse der Hauptpyramide liegt. Sie müsste dann im Nachhinein für eine Bestattung genutzt worden sein. Diese Argumentation ist aus mehreren Gründen nicht überzeugend. Erstens besteht Grund zu der Annahme, dass GIII-b und auch GIII-c durch ihre Verkleidung die äußere Form echter Pyramiden erhalten haben. Die teilweise Verkleidung von GIII-a mit Granit könnte die Bedeutung des Grabinhabers, nicht eine kultische Funktion widergespiegelt haben. Der Fakt, dass GIII-a zweifellos als Grabstätte diente, beweist, dass es sich nicht um die Kultpyramide handelte.

Die Kultpyramiden aus der Zeit der 5. und 6. Dynastie liegen östlich der Achse der Hauptpyramiden, und die Pyramidenanlage des Mykerinos weist viele Parallelen zu den Komplexen aus der 5. und 6. Dynastie auf. Die Pyramide GIII-c ist die einzige unter den drei Pyramiden, die keinen Sarg enthielt. Sie ist daher die aussichtsreichste Kandidatin für eine Kultpyramide. Allerdings bereitet uns hier der Umstand, dass ihr ein Tempel angeschlossen war, Schwierigkeiten, da keine der bekannten Kultpyramiden einen Tempel besitzt. Trotz dieses Problems kommt als Kultpyramide des Mykerinos am ehesten GIII-c in Betracht.

Der Königsfamilie der 4. Dynastie gehörten viele interessante Persönlichkeiten an. Wir wissen aus Aufzeichnungen von mehreren mächtigen Königinnen, die man für Inkarnationen der Göttin Hathor und daher als Mütter und Gemahlinnen der jeweiligen Herrscher für würdig hielt. Dass nicht wenige dieser Königinnen mit der Bestattung in eigenen Pyramiden geehrt wurden, zeigt ihre Bedeutung für den Königskult und die Hochachtung, die ihre Söhne und Männer für sie hegten.

148–149
Blick von Osten auf die Pyramiden der Königinnen des Mykerinos. 4. Dynastie. Giseh.

149 oben
Luftaufnahme von der westlichen Pyramide GIII-c der Königinnen des Mykerinos. 4. Dynastie. Giseh.

149 unten
Die mittlere Pyramide GIII-b der Königinnen des Mykerinos. 4. Dynastie. Giseh.

Die Nebenpyramide des Cheops

Zahi Hawass

Im Jahr 1991 führte mein Team östlich der Cheops-Pyramide die in unserem Plan zum Standort-Management vorgesehenen Aufräumungsarbeiten durch. Das Gebiet war bereits von George Reisner und von der Antikenverwaltung unter Leitung Selim Hassans erkundet worden. Hassan hatte viele Kubikmeter Sand entfernt und den Pyramidentempel des Cheops freigelegt. Nach der Beendigung seiner Ausgrabungen richtete die Antikenverwaltung die Stätte für Besucher her und baute dabei auch eine befestigte Straße, die in Nord-Süd-Richtung an der Ostseite der Pyramide verlief. 1991 beschlossen wir, die Straße zu verlegen um den Auto- und Busverkehr um das Basaltpflaster des Pyramidentempels herum zu leiten. Während der Bauarbeiten machten wir eine überraschende Entdeckung – unter einem Sandhügel an der Südostecke der Cheops-Pyramide lag eine bislang unbekannte Pyramide, die Nebenpyramide des Cheops.

Die Nebenpyramide liegt etwa 25,5 Meter südöstlich der Ecke der Cheops-Pyramide. Ihre Ruinen bedecken eine Fläche von rund 24 Quadratmetern. Unter den Überresten befinden sich Blöcke aus feinem Tura-Kalkstein von der äußeren Verkleidung und dem äußeren Fundament, von denen einige noch *in situ* liegen, große Blöcke aus gröberem Kalkstein und Geröll aus dem Pyramidenkern sowie eine unterirdische T-förmige Kammer.

Als wir die Pyramide fanden, war vom Oberbau nur noch ein U-förmiger Block aus rohem Mauerwerk und Geröllfüllung erhalten, der den Unterbau von Westen, Süden und Osten umgab. Die Ost- und die Südseite wiesen die meisten erhaltenen Fundamentplatten und Verkleidungssteine aus feinem Tura-Kalkstein auf. An der Südseite der Pyramide fanden einen Kernsteinblock, der auf seiner nach Norden zeigenden Seite mit roter Tinte beschriftet ist. Die Inschrift lautet „*imy rsy gs*" und bedeutet „der auf der Süd[Rück]seite ist."

Wir entdeckten auch mehrere Blöcke von der Außenverkleidung wieder, die nicht mehr an ihrem ursprünglichen Platz lagen. Bei einem davon handelt es sich um einen Verkleidungsstein von der Südostecke, der einst wahrscheinlich in der zweiten Lage über der Gründungsplattform gelegen hatte. Wir fanden auch zahlreiche Verkleidungsblöcke, die an der Südseite herabgefallen waren und nun verstreut auf dem Boden lagen.

Die ursprüngliche Basislinie, die den Fuß der untersten Verkleidungslage markiert, ist auf der Ostseite an fünf Fundamentplatten und auf der Südseite an sieben Fundamentblöcken erhalten geblieben. An der Nordseite, wo die meisten Fundamentplatten fehlen, fanden wir keine Spuren davon. Wir konnten in den Felsuntergrund gemeißelte Vertiefungen erkennen, in die man die einzelnen Platten eingesetzt hatte, doch auch anhand dieser Aussparungen lässt sich die genaue Lage der ursprünglichen Basislinie nicht bestimmen. An der Westseite liegt ein Gründungsblock *in situ*, auf dem die Basislinie angezeichnet war. Durch Messungen von der noch erhaltenen Basislinie im Osten zu dem einzelnen Block im Westen haben wir als ursprüngliche Basislänge der Pyramide 21,75 Metern ermittelt.

In den Trümmern südlich der Pyramide fanden wir ein großes trapezförmiges Stück Tura-Kalkstein mit drei schrägen Außenflächen. Dieses Stück bildete einst die reichliche Hälfte der dritten Steinlage unterhalb der Pyramidenspitze. Es ist 2,7 Meter lang und 0,56 Meter hoch. Wind und Wetter haben die Außenflächen mit einer hellbraunen Patina überzogen. Die durchschnittliche Neigung der noch erhaltenen Flächen beträgt 52,4 Grad. Die Unterseite des Blockes ist eben, die Oberseite ausgetieft. In dieser Austiefung saß die als Gegenstück gearbeitete Unterseite des Blockes bzw. der Blöcke der vorletzten Steinlage. An dieser Stelle, wo die Pyramidenseiten auf die Spitze zulaufen, gibt es keinerlei Füll- oder Kernmaterial mehr, besteht der Oberbau nur noch aus Verkleidungssteinen.

Der Block bzw. die Blöcke der vorletzten Lage fehlen zwar, doch wir stießen später immerhin auf den eigentlichen Schlussstein der Nebenpyramide, der aus einem einzigen Stück feinen Kalksteins besteht. Es handelt sich hierbei um das zweitälteste Pyramidion, das je gefunden wurde; das älteste gehört zur Nordpyramide des Snofru, es wurde von Rainer Stadelmann in Dahschur entdeckt. Die Unterseite des Pyramidions war pyramidenförmig gearbeitet, ihre vier dreieckigen Flächen standen nach außen. Von den dekorierten Blöcken, die wir kürzlich in Abusir gefunden haben, wissen wir, dass das Aufsetzen des Schlusssteines auf die Hauptpyramide ein großes Ereignis und das offizielle Zeichen für den Abschluss der Bauarbeiten an der Pyramidenanlage war.

Die unterirdische Anlage der Pyramide GI-d besteht aus einer absteigenden Eingangspassage von rund einem Meter Breite, die man von Norden her betritt und die 5,35 Meter weit nach unten zu einer rechteckigen Kammer führt. Die Kammer mit Ost-West-Ausrichtung misst etwa 8 x 3,5 Meter. Wir fanden die unterirdische Struktur ohne Abdeckung, gänzlich unter freiem Himmel liegend, vor. Im Fußboden der rechteckigen Kammer, direkt vor dem Eingang, gibt es einen Einschnitt von einem Meter Breite. Die Wände der Kammer sind bis zu einer Tiefe von 2,85 Metern in den Felsen gemeißelt. Die Nord- und die Südwand neigen sich mit zunehmender Höhe leicht nach innen.

Am westlichen Ende der Kammer sind vier kleine Löcher, jeweils ein Paar in der Nord- bzw. in der Südwand, zu sehen. Sie sind nach oben gerundet und etwa zehn Zentimeter tief. Der Abstand zwischen den zwei Löchern je Paar beträgt 1,45 Meter. In diese Löcher scheint man hölzerne Querträger eingesetzt zu haben, die vielleicht zum Herablassen oder Abdecken eines Gegenstandes am westlichen Ende der Kammer dienten.

Da der obere Teil der Grabkammer nicht mehr existiert und auch keine Deckenblöcke erhalten sind, bleibt die ursprüngliche Form der Kammer ein Rätsel. Auf dem Kammerboden und an der Südseite sind Spuren von rotem Mörtel zu sehen. Daraus könnte man schließen, dass die Grabkammer einst mit Kalkstein ausgekleidet war.

Damit die Besucher von Giseh eine Vorstellung vom ursprünglichen Aussehen der Pyramide bekommen und um das lose, bröckelnde Kernmaterial zu konservieren, haben wir einige herabgestürzte Blöcke ersetzt und Teile der Nebenpyramide mit neuem Mauerwerk wieder hergestellt. Wir haben auch die Pyramidenspitze rekonstruiert und dabei das Pyramidion und den erwähnten trapezförmigen Stein aus der drittletzten Lage in die neuen Blöcke eingefügt.

Die Nebenpyramide war ein wichtiges Merkmal der üblichen Pyramidenanlage des Alten Reiches, und die Entdeckung dieses Bauwerks hat für das Verständnis dieser Strukturen eine immense Bedeutung. Nach Auffassung vieler Gelehrter geht die Nebenpyramide auf das so genannte Südgrab im Djoser-Bezirk aus der Zeit der III. Dynastie zurück. Bei diesem Südgrab handelt es sich um eine *Mastaba*, die südlich der Hauptpyramide liegt. Die quadratische Grabkammer der *Mastaba* ist für einen Leichnam allerdings zu klein. Die Wände der unterirdischen Anlage der Grabstätte sind mit Darstellungen des Djoser bei Kulthandlungen anlässlich eines bedeutenden Ereignisses, des *Sed*-Festes, geschmückt. Die Bedeutung dieses Festes beschäftigt die Gelehrten nach wie vor; viele halten es für eine Art Jubiläumsfeier, die erstmals wohl dreißig Jahre nach der Thronbesteigung des jeweiligen Herrschers stattfand und die den König symbolisch verjüngen sowie sein Recht auf die Herrschaft erneuern sollte. Meiner Meinung nach fand dieses Fest statt, wenn die königliche Bestattungsanlage fertig gestellt war; man feierte dann die Tatsache, dass der König nun all das erfüllt hatte, was die Götter von ihm verlangt hatten.

Die unvollendete Pyramidenanlage von Djosers Nachfolger Semerchet enthielt ebenfalls ein Südgrab; in einem Verbindungsgang des Grabes fand man einen Holzsarg aus der Zeit der 3. Dynastie mit dem Skelett eines unbekannten zweijährigen Jungen. Zwei der drei großen Pyramiden des Snofru besitzen ebenfalls Nebenpyramiden, die nicht als Grabstätten für Königinnen gedient zu haben scheinen, sondern vielmehr mit dem Kult des Königs zu tun hatten und daher als Kultpyramiden zu bezeichnen sind.

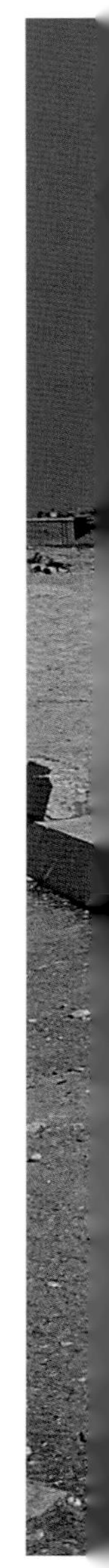

150–151
Blick von Süden auf die Überreste der Nebenpyramide des Cheops. 4. Dynastie. Giseh.

Dass es in der Pyramidenanlage des Cheops keine Nebenpyramide gab, war in der Diskussion über diese Kultbauten stets ein Stolperstein gewesen; diese Lücke haben wir jetzt geschlossen. Chephren mag eine Kultpyramide besessen haben, die direkt südlich von seiner Hauptpyramide und auf derselben Nord-Süd-Achse wie diese stand. Im Innern dieser Pyramide fand man Holzfragmente, die sich nach der Rekonstruktion als Teile eines Statuenschreins erwiesen; des weiteren Ochsenknochen; Teile von Gefäßverschlüssen, von dem einer die Inschrift „Der älteste leibliche Königssohn, von ihm geliebt, der einzige Freund" trug; sowie zwei Halsketten aus Karneol. Allerdings könnte dieses Bauwerk auch eine Königinnenpyramide gewesen sein; in diesem Fall hätten wir für Chephren keine Kultpyramide. Mykerinos scheint keine Kultpyramide besessen zu haben; interessant ist, dass bei ihm auch die Bootsgruben fehlen. Da dieser König vor der Fertigstellung seiner Pyramidenanlage starb, wurden seine Kultpyramide und die Bootsgruben vielleicht nie gebaut.

Zum üblichen Pyramidenbezirk in der Zeit der 5. und 6. Dynastie gehörte eine Nebenpyramide, die – wie bei Cheops – in der Regel an der Südostecke der Anlage stand. Über die Funktion dieser Bauten sind sich die Gelehrten bisher nicht einig. Manche sind der Auffassung, sie seien für den königlichen *Ka*, einen Teil der Seele des Königs, oder zur Aufbewahrung der Kanopen mit den Eingeweiden des Verstorbenen bestimmt gewesen. (Die Eingeweide wurden dem Leichnam entnommen und in vier separaten Eingeweidekrügen, den Kanopen, konserviert.) Andere meinen, die Nebenpyramiden seien als Unterbringung für die Königskronen, als provisorische Gräber, in denen der tote König einbalsamiert wurde, oder als Sonnensymbole für die Lagerung von Opfergaben gebaut worden. Ich glaube, dass die Nebenpyramiden während des *Sed*-Festes genutzt wurden, vielleicht als eine Art Garderobe, in der der König seine Kleidung wechselte und anstelle des Jubiläumsgewandes Schurz und Stierschwanz für seinen rituellen Tanz anlegte.

Ich bin der Meinung, dass Cheops ursprünglich geplant hatte, seine Nebenpyramide nördlich der drei Königinnenpyramiden zu errichten, und dass die so genannte „trial passage" nördlich des Aufweges als unterirdische Anlage dieser Pyramide in den Felsen gehauen wurde. Nach dem Jahr Fünf seiner Herrschaft, als Cheops seinen Kult änderte und die Rolle des Sonnengottes Re annahm, vergrößerte er den Pyramidentempel und gab die ursprüngliche Nebenpyramide auf. GI-d, die neue Nebenpyramide, scheint gegen Ende der Regierungszeit oder gar erst wenige Tage nach dem Tod des Cheops in Eile errichtet worden zu sein.

Das Geheimnis der Hetepheres

Zahi Hawass

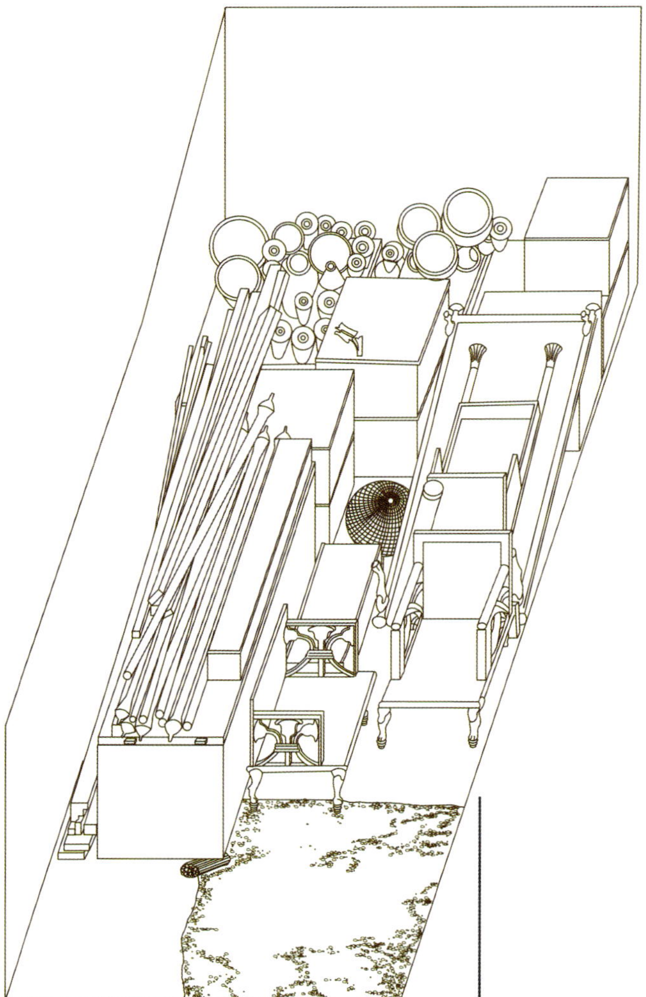

Eine der spektakulärsten Entdeckungen in Giseh wurde 1925 von Mohamedien Ibrahim, dem ägyptischen Fotografen, gemacht, der bei Reisners Expedition vom Boston Museum of Fine Arts arbeitete. Während der Vorbereitungsarbeiten für Aufnahmen auf der Ostseite der Cheops-Pyramide stand beim Hin- und Herrücken des Stativs eines der Stativbeine plötzlich auf einem ungewöhnlichen Putzmörtelstück, das sich bei näherer Untersuchung als Verschluss des Eingangs zu einer unterirdischen Treppe erwies. Der Fotograf benachrichtigte Reisners Assistenten Alan Rowe. Reisner selbst verbrachte gerade seinen Urlaub in den Vereinigten Staaten, kehrte auf Rowes telegrafische Benachrichtigung aber umgehend nach Ägypten zurück.

Die zwölf Stufen lange Treppe führte zu einem senkrechten Schacht von etwa 27,5 Metern Tiefe, der bis obenhin mit Kalksteinen und Mörtel versperrt war. Das Freilegen dieses Schachtes, der die Bezeichnung G 7000x erhielt, nahm zehn Jahre in Anspruch. Die Anlage war, zwei senkrechten Spalten im Gestein folgend, aus dem Felsen herausgemeißelt; ihre Wände hatte man unbearbeitet gelassen. Mit dem Füllmaterial vermischt waren verschiedenartige Artefakte und Keramikscherben, und nahe am Grund des Schachts fand man ein Siegel mit dem Namen der Grabwerkstätte des Cheops. Eine mit Mauerwerk verschlossene Nische in der Westwand des Schachtes enthielt die Überreste einer Opferung – drei in eine Schilfmatte gewickelte Beinknochen eines Stieres, ein zerbrochener Schädel samt Gehörn und zwei Weinkrüge. Inmitten dieser Überbleibsel lagen ein großer Kalksteinbrocken, zwei Basaltsplitter und etwas Holzkohle, die wahrscheinlich nicht zu der ursprünglichen Opferung gehörten.

Die ebenfalls unvollendete Grabkammer am Grund des Schachtes enthielt zahlreiche schöne Fundstücke. Man entdeckte mehrere Objekte aus vergoldetem Holz, darunter einen transportablen Baldachin, ein Bett, zwei Sessel und eine Sänfte. Außerdem gab es dort einen Vorhangkasten, ein ledernes Behältnis für Spazierstöcke, mehrere Holzkästen, einige Kupferwerkzeuge und zahlreiche kleine Gegenstände wie beispielsweise zwanzig Silberarmreifen mit Einlagen aus Türkis, Lapislazuli und Karneol. An einer Wand der Kammer stand ein Alabastersarkophag, der aber zu aller Enttäuschung leer war.

Verschiedene beschriftete Objekte aus dem Grab trugen die Namen und Titel des Snofru und der Hetepheres, deren Titel „Mutter des Königs Ober- und Unterägyptens" lautet. In einigen Kästen lagen auch Lehmsiegel mit dem Namen Cheops; die logische Schlussfolgerung aus diesen Funden ist, dass Hetepheres die Gemahlin des Snofru und die Mutter des Cheops war.

In einer versiegelten Aussparung in der Westwand der Grabkammer stand auf einem kleinen Holzschlitten ein Kanopenschrein aus Alabaster. Die Truhe war in vier Fächer unterteilt, von denen drei in einer Natronlösung liegende Pakete enthielten; im vierten Fach lag vertrocknetes organisches Material. Auf dem Deckel der Truhe fand man ein Lehmsiegel, das von einem kleinen Keramikdeckel geschützt war.

Der Stil der im Grab entdeckten Objekte, darunter vieler Keramikbruchstücke, die in der Kammer verstreut lagen, bestätigt, dass die Funde aus der Zeit der 4. Dynastie stammen. Nachdem die Artefakte von dem bekannten ägyptischen Restaurator Hagg Ahmed Youssef restauriert worden waren, kam ein Teil davon nach Kairo, in das Ägyptische Museum, der andere Teil in das Bostoner Museum of Fine Arts. Die Exponate in Kairo bilden heute eine der bedeutendsten Sammlungen des Ägyptischen Museums – den Inhalt des ältesten unversehrten Königsgrabes, das in Ägypten entdeckt wurde.

Den Zustand der Grabkammer, die Keramikbruchstücke, die in der Kammer verstreuten Sarkophagsplitter, das Fehlen eines Oberbaus und den Umstand, dass es keinen Leichnam gab, versuchte Reisner mit der folgenden Hypothese zu begründen: Hetepheres starb in der ersten Hälfte der Regierungszeit König Cheops' (wie durch die Siegel von dessen Grabwerkstätte angezeigt) und wurde ursprünglich von Cheops in Dahschur, in der Nähe ihres Gemahls Snofru, bestattet. Irgendwann unter

152
So präsentierte sich die Grabausrüstung im Schachtgrab der Hetepheres. Altes Reich. Giseh. Zeichnung: Reisner und Smith.

153 oben
Eine mit Gold beschlagene hölzerne Sänfte aus dem Schachtgrab der Hetepheres. Altes Reich. Kairo, Ägyptisches Museum.

153 unten
Vergoldeter Holzsessel aus dem Schachtgrab der Hetepheres. Altes Reich. Kairo, Ägyptisches Museum.

154–155
Vergoldetes Holzbett aus dem Schachtgrab der Hetepheres. Altes Reich. Kairo, Ägyptisches Museum.

154
Holzkasten mit schönen Inschriften aus dem Schachtgrab der Hetepheres. Altes Reich. Kairo, Ägyptisches Museum.

Cheops' Herrschaft wurde in das Grab eingebrochen und der Leichnam gestohlen. Cheops erfuhr von der Plünderung und ließ daraufhin das Grab abreißen, den verbliebenen Inhalt heimlich nach Giseh schaffen und in dem eilig ausgehobenen Schachtgrab G 7000x unterbringen. Zur Unterstützung seiner Theorie führte Reisner an, dass die zur Grabkammerwand zeigende Seite des Alabastersarkophags beschädigt war, was seiner Meinung nach nicht in G 7000x geschehen sein konnte. Er vermutet außerdem, dass der Inhalt des Grabes in Giseh in umgekehrter Reihenfolge zur ursprünglichen Lage in Dahschur abgelegt wurde. Bei den im Schacht gefundenen Ausrüstungsgegenständen handelte es sich wohl um Dinge, die man vergessen und in letzter Minute in den Schacht geworfen hatte. Da an diesem neuen Grab eine Opferung stattgefunden hatte, wusste Cheops vermutlich nicht, dass sich der Leichnam der Königin gar nicht dort befand. Die Ereignisse mussten sich zugetragen haben, während an Cheops' Pyramidentempel gerade Pflasterungsarbeiten durchgeführt wurden; das würde die in der Opfernische gefundenen Basaltsplitter erklären.

Mark Lehner widerspricht dieser Interpretation aus mehreren Gründen. Er glaubt, dass Grabräuber den Deckel des Sarkophags nicht etwa vorsichtig von der Wanne gehoben, sondern ihn zerschlagen hätten; auch hält er es für unwahrscheinlich, dass Plünderer auf leicht zu transportierende Wertsachen wie etwa die silbernen Armreifen verzichtet hätten. Wäre Hetepheres ursprünglich in Dahschur bestattet worden (eine Theorie, für die es keinerlei Anhaltspunkte gibt), hätte man die erneute Beisetzung ebenfalls dort vorgenommen. Lehner widerspricht auch der Vorstellung, dass man einen so tiefen Schacht hätte insgeheim graben können. Er betont, dass Cheops wohl kaum wissentlich erlaubt hätte, dass man seiner Mutter bei der Neubestattung zerschlagene Keramik und eine verwüstete Ausrüstung beigibt.

Lehner hat ein anderes Szenarium vorgeschlagen: Hetepheres starb in den ersten Regierungsjahren ihres Sohnes und wurde in dem eilig ausgehobenen Schachtgrab beigesetzt. Der Schacht war im damals noch üblichen Stil der 3. Dynastie gegraben worden. Ein Oberbau zur Überdeckung des Schachtes wurde – wiederum im Stil der 3. Dynastie – begonnen, doch dann aufgegeben, als sich der Kult des Herrschers änderte und der Plan des östlichen Friedhofsfeldes abgewandelt wurde, da sich der Pyramidentempel des Cheops mit der Anlage überschnitten hätte. Stattdessen baute man die drei kleinen Pyramiden GI-a, GI-b und GI-c. Den in G 7000x liegenden Leichnam der Königinmutter ließ Cheops dann mit einer neuen Grabausrüstung entweder in GI-a oder GI-b nachbestatten.

Lehner beschäftigt sich mit jedem von Reisner angeführten Punkt und bringt alternative Erklärungen, die zu seiner neuen Theorie passen. Er äußert beispielsweise die Ansicht, die in der Opfernische gefundenen Basaltfragmente könnten Werkzeuge sein; der Kalksteinbrocken könnte in die Nische geworfen worden sein um den Schädel zu zerschlagen und die Opferung aufzuheben. Nach Lehners Meinung wurden die Kupferwerkzeuge in der Grabkammer von Arbeitsleuten zurückgelassen, die den Deckel des Sarkophages aufbrachen und den Leichnam der Königin herausholten. Er widerspricht Reisners Einschätzung zur Beschädigung des Sarkophages, indem er erwähnt, dass am Deckel nicht nur an der Ostseite, sondern rundherum Stücke abgeschlagen oder abgesprungen sind, was durchaus in G 7000x passiert sein könnte.

Beide Theorien sind sehr reizvoll, doch keine von beiden kann eine Erklärung für sämtliche Beweisstücke liefern. Falls die Königin ursprünglich in Dahschur bestattet worden war, wo befindet sich dann ihr erstes Grab? Wie konnte man ihre Grabausrüstung heimlich von Dahschur nach dem fernen Giseh transportieren? Stellt G 7000x das ursprüngliche Grab dar, weshalb wurde darin eine derartige Unordnung hinterlassen? Weshalb bestattete man die Königinmutter in solcher Eile? Weshalb sollten Cheops' Beamte eine völlig neue Grabausrüstung benötigt haben? Die wichtigste Frage ist wohl die, weshalb Cheops' Beauftragte den Leichnam der Königin mitnahmen, die Kanopen samt Inhalt aber zurückließen.

Ich bin der Meinung, dass Hetepheres ursprünglich in GI-a, der nördlichsten unter den kleinen Pyramiden, bestattet wurde. Lehner hat darauf hingewiesen, dass die Kanopentruhe und das Mobiliar

aus G 7000x fast perfekt in die Grabkammer der Pyramide GI-a gepasst haben müssten, was eher einleuchtet, wenn es ursprünglich dafür bestimmt war und nicht in Eile in das Schachtgrab G 7000x hineingeworfen werden sollte. Doch wie und wann wurde das Ganze an seine letzte Ruhestätte geschafft?

Wir wissen, dass im Chaos der Ersten Zwischenzeit auf dem Plateau von Giseh nicht wenige Fälle von Vandalismus vorkamen; Vieles weist darauf hin, dass in dieser unruhigen Zeit ein großer Teil von Cheops' Pyramidenanlage zerstört wurde. Wahrscheinlich wurde auch die Grabstätte der Hetepheres damals aufgebrochen, und womöglich nahmen die Räuber auf der Suche nach Schmuck den Leichnam mit. Dem Kult des Cheops treu gebliebene Priester könnten dann die Reste der Grabausrüstung vor den Plünderern versteckt haben. Der Baustil von G 7000x lässt eine Entstehungszeit in der 2. oder 3. Dynastie vermuten, und der Schacht könnte durchaus lange vor Beginn der Bauarbeiten an Cheops' Pyramidenanlage gegraben und dann aufgegeben worden sein. Die Priester mussten den alten Schacht entdeckt und die Überreste aus dem Grab der bedeutenden Königin dorthin in Sicherheit gebracht haben.

Erweist sich meine Theorie als richtig, löst sie mehrere Probleme. Wie Reisner selbst feststellte, waren die Objekte in G 7000x umgekehrt zur üblichen Reihenfolge angeordnet, als ob man die Grabausrüstung von einem Ort zu einem anderen befördert hätte. Die gegensätzliche Reihenfolge ergibt einen Sinn, wenn die für die Neubestattung Verantwortlichen die Ausrüstung nur über eine kurze Entfernung wie etwa zwischen der Grabkammer der Pyramide GI-a und G 7000x transportiert wurde. Die Opferstelle in der Nische müsste man dann eilig von ihrem ursprünglichen Standort weggeholt haben, wobei sie wohl beschädigt wurde. Bei den Basaltsplittern, die an dieser Stelle lagen, handelt es sich höchstwahrscheinlich um Bruchstücke von der Pflasterung des Pyramidentempels des Cheops, und die Kalksteintrümmer sind vermutlich Reste von den verwüsteten Tempeln dieses Herrschers. Eine spätere Neubestattung würde auch das Fehlen eines offiziellen Siegels auf dem Schachteingang erklären.

Mit der Hypothese lässt sich aber noch immer nicht vollständig das Fehlen des Leichnams der Königin begründen. Wie Lehner gezeigt hat, ist es wahrscheinlicher, dass Grabräuber den Sarkophagdeckel zerschlugen und nicht rundum Splitter für Splitter abmeißelten. Die für die Neubestattung verantwortlichen Priester müssen gewusst haben, dass der Leichnam nicht mehr da war, und dennoch nahmen sie es auf sich, die Grabausrüstung der Königin einschließlich des leeren Sarkophags an einen anderen Ort zu schaffen. Vielleicht bringen künftige Entdeckungen auf dem Plateau von Giseh eines Tages etwas mehr Licht in dieses alte Rätsel.

155 oben
Armreife aus der Grabausstattung der Hetepheres. Altes Reich. Kairo, Ägyptisches Museum.

155 unten
Vergoldete Holzschüsseln, die zu den Beigaben im Schachtgrab der Hetepheres gehörten. Altes Reich. Kairo, Ägyptisches Museum.

Kapitel 14

Die verborgenen Steintüren in der Cheops-Pyramide

Zahi Hawass

Die Cheops-Pyramide fasziniert die Menschen seit undenklichen Zeiten; sie ist das einzige Wunder der antiken Welt, das heute noch existiert. Die meisten Menschen wissen zwar, dass sie als Grabmal des Cheops, des zweiten Königs der 4. Dynastie, errichtet wurde, doch es sind noch immer alternative Theorien über die Konstruktion und den Zweck des Monuments im Umlauf. Die inneren Kammern dieses außergewöhnlichen Bauwerks sind sehr komplex, was das Rätsel noch vergrößert, und der Meinungsstreit der Gelehrten über die genaue Funktion der Räume hält unvermindert an.

Der heutige Eingang in die Pyramide wurde im neunten Jahrhundert n. Chr. von al-Mamoun, Harun al-Rashids Sohn, angelegt. Die Männer al-Mamouns verfehlten den im unteren Drittel der Nordseite liegenden ursprünglichen Eingang nur knapp. Von diesem führt ein absteigender Gang durch das Kernmauerwerk der Pyramide zu einer unvollendeten Kammer, die in den Felsen unter der Pyramide gehauen ist. An einer Stelle des absteigenden Ganges zweigt ein zweiter Gang ab, der zu einer horizontalen Passage aufsteigt, die wiederum zu einem zweiten, fälschlicherweise als „Königinkammer" bezeichneten Raum führt. (Dieser Raum war gewiss nicht für eine von Cheops' Königinnen bestimmt; die Königinnen hatten ihre eigenen kleinen Pyramiden.) Dort, wo der erste aufsteigende Gang in die horizontale Passage übergeht, beginnt ein Korridor mit einem gewaltigen Kraggewölbe, die Große Galerie, die zu einer dritten Kammer, der „Königskammer", hinaufführt. Der in dieser Kammer gefundene Granitsarkophag des Cheops war leer. Die wissenschaftliche Debatte über die Reihenfolge der Bauarbeiten und den Zweck dieser Korridore ist noch in vollem Gange: Viele Ägyptologen vermuten, die drei Kammern seien das Ergebnis dreier Änderungen des inneren Grundrisses, die die Wandlungen im Kult des Cheops reflektieren; andere Fachleute meinen, die drei Kammern seinen Teil des ursprünglichen Bauplanes gewesen.

In der Vergangenheit gab es einige Abenteurer, die die Räume im Innern der Cheops-Pyramide erkundeten, und auch mehrere Ägyptologen haben ihren Beitrag zu unserem Verständnis des Grundrisses und seiner Funktion geleistet. Die ernsthafte wissenschaftliche Arbeit an der Cheops-Pyramide in unserer Zeit begann 1993, als wir die Pyramide zum ersten Mal ein ganzes Jahr lang schlossen. Wir hatten geplant, eine Art Rotationssystem einzurichten, nach dem jeweils eine der drei großen Pyramiden in Giseh ein Jahr lang geschlossen wurde; so wollten wir sowohl der Erhaltung der Bauwerke als auch dem Fremdenverkehr gerecht werden. Bei den Konservierungsarbeiten mussten wir feststellen, dass die Luftfeuchtigkeit im Innern der Cheops-Pyramide bei 85 Prozent lag. Ein großer Teil davon rührte von den Besuchern her, denn jeder Tourist, der sich in der Pyramide aufhält, atmet etwa zwanzig Gramm Wasser aus. Dieses Wasser verdampft und hinterlässt Salz. Das Salz setzt sich an den Steinen ab und zerstört diese langsam; 1993 bemerkten wir, dass die Oberfläche der Großen Galerie von Salz überzogen war und an vielen Stellen Risse aufwies.

Die Pyramide musste gereinigt und auch ein System zur dauerhaften Verminderung der Luftfeuchtigkeit entwickelt werden. Von der Nord- und der Südwand der höchsten Kammer (der Königskammer) führen aufsteigende enge Schächte von etwa zwanzig Zentimetern im Quadrat durch die Pyramide nach draußen. Wir hatten die Idee, diese als Luftschächte bekannten Kanäle zu reinigen und mit Ventilatoren zu versehen, um auf diese Weise ein Belüftungssystem zu schaffen. Ich sprach darüber mit Rainer Stadelmann, dem damaligen Direktor des Deutschen Archäologischen Instituts in Kairo. Stadelmann sorgte dafür, dass ein Roboterfachmann – Rudolf Gantenbrink – nach Giseh kam und hier unter der Schirmherrschaft des DAI seine Arbeit aufnahm. Gantenbrink entwarf einen Miniroboter, den er nach dem altägyptischen Totengott Upuaut benannte und mit dessen Hilfe die Luftschächte in der dritten Kammer untersucht werden sollten. Mit Hilfe dieser Technik reinigten wir die Kanäle und setzten Ventilatoren ein, die die Luft zirkulieren lassen und die Feuchtigkeit niedrig halten sollten.

Wir schickten den Roboter auch in ähnliche Kanäle in der zweiten Kammer (der Königinkammer). Diese waren im September 1872 von dem britischen Ingenieur Waynman Dixon entdeckt worden. Dixon hatte damals durch die Fugen im Mauerwerk der Südwand einen Draht gesteckt und festgestellt, dass dahinter ein Hohlraum lag. Daraufhin hatte er ein Loch durch die Wand gemeißelt und den südlichen Schacht gefunden. Bei der Inspektion des entsprechenden Bereiches der Nordwand fand Dixon auch dort einen Kanal. Als er eine brennende Kerze in den Südschacht stellte, flackerte die Flamme und zeigte damit an, dass an der Stelle ein schwacher Luftzug wehte.

156–157
Mitarbeiter von National Geographic überprüfen einen Roboter, der den Südschacht in der so genannten Königinkammer in der Cheops-Pyramide (4. Dynastie) in Giseh erkunden soll.

PYRAMID
ROVER
iRobot

158 oben
Der Schacht vor der Erkundung (Zeichnung).

158 unten
Mitarbeiter von National Geographic bei der Erkundung des Südschachtes in der Königinkammer der Cheops-Pyramide (4. Dynastie) in Giseh.

Im Nordschacht fanden Dixon und sein Partner James Grant einen kleinen bronzenen Haken, eine Granitkugel sowie ein Teil aus zederartigem Holz. Diese Gegenstände wurden unter der Bezeichnung „Dixon Relics" bekannt. Sie wurden nach England gebracht, vom Astronomer Royal for Scotland registriert und Dixon zurückgegeben; danach verschwanden sie. Glücklicherweise waren in der Zeitschrift *Nature* vom 26. Dezember 1872 Zeichnungen von den Fundstücken veröffentlicht worden.

Im Jahr 1993 führte eine gemeinschaftliche Suche zur Entdeckung der Kugel und des Hakens im Londoner British Museum, wo die Fundstücke noch heute liegen. Das Holzteil blieb zunächst verschwunden, wurde aber 2001 im Marischal Museum in Aberdeen entdeckt. (Die Existenz dieses Objekts in den Sammlungen ist zwar bekannt, da das Museum jedoch zu der Zeit umzog, war es unmöglich das Exponat herauszusuchen.)

Während der Erkundung der Schächte in der Königinkammer machte Gantenbrink einige faszinierende Entdeckungen. Der Nordschacht beispielsweise knickte nach etwa acht Metern scharf nach Westen ab, und der Roboter kam nicht weiter. Im Südschacht kam Upuaut nach 63,4 Metern zum Stehen, und zwar an einer Art Tür oder Platte mit zwei Kupfergriffen, die den ganzen Schacht versperrte. Vom linken Griff war irgendwann im Altertum ein Stück abgefallen, das etwa zwei Meter vor dem Hindernis lag.

Gantenbrink fand außerdem ein langes Holzteil und einen Metallstab im schrägen Abschnitt des Nordschachtes. Der Stab ist in Dixons Bericht nicht aufgeführt, aber man vermutet heute, dass Dixon und seine Gefährten ihn bei ihrer „Schatzsuche" in dem Schacht verloren. Wahrscheinlich brachen sie beim Hantieren mit dem Metallstab ein kleines Stück von dem langen Holzteil ab, erwähnten das aber nicht in ihrem Bericht. Einige Fachleute haben vorgeschlagen, das Alter der Holzleiste mit Hilfe der C-14-Methode zu bestimmen; sie gehen davon aus, dass dieses Teil während des Pyramidenbaus im Schacht zurückgelassen worden sein muss (vorausgesetzt, der Schacht wurde versiegelt). Dies ist meiner Meinung nach nicht unbedingt der

Fall; das Holz kann ebenso gut nach dem Bau durch den Schachtausgang (falls ein solcher existiert) in den Schacht geworfen worden sein. Gantenbrink fand auch ein Stück Holz mit zwei Bohrungen; dabei kann es sich um den Griff handeln, in den einst der von Dixon entdeckte Bronzehaken eingesetzt war. Seine Informationen hat Gantenbrink im Internet unter *www.cheops.org* veröffentlicht (siehe auch *www.guardians.net/hawass*).

Für die „Luftschächte" haben die Ägyptologen mehrere Erklärungen. Manche meinen, die schmalen Kanäle hätten der Belüftung gedient. Das trifft womöglich für die Schächte in der Königskammer zu, die tatsächlich nach draußen führen (auch wenn sie vielleicht durch Verkleidungssteine verdeckt waren). An der Außenseite der Pyramide existieren jedoch keinerlei Öffnungen, die mit den Schächten in der Königinkammer in Verbindung stehen könnten, und die Theorie trifft hier wohl nicht zu. Wahrscheinlicher ist, dass die Kanäle eine religiöse und astronomische Funktion besaßen; der Südschacht lag in einer Linie mit dem Sirius (Orion), und der Nordschacht zeigte nach den Zirkumpolarsternen im Sternbild Kleiner Bär. Stadelmann hält die Schächte für Tunnel, durch die die Seele des Königs zu den göttlichen Sternen aufsteigen sollte.

Meiner Meinung nach haben die in der so genannten Königinkammer beginnenden Schächte wahrscheinlich keine Aufgabe, denn sie waren von innen verschlossen. Hätten sie eine religiöse Funktion erfüllen sollen, hätte man sie offen lassen müssen wie die Schächte der dritten Kammer (der Königskammer). Da diese sich an der Außenseite der Pyramide öffnen, waren sie, so glaube ich, für die Auffahrt der Seele des Cheops gedacht. Den Südschacht sollte Cheops wohl als Sonnengott Re benutzen. Dieser endet genau zwischen den beiden Bootsgruben südlich der Pyramide. Dort lagen zwei Boote, die Cheops als Sonnenbarken benutzen sollte – eine für seine Tagfahrt, die andere für die Nachtfahrt. Durch den Nordschacht sollte die Seele des Cheops als Horus ihren Weg zu den Sternen finden.

Um mehr über den Zweck der in der so genannten Königinkammer beginnenden Schächte in Erfahrung zu bringen, bedurfte es weiterer Arbeiten. Die Forschungserlaubnis für die Cheops-Pyramide hatte das Deutsche Archäologische Institut in Kairo, doch ich stellte fest, dass man hier kein Interesse hatte, die Arbeit an den Schächten zu vollenden. Gantenbrink als Privatperson konnte die Aufgabe nicht übertragen werden, da nach dem Gesetz zum Schutz der Altertümer in Ägypten Genehmigungen dieser Art nur Institutionen erteilt werden dürfen. Ich entschied daher, die Untersuchungen vom Supreme Council of Antiquities (SCA) weiterführen zu lassen. Ich bat Tim Kelly von National Geographic Television einen Roboter zu entwerfen, den wir in die Schächte schicken wollten. Meiner Meinung nach befand sich hinter der Steintür gar nichts, doch es war für die Gelehrten und die Öffentlichkeit gleichermaßen wichtig, die Wahrheit zu kennen. Archäologen wissen, dass selbst ein leerer Raum von Bedeutung sein kann.

Die National Geographic Society ließ einen Roboter konstruieren und nannte ihn *Pyramid Rover*; das Ständige Komitee der ägyptischen Altertümerverwaltung (SCA) erkannte das Projekt als ägyptisches Unternehmen an. Wir beschlossen, in einer Originalübertragung durch das Fernsehen hinter die „Tür" zu schauen und legten dafür den 17. September 2002 fest. Ich flog nach Hongkong und Singapur, um unser Anliegen publik zu machen und die Zuschauer auf das, was immer wir finden (oder nicht finden) würden vorzubereiten, und Mark Lehner tat dann in Australien, Indien und Spanien das gleiche.

Eines der wichtigsten Ziele der Dokumentation war für uns, die Öffentlichkeit mit wissenschaftlich belegten Kenntnissen über das Volk der Pyramidenbauer bekannt zu machen. Ich sollte über die Grabstätten sprechen, Graffiti mit den Namen der Arbeitsmannschaften zeigen, die einst an den Monumenten mitgebaut hatten, und mich erstmals ins Innere der Stufenpyramide des Djoser begeben. Die unterirdische Anlage dieser Pyramide besteht aus Tunneln, Gängen und Räumen, die sich insgesamt über reichlich 5,5 Kilometer erstrecken. Ich glaube, das Innere der Stufenpyramide war noch nie zuvor in einem Film gezeigt worden, und wohl kein Ägyptologe der heutigen Zeit hat dieses Labyrinth aus Korridoren und Kammern je zuvor betreten.

Einen Tag vor der Übertragung stellten wir durch eine Ultraschalluntersuchung fest, dass die Steintür im Südschacht der Königinkammer etwa sechs Zentimeter dick ist und dass sich dahinter etwas befindet. Wir beschlossen, in die Sperre ein drei Millimeter großes Loch zu bohren, durch das in der letzten Minute der Fernsehübertragung eine Kamera hinter die Tür geschickt wurde. Wir fanden 21 Zentimeter hinter der ersten Steintür eine zweite. Diese zweite Sperre unterscheidet sich von der ersten insofern, als sie etwas abzuschirmen oder zu verdecken scheint. Auch ist ihre Oberfläche von Rissen durchzogen. Dieser Fund hat mich sehr erfreut, doch gleichzeitig auch sehr überrascht.

Die Fernsehsendung fand weltweit großen Anklang. In China hatte sie eine halbe Milliarde Zuschauer. Zeitungen in aller Welt berichteten über das Ereignis.

Einige Tage nach der Übertragung schickten wir den neuen Roboter in den Nordschacht der Königinkammer. Gantenbrink und Dixon waren wegen eines Knicks im Verlauf des Schachtes nur reichlich acht Meter weit gekommen. Nach weiteren Untersuchungen stellten wir fest, dass man beim Bau des Schachtes die Gerade verlassen hatte, um eine Kreuzung mit der Großen Galerie zu vermeiden; das bedeutet, dass die Schächte nach der Großen Galerie angelegt wurden. Der *Pyramid Rover* folgte dem Knick, bewegte sich weiter durch den Schacht und hielt erst vor einer zweiten mit Kupfergriffen versehenen Sperre an. Diese Tür liegt 63,4 Meter weit im Schacht, genauso weit wie die Steintür im Südschacht, der sie auch stark ähnelt. Dahinter befindet sich wahrscheinlich – wie im Südschacht und ebenfalls im Abstand von 21 Zentimetern, eine zweite Sperre.

Die Kupfergriffe an den beiden ersten Steintüren des Nord- und des Südschachtes ähneln denen an der Truhe, in der die Kanopenkrüge des Tutanchamun standen und die heute im Ägyptischen Museum in Kairo zu besichtigen sind. Durch die Griffe liefen Seile, an denen man die Truhe wohl einst gezogen hatte. Die Türen in den Schächten der Königinkammer bestehen aus feinem weißem Tura-Kalkstein; es scheint, als habe man sie an den Griffen in die Schächte gezogen.

Die Existenz der Steintüren in der Cheops-Pyramide wirft viele Fragen nach deren Funktion auf. Man vermutet beispielsweise, dass die Sperren als Hindernisse oder Aufgaben gedacht waren, denen sich der König bei seiner Reise ins Jenseits stellen musste. In den Pyramidentexten steht geschrieben, dass der König vor Antritt seiner Reise mit Riegeln konfrontiert wird; vielleicht bezieht sich das auf die Kupfergriffe an den Steintüren. Doch selbst wenn das zutrifft, weshalb ist dann die Cheops-Pyramide die einzige Pyramide mit solchen Türen? Weshalb existieren in den Schächten der dritten Kammer keine derartigen Sperren? Logischerweise müsste es sie dort geben, wo der Leichnam des Königs bestattet wurde. Die Steintüren sind möglicherweise ein Hinweis darauf, dass Cheops' tatsächliche Grabkammer irgendwo in der Pyramide verborgen liegt. In einer alten Erzählung aus dem Papyrus Westcar ist die Rede davon, wie Cheops nach den geheimen Aufzeichnungen des Gottes Thot forscht, nach denen die Kammern seiner Pyramide entworfen werden sollen. Wir versuchen noch heute, die von ihm und seinen Baumeistern hinterlassene Anlage zu verstehen.

Es ist geplant, nochmals nach Öffnungen und Ausgängen an der Außenseite der Cheops-Pyramide zu suchen, die mit den Schächten in der Königinpyramide verbunden sind. Falls es diese Ausgänge gibt, dienten sie möglicherweise als symbolische Pforten, die der König bei seinem Übergang in die Unterwelt passieren musste. Sobald wir uns über die beste und sicherste Vorgehensweise klar geworden sind, werden wir hinter die zweite Sperre im Südschacht schauen. Sind die Kanäle wirklich versiegelt, müssen wir andere Theorien in Erwägung ziehen. Nur die weitere Erforschung der Schächte und der sie blockierenden Steintüren kann uns die Funktion der Kanäle offenbaren und uns helfen, eines der vielen noch existierenden Rätsel der Cheops-Pyramide zu lösen.

Kapitel 15

Das Pyramidion

Zahi Hawass

Der Begriff „Pyramidion" bezeichnet eine Miniaturpyramide, die als Spitze auf die große Pyramide aufgesetzt wurde. Das Pyramidion bestand aus einer besonderen Steinart; in der Zeit des Alten Reiches war das entweder Diorit, Granit oder ein sehr feiner Kalkstein, der dann einen Überzug aus Gold oder Elektrum erhielt. Im Mittleren Reich bestand der Schlussstein in der Regel aus Granit, war mit Texten beschriftet und mit Symbolen dekoriert.

Im Umfeld mehrerer Pyramiden aus der Zeit des Alten und des Mittleren Reiches hat man inzwischen schon eine Reihe von Pyramidenkappen entdeckt. Den bislang ältesten Schlussstein fand Rainer Stadelmann 1982 im Umfeld der Roten Pyramide des Snofru in Dahschur. Dieser Stein besteht aus feinem weißem Tura-Kalkstein und trägt keinerlei Inschriften. Er war in Stücke gebrochen, ist inzwischen aber wiederhergestellt, seine Höhe beträgt etwa 75 Zentimeter. Heute ist er auf einem Sockel an der Ostseite der Roten Pyramide in Dahschur zu sehen.

Das zweitälteste Pyramidion wurde 1991 östlich der Cheops-Pyramide, nicht weit von der unlängst entdeckten Nebenpyramide gefunden, deren Spitze dieser Schlussstein bildete. Die Ostseite der Cheops-Pyramide hatte man bereits früher erkundet, doch die Kappe war allen Ausgräbern, die dort gearbeitet hatten, entgangen. Der Stein lag südlich der Nebenpyramide; Spitze und Basis des Pyramidions, die beide beschädigt waren, wurden von Josef Dorner rekonstruiert. In der Nähe der Nebenpyramide fand sich außerdem ein trapezförmiger Block aus der dritten Steinlage von oben; diesen Block und die Pyramidenkappe hat man inzwischen nördlich vor der Nebenpyramide aufgestellt.

Früher herrschte die Meinung vor, die Pyramide des Chephren sei bis zur Spitze mit weißem Kalkstein verkleidet gewesen und habe deshalb nie einen Schlussstein getragen. Die italienischen Gelehrten Maragioglio und Rinaldi untersuchten und vermaßen die Spitze dieser Pyramide; sie stellten dabei fest, dass der oberste Teil des Monuments irgendwann zerstört worden war und die Pyramide heute in einer kleinen Plattform endet. Kürzlich führte eine andere italienische Expedition Vermessungen an dieser Pyramide durch, um mögliche Schäden durch ein Erdbeben abzuschätzen. Dabei stellte sich heraus, dass die obersten Verkleidungssteine im Unterschied zu allen anderen Pyramiden in Giseh nur fünf Zentimeter stark sind. Nach Nabil Swelims Auffassung könnten zwei von Selim Hassan entdeckte polierte Dioritstücke vom Schlussstein der Chephren-Pyramide stammen. Swelim stellt sich das einstige Aussehen der Pyramide mit einer weißlich goldenen Außenfläche und einer Lage Rosengranit unter einem Schlussstein aus dunkelgrünem Diorit vor.

Das einzige weitere bislang entdeckte Pyramidion aus der Zeit der 4. Dynastie wurde bei einer der Nebenpyramiden des Mykerinos gefunden. Von dem Stein ist nur die quadratische Basis erhalten; ein zweites Stück, das die Spitze gebildet haben muss, fehlt. Die Unterseite der Basis ist glatt und mit Löchern versehen, die zum Befestigen des Steins auf der Pyramide gedient haben könnten. Der untere Teil besteht aus Kalkstein; ich denke, dass der obere Teil aus einer anderen Steinart gearbeitet war, sonst hätte man das Pyramidion höchstwahrscheinlich in einem Stück gefertigt.

Auch die Pyramiden der 5. Dynastie trugen spezielle Schlusssteine. Ein Relief aus der Pyramidenanlage des Djedkare-Isesi zeigt, dass dessen Grabmonument einst von einem solchen Pyramidion gekrönt war: In einer Szene ist König Isesi mit einem Stecken in der Hand dargestellt; eine Inschrift vor ihm lautet: „Dem Pyramidion zu der Pyramide des Isesi folgend." Den Schlussstein selbst hat man noch nicht gefunden. Die tschechische Expedition unter der Leitung von Miroslav Verner fand ein Bruchstück eines Basaltpyramidions von der Pyramide der Chentkaues II., einer Gemahlin des Neferirkare; das Pyramidion war ursprünglich mit Metall (Kupfer oder Gold?) überzogen. Blöcke aus dem Aufweg des Sahure in Abusir, die unlängst bei Arbeiten zur Vorbereitung der Stätte für die Öffentlichkeit gefunden wurden, sind mit Szenen rund um das Aufsetzen des Schlusssteines geschmückt. Eine Szene zeigt, wie der Stein zur Pyramide geschleppt wird. Arbeiter ziehen ein Tau, das am Pyramidion (auf dem noch fehlenden rechten Nachbarblock dargestellt) festgemacht ist. In dieser Szene erkennt man einen Teil eines Schlittens, auf dem der Stein ruhte, sowie die Arbeitsleute, die den Schlitten ziehen und den Weg vor den Kufen mit Wasser begießen, um die Reibung am Boden zu

161
Das Pyramidion aus schwarzem Granit stammt aus der Regierungszeit Amenemhets III. (12. Dynastie), es wurde in Lischt gefunden. Seine Höhe misst 140 Zentimeter, die Basis 185 Zentimeter. Kairo, Ägyptisches Museum.

verringern. In anderen Szenen sind als Angehörige des *chener* gekennzeichnete Frauen zu sehen, die gleichartig gekleidet sind; sie haben die rechte Hand erhoben und die linke auf der Hüfte liegen. Das Wort *chener* übersetzte man bisher traditionell als „Harem", es wird heute neu als „Musikgruppe" interpretiert. Diese Bedeutung scheint allerdings ziemlich eng gefasst und drückt nicht die Nuance des Zwanges aus, die das ursprüngliche Wort vermittelt. Die Frauen waren in ihrer Freiheit wohl eingeschränkt, und einige von ihnen mögen dem König auch als Konkubinen zur Verfügung gestanden haben. Unabhängig von unserer Interpretation waren Gesellschafterinnen, Musikerinnen, Sängerinnen und Tänzerinnen eindeutig ein wichtiger Teil der weiblichen Umgebung des Königs und ein Teil der Festlichkeiten anlässlich der Verlegung des Pyramidions. Die Szenen lassen erkennen, dass man eine Expedition in die Wüste geschickt hatte, die einen ganz speziellen Stein für die Pyramidenkappe brechen sollte. Sie zeigen auch eine Gruppe abgemagerter Beduinen, die man anscheinend an den Königshof gebracht hatte, um ihnen für einen Angriff auf die Steinbrecher den Prozess zu machen. Das deutet darauf hin, dass das Gebiet, in das sich die königliche Expedition gewagt hatte, unfruchtbar und leer und nur von Nomadenstämmen bewohnt war. 1996 entdeckten wir bei Ausgrabungsarbeiten in Sakkara in der Pyramidenanlage des Teti, des ersten Königs der 6. Dynastie, einen Schlussstein wieder, der bereits 1930 von Firth und Gunn nahe der Südostecke der Pyramide der Königin Iput I., einer von Tetis Gemahlinnen, gefunden worden war. Das Pyramidion lag im Gelände zwischen den Pyramidentempeln der Iput und der Königin Chuit. Es trägt keinerlei Inschriften, und seine Spitze ist zerstört. Die Kappe besteht aus geglättetem Kalkstein und besitzt eine quadratische Grundfläche. Ihre Gesamthöhe beträgt 47 Zentimeter. Nach einem Vorschlag Maragioglios und Rinaldis handelt es sich hierbei nicht um den Schlussstein der Pyramide Iputs I., sondern möglicherweise um einen Teil eines Obelisken, ähnlich dem aus dem Pyramidentempel Pepis II. Der Stil des Pyramidions deutet allerdings auf das Neue Reich hin, auch glaube ich nicht, dass der Stein von einem Obelisken stammt.

Bei unserer neueren Arbeit in Sakkara fanden wir drei weitere Pyramidenkappen. Eine befand sich im Magazin von Firth und Gunn, den ersten Ausgräbern des Pyramidenbezirks König Tetis. Die Entdecker hatten nichts über diesen Fund veröffentlicht, deshalb war es für uns eine Überraschung den Stein in dem Magazin liegen zu sehen. Die Oberfläche des Pyramidions ist poliert und mit drei Löchern versehen. Diese Löcher müssen einst zum Befestigen einer Verkleidung aus Elektrum gedient haben. Im Bereich der Pyramidenanlage des Teti fanden wir in den Jahren 1992 und 1993 einen zweiten und dritten Schlussstein. Beide sind aus Kalkstein gearbeitet, einer besitzt eine quadratische Grundfläche, ist ungeglättet und an den Kanten abgeschlagen, der andere hat eine Höhe von 46 Zentimetern und misst an der Basis 53 x 37 Zentimeter.

Die französische Expedition in Sakkara-Süd fand vor kurzem Teile des Pyramidions der Nebenpyramide der Königin Meritites, der Gemahlin Pepis I. aus der 6. Dynastie. Schließlich gibt es auch Hinweise auf die Existenz eines Pyramidions im Zusammenhang mit der Nebenpyramide der Königin Wedjebten, der Gemahlin Pepis II.; dieses Grabmal steht an der Nordostecke der Hauptpyramide. Hier fand Jéquier 1925/26 einen beschrifteten Block; in dem Inschriftentext steht auch ein Ausdruck, den Jéquier als „Pyramidion aus Elektrum" übersetzte. Diese Interpretation wird durch Arbeiten anderer Gelehrter unterstützt; es gibt keine andere plausible Art diesen Text zu verstehen. Die meisten der bisher gefundenen Pyramidenkappen aus dem Alten Reich waren in schlechtem Zustand. Es gibt zwar keine direkten Hinweise darauf, dass diese Schlusssteine in der Zeit der 4. Dynastie eine Verkleidung aufwiesen, es ist jedoch wahrscheinlich, dass die Grabmonumente von goldumhüllter Pyramidia gekrönt waren, was sie mit dem Sonnenkult in Verbindung bringen würde. Die Inschriften von Abusir und Sakkara und der mit Löchern versehene Stein von der Anlage der Königin Chuit stützen alle die Theorie, dass die Schlusssteine aus der Zeit der 5. und 6. Dynastie mit Elektrum überzogen waren. Auch aus der Ära des Mittleren Reiches wurden mehrere Pyramidenkappen gefunden. In Lischt entdeckte man Bruchstücke von Schlusssteinen aus Rotgranit; diese lagen in der Nähe der Pyramiden zweier Königinnen in der Anlage Sesostris' I., des zweiten Königs der 12. Dynastie. Ein Pyramidion aus schwarzem Granit stammt vom Grabmal Amenemhets III. in Dahschur; rund um die Basis des Steins läuft ein Band aus Hieroglyphen, auf der Fläche darüber ist ein Flügelpaar und eine Sonnenscheibe eingraviert, die beide die Augen, die Namen und die Titulatur des Königs schützen. Dieses Fundstück wurde in gutem Zustand entdeckt. Womöglich hat es nie als Spitze auf einer Pyramide gestanden, da Amenemhet Dahschur verließ und eine zweite Pyramide in Hawara errichtete. In der Anlage des Chendjer, eines Königs der 13. Dynastie, in Sakkara-Süd fand man zahlreiche Fragmente eines Pyramidions aus schwarzem Granit, das zum Grabmonument dieses Königs gehörte. Die Bruchstücke waren mit hieroglyphischen Inschriften bedeckt und sind inzwischen restauriert worden. Auf zwei weitere Schlusssteine aus schwarzem Granit stieß man in Sakkara-Süd in Verbindung mit einer unvollendeten und bisher keinem Grabinhaber zugeordneten Pyramide aus der Zeit des Mittleren Reiches. Einer davon war poliert, der andere nur roh bearbeitet, und keiner von beiden trug eine Inschrift. Der Umstand, dass diese Pyramidia am Standort einer unvollendeten Pyramide lagen, deutet darauf hin, dass man sie bereits in einer frühen Bauphase dorthin gebracht hatte. Die Darstellungen auf den in Abusir gefundenen Blöcken zeigen, welche Bedeutung die Suche des Königs nach einer speziellen Steinart für das Pyramidion besaß; der mit der Steinbeschaffung beauftragten Expedition gab man zum Schutz sogar eine Militäreskorte bei. Das Pyramidion verkörperte wie auch die Pyramide selbst den *Benben*stein – das ägyptische Wort für das Pyramidion ist *benbenet*. Der ursprüngliche *Benben*stein wurde im Sonnentempel von Heliopolis aufbewahrt und galt als machtgeladenes Symbol des Sonnengottes.

Nach den Darstellungen aus Abusir zu urteilen, ist das Pyramidion jener Bestandteil, der mit den allerletzten Handgriffen an dem Monument verbunden war. Das geschah wahrscheinlich während eines Festes in Gegenwart des Königs und kennzeichnete den Augenblick, in dem der König zu einem Gott wurde. Das Aufsetzen des Schlusssteins auf die Pyramide bedeutete, dass das Grabmal offiziell fertig gestellt war, und jedermann in Ägypten tanzte und sang dann wohl zur Feier der Vollendung.

162
Das Pyramidion aus feinem weißem Kalkstein entstand in der Zeit des Cheops. Im Hintergrund ragt die Cheops-Pyramide auf. 4. Dynastie. Giseh.

163
Der Schlussstein der Roten Pyramide in Dahschur stammt aus der Zeit König Snofrus, Cheops' Vater. 4. Dynastie. Dahschur.

Kapitel 16

Die königlichen Barken in Giseh

Zahi Hawass

In der Pyramidenanlage des Cheops wurden fünf Bootsgruben gefunden. Die drei Gruben östlich der Pyramide weisen die Form von Booten mit schmalem Bug und Heck auf, die beiden Gruben im Süden sind rechteckig und so groß aus dem Felsen herausgemeißelt, dass darin zwei in Einzelteile zerlegte Holzbarken üblicher Größe Platz fanden. Über den Zweck und die symbolische Bedeutung dieser Gruben – der Nachfolger jener Bootsgruben, die man bei einer Reihe frühdynastischer Königsgräber gefunden hat – wird unter den Gelehrten noch viel diskutiert.

Zwei der östlichen Bootsgruben liegen parallel zur Ostseite der Pyramide; sie wurden nördlich und südlich des Pyramidentempels im Felsgestein des Plateaus angelegt. Ihre Größe ist beachtlich: Die südliche Grube beispielsweise weist eine Länge von 51,5 Metern, eine Breite von sieben Metern in der Mitte und eine Tiefe von acht Metern auf. Sie waren ursprünglich mit Kalksteinblöcken gepflastert, von denen Petrie in der südlichen Grube noch Spuren *in situ* fand. Petrie entdeckte auch einige Abdeckblöcke, die als eine Art Dach über dem Westende des südlichen Grabens lagen; manche Gelehrte meinen allerdings, die Grube sei nie überdacht gewesen, da man zur Überbrückung ihrer Breite Stützpfeiler gebraucht hätte.

Die Südgrube wurde bereits vor langer Zeit von Trümmern frei geräumt; im Rahmen unseres Planes zum Standort-Management haben wir kürzlich den Schutt aus der Nordgrube entfernt. Das Material aus den Gruben enthielt verschiedenartige Artefakte, darunter ein Stück Kalkstein mit der hieroglyphischen Aufschrift *achet*. Dabei handelt es sich wahrscheinlich um einen Teil des Namens *Achetchufu* („Horizont des Cheops"), den die Cheops-Pyramide trug. Auch eine rote Topfscherbe sowie ein Kalksteinbruchstück mit der Hieroglyphe für „Leben" und ein Fragment einer Granitstatue wurden gefunden. Die Inschriften und die Statuenbruchstücke mögen wohl ursprünglich aus dem Tempel des Cheops stammen; sie müssen nach der Regierungszeit des Cheops, vielleicht auch erst nach der Zeit des Alten Reiches, in die Bootsgrube gelangt sein.

Der ägyptische Gelehrte Selim Hassan, der viel in Giseh gearbeitet hat, stellte im Boden der Südgrube eine flache Vertiefung fest. Seiner Ansicht nach könnte diese Vertiefung darauf hinweisen, dass sich hier ursprünglich eine rechteckige Kabine oder Kammer befand, könnte aber auch ein Auflager für Verkleidungssteine gewesen sein. Hinsichtlich der Ausrichtung der beiden Gruben gibt es unterschiedliche Ansichten; einige Gelehrte meinen, der Bug der Südgrube zeige nach Süden und der Bug der Nordgrube nach Norden, andere halten das Gegenteil für zutreffend.

Die dritte Bootsgrube liegt parallel zum Aufweg an einer Stelle, die mehrere Meter von der Ostmauer des Pyramidentempels entfernt ist. Ihre Länge beträgt 45,4 Meter, ihre größte Breite misst 3,75 Meter. Der vertikale Bug liegt im Osten und ist wie eine Wiege geformt. Die Form dieser Grube wird mit Booten aus der Frühzeit verglichen. Im Innern der Grube stieß man auf eine achtzehnstufige Treppe, die mit Bauschutt bedeckt war; es ist schwer zu sagen, ob die Grube ursprünglich überdacht war oder keine Abdeckung hatte. Die in die Grubenseiten gemeißelten Löcher deutet man als Halterungen für Querbalken. George Reisner entdeckte in der Grube Tauwerk und Stücke von vergoldetem Holz; diese Funde deuten darauf hin, dass hier einst eine Barke gelegen hat.

Bei Ausgrabungsarbeiten an der Südseite der

164
Die hölzerne Sonnenbarke des Cheops wurde von Kamal El Mallakh gefunden. Sie steht heute im Bootsmuseum an der Cheops-Pyramide.

165
Dieses Holzmodell einer Sonnenbarke stammt wahrscheinlich aus der Zeit des Alten Reiches. Kairo, Ägyptisches Museum.

166 oben links
Luftbild der drei Bootsgruben, die an der Ostseite der Cheops-Pyramide entdeckt wurden. 4. Dynastie. Giseh.

166 Mitte links
Die östliche Bootsgrube an der Cheops-Pyramide. 4. Dynastie. Giseh.

166–167
Der Schrein der Sonnenbarke des Cheops, die 1954 entdeckt wurde, ist inzwischen wieder vollständig und akkurat zusammengebaut.

167 oben
Die erste Bootsgrube des Cheops mit ihrer Abdeckung aus Kalksteinblöcken.

Cheops-Pyramide, zwischen der Pyramidenbasis und den südlichen *Mastabas*, entdeckte der ägyptische Archäologe Kamal El Mallakh 1954 zwei neue Bootsgruben. Diese beiden Gruben liegen außerhalb der großen *temenos*-Mauer der Pyramide und waren vom Gesteinsschutt der Umfassungsmauer bedeckt. Sie sind durch eine Nord-Süd-Mauer aus Felssteinen voneinander getrennt; die Mauer liegt auf der Nord-Südachse der Pyramide. Die östliche Grube war geöffnet und enthielt ein großes hölzernes Boot; die noch nicht freigelegte westliche Grube ist mit zwanzig Kalksteinblöcken abgedeckt. Die Ostgrube war bei ihrer Entdeckung mit einundvierzig Kalksteinplatten (neun davon mit Steinbruchmarkierungen in roter und schwarzer Tinte) überdacht, die auf einem Sims rund um den oberen Grubenrand ruhten. Jeder dieser Blöcke wiegt rund fünfzehn Tonnen, der größte ist etwa 4,8 Meter lang. Die drei am weitesten westlich liegenden Steine waren deutlich kleiner als die übrigen; sie werden als Abschlusssteine gedeutet.

Die Grube selbst besitzt eine rechteckige Form und ist 32,5 Meter lang; ihre senkrechten Seiten und der Boden lassen Werkzeugspuren erkennen, die belegen, dass diese Flächen mit Kupfermeißeln behauen wurden. Unter den Inschriften aus dem Steinbruch, die man auf vielen der Abdeckblöcke festgestellt hat, befanden sich achtzehn Kartuschen von Djedefre, Cheops' Sohn und Nachfolger; die Kartuschen machen deutlich, dass Djedefre für die Bestattung seines Vaters verantwortlich war. An der Südseite der Grube sind Inschriften in roter Tinte zu erkennen, die eine Reihe von Abmessungen nennen. Mit den Abmessungen hat man sich bisher noch nicht eingehend befasst.

Im Innern der Grube wurden die Einzelteile einer sehr großen zerlegten Holzbarke gefunden. Auf dem Holz lagen Matten und Seile aufgeschichtet, ein Instrument aus Feuerstein und einige kleine Stücke weißer Gipsmörtel. Am westlichen Ende der Grube fand man den Bug des Bootes, eine von einer runden hölzernen Scheibe gekrönte Holzsäule. Diese Säule war mit zwei langen Holzteilen verbunden, die sich am Boden der Grube hinzogen. Die meisten Holzteile waren mit Seilen zusammengebunden gewesen. In der Grube wurden auch zahlreiche andere Gegenstände entdeckt, darunter beispielsweise zwölf Ruder, von denen jedes aus einem einzigen Stück Holz gefertigt war; achtundfünfzig Rundhölzer; drei zylindrische Säulen und fünf Türen. Insgesamt lagerten dort dreizehn Materialschichten aus 651 Artefakten, deren Größe von zehn Zentimetern bis dreiundzwanzig Meter reichte.

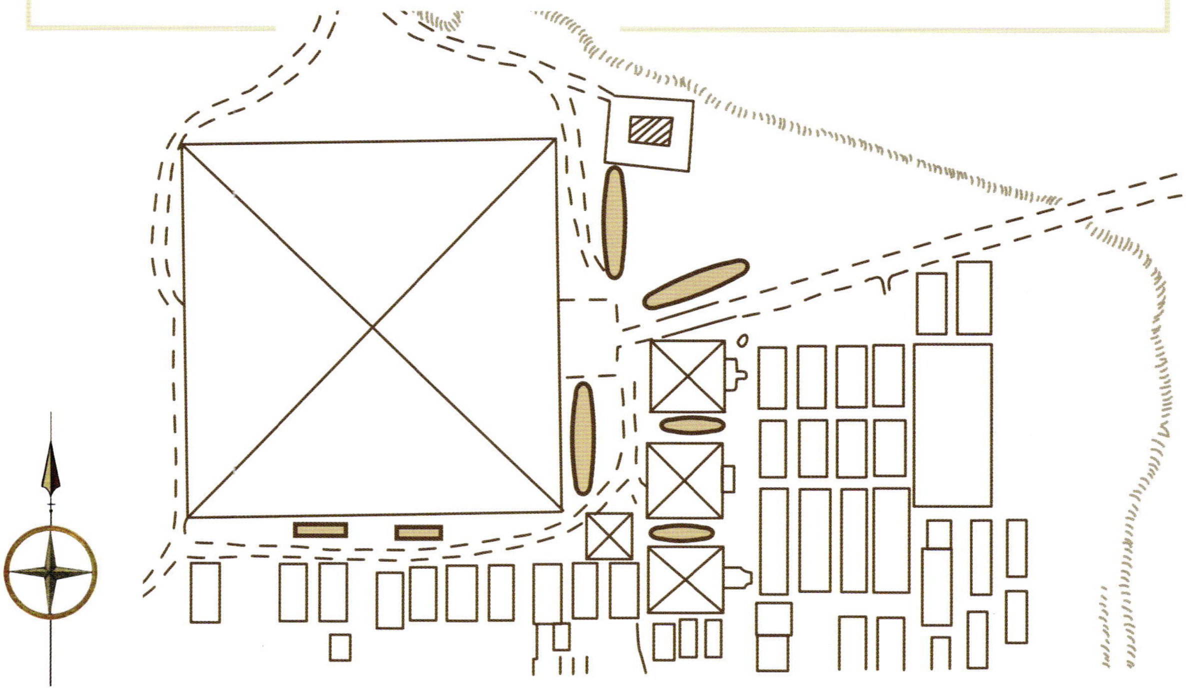

167 unten
Grundriss des Pyramidenbezirks des Cheops mit den fünf Bootsgruben. Die drei Gruben im Osten sind bootförmig, die beiden südlich der Hauptpyramide rechteckig. Zwischen den beiden Königinnenpyramiden liegen ebenfalls zwei Bootsgruben.

168 oben links
Diese Archivaufnahme zeigt den Standort der ersten Bootsgrube vor deren Entdeckung.

168 oben rechts
Hier hat der Fotograf den Augenblick festgehalten, da die Abdeckblöcke der Bootsgrube freigelegt waren.

168 Mitte
Diese beiden Aufnahmen machen die unterschiedlichen Phasen beim Zusammenbau der Bootsteile mit Seilen deutlich. In dem bereits fortgeschrittenen Stadium (unteres Foto) scheint die Barke wieder ihre ursprüngliche Form anzunehmen.

168 unten
Die linke Zeichnung stellt die Beplankung der Barke im Querschnitt dar. In der rechten Zeichnung ist die Endphase der Restaurierung zu sehen.

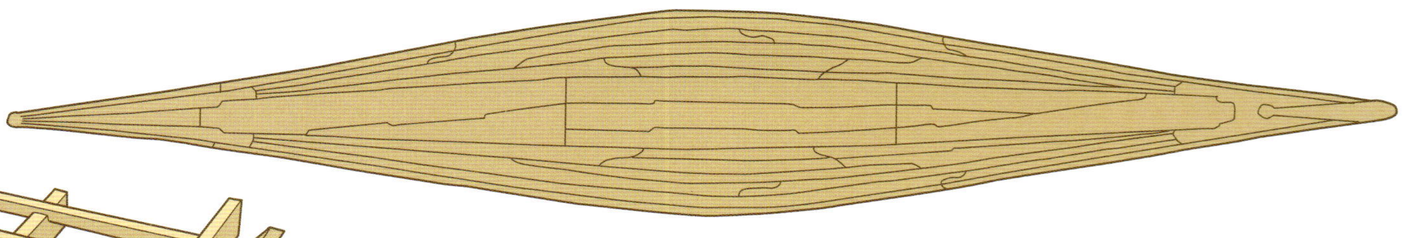

Der Restaurator Hag Ahmed Youssef hat viele Jahre darauf verwendet, alle in der Bootsgrube gefundenen Einzelteile zu konservieren und die Barke aus dem Altertum zu rekonstruieren. Das neu aufgebaute Boot misst in der Länge 43,4 Meter und an der breitesten Stelle 5,9 Meter. Zum Bau wurde Zedern- und Akazienholz verwendet.

Nicht wenige Gelehrte sind der Ansicht, dass die östlich der Cheops-Pyramide entdeckten Bootsgruben in der Regierungszeit des Cheops angelegt wurden, die beiden südlichen Gruben hingegen in der Zeit des Djedefre entstanden, was durch die in der östlichen Grube gefundenen Kartuschen mit Djedefres Namen belegt wird. Die größte, vom südlichen Steinbruch kommende Baurampe verlief vermutlich über das Gelände direkt südlich der Cheops-Pyramide. Die Bootsgruben müssen also mit zu jenen Teilen der Pyramidenanlage gehört haben, die zuletzt fertig gestellt wurden. Sie liegen teilweise unter der vom Ende der 4. Dynastie stammenden südlichen Umfassungsmauer der Pyramide; dieser Umstand beweist, dass die Bootsgruben nicht später, d. h. nicht nach dem Ende der 4. Dynastie, gebaut wurden.

168–169 und 169 oben rechts Hag Ahmed Youssef mit der Barke des Cheops im Hintergrund, die zu dieser Zeit noch restauriert wird. Die große Aufnahme zeigt Arbeiter beim Wiederaufbau des Bootes.

Königliche Barken

Bootsgruben findet man sowohl bei königlichen Grabanlagen als auch bei Grabstätten hoher Beamter aus der Zeit der 1. bis zum Ende der 5. Dynastie. Die Anzahl der Bootsgruben schwankt; zu Cheops' Pyramidenbezirk gehören fünf, diese Zahl wird nur noch von Chephren erreicht, dessen fünf Gruben alle östlich von seiner Pyramide liegen. Die ältesten Barken dieser Art wurden unlängst von David O'Connor in Abydos entdeckt. Bei diesem Fund handelt es sich um eine Flotte aus zwölf Holzschiffen in ihrer ganzen Größe, die von Ziegeln umbaut in der Nähe der Talbezirke frühdynastischer Könige in der Wüste liegen.

Hinsichtlich der Funktion der Bootsgruben des Cheops und der darin gefundenen Barken gibt es drei hauptsächliche Denkrichtungen. Die erste, von Jaroslav Černy vorgeschlagene Richtung geht dahin, dass vier der Schiffe als Kultbarken für die Beförderung des Königs nach den vier Haupthimmelsrichtungen dienten und das fünfte jene Barke war, in der der Leichnam des Königs nach Giseh überführt wurde. Die zweite Richtung, ursprünglich von Walter Emery mit Bezug auf die *Mastabas* aus der Zeit der 1. Dynastie in Sakkara vertreten und dann von Hassan aufgenommen, sieht in den Booten Sonnenbarken, in denen der König den Sonnengott Re besuchte oder diesen auf seiner Fahrt über den Himmel begleitete. Das dritte Denkkonzept, das hauptsächlich von Abubakr entwickelt wurde, geht davon aus, dass sämtliche Boote zu Lebzeiten des Königs für Pilgerfahrten und andere Zeremonien benutzt wurden. Kamal El Mallakh, der Entdecker der beiden südlichen Bootsgruben, vermutete wie Hassan, dass die Boote Sonnenbarken für die Seele des verstorbenen Königs waren; das Boot in der am weitesten östlich liegenden Südgrube muss nach Westen, parallel zum täglichen Lauf der Sonne, gefahren sein. Eine vierte Theorie, auf die hier noch hingewiesen werden könnte, lautet, dass in den südlichen Bootsgruben Sonnenbarken und in den Gruben neben dem Pyramidentempel Horusbarken lagen; die Bootsgrube neben dem Aufweg enthielt entweder das Bestattungsboot zur Überführung des königlichen Leichnams oder sollte symbolisch von Hathor genutzt werden.

Černy bemerkt zur Frage der Bootsgruben, dass vier der Gruben (mit Ausnahme der parallel zum Aufweg liegenden Grube) so ausgerichtet sind, dass jede in eine andere Haupthimmelsrichtung zeigt. Auf diese Weise habe der König jederzeit nach einem beliebigen Zielort abreisen können. Als Unterstützung für seine Theorie führt Černy eine Passage in den Pyramidentexten an, die besagt, dass die westlichen, östlichen, südlichen und nördlichen Götter dem König vier Schilfmatten für dessen Auffahrt in den Himmel geben. Demnach wären die Barken jüngere Erscheinungsformen dieser Schilfmatten. Die fünfte Bootsgrube war nach Černys Auffassung für jene Barke bestimmt, mit der der Leichnam des Königs nach Giseh gebracht wurde.

In seiner Studie über die Barken in den Pyramidenanlagen aus der Zeit des Alten Reiches identifiziert Hassan die Bootsgruben unabhängig von deren Anzahl in einer bestimmten Anlage als Gehäuse für traditionelle Sonnenbarken. Seiner Theorie zufolge wurde der König mit den Polarsternen am nördlichen Himmel gleichgesetzt und flog unter ihrem Einfluss in der Tagesbarke südwärts, um im Westen anzukommen und in der Nachtbarke nordwärts, um in den Osten zu gelangen. Die Mannschaft der Nachtbarke bestand aus den „unermüdlichen Sternen", der Kapitän war der König.

Zur Unterstützung seiner Theorie führt Hassan Belege aus den Pyramidentexten und den Aufzeichnungen vom Palermostein an. Die Pyramidentexte enthalten mehrere Passagen, in denen die Benutzung der Sonnenbarken erwähnt wird. In einem Spruch heißt es, dass der König zu Re kommt und zum König der Erde ausgerufen wird. Er steige mit Atum auf, gehe mit Re und den Sonnenbarken auf und unter. Ein anderer Spruch verkündet: „Ihr Götter des Westens, ihr Götter des Ostens, ihr Götter des Südens, ihr Götter des Nordens! Jene vier reinen [oder heiligen] Schwimmbündelflöße, die ihr dem Osiris hingelegt habt, als er zum Himmel aufstieg…". Ein weiterer Spruch sagt uns, dass der *Ka* des Königs zu einem Stern wird und sich den nördlichen Sternen anschließt, und eine andere Stelle bringt den König mit den vier Haupthimmelsrichtungen in Verbindung und legt dar, dass dieser wie Horus und Re zum Himmel segeln wird.

Abubakr vertrat ursprünglich die Ansicht, die beiden südlichen Boote stellten Sonnenbarken für den König und den Sonnengott dar; auch er führte die Pyramidentexte an, und zwar eine Passage, in der Re seine tägliche Fahrt durch den Himmel mit Booten macht. Die Barke, die er am Tag benutzt, wurde *mcndt*, die Barke für die Nacht *msktt* genannt. Da der König den Sonnengott im Diesseits und nach seinem Tod repräsentierte, brauchte er natürlich ähnliche Boote. Den Pyramidentexten zufolge benötigte der Herrscher solche Schiffe, um durch den Himmel zu reisen und zu seinem Vater Re zu gelangen.

Das zweite bis fünfte Register des Palermosteins enthält Darstellungen verschiedener Arten von Booten, mit denen sich Hassan beschäftigt hat. In einer Zeile findet sich der Hinweis, König Neferirkare habe an der Südecke seines Sonnentempels eine große „Tages"barke aufstellen lassen. Eine andere Inschrift zu diesem König spricht von einer Tages- und einer Nachtbarke, die Re gehörten. Zu Beginn des zwanzigsten Jahrhunderts (1900/01) entdeckte Borchardt neben dem Sonnenheiligtum König Neuserres in Abusir ein für den Herrscher gebautes Ziegelboot. Da die Boote dem Sonnentempel angeschlossen sind, handelt es sich eindeutig um „Sonnen"schiffe.

Unter den Pyramidenbezirken aus der Zeit der 5. Dynastie sind nur wenige – die Anlage des Unas und die des Neferirkare – die auch Bootsgruben enthielten. In letzterer existieren zwei Gruben, die beide parallel zur Südseite des Aufweges liegen. Die beiden Boote des Unas stellen wahrscheinlich die Nacht- und die Tagesbarke des Re dar, die auf dem Palermostein erwähnt sind. Im Umfeld der Pyramiden der 6. Dynastie sind bisher keine Schiffsgruben gefunden worden, was den unzureichenden Grabungsarbeiten geschuldet sein mag; denkbar ist auch, dass die Herrscher der 6. Dynastie aus wirtschaftlichen oder kultischen Gründen mit Bootsdarstellungen in den Szenen auf den Mauern ihrer Grabanlagen oder mit Modellbooten vorlieb nahmen, wie sie bei der Pyramide der Königin

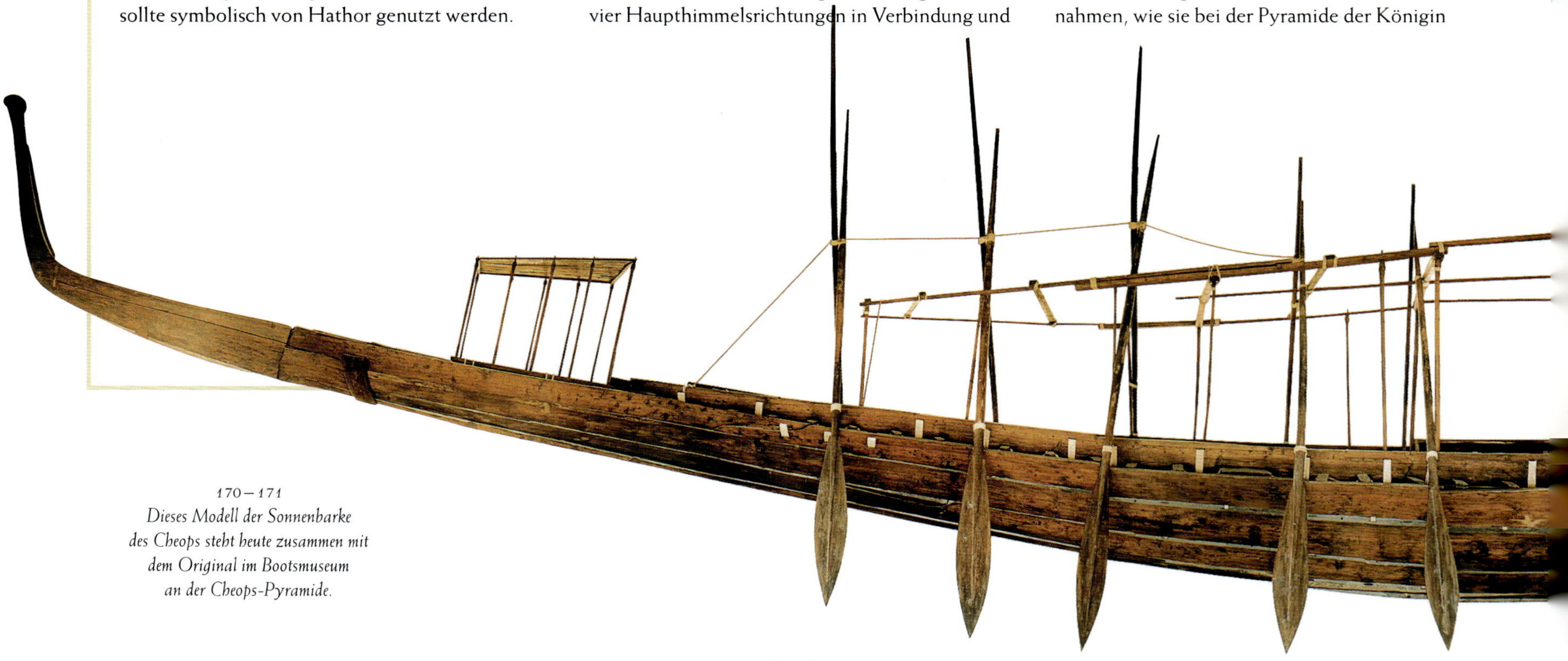

170–171
Dieses Modell der Sonnenbarke des Cheops steht heute zusammen mit dem Original im Bootsmuseum an der Cheops-Pyramide.

Neith, der Gemahlin Pepis II., gefunden wurden, statt Gruben in den Untergrund meißeln zu lassen und darin echte Boote zu bestatten. Diese Schlussfolgerung wird durch Fragmente aus der Pyramide Pepis II. gestützt, auf denen Darstellungen zweier Boote zu sehen sind.

In einem späteren Artikel stellen Abubakr und Mustafa fest, dass das rekonstruierte Schiff aus der ersten der südlichen Bootsgruben kein Sonnenschiff ist. Ihre Analyse basiert auf einer Darstellung an einer Wand des Grabes von Kaninisut, die ein Segelboot und darüber einen Text mit den folgenden Worten zeigt: „Die Ankunft aus Buto und das Segeln zu den Feldern der großartigen, schönen Opfergaben." Ein zweiter Text lautet: „Segeln nach Heliopolis." Auf diesem Textbeleg, der nicht einmal typisch königliches Sprachgut ist, werden die fünf Boote des Cheops wie folgt gekennzeichnet: Ein Boot für die Pilgerfahrt nach Heliopolis, das zweite für die Pilgerfahrt nach Saïs, das dritte für die Pilgerfahrt nach Buto, das vierte für verschiedenartige Krönungsriten und das letzte für die Söhne des Horus, die an den Krönungsriten teilnahmen. Der König begab sich zu seinen Lebzeiten sicherlich auf dem Wasserweg, also mit Barken, zu diesen Kultzentren, doch es existiert kein Hinweis darauf, dass er sie neben seiner Pyramide haben musste.

Die von Abubakr und Mustafa angeführten Gründe für die Behauptung, das rekonstruierte Boot könne keine Sonnenbarke sein, lassen sich alle ohne weiteres widerlegen. Abubakr und Mustafa legen zunächst dar, dass die Könige der 4. Dynastie das Dogma des Re-Kults nicht offiziell annahmen. Die meisten Gelehrten meinen genau das Gegenteil, nämlich dass der Kult des Re in der Zeit der 4. Dynastie, insbesondere in der Regierungszeit des Cheops, sehr stark war. Cheops' Sohn und Nachfolger Djedefre, der das Boot und dessen Pendant bestattete, war der erste Herrscher, der den Titel „Sohn des Re" trug. Der Kult des Re ist bereits in der 1. Dynastie bezeugt, und zur Zeit des Snofru, Cheops' Vater, gab es einen Mann mit dem Titel „Hoher Priester des Re", was darauf hinweist, dass der Kult bereits damals aktiv war. Stadelmann ist sogar der Ansicht, dass Snofru wie auch Cheops zu Lebzeiten als Verkörperungen des Re galten.

Abubakr und Mustafa erklären, in den Pyramidentexten werde nicht behauptet, dass die Könige Sonnenbarken zu ihrer Verfügung hatten. Das stimmt nicht; es gibt in diesen Texten eine Anzahl Sprüche, die erstmals am Ende der 5. Dynastie aufgezeichnet wurden, aber auf Material aus der frühdynastischen Zeit zurückgehen sollen, und die angeben, dass die Könige in Sonnenbarken fuhren.

Hinsichtlich einiger Argumente, die gegen die Bestimmung des rekonstruierten Bootes als Sonnenbarke sprechen, werden Abubakr und Mustafa von Černy und Jenkins unterstützt. Letztere behaupten, die Form des Bootes unterscheide sich beträchtlich von der einer Sonnenbarke. Das Boot besitzt beispielsweise keinen falkenköpfigen Bug. Der Rumpf ähnelt jedoch den in den Pyramidentexten beschriebenen Schiffskörpern. Cheops' Barke mag in anderen Punkten von jenen Merkmalen abweichen, die in den Pyramidentexten für die Sonnenschiffe erwähnt werden – beispielsweise das große Deckhaus und die Kapitänshütte –, doch das beweist nicht, dass wir es hier nicht mit einer Sonnenbarke zu tun haben.

Abubakr und Mustafa behaupten, in der Bootsgrube, in der sämtliche Teile von Cheops' Barke lagen, sei nicht eines der typischen Symbole des Sonnenschiffes gefunden worden. Hassan zählt all die charakteristischen Dinge auf, die in den Pyramidentexten im Zusammenhang mit Schiffen auftauchen. Zwei dieser Symbole sind Feuersteinwerkzeuge und Schilfmatten, und diese beiden Symbole wurden in Cheops' Boot gefunden. Man könnte sie durchaus als Sonnensymbole betrachten und so die Aussage Abubakrs und Mustafas widerlegen.

Die Tatsache, dass Cheops' Barke mit zehn Rudern und zwei Steuerrudern ausgestattet war, nehmen Abubakr und Mustafa als Hinweis, dass die Barke kein symbolisches, sondern ein echtes Schiff war. Die Ruder könnte man allerdings auch als etwas Symbolisches betrachten. Im altägyptischen Denken wurden die Ruder von den Sternen bewegt und die Barke vom König gesteuert. Diese Deutung wird von Paul Lipke unterstützt, der schreibt, die Ruder seien zu schwer, als dass man sie benutzen könnte, sie müssten daher symbolischen Charakter gehabt haben.

Abubakr und Mustafa meinen, es gebe gewisse Hinweise darauf, dass das Boot einst benutzt worden sei; es sei folglich keine Sonnenbarke, sondern müsse eine Bestattungsbarke gewesen sein. Sie führen beispielsweise die Abdrücke der straff sitzenden Seile an, die an einigen Planken noch sichtbar sind und die dafür gesorgt haben müssen, dass das Schiff wasserundurchlässig war. Es existieren jedoch viele Belege dafür, dass mit dem Boot nie jemand gefahren ist. Einige Bootsteile tragen Spuren von weißer Farbe, und am Rumpf fehlen jegliche Anzeichen von Wassereinwirkung, was darauf hindeutet, dass die Barke nie auf dem Nil gefahren ist. Zaki Iskandar, der für die wissenschaftliche Untersuchung und die Konservierung der Objekte und Materialien aus der Bootsgrube verantwortlich war, entdeckte an dem Fundort neben Spuren von Lehm und Gipsmörtel, die die Steinblöcke bedeckten, auch Reste von Zedern- und Akazienholz. Er schloss daraus, dass das Boot in der Nähe des Bestattungsortes gebaut worden war. Björn Landström, ein anderer Schiffsexperte, legt dar, dass das Boot nie angestrichen oder geschmückt und daher wohl unter Zeitdruck gebaut wurde.

Ich meine, dass die Boote südlich der Pyramide Sonnenbarken sind, in denen die Seele des Königs mit dem Sonnengott symbolisch durch den Himmel reiste. Die Boote in den Gruben am Pyramidentempel benutzte der König, um als Horus durch Ägypten zu reisen und die Ordnung in seinem Reich aufrecht zu halten. Die parallel zum Aufweg liegende Grube könnte die Bestattungsbarke beherbergt haben, in welcher der königliche Leichnam zu seiner letzten Ruhestätte gebracht wurde, sie könnte aber auch symbolisch von der Göttin Hathor benutzt worden sein.

Kapitel 17

Der Sphinx

Mark Lehner

Wie alt ist der Sphinx? Von wem und warum wurde er gebaut?

172
Der Sphinx hält seinen Blick nach Osten gerichtet. Die Falten an seinem Kopfschmuck, die seitlich lang ausgezogenen Lid- und Augenbrauenstriche, der Mund und das Ohr treten noch immer plastisch hervor. Die Nase und der untere Teil des Ohres sind zerbrochen, die Augen ausgeschlagen. Unter dem Kinn, wo einst der Bart begonnen haben muss, befindet sich eine scharfe Bruchstelle.

173 *unten*
Napoleons Gelehrte im Jahr 1798 beim Vermessen des Sphinx (nach einer Skizze von Dominique-Vivant Denon). Damals war der Sphinx bis zur Rückenlinie von Sand bedeckt.

Der Sphinx von Giseh hat bis heute eine Fülle von Spekulationen über sein Alter ausgelöst. Bekannte Autoren vermuten in der Skulptur eine Hinterlassenschaft einer fortgeschrittenen Zivilisation, die für die Archäologie im Wesentlichen verloren ist; sie meinen, der Sphinx stamme aus einer Zeit Tausende Jahre vor Chephren, einem Pharao der 4. Dynastie, der um das Jahr 2500 v. Chr. die zweite Pyramide in Giseh erbaute. Die meisten Ägyptologen sind der Auffassung, dass Chephren den Sphinx als Teil seiner Pyramidenanlage erschaffen ließ; in neuerer Zeit gibt es allerdings auch Behauptungen, nach denen Cheops der Bauherr war.

Der 72,55 Meter lange und 20,22 Meter hohe Sphinx ist die erste wirklich kolossale Königsskulptur im Alten Ägypten. Ihm folgten andere überlebensgroße Statuen, von denen aber keine der Größe des Sphinx nahe kommt. Der Menschenkopf ist im Maßstab von 30:1 und der Löwenkörper in dem kleineren Maßstab von 22:1 nachgebildet. Mit Ausnahme eines Sphinxkopfes des Pharaos Djedefre (heute im Louvre) und eines kleinen Kalksteinsphinx, die beide aus Abu Roasch stammen, ist der Sphinx von Giseh die älteste derartige Skulptur, die das typische *Nemes*-Kopftuch des Königs trägt.

Der Sphinx ist das einzige Beispiel für eine Kolossalskulptur, die als Vollplastik direkt aus natürlich gewachsenem Felsen gemeißelt wurde. (Die Kolosse Ramses' II. in Abu Simbel kommen ihm nahe, sind aber eher Hochreliefs als Vollplastiken.)

Das Material des Sphinx, der anstehende Kalksteinfels der Mokattam-Formation, entstand vor fünfzig Millionen Jahren aus Sedimenten; diese lagerten sich am Grund eines Meeres ab, das im Mittleren Eozän Nordostafrika überspülte. Dort, wo heute die Nordnordwestseite des Plateaus liegt, bildete sich ein Damm heraus. Der Damm wurde von Nummuliten besiedelt. Diese inzwischen ausgestorbenen planktonischen Organismen sind nach ihrem scheibenförmigen Gehäuse benannt (lat. *nummus* – Münze). Die Größe ihrer Kalkgehäuse reicht von linsengroß bis zu einem 50-Cent-Stück. Auf der südlichen Böschung des Dammes breitete sich eine Sandbank und ein Korallenriff aus. Als das Meer sich in Richtung Norden zurückzog, entstand über dem heutigen Südsüdostteil des Plateaus eine flache Lagune.
Der Karbonatschlamm, der sich in der Lagune ablagerte, versteinerte zu jenen Schichten, aus denen die Bauleute des Altertums fünfzig Millionen Jahre später, 4500 Jahre vor unserer Zeit, ihre Kalksteinblöcke brachen. Sie schleppten die Blöcke von den in der flachen Südzone eröffneten Steinbrüchen die Böschung hinan, um auf der Nordost-Südwest-Diagonale des Dammes die Pyramiden zu errichten.

Die Schichten, die ihren Ursprung im Eozän in einer Lagune am Grund der südöstlichen Böschung

der Mokattam-Formation hatten, waren für den Abbau der großen Blöcke, die die Bauleute in der Zeit der 4. Dynastie für die Pyramiden und Tempel verwendeten, bestens geeignet. Da bei den Schichten hartes und weiches Material wechselte, konnten die Steinbrecher die weicheren, tonigen Kalksteinlagen wegmeißeln und die dazwischenliegenden härteren Schichten freilegen und in Blöcken unterschiedlicher Größe herausholen.

Der Sphinx wurde aus den untersten Schichten der Mokattam-Formation herausgearbeitet. Mit einem tiefen U-förmigen Graben trennten die Bauleute ein gewaltiges Rechteck aus anstehendem Felsen ab, aus dem die Skulptur gemeißelt werden sollte. Der Graben ist nach Osten offen, wo die Arbeiter bereits eine breite Terrasse (Terrasse 1) aus dem harten, spröden Riffkalkstein gehauen hatten. Am Südende dieser Terrasse errichteten die Bauleute Chephrens Taltempel aus gewaltigen, viele Tonnen schweren Kalksteinblöcken. Am Nordende, direkt unterhalb der ausgestreckten Pranken des Sphinx, bauten sie ebenfalls aus riesigen, ganz in der Nähe gebrochenen Kalksteinblöcken den Sphinxtempel.

Den Felsenrumpf des Sphinx bildete ein verbandfreier Abschnitt aus den tieferen Kalksteinschichten des Giseh-Plateaus. (Bei den Restaurierungsarbeiten in den 1980er Jahren wurde ein großer Teil des anstehenden Felsens freigelegt, der bis heute zu sehen ist.) Die unterste Schicht der Skulptur besteht aus hartem, sprödem Riffgestein (Schicht I). Da hier alle geologischen Schichten von Nordwesten nach Südosten um rund drei Grad geneigt sind, liegen sie am Rumpf des Sphinx höher und an den vorderen Pranken tiefer. Die Oberfläche der Schicht I ist, verglichen mit den darüber liegenden Schichten, kaum nennenswert verwittert. Sie lässt am Boden des Sphinx und an der Nordseite des Grabens noch heute Werkzeugspuren und kleine Einschnitte erkennen, die von den ursprünglichen Erbauern des Sphinx hinterlassen wurden.

Der größte Teil des Löwenkörpers des Sphinx, die Südmauer und der obere Teil des Grabens wurden in Schicht II gemeißelt; Schicht II wiederum besteht aus sieben Schichten, die dicht am Boden weich sind und oben zunehmend härter werden, bei denen allgemein aber hartes und weiches Material wechselt. Kopf und Hals der Skulptur bestehen aus Schicht III. Der Hals ist in die Basis der Schicht III gemeißelt; die Basis ist weicher als der obere Teil, aus dem der Kopf herausgearbeitet wurde. Schicht III besteht aus gutem Stein, deshalb bauten die alten Ägypter im Gelände rund um den Sphinx wohl den größten Teil davon ab. Die Dauerhaftigkeit der Schicht III ist auch der Grund, weshalb die Einzelheiten des Gesichts nach Jahrtausenden noch so gut erhalten sind, während die Gesteinsoberfläche des Löwenkörpers durch Verwitterung zerstört wurde.

Die Bauleute in der Zeit der 4. Dynastie scheinen ausgezeichnete Geologen gewesen zu sein. Den guten Baustein aus der Schicht III sparten sie für den Sphinxkopf, den empfindlichsten Teil der Skulptur, auf; aus den weicheren, rissigen Felsen der Schicht II arbeiteten sie den massiven Löwenkörper heraus, und die feste Gesteinslage der Schicht I verwendeten sie als Fundament für ihre Kolossalskulptur.

Die Reihenfolge der Steinbruch- und Bauarbeiten

Die Vorstellung, dass die Bauleute damals den Sphinx, den Taltempel des Chephren und den Sphinxtempel als ein fortlaufendes, zusammenhängendes Projekt schufen, ist nicht neu. Bereits 1910, als der Sphinx noch unter fünfzehn Meter hoch liegenden Trümmern und Schutt begraben war, stellte Uvo Hölscher, der Ausgräber der Pyramidentempel des Chephren, fest, dass der Sphinx und der Taltempel gleichzeitig gebaut worden waren. Zu diesem Schluss kam er durch die offenkundige Ähnlichkeit der gewaltigen Kernblöcke der Mauern des Chephren-Tempels mit den Felsschichten im oberen Teil des Sphinx. Die Kalksteinblöcke bildeten den Kern der massiven Mauern, den die Bauleute mit Rotgranit aus Assuan ummantelt hatten. Bei der detaillierten Untersuchung des Sphinxtempels in den Jahren 1967–1970 stellte der Schweizer Architekt und Ägyptologe Herbert Ricke fest, dass die Erbauer diesen Tempel zusammen mit dem Sphinx und Chephrens Taltempel im Rahmen ein und desselben Bauprozesses und mit Material aus ein und demselben Steinbruch geschaffen haben mussten. Die Kalksteinblöcke im Sphinxtempel sind so groß, dass in ihnen drei oder mehr geologische Schichten verlaufen. Diese Schichten ähneln stark den Gesteinslagen im Sphinxkörper.

1980 unterzog der Geologe Thomas Aigner von der Universität Tübingen die geologischen Schichten im Sphinx selbst, im Graben rund um die Skulptur, in entfernteren Steinbrüchen in Giseh und in allen 173 Kernblöcken des Sphinxtempels einer eingehenden Untersuchung. Aigner zeichnete für das Sphinx Project des American Research Center in Egypt (ARCE) die Beschaffenheit des Materials und der darin enthaltenen fossilierten Lebensformen auf. Die zu Stein gewordene Meeresökologie aus der Zeit vor fünfzig Millionen Jahren zeigt Schwämme, Austern, zweischalige Muscheln, Seeigel, Haifischzähne und Korallen dort, wo sie einst existierten. Mit solchen geologischen Anhaltspunkten stützt Aigners Untersuchung die von Hölscher und Rickes geäußerte Vermutung.

Die Bauleute in der Zeit der 4. Dynastie schufen den Sphinx, Chephrens Taltempel und den Sphinxtempel als ein durchgehendes Projekt zur Landschaftsgestaltung (siehe Plan). Als sie den U-förmigen Graben rund um einen lang gestreckten Block aus anstehendem Gestein brachen – aus dem Block meißelten sie dann den Sphinx –, nahmen sie die Steine in riesigen Blöcken heraus und verwendeten diese als Kernmaterial für die Tempelwände. Die aus den oberen Felsschichten gebrochenen Blöcke wurden in Chephrens Taltempel verbaut. Ihre Beschaffenheit entspricht der Qualität der Steine am Kopf des Sphinx; sie sind weniger stark geschichtet und homogener als die Schichten im oberen Teil der Brust, am Hals und am Kopf der Skulptur. Als dann in größerer Tiefe Steine gebrochen und der Sphinxgraben geschaffen wurde, schleppten die Arbeiter die Blöcke direkt in Richtung Osten, um daraus den Sphinxtempel zu errichten. Durch die meisten dieser Steine zieht sich ein charakteristisches gelbes Band – genau wie bei den Schichten in Brust- und Schulterhöhe des Sphinx. Die geologischen Schichten verlaufen durchgehend durch benachbarte, aber separate Blöcke rund um einen großen Teil des Tempels. Beim Transport der Tempelbausteine vom Sphinxsteinbruch zur Terrasse 1 hinunter gab es wohl auch kaum Gelegenheit, die bis zu hundert Tonnen schweren Blöcke durcheinander zu werfen.

175
Das Sphinxheiligtum, die Ruinen des Sphinxtempels und (oben links) der Tempel Amenophis' II. aus der 18. Dynastie.

Der Aufweg zur Chephren-Pyramide (unten rechts) bildet die Südseite des Sphinxheiligtums.

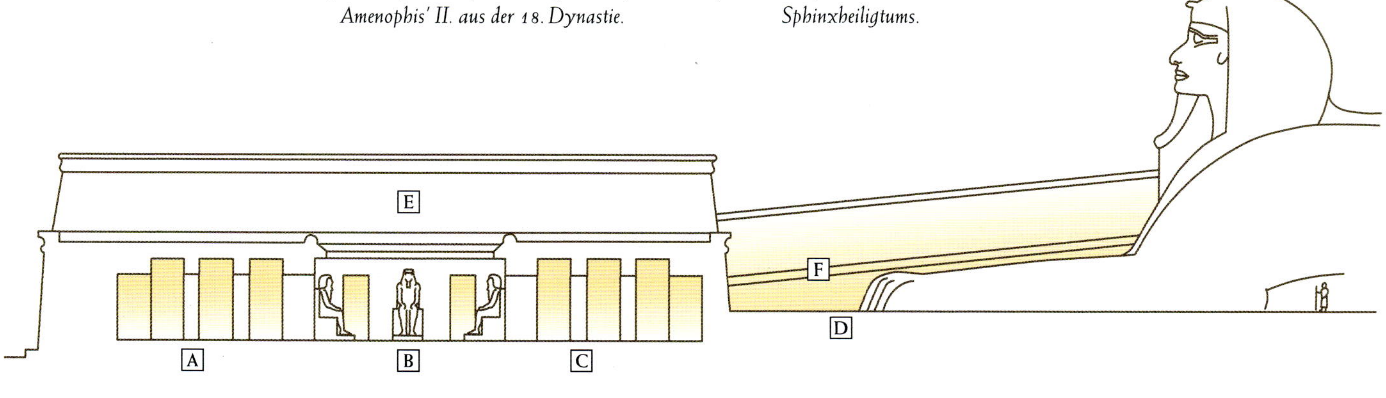

Rekonstruiertes Profil des Sphinx und des Sphinxtempels

- A *Östliches Heiligtum*
- B *Statuen rund um den offenen Hof*
- C *Westliches Heiligtum*
- D *Höher gelegene Terrasse des Sphinx*
- E *Im Süden höherer Taltempel des Chephren*
- F *Mauern des Chephren-Aufwegs an der Südseite des Sphinxgrabens*

Was kam zuerst – Chephrens Taltempel oder der Sphinxtempel?

Es gibt nicht zu übersehende Hinweise darauf, dass die Bauleute der 4. Dynastie Chephrens Taltempel zeitlich vor dem Sphinxtempel errichteten. Herbert Ricke stellte bereits 1970 diese Reihenfolge fest und verwies in dem Zusammenhang auf eine frühe Umfassungsmauer rund um den Taltempel.

Parallel zur Südseite des Taltempels verläuft eine niedrige Mauer aus einer einzelnen Lage vor Ort gebrochener monolithischer Kalksteinblöcke. Am Westende bilden zwei Blöcke eine Ecke, die bis zur Südwestecke des Taltempels reicht. Der Schlussblock ist auf einen kleinen *in situ* liegenden Granitblock gepasst; dieser stammt von einer niedrigen Granitbank von 75 Zentimetern Breite, die einst an der Basis der Süd-, Ost- und Nordseite des Taltempels verlief. Ricke erkannte, dass die Bauleute die „Bank" und wahrscheinlich auch die gesamte Granitverkleidung des Taltempels fertig gestellt hatten, bevor sie die Mauer aus großen Kalksteinblöcken bauten.

Besagte Mauer verläuft 8,5 Meter südlich der Südseite von Chephrens Taltempel. Am Rand der Felsterrasse vor dem Taltempel biegt sie im Winkel von 90 Grad ab; vom östlichen Mauerteil nach der Biegung ist noch ein großer Block erhalten. Nördlich vor diesem Stein ist der Felsboden als Bett für einen weiteren langen Block ausgemeißelt, der allerdings entfernt worden sein muss. Dieser fehlende Steinblock muss die Mauer einst bis auf fünf Meter vor die südliche Zugangsrampe des Taltempels verlängert haben.

Lageplan des Sphinx, des Sphinxtempels und des Taltempels des Chephren

- A *Steinbrucharbeiten im Sphinxgraben aufgegeben*
- B *Ablaufrinne in der oberen Südwestecke des Sphinxgrabens*
- C *Chephrens Aufweg bildet Südseite des Sphinxgrabens*
- D *Westseite des Chephren-Taltempels und des Sphinxtempels in einer Flucht*
- E *Nordmauer des Taltempels parallel zur Südmauer des Sphinxtempels*
- F *Sohle der alten Umfassungsmauer des Taltempels von Südostecke des Sphinxtempels überbaut*
- G *Südliche Umfassungsmauer des Taltempels*
- H *Umfassungsmauer des Taltempels*
- I *Bett für Steinblöcke*

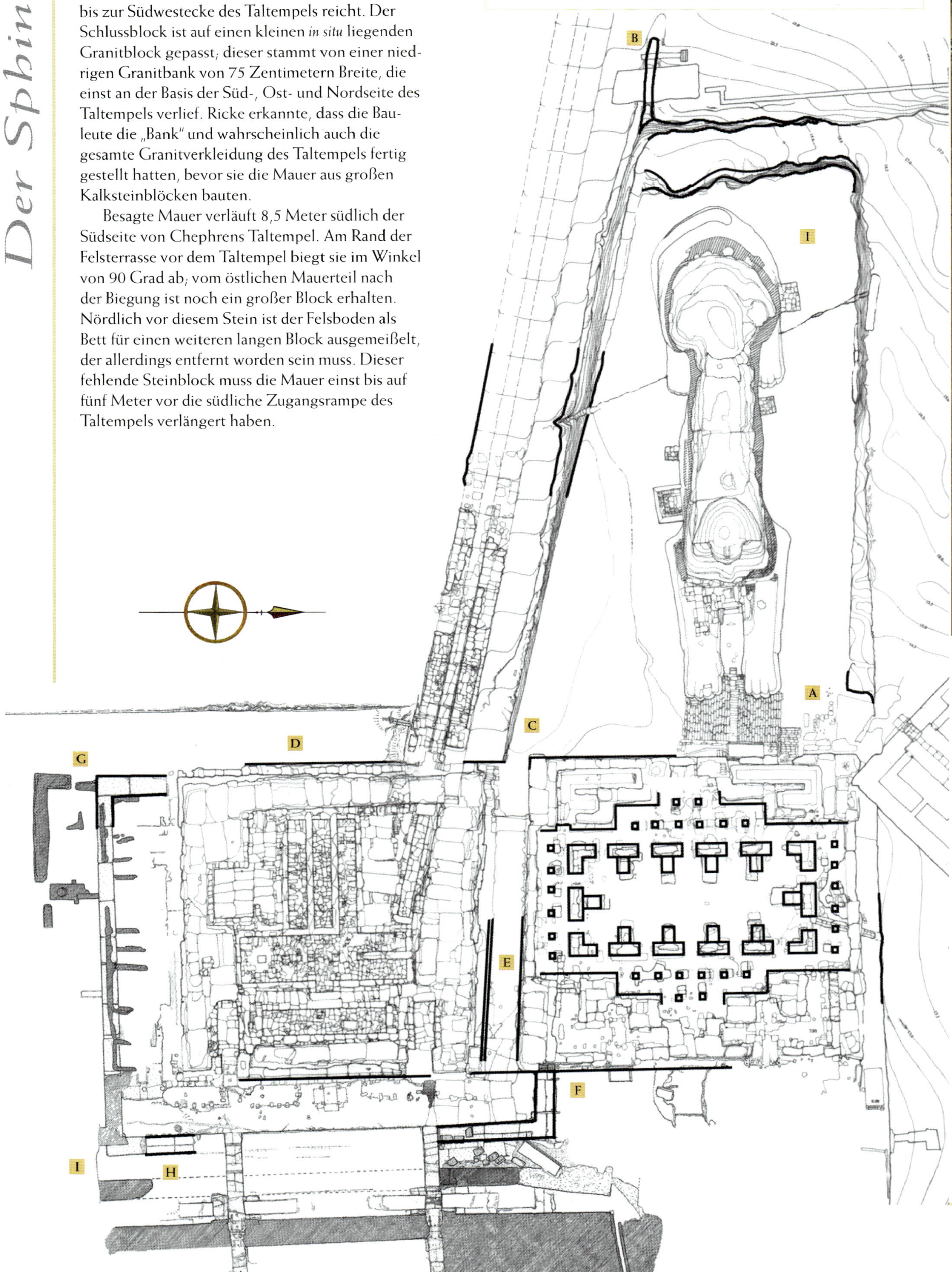

176–177
Der Sphinx als Teil der Taltempelanlage des Chephren liegt als Wächter an der östlichen Basis der Nekropole von Giseh. Rechts steht die Cheops-Pyramide, links die Pyramide des Mykerinos.

Gegenüber, vor der Nordostecke des Taltempels, ist die Fundamentsohle einer ähnlichen Mauer in den Felsboden eingelassen. Diese nördliche Mauer verlief ebenfalls parallel zum Taltempel und lag 8,5 Meter nördlich von dessen Nordmauer. Die Sohle im Norden ist genau wie die Mauer im Süden knapp 2,6 Meter (fünf Ellen) breit. Und wie die Mauer im Süden zeigt auch die Vertiefung für das Fundament im Norden, dass die Mauer einst eine Ecke bildete und dann am vorderen Rand der Terrasse vor dem Taltempel verlief. Die Mauer im Norden endete wie ihr südliches Pendant fünf Meter vor der nördlichen steinernen Zugangsrampe. Sechs Meter östlich der Nordwestecke reichte die nördliche Mauer auch an das hintere Tempelende heran. Wie an der Südseite ist diese Verbindung auch hier durch einen einzelnen Granitblock markiert, der von der Bank entlang der Basis des Taltempels erhalten geblieben ist.

Die Nord- und die Südmauer bildeten einst eine Umwallung, die zwei an den hinteren, westlichen Ecken von Chephrens Taltempel sitzenden Armen glich; die Umwallung umfasste die vorderen, östlichen Ecken und ließ einen breiten Raum für die Zugangsrampen und die vordere Terrasse. Die damaligen Bauleute entfernten allerdings den größten Teil der Mauer im Norden und hinterließen nur die in den Felsboden geschnittene Fundamentsohle.

Die nördliche Umfassungsmauer von Chephrens Taltempel wurde abgerissen und die Südmauer des Sphinxtempels direkt über ihrer Sohle gebaut. Ricke verwies auf einen Block der nördlichen Umfassungsmauer, der noch an Ort und Stelle liegt, da die Bauleute ihn in den Kern der Südostecke des Sphinxtempels eingebaut hatten. Dieser Block ähnelt hinsichtlich Größe und Gestalt stark den Steinblöcken in der südlichen Umfassungsmauer des Taltempels.

Zu all den übrigen Zusammenhängen, die den Sphinx und den Sphinxtempel den letzten Bauphasen von Chephrens Talanlage zuordnen (siehe Lageplan und Liste) kommt der Verlauf der heute fehlenden nördlichen Umfassungsmauer, der es so gut wie sicher erscheinen lässt, dass Chephrens Bauleute

- den Taltempel des Chephren mit seiner Granitverkleidung fertig stellten;
- die nördliche und die südliche Umfassungsmauer bauten;
- den Sphinxtempel dort errichteten, wo zuvor die nördliche Mauer verlief;
- für die Mauern des Sphinxtempels riesige Blöcke aus dem Sphinxsteinbruch verwendeten.

Wer ist der Schöpfer des Sphinx? Die geologischen Fakten, die Monumentalarchitektur und die Geschichte der Steinbruch- und Bauarbeiten an der Sphinxanlage weisen auf Chephren als den Erbauer des Sphinx hin.

Der Sphinx

178
Die granitene „Traumstele" des Pharaos Thutmosis IV. (18. Dynastie) steht zwischen den Pranken des Sphinx als Relikt der einstigen Kapelle, wo durch einen bereits tausend Jahre alten, aber zu neuem Leben erweckten Sphinx Könige bestimmt wurden.

179
Gewachsene Felsschichten in einer Abfolge harten und weichen Gesteins bilden die Schicht I des Sphinxkörpers (vor dem Aufbringen der Deckschicht bei den jüngsten Restaurierungsarbeiten). Der Kopf besteht aus härterem Gestein der Schicht III; die durch Erosion entstandenen Lücken wurden bei der Restaurierung 1926 ausgefüllt.

Was bedeutete der Sphinx?

In der Mitte der 4. Dynastie kam eine Tendenz zur gigantischen Steinarchitektur zum Tragen, deren Entwicklung fast einhundert Jahre zuvor eingesetzt hatte. Sie äußerte sich im pyramidenförmigen Oberbau des Königsgrabes, dem Mittelpunkt eines Tempelkomplexes, der den König mit der Macht des Sonnengottes verschmelzen lassen sollte. Die Tendenz zum Gigantismus entfaltete sich unter Chephren weiter. Chephren ließ in seinen Tempeln Kalksteinblöcke von Hunderten Tonnen Gewicht verbauen. Seine Handwerker schufen achtundfünfzig, vielleicht auch ein- oder zweihundert Statuen aus Hartgestein; zweiundzwanzig davon wiesen eine mindestens dreifache Lebensgröße auf. Die größte Statue, der Sphinx, war und ist aufgrund seiner Größe und der Tatsache, dass er direkt aus natürlich gewachsenem Felsen herausgearbeitet wurde, einzigartig.

In Anbetracht seiner ungeheuren Größe überrascht es, dass der Sphinx plötzlich und nahezu beispiellos erscheint. Seine Form blieb – in besseren Proportionen – bis zum Ende der Antike ein klassisches Abbild des Königtums. Doch vor der Zeit des Sphinx lässt sich eine kontinuierliche Entwicklung von Löwengestalten, die insgesamt menschlichere Gesichtszüge tragen, nicht nachweisen; erst sind es Augen und Nase, dann die Ohren und schließlich weicht die Mähne dem *Nemes*-Kopftuch. Solche Halb-Sphingen existieren, doch nach unserem Wissen stellen sie keine Entwicklungsstufe in Richtung des Sphinx mit *Nemes*-Kopfschmuck dar. Die fertige Form erscheint vielmehr mit einem Mal als Sphinx von Giseh, auch wenn der abgebrochene Djedefre-Kopf im Louvre darauf hinweisen mag, dass die Form schon einige Jahre früher in Stein ausgeführt worden war. Der Sphinx von Giseh spielt daher vielleicht die Rolle eines Urbildes. Er ist ein hervorragendes Beispiel für die Fähigkeit altägyptischer Gestalter, neue Kombinationen der „formalen bildenden Kunst" zu erschaffen.

Allein die Größe des Sphinx muss eine gewaltige Bedeutung und wie die Riesenschlange in der altägyptischen Fantasie, das wie ein schiffbrüchiger Seemann im Urozean treibende Urwesen, Jenseitigkeit vermittelt haben. Ebenfalls bedeutsam ist die Tatsache, dass dieses älteste, kolossale Abbild des Königs eine Mischform aus Tier und Mensch war. Bei Mischwesen ist der Kopf derjenige Teil, der die entscheidende Identität vermittelt; ein solches Wesen mit dem *Nemes*-Kopftuch musste der König sein. Doch in der Verbindung mit dem Löwenkörper liegt nach Henry Fischers Worten eine „Andeutung von Gestaltwandel, von Metamorphose, die dem König eigen ist, der als Einziger das Verbindungsglied zwischen Menschheit und Göttern ist und ständig auf der Schwelle dieser zwei Welten steht."

Alan Gardiner äußerte, dass die ägyptische Wendung *schesep anch Atum* – „Lebendes Bild des Atum", die in späteren Zeiten im Zusammenhang mit Sphingen gebraucht wurde, den Pharao in der Form der Ursonne und des Schöpfergottes meinte. *Schesep anch* als ein Ausdruck für Statue, vielleicht für eine bestimmte Art der Statue, ist aus dem Alten Reich bekannt. Fischer ist der Ansicht, der Ausdruck gehe auf *schesep* – „erhalten" – zurück; er führt diesen Gedanken fort und meint, eine Statue sei einer, der Opfergaben und andere Leistungen erhält. Urzeitlicher Schöpfer und auch Empfänger von Opfern – beides passt auf den Sphinx und den Sphinxtempel.

Der aus gewachsenem Felsen herausgehauene Sphinx von Giseh ist ein treffendes Symbol für den Gott Atum (oder den König als Atum), insbesondere für Atums Aspekt eines chthonischen Schöpfergottes. James Allen weist darauf hin, dass Atums Name „der Vollendete" oder „der Vollständige" bedeutet und dass die gesamte natürliche Welt aus Atum als „Urstoff" hervorging. Einer unklaren Vorstellung in den Pyramidentexten, den Sargtexten und im Totenbuch zufolge war der Löwe die älteste Form, die aus dem Urstoff im Urgewässer erschien. Karol Myśliwiec weist auf eine Verbindung zwischen der Geburt des Atum und des Löwen hin – dass Atum als Löwe auf der Erde erschien. Die Vorstellung wird in der Verbindung zwischen Atum und Ruti, dem doppelten Löwengott ausgedrückt, der so etwas wie eine Zelle ist, die ihre Elemente verdoppelte und sich zu teilen begann, ehe die tatsächliche Spaltung eintrat. Das Löwenpärchen spielt auch auf Schu und Tefnut, die erste Differenzierung von Atums Wesen, an. Ruti sagt von sich jedoch: „Ich bin der doppelte Löwe, älter als Atum.", erscheint also noch vor der eigentlichen Geburt der nächsten Urgeneration.

Wir können nicht mit Gewissheit behaupten, dass die Ägypter in der Zeit der 4. Dynastie den Sphinx als Abbild des Atum betrachteten. Doch selbst wenn der Sphinx ein Abbild des Königs war, vererbte sich das Königtum den Pyramidentexten zufolge von Atum über Schu, Geb und Osiris auf Horus und damit auf den herrschenden König. Die Pyramide war sicherlich mit Atum in dessen Eigenschaft als Urhügel und dem *Benben*stein, dem heiligen Pfeilermal von Heliopolis, verknüpft. So konnte der aus einem gewachsenen Felsen geschaffene Sphinx dem Atum als Urkönig in Löwengestalt angeschlossen werden, der, seinen königlichen Kopf über die Erdgrube erhebend, aus der formlosen Masse aufragte.

Es wäre verkehrt zu denken, zwischen dem Sphinx und dem Tempel unmittelbar davor bestünde keine Verbindung, vor allem in Anbetracht der Tatsache, dass beide Teil ein und derselben Abfolge von Steinbruch- und Bauarbeiten waren. Der Sphinxtempel weist auf einen Kult hin, der etwas mit dem Sonnenzyklus zu tun hatte, der Atum und die Sonne in ihren Phasen – als Chepre, die Morgensonne; als Re, die im Zenit stehende Sonne und als Atum, die Abendsonne – in sich einschloss.

Der Sphinxtempel besaß einen offenen zentralen Hof, an dessen Seiten vor breiten Pfeilern rundum zehn Kolossalstatuen des Chephren standen. Dieser Hof ist fast eine Kopie des Hofes im Pyramidentempel des Chephren, in dem es im Unterschied zu Ersterem nicht zehn, sondern zwölf Statuen gab. Das ist ein weiteres Verbindungsglied zwischen dem Sphinx und König Chephren. Den Hof umgab eine überdeckte Kolonnade, deren Dach auf vierundzwanzig quadratischen Granitpfeilern ruhte. Auf der Mittelachse des Tempels, an der Rückwand zweier zurückgesetzter Nischen, lagen zwei Heiligtümer, eines auf der Ostseite, das andere auf der Westseite. Herbert Ricke verstand die Anordnung als Sinnbild des Sonnenlaufs – das östliche Sanktur für die aufgehende Sonne (*Chepre*), das westliche für die untergehende Sonne (*Atum*), und jeder Pfeiler symbolisierte eine der vierundzwanzig Tag- und Nachtstunden.

Bei der Arbeit am Sphinx erlebte ich alle Jahreszeiten vor Ort mit. Dabei machte ich die faszinierende Entdeckung, dass die Ost-West-Achse des Tempels über die Schulter des Sphinx hinweg in einer Flucht mit dem Punkt liegt, an dem die Sonne zur Frühjahrs- und zur Herbst-Tagundnachtgleiche am südlichen Fuß der Chephren-Pyramide untergeht. Diese Ausrichtung ist ein weiteres Element, das den Sphinx mit der Pyramidenanlage des Chephren verbindet. Die Sonne muss ihre Bahn einst über die westliche Kolonnade des fertig gestellten Tempels gezogen und ihre Strahlen in den Hof und das östliche Heiligtum geworfen haben. Geht sie (als *Atum*) unter, verschmelzen die Schatten des Sphinx und der Chephren-Pyramide miteinander.

Die Bauleute errichteten den Sphinxtempel auf der Terrasse I, die 2,5 Meter tiefer als der Boden des Sphinx (Terrasse II) liegt. Das ergab in dem offenen Hof einen Altar, der mit weißem Alabaster gepflastert war – ideal für die Präsentation von Opfergaben, da der die Westkolonnade überragende Sphinx von oben auf diese Stelle schaute. Es lässt sich jedoch unmöglich sagen, ob der Sphinx den Sonnengott als *Empfänger* oder den König als Horus und Darbringer der Opfer darstellt. (Einige Sphingen jüngeren Datums halten in ihren ausgestreckten Händen Opfergefäße.)

Sicherlich steht der Sphinx im Zusammenhang mit einer Förderung des königlichen Sonnenkults in der Zeit der 4. Dynastie. Mit Djedefre, der zwischen Cheops und Chephren für kurze Zeit herrschte, nahm ein Pharao erstmals den Titel „Sohn des Re" an. Als Horus, der Spender von Opfergaben, könnte der Sphinx eine Erhebung oder Vergeistigung der königlichen Macht zu einer höheren Göttlichkeit darstellen. Zugleich dürfte es jedem Kenner des altägyptischen Denkens schwer fallen zu bestreiten, dass der Sphinx auch der König als Horus sein kann, der dem Sonnengott Opfer bringt, und gleichzeitig mit dem Sonnengott identifiziert wird.

Schließlich müssen die Designer dem Sphinx von Giseh eine apotropäische – das Böse abwendende – Rolle zugedacht haben. Der Sphinx liegt direkt am Eingang in die heilige Nekropole, neben Chephrens Aufweg; er muss also wie die Sphingen und Greife im Reliefschmuck des Sahure-Taltempels (5. Dynastie) oder am unteren Aufweg zur Pyramide Pepis II. (6. Dynastie) der Abschreckung gefährlicher Kräfte gedient haben.

Sphinx und Tempel – ein unvollendetes königliches Projekt

Es ist eine erstaunliche Tatsache, dass die Ägyptologen aus den in der Zeit des Alten Reichs zu Hunderten in Giseh angelegten Gräbern keinerlei Titel von Priestern oder Priesterinnen erkennen, die eindeutig zum Sphinxtempel gehörten. Durchaus denkbar ist, dass der Tempeldienst hier nie aufgenommen wurde, weil die Bauleute ihr Werk unvollendet ließen. Im Altertum hat man den Sphinxtempel zwar seiner Granitverkleidung und der Alabasterpflasterung beraubt, doch jeder, der den Tempel heute besucht, erkennt an der Basis der Mauern noch die Einpassung oder das Bett einzelner Blöcke, in die man die Rotgranitverkleidung der riesigen Kalksteinkernblöcke bereits eingesetzt hatte. (Es war einfacher, beim Verlegen der Verkleidungsblöcke den weicheren Kalkstein des Kerns als etwa den harten Granit der Verkleidung passend zurechtzumeißeln.) Da die Bettungen immer erst kurz vor dem Aufstellen der Pfeiler, Statuen und Verkleidungsblöcke aus Granit ausgearbeitet wurden, lässt sich genau feststellen, wie weit die Bauleute den Tempel fertig gestellt hatten.

Ricke vertrat die Auffassung, das Tempelinnere sei damals vollendet worden, und die Bauleute hätten zu Beginn der Außenarbeiten ihre Tätigkeit eingestellt. Die Bettungen für die Granitverkleidung der Mauer enden genau vor den Türöffnungen der Eingänge. An den gewaltigen Kernblöcken, die die vorderen Eckverbindungen des Tempels bildeten, hatten die Bauleute die Bossen stehen gelassen. Rinnen im Felsen an der Basis der Nordostecke zeigen genau an, wie weit ein Arbeitstrupp mit dem Nivellieren des Bodens für die nachfolgende Mannschaft gekommen war, deren Aufgabe das Anbringen der Granitverkleidung war.

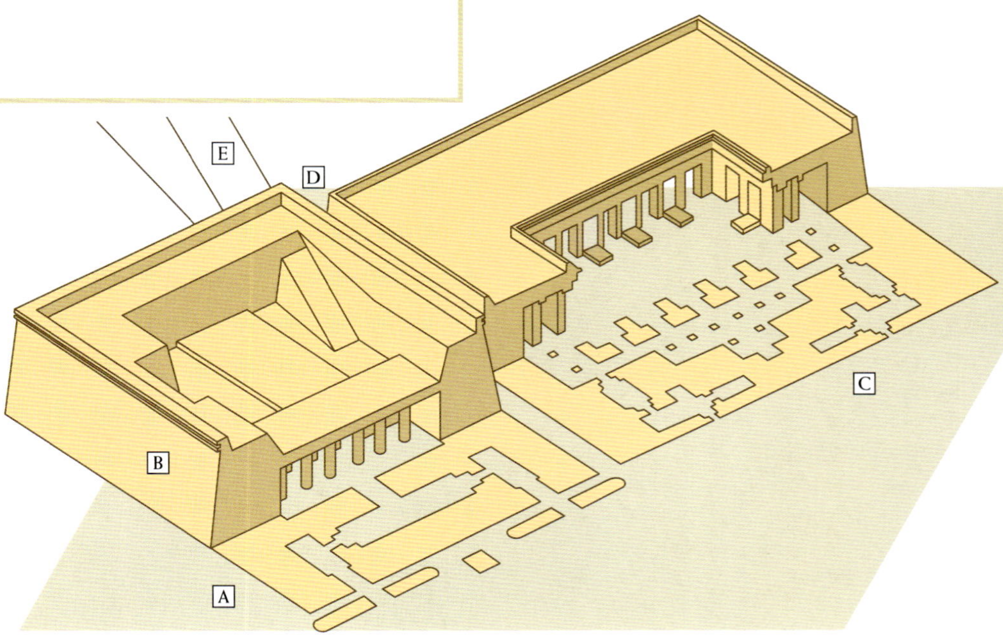

Der Taltempel des Chephren und der Sphinxtempel

A *Taltempel des Chephren*
B *Südliche Umfassungsmauer, rekonstruiert nach Ricke*
C *Sphinxtempel*
D *Nördlicher Sims der Terrasse I (Sphinxtempel) und Sphinxgraben (Terrasse II)*
E *Aufweg des Chephren, der Taltempel und oberen Pyramidentempel verbindet*

181 unten links
Blick nach Nordwesten über den offenen Hof des Sphinxtempels. Die Pyramiden des Cheops (rechts) und des Chephren (links) rahmen den Kopf des Sphinx ein wie die zwei Berge zu beiden Seiten der Sonnenscheibe in der Hieroglyphe für „Horizont".

181 unten rechts
Blick nach Südosten auf den Hof des Sphinxtempels. Vor den ursprünglich mit Granit verkleideten Kalksteinkernen der Pfeiler standen einst Kolossalstatuen des Königs.

180–181
Luftbild aus östlicher Richtung mit dem Taltempel des Chephren, dem Sphinxtempel und dem Sphinxheiligtum.

182 oben
Das Türgewände aus Kalkstein im Tempel Amenophis' II. umrahmt die Cheops-Pyramide. Die eingemeißelten Schriftzeichen nennen den Sphinx „Horus im Horizont". Die Hieroglyphe für „Horizont" besteht aus der zwischen zwei Bergen liegenden Sonnenscheibe.

182 unten
Türgewände im Tempel Amenophis' II. (18. Dynastie) mit den Kartuschen des Pharaos Merenptah aus der 19. Dynastie.

Werkzeuge der Erbauer des Sphinx

Es existieren deutliche und eindeutige Hinweise darauf, dass die Bauleute des Chephren auch mit dem Ausmeißeln des Sphinxgrabens nicht bis zum Ende kamen. Sie arbeiteten die Tempelterrasse niedriger als den Sphinxboden aus und ließen so einen hohen vertikalen Felssims stehen, der mit der Nordmauer des Sphinxtempels einen Korridor bildet (siehe Lageplan). Dieser Sims verläuft am östlichen Ende unter der neuen Straße, die von der Cheops-Pyramide kommt. Im Westen bildet er die Nordseite des Sphinxgrabens, doch hier meißelten die Steinbrecher die geplante Linie nicht bis zum Ende ab. Die Stelle, an der sie Halt machten, liegt genau gegenüber der linken (nördlichen) Pranke des Sphinx und unterhalb des Eingangs in den Ziegeltempel Amenophis' II. (18. Dynastie), der 1100 Jahre nach Chephren entstand, als der Sphinxtempel schon überbaut war. Von hier verläuft zur Rückseite des Sphinxgrabens ein Felsensims abnehmender Breite. Hinter dem Sphinx haben die Arbeiter die Begrenzung des Grabens nicht einmal annähernd fertig gestellt. Als sie ihre Arbeit beendeten, hinterließen sie ein riesiges hervortretendes Massiv aus hartem Felsgestein der Schicht I, das bis auf einige Meter an die Rückseite des Sphinx heranreichte.

Im Rahmen eines Projekts unter Leitung von Zahi Hawass wurde 1978 der Sims an der Nordseite des Sphinx freigelegt; dabei entdeckte man rechteckige Höcker, Vertiefungen und Rinnen. Diese Art Muster ist an vielen Stellen in Giseh zu finden, wo die Arbeiten nicht vollendet wurden. Die damaligen Steinbrecher entfernten den anstehenden Felsen, indem sie in das Gestein Schrotgräben meißelten und so einzelne Höcker abtrennten, die sie dann mit schweren Steinhämmern abschlugen. Die Rinnen und Vertiefungen waren mit stark verdichtetem Sand und Gips verfüllt. Beim Entfernen der Masse mit kleinen Pickhämmern fand man darin eingebettet Keramikbruchstücke, darunter die Hälfte eines Gefäßes von der Art, wie sie in der Zeit der 4. Dynastie üblicherweise für Bier oder Wasser verwendet wurde, sowie Hammersteine. Einer der Steine trug noch Kupferflecke auf dem Ende, mit dem einst auf einen Meißel geschlagen wurde. Die Werkzeuge müssen liegen geblieben sein, als die Erbauer des Sphinx beim Ausmeißeln der Nordseite des Sphinxgrabens ihre Arbeit beendeten.

In einem kleinen Schutthügel in der Nordostecke des Sphinxgrabens fanden die Mitarbeiter des Projekts von 1978 auch noch andere Hinweise auf die Erbauer des Sphinx. Auf dem von früheren Ausgräbern hinterlassenen Hügel steht die Südwestecke des Tempels Amenophis' II. (18. Dynastie), der Bau ragt an dieser Stelle über den nördlichen Sims des Sphinxgrabens und über die Nordwestecke des Sphinxtempels hinaus. Am Fuß des Hügels lagern drei große Kernblöcke aus Kalkstein; dort scheinen die Erbauer des Sphinx sie liegen gelassen zu haben, als sie die Blöcke herüberschleppten, um die Arbeit an der Nordwestecke des Sphinxtempels zu vollenden. Ein Block ruhte auf Trümmern, die zahlreiche Keramikteile aus der Zeit der 4. Dynastie enthielten. Die beiden anderen lagen auf einer Schicht Wüstenlehm. Diesen *Tafla* genannten Lehm verwendeten die Bauleute als Gleitmittel für den Transport von Steinblöcken und Schlitten. Unter der Lehmschicht liegende Vertiefungen und Einschnitte im Felsboden dienten einst als Hebellöcher, in die beim Anheben der Blockenden starke Holzhebel eingesetzt wurden.

Der kleine archäologische Ausschnitt unter dem Tempel aus der 18. Dynastie ist der Schlussteil des Prozesses der Steinbruch- und Bauarbeiten, in dessen Verlauf der Sphinx und die unmittelbar östlich davon gelegenen Steintempel geschaffen wurden. Die gewissermaßen konservierten Momentaufnahmen von verschiedenen Stadien dieses antiken Bauprojekts tragen zu der Schlussfolgerung bei, dass die Bauleute einst ihre Arbeit verließen, bevor der Sphinxgraben und der Sphinxtempel fertig gestellt waren. Der Sphinx und sein Tempel waren die letzten großen Bauvorhaben in der Pyramidenanlage des Chephren.

Der Sphinx am Ende der Herrschaft des Chephren

Hätte man den Sphinxtempel und den Taltempel des Chephren nach heutigen archäologischen Standards ausgegraben, wüssten wir weit mehr über den Zustand, in dem die Erbauer diese Stätte einst zurückließen. Leider sind uns durch das Freilegen in großem Maßstab und die mangelhafte Registrierung nur karge stratigrafische Anhaltspunkte zur Geschichte des Tempels geblieben. Das vollständige archäologische Bild hätte uns nach meiner Überzeugung gezeigt, dass der Sphinxtempel das letzte große, am Ende von Chephrens Herrschaft unvollendet gebliebene Objekt war. Es ist sogar möglich, dass die Erbauer das ganze Innere des Tempels mit dem angefallenen Bauschutt gefüllt hinterließen. Jahrhunderte später müssen jene, die den Sphinxtempel systematisch seiner Granitverkleidung und seiner Kolossalstatuen beraubten, die von den einstigen Bauleuten im Tempelinnern hinterlassenen Baurampen und Schuttmengen durchwühlt haben. Ricke glaubte, der Talkomplex des Chephren habe zwei Perioden des Steinraubes erlebt – die erste in der Regierungszeit Amenemhets I. (12. Dynastie), bei der das Innere des Sphinxtempels geplündert wurde, und die zweite vermutlich in der Zeit der 18. Dynastie, als der Granit von den Außenmauern des Taltempels entfernt wurde.

Der Umstand, dass die Bauleute den Sphinxgraben und den Sphinxtempel unvollendet ließen, lässt darauf schließen, dass beide die letzten im Bau befindlichen Projekte unter Chephrens Herrschaft waren. Hätte Chephren seinen schönen Taltempel direkt neben dem unvollendeten Sphinxtempel und dessen liederlicher Baustelle errichtet, ohne die Unordnung beseitigen zu lassen? Nein. Aus den groß angelegten Expeditionen, die den Sphinx und die beiden Tempel entrümpelten, konnten wir ein allgemeines Bild herüberretten, das darauf hindeutet, dass alle drei Monumente ein und demselben Langzeitprojekt entstammen.

Der Zustand des Sphinx in der Zeit der 4. Dynastie

In welchem Zustand hinterließen die Erbauer des Sphinx die Löwenskulptur mit dem Menschenkopf? Die als Reliefs geschnittenen Merkmale, die wir heute am Kopf des Sphinx erkennen – der Körper der Königskobra auf der Stirn, die Streifen des Kopftuches, die Augen, die Brauen und der Mund –, haben die damaligen Erbauer des Sphinx aus dem gewachsenen Felsen der Schicht III geschaffen.

Die Bauleute formten auch die Masse und die allgemeinen Konturen des Löwenkörpers aus dem Felsen. Der Felskörper verwitterte in einem welligen Muster aus zurücktretenden weicheren Schichten und den hervorstehenden härteren geologischen Lagen der Schicht II. Für einen vollständigen Löwenkörper brauchten all die natürlich entstandenen Nischen und Kerben nur ausgefüllt zu werden. Bei den Restaurierungsarbeiten im Jahr 1926 unter Leitung von Emile Baraize und der Arbeit der damaligen Egyptian Antiquities Organization (EAO), des heutigen Supreme Council of Antiquities (SCA), in den 1980er Jahren wurden Teile des ursprünglichen Felskörpers des Sphinx freigelegt; diese sind aus der Gesteinsschicht I herausgemeißelt, die verhältnismäßig unempfindlich gegen Erosion ist. Trotz der groben, knotigen Oberfläche dieser Schicht sind an der nördlichen Hinterpranke reliefartige Krallen aus dem Stein geschnitten. Solche Details lassen darauf schließen, dass die damaligen Bildhauer die Pranken genau wie den Kopf gänzlich aus dem natürlich gewachsenen Felsen arbeiteten und die Form nicht noch zusätzlich mit Mauerwerk überzogen. Andererseits fanden Baraize und in neuerer Zeit die Restauratoren der EAO bei der Behandlung der südlichen Hinterpranke eine riesige Lücke in dem Naturstein (Teil eines großen Risses, der den gesamten Sphinx durchzieht). Der größere Teil der Pranke war fast vollständig aus großen Mauersteinen gebaut. Der untere Teil der sämtlich mit Krallen versehenen Zehen ist aus gesundem Stein der Schicht I gearbeitet, der sich hier nur einige Fuß hoch über dem Untergrund des Sphinx erhebt.

Hätten die Erbauer des Sphinx die großen Lücken in der linken Hinterpranke und den Riss durch den Löwenrumpf gelassen, ohne die Gesteinsfehler auszufüllen oder mit Mauerwerk zu überdecken? Denkbar ist, dass einige der größeren Blöcke, die die unteren Teile des Sphinx umhüllen, den Anfang einer Verkleidung bilden, die in der Zeit der 4. Dynastie zum Abdecken dieser Mängel geschaffen wurde. Bedenkt man die Hinweise darauf, dass die Arbeit an den Grabenseiten und am Tempel bereits vor ihrem Abschluss eingestellt wurde, sind die Bauleute möglicherweise nie dazu gekommen, die Fehler zu kaschieren. Die detaillierte Gestaltung der Krallen deutet darauf hin, dass sie bei dem Baustopp nicht beabsichtigten, den Löwenkörper noch mit einer Verkleidung aus feinem Kalkstein zu versehen wie sie es bei den *Mastabas* und den Pyramiden getan hatten.

Der Bart des Sphinx

Im Jahr 1817 fand Kapitän Giovanni Battista Caviglia, ein ehemaliger Genueser Kaufmann, der zum Giseh-Erkunder geworden war, bei der ältesten registrierten Ausgrabung des Sphinx in der neueren Zeit mehrere Bruchstücke eines steinernen Bartes; diese Stücke hatten an der Basis der Löwenbrust gelegen. Die Fragmente gehörten zu einem langen geflochtenen, am Ende aufgerollten „Götterbart", wie ihn Götter und vergöttlichte Könige trugen. Die Statuen lebender Könige hingegen waren mit kurzem, eckigem Bart geschmückt. Die Ägyptologen fragen sich bis heute, ob der Bart von Anfang an zum Sphinx gehörte oder später angefügt wurde. Die Seiten des flachen Kalksteines, der den nach vorn abstehenden Bart mit der Brust des Sphinx verband, waren einst mit Relieffiguren von einem knienden Pharao dekoriert, der einen goldenen Halskragen als Opfergabe in Richtung des Kinnes der Skulptur hält. Ihrem Stil nach stammen die Figuren sicherlich aus der Zeit des Neuen Reiches (1550 – 1070 v. Chr.).

Eines der Verbindungsstücke ist verloren gegangen, das andere liegt im Ägyptischen Museum in Kairo. Es ähnelt einer breiten Tafel von nur etwa dreißig Zentimeter Dicke, deren aufgeraute Rückseite wohl die Haftung des Gipsmörtels verbessern sollte. Der Bart scheint also eine nachträgliche Ergänzung zu sein. Andererseits scheint das Kalksteinmaterial der Bartfragmente zu den natürlich gewachsenen Kalksteinschichten an Brust und Nacken des Monuments zu passen, als ob der Bart einst – genau wie der Rest des Sphinx – aus dem natürlichen Felsen herausgearbeitet worden sei. Möglich ist, dass der Bart ursprünglich zusammen mit dem Sphinxkopf aus dem Felsen herausgemeißelt wurde, später abfiel und zerbrach. Bei einer späteren Restaurierung wurden die Verbindungsstücke in Form dünner Tafeln neu zugeschnitten, an der Rückseite bearbeitet und wieder an Ort und Stelle angebracht.

Ein weiteres Merkmal, das vermuten lässt, dass der Götterbart von Anfang an da war, ist die vorstehende Bosse im Felsen nahe der unteren Mitte der Sphinxbrust. Diese Bosse ergibt nur als Stütze für einen langen Götterbart einen Sinn. Die Bildhauer konnten die dünne Stütztafel unter dem aufgerollten Bartende nicht bis zur Basis der Brust verlängern, konnten den Bart und die Tafel aber auch nicht einfach in der Schwebe lassen. Beides hätte den steinernen Bart nur noch zerbrechlicher gemacht. Sie ließen vom unteren Bartende zur Basis der Sphinxbrust eine stärkere Säule aus gewachsenem Fels stehen. Die Untersuchung des Bartes deutet ebenfalls darauf hin, dass die Erbauer des Sphinx tatsächlich versuchten, ihre Arbeit an dem anstehenden Felsen zu Ende zu führen.

Es scheint gewiss, dass die Bauleute dort, wo das Felsgestein intakt war – zum Beispiel am Kopf, an der nördlichen Hinterpranke und im unteren Bereich der anderen Pranken – die Skulptur im natürlichen Felsgestein tatsächlich fertig stellten. Sie hatten vermutlich vor, Gesteinsfehler wie etwa den erwähnten großen Riss auszufüllen. Sie mögen darüber hinaus beabsichtigt und auch damit begonnen haben, die schwächeren Felsteile mit einer Verkleidung zu umbauen.

An der nordwestlichen Hinterseite des Sphinx wurden bei den Restaurierungsarbeiten des SCA unter einer jüngeren Außenhaut aus Verkleidungssteinen sehr große Blöcke aus feinem Kalkstein freigelegt, mit denen man anscheinend eine Art Lücke im Felskernrumpf des Sphinx ausgefüllt hatte. Solange wir jedoch nicht mehr vom unteren Teil des Felskernrumpfes freilegen, reichen die Hinweise nicht aus um eindeutig zu klären, ob die Bauleute aus der Zeit der 4. Dynastie mit dem Ausfüllen der Kerben und Defekte und dem Ummauern der Schwachstellen in ihrer massiven Skulptur begonnen hatten oder wie weit sie damit vorangekommen waren. Klar ist, dass die Bauleute wie bei so vielen anderen Königsmonumenten ihre Arbeit kurz nach dem Tod des Herrschers einfach einstellten, um sich den für den Nachfolger geplanten Bauwerken zuzuwenden.

Es soll hier nochmals betont werden, dass es höchstwahrscheinlich die Bauleute des Chephren, nicht die des Cheops, waren, die den Sphinx fast, aber nicht gänzlich vollendet hinterließen. Sie brachen ihre Arbeit ab, als der neue König Mykerinos den Thron bestieg. Doch auch dieser Herrscher erlebte die Fertigstellung seiner weit im Süden von Giseh liegenden Pyramidenanlage nicht.

183 unten
Von Caviglia 1816 gefundene Bruchstücke des Sphinxbartes. Der obere Teil liegt im Ägyptischen Museum in Kairo, der untere ist ein Gussabdruck vom Original, das sich heute im British Museum befindet.

184
Der Sphinx von Giseh in Richtung Westen betrachtet. Auf dem Granitaltar fand Caviglia 1816 eine Kalksteintafel. Die Granitstele Thutmosis' IV. ist der Überrest einer Königskapelle, die sich an der Basis der Sphinxbrust befand.

185
Die Stele Thutmosis' IV. erzählt uns, wie der Prinz in einem Traum vom Sphinx angesprochen wurde. Als König bringt Thutmosis dem hoch oben auf einem Piedestal liegenden Sphinx Opfer dar. Der Block ist ein Türsturz aus dem Pyramidentempel des Chephren.

Restaurierungsarbeiten im Altertum

Die am weitesten zurückliegenden Restaurierungsarbeiten am Sphinx unternahm wahrscheinlich Thutmosis IV., Pharao der 18. Dynastie, etwa 1100 Jahre nach Chephren. Seine Handwerker verkleideten den Körper der Skulptur damals mit großen Kalksteinplatten (Phase I). Zu dieser Zeit war der aus der Felsschicht II geformte Kernkörper bereits stark zu einem Profil aus weit nach innen zurücktretenden Lagen und abgerundeten Vorsprüngen erodiert. Darauf weisen die Auffüllungen aus Phase I hin. Von der Skulptur drohten große Brocken gewachsenen Felsens abzufallen. Am oberen Teil des Rumpfes und an der linken Hinterseite hatten sich im Altertum riesige Felssteine gelöst, die von Reparaturplatten (aus Phase I) an ihrem Platz gehalten wurden.

Bei einer anderen großen Restaurierungsaktion (Phase II), die höchstwahrscheinlich in der Zeit der 26. Dynastie (um 664–525 v. Chr.) stattfand, wurde die Verkleidung aus der Phase I ausgebessert oder abgedeckt. Der in Phase II verwendete Kalkstein ist der gleiche feinkörnige, homogene Kalkstein, den man schon bei der ersten Restaurierung verarbeitet hatte. In Phase III während der griechisch-römischen Zeit (332 v. Chr. – 395 n. Chr.) wurden Teile der in Phase I und II angebrachten Außenhaut mit kleinen Blöcken aus weißem, relativ weichem, bröckligem Kalkstein geflickt oder ersetzt.

Die Kapelle des Sphinx

Vor den neueren Restaurierungsarbeiten konnten wir die in Phase I angebrachte Verkleidung vom Rumpf bis zur Vorderseite des Sphinx, wo sie die Schultern der Skulptur umhüllt, rekonstruieren. In der Mitte der Brust existiert eine breite Lücke, zu der die Überreste einer kleinen, zwischen die Pranken des Sphinx gezwängten Freiluftkapelle passen. Das Kernstück der Kapelle, eine 3,6 Meter hohe und 15 Tonnen wiegende Granitstele, ließ Thutmosis IV. errichten. Er war der Sohn Amenophis' II., der an der Nordostecke des Sphinxgrabens einem dem Sphinx als Gott Horemachet – „Horus im Horizont" – geweihten Ziegeltempel erbaut hatte. Ramses II. stellte an den Seitenwänden der Kapelle zwei kleinere Stelen auf, die ihn bei der Verehrung des Sphinx zeigen. Ein Großteil der Kapelle wurde schon bald nachdem Caviglia sie 1817 erstmals freigelegt hatte, geraubt. Die beiden Stelen des Ramses brachte man in den Louvre. Alles, was heute noch steht, ist der untere Teil der Südwand und die Granitstele Thutmosis' IV.

Die „Traumstele" ist nach der in Hieroglyphen aufgeschriebenen Geschichte benannt, die auf dem Stein zu lesen ist. Thutmosis bezeichnet den Sphinx hier als „diese sehr große Statue des Chepre", des Gottes der aufgehenden Sonne, und als *Chepre-Re-Atum*, das heißt als den Sonnengott in all seinen Aspekten – als aufgehende Morgensonne, im Zenit stehende Mittagssonne und untergehende Abendsonne. Thutmosis nennt den Sphinx auch *Horemachet* – „Horus im Horizont" –, wie es auch bei den Inschriften am Tempel Amenophis' II. und an zahlreichen kleineren Stelen von Privatpersonen aus der Zeit des Neuen Reiches nachzulesen ist.

Die Geschichte erzählt uns Folgendes: Thutmosis war noch ein Prinz, anscheinend aber nicht der Kronprinz, als er eines Tages in der Nähe von Giseh auf die Jagd ging. Gegen Mittag schlief Thutmosis im Schatten des Sphinx ein. Im Traum erschien ihm der Sphinx und bot ihm den Thron als Gegenleistung dafür an, dass der Prinz den schon verfallenen göttlichen Körper der Skulptur vom Sand befreite. Thutmosis räumte den Sand in der Tat beiseite und wurde im Jahr 1401 v. Chr. auch wirklich König. In den oberen Teil der Traumstele schnitt er eine aus seinem ersten Regierungsjahr stammende doppelte Szene ein, die ihn bei der Darbringung des Trankopfers und von Opfergaben für den Sphinx zeigt.

Wiedergeburt im Neuen Reich

Dank der Hinweise und Belege können wir uns vorstellen, wie der Sphinx im fünfzehnten Jahrhundert v. Chr. als wiederhergestelltes nationales Monument aussah. Vor der Brust des Sphinx mag die Statue eines aufrecht stehenden Königs platziert gewesen sein. Als Sockel muss ein großer Mauerstein hinter der Traumstele gedient haben. Die von Salt in Zeichnungen festgehaltenen Ausgrabungen Caviglias zeigen einen Steinhaufen vor dem Sphinx, der vielleicht die Königsstatue von hinten gestützt hat. Von den kleinen Stelen aus der Zeit des Neuen Reiches, die Selim Hassan in der Nähe des Sphinx fand, zeigen mehrere eine Königsstatue an der Brust des Sphinx. Die Statue auf einer dieser Stelen ist mit dem Namen Amenophis' II. bezeichnet.

Aus der Frühzeit des Neuen Reiches sind uns Statuen von tierförmigen Gottheiten mit einem von der Brust des Gottes weg schreitenden König bekannt. Diese Anordnung versinnbildlicht die schützende Rolle des Gottes gegenüber dem König und die Verschmelzung des Gottes mit dem Herrscher. Die Inschrift auf den seitlichen Tafeln am Bart des Sphinx lauten: „Leben und Schutz [des Sphinx] um ihn herum und hinter ihm [dem König]."

Das Bild, das bei den umfangreichen Ausgrabungsarbeiten in den Jahren 1925–1938 von der Stätte erstand, bezeugt die oben erwähnte vollständige Restaurierung des Sphinx in der Zeit der 18. Dynastie. Die Dokumentation der Arbeiten enthält die unveröffentlichten Fotografien von Baraize und Notizen des Generaldirektors des Antiquities Service, Pierre Lacau, sowie das veröffentlichte Protokoll der Ausgrabungen Selim Hassans in den Jahren 1936–1938. Zahlreiche Stelen, Votivfalken und kleine Sphingen zeugen von einem starken Kult des Sphinx als Gott Horemachet („Horus im Horizont"), einer Verschmelzung des urzeitlichen Sonnengottes mit Horus, dem Königsgott. Diese reichen Belege für die dem Sphinx gezollte Aufmerksamkeit steht in deutlichem Gegensatz zum kultischen Stillschweigen über das Monument in der Zeit der 4. Dynastie. Prinzen in der Verwaltungshauptstadt Memphis und die neu gekrönten Könige dokumentierten ihre Huldigung gegenüber dem Sphinx. Amenophis II., Thutmosis IV. und Ramses II. widmeten dem Sphinx in ihrem ersten Regierungsjahr Stelen.

Die Inschriften aus der Zeit des Neuen Reiches bezeichnen den Sphinxbezirk als *Setepet* – „Der Erwählte". Der Sphinx war zum Abbild einer antiken Instanz geworden, die die privilegierte Stellung von Prinzen und Königen bestimmen und bestätigen konnte. Die Verwaltung von Memphis im Neuen Reich ließ auf den Ruinen der Chephren-Tempel und in deren Umgebung als eine Art königlichen Nationalpark Terrassen, Umwallungen, Rasthäuser und Tempel bauen.

Der Tempel Amenophis' II. an der Nordostecke des Sphinxgrabens war nur ein Teil dieses Arrangements. Thutmosis IV. verbarg die Seiten des Grabens hinter massiven, mehr als acht Meter hohen Ziegelmauern, die den Sphinx wie eine riesige Kartusche umgaben und das Meer aus Wüstensand aufhielten. Baraize entfernte 1926 den größten Teil der Mauern, ließ aber am nördlichen Sims des Sphinxgrabens einen Abschnitt stehen. Als Selim Hassan die Ausgrabungen 1936 fortsetzte, riss er weitere Teile des Mauerwerks ab und hielt in sei-

nem Protokoll fest, dass einige der Mauerziegel mit dem Namen Thutmosis' IV. gestempelt waren. Vor dem Sphinx lag eine breite Aussichtsplattform mit Treppenaufgang, die erste und unterste von mehreren Plattformen, die alle mit Schreinen und Podien versehen und übereinander gebaut waren und deren letzte aus der Römerzeit stammt. An der Vorderseite von Chephrens Taltempel entstand ein königliches Landhaus. Tutanchamun ließ hinter dem Taltempel eine Art Rasthaus errichten, von dem dann Ramses II. Besitz ergriff, indem er die Namen Tutanchamuns und der Königin Anchesamen über dem Eingang mit seinem eigenen Namen überschrieb. Außer den massiven Umfassungsmauern rund um den Sphinxgraben baute Thutmosis IV. eine mit Bollwerken versehene Mauer, eine Umwallung, die ein noch größeres Gelände rund um den Sphinx umschloss.

Von ihren Rasthäusern an Chephrens altem Taltempel gelangten die Mitglieder des Königshauses über eine Treppe hinab zu der breiten Aussichtsplattform, die den Sphinxtempel bedeckte. Nach rituellen Zwischenstationen an den Schreinen und Podien führte eine weitere Treppe nach unten ins Zentrum des Kults – die kleine Kapelle an der Brust der Riesenskulptur. An dieser Stelle empfand sich vielleicht mancher gerade inthronisierte König wie Thutmosis oder Ramses als Nachfahre weit älterer Könige wie Cheops oder Chephren und gar des urzeitlichen Gottkönigs Horus im Horizont, dessen Abbild vor ihm aufragte.

Zur Restaurierung oder Vollendung des Sphinx ließen die Pharaonen des Neuen Reiches Steine aus Chephrens Pyramidenanlage verwenden. Die Fundamente eines auf der Vorderseite von Chephrens Taltempel errichteten königlichen Landhauses aus der Zeit der 18. Dynastie standen auf der untersten Lage der einstigen Granitverkleidung. Der Rest der Verkleidung könnte durchaus kurz vor dem Bau des Landhauses geraubt worden sein. Verkleidungsblöcke aus Granit, die wahrscheinlich von Chephrens Pyramide stammen, hat man inzwischen im Ptah-Tempel in Memphis gefunden. Maj, der Aufseher über die baulichen Anlagen Ramses' II., ritzte seinen Namen in die Felsmauern neben der Nordwestecke von Chephrens Pyramide. 1909 fand Uvo Hölscher an der Südseite von Chephrens Totentempel eine aus der Zeit des Neuen Reiches stammende Ziegelrampe, die einst vermutlich zum Abtransport von Verkleidungsmaterial und Granitpfeilern aus dem Tempel genutzt wurde.

Die fünfzehn Tonnen schwere Traumstele Thutmosis' IV. ist ebenfalls ein wieder verwendeter Türsturz von einem Eingang eines Chephren-Tempels. Keiner, der sich die noch intakten Türstürze im Taltempel des Chephren anschaut, kann das bezweifeln. Die Rückseite weist den gleichen Sims, der den oberen Teil des Türrahmens bildet, und die gleichen Angellöcher und Drehpfannen für eine übliche zweiflügelige Schwingtür auf. Die unteren Drehpfannen solcher Türen wurden in die Schwellen eingearbeitet oder direkt in den Felsboden der Tempel geschnitten. Durch Vermessen des Abstandes zwischen diesen Vertiefungen können wir feststellen, woher der Türsturz für Thutmosis' Traumstele stammt. Der Abstand zwischen den Angellöchern auf der Rückseite der Stele passt nur auf drei Türen in Chephrens Totentempel, wovon eine der Eingang vom Aufweg in diesen Tempel ist.

Das bietet eine Erklärung für die Ähnlichkeit der Blöcke aus der Restaurierungsphase I mit dem Mauerwerk aus der Zeit des Alten Reiches. Die Platten aus Phase I passen hinsichtlich ihrer Stärke genau zu den Platten, die die Mauern des Chephren-Aufweges bilden. Von diesen ursprünglichen Mauern ist nur noch ein kleiner Teil am Ausgang des Taltempels zum Aufweg übrig. Es ist sehr gut möglich, dass Thutmosis zur Restaurierung des Sphinx Blöcke vom Aufweg des Chephren verwenden ließ. Nachdem seine Arbeitsleute beim Abbau der Blöcke vom Aufweg oben angelangt waren, ließ Thutmosis wohl den Türsturz vom Totentempel nach unten zwischen die Pranken des Sphinx schleppen, dort aufstellen und auf dem Stein die Geschichte von seiner Erwählung für den ägyptischen Thron durch den Sphinx inschriftlich verewigen.

SCHLUSSFOLGERUNG

Nachdem die Bauleute aus der Zeit der 4. Dynastie den Taltempel der Chephren-Pyramide errichtet und abgeändert hatten, schufen sie den Sphinx und den Tempel vor dieser Skulptur als Fortsetzung ein und desselben Steinbruch- und Bauprojekts. Trotz der gewaltigen Größe der Skulptur und des großartigen neuen Sphinxbildes vollendeten sie den Tempel nicht, und so nahm man in der Zeit der 4. Dynastie den Kultbetrieb nie auf. Die archäologischen Belege deuten darauf hin, dass der Sphinx nach dem Zusammenbruch des Alten Reiches fast ein Jahrtausend lang sich selbst überlassen blieb. In der Ära des Neuen Reiches entstand in seiner Nähe Memphis als eine zweite Hauptstadt, grub man überall in Ägypten alte Heiligtümer und Tempel, darunter auch den Sphinx, aus und baute sie wieder auf. Was den aktiven Kult und die Popularität angeht, war der Sphinx ebenso gut ein Monument des Neuen Reiches wie der 4. Dynastie, denn im Neuen Reich wurde der Sphinx unter dem Namen Horemachet ein bekanntes heiliges Symbol, eine Verbindung von König und Gott, eine Übergottheit auf Erden. Die Kapelle zwischen seinen Pranken war ein ausgewählter Ort für Prinzen und neu gekrönte Könige. Der Sphinx galt schon zu pharaonischen Zeiten als historisches, wiederhergestelltes nationales Sinnbild Ägyptens.

186 und 187
Der zu neuem Leben erweckte und restaurierte Sphinx des Neuen Reiches. Die Königsstatue vor seiner Brust könnte Amenophis II. darstellen.

188–189
Das ramponierte Antlitz der Zeit. Die Nase des Sphinx wurde abgebrochen, die Augen ausgeschlagen und der Bart ist vom Kinn gefallen. Wind und Wetter haben die ursprüngliche geologische Schichtung freigelegt, doch die im harten Felsgestein des Kopfes erhaltenen Details lassen noch heute die Erhabenheit des göttlichen Abbildes durchscheinen.

Kapitel 18

Die Gräber hoher Beamter in Giseh

Peter Der Manuelian

Vielleicht lässt sich die Großartigkeit einer Leistung daran messen, welche Schwierigkeiten wir haben, uns die Welt ohne diese Leistung zu denken. Können wir uns das Alte Ägypten ohne die Pyramiden von Giseh vorstellen? Es sind mehr als vier Jahrtausende vergangen, seit jemand auf das heute so berühmte Plateau von Giseh geblickt und nur Felsgestein und Sand – keine hoch aufragenden Grabbauten und Friedhöfe rundum – gesehen hat. Das Bild der Cheops-Pyramide und des Sphinx macht einen solchen Eindruck auf das kollektive Gedächtnis der Menschheit, dass die Überlegung, es gäbe diese Monumente nicht, oder die Vorstellung, dass es die Pyramiden irgendwann tatsächlich noch nicht gab, befremdlich anmutet und eine gewisse Mühe bereitet.

Die Pyramiden sind Gegenstand anderer Kapitel in diesem Buch. In dem nun folgenden Kapitel soll verdeutlicht werden, dass die drei Pyramiden, die Blickfänge und Beherrscherinnen des Horizonts westlich des heutigen Kairo, lediglich ein Bruchteil der riesigen Zahl der Grabanlagen ist. Das Plateau von Giseh besteht aus Hunderten Gräbern der herrschenden Klassen, die sorgfältig rund um drei königliche Pyramidenbezirke angelegt sind. Sie waren als wesentlicher Bestandteil des Friedhofes geplant, ihre Nähe zu den Königsmonumenten war kein Zufall. Die Inhaber dieser Gräber repräsentieren die obersten Ränge der Gesellschaft des Alten Reiches, die wenigen des Lesens und Schreibens Kundigen, die im Auftrag des Königshofes das Land verwalteten. Sie waren Baumeister, Schreiber, Ärzte, Steuereinnehmer, Priester und Tempelbeamte, Handpfleger, Musiker, Prinzen und Prinzessinnen. Die Gräber bezeugen jeden Aspekt der altägyptischen Gesellschaft, denn sie gestatten oftmals Einblicke in das Leben Tausender Individuen (nicht nur der Grabinhaber selbst) während der Blütezeit des Alten Reiches. Das war Ägyptens erste – manche würden auch sagen großartigste – Ära des Erfolgs und der Stabilität unter der Autorität des halb göttlichen Pharaos. Ergänzt wird das Phänomen Giseh durch die moderne archäologische Geschichte von Giseh, deren Großteil sich im zwanzigsten Jahrhundert zugetragen hat und die nicht minder faszinierend ist als die Monumente aus dem Altertum.

Die Entwicklung der Nekropole von Giseh folgte der nahezu unbegreiflichen Meisterleistung eines einzigen Pharaos, der vier Pyramiden bauen ließ. Snofru, der erste König der 4. Dynastie, besiegelte den Übergang von der früheren Stufenpyramide zur echten Pyramide; den Höhepunkt dieses Übergangs stellt die Nordpyramide oder „Rote Pyramide" in Dahschur dar, in der die sterblichen Überreste des Königs beigesetzt worden sein könnten. Die immer größer werdenden Friedhöfe der memphitischen Hauptstadt breiteten sich zu dieser Zeit von Medum im Süden nach Dahschur und Sakkara im Norden aus. Neuere Ausgrabungen vermitteln gar das Bild von einer langen, zusammenhängenden Totenstadt, deren Unterscheidung in einzelne eigenständige Nekropolen offenbar eine rein theoretische Differenzierung aus der heutigen Zeit ist. Snofrus Sohn und Nachfolger Cheops suchte sich für sein Grabmal einen neuen Standort am Rand der Wüste aus. Direkt hinter dem Fruchtlandstreifen westlich des Nils, einige Kilometer westlich des heutigen Kairo, machte Cheops dafür ein natürlich gewachsenes Vorgebirge aus. Diese Erhebung aus anstehendem Kalkstein, die so genannte Mokattam-Formation, neigt sich in drei abwechselnden Urschichten aus hartem und weichem Gestein (Schichten I, II und III) sanft von Nordwesten nach Südosten. Erreichte die jährliche Nilschwemme das Gebiet um Memphis, stieg das Hochwasser bis an den Rand des Plateaus. Das spielte bei der Entscheidung Cheops' für diesen Standort zweifellos eine Rolle, denn es beschleunigte den Transport der Kalksteinblöcke, die auf Barken über die überfluteten Ufer herangebracht werden konnten.

Das bewusste Gebiet war zu dem Zeitpunkt, da Cheops es für sein Vorhaben übernahm, vermutlich kein völlig unberührtes Territorium, denn es existieren Hinweise auf Friedhöfe aus der Zeit vor der 4. Dynastie; der König wählte dennoch diesen Ort, denn ihm und den Baumeistern seiner Nekropole durfte nichts im Weg stehen. Cheops' Vision überstieg alles, was das Land und die ganze Welt des Altertums je zuvor erlebt hatte, denn dieser ägyptische Herrscher brachte das ehrgeizigste Bauprojekt in Gang, das je unternommen worden war. Er entwarf die bis heute größte, am akkuratesten geplante Pyramidenanlage, zu der ein an die Ostseite der Pyramide angrenzender Totentempel mit Portikus, ein langer Aufweg, der sich vom Plateau ostwärts zu einem tiefer gelegenen Taltempel erstreckte, und vier Nebenpyramiden an der Ostseite gehörten. Darüber hinaus beschäftigte er sich in beispiellosem Maß mit der „Stadtplanung" für die Toten. Die Pyramiden waren der Königsfamilie vorbehalten; Ägypter, die dieser Familie nicht angehörten sowie bestimmte Mitglieder des Königshauses wurden in traditionellen *Mastabas*, niedrigen rechteckigen Oberbauten mit geböschten Seiten, bestattet. Bei den Grabinhabern von Giseh handelte es sich zwar größtenteils um Männer, doch es gibt deutliche Hinweise auf eine Anzahl großer *Mastabas*, in denen ausschließlich Särge weiblicher Verstorbener stehen. Als Einheit betrachtet, umfasste die Stätte schließlich nahezu das gesamte Corps der Elite der ägyptischen Gesellschaft zur Zeit der 4. Dynastie. In der Provinz dauerte es noch eine oder zwei Dynastien, ehe es auch dort Friedhöfe auf diesem Entwicklungsstand gab.

190 unten
Darstellung einer Bootsfahrt (oben) und der Herstellung einer Statue (unten) aus der Kapelle der Felsmastaba der Königin Meresanch III. (G 7530sub, Hauptraum, Ostwand, obere Register). 4. Dynastie.

191
Mehrfarbiges Relief mit der Darstellung des verstorbenen Jasen, der vor einer Tafel mit Opferbroten sitzt. Kapelle der Felsmastaba des Jasen (G 2196, Westwand, Südabschnitt). 6. Dynastie.

Gräber in Giseh

192–193
Luftaufnahme vom Plateau von Giseh in Richtung Westen mit den Pyramiden des Cheops, des Chephren und des Mykerinos (von rechts nach links). Im Vordergrund liegt der Ostfriedhof, hinter der Cheops-Pyramide der Westfriedhof. In der unteren Bildhälfte links sind das Zentralfeld und der Sphinx zu sehen.

192 unten
Blick von oben in Richtung Südosten auf die Cheops-Pyramide, die Pyramiden der Königinnen des Cheops (oben) und das Sonnenboot-Museum. Rechts liegt das südliche Mastabafeld.

Versuche zur Entwicklung einer systematisch angelegten Nekropole wurden bereits früher unternommen, doch Cheops erweiterte das Schema und nahm darin riesige Reihen von *Mastabas* auf, die alle planmäßig in „Straßen" und „Alleen" angelegt und an der Achse des königlichen Pyramidenbezirks ausgerichtet waren. Der Gedanke allein an die Mengen der Kalksteine, die im Verlauf der mehrere Jahrzehnte währenden Regierung des Königs bereitgestellt, aus örtlichen Steinbrüchen oder aus den Brüchen von Tura auf dem jenseitigen, östlichen Nilufer transportiert, behauen und verlegt werden mussten, lässt einem den Atem stocken. An dem Ort müssen Tausende Arbeitsleute gewesen sein, die vermutlich zur gleichen Zeit an königlichen wie privaten Bauvorhaben tätig waren. Die Gerüste, der Staub und der Lärm müssen günstigstenfalls verwirrend, gelegentlich aber regelrecht gefährlich gewesen sein. Wie die Arbeiter angeleitet wurden, wo sie wohnten und wie man sie entschädigte, kommt dank der neueren Ausgrabungen südlich des Plateaus jetzt gerade allmählich ans Licht. Weit entfernt von brutal erzwungener Sklavenarbeit, einem von der Filmindustrie in Hollywood verbreiteten Bild, sieht man die baulichen Anlagen von Giseh heute eher als große öffentliche Bauvorhaben, die religiös motiviert waren und durch das Interesse und zum Nutzen der ganzen Nation gemeistert wurden. Für den durchschnittlichen Ägypter war die Pyramide höchstwahrscheinlich viel mehr als nur das „Haus der Ewigkeit" des Pharaos.

Bei Ausgrabungsarbeiten in der ersten Hälfte des zwanzigsten Jahrhunderts wurden rund um die Pyramiden riesige Friedhöfe freigelegt. Die für die Altertümer zuständigen ägyptischen Behörden, die die unwissenschaftliche Schatzgräberei in Giseh ablehnten, luden 1902 mehrere archäologische Missionen zur verantwortungsbewussten Ausgrabung der Stätte ein. Unter den Kandidaten waren auch drei ausländische Missionen – ein amerikanisches Team unter Leitung von George A. Reisner (1867–1942), eine deutsche Expedition unter Georg Steindorff (1861–1951) und eine von Ernesto Schiaparelli (1856–1928) geleitete italienische Gruppe. Die Nekropole wurde in gleich große Abschnitte eingeteilt, und die Kollegen ermittelten per Los ihre Bereiche. Diese historische Teilung wurde später korrigiert, als die italienische Mission Giseh verließ, um an anderen Grabungsstätten zu arbeiten, und Steindorff gab seine Konzession an Hermann Junker (1877–1962) von der Universität Wien ab, um Ausgrabungen im Sudan durchzuführen. Der einzige Ausgräber, der fast ständig in Giseh arbeitete, war Reisner. Von seinen ersten Jahren unter der Patenschaft von Phoebe Apperson Hearst (1842–1919) und der University of California (1902–1905) bis zum Wechsel seiner Expedition zur Harvard University und zum Bostoner Museum of Fine Arts (1905–1947) lebte er in seinem geliebten „Harvard Camp" westlich der Chephren-Pyramide; von diesem nicht zu übersehenden Standort aus leitete er all seine archäologischen Aktivitäten. Nach dreiundvierzig Jahren Ausgrabungsarbeit in Ägypten und im Sudan, mit einem kurzen Zwischenspiel in Palästina, körperlich erschöpft und nahezu blind, starb Reisner im Juni 1942 in Giseh. Seine Konzession umfasste inzwischen zwei Drittel des riesigen Friedhofes westlich der Cheops-Pyramide, den gesamten Friedhof östlich davon sowie den Pyramiden- und den Taltempel des Mykerinos, der Erbauers der dritten und kleinsten Pyramide.
Die Expeditionen von Steindorff/Junker gruben das mittlere Drittel des Westfriedhofes und die *Mastaba*reihe direkt südlich der Cheops-Pyramide aus. Bedeutende spätere Ausgrabungen, die Selim Hassan (1886–1961) im Auftrag der Kairoer Universität durchführte, förderten das so genannte Zentralfeld zu Tage, das westlich des Sphinx und südlich des Aufweges zur Chephren-Pyramide liegt. Abdel-Moneim Abubakr (1907–1976) arbeitete, ebenfalls im Auftrag der Kairoer Universität, in den 1950er und 1960er Jahren am Westfriedhof. Alle diese Gelehrten und in den letzten Jahren auch verschiedene andere Wissenschaftler haben insgesamt rund dreißig Monografien über ihre Arbeit in Giseh geschrieben, die bis heute grundlegende Sekundärquellen für das Studium der Bestattungstradition in der Zeit des Alten Reiches und der meisten Aspekte der altägyptischen Zivilisation sind.

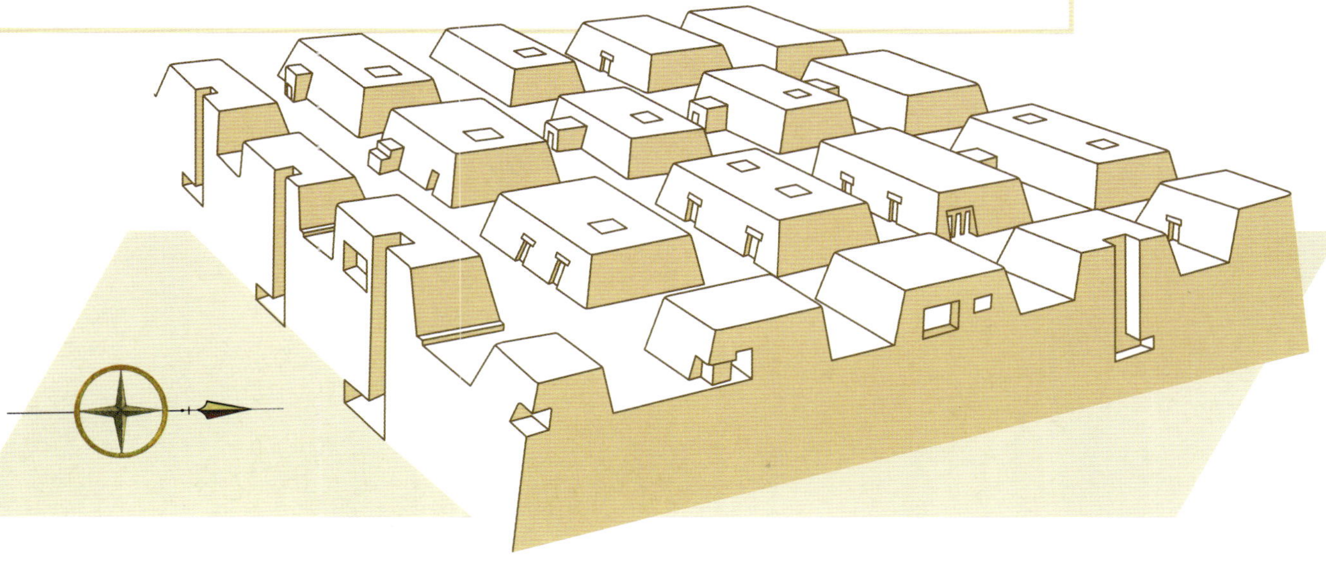

193 oben
Blick in Richtung Süden auf den so genannten „Cemetery en Échelon" *mit den Großmastabas des Babaef (G 5230) und des Duaenre (G 5110) im oberen Bildbereich.*

193 unten
Zeichnerische Rekonstruktion eines typischen Abschnitts des Westfriedhofes mit den Oberbauten der Mastabas, *den Kapellen und den Grabschächten.*

194 oben
Vier Riesen der Ägyptologie (von links nach rechts): Hermann Junker, George Reisner, James H. Breaste und Ludwig Borchardt am 15. November 1935 im Garten des Kairoer Continental Hotel.

Was brauchte ein durchschnittlicher hoher Beamter des Alten Reiches an wesentlichen Dingen für seine Bestattung? Die meisten Gräber dieser Ära bestanden aus zwei eigenständigen Elementen – aus einer unterirdischen Anlage, die die Mumie des Verstorbenen aufnehmen und schützen konnte, denn diese musste in der nächsten Welt als Ort der Wiedervereinigung für die verschiedenartigen Aspekte der Person unversehrt sein. Solange die Kunst der Mumifizierung in der Zeit der 4. Dynastie noch in den Anfängen steckte, wurden hochrangige Personen in Steinsarkophagen oder Holzsärgen in einer Grabkammer bestattet, die tief im Felsen versenkt und über einen vertikalen Schacht zugänglich war. Das zweite Element war ein Oberbau für die Kultstelle – jene Opferstelle, an der die Lebenden Speiseopfer darbrachten und im Namen des Grabinhabers Anrufungssprüche rezitierten. Die verschiedenen Formen der Grabausstattung, die für den Kult benötigt wurde, entwickelten und veränderten sich in Giseh mitunter mit überraschenden Ergebnissen.

Es scheint klar, dass Cheops die übersichtlichen Friedhöfe östlich und westlich seiner Pyramide in einer Art geplant hatte, die das weltweit erste Beispiel der „Fertigteilbauweise" sein mag. Die Vergabe bestimmter Gräber an bestimmte Personen folgte später. Der Bau eines Grabes ging folgendermaßen vor sich: Rund um die äußere Begrenzungslinie des „Kerns" der *Mastaba* wurden die äußeren Lagen aus Kalksteinblöcken verlegt und das Innere dann mit unbehauenen Bruchsteinen oder Schutt gefüllt. (Es gibt nur wenige *Mastabas* mit einem Kern aus massiven Kalksteinblöcken.) Dann wurden weitere Steinlagen angefügt und dabei jede neue Lage weiter zurückgesetzt als die vorhergehende, sodass sich eine schräge oder abgetreppte Außenfläche ergab. Der Grabschacht (oder die Schächte) wurde durch den Kern des Oberbaus hindurch tief in den darunter liegenden Felsboden gegraben. Den Schacht verband ein kurzer Gang mit der eigentlichen Grabkammer, die den Sarkophag und die Kanopenausrüstung aufnahm. Manche Oberbauten erhielten später eine zusätzliche Außenverkleidung aus glatten weißen Kalksteinblöcken, die für begüterte Grabinhaber jenseits des Flusses in Tura gebrochen wurden. Die Baugeschichte der *Mastabas* von Giseh zu entwirren, die ursprünglich geplanten Strukturen von den verschiedenen späteren Ergänzungen und Änderungen zu trennen sowie den Grad der Vollendung zu bestimmen, ist schon eines der interessanteren Probleme für Gelehrte, die sich mit ägyptischer Baukunst beschäftigen.

Eine weitere lockende Aufgabe ist die Enträtselung der Ereignisse in den ersten Regierungsjahren des Cheops, aus denen die äußere und innere Form der *Mastabas* von Giseh hervorgingen. Es ist vielleicht ein Vorurteil der heutigen Zeit, eine lineare Entwicklung der kulturellen Äußerung zu erwarten – immer höhere Pyramiden, größere Tempel und ein mit der Zeit größer gewordenes Dekorationsrepertoire. Die Entwicklung des Grabes vor der Zeit der 4. Dynastie könnte man tatsächlich so sehen. Doch in Giseh und in geringerem Umfang auch schon unter Cheops' Vater Snofru in Dahschur wird eine derartige lineare Entwicklung plötzlich durch eine Einfachheit und karge Strenge ersetzt, für die die Wissenschaftler noch immer keine gültige Erklärung gefunden haben. Anstelle kunstvoll gearbeiteter Gräber mit mehreren unterirdischen Kammern und so genannten „Scheintüren", die als der Ort für die Opferungen und den Kontakt zwischen dem Reich der Lebenden und dem der Toten dienten, sind die ältesten unter Cheops entstandenen *Mastabas* in Giseh massive Bauten. Die inneren Kammern und auch die dekorierten Wände, die wir aus älteren Gräbern andernorts kennen, sind verschwunden. Die Gräber von Giseh aus der Frühzeit der 4. Dynastie weisen, von ganz wenigen Ausnahmen abgesehen, lediglich eine einfache Nische am Südende der Ostwand auf, wo eine beschriftete rechteckige Grabplatte („Plattenstele"), eine Art altertümlicher Grabstein, aufgestellt wurde. In die Platte eingeschnitten war gerade einmal das, was man für ein erfolgreiches Leben im Jenseits brauchte – eine Darstellung des bzw. der an einem Opfertisch sitzenden Verstorbenen, sein bzw. ihr Name und die administrativen Titel, verschiedenartige sowohl in Hieroglyphen als auch ideografisch dargestellte Opfergaben und eine Liste verschiedener Arten von Textilien, die man für die Bestattung brauchte. In einigen Fällen wurde rund um die Grabplatte eine Ziegelkapelle errichtet, in anderen Fällen wurde die Platte später eingemauert und die Stelle mit einer steinernen Kapelle und einer monolithischen Scheintür neu ausgestattet. Ohne Frage schlichen sich Veränderungen in den Gestaltungsprozess, und auch das Tempo des Wandels beschleunigte sich zum Ende der Herrschaft des Cheops und darüber hinaus.

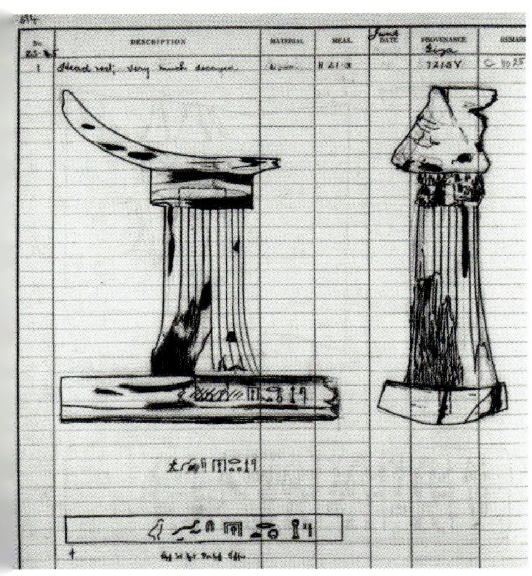

194 Mitte
Der amerikanische Ägyptologe George Andrew Reisner am 26. Juni 1933 auf einem Foto von Bob Davies. Reisner war der einzige Ausgräber, der zu Beginn des zwanzigsten Jahrhunderts ständig in Giseh arbeitete.

194 unten
Zeichnung einer Kopfstütze aus dem Grab G 7215 in Giseh (Altes Reich). Diese Seite befindet sich heute in den Büchern des Expedition's Object Register der Harvard University/ Museum of Fine Arts, Boston.

195 links
Detaillierter Lageplan des Westfriedhofs in Giseh. Die farbliche Kennzeichnung weist auf die verantwortliche Expedition hin, der jeweilige Expeditionszeitraum ist oben angegeben. Zeichnung von Peter Der Manuelian.

195 rechts
Ansicht des Hofes des „Harvard Camp", 1902–1947 Hauptquartier der Expedition der Harvard University/ Museum of Fine Arts, Boston. Hier sind Fragmente einer kolossalen Sitzstatue des Mykerinos aus Kalzit zu sehen.

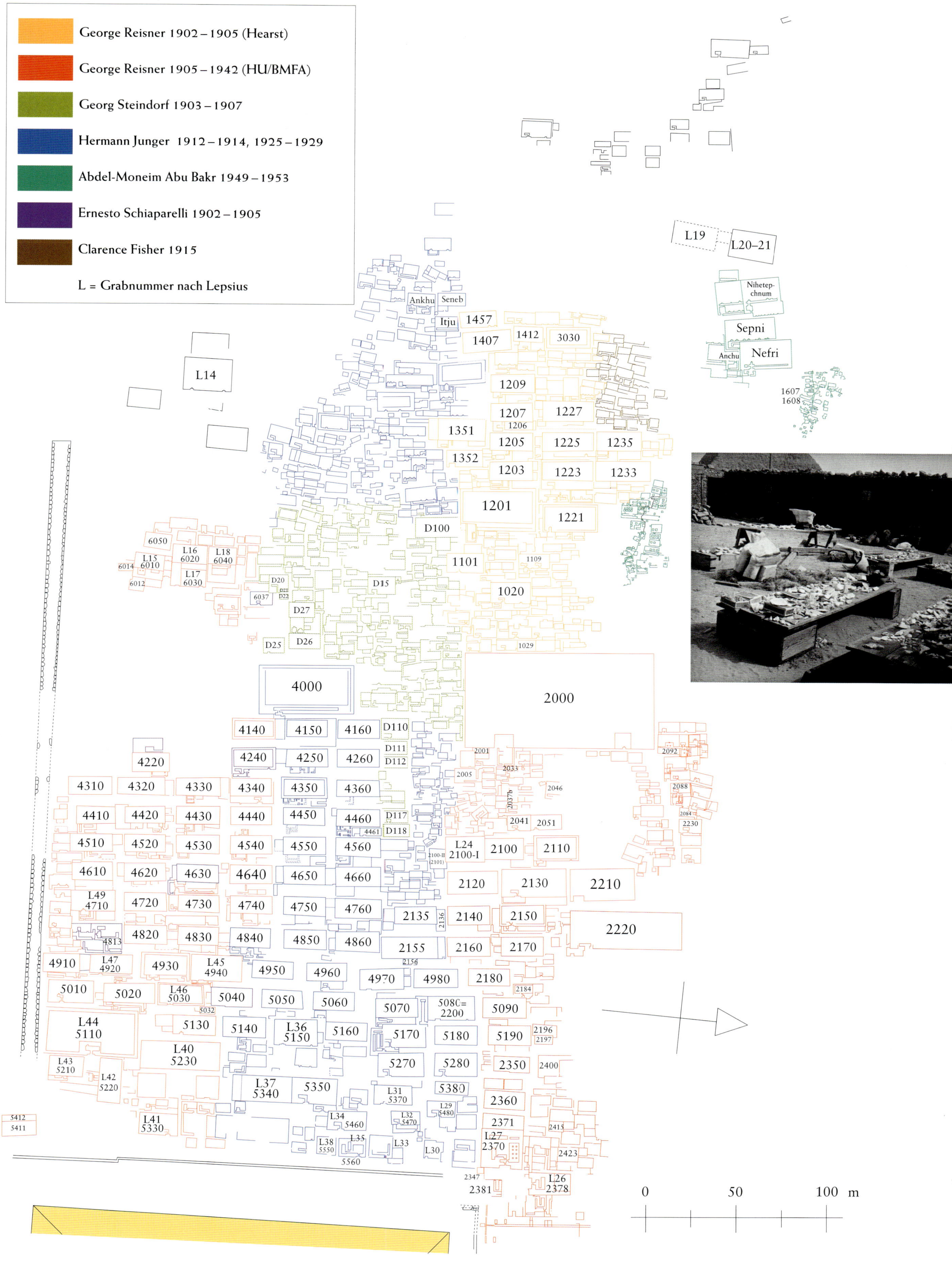
George Reisner 1902 – 1905 (Hearst)
George Reisner 1905 – 1942 (HU/BMFA)
Georg Steindorf 1903 – 1907
Hermann Junger 1912 – 1914, 1925 – 1929
Abdel-Moneim Abu Bakr 1949 – 1953
Ernesto Schiaparelli 1902 – 1905
Clarence Fisher 1915
L = Grabnummer nach Lepsius
0 50 100 m

Wie ist dieser königliche Kurs der Vereinfachung zu erklären? Erkannte Cheops eine Drohung vonseiten seiner Verwaltungsorgane und versuchte er die Aufmerksamkeit wieder einzig und allein auf die Monarchie zu konzentrieren? Überstieg die Bebauung des ganzen Areals einfach die staatlichen Mittel, sodass die Kunsthandwerker, die die Grabwände wie zu früheren Zeiten schmückten, zu kostspielig wurden? Oder waren die Grabplatten lediglich „Platzhalter", eine vorübergehende Lösung bis zur beabsichtigten Erweiterung und Vollendung der Grabstätte und ihrer Dekoration? Spielte der vorzeitige Tod des Grabinhabers eine Rolle bei der Verwendung einer Grabplatte anstelle traditioneller Dekorationsformen, wie in neuerer Zeit angedeutet worden ist? Die richtige Antwort werden wir wohl nie wissen, doch die systematische Forschung zu diesen Fragen erhält erst jetzt umfassendere Aufmerksamkeit, da die archäologischen Funde aus dem zwanzigsten Jahrhundert mit dem unverbrauchten Blick einer neuen Archäologengeneration aufbereitet werden. Eines ist allerdings klar: Das Fehlen der Dekoration in privaten Grabstätten unter der Herrschaft des Cheops rührte gewiss nicht von einem Mangel an Talenten her. Die berühmte Wepemnefret-Grabplatte mit ihrer meisterhaften Polychromie und den erlesenen Flachreliefs zeugt von einer Kultiviertheit und stilistischen Verfeinerung, die nur das Produkt der besten königlichen Werkstätten sein kann. Die Grabplatte war das einzige dekorierte Element der *Mastaba* G 1201, die auf dem Friedhof weit westlich von der Cheops-Pyramide liegt. Ihren tadellosen Zustand verdankt sie dem Umstand, dass die damaligen Handwerker sie sorgfältig abdeckten, als die Opferkapelle der Grabstätte mit Kalkstein und Ziegeln umgearbeitet und die Kultstelle von der Grabplatte zu einer monolithischen Scheintür verlegt wurde. Einige der archaischen Elemente auf der Stele, beispielsweise die erhabene Grundlinie für die Tafel zum Ablegen der Opferbrote, der Hocker mit geschnitzten Stierbein-Nachbildungen und die kleine Textilienliste, lassen darauf schließen, dass Wepemnefret vielleicht zu den ersten Grabinhabern auf Cheops' neuem Westfriedhof gehörte.

196–197
Bemalte Grabplatte aus der Wepemnefret-Mastaba (G 1201). Ihre Höhe beträgt 45,7 Zentimeter, die Breite 66 Zentimeter und die Stärke 7,6 Zentimeter. Die drei Horusfalken sind ein Ausschnitt aus der Liste der Textilien für Wepemnefrets Bestattung. 4. Dynastie, Regierungszeit des Cheops. University of California, Berkeley, Phoebe A. Hearst Museum of Anthropology.

197 unten
Die Schmalseite des bemalten Kalksteinsarkophags eines hohen Beamten mit einer Palastfassaden-Dekoration. Der Fund stammt aus der Mastaba G 7340. Er misst in der Höhe 110 Zentimeter, in der Breite 97,5 Zentimeter und in der Länge 210 Zentimeter. Kairo, Ägyptisches Museum.

198
Kalkstein-Ersatzkopf (Höhe 26 Zentimeter) eines hohen Beamten aus der Mastaba G 4340. 4. Dynastie, Regierungszeit des Cheops. Kairo, Ägyptisches Museum.

199 oben
Ein weiterer Reservekopf eines hohen Beamten, der im Schacht A der Mastaba G 4640 gefunden wurde. Er besteht aus Kalkstein, ist 25,5 Zentimeter hoch und 18 Zentimeter breit. 4. Dynastie, Regierungszeit des Cheops. Kairo, Ägyptisches Museum.

199 unten
Fragment eines Kalksteinreliefs aus der Mastabakapelle des Hemiun (G 4000). Seine Höhe beträgt 12,1 Zentimeter, die Breite 39,5 Zentimeter und die Stärke 7 Zentimeter. 4. Dynastie, Regierungszeit des Cheops. Boston, Museum of Fine Arts.

Neben den Grabplatten enthielten viele Giseh-Gräber aus der Frühzeit der 4. Dynastie noch ein anderes einzigartiges Objekt – die so genannten Reserveköpfe, die man auch als Ersatz- oder Porträtköpfe bezeichnet. Diese Köpfe waren für die ägyptische Kunst, die vollständige Statuen bevorzugt, etwas höchst Ungewöhnliches; sie waren nie Teil zusammengesetzter oder kompletter Skulpturen. Man fand sie nicht etwa in einer Statuenkammer (*serdab*) im Oberbau der *Mastaba*, sondern in ungeordneter Umgebung am Grund der Grabschächte. Es gibt keine zwei Köpfe, die sich gleichen, und auch ihre höchst individuellen Züge unterscheiden sie von der sonstigen ägyptischen Bildhauerei. Das letzte Wort über die Reserveköpfe ist noch nicht geschrieben. Man betrachtet die Köpfe für gewöhnlich als Ersatz für den Fall, dass die Mumie beschädigt wurde und die Seele des Verstorbenen deshalb eine neue Heimstatt brauchte, doch dazu existieren alternative Theorien in Hülle und Fülle (Bildhauermodelle? Schablonen für Totenmasken? Rituell verstümmelte Bildnisse?). Das Fehlen begleitender Inschriften, die seltsamen Einschnitte, die an einigen Köpfen in der Schädelmitte nach unten verlaufen, die anscheinend entfernten oder verstümmelten Ohren und die unterschiedliche Qualität von groben Gesichtern bis zu polierten und mit einer Deckschicht versehenen Meisterwerken haben die Spekulation über die ursprüngliche Funktion dieser rätselhaften Köpfe nur noch angeheizt. Die Köpfe gehören wie die Grabplatten eindeutig zu den hohen Beamten aus Cheops' Regierungszeit, die durch Cheops' Gebot die ursprünglichen Inhaber der *Mastabas* waren; in späteren Dynastien findet man sie nicht mehr.

Hemiun, ein mächtiger Beamter und in der Ära der Grabplatten und Reserveköpfe einer der Grabinhaber auf dem Westfriedhof, ist zu Recht noch heute als jener Baumeister berühmt, der vermutlich den Bau der Cheops-Pyramide leitete. Er, der Wesir (höchster Beamter und nach dem Pharao der zweite Mann im Staat), der Königliche Siegelbewahrer und Aufseher aller baulichen Anlagen des Königs, war der älteste Sohn des Wesirs Nefermaat, der wiederum der älteste Sohn des Snofru war und dessen wunderschön ausgemalte Grabstätte in Medum liegt. Unter Cheops' Herrschaft erwarb sich Hemiun eine der drei größten *Mastabas* in Giseh. Der Inhaber des größten Grabes, der *Mastaba* G 2000, ist bis heute unbekannt, er muss aber ein bevorzugter Prinz gewesen sein; seine Grabstätte ist so monumental, dass man annehmen könnte, einige der umliegenden *Mastaba*felder seien nicht nach der Cheops-Pyramide, sondern nach dem bewussten Grab ausgerichtet. Hemiun erweiterte seine wie oben beschrieben einfache Bankgrabanlage südlich der *Mastaba* G 2000 an der Ostseite des Oberbaus um zwei Kapellen, die durch einen langen Gang miteinander verbunden waren. Die Kalksteinblöcke sind so präzise zugeschnitten, dass die Fugen und die Scharfkantigkeit der Ecken noch heute, mehr als 4600 Jahre nach dem Bau, erhalten sind. In der Nordkapelle befindet sich die ostwärts, zur Pyramide des Herrschers blickende überlebensgroße Sitzstatue des korpulenten Hemium (für die alten Ägypter war Korpulenz gleich bedeutend mit Wohlstand und Erfolg). Wir können heute die logistischen Probleme nur erahnen, vor denen Hemiun einst stand, als die Pyramide allmählich in die Höhe wuchs und die umgebende Landschaft beherrschte, und er damit in einem beispiellosen öffentlichen Bauvorhaben, das die Unsterblichkeit des Pharaos und damit die kosmische Ordnung und das Wohlergehen des Landes garantierte, die nationale Seele mobilisierte.

Zum Ende der Herrschaft des Cheops erfuhr der ursprüngliche Entwurf für die großen *Mastaba*felder bedeutende Veränderungen. Einfache *Mastabas* mit massivem Kern, die als Kultstelle nichts weiter als eine Grabplatte („Plattenstele") aufwiesen, wurden durch vorgebaute Stein- oder Lehmziegelkapellen erweitert. Gelegentlich fügte man – vermutlich für weitere Familienmitglieder – zusätzliche Grabschächte hinzu. Auf dem in erster Linie der Königsfamilie vorbehaltenen Ostfriedhof wurde das Gräberfeld, das anfangs aus vier Reihen mit zwölf Bankgräbern bestanden hatte, völlig umgestaltet. Einige Gräber legte man zusammen, andere erhielten Erweiterungen; das Ergebnis waren vier Reihen mit acht großen Doppel*mastabas*. Die meisten davon wurden vor dem Eintreffen der Archäologen des zwanzigsten Jahrhunderts stark geplündert, doch sie enthielten einst die Särge der Angehörigen der herrschenden Elite Ägyptens und vielleicht auch die Särge einiger Nachfolger König Cheops'. Königin Hetepheres, die Gemahlin des Snofru und Mutter des Cheops, ist vielleicht ebenfalls auf dem Ostfriedhof bestattet – entweder in einer der drei Königinnenpyramiden oder direkt nördlich davon in der über dreißig Meter tief liegenden Grabkammer, die 1925 zufällig entdeckt wurde. Hier fand man einige der ältesten Möbelstücke der antiken Welt und einen sonderbarerweise leeren Sarkophag sowie die Eingeweide der Königin in Kanopenkrügen. Die Krüge enthielten auch eine Lösung, die nach mehr als vier Jahrtausenden noch nicht eingetrocknet war. Das königliche Rätsel – ein Sarg ohne Leichnam – widerspricht bis heute dem, was wir über ägyptische Bestattungstraditionen zu wissen glauben.

Im Verlauf der Regierungszeit des Cheops, unter den nachfolgenden Herrscher der 4. Dynastie und auch danach nahm die Grabdekoration allmäh-

Chufuhaf I.

200 links
Blick in Richtung Südwesten auf die Fassade des Eingangs zur Kapelle der Mastaba G 7140 Chufuhafs I., eines Prinzen und Sohnes von Cheops. 4. Dynastie.

200–201
Darstellung der Mutter und des Sohnes des Grabinhabers an der Südseite des Eingangs in die Kalksteinkapelle Chufuhafs I., in Richtung Westen betrachtet.

201 rechts
Blick in Richtung Nordosten auf die großen Gestalten des Prinzen und seiner Gemahlin Nefret-kau auf der Nord- und der Ostwand in der Kapelle Chufuhafs I. (oben). Am Nordende der Westwand ist in Richtung Westen eine ebenfalls große Gestalt Chufuhafs I. zusammen mit Nefret-kau zu sehen, die den Arm ihres Gemahls umfasst.

lich zu. In den Kern des Oberbaus der *Mastaba*s wurden nun Kapellen mit gemeißelten oder gemalten Szenen und Inschriften an den Innenwänden aus Kalkstein eingefügt. Ein Grab dieser Art auf dem Ostfriedhof, das einem Priester des Cheops mit Namen Chufuhaf I. gehört, zeigt in bemerkenswerter Qualität gearbeitete, große Figuren des Verstorbenen und seiner Gemahlin Nefret-kau in verschiedenen Posen und Gewändern sowie zahllose Opfergaben, die allein dadurch, dass man sie in Stein verewigt hatte, dem Verstorbenen auf wunderbare Weise für alle Zeit zur Verfügung standen. Die Größe spielte bei der Ausrüstung für das Leben im Jenseits keine Rolle; ein nachgebildetes Bierfässchen von nur einigen Zentimetern Höhe besaß die gleiche rituelle Wirksamkeit wie eine gemeißelte oder gemalte zweidimensionale Darstellung oder ein echtes Bierfass, das in dem Grab mitbestattet wurde. Grabkeramik ist in den *Mastaba*s von Giseh in Hülle und Fülle vorhanden. Diese Funde bilden eine Sammlung, die noch immer auf eine eingehende Untersuchung wartet, ganz

zu schweigen von dem ebenfalls noch ausstehenden Vergleich mit Keramikfunden aus profanen (d. h. nicht mit Bestattungen zusammenhängenden) Bereichen der Zeit des Alten Reiches. Die Steinbruchmarkierungen auf der Rückseite eines der Verkleidungssteine des Chufuhaf-Grabes, die von der Ostseite der *Mastaba* an eine andere Stelle versetzt wurden, scheinen einen Hinweis auf Cheops' dreiundzwanzigstes Regierungsjahr zu enthalten.

Die größte Grabstätte des Ostfriedhofes gehörte Anch-haf, der vermutlich unter Chephren, wenn nicht gar unter Cheops selbst Wesir war. Über die Fragmente von Anch-hafs zerstörter Kapelle ist zwar noch nichts publiziert worden, doch der Grabinhaber ist zu Recht berühmt wegen einer bemerkenswerten Büste, die man in einem Raum der an der Ostseite vorgebauten Ziegelkapelle auf einer Standplatte fand. Die Büste stand auf einem Haufen aus zerschlagener Keramik, was darauf hindeutet, dass sie der „Empfänger" der Opfergaben der Lebenden war. Die Kalksteinbüste mit zusätzlicher Gipsmodellierung gibt den von Sorgen gekennzeichneten Ausdruck eines Beamten wieder, der eine schwere Last zu tragen hat, und entfernt sich radikal von der eher idealisierten Skulptur, die in der Zeit des Alten Reiches die Norm war.

203 oben
Blick in Richtung Nordosten auf die Wandstatuen von Meresanch III. und ihrer Familie in der der Felsmastaba der Königin Meresanch III. (Hauptraum, Nordwand).

202 – 203
Blick nach Nordosten auf die Nord- und die Ostwand in der Kapelle der Felsmastaba der Königin Meresanch III. Die Reliefs stellen die Tochter Kawabs und Hetepheres' II. und königliche Gemahlin des Chephren dar. (G 7530sub, Hauptraum). 4. Dynastie.

202 unten
Reliefs mit den Gestalten Hetepheres', Meresanchs III. und deren Sohn Nebemachet in der Kapelle der Königin Meresanch III. (Hauptraum, Westwand).

203 unten
Blick nach Südosten auf die Wandstatuen in Schreiberpose in der Kapelle der Felsmastaba der Königin Meresanch III. (Hauptraum, Ost- und Südwand).

204–205
Szenen mit Opferträgern, eine Szene von der Vogeljagd mit dem Schlagnetz und die Darstellung von Vieh in der Kapelle der Felsmastaba der Königin Meresanch III. (Hauptraum, Ostwand).

Neben den zunehmend kunstvoll gestalteten Kapellen in den Oberbauten der *Mastaba*s entwickelte sich höchstwahrscheinlich in der Spätphase der Herrschaft Chephrens ein neuer Grabstättentyp in Giseh – das Felsgrab. Diese aus dem Felsen herausgemeißelten Gräber ohne Oberbauten ließen bereits die Art Grabstatt vorausahnen, die später, in der Zeit des Mittleren und des Neuen Reiches, ägyptische Nekropolen wie etwa Beni Hasan, Assuan und Theben beherrschte. Ein ungewöhnliches, frühes Beispiel eines Felsgrabes gehört Meresanch III.; diese Königin war die Tochter des ältesten Sohnes des Cheops, des Kronprinzen Kawab, und die Gemahlin des Chephren. Die ausgeschmückten Kapellenräume der Meresanch auf dem Ostfriedhof waren in einer höchst ungewöhnlichen Kombination zweier Grabformen unter dem Oberbau einer *Mastaba* angelegt. Die Wandbilder in den dekorierten Kammern gehören zu den lebhaftesten Darstellungen, die man je in Giseh gefunden hat; das Bildrepertoire erstreckt sich von Booten über Opferträger, Schreiber, Kunsthandwerker bis zu Szenen aus der Landwirtschaft. Darüber hinaus enthält das Grab eine Reihe von Wandstatuen der Meresanch, von Familienmitgliedern und Beamten; die Statuen sind in Nischen in den Kapellenwänden untergebracht. Man begann, die Statuen von Verstorbenen, deren Familien und selbst von Dienern, die bei ihrer Arbeit für die täglich lebensnotwendigen Dinge in dieser Form verewigt wurden, im Oberbau der *Mastaba* im *Serdab*, der so genannten Statuenkammer, aufzustellen. Die Hunderte, vielleicht gar einige Tausend Statuen und Statuetten aus Giseh, die heute über Sammlungen in aller Welt verstreut sind, würden, an einem Ort vereinigt, ein wahres Personenlexikon der Nekropole ergeben, denn die in die Sockel und Stützpfeiler eingemeißelten Inschriften nennen uns die Namen und administrativen Titel der Dargestellten. Auch wenn eine solche physische „Zusammenkunft" vermutlich undurchführbar ist, gibt es doch die Möglichkeit, die Figuren durch Digitalbilder, Datenbanken und über das Internet virtuell zu versammeln.

Rawer

In der 5. Dynastie wurden in Giseh die Anfänge des Zusammenbruchs von Cheops' System der in Straßen und Alleen angeordneten *Mastabas* sichtbar. Zwischen die vorhandenen Grabstätten gezwängte Gräber, zusätzliche Schächte und neue Areale vergrößerten die Komplexität der wachsenden Totenstadt. Beamte unter Chephren hatten mit der Nachnutzung des Steinbruchgebietes westlich des Sphinx begonnen, das nach dem Abbau des Steins für die ersten beiden Pyramiden von Giseh für den Bau von *Mastabas* und Felsgräbern zur Verfügung stand. Mit den zusätzlichen Kammern gingen längere Hieroglyphentexte und ein vergrößertes Repertoire der Wanddekorationen einher. In der Zeit der 5. und 6. Dynastie finden wir erstmals ausführliche Erzählungen, in denen die Heldentaten der Grabinhaber, deren Biografien, Verbindung zum Pharao und selbst rechtliche Verfügungen zur Sicherung ihres Totenkults aufgezeichnet waren.

Auf dem Zentralfeld zwischen dem Sphinx und der Pyramide des Chephren befindet sich eine labyrinthische *Mastaba*, die dem Wesir Rawer gehört. Das Grab aus der zweiten Hälfte der 5. Dynastie enthielt außer den Säulenportiken, die stilistisch vielleicht der königlichen Grabarchitektur entlehnt waren, einen einzigartigen Bericht über einen Zwischenfall aus der Regierungszeit des Neferirkare. Die Hieroglypheninschrift teilt uns mit, dass Rawer während einer bestimmten Zeremonie mit dem Gefolge des Königs zusammenstieß und für die Störung nun nicht nur körperliche, sondern auch eine göttliche Bestrafung fürchtete. Der König jedoch stellte sich auf Rawers Seite, indem er ihm die Unachtsamkeit verzieh und den unangenehmen „Vorfall" quasi ungeschehen machte. Rawer war so stolz auf dieses Ereignis, dass er in seiner Grabstätte einen Bericht darüber als Hochrelief-Inschrift in seiner Grabstätte eingravieren ließ.

Andere Gräber auf dem Westfriedhof zeugen von der Eleganz der mehrfarbigen Darstellungen, die einst die zunehmend kunstvoll gestalteten Kapellen schmückten. Lange Reihen von Opferträgern, Alltagsszenen, Bootsdarstellungen, eine breite Vielfalt von Erzeugnissen aus der Gutsanlage des Grabinhabers, erscheinen sämtlich immer wieder, doch jedes Mal mit subtiler persönlicher Note und einzigartigen Gesichtszügen. Die so wichtigen Scheintüren in der Westwand der Kapelle (der Westen war traditionell das Land der untergehenden Sonne und daher auch des Todes und der Auferstehung) zierten jetzt die Elitegräber in Giseh und offenbaren ihre eigene Entwicklungslinie. Einige der dekorierten Kapellen sind in Giseh erhalten geblieben, andere sind heute in verschiedenen ägyptischen Sammlungen in europäischen Museen (Kaninisut in Wien, Seschemnefer III. in Tübingen, Wehemka in Hildesheim) zu besichtigen.

206–207
Kalkstein mit der Hochrelief-Inschrift aus dem Grab des Rawer im Zentralfeld, die den „Zwischenfall" mit dem König und dessen Gefolge während einer bedeutsamen Zeremonie schildert. Höhe 57 Zentimeter, Breite 1,25 Meter, Stärke 25 Zentimeter. Erste Hälfte der 5. Dynastie. Kairo, Ägyptisches Museum.

208
Kapelle der Mastaba G 4970 von Nisut-nefer, in Richtung Norden betrachtet. Frühe 5. Dynastie.

209 *oben links*
Der ka-Priester und Schreiber Tjenti legt dem Grabinhaber Listen vor. Detail der Westwand der Kapelle von Nisut-nefer.

209 *oben rechts*
Opferträger als Personifizierung der Gutsanlagen, die Erzeugnisse für den Totenkult des Grabinhabers abliefern. Detail der Ostwand der Mastaba von Nisut-nefer.

209 *unten*
Ein junger Spießbock wird vor den Grabinhaber geführt. Szene an der Westwand der Kapelle von Nisut-nefer.

Seschat-hetep

210–211
Darstellung des Grabinhabers, der an einer Tafel mit Opferbroten sitzt, am Nordeingang der Kapelle von Seschat-hetep der Mastaba G 5150, in Richtung Norden betrachtet. Ende der 4./Anfang der 5. Dynastie.

211 oben Mitte
Blick nach Südwesten auf den Eingang der Kapelle von Seschat-hetep.

211 unten Mitte
Detail der Palastfassaden-Dekoration an der Außenmauer der Mastaba von Seschat-hetep.

211 rechts
Innenansicht der Kapelle von Seschat-hetep, in Richtung Norden betrachtet.

212–213
Ausschnitt aus einem Relief in der Felskapelle der Jasen-Mastaba G 2196. Nordwand, unteres Register. 6. Dynastie.

212 unten
Der Grabinhaber mit Gemahlin und Sohn bei der Überwachung der Viehtreiber und Listen. Der vertikal laufende Text lautet: „Betrachten der Liste der Geschenke, die jeden Tag von einer Anrufungsopferung [bestehend aus] Brot, Bier und Kuchen gebracht werden."

213 unten
Ausschnitt aus einem Relief in der Felskapelle des Jasen mit der Darstellung eines Eseltreibers. Nordwand, mittleres Register.

214–215
Relief von der Südwand der Jasen-Felskapelle mit der Darstellung des Grabinhabers, der auf einem hochlehnigen Stuhl in einer Art Kabine sitzt.

215 unten
Wandstatue in einer Nische an der Westwand der Kapelle (rechts) der Jasen-Mastaba.

216 oben
Szene von einem Festmahl aus der Kammer 2 der Ijmeri-Kapelle G 6020. Südwand, mittlerer Abschnitt. 5. Dynastie, Zeit des Neuserre.

216–217 oben
Fischerstechen in den Papyrussümpfen. Darstellung in der Kammer 2 der Ijmeri-Kapelle. Nordwand, östlicher Abschnitt.

216–217 unten
Darstellung einer kalbenden Kuh aus der Kammer 2 der Ijmeri-Kapelle. Südwand, östlicher Abschnitt.

217 oben
Innenansicht der mit einem Deckengewölbe versehenen Kammer 2 der Ijmeri-Kapelle.

Qar

An der Nordwestecke der Cheops-Pyramide liegt ein *Mastaba*komplex, der einer Familie von Oberbaumeistern aus der Zeit der 5. und 6. Dynastie gehörte. Senedjemib Inti schrieb auf die Fassade seiner Grabstätte löbliche Worte von seinem Herrscher König Isesi (auch Djedkare genannt), während sein Sohn Senedjemib Mehi in einer Inschrift mitteilte, dass er die *Mastaba* seines Vaters gebaut hat: „...was ich für ihn in einem Jahr und drei Monaten machte, während er im Balsamierungsort in seinem Herrenhaus war, das in [der Nekropole] der Pyramide ‚Djedkare ist vollendet' liegt". Das ist einer der wenigen ägyptischen Hinweise auf die Zeit, die ein bestimmtes Bauvorhaben in Anspruch nahm. In einem Grab aus der Zeit der 6. Dynastie, das einem Mann namens Ptahschepses Impi gehörte, stieß man auf zahllose kleine Kupfergefäße, die in einem Kasten auf dem Zedernsarg des Grabinhabers lagen. Grabbeigaben wie breite Halskragen und andere Schmuckstücke zeugten vom Wohlstand der Familie Senedjemib.

Die rechtlichen Aspekte des Grabbaues und das Besorgen des Totenkults – mitunter noch Generationen nach dem Ableben des Grabinhabers – waren wichtige Faktoren für das lange Bestehen einer Nekropole. Eine Anzahl Gräber in Giseh trägt Inschriften, die bestimmte Personen für die Totenversorgung benennen und von verschiedenen Steuern oder vom Arbeitsdienst befreien. Ein gewisser Penmeru, ein „Aufseher der *ka*-Priester, Bekannter des Königs und Priester des Mykerinos", meißelte in die Wand seiner kleinen Grabkapelle auf dem Westfriedhof eine Verfügung, die besagt: „...was meinen Bruder ..., Neferhotep, und jene betrifft, die ihm durch Vater [oder] Mutter geboren sind, sie sind die *ka*-Priester [meiner] Grabstätte für das Anrufungsopfer in [meinem] Grab...das auf dem Friedhof des Achet-Khufu liegt...Ich habe keine Personen ermächtigt, Befugnis darüber zu haben...". Ein anderes kleines Grab, das in der Zeit der 6. Dynastie zwischen die Groß*mastabas* des nahen Westfriedhof gequetscht worden war, enthielt eine kleine Nische für Redines, der bemüht war seinesgleichen zu versichern, dass er „...niemals etwas Böses gegen Menschen tat...Ich habe dieses mein [Grab] mit meinen eigenen Mitteln gebaut. Es ist der Gott, der über [meine] Sache und über den richten wird, der etwas dagegen tut."

Im weiteren Verlauf der 6. Dynastie füllten sich die Friedhöfe in Giseh über die Maßen durch neue Gräber und Grabschächte, die die Straßen und Alleen zwischen den Groß*mastabas* aus der Zeit der 4. und 5. Dynastie verstopften. Cheops hätte den Ort wahrscheinlich nicht wieder erkannt, denn die einst geordnete Anlage seines Ost- und Westfriedhofes war von vielen Hunderten zusätzlicher Grabstätten überfüllt. Felsgräber säumten den Rand des Plateaus am Ostfriedhof; sie bildeten ein kompliziertes Labyrinth ineinander verschachtelter unterirdischer Kammern, die bisher noch nicht abschließend analysiert und durch Publikationen bekannt gemacht worden sind. Gräber füllten den Rest des Steinbruchgeländes zwischen dem Sphinx und der Chephren-Pyramide, und sogar ein kleinerer Steinbruch östlich der Mykerinos-Pyramide hatte zu dieser Zeit auch schon Felsgräber aufzuweisen. Eine zweite Stilrichtung in der Darstellung der menschlichen Gestalt mit großen Augen, schmalem Torso und nur wenig Muskulatur unterschied viele Monumente aus der Zeit der 6. Dynastie von jenen aus der Frühzeit des Alten Reiches; das wird beispielsweise durch die Gräber des Qar und des Idu auf dem Ostfriedhof oder die einzigartig ausgemalte Grabkammer des Kajemanch auf dem Westfriedhof belegt. Die Königsnekropole war nach dem Ende der 4. Dynastie an andere Orte, beispielsweise nach Sakkara, verlegt worden, doch hohe Beamte, von denen viele mit dem Totenkult der Pharaonen dieser Zeit – Cheops, Chephren oder Mykerinos – beschäftigt waren oder in Familiengrabanlagen mit ihren Vorfahren vereint sein wollten, ließen sich weiterhin in Giseh bestatten. Einer der Titel des Qar lautete „Aufseher über die Pyramidenstädte des Cheops und des Mykerinos". Vom Oberbau seines Grabes existiert zwar kaum noch etwas, doch dessen zahlreiche Felskammern waren mit einer ganzen Reihe von Wandstatuen geschmückt.

218 oben
Ausschnitt aus der Darstellung eines Zuges von Männern, die das Bestattungsboot mit Qars Sarkophag zur Grabstätte ziehen. Hof C, G 7101, untere Hälfte der unterirdischen Kapelle des Qar, Nordwand. 6. Dynastie, Regierungszeit Pepis I. oder später.

218 Mitte
Versenktes Relief mit einer Sitzfigur des Qar aus der unterirdischen Kapelle des Qar. Raum D, Westwand mit Eingang in Raum E, in Richtung Südwesten betrachtet.

218 unten
Hochrelief mit einer Sitzfigur des Qar vor einer Opfertafel aus der unterirdischen Kapelle des Qar, Hof C, Westwand. Der „treue Schreiber der Urkunde des Gottes, Idu" liest die vor ihm stehenden Hieroglyphen des oberen Registers und streckt seine Finger in einer Geste des Salbens aus. Im unteren Register ist der „Aufseher der ka*-Priester, Nachti" beim Ausgießen eines Trankopfers dargestellt.*

218–219
Inschriften und Wandstatuen in Form versenkter Reliefs charakterisieren die unterirdische Kapelle des Qar, hier südwärts vom Hof C in Richtung der Kammer D betrachtet.

Idu

220
Wandstatue in der Ostwand der unterirdischen Kapelle des Idu, in R chtung Südosten gesehen. Idu, ein königlicher Schreiber, war vermutlich der Vater oder der Sohn des Qar. 6. Dynastie, Regierungszeit Pepis I. oder später.

221 oben
Blick in Richtung Süden in die unterirdische Kapelle des Idu.

221 unten links
Hochrelief an der Westwand der unterirdischen Kapelle des Idu mit der Darstellung des Idu an einer Opfertafel mit langen stilisierten Opferbroten. Neben Idu kniet dessen Gemahlin Meritites.

221 unten rechts
Scheintürnische an der Westwand der unterirdischen Kapelle mit einer Halbstatue des Idu, der aus der Unterwelt auftaucht, um Opfergaben in Empfang zu nehmen.

222–223
Das Innere der Kapelle des Kapunisut Kai, die Zahi Hawass unlängst auf dem Westfriedhof entdeckte. Mitte der 5. Dynastie.

223 oben
Die nördliche Scheintür an der Westwand der Kapelle des Kapunisut Kai ist reich mit mehrfarbigen Basreliefs dekoriert.

223 unten links
Im unteren Register an der Nordwand der Kapelle des Kapunisut Kai ist der Grabinhaber dargestellt, der in der Mitte seines henet-Bootes mit Igelbug steht.

223 unten rechts
Die Sitzstatue des Kapunisut Kai mit Familie wurde unlängst von Zahi Hawass in der Grabstätte des Kai entdeckt. Kairo, Ägyptisches Museum.

Ein großer Teil des Giseh-Plateaus ist im Lauf des vergangenen Jahrhunderts zwar ausgegraben worden, doch es werden trotzdem noch immer überraschende Entdeckungen gemacht. In den letzten Jahren sind weitere *Mastabas* freigelegt worden, südlich der Stätte untersucht man einen „neuen" Arbeiterfriedhof und die Reste eines Bauwerks, das möglicherweise ein Palast (oder zumindest ein staatlicher Gebäudekomplex) war, und in den 1990er Jahren wurden südöstlich des Cheops-Monuments sogar die Ruinen einer weiteren Pyramide ausgegraben. Zusammen mit diesen Funden wurden auch weitere Statuen zutage gefördert. Die neuen Ausgrabungen von Zahi Hawass, Mark Lehner und anderen erleichtern uns das Verständnis des Bau- und Leitungsprozesses, der hinter all den Bauwerken von Giseh steht, und neue Techniken ermöglichen uns effektivere Dokumentationsmethoden und vor allem über das Internet einen immer besseren Zugang dazu. Aufgrund seiner archäologischen Geschichte ist das Vermächtnis von Giseh heute auf zahlreiche Museen und Einrichtungen in aller Welt verteilt sowie im Ägyptischen Museum in Kairo und natürlich auch am Standort selbst zu besichtigen. Inzwischen existiert das technische Potenzial, im Internet die verschiedenen Objekte samt ihrer archäologischen Dokumentation in riesigen integrierten digitalen Archiven zusammenzuführen; diese Archive können den Standort und dessen Geschichte auf eine Weise „rekonstruieren", die für die Ausgräber Anfang des zwanzigsten Jahrhunderts nicht vorstellbar gewesen wäre. Wir gehen davon aus, dass in den kommenden Jahren viele Rätsel von Giseh gelöst werden und die Stätte für neue Forschergenerationen, die neugierig auf das großartige Vermächtnis der ersten von vielen goldenen Jahren Ägyptens sind, in wachsendem Maß zugänglich wird.

Kapitel 19

„Unvollendete" Pyramiden aus der Zeit der 4. Dynastie

Michel Valloggia

Archäologische Reste, Zeugen einer sehr alten Vergangenheit, konservieren unveränderlich die Spuren der Geschichte, die das heutige Erscheinungsbild dieser Relikte geformt hat. Bestimmte Stätten enthüllen daher auch die Existenz von Projekten, die bereits in Grundzügen vorhanden waren, dann aber aufgegeben wurden. Die Gründe für das erloschene Interesse sind ganz verschieden. Mitunter hängen sie mit allgemein natürlichen, mit hydrologischen oder geologischen Erscheinungen, doch auch mit dem frühzeitigen Verschwinden des Initiators zusammen. In anderen, gar nicht ungewöhnlichen Fällen bekommt man Grabstätten zu Gesicht, die nur dem Anschein nach nicht fertig gestellt und in Wirklichkeit später abgerissen worden sind. Für das Verschwinden antiker Monumente gibt es zwei Erklärungen – die Absicht, die Steine für neue Bauwerke wieder zu verwenden oder eine günstige bzw. ablehnende Einstellung zum Gedenken an einen Vorgänger. Es sei hier auch daran erinnert, dass Amenemhet I. (12. Dynastie) in der Sorge um seine offizielle Anerkennung in seine Pyramide in Lischt Blöcke einsetzen ließ, die die Namen seiner fernen Vorgänger – Cheops, Chephren, Unas und Pepi II. (4.–6. Dynastie) – trugen. Später, am Ende der Amarnazeit, wirkte die Amun-Orthodoxie unaufhörlich darauf hin, alle Spuren der Stadt, die Amenophis IV. (späterer Name Echnaton), König der 18. Dynastie, im heutigen Amarna gegründet hatte, zu beseitigen. Von der Römerzeit bis ins neunzehnte Jahrhundert beuteten Kalkbrenner und Steinbrecher die archäologischen Stätten Ägyptens intensiv aus. Auch die gewaltige memphitische Nekropole blieb davon nicht verschont; sie belieferte über ein Jahrtausend lang die großen mittelalterlichen und neuzeitlichen Baustellen der Metropole Kairo mit Steinen. W. M. F. Petrie, der 1882 an der Pyramide von Abu Roasch arbeitete, beschwerte sich in seinem Tagebuch über das allmähliche Verschwinden des Monuments, von dem täglich dreihundert Kamelladungen Steine weggetragen wurden.

Heute hat sich die Lage glücklicherweise gebessert, und es ist Sache der Archäologen, die eine Stätte erkunden, dieses Weltkulturerbe zu schützen und wieder herzustellen, denn es darf den künftigen Generationen keinesfalls verloren gehen. In diesem Zusammenhang ist es Aufgabe von Spezialisten, die ursprüngliche Beschaffenheit eines Bauwerks zum Zeitpunkt seiner Vollendung zu beurteilen und dessen Zustand zu bestimmen, in dem es sich vor den Verwüstungen durch die Zeit oder die Menschen befand. Ist das geschehen, kann das unvollendete oder abgerissene bzw. zerstörte Bauwerk analysiert werden, wozu sich ausgezeichnete Möglichkeiten bieten, denn beides – Aufgabe eines Vorhabens oder die Zerstörung – macht das Projekt seltsam vergleichbar mit einer Baustelle. Das wiederum erleichtert das Studium der einst üblichen technischen Verfahren bei der Errichtung dieser Bauwerke sehr.

In dieser Hinsicht werfen die zahlreichen „unvollendeten" Pyramiden des memphitischen Friedhofs ein neues Licht auf unser Wissen über die Zeit der 4. Dynastie. Paradox ist, dass dieses „Zeitalter der Erbauer" in seiner bewunderungswürdigen Beherrschung der Künste und Vollendung seiner Techniken sich nur sehr sparsam der Schreibkunst bediente, um die Originalität seiner Botschaft weiterzugeben. Der Historiker, der darauf bedacht ist, die ferne Vergangenheit eingehend zu untersuchen, ist deshalb gezwungen, die archäologischen Reste peinlich genau zu studieren. Dabei führen die „unvollendeten" Monumente von Abu Roasch, Saujet el-Arjan, Giseh und Sakkara-Süd ungeachtet des bescheidenen Ausmaßes ihrer Relikte und trotz fehlender schriftlicher Informationen mitunter zu einer Über-Interpretation.

224–225
Das Zentralfeld des Friedhofes von Giseh mit dem Oberbau der Grabstätte der Königin Chentkaues I.

226 unten
Diese Reliefkarte vom Gelände vor der Pyramide des Djedefre wurde Ende März 1901 im Rahmen der archäologischen Mission E. Chassinats angefertigt.

226–227
Der 26,5 Zentimeter hohe und 28,8 Zentimeter lange Djedefre-Kopf aus Quarzit wurde in einer bootförmigen Höhle in Abu Roasch gefunden. Paris, Louvre.

Die Pyramide des Djedefre in Abu Roasch

Das archäologische Gelände von Abu Roasch am nördlichen Ende der memphitischen Nekropole liegt am Fuß eines Steilabfalls acht Kilometer nördlich der Pyramiden von Giseh und fünfzehn Kilometer westlich von Kairo. Oben auf dem Felsplateau hatte Djedefre, der dritte Herrscher der 4. Dynastie, einst seine Bestattungsanlage bauen lassen. An dieser Stätte führte das Institut Français d'Archéologie Orientale von 1900 bis 1902 Ausgrabungen durch. Dabei entdeckte Emile Chassinat die Überreste einer Kultsiedlung, eine Bootsgrube sowie eine große Zahl von Statuenfragmenten; da diese mit dem Namen des Königs versehen waren, konnte man den Inhaber des Grabmonuments ohne weiteres identifizieren. Die Anlage wurde seit der römischen Periode ihrem Zweck entfremdet und bis in die heutige Zeit zur Steingewinnung genutzt. Bei den Versuchen, die 4. Dynastie historisch zu rekonstruieren, wurde die Stätte von Abu Roasch und deren Inhaber absichtlich vernachlässigt. Das lässt sich wohl damit erklären, dass man nichts darüber wusste. Die Entdeckung der zerschlagenen Königsstatuen ließ Chassinat eine *damnatio memoriae* vermuten, die mit der Unrechtmäßigkeit von Djedefres Machtposition zusammenhing. So gesehen, wäre die Verlegung des Standortes für die Königspyramide von Giseh nach Abu Roasch in gewisser Weise Ausdruck des Wunsches nach Absonderung gewesen, wie ihn ein Usurpator gehegt haben könnte. Djedefre, dessen Mutter aus Libyen stammte, sollte sogar seinen ältesten Bruder ermordet haben, um auf den Thron zu gelangen. Die Königspyramide in Abu Roasch hat zahlreiche Fragen aufgeworfen. Ihre Höhe, heute noch 10–12 Meter, vergleicht man mit der kurzen Herrschaft des Djedefre, die dem Turiner Königspapyrus zufolge nur acht Jahre dauerte. Die Pyramide gilt von jeher als unvollendet, wie der gesamte Grabbezirk, dessen Kapelle damals eilig aus Lehmziegeln errichtet worden sein muss.

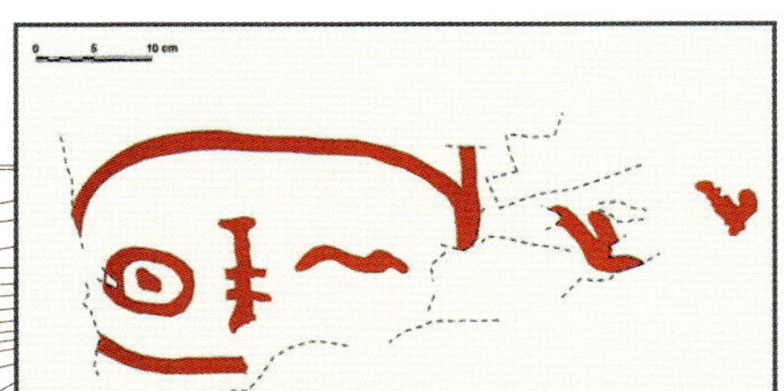

226 oben
Dieses Fragment einer Quarzitstatuette von König Djedefre und dessen Gemahlin, Königin Chentetenkai ist 28 Zentimeter hoch und 19,5 Zentimeter lang. Paris, Louvre.

226 Mitte
Der Name Djedefres in Form dieses Graffito ist mit Rötel in den Gang der Königspyramide in Abu Roasch gemalt.

Unvollendete Pyramiden

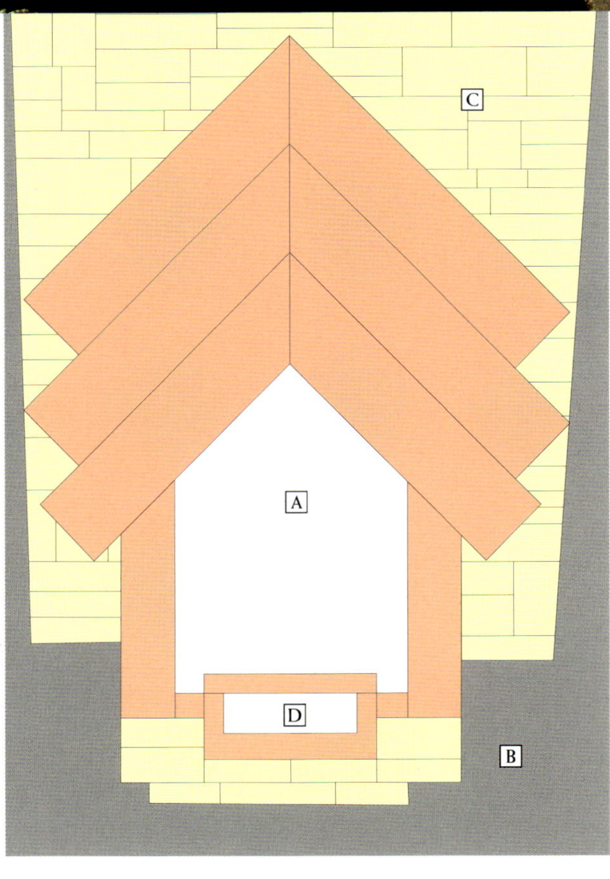

Rekonstruktion der Königskammer und Sarges des Djedefre

A *Grabkammer aus Rosengranit*
B *Gewachsener Fels*
C *Kalksteinfüllung*
D *Granitsarg*

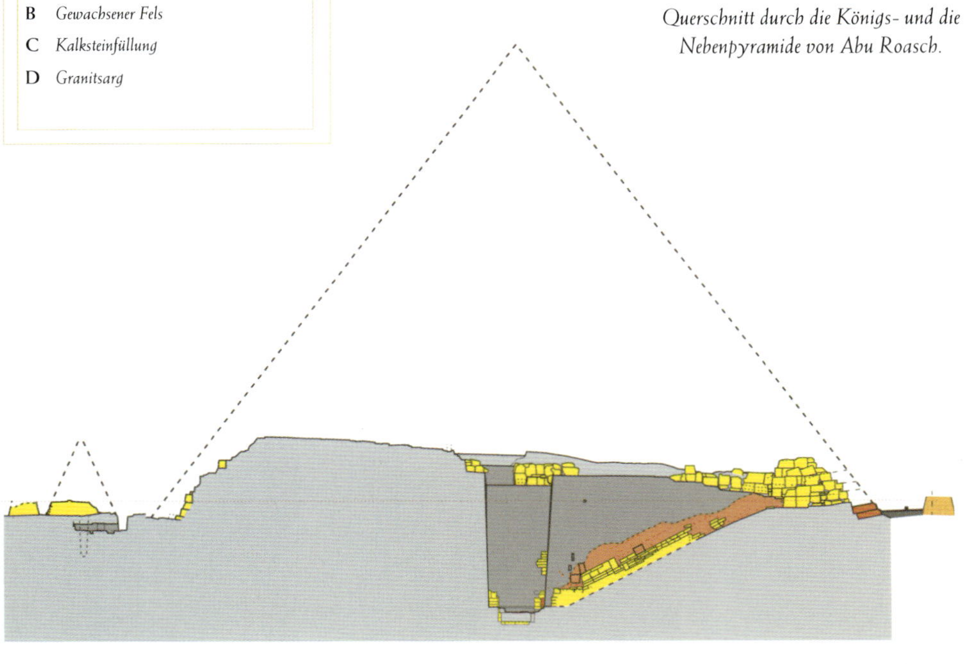

228–229
Die unlängst entdeckte Nebenpyramide von Abu Roasch liegt vor der Südostecke der Reste von Djedefres Königspyramide.

228 unten rechts
Querschnitt durch die Königs- und die Nebenpyramide von Abu Roasch.

Seit 1995 führt eine gemeinsame Mission der Universität Genf und des Institut Français d'Archéologie Orientale in Zusammenarbeit mit dem Supreme Council of Antiquities neue Untersuchungen in Abu Roasch durch. Ihr Ziel ist eine Neubewertung der Herrschaft des Djedefre. Während der ersten Saison konnte mit Hilfe stratigrafisch geschnittener Gräben nachgewiesen werden, dass die Zerstörung der Statuen auf die Römerzeit zurückgeht; damals, im zweiten Jahrhundert, wurde die Stätte erobert. Im östlichen Teil stieß man auch tatsächlich auf Überreste, die von einer langen römischen Besatzungszeit zeugen. Diese erklärt sich aus der strategisch günstigen Lage des Ortes, der zum einen den Blick auf eine Wegkreuzung und zum anderen die Wiedergewinnung von Baumaterial gestattete. Vom historischen Standpunkt aus kann nun also bewiesen werden, dass die Annahme von der Usurpierung der königlichen Macht und einer postumen Vergeltung revidiert werden muss.

Die erste Untersuchung der Pyramide selbst zeigt, dass deren Abmessungen denen der Mykerinos-Pyramide nahe kamen – eine quadratische Grundfläche von 106,20 Metern Seitenlänge, eine Höhe von 66,0 Metern und eine Neigung von 51°57'. An der Basis der Djedefre-Pyramide kam ein Fundamentbett mit einer Neigung von 12° zum Vorschein, das an den Ecken des Tetraeders nach und nach in die Horizontale überging. Diese rund um die Pyramide laufende Struktur verhinderte das Wegrutschen in Richtung der Hintermauerungssteine und der Ummantelung des *Inselberges*, der den Kern der Pyramide bildete. (Der Kern machte 44 Prozent des Gesamtvolumens des Tetraeders aus).

Das Innere der „offenen" Pyramide zeigte einen T-förmigen Grundriss mit einem breiten Nord-Süd-Korridor und einer großen Grube, die für die königliche Grabstätte vorgesehen war. Da durch die Zerstörung des Oberbaus gewaltige Monolithe nach unten gestürzt waren, sahen sich die Ausgräber bei ihren Arbeiten zu Beginn des zwanzigsten Jahrhunderts außer Stande, das Pyramideninnere freizulegen und zur Grabkammer vorzudringen. Zur Beseitigung der riesigen Blöcke musste als Anfahrtsweg und Arbeitsplattform eine Piste gebaut werden, auf der ein Autokran vom oberen Rand der Grabgrube aus die Steinblöcke herausheben konnte. In dem absteigenden Korridor fand man *in situ* von den Steinbrechern stammende Rötelgraffiti mit dem Namen des Königs sowie einen Hinweis auf Djedefres erstes Regierungsjahr. Das dürfte beweisen, dass die Arbeit an der Königspyramide bereits unmittelbar nach der Inthronisierung des neuen Pharaos begann. In der zentralen Grube blieb lediglich die massive Gründungsplattform von den Steinräubern späterer Zeiten verschont. Dennoch konnte durch die Entdeckung zahlreicher baulicher Fragmente, die den Namen eines *wabet* („Grab") trugen, die Grabstätte lokalisiert und theoretisch rekonstruiert werden.

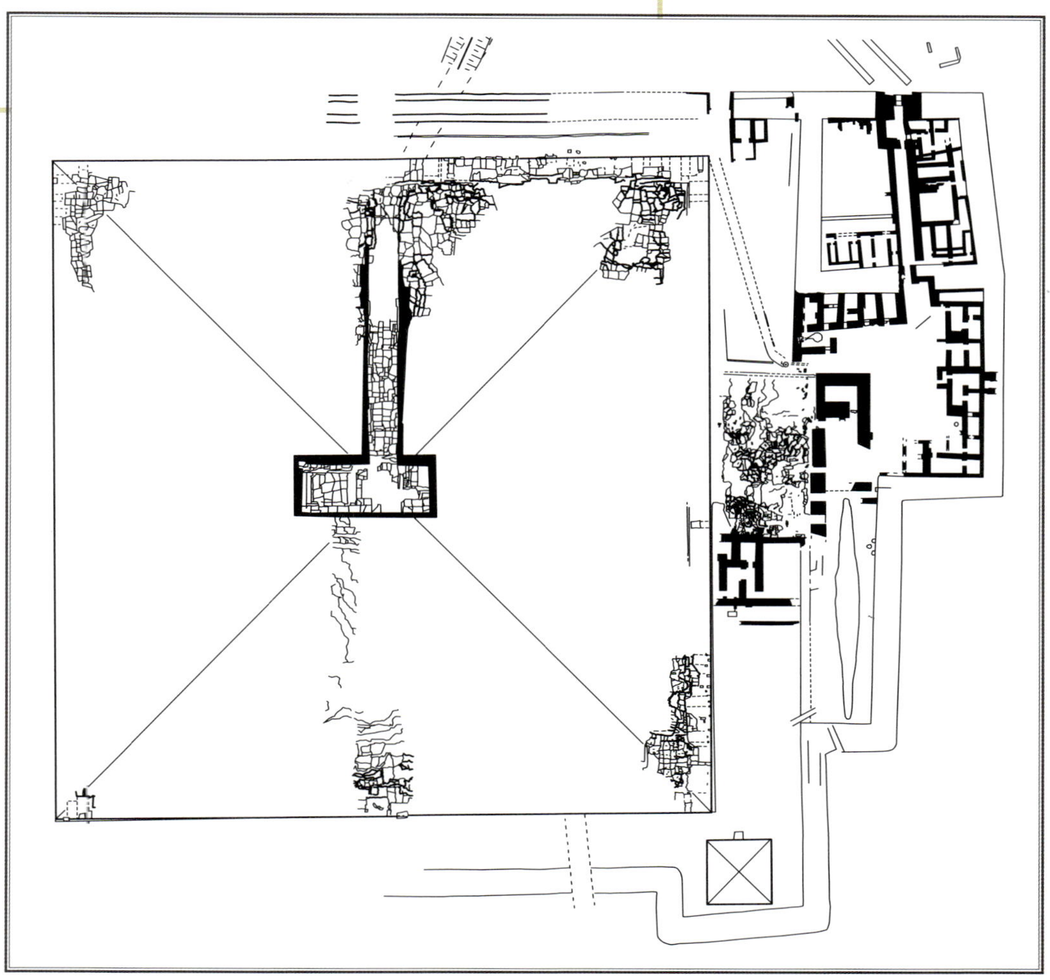

229 oben
Die Nordostecke der Königspyramide des Djedefre.

229 Mitte oben
Der Eingang zum absteigenden Korridor der Djedefre-Pyramide in Abu Roasch.

229 Mitte unten
Die Umfassungsmauern der Königspyramide mit Nebenpyramide, im Hintergrund die Pyramiden von Giseh.

229 unten
Gesamtplan des Ausgrabungsgeländes an der Bestattungsanlage des Djedefre in Abu Roasch, Stand vom Sommer 2002.

230 oben
Gegenstände, die im Sommer 2002 bei den Ausgrabungsarbeiten in der Nähe der Nebenpyramide in Abu Roasch gefunden wurden.

230 unten Mitte
Die bootförmige Grube vor der Königspyramide in Abu Roasch während der Ausgrabungsarbeiten.

230 unten rechts
Arbeiter bei Aufräumungsarbeiten an der absteigenden Rampe zur Königspyramide von Abu Roasch.

Mit der Aussicht, die aus der Erkundung des Pyramidenumfelds gewonnenen Informationen zu vervollständigen, wurde die Ost- und die Südseite des Tetraeders freigelegt. Die Untersuchungen zeigen bereits, dass sich die fünf miteinander zusammenhängenden Strukturen mit dem Totentempel in Verbindung bringen lassen. Auf der Nordostseite öffnete sich ein Zugang zu einer inneren Trockenmauer, die einst wohl Werkstätten und Unterkünfte umgab. Hier deuten Magazine für Vorräte sowie Lichtschutzdächer auf eine Bäckerei- und Brauereiausrüstung hin. Auf der Südseite lag ein offener, freier Platz, der auf drei Seiten von Gebäuden umgeben war. Welchem Zweck die Bauten dienten, ist noch nicht geklärt. An der Westseite des Hofes stand eine für die nahen Verwandten des Königs bestimmte Kapelle. Daneben befand sich ein weiteres Gebäude mit einer Bootsgrube im Untergeschoss. Es stellte sich heraus, dass das Boot darin stark der 1954 entdeckten Barke des Cheops ähnelt, die heute in Giseh ausgestellt ist. In Abu Roasch lässt die in den Felsen gemeißelte Form deutlich erkennen, dass das Boot nach der alten Tradition der Ägypter, die sich nach der Nilquelle orientierten, mit dem Bug nach Süden lag. Westlich davon stand in der Nähe die Totenkapelle des Königs, an der sich der Abdruck eines Tonsiegels befand. Das Siegel gehörte einem Beamten, der mit dem Totenkult zu tun hatte; auf ihm wird in der Formel „Der Aufseher des Firmaments des Djedefre" der Pyramidenname erwähnt. Schließlich stand auch der Innenhof des direkt an die Ostseite der Pyramide gebauten oberen Tempels in enger Verbindung mit jedem der genannten Bauwerke.

Bei weiteren Ausgrabungen im April 2002 südlich der Königspyramide wurde eine kleine quadratische Nebenpyramide mit einer Seitenlänge von 10,5 Metern freigelegt. Dieses neue Tetraeder war nach den vier Haupthimmelsrichtungen und der Achse des Totentempels ausgerichtet, und das Grab in der unterirdischen Anlage war im Stil eines Hypogäums angelegt. Der Grabschacht enthielt einen zerbrochenen Sarkophag, vor dem sich eine Nische für die Kanopenkrüge befand. Die Grabstätte ist seit dem Altertum immer wieder geplündert worden, doch man fand immerhin noch eine große, tiefe Alabasterschale mit dem Namen *Horus Medjedu – König Chufu* (Cheops), ein Kanopengefäß mit Versiegelung und eine Menge Keramikgegenstände. Die Gesamtheit dieser Funde ähnelt typologisch jener Ausrüstung, die in der Vergangenheit in Giseh im Grab der Königin Hetepheres I., der Mutter des Cheops, entdeckt wurde.

Das neue Nebenbauwerk hätte zunächst auf die Existenz einer Kultpyramide hindeuten können, doch die Bestandteile seiner unterirdischen Anlage sprechen eher für eine Königinpyramide. Nicht zuletzt weist Cheops' Name auf dem Alabastergefäß darauf hin, dass der Inhaber des Monuments eine mit dem König direkt verwandte Person war, nämlich eine der Töchter des Erbauers der Cheops-Pyramide – Hetepheres II. oder Chentetenkai. Das Grabmal selbst scheint die Entwicklung eines Projekts zu verkörpern, das als Kultpyramide geplant war und später in ein Frauengrab umgewandelt wurde.

Insgesamt betrachtet, beweist die Freilegung der inneren Umfassungsmauern, die beide Pyramiden der königlichen Bestattungsanlage umgeben, sowie die Existenz des Nebenbauwerks eindeutig, dass die Pyramide des Königs *vor* der Errichtung der hinzugekommenen Elemente fertig gestellt wurde. Daraus ergibt sich von selbst folgender Schluss: Die neuen Untersuchungen an der Stätte

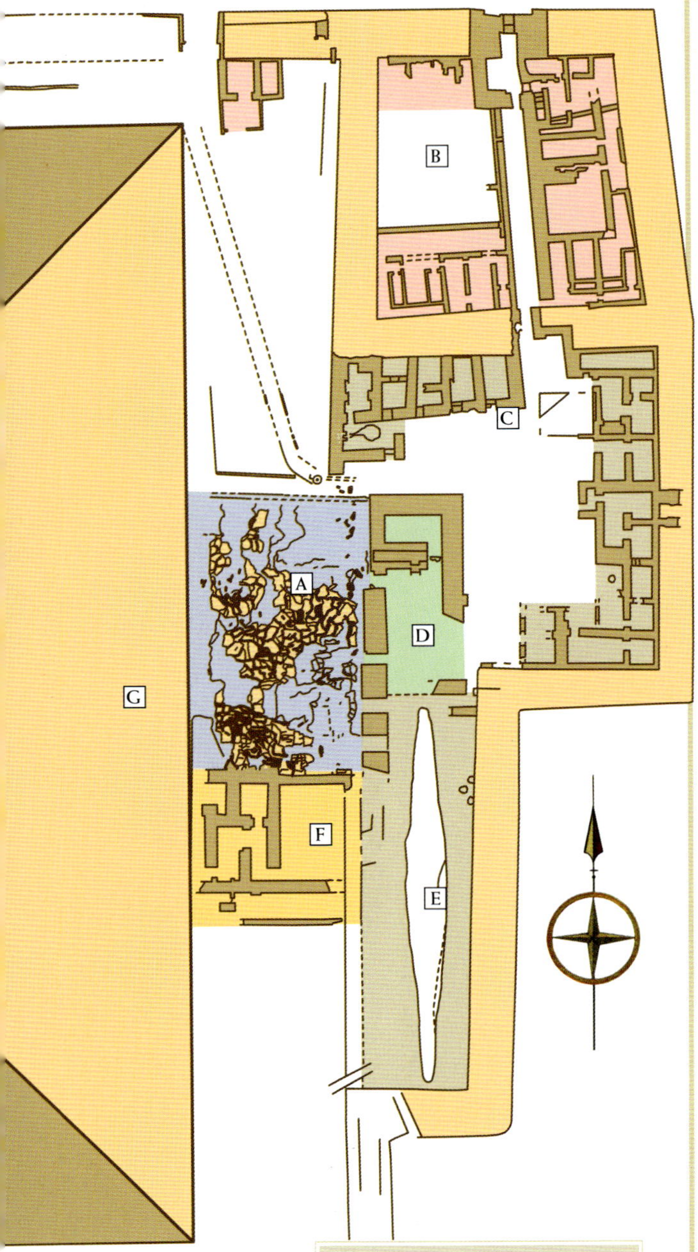

Plan der Kulteinrichtungen an der Ostseite der Pyramide

- A *Hof des oberen Tempels*
- B *Gewerbebereich (Bäckerei und Brauerei)*
- C *Bereiche für die Priester des Totenkults*
- D *Ostkapelle des Tempels*
- E *Bootförmige Grube*
- F *Hauptkapelle des oberen Tempels*
- G *Hauptpyramide*

belegen, dass die Pyramide des Djedefre in Abu Roasch nicht mehr als ein unvollendetes Grabmahl betrachtet werden kann, das im Verlauf der Bauarbeiten aufgegeben wurde.

Die Pyramide des Baka in Saujet el-Arjan

Die unvollendete Pyramide von Saujet el-Arjan, die unter der Bezeichnung „Große Grube" bekannt ist und Djedefres Nachfolger, König Baka, gehörte, liegt sechs Kilometer südlich von Giseh. An der Stätte fanden in den Jahren 1905–1912 Ausgrabungen unter Leitung von A. Barsanti statt, doch der Ausbruch des Ersten Weltkrieges und der Tod Barsantis bereiteten den Erkundungsarbeiten ein vorzeitiges Ende. In der Folgezeit deckte der Sand die Überreste wieder zu, die zum letzten Mal 1954 für Aufnahmen zu Howard Hawks' Spielfilm *Land of the Pharaos* freigelegt wurden.

An der Oberfläche des Grabungsgeländes fand Barsanti Überreste eines riesigen rechteckigen Bezirkes mit einer Fläche von 465 x 420 Metern; in dessen Mitte stand einst wahrscheinlich eine quadratische Pyramide mit einer Seitenlänge von 210 Metern. Allerdings scheinen hier nur einige Fundamentblöcke vor den Pyramidenkern gesetzt worden zu sein. Im Innern der Pyramide führen von der Mitte der Nordseite ein langer absteigender Gang (106 x 6 Meter) und zwei von einem horizontalen Absatz unterteilte Rampen 24,5 Meter tief in den Felsen hinab. Dieser absteigende Korridor führt – wie in Abu Roasch – zu einer Grube, deren Seiten 27 x 11,7 Meter messen. Im westlichen Teil der rund 4,5 Meter starken, mit Granit- und Kalksteinblöcken gepflasterten Gründung wurde ein ovaler Sarkophag samt Deckel aus Rotgranit gefunden. Die Wanne, im Altertum unter einer dicken Lehmschicht verborgen, war gänzlich mit einer Kalksteinpflasterung bedeckt. Der Sarkophag war leer; der Leichnam des Grabinhabers hatte offenbar nie darin gelegen.

Die Bestattungsanlage ist nur dürftig dokumentiert und daher sowohl für den Historiker als auch für den Archäologen bis heute rätselhaft. Die Reste aufgemalter Inschriften auf den Steinblöcken zeigen eine Königskartusche, die man verschiedenen Königen der 3. Dynastie zuordnet. Einige archäologische Anhaltspunkte sprechen jedoch dafür, dass der Komplex in der Zeit der 4. Dynastie angelegt wurde. Die vor Cheops' Herrschaft unbekannte Größe der verbauten Blöcke; die Einbettung des Sarkophags in die Pflasterung, die an die Chephren-Pyramide erinnert; und schließlich die Ähnlichkeit des Grundrisses mit der unterirdischen Anlage in Abu Roasch stimmen zeitlich mit dem von der 4. Dynastie an gepflegten Brauch überein, die Königsnamen in eine Kartusche zu schreiben. Darüber hinaus stieß Barsanti in einer einstigen Arbeitersiedlung der „Großen Grube" auf ein Schiefertäfelchen mit dem Namen König Djedefres, das eine mögliche historische Verbindung herstellt. Unter diesen Umständen lässt es die Entdeckung des Namens Baka denkbar erscheinen, dass Baka, Djedefres ältester Sohn, der Inhaber der Pyramide von Saujet el-Arjan war. Eine Bestätigung dafür, dass der Oberbau der Grabanlage nicht vollendet wurde, liefert uns die schützende Lehmschicht und die Pflasterung über dem Sarkophag in der unterirdischen Anlage. Beides könnte auf den Abschluss einer bestimmten Bauphase oder auf die Aufgabe des Endprojekts hindeuten.

Auf jeden Fall müssen hier vor Ort neue Untersuchungen durchgeführt werden – vor allem deshalb, weil das Grabungsgebiet durch die Erweiterung der südwestlichen Ringstraße von Kairo und durch die unvermeidliche künftige Urbanisierung dieser Region bedroht ist.

231 oben
Archivaufnahme von der „Großen Grube" der Pyramide des Baka in Saujet el-Arjan.

231 Mitte
Grundriss der Infrastruktur der Baka-Pyramide in Saujet-al-Arjan. Besonders zu beachten sind die absteigende Rampe und die Grabgruben. Zeichnung: V. Maragioglio und C. Rinaldi.

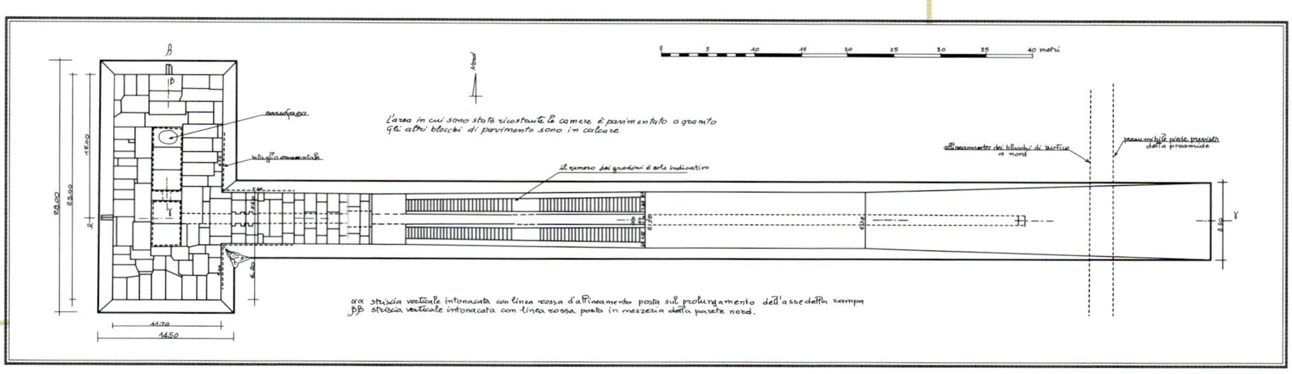

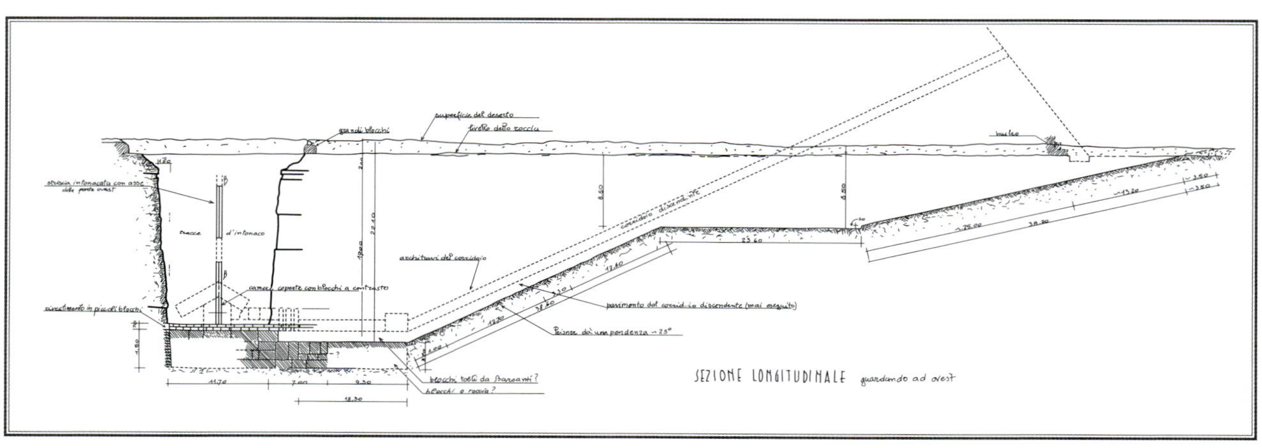

231 unten
Schnittansicht der Infrastruktur der Baka-Pyramide in Saujet el-Arjan. Die nach unten führende Rampe und die Grabgruben sind deutlich zu erkennen. Zeichnung: V. Maragioglio und C. Rinaldi.

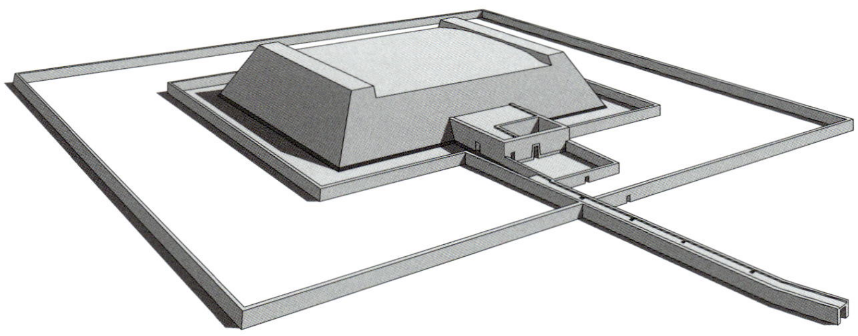

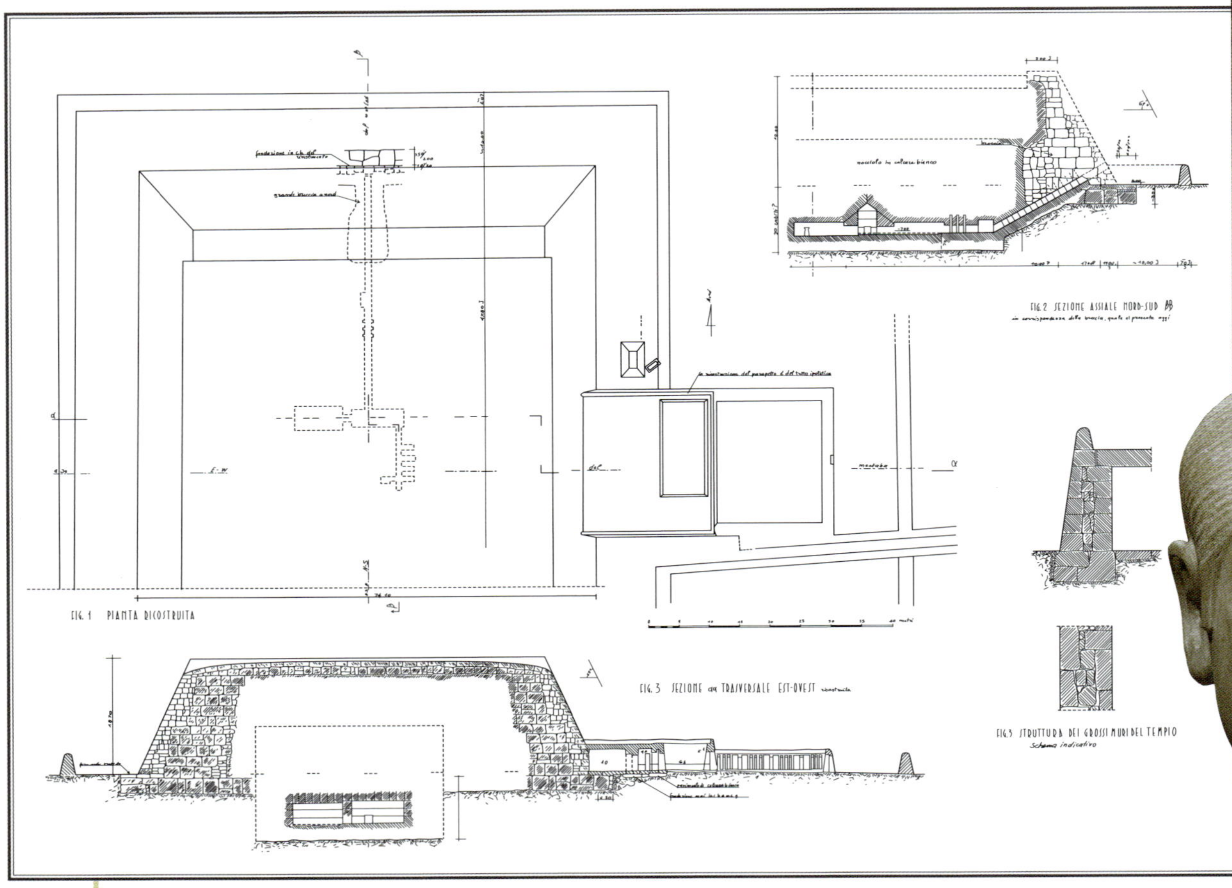

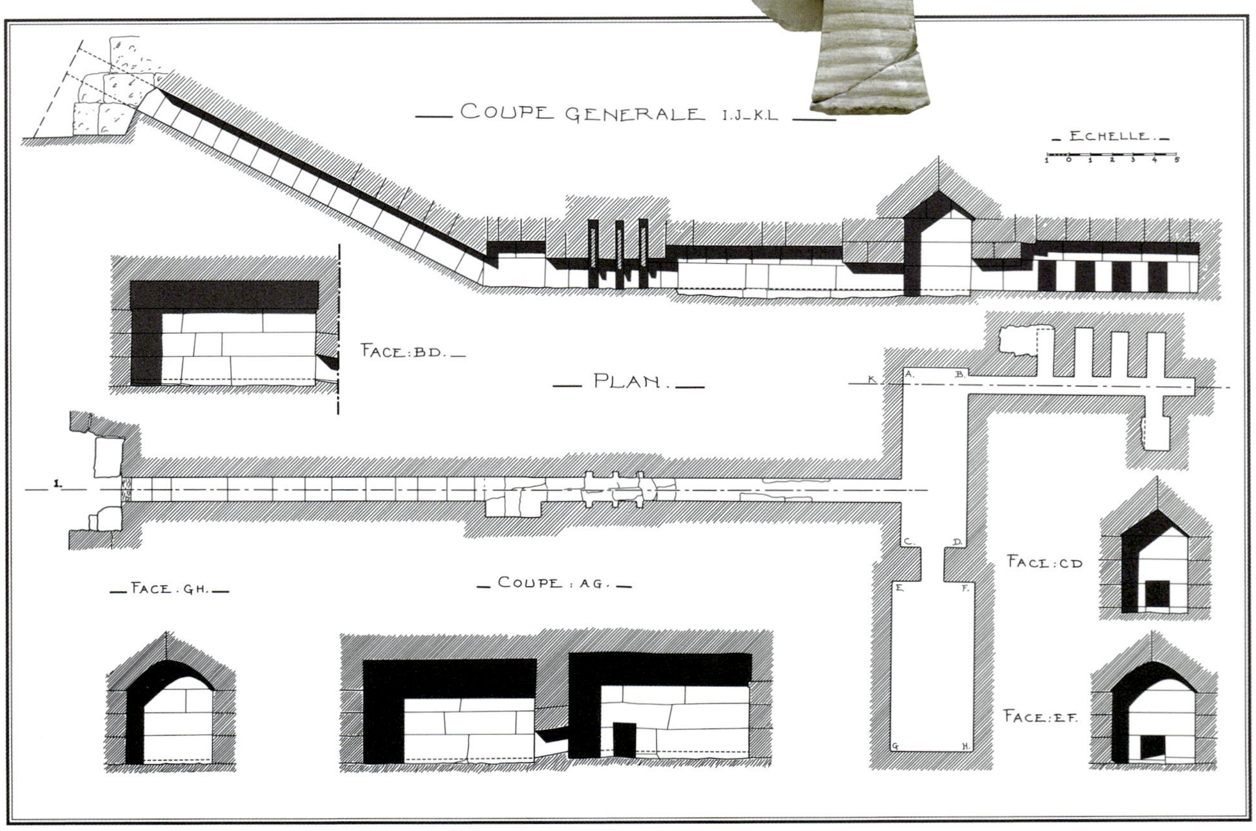

232 oben
Die Grabanlage des Schepseskaf (Mastabat el-Faraun) in Sakkara-Süd. Rekonstruktion: H. Ricke.

232 Mitte links
Grundriss und Schnittansicht der Grabanlage des Schepseskaf (Mastabat el-Faraun). Zeichnung: V. Maragioglio und C. Rinaldi.

232 Mitte rechts
Aus Kalzit gearbeiteter 28,5 Zentimeter hoher Kopf des Königs Schepseskaf. Boston, Museum of Fine Arts.

232 unten
Grundriss und Schnittansicht der Infrastruktur der Mastabat el-Faraun. Zeichnung: G. Jéquier (nach J.-Ph. Lauer).

232–233
Dieses Luftbild der Mastabat el-Faraun lässt die für Sargdeckel typische gerundete Form des Bauwerks erkennen.

Die Riesenmastaba des Schepseskaf (Die Mastabat el-Faraun)

Die Grabanlage des Schepseskaf, des vorletzten Königs der 4. Dynastie, wurde im südlichen Teil Sakkaras, auf halbem Weg zwischen der Stufenpyramide des Djoser und dem Ort Dahschur errichtet; sie wird nach ihrem heutigen Äußeren Mastabat el-Faraun („Bank des Pharaos") genannt. Das Monument wurde bereits 1858 von A. Mariette teilweise erkundet; die Untersuchungsergebnisse blieben jedoch bis zu den Arbeiten G. Jéquiers 1924/25 unveröffentlicht. Zuvor hatte schon J. Perring die gewaltigen Abmessungen der Anlage – Länge 95 Meter, Breite 67 Meter, Höhe 18 Meter – festgestellt. Die eigenartige Form des Oberbaus deutete R. Lepsius als Abbild eines riesigen Sarkophags mit einem gewölbten Oberteil zwischen vertikalen Schmalseiten. Jéquiers Ausgrabungen bestätigten den Vergleich und enthüllten die Existenz einer riesigen Gründungsplattform, auf der die Grabstätte errichtet worden war. Das Grab bestand einst aus geböschten Seitenflächen, die in der untersten Lage mit Granit und darüber mit feinem Kalkstein verkleidet waren.

Wie die unterirdische Anlage der Pyramide von Abu Roasch besitzt auch die Grabkammer der Mastabat el-Faraun einen T-förmigen Grundriss. Nach dem absteigenden Gang beginnt ein horizontaler Korridor mit drei Fallsteinnischen. Es folgt eine Passage zu einer Vorkammer, und westlich dieser Vorkammer liegt die Grabkammer. Der Baumeister der Grabstätte fügte jedoch noch eine Galerie aus fünf kleinen Räumen an, die sich in südöstlicher Richtung an die Vorkammer anschließt. Die Räume dienten offenbar als Magazine für die königliche Grabausrüstung.

Das Gesamtprogramm des Grundrisses zeigt eine bedeutende Neuerung gegenüber dem allgemeinen Grundriss der Grabkammern in den Pyramiden; das neue Raumkonzept wurde von der Zeit des Djedkare-Isesi an für die Pyramiden der 5. und 6. Dynastie systematisch übernommen und angewendet.

In der unterirdischen Anlage stellte Jéquier fest, dass die Grabkammer, die ganz aus Granit besteht, einst in einem oben offenen Konstruktionsschacht gebaut worden war. Am Schluss seiner Arbeit hatte der Baumeister den unterirdischen Komplex mit einer ersten Ummantelung aus Kalksteinmauerwerk abgedeckt. Die abschließende Form eines riesigen Sarkophags wurde mit einer zweiten Verkleidungsschicht erreicht, die man über die erste legte. Diese Bauweise zeigt von Anfang an deutlich, dass das Projekt sich gänzlich vom traditionell angewendeten System des Pyramidenbaus unterschied.

Die Unvollständigkeit der Grobmörtel- und Glättarbeiten in der Grabkammer, dazu das Fehlen jeglicher Grabausrüstung ließen Jéquier davon ausgehen, dass Schepseskaf nie in dem von ihm in Auftrag gegebenen Grab bestattet worden war.

Eines der noch ungeklärten Hauptprobleme ist die Form des außergewöhnlichen Oberbaus, der wie ein riesiger Sarkophag anmutet. Aus welchen Gründen wurde hier auf den Bau einer üblichen Pyramide verzichtet? Jéquier zufolge rührte die architektonische Neuerung vom Widerstand gegen das heliopolitanische Dogma her. Die Übernahme des Tetraeders sowie die Einfügung des Namens Re in die Königskartuschen dieser Dynastie unterstrich den großen Einfluss des Sonnenkults auf das Königtum. Die neue Form des Oberbaus musste also Ausdruck eines Vorbehalts des Königs gegenüber der Priesterschaft von Heliopolis gewesen sein. Sie könnte aber ebenso gut gewisse Bindungen an Unterägypten und die archaischen Heiligtümer von Buto angezeigt haben, deren symbolisierte Form in der Hieroglyphe erhalten ist, wie sie auf den königlichen Sarkophagen aus der Zeit des Mittleren Reiches zu sehen ist. Abschließend sei noch gesagt, dass die Ausgrabungsarbeiten am Taltempel und am Aufweg noch nicht abgeschlossen sind, der Grabkomplex des Schepseskaf zum gegenwärtigen Zeitpunkt also nicht vollständig beurteilt werden kann.

Die Grabstätte der Chentkaues in Giseh

Die Königinmutter Chentkaues, durch ihren Vater Prinz Hordjedef mit Cheops verwandt, ist eine rätselhafte Figur aus der Spätzeit der 4. Dynastie. Nach dem Papyrus Westcar gilt sie als Mutter der ersten Herrscher der 5. Dynastie. Der Name ihres königlichen Gemahls ist bis jetzt allerdings unbekannt. Außerdem ist das Grab der Chentkaues im Zentralen Gräberfeld von Giseh entgegen dem Brauch der damaligen Zeit keiner Königspyramide angeschlossen.

Dennoch nannte man das Monument, das R. Vyse und J. Perring als unvollendete Pyramide deuteten, auch die „vierte Pyramide von Giseh". Selim Hassan, der Ausgräber dieser Stätte, wies nach, dass das untypische Bauwerk keine Pyramidenform besaß. V. Maragioglio und C. Rinaldi gelangten bei der Untersuchung der Architektur der memphitischen Pyramiden zu dem Schluss, dass der Oberbau des Chentkaues-Grabes einst in zwei verschiedenen Stufen entstand. In der ersten Phase wurde an dem Kalksteinkern gearbeitet, der an ein Bankgrab (43,7 x 45,8 Meter) erinnert; dessen Südseite versah man mit einer Nischendekoration. Den Kern stellten die Steinbrecher her, indem sie das Niveau des Felsbodens rundherum um etwa zehn Meter tief absenkten. Auf die erste Struktur könnte später ein etwa acht Meter hoher Aufbau aufgesetzt worden sein. Die auf dem erwähnten Plateau errichtete neue Form ähnelte wie das Grabmal des Schepseskaf (Mastabat el-Faraun) einem riesigen Sarkophag. Genau diese Ähnlichkeit der Oberbauten ließ viele Historiker zu der Ansicht gelangen, Chentkaues könnte die Gemahlin des Schepseskaf gewesen sein.

In der zweiten Bauphase erhielt der gesamte Bau eine Kalksteinverkleidung. An der Ostseite entstand eine Kapelle, die oberhalb des Grabes in den Felssockel gemeißelt wurde. Es existieren drei Kammern, die, nach den vom Ausgräber entdeckten Wandfragmenten zu urteilen, dekoriert waren. Eine kurze absteigende Passage führt vom Opferraum zu der aus Granit gebauten Grabkammer hinab.

Außen war die Grabanlage von einer Umwallung umgeben; an der Südwestecke der Umfassungsmauer befand sich eine Bootsgrube, auf der gegenüberliegenden Seite lag ein rechteckiges Becken mit einem Treppenzugang.

Bei diesem Grabmonument scheint der Aufweg mit dem außergewöhnlichen rechtwinkligen Knick nicht mit einem Taltempel verbunden gewesen zu sein, wie es in anderen königlichen Grabanlagen dieser Zeit der Fall ist. Andererseits wurde schon recht früh nach einem außerordentlich präzisen städtebaulichen Plan eine linear angelegte Siedlung für die Totenpriester der Chentkaues gebaut.

Mit seiner Konzeption und der höchst originellen Anlage scheint das Monument die Endphase der Entwicklung des Friedhofes von Giseh während der 4. Dynastie zu veranschaulichen. Die Grabanlagen der folgenden Dynastie, zu denen auch ein Sonnentempel gehörte, wurden nach Süden, in die Nekropole Abusir, verlegt.

Zum Abschluss dieser kurzen Vorstellung der „unvollendeten" Pyramiden aus der Zeit der 4. Dynastie soll noch einmal verdeutlicht werden, dass unser gegenwärtiges Wissen über die Königsgräber jener Zeit trotz der bereits geleisteten sehr umfangreichen archäologischen Arbeit begrenzt ist. Haben Höhen und Tiefen das Bild der Monumente geformt, die im Verlauf der Bauarbeiten aufgegeben oder mit der Zeit teilweise zerstört wurden, ist es nun Aufgabe der Achäologen, diese antiken Dokumente im Licht des Fortschritts neu zu untersuchen. Wie die neuen Ausgrabungen am Grabkomplex des Djedefre in Abu Roasch zeigen, kommen wir durch die Entwicklung der Feldforschungsmethoden, den Vergleich mit erhalten gebliebenen Bauwerken und nicht zuletzt durch die Analyse neuer historischer Daten unbestreitbar voran. In Zukunft dürften neue Vermessungen der Stätten von Saujet el-Arjan, Mastabat el-Faraun und Giseh den Weg zu innovativen Interpretationen öffnen und damit eine historische Neubewertung einer Ära ermöglichen, für die wir die alten Ägypter bewundern und die wegen ihrer Vollkommenheit noch heute die Fachleute wie auch die Besucher des Niltales fasziniert.

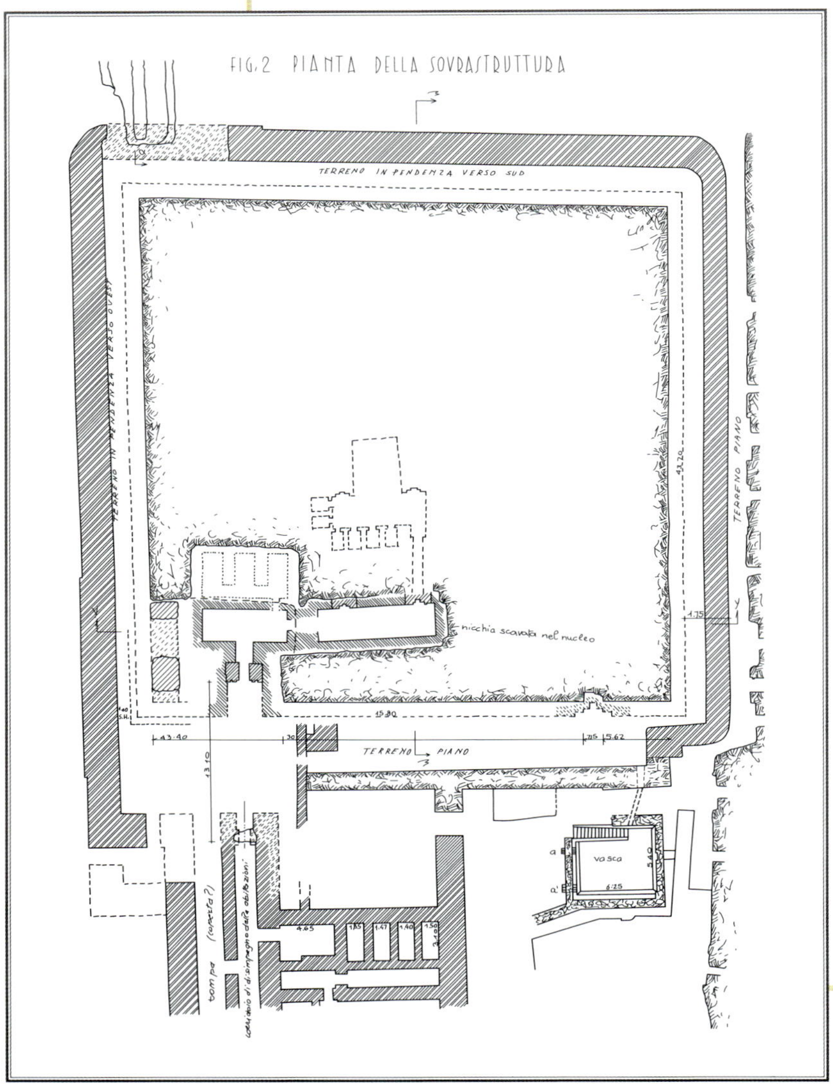

234 oben
Ausschnitt aus einer Granitsäule, die am Eingang in die Grabkapelle der Chentkaues auf dem Zentralen Gräberfeld in Giseh steht. Die Säule trägt eine Inschrift mit dem Namen der Königin Chentkaues I.

234 unten
Grundriss der Oberbauten der Grabstätte der Königin Chentkaues mit einem Querschnitt der Wohngebäude der Totenpriester und dem heiligen See. Zeichnung: V. Maragioglio und C. Rinaldi.

234–235
Luftaufnahme vom zweistufigen Oberbau des Grabes der Königin Chentkaues.

235 unten
Der Schnitt durch den Oberbau der Grabstätte verdeutlicht, dass der untere Teil aus dem anstehenden Felsen herausgemeißelt, der obere Teil hingegen gemauert wurde. In der Zeichnung sind außerdem der Opferraum der Kapelle und der Eingang zu sehen.

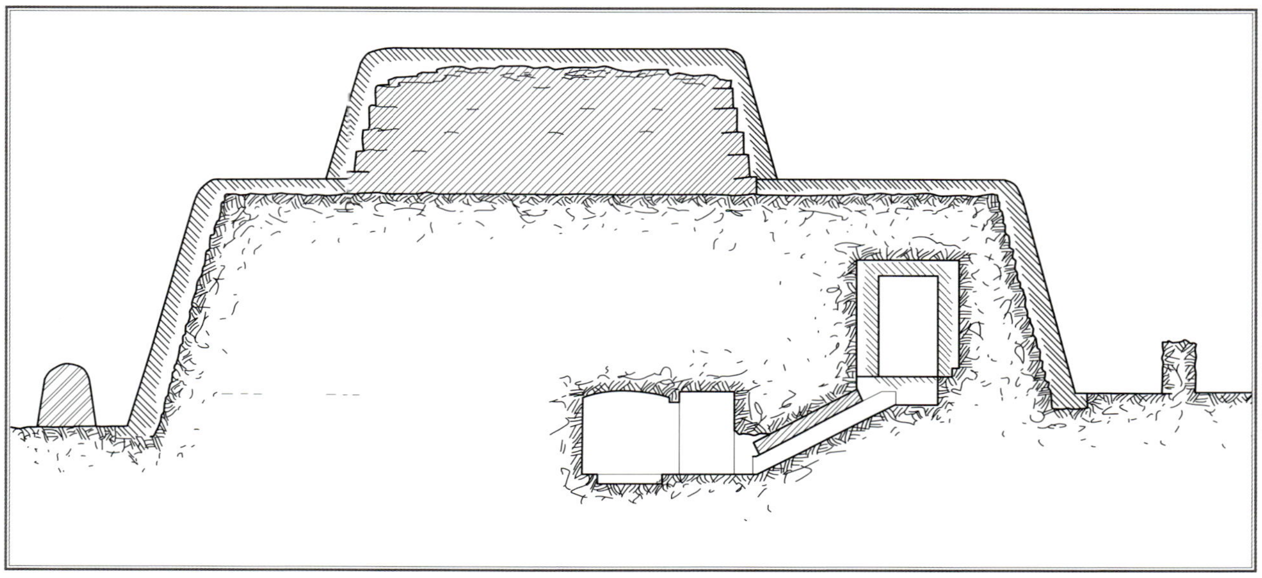

Kapitel 20

Die Pyramiden aus der Zeit der 5. Dynastie

Miroslav Verner

Lassen wir einmal das Märchen von der göttlichen Geburt der ersten Herrscher der 5. Dynastie aus dem Papyrus Westcar beiseite, ist der Aufstieg des Userkaf zum König und die Gründung der Dynastie bis heute größtenteils in geheimnisvolles Dunkel gehüllt. Trotz des Rätsels um die Herkunft des Userkaf *wissen* wir, dass zwei Entscheidungen des Königs zu Beginn seiner Regierungszeit die Rolle der gesamten neu gegründeten Dynastie nachhaltig beeinflussten. Userkaf ordnete den Bau eines Sonnentempels in der memphitischen Nekropole an und wählte darüber hinaus für den Bau dieses Monuments das zwischen Giseh und Sakkara gelegene Abusir, eine Gegend, die von seinen Vorgängern unbeachtet geblieben war. Fünf seiner Nachfolger – Sahure, Neferirkare-Kakai, Neferefre, Neuserre und Menkauhor – taten es ihm nach und errichteten ihre Sonnentempel ebenfalls in dieser Region. Gleichzeitig entschlossen sie sich mit Ausnahme Menkauhors, auch ihre Grabstätten in Abusir bauen zu lassen. Die Größe ihrer Pyramiden lässt sich zwar nicht mit den Monumenten ihrer Vorgänger messen, dafür wurde nun den Totentempeln, insbesondere dem Umfang und der Qualität der Reliefdekoration dieser Bauten, mehr Aufmerksamkeit geschenkt.

Interessanterweise ließ Userkaf seinen Pyramidenbezirk „Rein sind die Stätten des Userkaf" in Sakkara in unmittelbarer Nähe der Stufenpyramide bauen. Hinter dem Wunsch, im Schatten der Djoser-Pyramide bestattet zu werden, mögen seine geheimen Bemühungen gestanden haben, die Rechtmäßigkeit seines Anspruchs auf den Thron zu betonen.

236
Der aus Rotgranit gearbeitete Kopf des Userkaf, des ersten Pharaos der heliopolitanischen 5. Dynastie in Abusir, gehörte zu einer Kolossalstatue des Herrschers. Kairo, Ägyptisches Museum.

237
Dieses Kalksteinrelief mit der Darstellung von Vögeln und Papyruspflanzen wurde von der Expedition C. M. Firths (1928–1929) im Totentempel des Userkaf gefunden. Kairo, Ägyptisches Museum.

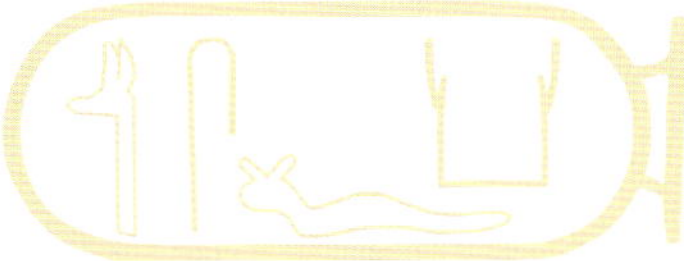

238 – 239 und 239 unten
Blick von oben auf die Pyramidenanlage des Userkaf.

239 oben
Im Vordergrund die Reste des Totentempels des Userkaf, dahinter die königliche Pyramide.

239 unten links
Von H. Ricke stammende Rekonstruktion der Pyramidenanlage des Userkaf ohne Aufweg und Taltempel.

Pyramidenbezirk des Userkaf ohne Aufweg und Taltempel (nach V. Maragioglio und C. Rinaldi)

A *Eingangshalle*
B *Magazinräume*
C *Kapelle mit fünf Nischen*
D *Pfeilerhof*
E *Kultpyramide*
F *Opferhalle*
G *Hauptpyramide*

Userkaf

Der Grundriss der Pyramide König Userkafs war so konzipiert, dass er axial geteilt zwei rechtwinklige Dreiecke mit einem Seitenverhältnis von 3 : 4 : 5 bildete. Im Gegensatz zu den Pyramiden der Vorgänger Userkafs aus der Zeit der 4. Dynastie hatte man den Eingang nicht an der Nordseite, sondern im Hof angelegt und dann unter dessen Pflasterung verborgen. Etwa zehn Meter unter der Pyramidenbasis erweiterte sich der absteigende Korridor zu einer Vorkammer, die direkt auf der vertikalen Achse der Pyramide lag. Westlich der Vorkammer befand sich die Grabkammer. Beide Räume, die bereits im Altertum von Grabräumern geplündert wurden, sind mit feinem weißem Kalkstein verkleidet und mit einem Giebeldach aus riesigen Blöcken aus dem gleichen Material versehen.

Der Totentempel befand sich weder an der Ostseite (wie in der Zeit der 4. Dynastie üblich), noch an der Nordseite (wie in der Zeit der 3. Dynastie), sondern an der Südseite der Pyramide. Die vermutlichen Gründe für die ungewöhnliche Lage waren wohl einerseits Userkafs Wunsch in der Nähe der Stufenpyramide bestattet zu werden und andererseits der räumlich begrenzte feste Baugrund zwischen der Nordostecke des Djoser-Bezirks und dem so genannten „Großen Graben", der letzteren umgab.

Die kärglichen Reste des Tempels lassen zwar eine Rekonstruktion des ursprünglichen Grundrisses in allen Einzelheiten nicht zu, doch sie lassen immerhin erkennen, dass den zentralen Teil des Tempels einst ein offener Pfeilerhof bildete. Das Schwarz des Basaltpflasters im Hof muss wunderbar mit den Rosengranitpfeilern und den weißen, mit schönen mehrfarbigen Reliefs dekorierten Kalksteinwänden dahinter harmoniert haben. Auf der Südseite des Hofes stand eine Rosengranitstatue Userkafs. Sie war rund fünf Meter hoch und ist neben dem Sphinx von Giseh die älteste bekannte Kolossalskulptur eines ägyptischen Herrschers. (Ihr Kopf befindet sich heute im Ägyptischen Museum in Kairo.) Im südlichen Bereich des Tempels befand sich auch eine Kapelle mit fünf Nischen für weitere Statuen des Königs. Westlich des Totentempels, vor der Südostecke der Pyramide, stand eine kleine Kultpyramide.

Die Opferhalle, die wichtigste Kultstelle in der gesamten Pyramidenanlage, befand sich in einem kleinen Tempel an der Ostseite der Pyramide, direkt am Rand des Großen Grabens. In die Westwand der Halle, d. h. direkt an die Pyramide angrenzend, war die Scheintür eingebettet.

Der an der Südostecke des Totentempels ankommende Aufweg und der Taltempel am anderen Ende des Aufwegs sind bis jetzt noch nicht ausgegraben worden.

Südlich des Totentempels stand eine kleine Pyramidenanlage der Königin Neferhetepes, Userkafs Gemahlin. Die Pyramide wie auch der Totentempel wurden von Steinräubern so stark zerstört, dass die genaue Rekonstruktion des ursprünglichen Grundrisses der Anlage nicht mehr möglich ist.

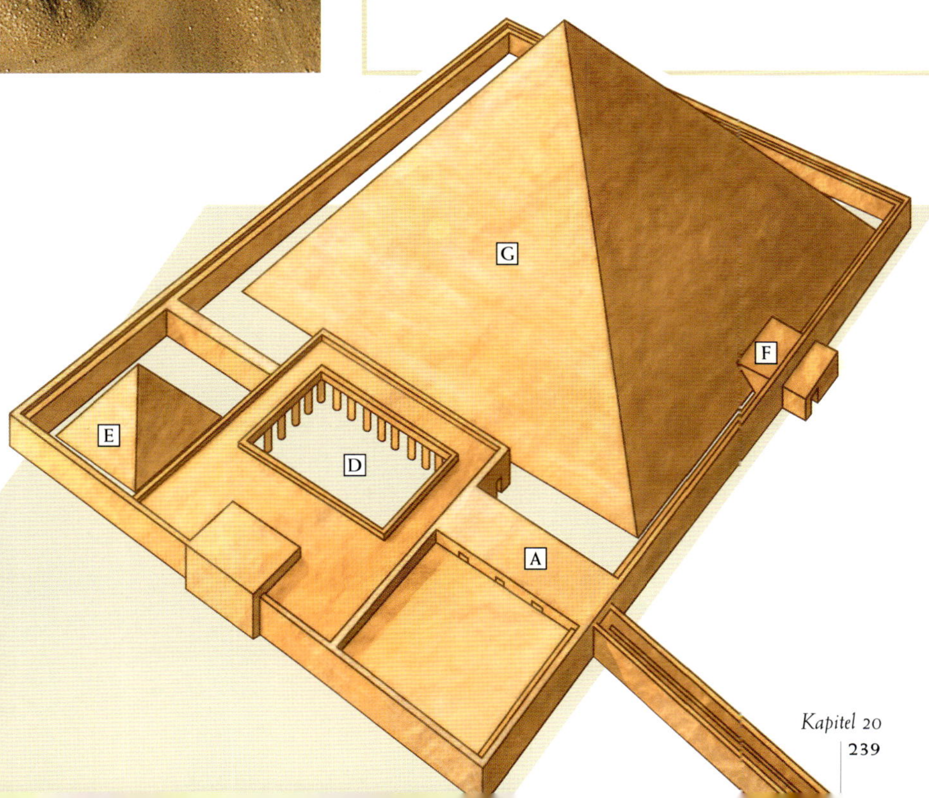

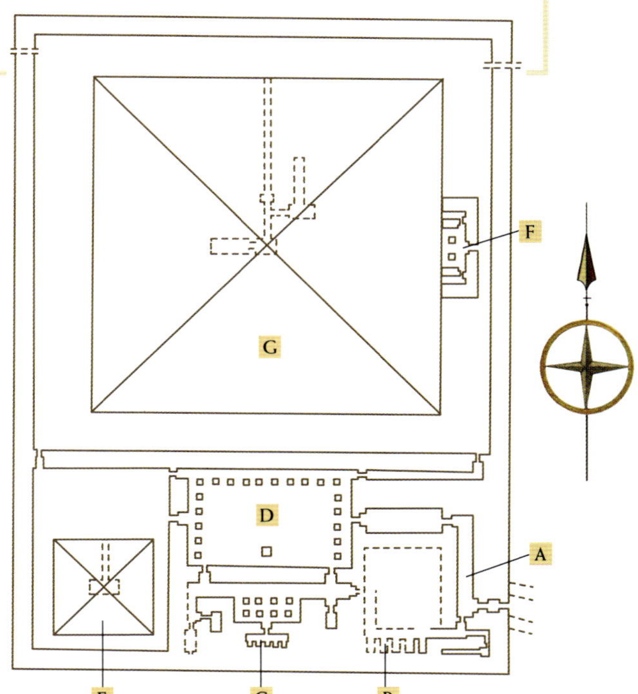

Userkaf

Ebenfalls von Steinräubern weitgehend zerstört wurde Userkafs Sonnenheiligtum in Abusir. Zu der Anlage, deren Name *Nechen-Re* („Festung des Re" oder „Magazin des Re") lautete, gehörte ein Taltempel, der durch einen Aufweg mit einem anderen Tempel verbunden war. Dieser zweite Tempel stand auf einem kleinen Hügel oberhalb des Niltals. Sein beherrschendes Merkmal war ein großer Obelisk aus Kalkstein und Rotgranit. Auf einem Altar am Fuß des Obelisken wurden dem Sonnengott täglich Opfer dargebracht. Von hier wurden die Opfergaben zu Userkafs Totentempel geschafft. Der Sonnentempel hatte somit einen bedeutenden Anteil am Totenkult des Königs. Eines der einzigartigen Fundstücke, auf die die schweizerisch-deutsche Archäologengruppe im Taltempel stieß, war der Kopf der Userkaf-Statue aus schwarzem Schiefer, der die Krone Unterägyptens trägt. Dieser Kopf ist heute im Ägyptischen Museum in Kairo zu besichtigen.

240 oben
Luftbild vom Sonnenheiligtum des Userkaf aus nordwestlicher Richtung. In der Ferne sind die Pyramiden von Abusir zu erkennen.

240 unten links
Kopf der Schieferstatue des Userkaf mit der Krone Unterägyptens. Die Statue wurde im Sonnenheiligtum in Abusir gefunden. Kairo, Ägyptisches Museum.

240–241
Luftbild vom Pyramidenfeld in Abusir, von Südosten gesehen.

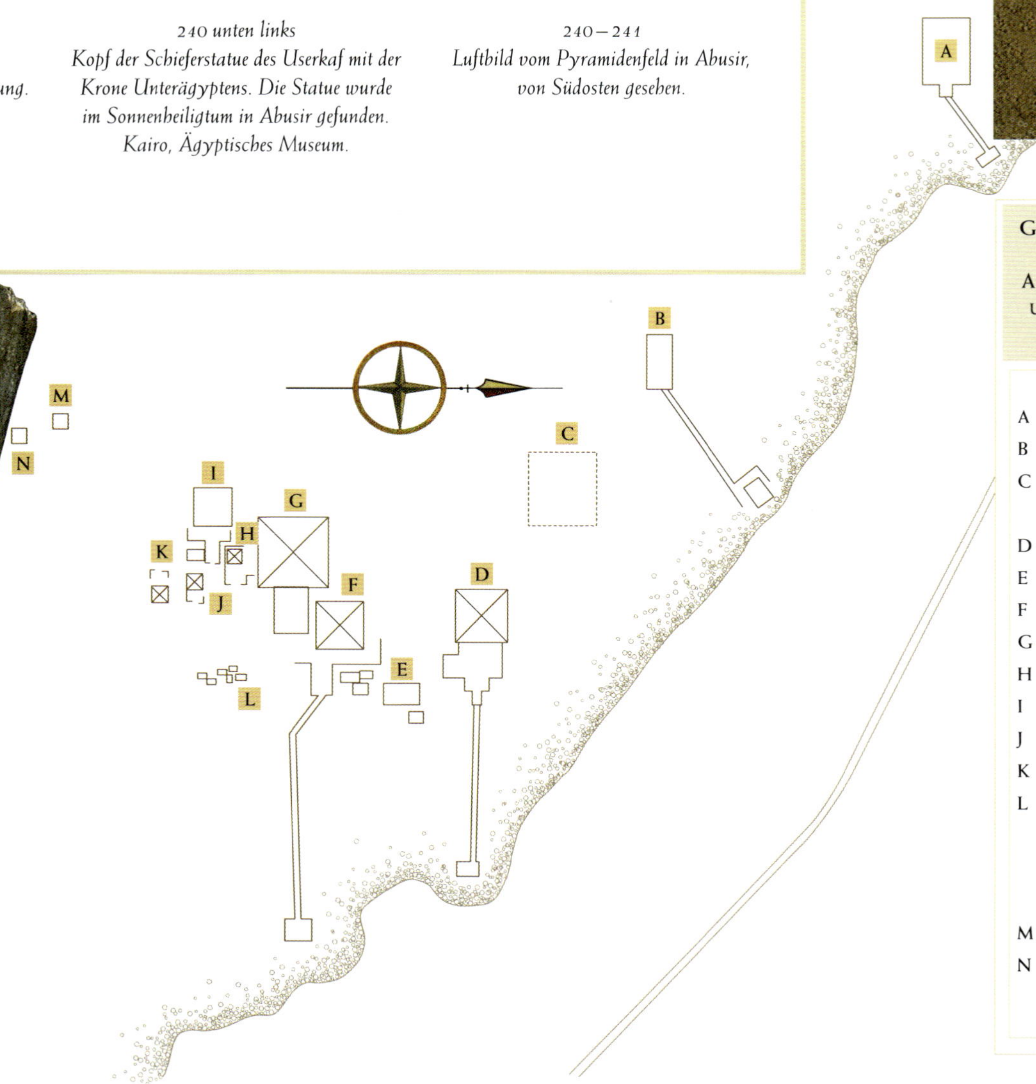

Grundriss der Pyramiden-Nekropole bei Abusir (J. Malátková) und Rekonstruktion (J. Krejčí)

- A *Sonnentempel des Neuserre*
- B *Sonnentempel des Userkaf*
- C *Pyramide des Schepseskaf (?)*
- D *Pyramide des Sahure*
- E *Mastaba des Ptahschepses*
- F *Pyramide des Neuserre*
- G *Pyramide des Neferirkare*
- H *Pyramide Chentkaues' II.*
- I *(Unvollendete) Pyramide des Neferefre*
- J *Pyramide Lepsius Nr. XXIV*
- K *Pyramide Lepsius Nr. XXV*
- L *Nekropole mit den Mastabas von Chekeretnebti, Hedjetnebu, Mernefu, Idu, Chenit und der anonymen Mastaba „L"*
- M *Schachtgrab des Udjahorresnet*
- N *Schachtgrab des Jufaa*

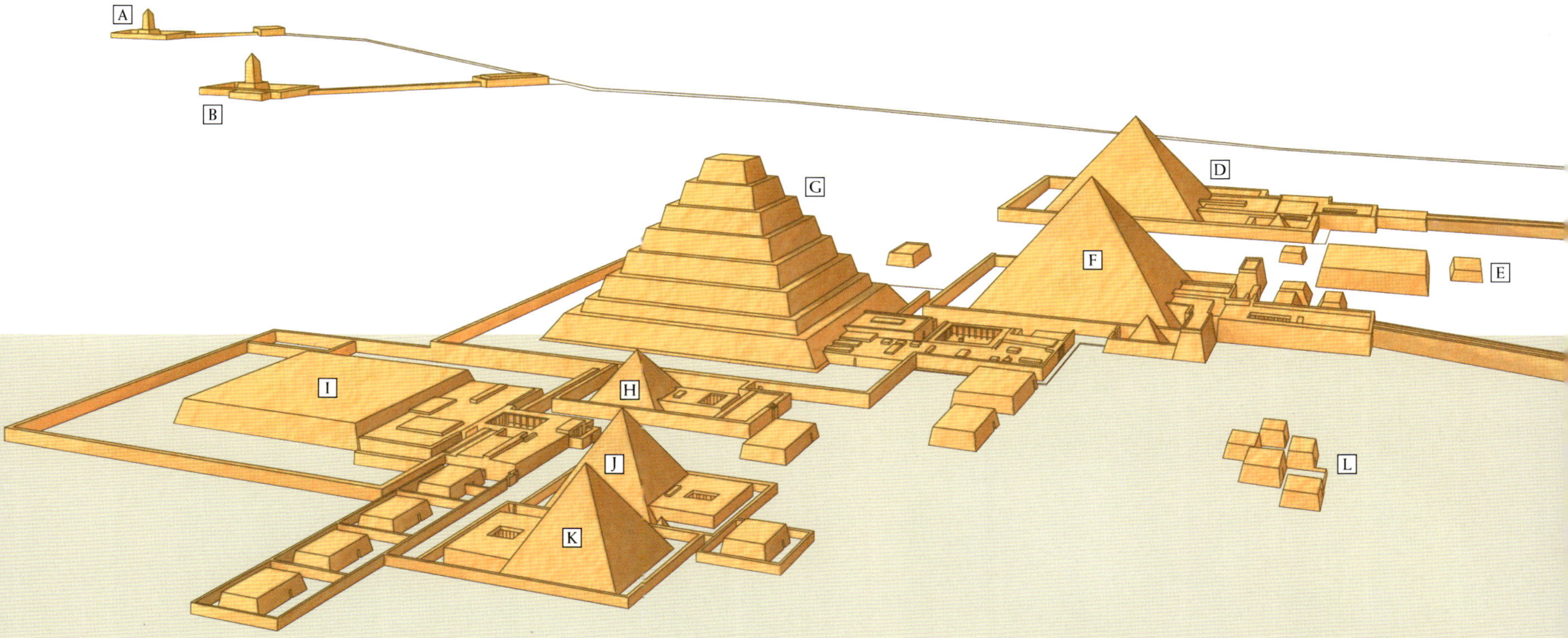
A
B
C
D
E
F
G
H
I
J
K
L

Sahure

Sahure, möglicherweise ein Sohn des Userkaf, errichtete seinen Pyramidenbezirk „Es erscheint die Seele des Sahure" in der Nähe des Sonnenheiligtums seines Vorgängers in Abusir. Die Anlage wurde zu Beginn des zwanzigsten Jahrhunderts von der deutschen Expedition unter Leitung von Ludwig Borchardt ausgegraben. Sie gilt als ein weiterer Meilenstein der Entwicklung des Königsgrabes im Alten Reich, und zwar dank der neuen, harmonisch ausgewogenen Gestaltung der gesamten Pyramidenanlage, der Vielfalt der verschiedenartigen Steinarten, die bei deren Bau verwendet wurden, und der thematisch reichen Reliefdekoration, die mit großem handwerklichem Können ausgeführt ist.

Auf die Pyramide selbst trifft das eben Gesagte leider nicht zu. Der seiner Verkleidung beraubte Pyramidenkern, vermutlich in horizontalen Schichten aus minderwertigem Kalkstein gebaut, ähnelt heute eher einem Hügel aus Gesteinsschutt. Der Eingang in die Pyramide liegt am Fuß der Nordseite auf der Achse des Monuments. Der Korridor, der ursprünglich mit drei Stützen aus Rosengranit versehen war, führte in die auf Geländeniveau und genau auf der vertikalen Pyramidenachse liegende Vorkammer. Die Grabkammer befand sich wie in Userkafs Pyramide westlich der Vorkammer. Das Giebeldach beider Räume bestand aus drei Lagen gewaltiger Kalksteinblöcke. In der geplünderten Grabkammer waren nur noch Bruchstücke vom Sarkophag des Königs zu finden.

Der Grundriss des Totentempels bestand aus sechs Grundelementen – der Eingangshalle; einem offenen, von einer Reihe Palmsäulen aus Rosengranit umgebenen Hof; einem Quergang (der den westlichen, eher privaten Tempelteil vom östlichen Bereich trennte); einer Kapelle mit fünf Nischen für die Königsstatuen; einer Opferhalle und schließlich zwei Magazingalerien. Der Hof war mit Basalt gepflastert. Die Tempelmauern bestanden aus feinem weißem Kalkstein, an einigen Stellen im Tempel hatte man auch schwarzen Granit, Alabaster und Quarzit verwendet; von der ursprünglichen Reliefdekoration des Tempels existieren jedoch nur noch Fragmente. Unter dem noch Vorhandenen sind beispielsweise prächtige Darstellungen des Königs, der einen libyschen Häuptling besiegt, von einem Feldzug reiche Beute mitbringt, in der Wüste jagt, und darüber hinaus auch Szenen von Seeschlachten und aus Asien zurückkehrenden Handelsschiffen zu sehen. An die Südseite des Tempels grenzte eine kleine Kultpyramide. Der Taltempel am Rand der Wüste war mit dem Totentempel durch einen Aufweg – ursprünglich ein Korridor aus Kalksteinen – verbunden. Die Innenwände des Aufwegs trugen einst eine reiche Dekoration aus schönen Reliefs; mehrere unlängst entdeckte Blöcke lassen Reliefdarstellungen von Zeremonien zum den Abschluss des Pyramidenbaus, von der Überführung ausgemergelter gefangener Beduinen an den Königshof und von andern Ereignissen bei Hofe erkennen.

Der Boden des Taltempels liegt heute mehrere Meter unter dem Wüstenboden. Der Tempel, der aus den gleichen Materialien wie der Totentempel gebaut war, galt als eine Art Tor zum gesamten Pyramidenbezirk – der ewigen Residenz des Königs in der Unterwelt. Er besaß zwei Portiken mit Palmsäulen aus Rosengranit sowie zwei Anlegerampen, eine an der Ost-, die andere an der Südseite. Einige Themen der Reliefdekoration im Tempel standen im Zusammenhang mit dem magischen Schutz des Eingangs in den Pyramidenbezirk.

242
Sitzstatue des Sahure mit einer Gestalt, die die Provinz Koptos personifizierte. New York, Metropolitan Museum of Art.

243
Aus östlicher Richtung aufgenommenes Luftbild vom Totentempel und der Pyramide des Sahure.

Sabure

244–245
Von Nordosten aufgenommenes Luftbild des Pyramidenfeldes in Abusir. Im Vordergrund steht die Pyramide König Sahures.

244 unten links
Der Säulenhof von Sahures Totentempel präsentiert den vor Ort arbeitenden Archäologen viele interessante Gegenstände.

244 unten rechts
Blick vom Gipfel der Pyramide Sahures auf den angeschlossenen Totentempel.

245 oben
Fragment einer Palmsäule aus Rotgranit vom südlichen Portikus des Sahure-Totentempels.

245 Mitte
Prozession unterägyptischer Gottheiten, die Sahure Opfergaben darbringen. Darstellung aus den unteren Reliefs im Totentempel des Sahure. Kairo, Ägyptisches Museum.

245 unten links
Wiedergabe des Modells von Sahures Pyramidenbezirk, ohne Aufweg und Taltempel (Zeichnung nach L. Borchardt).

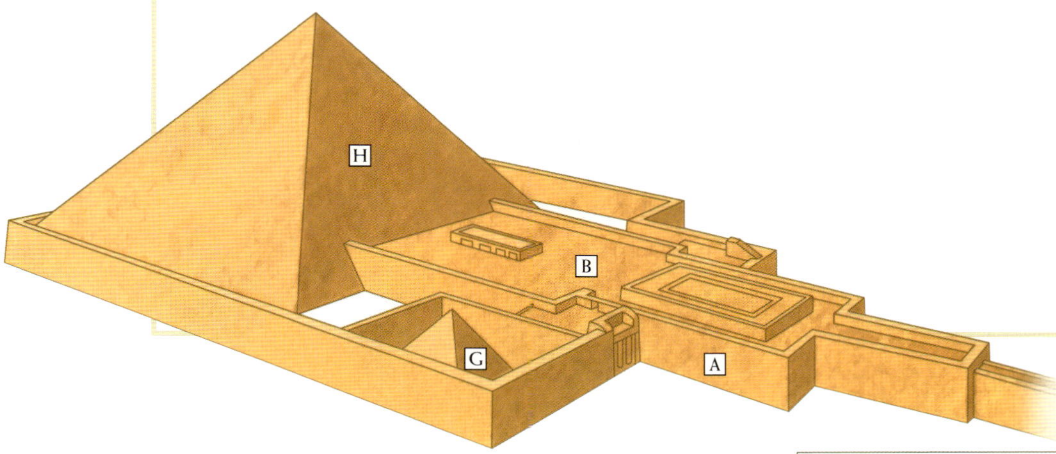

Grundriss der Pyramidenanlage König Sahures, ohne Aufweg (nach H. Ricke)

- A *Eingangshalle*
- B *Säulenhof*
- C *Quergang*
- D *Kapelle mit fünf Nischen*
- E *Magazinräume*
- F *Opferhalle*
- G *Kultpyramide*
- H *Hauptpyramide*

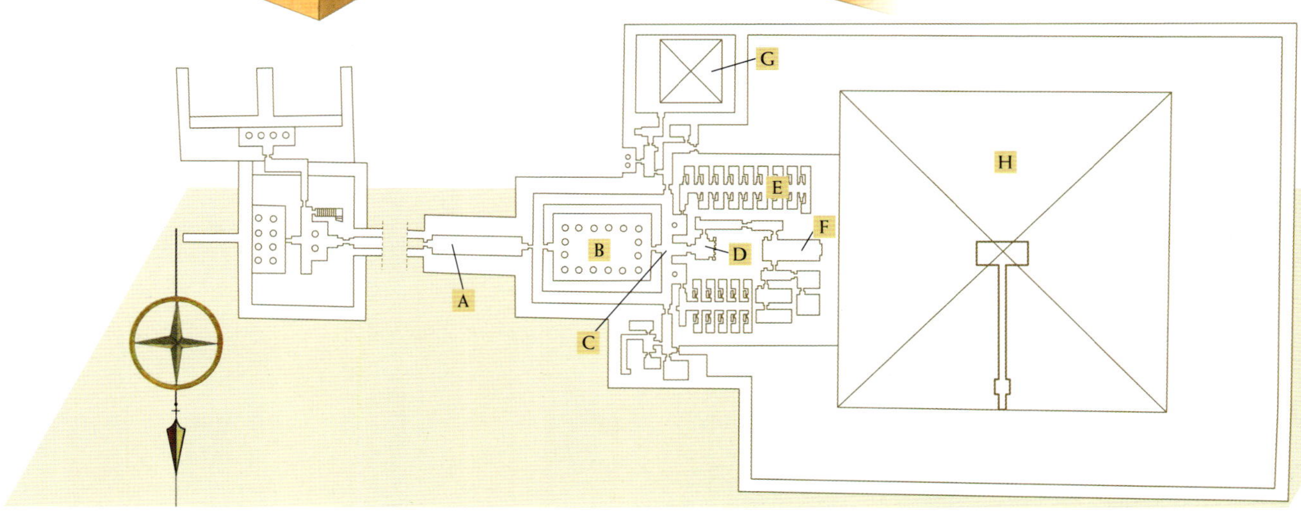

246–247
Von Süden aufgenommenes Luftbild der Pyramidenanlagen Chentkaues' II. und Neferirkares.

246
Die angenommenen Bauphasen der Pyramide Neferirkares. Rekonstruktion: M. Verner.

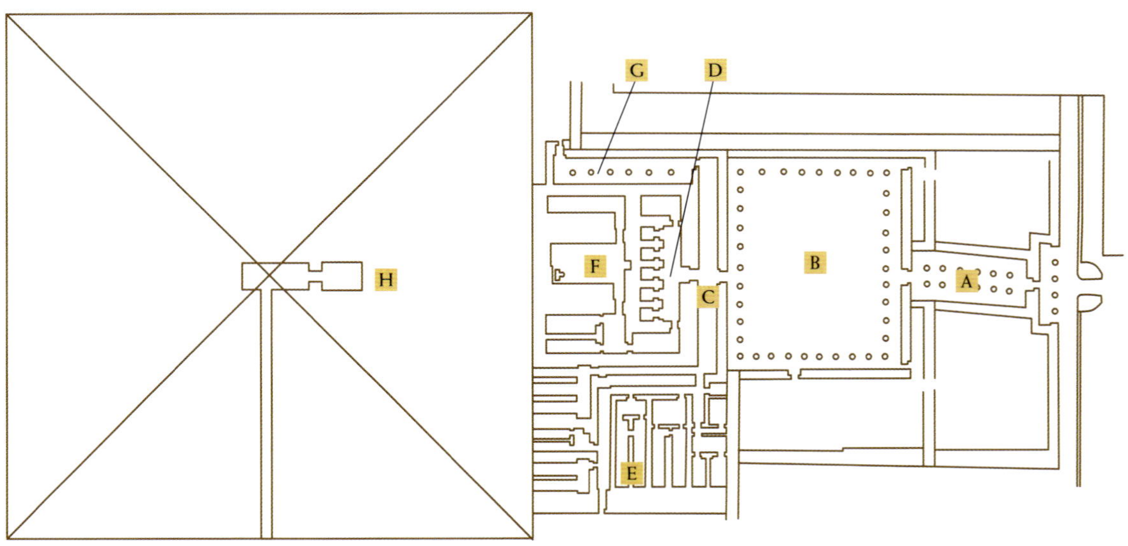

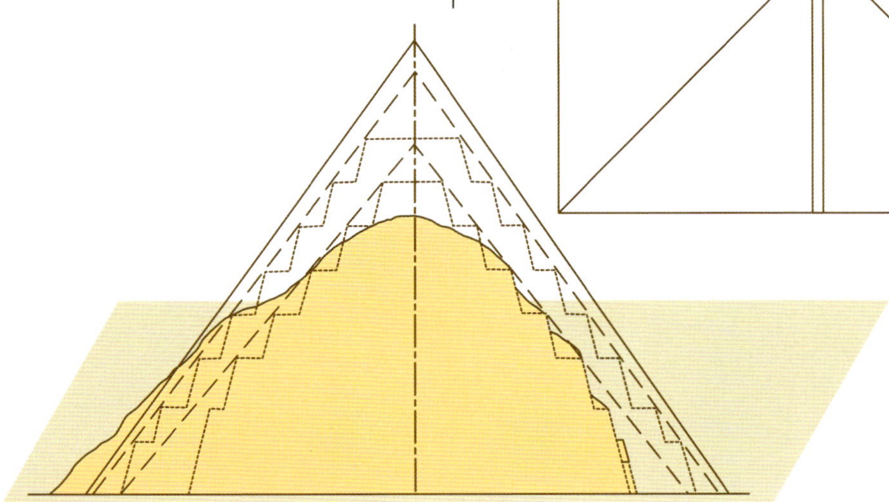

Grundriss der Pyramide und des Totentempels des Neferirkare (nach H. Ricke)

A	*Säuleneingangshalle*	E	*Magazinräume*
B	*Säulenhof*	F	*Opferhalle*
C	*Quergang*	G	*Säulenhalle*
D	*Kapelle mit fünf Nischen*	H	*Hauptpyramide*

Neferirkare-Kakai

In einigen späteren Änderungen der Reliefs im Totentempel Sahures wurde dessen Nachfolger Neferirkare-Kakai (oft auch nur Neferirkare genannt) als König dargestellt. Dieses ungewöhnliche Vorgehen betrachten einige Gelehrte als Beweis dafür, dass die beiden Männer Brüder waren. Auf jeden Fall begann Neferirkare auf einem kleinen Hügel südlich von Sahures Grabkomplex mit dem Bau seiner Pyramidenanlage „Neferirkare ist eine Seele". Überraschend ist, dass Neferirkares Monument mehr als anderthalb Jahrhunderte nach dem Ende der Ära der Stufenpyramiden ursprünglich wieder als Stufenpyramide angelegt war. Der Entwurf wurde später allerdings geändert. Man erweiterte das aus sechs Stufen bestehende Monument, bei dem nur die unterste eine Verkleidung trug, und wandelte es schließlich in eine echte Pyramide von etwa 73 Metern Höhe um. Der König starb allerdings vorzeitig, und so blieb sein Grabprojekt unvollendet.

Die unterirdische Anlage der Pyramide Neferirkares unterscheidet sich nicht grundlegend von der des Sahure. Eine kleine Modifizierung im Grundriss gab es jedoch, nämlich eine leichte Abweichung des Südabschnitts des absteigenden Korridors nach Osten. Der Korridor sollte zur Vorkammer führen, die etwas östlich von der Vertikalachse der Pyramide lag. Diese Abweichung des Korridorverlaufs ist bis zur Zeit Djedkares typisch für die Pyramiden der 5. Dynastie; sie trat danach nur noch einmal – zu Beginn der 12. Dynastie in der Pyramide Sesostris' I. – auf. Aufgrund der starken Zerstörung durch Steinräuber musste Borchardt auf die Erkundung der unterirdischen Anlage weitgehend verzichten.

Von den beiden großen hölzernen Bestattungsbooten des Königs lag eines vermutlich an der Nordseite, das andere an der Südseite der Pyramide. Letzteres wurde in den 1980er Jahren von tschechischen Archäologen ausgegraben. Beklagenswert ist, dass dieses Boot bereits vollständig verrottet war.

Neferirkares Söhne und Nachfolger Neferefre und nach ihm Neuserre beschlossen, das Pyramidenprojekt ihres Vaters erheblich zu ändern. Die Pläne für den Taltempel und den Aufweg wurden gestrichen, und nur Neferirkares Totentempel stellte man in Eile aus Ziegeln und Holz fertig; eine Ausnahme bildeten die Opferhalle und mehrere in unmittelbarer Nähe liegende Räume, die aus Kalkstein errichtet wurden. Im Zentrum des Tempels lag ein offener Hof mit hölzernen Lotossäulen. Der Tempel war darüber hinaus mit einem Säulenportikus und einer Säuleneingangshalle ausgestattet. In den Ruinen der Magazinräume im südwestlichen Teil des Tempels entdeckten Räuber Anfang der 1890er Jahre die Reste des Tempelarchivs. Weitere Papyrifragmente fand an dieser Stelle später Borchardt. Die in den 1970er Jahren von P. Posner-Kriéger übersetzten und herausgegebenen Papyri boten uns ein völlig neues und überraschend detailliertes Bild vom wirtschaftlichen und religiösen Hintergrund des königlichen Totenkults in der Nekropole von Abusir.

Ausgesprochen überraschend und gleichzeitig historisch sehr bedeutsam war die Entdeckung tschechischer Archäologen, die am Südflügel der aus Ziegeln gebauten Umfassungsmauer der Königspyramide auf eine kleine Pyramidenanlage der Gemahlin des Neferirkare, Chentkaues II., stießen. Inschriften aus den Ruinen des Totentempels der Königin belegen, dass Chentkaues II. den gleichen, sehr ungewöhnlichen Titel „Mutter zweier Könige Ober- und Unterägyptens" trug wie ihre ältere Namensschwester Chentkaues I., die in der so genannten „vierten Pyramide" in Giseh bestattet wurde. Die beiden Königinnen mögen miteinander verwandt gewesen sein, und sie mögen auch die gleiche Schlüsselrolle bei der Betonung der Legitimität ihrer offenbar noch minderjährigen Söhne und Thronfolger gespielt haben. Die Söhne Chentkaues' II. waren Neferefre und Neuserre, und der Titel der Königin könnte die Unterstützung eines Thronanspruchs des noch unreifen Neuserre nach dem vorzeitigen Tod des älteren Bruders widerspiegeln. Die Identität der Söhne Chentkaues' I. ist bislang unbekannt.

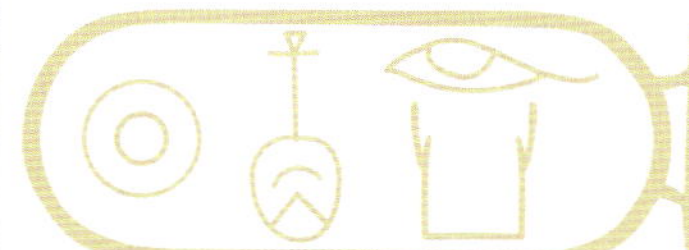

247 *unten links*
Blick vom Gipfel der Pyramide des Neferirkare auf die Pyramidenanlagen Neferefres, Chentkaues' II., Lepsius Nr. XXIV und Lepsius Nr. XXV.

Grundriss der Pyramidenanlage Chentkaues' II. in Abusir (nach P. Jánosi)

- A *Pfeilerportikus (I)*
- B *Pförtnerhaus*
- C *Magazinräume*
- D *Kultpyramide*
- E *Pfeilerportikus (II)*
- F *Pfeilerhof*
- G *Opferhalle*
- H *Eingangskapelle*
- I *Hauptpyramide*

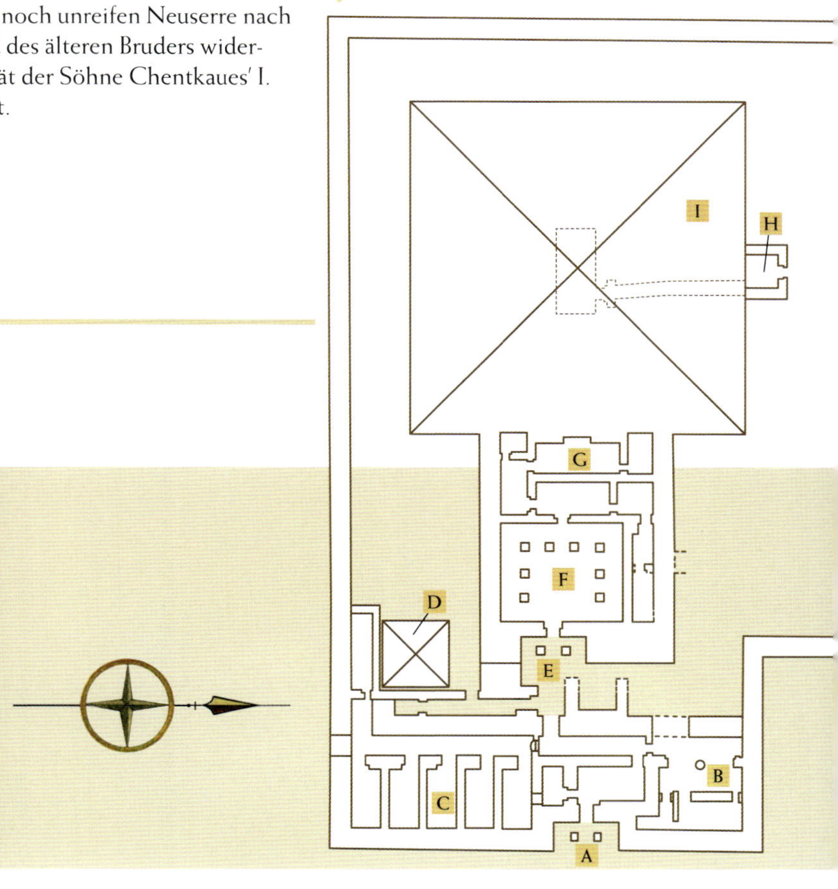

Nur einige Dutzend Meter südwestlich von Neferirkares Grabbezirk liegen die Überreste der ersten Stufe des Kerns einer unvollendeten Pyramide; die in Abusir tätigen Archäologen hatten ihnen nie besondere Aufmerksamkeit geschenkt. Manche Fachleute sahen in den Resten ein nicht fertig gestelltes Grabmonument des jung verstorbenen Königs Neferefre, das nie als Grabstätte benutzt worden war, oder das Grabmal des ephemeren Königs Schepsekare. Borchardts aufgegebener Versuch, in den Ruinen des Monuments zu graben, brachte negative Ergebnisse. Erst die Ende der 1970er Jahre aufgenommene systematische Forschungsarbeit der tschechischen Archäologengruppe bestätigte, dass es sich hier um das Grab des Neferefre handelt. Zudem wurde schließlich ein großer Bestattungskomplex mit dem Namen „Göttlich ist Neferefres Macht" ausgegraben und eine Reihe unschätzbarer archäologischer Artefakte entdeckt. Neferefre starb etwa im zweiten Regierungsjahr, zu einer Zeit, da noch an der ersten Stufe des Kerns seiner Pyramide gebaut wurde. Damals muss man das ursprüngliche Pyramidenprojekt vollständig geändert haben, damit nach den rund siebzig Tagen, die zur Einbalsamierung des Leichnams benötigt wurden, die übliche Beisetzung des Königs stattfinden konnte. Die unvollendete erste Stufe des Pyramidenkerns wurde in einen an den Urhügel erinnernden bankgrabähnlichen Bau umgewandelt. Die unterirdische Anlage der Grabstätte war zwar aus nur grob bearbeitetem weißem Kalkstein gebaut, doch sie folgte dem üblichen Grundriss einer königlichen Grabwohnung, wie wir ihn von anderen Pyramiden dieser Zeit kennen. Er setzte sich aus dem absteigenden Korridor mit einem Fallstein aus Rosengranit, der Vorkammer und der Grabkammer zusammen. Oberhalb des Eingangs in der Mitte der Nordseite des Monuments hatte man eine kleine Ziegelkapelle errichtet. Diese so genannte Nordkapelle war, so nimmt man an, ein wesentlicher Bestandteil des Standardgrundrisses einer Königspyramide. Leider versäumten die Archäologen bei einigen früheren Ausgrabungen (z. B. bei Sahures oder Neferirkares Pyramide) nach dieser Kapelle zu suchen. In den Ruinen der unterirdischen Anlage, die von Steinräubern weitgehend verwüstet wurde, fand man die Reste des königlichen Sarges, Fragmente eines Sarkophags aus Rotgranit, von Kanopenkrügen aus Alabaster und, was noch wichtiger ist, winzige Stücke von der Mumie des Königs. Eine forensische Untersuchung dieser Reste bewies, dass Neferefre im Alter zwischen zwanzig und zweiundzwanzig Jahren gestorben war. Gleichzeitig mit der Grabwohnung wurde an der Ostseite der Grabstätte ein kleiner Totentempel, größtenteils in Ziegelbauweise und mit einer ungewöhnlichen Nord-Süd-Ausrichtung, errichtet. Sein Grundriss wich ebenfalls weitgehend von dem der üblichen königlichen Totentempel dieser Zeit ab. Nur das eigentliche Kultzentrum des Tempels, die Opferhalle, und einige Räume in deren unmittelbaren Nähe baute man aus feinem weißem Kalkstein, ließ die Wände aber undekoriert. Der größte Teil dieses Kalksteinbaus, darunter die Scheintür, die einst in die Westwand der Opferhalle eingelassen war, wurde zur Beute von Steinräubern. Der nördliche Teil des Tempels enthielt zehn zweistöckige Magazinräume, der Südteil hingegen ein einzigartiges Hypostyl – das erste seiner Art in der ägyptischen Baukunst des Altertums. Die blau gestrichene und mit goldenen Sternen geschmückte Decke der Halle wurde von zwanzig mehrfarbigen hölzernen Lotossäulen getragen, die Bündel aus jeweils sechs Lotosblütenstängeln darstellten. Die Säulenhalle war vermutlich als Thronsaal des verstorbenen Königs im Jenseits vorgesehen. Eine Kapelle mit fünf Nischen fehlte im Tempel. Im Hauptportikus stand ein Paar polychromer Kalksteinsäulen aus je vier nachgebildeten gebündelten Lotosblütenstängeln. Südöstlich des Tempels befand sich ein aus Ziegeln gebautes großes Schlachthaus, das die Bezeichnung „Heiligtum des Messers" trug. Hierbei handelt es sich um den ältesten archäologischen Beleg für ein Schlachthaus, der aus dem Alten Ägypten bislang bekannt ist.

Etwas später, unter Neuserres Herrschaft, wurde der ursprüngliche Tempel nach Osten erweitert. Ein neu angefügter großer, offener Hof mit hölzernen Palmsäulen und einem monumentalen Eingang mit einem Paar Kalksteinsäulen aus jeweils sechs nachgebildeten gebündeten Papyrusstängeln vervollständigten den Totentempel nach damaligem Standard. Bemerkenswert ist, dass man den Taltempel und den Aufweg wegließ. Unter den nicht wenigen außerordentlich wertvollen archäologischen Fundstücken aus Neferefres Totentempel sind beispielsweise ein Papyrusarchiv, das dem Archiv aus Neferirkares Tempel vergleichbar ist, sowie ein Satz Königsskulpturen, die heute im Ägyptischen Museum in Kairo stehen, beschriftete Fayence und Frittetäfelchen sowie Fritteornamente, schöne Steingefäße für den Tempelkult und viele andere Gegenstände.

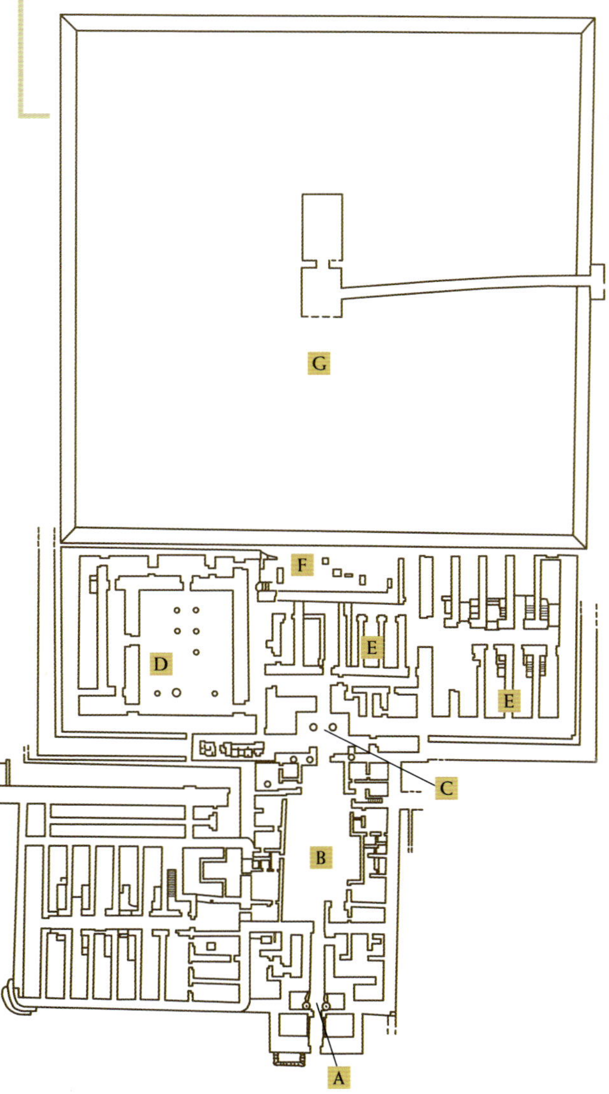

248
Von Südwesten aufgenommenes Luftbild von den Pyramidenanlagen Neferefres, Chentkaues' II. und Neferirkares.

249 rechts
Aus rosa Kalkstein gearbeitete Sitzstatue des Neferefre, dessen Kopf von den Schwingen des Falkengottes Horus geschützt ist. Kairo, Ägyptisches Museum.

Grundriss der Pyramidenanlage des Neferefre (nach M. Verner)

- A *Säulenportikus (I)*
- B *Hof*
- C *Säulenportikus (II)*
- D *Hypostyl*
- E *Magazinräume*
- F *Opferhalle*
- G *Hauptpyramide*

Neferefre

250–251
Büste einer Sitzstatue des Neferefre mit dem Nemes*-Kopftuch. Kairo, Ägyptisches Museum.*

251 oben
Blick auf die nördlichen Magazinräume des Totentempels König Neferefres (im Vordergrund) und auf die Pyramide des Neferirkare (im Hintergrund).

251 unten
Bruchstück eines Frittetäfelchens mit Goldfolie. Kairo, Ägyptisches Museum.

Neuserre

Ungeachtet des verhältnismäßig begrenzten Platzes auf dem Friedhof scheint Neferefres Nachfolger Neuserre den Wunsch gehegt zu haben, möglichst nahe bei seinen Eltern und seinem älteren Bruder bestattet zu werden. Er war aber auch verpflichtet, die weitgehend unvollendeten Monumente seiner königlichen Vorfahren in Abusir fertig zu stellen. Er löste das Problem, indem er seinen Totentempel und die Pyramide auf dem Gelände anlegte, das an den Totentempel seines Vaters grenzte. Gleichzeitig nutzte er das für Neferirkares Taltempel und für die östliche Hälfte von dessen Aufweg vorgesehene Gelände. Diese Entscheidung beeinflusste wesentlich den Grundriss des zu Neuserres Pyramidenkomplex „Es bleiben die (Kult-) Stätten des Neuserre" gehörenden Aufweges und Totentempels.

Die Pyramide des Neuserre ist die kleinste in Abusir, obgleich sie aus sieben Stufen besteht. Der Grundriss ihrer unterirdischen Anlage unterscheidet sich im Prinzip nicht von dem der Anlage Sahures oder Neferirkares. An einer gründlichen Untersuchung der königlichen Grabwohnung hinderte den deutschen Archäologen Borchardt das Ausmaß der Zerstörung, die Steinräuber angerichtet hatten. Wie bereits erwähnt, wirkten sich topografische und auch dynastische Gegebenheiten stark auf den Grundriss des Totentempels aus. Der zur damaligen Zeit übliche Grundriss ähnelt einem T; Neuserres Tempel hingegen erinnert an ein umgekehrtes L. Dessen ungeachtet waren die gleichen Grundelemente wie beispielsweise bei Sahures Totentempel vorhanden, nur ihre Anordnung wich vom bekannten Schema ab. An die von Magazinräumen flankierte Eingangshalle schloss sich ein offener Hof mit Basaltpflasterung und Papyrussäulen an; die Säulen aus Rotgranit stellten Bündel aus jeweils sechs Papyruspflanzenstängeln dar. Der Hof ähnelte deshalb einem sumpfigen Papyrusdickicht, dem Ort, an dem nach altägyp-

tischer Auffassung das Leben ständig erneuert wurde. Im westlichen, privaten Teil des Tempels erschien zwischen der Kapelle mit den fünf Nischen und der Opferhalle erstmals ein kleiner quadratischer Raum. Seine Decke ruhte auf einer Säule. Dieser *antechambre carrée* genannte Raum war danach bis zur Regierungszeit Sesostris' I. ein Standardelement der königlichen Totentempel. Zwischen der *antechambre carrée* und der Kapelle mit den fünf Nischen befand sich eine weitere Neuerung in Neuserres Tempel – eine tiefe Nische mit der großen Statue eines liegenden Löwen aus Rosengranit (heute im Kairoer Ägyptischen Museum). Als letzte große architektonische Innovation sind schließlich noch die turmartigen Bauten in der Nordost- und der Südostecke des Tempels zu nennen. Sie gelten als Vorläufer der Pylonen, der monumentalen Eingangstore ägyptischer Tempel.

Der Aufweg des Neuserre, der den Taltempel mit dem Totentempel verband, besitzt aus den oben erwähnten Gründen eine atypische Knickachse. Wie in der Anlage des Sahure ließ Borchardt den Aufweg auch hier weitgehend unerforscht; es wäre also nicht verwunderlich, würde man bei künftigen Grabungen in seiner Nachbarschaft weitere archäologische Entdeckungen machen.

Der Grundriss des Taltempels unterschied sich nicht generell von Sahures Taltempel. Auch hier gab es zwei Portiken mit Anlegerampen. In Neuserres Tempel allerdings befand sich einer davon auf der Ostseite und der zweite auf der Westseite. Die Säulen aus Rosengranit stellten Bündel aus je sechs Papyrusstängeln dar.

Seinen Sonnentempel ließ Neuserre am Rand des Friedhofs von Abusir, nicht weit von Userkafs Sonnenheiligtum, errichten. Er gab ihm den Namen „Freude des Re".

Das monumentale Eingangstor zum Tempel lag am Rand des Niltals und war – wie im Fall der königlichen Taltempel – von einer Stadt umgeben; dort wohnten hauptsächlich die Priester, Beamten und Arbeitsleute, die zur Aufrechterhaltung des lokalen Totenkults des Königs oder des Sonnenkults angestellt waren. Ein kurzer offener Aufweg stellte die Verbindung zum oberen Tempel her. Der Tempel stand auf einer Terrasse, die man auf einem flachen Hügel künstlich angelegt hatte. Der Ostteil des Tempels bildete einen großen offenen Hof mit einem 36 Meter hohen Obelisken aus Kalksteinblöcken. Der Sockel dieses dominierenden Obelisken war mit Rosengranitblöcken verkleidet.

Am östlichen Fuß des Obelisken stand im Hof ein Altar aus vier riesigen Alabasterblöcken, die nach den vier Haupthimmelsrichtungen zeigten und deren Oberseiten die Hieroglyphe *hetep* – „Opfer" oder „Opfertafel" – bildeten. Ein runder Block in der Mitte des Altars stellte das Zeichen *re* – „Sonne" oder „Sonnengott" – dar. Die Bedeutung des Altars lautete offenkundig „Die Opfertafel des Sonnengottes". Die Opfergaben wurden vor der Darbringung auf dem Altar in großen, an den Hofmauern rundum aufgestellten Alabasterbecken rituell gereinigt. An den Mauern einer Rampe, die durch den Obeliskensockel führt, sind herrliche Reliefs erhalten geblieben. Diese Reliefs beschreiben die Veränderung der Natur während der drei altägyptischen Jahreszeiten Nilschwemme, Erscheinen (der Feldfrüchte) und Ernte. Die als „Kammer der Jahreszeiten" bezeichneten Reliefs sind heute im Ägyptischen Museum in Berlin ausgestellt. An der Südseite des Tempels wurde eine große symbolische Sonnenbarke aus Ziegeln und Holz entdeckt.

Die Sonnenheiligtümer des Userkaf und des Neuserre sind die einzigen Anlagen dieser Art, die die Archäologen bisher gefunden haben. Die übrigen vier Sonnentempel – Sahures Anlage „Opfer-

252–253
Luftbild von den Pyramiden und Totentempeln des Neuserre und des Neferirkare.

253 oben
Luftbild von den Pyramidenanlagen Chentkaues' II., Neferirkares und Neuserres.

253 unten links
Nord-Süd-Schnitt durch die Grabkammer der Pyramide des Neuserre. Nach V. Maragioglio und C. Rinaldi.

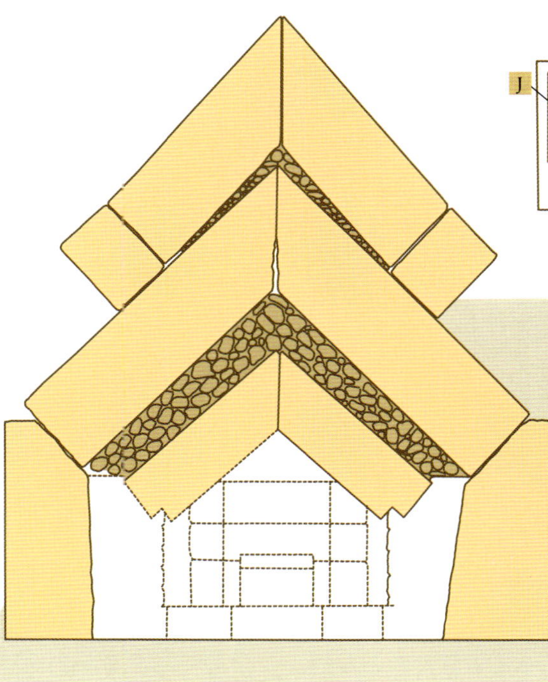

Grundriss des Toten- und des Taltempels des Neuserre (nach H. Ricke)

- A *Taltempel*
- B *Eingangshalle*
- C *Magazinräume*
- D *Säulenhof*
- E *Quergang*
- F *Kapelle mit fünf Nischen*
- G antechambre carrée
- H *Opferhalle*
- I *Eckbau*
- J *Kultpyramide*
- K *Hauptpyramide*

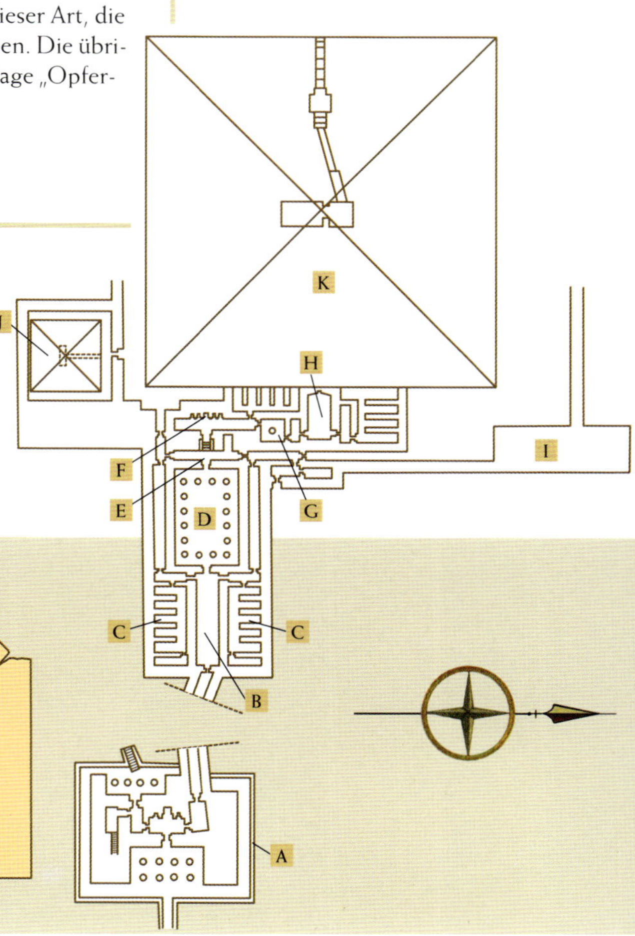

254 oben links
Aufnahme vom Eingang, dem offenen Hof und den Resten des Obelisken im Sonnenheiligtum des Neuserre.

254 Mitte links
Kalzitbecken für die rituelle Reinigung der Opfergaben im offenen Hof des Sonnenheiligtums des Neuserre.

254 unten links
Der Alabasteraltar im Sonnenheiligtum des Neuserre.

feld des Re", Neferirkares „Lieblingsort des Re", Neferefres „Opfertafel des Re" und Menkauhors „Horizont des Re" – sind lediglich aus Texten der damaligen Zeit bekannt.

Am Südrand des Pyramidenfeldes liegen zwei kleine, von Steinräubern stark zerstörte Pyramidenkomplexe, die der Zeit des Neuserre zuzuordnen sind und von Karl R. Lepsius auf der archäologischen Karte von Abusir als Nr. XXIV und Nr. XXV. gekennzeichnet wurden. Die Pyramiden gehörten Königinnen – eine vermutlich der Königin des Neuserre und die zweite der Gemahlin des Neferefre. In der Pyramide Nr. XXIV fand man die Mumie einer Frau von etwa dreiundzwanzig Jahren zusammen mit den Überresten eines Sarkophags aus Rosengranit. Der antike mumifizierte weibliche Leichnam in dieser Grabkammer scheint die Zuordnung zu bestätigen.

Aus etwa der gleichen Zeit wie die beiden kleinen Pyramiden stammt die großartige Grabstätte von Neuserres Schwiegersohn Ptahschepses. Das Monument, eine der größten *Mastabas* aus der Zeit des Alten Reiches, liegt fast auf halbem Weg zwischen den Pyramidentempeln des Neuserre und des Sahure. Es war bereits Ende der

1890er Jahre von J. de Morgan entdeckt, aber erst rund achtzig Jahre später von einer tschechischen Archäologengruppe vollständig ausgegraben worden.

Ptahschepses begann seine Laufbahn als königlicher Friseur und Handpfleger. Seine Position bei Hofe verbesserte sich nach und nach, und neben vielen anderen Funktionen bekleidete er schließlich auch das Amt des Wesirs. Er heiratete Neuserres Tochter, Prinzessin Chamerernebti, und wurde in den Rang eines Königssohnes erhoben. Sein Aufstieg wiederspiegelt sich in mehreren Erweiterungen seiner *Mastaba*; nicht nur deren Größe und Baustil, sondern auch die Reliefdekoration des Bankgrabes zeugen von Ptahschepses hohem gesellschaftlichem Rang. Den Eingang schmückte ein Paar achtstängliger Lotossäulen aus Kalkstein, die das älteste Beispiel für diesen Säulentyp sind. Der große offene Pfeilerhof hält durchaus einem Vergleich mit den Höfen der königlichen Totentempel dieser Zeit stand, ebenso die Dreinischen-Kapelle und die Grabkammer mit dem Giebeldach aus riesigen Kalksteinblöcken. Die in der *Mastaba* noch vorhandenen Reliefs gehören zum Erlesensten, was wir von der Reliefkunst aus der Zeit des Alten Reiches kennen.

Nur sehr wenig bekannt ist über die Herkunft und die Regierungszeit Menkauhors, König Neuserres Nachfolger. Auch die Pyramide, die wir aus zeitgenössischen Texten unter dem Namen „Göttlich sind die (Kult-)Stätten des Mekauhor" kennen, hat man bisher noch nicht gefunden. Sie wurde mit Sicherheit nicht in Abusir errichtet. Einige Gelehrte sehen sie in den Ruinen eines Monuments nordöstlich der Roten Pyramide König Snofrus in Dahschur. Andere halten die so genannte „Kopflose Pyramide" östlich der Pyramide des Teti in Sakkara-Nord für das Grabmal des Menkauhor. Einige archäologische Beobachtungen, die bisher an beiden Stätten gemacht wurden, lassen die zweite Variante plausibler erscheinen.

254 rechts
Aus nördlicher Richtung aufgenommenes Luftbild von Neuserres Sonnenheiligtum.

254–255
Von Westen aufgenommenes Luftbild von Neuserres Sonnenheiligtum.

Neuserres Sonnenheiligtum – Karte und Rekonstruktion (nach L. Borchardt)

- A *Monumentales Eingangstor*
- B *Aufweg*
- C *Offener Hof*
- D *Magazinräume*
- E *Altar*
- F *Obelisk*
- G *Sonnenbarke*

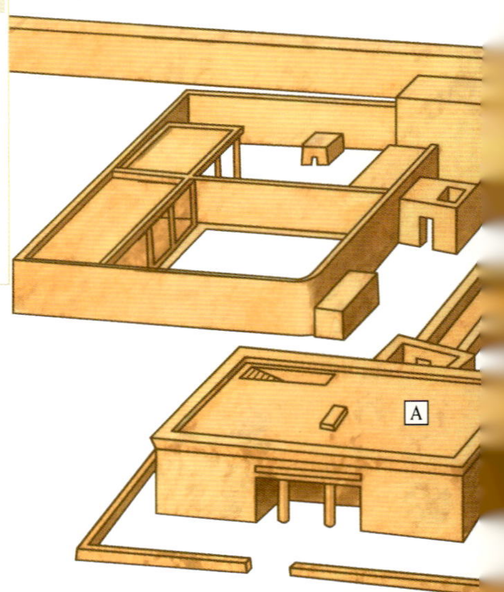

Neuserre

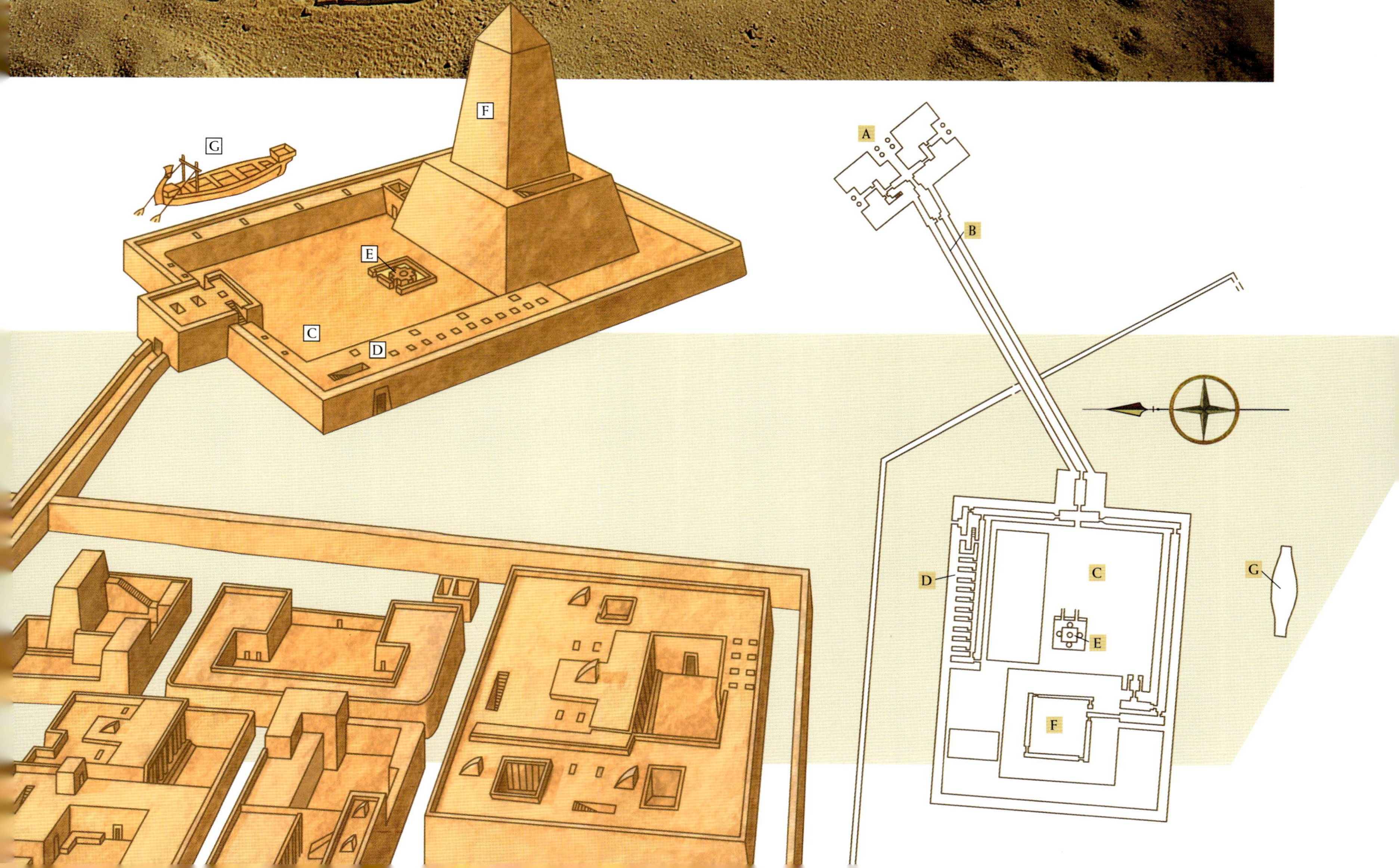

256 oben
Zerbrochene Säulen aus Rotgranit aus dem Totentempel des Djedkare.

256–257
Aufnahme vom nahezu gesamten Areal des Totentempels und der Pyramide des Djedkare.

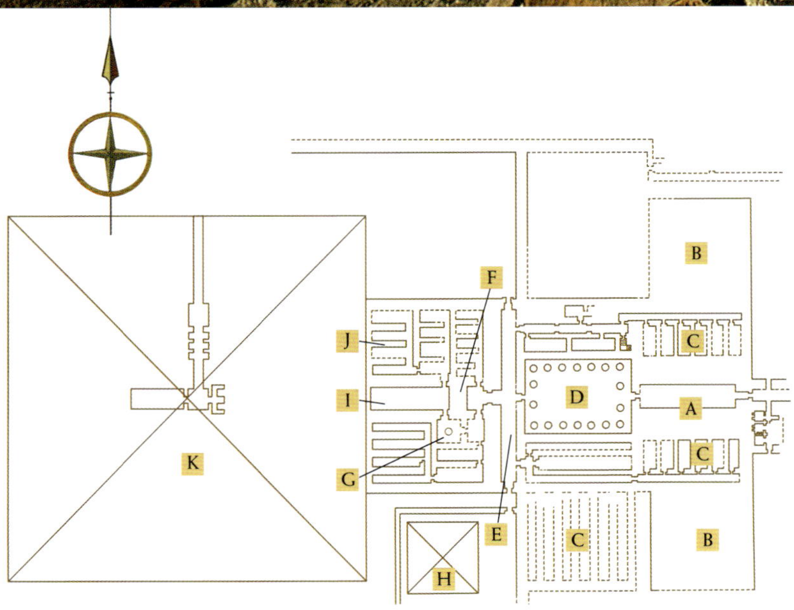

Grundriss der Pyramide und des Totentempels des Djedkara (nach V. Maragioglio und C. Rinaldi)

A *Eingangshalle*
B *Protopylone*
C *Magazinräume*
D *Säulenhof*
E *Quergang*
F *Kapelle mit fünf Nischen*
G antechambre carrée
H *Kultpyramide*
I *Opferhalle*
J *Magazinräume*
K *Hauptpyramide*

Rekonstruktion der Pyramide des Djedkare (nach M. Lehner)

A *Eingangskapelle*
B *Absteigender Korridor*
C *Vestibül*
D *Fallsteine*
E *Vorkammer*
F *Grabkammer*
G *Drei Magazinräume*
H *Kultpyramide*

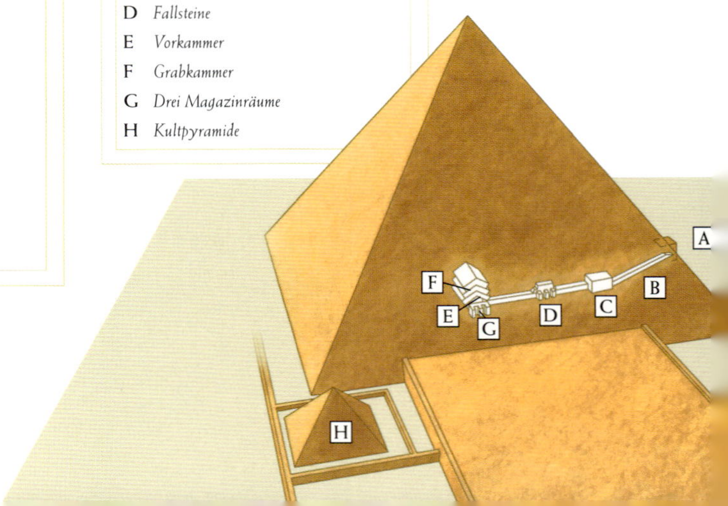

Djedkare

257 rechts
Polychrome Holzstatue der Hedjebtnebu, der Tochter des Djedkare. Kairo, Ägyptisches Museum.

Djedkare (auch Djedkare-Isesi genannt) wählte für den Bau seines Grabmonuments eine Stelle in Sakkara-Süd; entweder hatte es in Abusir keinen günstigen Platz dafür gegeben oder es waren andere Gründe ausschlaggebend für diese Wahl gewesen. Djedkares Pyramide, von Steinräubern stark beschädigt, wurde erst in der Mitte des zwanzigsten Jahrhunderts von Alexander Varille, Abdel Salam Hussein und schließlich von Ahmed Fakhry archäologisch untersucht. Bedauerlicherweise ging die Dokumentation der Ausgrabungsarbeiten verloren, und die Forschungsergebnisse wurden nie vollständig veröffentlicht.

Djedkares Monument folgte im Wesentlichen dem Konzept der zuvor gebauten Pyramidenanlagen der 5. Dynastie. Von der Verkleidung aus feinem weißem Kalkstein existieren an Ort und Stelle nur noch Reste. Im Gegensatz zu den früheren Pyramiden begann der absteigende Korridor hier auf der Höhe des Hofpflasters vor der Nordmauer der Pyramide.

Eine weitere Neuerung tauchte im Grundriss der unterirdischen Pyramidenanlage auf: ein kleiner Raum mit drei tiefen Nischen in der Ostwand. Dieser östlich von der Vorkammer abgehende Raum wurde als Magazin genutzt. In den Ruinen der Grabkammer entdeckte man die Überreste des königlichen Sarges – Fragmente eines Sarkophages aus dunkler Grauwacke, Bruchstücke von Kanopenkrügen aus Alabaster und kleine Stücke des mumifizierten Leichnams eines (nach altägyptischem Maßstab) alten Mannes von etwa fünfzig Jahren.

Vor dem Bau des Totentempels hatte man den stark geneigten Boden vor der Ostseite der Pyramide durch eine künstlich angelegte Terrasse nivellieren müssen. Der Tempelgrundriss folgte im Wesentlichen dem von Sahure und Neuserre entwickelten Konzept. In den Tempel gelangte man von Osten durch eine lange, überwölbte Halle mit je sechs Magazinräumen zu beiden Seiten. Die Halle ging auf einen großen Hof hinaus, den eine Reihe Palmsäulen aus Rosengranit umgab. Der Weg setzte sich nach Westen durch den Quergang, die Fünfnischen-Kapelle und die *antechambre carrée* zu der von weiteren Magazinräumen umgebenen Opferhalle fort. Die östliche Tempelfassade wurde von zwei turmähnlichen Massiven dominiert, die in gewisser Weise den Bauten in Neuserres Totentempel ähnelten.

Vor der Südostecke der Pyramide stand eine kleine Kultpyramide mit einer eigenen Umwallung aus Kalkstein. Der leicht nach Süden abweichende Aufweg und der Taltempel sind bisher noch nicht ausgegraben worden.

An den Nordflügel der Umfassungsmauer des Totentempels grenzt der kleine Pyramidenbezirk einer unbekannten Königin, vermutlich der Gemahlin König Djedkares. Der Grundriss dieses Bezirks besteht aus einer Pyramide, einer kleinen Kultpyramide, einem Totentempel und einer Umfassungsmauer; er ist in vielerlei Hinsicht sehr originell. Den Tempel betrat man von Westen, vom Pyramidenhof, durch eine lange Halle, deren Decke von einer Reihe sechsstängliger Papyrussäulen aus Kalkstein getragen wurde. Säulen dieser Art schmückten auch den offenen Säulenhof nördlich der Eingangshalle. Nördlich des Hofes lag eine Galerie aus zehn Magazinräumen. Der westliche, private Teil des Tempels umfasste die *antechambre carrée*, die Kapelle mit drei Nischen für die Kultstatuen der Königin und die Opferhalle. Nach Ansicht Fakhrys sind Teile der Reliefdekoration des Tempels nachträglich verändert worden. Diese Veränderungen veranlassten einige Gelehrte zu der Annahme, dass nach Djedkares Tod und vor der Inthronisierung des Unas (des Sohnes der Königin?) die Königin selbst eine Zeit lang geherrscht hatte. Diese und andere Fragen rund um Djedkares Pyramidenkomplex lassen sich jedoch ohne eine neue, gründliche Untersuchung des gesamten Monuments einschließlich der Königinpyramide kaum beantworten.

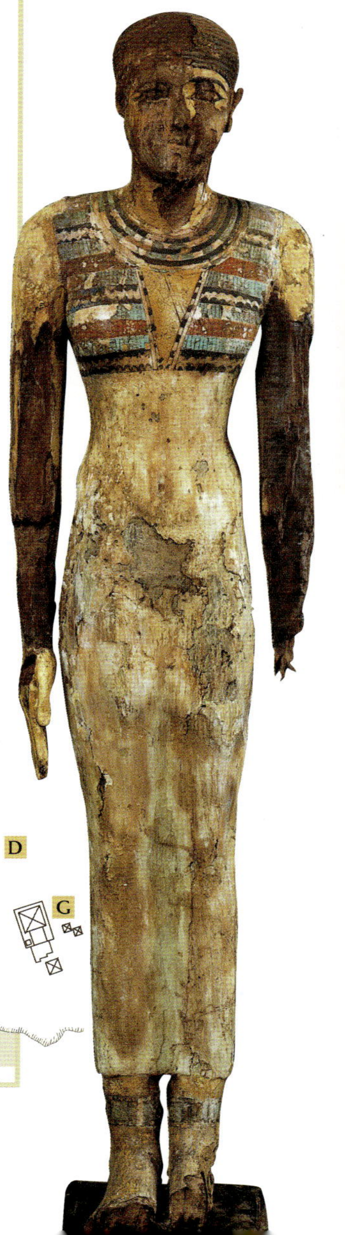

Das Pyramidenfeld in Sakkara (nach A. Labrousse)

- A *Djoser*
- B *Sechemchet*
- C *Schepseskaf*
- D *Userkaf*
- E *Djedkare*
- F *Unas*
- G *Teti*
- H *Pepi I.*
- I *Merenre*
- J *Pepi II.*
- K *Ibi*

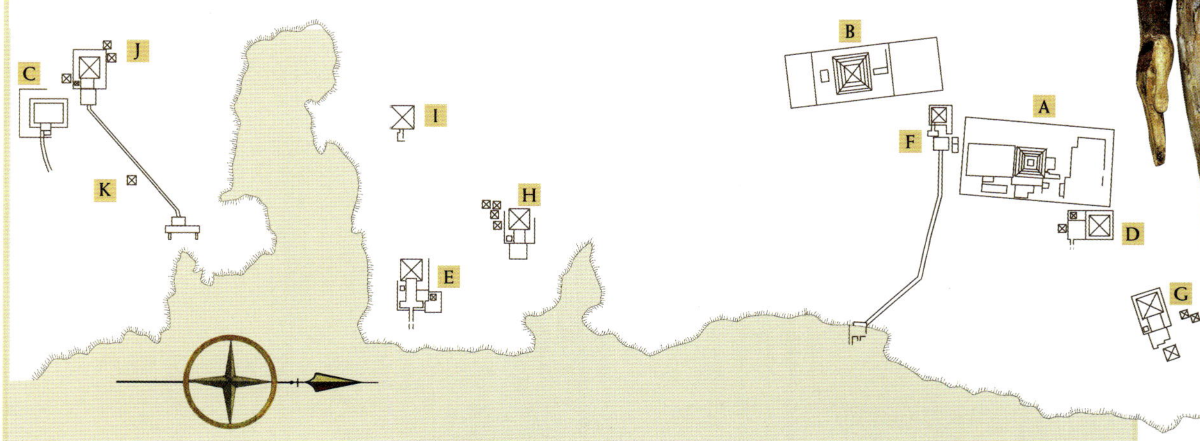

Unas

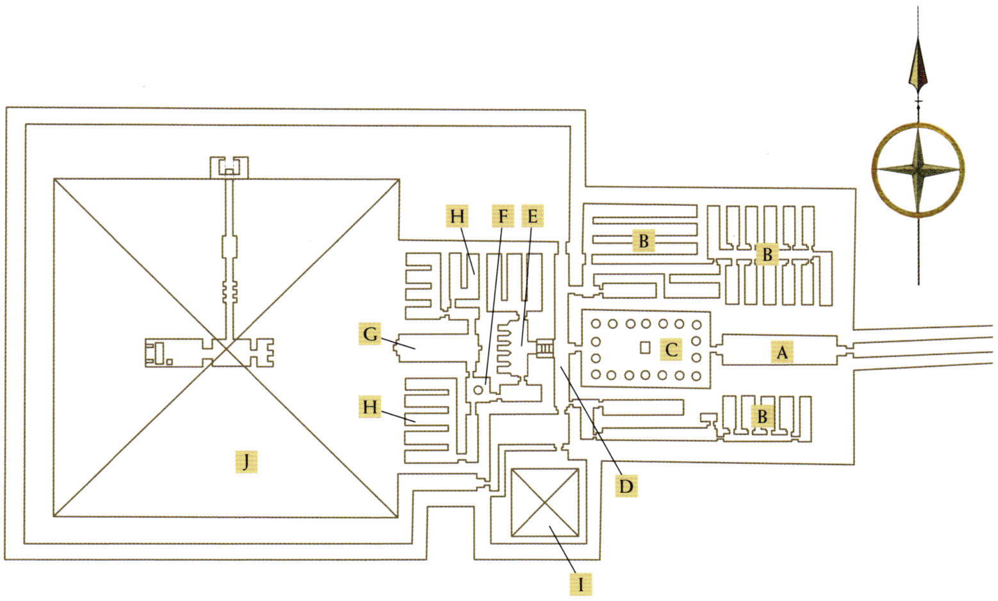

Grundriss der Pyramide und des Totentempels des Unas (nach J.-Ph. Lauer)

- A *Eingangshalle*
- B *Magazinräume*
- C *Säulenhof*
- D *Quergang*
- E *Kapelle mit fünf Nischen*
- F antechambre carrée
- G *Opferhalle*
- H *Magazinräume*
- I *Kultpyramide*
- J *Hauptpyramide*

258–259
Von Westen aufgenommenes Luftbild des gesamten Pyramidenbezirks König Unas'.

259 oben
Ausschnitt aus dem Pyramidentext in der Unas-Pyramide.

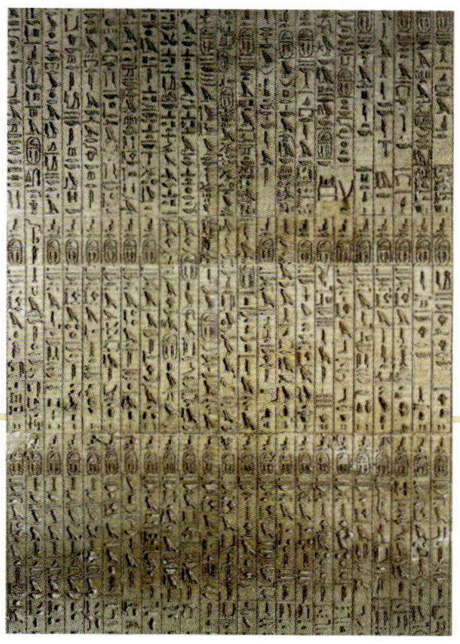

Wie der Begründer der 5. Dynastie, so kehrte auch deren letzter König Unas bei der Planung seiner Pyramide in den „Schatten" der Stufenpyramide zurück. Im Gegensatz zu Userkaf ließ Unas sein Grabmonument jedoch neben den Südflügel des Großen Grabens bauen. Mit ihrer Höhe von rund dreiundvierzig Metern ist die Unas-Pyramide „Vollkommen sind die (Kult-)Stätten des Unas" die kleinste Königspyramide aus der Zeit der 5. Dynastie. Dennoch stellt sie einen weiteren Meilenstein in der Entwicklung der altägyptischen Königsgräber dar, denn an den Wänden ihrer unterirdischen Kammern tauchten erstmals die so genannten Pyramidentexte, eine Zusammenstellung verschiedener religiöser Inschriften (Litaneien, Hymnen, Göttersprüche, Rezitationen usw.), auf, die sich auf das jenseitige Leben des Königs bezogen. Die Pyramidenanlage des Unas wurde schrittweise unter Leitung von Alexandre Barsanti, Jean-Philippe Lauer und Ahmed Moussa ausgegraben.

Mit Ausnahme des nicht mehr abweichenden, sondern gerade verlaufenden absteigenden Korridors ähnelte der Grundriss der relativ gut erhaltenen unterirdischen Anlage der des Djedkare. Direkt vor dem Übergang in die Vorkammer war der Korridor mit Fallsteinen aus Rosengranit versperrt, was die Grabräuber allerdings nicht an der Plünderung des königlichen Sarges hinderte. An der mit einer stilisierten Palastfassade geschmückten Westwand stand ein Sarkophag aus dunkler Grauwacke, der bereits im Altertum ausgeraubt worden war. Die Kammerwände waren mit blaugrün gemalten Pyramidentexten bedeckt, das Giebeldach zeigte die Sterne vor blauem Hintergrund. Die Kammer repräsentierte also die Unterwelt, aus der dem altägyptischen Glauben zufolge der wiedererweckte König durch den Korridor zum Himmel aufstieg, um zu einem der nie untergehenden Zirkumpolarsterne zu werden.

Der Grundriss des Totentempels vor der östlichen Pyramidenseite unterschied sich nicht bedeutend vom Plan des Totentempels des Djedkare. Die turmartigen Bauten an der Ostfassade hatte man allerdings weggelassen. Die Decke des Umgangs rund um den offenen Hof ruhte auf Palmsäulen aus Rosengranit. Einige der Säulen wurden später, in der 21. und 22. Dynastie, entfernt und in anderen Bauwerken in Tanis im östlichen Delta wieder verwendet. Die gleiche Säulenart, diesmal aus bräunlichem Quarzit, stützte die Decke der *antechambre carrée*. Von der schönen Reliefdekoration an den Kalksteinwänden des Tempels wurden nur Bruchstücke gefunden (beispielsweise ein kleiner Teil der Scheintür, das sich noch am ursprünglichen Ort an der Westwand der Opferhalle befand).

Ein über 720 Meter langer Aufweg verband den Totentempel mit dem Taltempel. Für den Bau dieses Aufweges mussten einige ältere Grabstätten (z. B. die *Mastaba* von Chnumhotep und Nianchnum) abgerissen werden. Unter den Reliefs, die von der ursprünglichen Dekoration der Innenmauern des Aufweges noch existieren, befindet sich die berühmte Szene mit den hungernden Beduinen, die bei Ägyptologen lange Zeit als Beleg für eine ökologisch angespannte Situation in Nordostafrika und für den Rückzug der Wüstennomaden in das Niltal am Ende der 5. Dynastie (siehe oben, Aufweg des Sahure) galt.

Südlich des oberen Endes des Aufwegs wurde ein Paar großer, mit Kalkstein verkleideter Bootsgruben frei gelegt. Die Gruben enthielten ursprünglich wahrscheinlich zwei hölzerne Bestattungsbarken. Diese sollte der tote König symbolisch benutzen, wenn er den Sonnengott bei dessen Tag- und Nachtfahrten über den Himmel begleitete.

Die Portiken des Taltempels waren von Palmsäulen aus Rosengranit geschmückt. Der Hauptportikus besaß acht Säulen, und an der Ostseite des Tempels lag eine Anlegerampe. An der Nord- und der Südseite des Tempels befanden sich zwei kleinere Portiken, beide mit einem Säulenpaar und einer Anlegerampe. Unter den wichtigen Funden, die man in diesem Tempel machte, war überraschenderweise auch ein Sarkophag aus dunkler Grauwacke mit der Mumie des „Königssohnes Ptahschepses". Unas' Gemahlinnen, die Königinnen Nebet und Chenut, wurden nicht in Pyramiden, sondern in *Mastabas* nördlich des königlichen Totentempels bestattet.

Über tausend Jahre nach seiner Fertigstellung wurde der Pyramidenbezirk des Unas für eine Zeit lang erneut zum Bauplatz. Wie durch eine Inschrift an der Südmauer der Unas-Pyramide bezeugt, hatte Prinz Chaemwaset, der Sohn Ramses' II. und Hohepriester des Ptah in Memphis, der ein großer Bewunderer der Pyramiden seiner königlichen Vorgänger war, die Restaurierung des zerstörten Monuments befohlen. Seine „Restaurierungsinschriften" wurden auch an einigen anderen Pyramiden aus der Zeit des Alten Reiches entdeckt.

259 *Mitte rechts*
Die Wände der Vorkammer in der Pyramide des Unas sind mit Pyramidentexten bedeckt.

259 *unten rechts*
Die Grabkammer mit dem Sarkophag König Unas'.

Kapitel 21

Die Blöcke von Abusir

Zahi Hawass und Miroslav Verner

Der Supreme Council of Antiquities beschloss unlängst, die Ausgrabungsstätte von Abusir für den Fremdenverkehr zugänglich zu machen und entsprechend herzurichten. Dazu sollten der Totentempel des Sahure restauriert und Laufstege für die Besucher angelegt werden. In dem Bereich, wo Ludwig Borchardt zu Beginn des zwanzigsten Jahrhunderts Grabungen durchgeführt und die Grabanlage des Sahure erkundet hatte, lag noch bergeweise Schutt. Ich bat Mohammed Moselhy, den Fahrer unseres Frontladers in Giseh, das Areal nördlich des Aufwegs des Sahure frei zu räumen. Moselhy war einen Monat lang damit beschäftigt, die Sandmassen vorsichtig beiseite zu transportieren. Eines Tages stieß der Frontlader auf einen Kalksteinblock, worauf Moselhy seine Arbeit unterbrach, um sich den Stein näher anzuschauen.

Bei der Untersuchung des Fundes bemerkte Moselhy, dass in den Stein schöne Darstellungen eingemeißelt waren. Er machte einige Aufnahmen davon und zeigte sie mir. Ich sah sofort, dass es sich hier um wichtige Darstellungen in Verbindung mit dem Bau der Unas-Pyramide handelte. In der Nähe des ersten fanden wir drei weitere beschriftete Blöcke und konnten nun feststellen, dass diese Blöcke ursprünglich zur Verkleidung des unteren Teils der Nordwand vom Korridor des Sahure-Aufwegs gehört hatten. Ähnliche Blöcke hatte Borchardt bei seinen Ausgrabungen zu Beginn des zwanzigsten Jahrhunderts gefunden; da wir nun ebenfalls fündig geworden waren, hatte er offensichtlich nicht das gesamte Areal abgesucht. Die vier neuen Blöcke stammten eindeutig aus ein und demselben Umfeld an der Mauer des Aufweges, passten jedoch nicht zusammen.

Die dekorierte Fläche eines jeden Blocks nimmt etwa zwei Quadratmeter ein. An der Unterseite der Blöcke sind die Reste eines geometrischen Frieses erhalten. Die Reliefdekoration ist von außergewöhnlich hoher Qualität. Die Feinheit der Reliefs erschwerte das Fotografieren der Blöcke so sehr, dass die Aufnahmen abends bei künstlichem Licht gemacht werden mussten. Von der ursprünglichen Farbe auf den Reliefs haben nur winzige Partikel den Lauf der Zeit überdauert.

260
Zwei der unlängst entdeckten Blöcke vom Aufweg des Sahure. 5. Dynastie. Abusir.

260–261
Block von der Decke des Sahure-Aufwegs mit der Darstellung von Sternen. 5. Dynastie. Abusir.

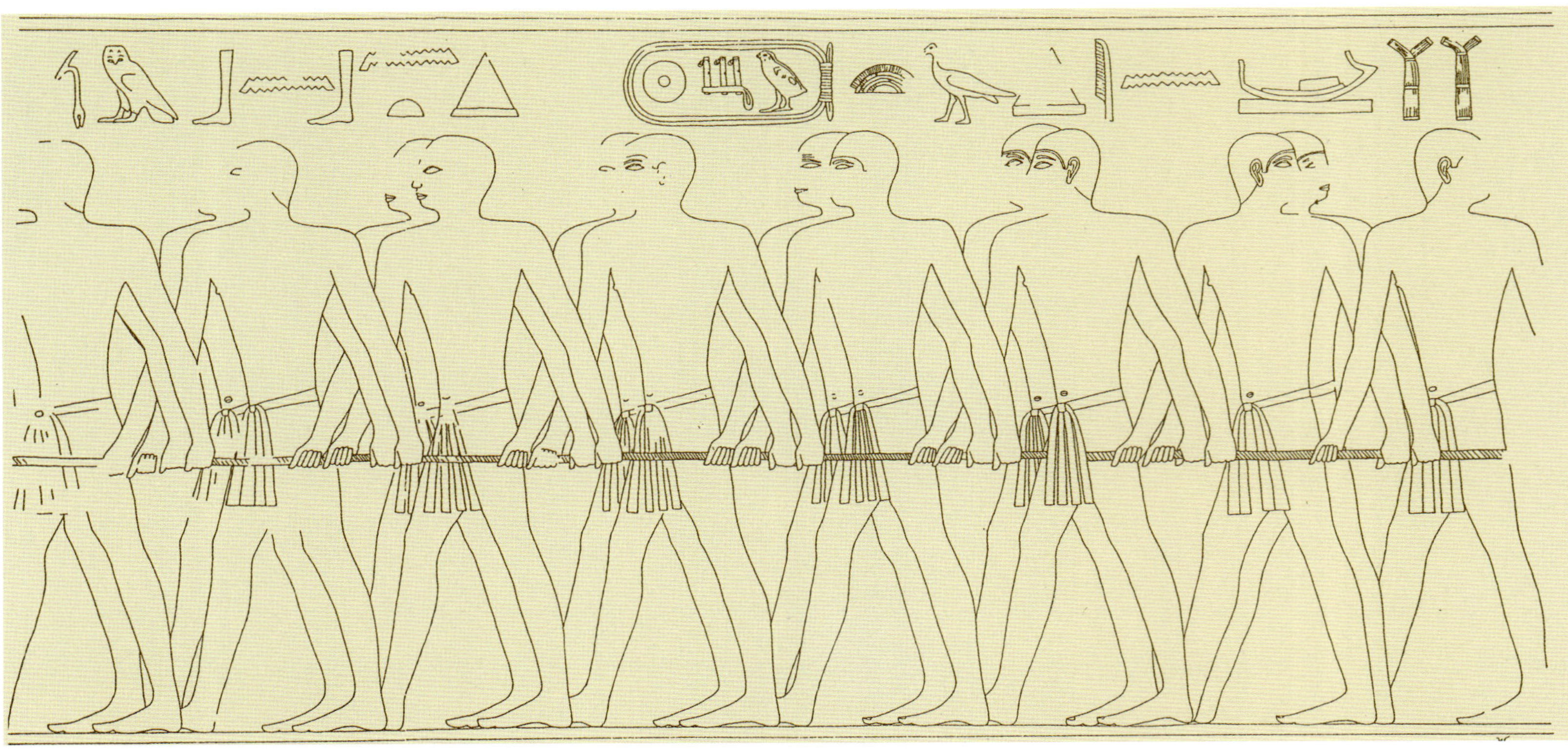

262
Arbeiter beim Heranziehen des Schlusssteins für die Pyramide König Sahures. Strichzeichnung: M. Verner (nach einem Relief von einem Block aus dem Aufweg der Pyramidenanlage des Sahure). 5. Dynastie. Abusir.

Auf dem ersten Block befinden sich fünf Register mit verschiedenen Szenen. Das oberste Register zeigt Darstellungen von Nahrungsmitteln, die als Opfer dargebracht wurden – Obst, Gemüse sowie zum Trocknen aufgehängte Fische und Fleischstücke. Im zweiten Register ist eine Reihe von Männern zu sehen, die an einem Seil ziehen. Der Gegenstand, den sie ziehen, ist nicht mehr zu sehen, doch die Inschrift lautete: „[Das Heranschaffen] des Pyramidions, [belegt mit] Elektrum, zur Pyramide". Der Schlussstein wird auf einem Holzschlitten gezogen. Ein Mann, der sich vor dem Schlitten niederbeugt, gießt Wasser auf den Boden, um die Reibung zu vermindern. Hinter ihm steht der Aufseher der Arbeiten; er hält ein Zepter von der Form eines menschlichen Arms in der Hand.

Eine winzige Kuriosität ist das Graffito, das einen auf das Pyramidion schießenden Bogenschützen darstellt; die Figur überlagert die Gestalt des Mannes, der Wasser vor die Schlittenkufen gießt. Der Schöpfer des Graffitos könnte von einer Szene auf Block Vier inspiriert worden sein, in der ein Bogenschütze bei Zielübungen zu sehen ist. Ebenfalls auf Block Eins gibt es eine Reihe Männer, die am Aufweg entlang gehen und dabei zur Grabausrüstung gehörende Sessel und Stäbe tragen; Szenen, die die verschiedenen Phasen des Schlachtens von Tieren zeigen; und eine Reihe Männer, die kurze Stäbe in den Händen halten. Den Inschriften zufolge handelt es sich bei diesen Männern um „die königlichen Gefolgsleute" und „die königlichen Pächter".

Der zweite Block ist das kleinste und am stärksten erodierte Exemplar der vier Fundstücke; auf die schlechte Steinqualität weist die Tatsache hin, dass man das Material geflickt hatte, bevor die Reliefs eingemeißelt werden konnten. Die Reliefs sind wie bei Block Eins in fünf Registern angeordnet. Das erste Register stellt Opfertafeln und Körbe mit Obst und Gemüse, mit Wein und Bier gefüllte Gefäße und ähnliche Dinge dar. Das zweite Register enthält nur Reste von verschiedenen Szenen. Links bringt eine Gruppe Frauen Tabletts mit Opfergaben; den Frauen folgt eine Gruppe sich verneigender Männer. Rechts führen zwei Männergruppen einen Tanz mit einem Seil auf. Rechts im dritten Register tragen einige Männer Kästen mit Gegenständen für die Grabausrüstung herbei. Links verneigen sich Höflinge in Richtung der Pyramide. Das vierte Register enthält wiederum Darstellungen verschiedener Phasen des Schlachtens von Tieren. Das fünfte Register zeigt eine weitere Gruppe von Höflingen, die sich zur Pyramide hin verbeugen.

Die Reliefs auf Block Drei sind wiederum in fünf Registern angeordnet und innerhalb eines Registers in zwei Hälften unterteilt. Das erste Register zeigt wie bisher Opfergaben. Links im Register sind die Beine einer Reihe von Opferträgern zu sehen. Im zweiten Register verbeugen sich einige Männer – Mitglieder des königlichen Gefolges – mit Stäben in den Händen. Rechts tritt eine Gruppe junger Tänzerinnen auf. Sie sind als Angehörige des *chener* gekennzeichnet, was man im Allgemeinen mit „Harem" übersetzt. Diese Übersetzung ist allerdings irreführend, denn obgleich zu den königlichen Mitgliedern des *chener* fast mit Sicherheit auch die Gemahlinnen und Mätressen des Königs gehörten, war *chener* in erster Linie eine administrative und ökonomische Institution, eine unabhängige Einrichtung, die mit dem Königspalast in Verbindung stand.

Links im dritten Register ist eine Reihe sich verneigender Männer dargestellt, von denen einige Stäbe, andere lange Gegenstände (vielleicht aufgerollte Matten oder Leinenstoffe) tragen; rechts sind einige junge Tänzer in Aktion zu sehen. Die Inschriften bezeichnen die Männer als Mitglieder zweier verschiedener Gruppen, der ***š3hw-r' sspw*** und der ***š3hw-r' smsw*** – der Adligen des Sahure und der Höflinge des Sahure. Links im vierten Register ist wiederum eine Reihe von Männern, Mitglieder der Gruppen ***š3hw-r'*** …[?] und ***nbty-nb-h' w-rhw***, dargestellt, die sich zur Pyramide hin verneigen. Die Männer tragen wie im dritten Register Stäbe und zusammengerollte Gegenstände. Rechts schreiten einige Männer, die Opfergaben bringen, in die entgegengesetzte Richtung.

Auf der linken Seite des fünften Registers verbeugt sich eine Gruppe Männer in Richtung der Pyramide. Auf der rechten Seite ist ein großer Teil des Registers rechts von der vertikalen Linie mit einer Darstellung von Höflingen und hohen Beamten ausgefüllt, die mit dem Rücken zur Pyramide stehen. Die Männer haben ihre Hände auf die Knie gelegt und blicken mit Verwunderung auf eine Gruppe am Boden sitzender Beduinen. Diese Gruppe ist in zwei Halbregistern angeordnet. Die Beduinen sind ausgemergelt und die meisten von ihnen haben die Arme in einer flehentlichen Geste erhoben. Einer von ihnen ist vor Hunger so schwach, dass er nicht einmal seine Hände heben kann. Ein anderer am Ende des oberen Registers kann vor Schwäche nicht einmal sitzen wie die anderen, sondern lehnt sich stattdessen nach hinten. Einige Beduinen sind mit einem Schurz bekleidet, die anderen sind nackt. Einige tragen eine Perücke, die anderen eine Mähne aus ungekämmtem Haar. Die Männer sind so stark abgezehrt, dass ihre Knochen hervortreten. Über der Beduinenszene sind Reste einer Inschrift erhalten, die lauten: „...[Pyramidion?] sehr viel in den Drei Großen Hallen".

Die Gestalten der Beduinen, insbesondere die Gesichter, wurden später mit einem spitzen Metallpickel zerstört; das geschah vermutlich, als die Blöcke noch *in situ* lagen. Als Grund dafür wäre denkbar, dass die Beduinen, die Bewohner der Wüste, einst als natürliche Feinde der Bewohner des Niltals galten. Die Zerstörung geht möglicherweise auf die Zeit des Neuen Reiches zurück, als der Nebenkult einer unter dem Namen „Sahures Sachmet" genannten Göttin im Ostteil des Totentempels seine Blütezeit hatte. Deutliche Spuren eines rot gemalten Rasters deuten darauf hin, dass die Szene später kopiert wurde – wahrscheinlich in der Saitenzeit, obgleich auch die spätere 5. Dynastie nicht ausgeschlossen werden kann.

Die Beduinenszene ist zwar unvollständig und die dazugehörige Inschrift etwas unklar, doch sie stellt unter den neu entdeckten Darstellungen wohl die erstaunlichste Episode dar. Eine ähnliche Szene vom Aufweg des Unas ist schon seit langem bekannt und wird als Beweis für eine Hungersnot in der Spätzeit der 5. Dynastie interpretiert. Die Entdeckung des neuen Reliefs nimmt der Szene bei Unas natürlich den Anspruch auf Erstmaligkeit und Originalität. Gleichzeitig eröffnet sie die Möglichkeit, die bislang anerkannte Interpretation der Szene zu revidieren.

Sicher ist, dass die Szene vom Aufweg des Sahure mit der Darstellung hungergeschwächter Beduinen für die altägyptischen Würdenträger, die sie einst betrachteten, eine exotische Attraktion war. In der Inschrift über den Beduinen wird, auch wenn sie unvollständig und fragwürdig ist, sehr wahrscheinlich das Pyramidion erwähnt. Das gibt der Szene eine Bedeutung, die sich von der bisherigen Vermutung unterscheidet: Die Szene ist nicht nur ein simples Beweisstück für die damalige ökologisch angespannte Situation und die Verschlechterung der Lebensbedingungen in den ans Niltal angrenzenden Gebieten. Nach dem Kontext all der neu entdeckten Darstellungen zu urteilen, gibt die Episode mit den Beduinen eher Aufschlüsse über die Unannehmlichkeiten, die die alten Ägypter bei der Suche nach einem Stein für das Pyramidion zu überwinden hatten, als über eine große Hungersnot. Zur Beschaffung des geeignetsten Steins mussten sich die Pyramidenbauer in die unwirtlichen Wüstenberge begeben, wo bei Wasser- und Nahrungsmangel nur die Beduinen lebten, die für die Würdenträger am Hof des Pharaos ein nie da gewesener Anblick waren. Zur Bestätigung dieser Annahme müsste natürlich der fehlende Teil der Szene gefunden werden. Es wurde auch die These aufgestellt, die Beduinen seien nach Ägypten gebracht worden, um am Königshof für irgendeine Untat, vielleicht für einen Überfall auf die Steinbrecherexpedition, zur Rechenschaft gezogen zu werden.

Auf dem vierten Block, der dem Totentempel am nächsten lag, überwiegen „sportliche" Darstellungen. Auch hier ist die Dekoration in fünf Registern angeordnet. Im ersten schießen Bogenschützen, jeder von einem Ausbilder begleitet, auf Ziele. Im zweiten Register sind zwei vollständig erhaltene und zwei unvollständige Männerpaare beim Stockkampf zu sehen. Die Kämpfe werden in kurzen Inschriften neben beiden Paaren knapp kommentiert. Im dritten Register sind sechs Männerpaare beim Freistilringen dargestellt. Der Schiedsrichter daneben beobachtet den Wettkampf aufmerksam. Die Inschriften über den Ringern bezeichnen diese als Angehörige von Sahures Mannschaft. Das vierte Register zeigt ein großes, mit Ruderern bemanntes Schiff. Von einem zweiten Schiff ist nur ein kleiner Teil erhalten. Die Szene ist voller Dynamik, denn sie zeigt die lange Reihe der Ruderer in unterschiedlichen Bewegungsphasen. Die Männer gehören zur Mannschaft des Sahure. Im untersten Register verneigt sich eine Reihe Männer in Richtung der Pyramide. Eine Gruppe von Männern stellt wohl die Baumeister mit Papyrusrollen unter dem Arm dar. Die Papyri enthalten zweifellos die Baupläne für die Pyramidenanlage. Den Baumeistern folgen die Mitglieder der Mannschaft *š3hw-r'-...*, die Stäbe halten.

Zum Abschluss soll die Bedeutung der oben beschriebenen Szenen gegeben, sollen einige Aspekte ihrer Entdeckung hervorgehoben werden. Die Verschiedenartigkeit der Themen in den Darstellungen überrascht und veranlasst uns, die bisher gültigen Vorstellungen von der monothematischen Dekoration der Aufwege in der Zeit des Alten Reiches zu überdenken. Diese Vorstellungen waren bereits in Frage gestellt worden, nachdem Selim Hassan die Reliefs vom Aufweg des Unas entdeckt hatte, deren Bedeutung jedoch vernachlässigt und in keiner Publikation bekannt gemacht wurde. Abgesehen von ihrer Vielfalt scheinen die neuen Szenen vom Aufweg des Sahure einen gemeinsamen Nenner zu besitzen – den Abschluss der Bauarbeiten an der Pyramide, die Vollzugsmeldung vor dem Pharao und schließlich die Feierlichkeiten und Opferzeremonien, die die Vollendung des Monuments begleiteten. Es soll jedoch noch einmal betont werden, dass uns diese Entdeckung den Weg zu einer Neubetrachtung des szenischen Programms in den Pyramiden des Alten Reiches, der Beziehung dieses Programms zur Architektur der Anlage und seiner religiösen und historischen Aspekte frei macht.

Die Szenen belegen, wie wichtig der Bau des Königsgrabes für das Leben der alten Ägypter war. Ohne die Aussage der Darstellungen verklären zu wollen, scheint die Bedeutung der Szenen doch weit von der fest verankerten Vorstellung entfernt zu sein, dass anonyme Volksmassen Sklavenarbeit am größenwahnsinnigen Bau der Pharaonengräber leisteten.

Dennoch ist im Moment wohl die archäologische Seite des Problems der dringendste Punkt unserer Überlegungen. Wir können damit rechnen, dass rund um den Aufweg des Sahure weitere verzierte Steinblöcke gefunden werden. Zusammen mit den erwähnten Blöcken wurden bereits mehrere Dutzend kleiner Reliefbruchstücke gefunden. Die Mitglieder der tschechischen Expedition entdeckten bei ihren Grabungen an dieser Stelle Hunderte weiterer Fragmente. Gewiss liegt noch viel mehr unter dem Sand begraben, doch das alles freizulegen wird nicht einfach sein; nach vorläufigen Schätzungen sind rund 30 000 Kubikmeter Sand und Schutt beiseite zu räumen und auf archäologisch wichtige Bruchstücke zu untersuchen. Das Ende der Geschichte ist also noch nicht abzusehen.

Es gibt hier drei wichtige Punkte, die ich ansprechen möchte. Die Darstellung vom Transport des Schlusssteins und die Szene der Tänzertruppe (*chener*) deuten darauf hin, dass das Pyramidion der letzte architektonische Bestandteil war, der auf die Pyramide aufgesetzt wurde. Das Aufsetzen des Steins zeigte an, dass die Pyramide fertig gestellt war; danach wurde das nationale Projekt vom gesamten Land gefeiert. Der Inschrift zufolge, die zur Darstellung der Ankunft des Schlusssteins gehört, war das Objekt mit Elektrum verkleidet.

Ein weiterer wichtiger Punkt, der durch die Entdeckung der neuen Blöcke geklärt wurde, hat mit der Beduinenszene zu tun. Eine identische Darstellung wurde bereits zu einem früheren Zeitpunkt des zwanzigsten Jahrhunderts von Selim Hassan in der Pyramidenanlage des Unas entdeckt und als Beweis für eine Hungersnot in der Zeit der 5. Dynastie interpretiert. Die zusätzlichen Informationen, die wir durch die neu entdeckte Szene und deren Kontext auf den neuen Blöcken erhalten haben, deuten darauf hin, dass diese Beduinen so ausgemergelt waren, weil sie aus der unwirtlichen Gegend stammten, in der der Stein für das Pyramidion gebrochen wurde, und dass die königliche Expedition sie als Gefangene mitgebracht hatte, damit sie im Pyramidenhof vor einen Richter gestellt würden.

Kapitel 22

Die Pyramiden der 6. Dynastie

Audran Labrousse

Die 6. und letzte Dynastie des Alten Reiches bestand vermutlich etwa anderthalb Jahrhunderte lang und zählte sieben Könige, die aus Memphis stammten. Derzeit kennt man erst vier Pyramiden, und zwar von Teti, Pepi I., Merenre und Pepi II. Die Gräber von Userkare, Merenre II. und Netjerkare Siptah (‚Nitokris') sind noch verborgen.

Obgleich über die 6. Dynastie bisweilen gesagt wurde, sie läute den Untergang des Alten Reiches ein, so trägt doch nichts in der Architektur oder der Grabdekoration dieser Zeit Anzeichen für einen Niedergang. Vielmehr war die 6. Dynastie eine Glanzzeit, nachdem die mit Beginn des Pyramidenzeitalters eingetretene Entwicklung in der 5. Dynastie ihren Höhepunkt erreicht hatte. Das Ergebnis war eine Architektur, in der Form und symbolische Funktion verschmolzen, deren Wirkung jedoch monoton werden musste. In ihr verwirklichte das Alte Reich unter der 6. Dynastie (vor seinem Untergang) eine stolze künstlerische Synthese der fünf Jahrhunderte seiner Existenz.

Die Königspyramiden der 6. Dynastie haben alle eine Seitenlänge von etwa 79 Metern und sind 52 Meter hoch (Maße der Pyramide des Sahure). Die Neigung beträgt 4 / 3 oder 52 ° (wie auch die Pyramide des Chephren, die mit einem 3 : 4 : 5-Dreieck berechnet worden war). Die Grabkammern sind stets gleich (festgelegt unter Djedkare-Isesi): eine Sargkammer mit Vorraum, darüber ein spitz zulaufendes Giebelgewölbe in Form eines umgedrehten V nach dem Vorbild der für die Cheops-Pyramide konzipierten Urform. Sie sind mit Inschriften der Pyramidentexte dekoriert, die zum ersten Mal in den Grabräumen des Unas in Erscheinung traten. Die Totentempel haben etwas Archaisches und erinnern stilistisch an den Beginn der 4. Dynastie. Ein Beispiel wäre die Rückkehr zum Pfeiler, nachdem bereits Palmsäulen eingesetzt worden waren, oder bei Flachreliefs die Dominanz von Szenen mit großen Figuren als typischem Merkmal (wie in Snofrus Grabanlage gesehen).

Wie bei den meisten Dynastiewechseln im Alten Reich bleibt im Dunkeln, wie die Macht von Unas auf Teti überging. Die Gründung der 6. Dynastie – sei es durch Thronfolge aufgrund von Eheschließung oder durch Thronraub – scheint prob-

264
Diese Statue von König Pepi I. hat durch die eingesetzten Augen einen besonders lebendigen Blick bekommen. Die lebensgroße Statue aus gehämmertem Kupfer wurde 1897–98 in Hierakonpolis entdeckt und befindet sich heute im Ägyptischen Museum in Kairo.

265
Dieses Detail – eine Entenjagd – veranschaulicht auf hervorragende Art und Weise, zu welcher Meisterschaft es die Kunsthandwerker der 6. Dynastie in Flachreliefarbeiten gebracht hatten. Fast hört man das aufgeregte Geschnatter der im hexagonalen Netz gefangenen Vogelschar.

lemlos verlaufen zu sein. Die Kontinuität in den Reihen des in beiden Regierungen tätigen Verwaltungspersonals veranschaulicht dies.

Teti wählte als Horusnamen Sehetep-tauj („Der die beiden Länder befriedet"). Es scheint, als habe er mit Erfolg eine Politik der Versöhnung betrieben. Zwar existieren nur wenige Königsbauten des Teti, sein Wirken als Gesetzgeber ist jedoch in Abydos vollständig dokumentiert. Dem dortigen Tempel erließ er die Steuern. Er war auch der erste Herrscher, der seinen Namen mit dem Tempel in Dendera verknüpfte. Ferner trat die Persönlichkeit Uni zum ersten Mal während der Herrschaft des Teti in Erscheinung. Uni war ein Musterbeamter mit einer Bilderbuchkarriere unter der Herrschaft dreier Pharaonen. Die Anfangszeilen seiner Autobiographie liefern Details über sein ruhmreiches Leben. Dem Jugendalter entwachsen – so heißt es dort – sei er unter der Herrschaft des Teti zum Oberaufseher über die Lagerhäuser, dann zum Aufseher des Palastpersonals bestellt worden. Später sei er zum Leiter der Rituale ernannt worden, zum Ältesten im alten Palast unter der Herrschaft des Pepi: Der König habe ihm die Position eines Freundes gegeben, er sei der oberste Priester der Stadt seiner Pyramide gewesen und [...] der König habe ihn zum Gouverneur des Staates in Hierakonpolis gemacht, denn er habe ihm mehr als jedem anderen seiner Diener vertraut.

Manetho zufolge wurde Teti, dessen letztes dokumentiertes Regierungsjahr das dreizehnte Jahr war, von seiner eigenen Wache ermordet. Die unvollendete Dekoration in seiner Pyramide mit dem Namen „Von Dauer sind die (Kult-)stätten des Teti" scheint diese These zu bestätigen. Die Pyramidentexte darinnen wurden nie gemalt. Großzügig verarbeitete man Alabaster im Gebäude und für die Kultgegenstände des Totentempels; zwei Inschriften, die man in den Steinbrüchen in Hatnub (Mittelägypten) fand, erinnern an Expeditionen, die der König organisiert hatte. Teti verfolgte außerdem eine Politik der Bündnisse mit dem Adel, indem er vier seiner Töchter mit Wesiren oder anderen hohen Beamten vermählte.

Derzeit laufende Ausgrabungsarbeiten des ägyptischen Supreme Council of Antiquities unter der Leitung von Dr. Zahi Hawass haben weitere Informationen über die Nekropole der königlichen Familie erbracht: Zwar ließ Teti seine zweite Gemahlin namens Iput II. in einer *Mastaba* beisetzen, für das Grab seiner Hauptgemahlin Chuit II. ließ er jedoch die Pyramidenform wieder aufleben, die für die Königinnen des Unas abgeschafft worden war. Dieses Modell sollte für den Rest der 6. Dynastie kopiert werden.

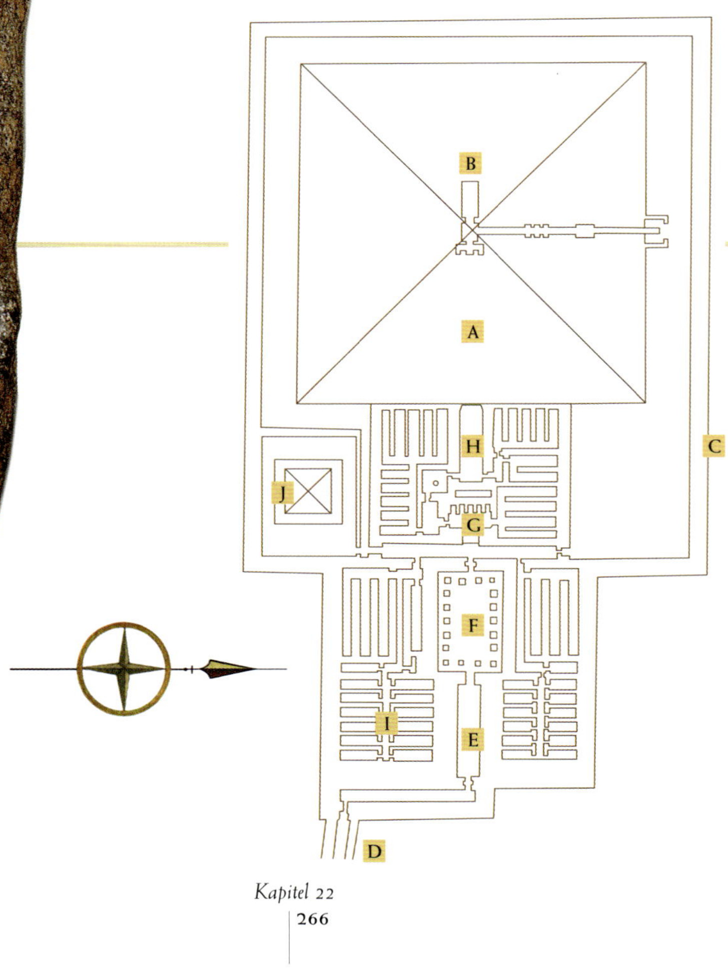

Grundriss der Grabanlage von König Teti nach J.-Ph. Lauer

- A *Königspyramide*
- B *Grabkammer mit Sarkophag*
- C *Umfassungsmauer*
- D *Ende des vom Taltempel kommenden Aufweges*
- E *Eingangshalle*
- F *Hof*
- G *Raum mit fünf Statuennischen*
- H *Heiligtum*
- I *Magazinräume für die Gegenstände des Totenkultes*
- J *Kleine Nebenpyramide*

Teti

266 links
Darstellung des Königs; in der klassischen gehenden Haltung trägt er die weiße Krone Oberägyptens. Gefunden im Totentempel des Teti; die kleine Granitstatue wurde gestützt auf eine antike Inschrift dem Herrscher zugeschrieben. Befindet sich heute im Ägyptischen Museum.

266–267
König Teti wählte für sein Grab einen Standort nördlich einer Diagonalen, die von den früheren Pyramiden des Sechemchet, des Djoser, des Unas und des Userkaf gebildet wird. Das Monument steht direkt unterhalb der Stufenpyramide des Djoser, am höchsten Punkt des Hochlandes.

267 unten links
Im Mittelalter wurden über dem Sarkophag König Teti Steine abgenommen, und die enormen Blöcke des Giebelgewölbes über der Sargkammer, die die Masse der Pyramide tragen, stürzten teilweise ein.

267 unten rechts
Die Pyramidentexte in dieser Grabkammer waren vollständig eingeschnitten, durch den frühen Tod des Königs (möglicherweise ein Mord) kam es jedoch nicht mehr zur Ausmalung: Die Farbe sollte symbolisch die Realität gewissermaßen in Besitz nehmen und die Zauberkraft der Texte verstärken.

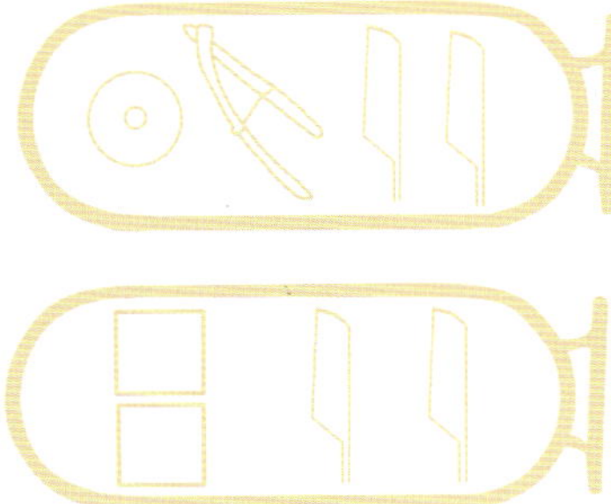

Userkare

Obwohl nicht durch Beweise zu untermauern, wurde die Hypothese aufgestellt, König Userkare – „Mächtig ist das Ka des Re" – sei der Drahtzieher in der Ermordung Tetis gewesen. Wahr oder nicht: dieser König, der in der „Königsliste" zwischen Teti und Pepi I. aufgeführt ist, hat wohl nur für kurze Zeit geherrscht. Die kürzlich identifizierten Annalen der 6. Dynastie lassen auf eine Regierungsdauer von höchstens vier Jahren schließen. Man hat keine Pyramide gefunden, die seinen Namen trägt, und auch die zahlreichen autobiographischen Texte aus dieser Zeit erwähnen ihn nicht. Abgesehen von einigen sehr seltenen Quellen scheint Userkares Name fast nicht zu existieren.

Pepi I.

König Pepi änderte seinen „Sohn des Re"-Namen von Nefersahor („Vollkommen ist der Schutz des Horus") in Merire („Den Re liebt"). Die Gründe sind nicht klar. Es wurde vermutet, Userkare sei ein Thronräuber gewesen, der zur selben Zeit wie Pepi I. in einem an das Delta angrenzenden Territorium regiert habe, und Pepi habe seinen Namen erst geändert, als sein Rivale endgültig bezwungen war.

Pepi I. wählte als Horusnamen Meritauj, „Der von den Beiden Ländern geliebt wird", und regierte mindestens ein halbes Jahrhundert lang. Mit seinen vielfältigen Aktivitäten außerhalb Ägyptens, den zahlreichen Gebäuden, die er in der Hauptstadt und im übrigen Land errichten ließ und der Neustrukturierung der Verwaltung führte er das Alte Reich zur höchsten Blüte. Die Königspyramide trägt den Namen Mennefer-Pepi, „Von Dauer ist die Schönheit des Pepi". Dieser Name bezeichnete später die Hauptstadt Ägyptens und wurde von den Griechen als „Memphis" transkribiert. Am Ende seiner Regierungszeit strengte Pepi I. einen Prozess gegen eine seiner Gemahlinnen an. Uni hielt dieses außergewöhnliche und in der ägyptischen Geschichte einmalige Ereignis in seiner Autobiographie fest und beschreibt, es habe ein geheimer Prozess im Harem gegen die Gemahlin des Königs stattgefunden, gegen seine Lieblingsfrau. Seine Majestät habe ihn hingehen lassen, um die Sache anzuhören, allein, ohne dass dort ein Wesir oder irgendein Beamter zugegen gewesen sei, [...] weil der König Vertrauen zu ihm gehegt habe. Allein habe er es schriftlich niedergelegt [...]. Niemals zuvor habe einer seines Ranges eine Geheimsache aus dem Harem des Königs gehört, so Uni.

Nach fast zwanzigjähriger Forschungsarbeit in der Grabanlage des Königs hat die Mission Archéologique Française im Totentempel viele hervorragende Dekorationselemente gefunden, darunter Darstellungen im Zusammenhang mit dem symbolischen Triumph Ägyptens über namhafte Völker. Es existieren viele solcher Bilder, beispielsweise Flachreliefs und Gefangenenfiguren. Zum ersten Mal wurden die Pyramidentexte gemalt, und zwar in einem schönen Grün als Omen für eine ruhmreiche und ewig währende Wiedergeburt über das Grab hinaus.

In Ausgrabungsarbeiten in der königlichen Nekropole legte man die Gräber von sechs königlichen Gemahlinnen sowie ein Prinzengrab frei. Sein Name war Hernetjerichet und er starb höchstwahrscheinlich, bevor er den Thron besteigen konnte. Ein anderer Sohn Pepis I. mit Namen Merenre wurde König.

268 unten links
Unter dem Giebelgewölbe, das das Gewicht der Pyramide mit trug, sind an den restaurierten Wänden um den Sarkophag Pepis I. herum noch immer Bruchstücke der Pyramidentexte zu sehen.

268 unten rechts
Die Pyramidentexte sind die ältesten Grabtexte der Menschheit. In poetischen Worten beschreiben Gebete, praktische Tipps und sogar Zauberformeln den symbolischen Weg des Königs vom Tode in das Leben. Die herrlich in den Stein gearbeiteten Hieroglyphen sind in dem warmen Grün junger Schösslinge im Frühling gemalt; diese mit Malachit hergestellte Farbe symbolisiert die Wiedergeburt Pepis I. in der Ewigkeit des Jenseits.

268–269
Hier sieht man die Grabruinen König Pepis I. und der königlichen Familie aus demselben Winkel wie in der nebenstehend abgebildeten virtuellen Rekonstruktion. Trotz umfassender Restaurierungsbemühungen wurde die Anlage im Laufe einer wechselvollen Zeit mehr oder weniger auf einen kleinen Rest ihrer einstigen Majestät reduziert.

269 oben
Diese virtuelle Rekonstruktion lässt die Perfektion der Geometrie der Architekturformen des Alten Reiches sichtbar werden. Neben der massigen Grabanlage von König Pepi I. erscheinen die Pyramiden der Königinnen; sie wirken so klein wie Nebenpyramiden. Computermodell von EDF/Labrousse.

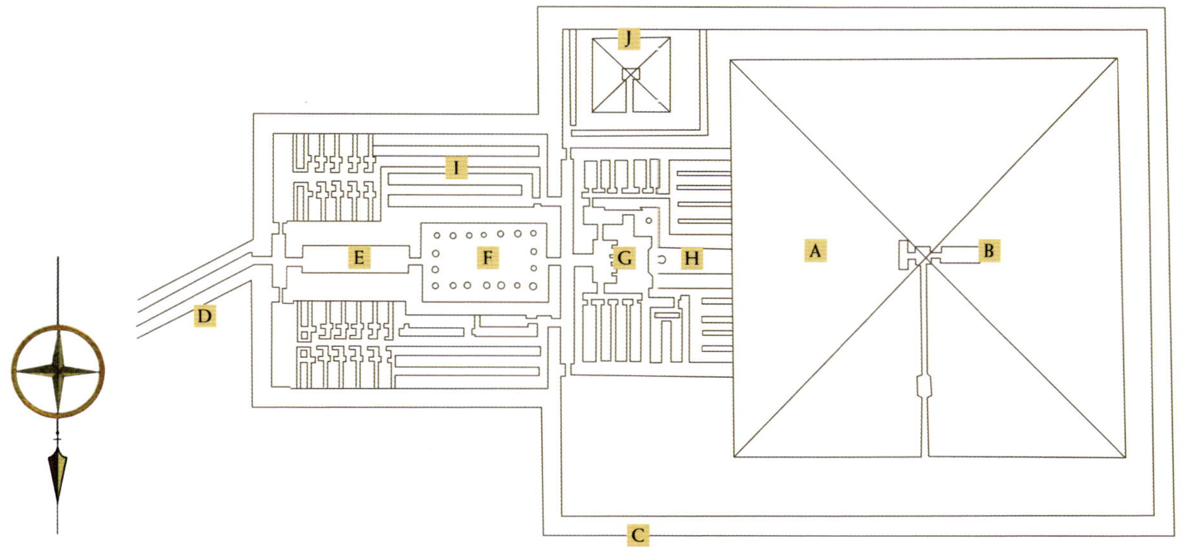

Grundriss der Grabanlage König Pepis I. nach A. Labrousse

- A *Königspyramide*
- B *Grabkammer mit Sarkophag*
- C *Umfassungsmauer*
- D *Ende des vom Taltempel kommenden Aufweges*
- E *Eingangshalle*
- F *Hof*
- G *Raum mit fünf Statuennischen*
- H *Heiligtum*
- I *Magazinräume für die Gegenstände des Totenkultes*
- J *Kleine Nebenpyramide*

Merenre I.

270 oben
Die Texte auf den Seitenwänden der Sargkammer Merenres I. sind zwar verschwunden, die Pyramidentexte hinter dem Sarkophag hingegen sind noch vorhanden. Der Sternenhimmel darüber orientierte sich in Richtung des toten Königs, um ihm bei der Auferstehung beizustehen.

270 unten rechts
Dieses Salbgefäß aus durchscheinendem Kalzit – eine Gabe des Königs – trägt als Inschrift den Namen König Merenres I. Ein Gefäß dieser Art wurde mehr wegen seiner Inschrift als wegen des darin enthaltenen Parfümöles oder Balsams geschätzt.

270–271
In der virtuellen Rekonstruktion ist der Eingang zur Pyramide des Merenre I. zu sehen. Direkt vor den drei Fallsteinen aus Granit, hier hochgezogen, besagt eine Inschrift, jeder, der Hand an diese Pyramide lege […], habe keine Heimstätte mehr; er werde ein Geächteter sein, einer, der sich selbst fresse. Computermodell von EDF/Labrousse

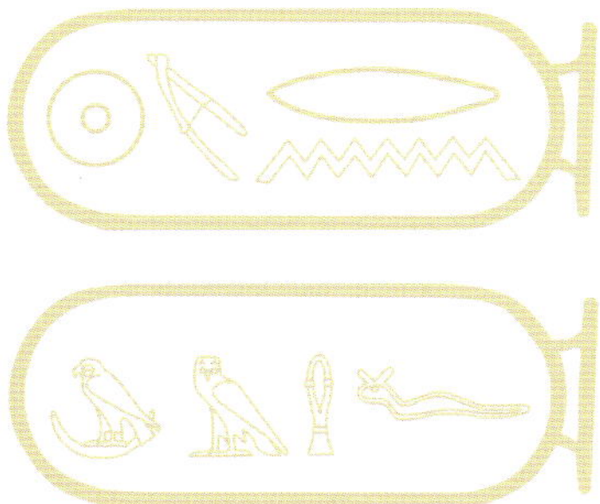

271 unten
Der kleine, etwa 7 cm lange Schiefersphinx König Merenres I. befindet sich heute im National Museum of Scotland. In den hohlen Menschenhänden hält der König kleine Gefäße als Opfergaben für die Götter.

Merenre bedeutet „Von Re geliebt". Als Horusnamen wählte er Anch Chau, „Die Lebendige Erscheinung". Es scheint, als sei seine Herrschaft nur von kurzer Dauer gewesen (lediglich elf Jahre sind schriftlich belegt), aber sie wurde ausführlich dokumentiert.

Die zwei wichtigsten Ereignisse seiner Regierungszeit waren ein Feldzug im Süden zur Unterwerfung Unternubiens und der Bau der Königspyramide. Beide Unternehmungen wurden vollendet. Auch hier liefert wieder der unersetzliche Uni die Fakten zu den Ereignissen. Er erzählt, Seine Majestät habe ihn nach Ibhat [Steinbruch in der Nubischen Wüste zwischen dem ersten und dem zweiten Katarakt] gesandt, damit er einen Sarkophag, einen Sarkophagdeckel sowie das *Pyramidion* herbei schaffe; diese sollten in der Pyramide mit dem Namen „Merenres Schönheit erglänzt" Verwendung finden. [Dann] sandte Seine Majestät ihn nach Elephantine, um für dieselbe Pyramide eine Scheintür aus Granit samt Opfertisch zu holen. Anschließend wandte er sich wieder nach Norden mit sechs Güterschiffen, drei Flößen, drei weiteren Booten und einem Kriegsschiff. Nie zuvor sei eine Reise nach Ibhat und Elephantine mit nur einem Kriegsschiff unternommen worden.

Ungeachtet der Bemühungen des Uni setzte der frühe Tod des Königs den Arbeiten am Totentempel ein Ende; die Dekoration war zu diesem Zeitpunkt erst im Anfangsstadium.

Nur eine von Merenres Königinnen ist mit Sicherheit bekannt: Anchnespepi II., die Witwe Pepis I. Vermutlich aber hat er seine Halbschwester Neith ebenfalls geheiratet. Nach dem Tod Ihres Mannes sollte sie Pepi II. ehelichen.

Pepi II.

272 oben
Diese reizende Kalzitstatuette von König Pepi II. aus seinen Kindertagen stellt den König nackt und in kauernder Haltung dar, eine Hand – nun abgebrochen – hielt er vor den Mund. Der Knabe hat keine seitliche Jugendlocke, sondern kurzes Haar und eine Uräusschlange auf der Stirn.

272–273
Die letzte, noch zu erforschende Pyramide des alten Reiches ist die Pyramide Pepis II. Seine überaus lange Regierungszeit ging mit den Unruhen der ersten ägyptischen Revolution zu Ende, die von Ägyptologen mit dem Begriff Erste Zwischenzeit bezeichnet wird.

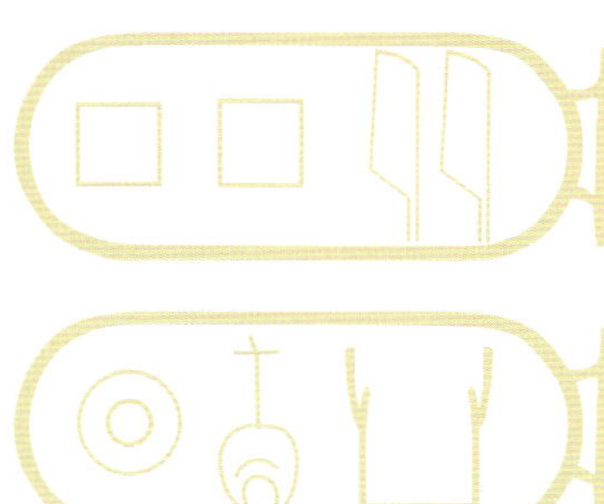

273 oben und Mitte
Vorraum und Grabkammer in der Pyramide Pepis II. sind mit Pyramidentexten versehen, die unter anderem besagen, dass das Leben des Königs ewig währt.

273 unten
Das Computermodell links auf der Seite (J.-Ph. Lauer) rekonstruiert die Grabanlage von Pepi II. und von drei Königinnen, rechts ist der Grundriss der Nekropole Pepis II. zu sehen.

Pepi II. wählte als Horusnamen Netjerchau, „Göttliche Erscheinungen". Manetho zufolge bestieg Pepi II. den Thron im Alter von sechs Jahren und blieb König, bis er hundert Jahre alt war. Damit absolvierte er die längste Regierungszeit der Geschichte. Diese Behauptung ist aber nicht ganz wörtlich zu nehmen: Zum einen führte die Witwe Merenres I., Königin Anchnespepi II., solange die Amtsgeschäfte, bis er das entsprechende Alter erreicht hatte, und zum anderen ist das sechsundsechzigste Jahr das letzte dokumentierte Jahr, folglich liegt nahe, dass der König im Alter von 72 Jahren verstarb.

Hohe Beamte der Provinz aus dieser Zeit hinterließen viele autobiographische Texte, die von gefährlichen Expeditionen in den Süden berichten. Zu den berühmtesten Schriften zählt der Text des Harhuf, in dem er einen Brief von Pepi II. wiedergibt. Er handelt von einem Pygmäen, den man dem damals zehnjährigen König zur Unterhaltung mitgebracht hatte. Der König nimmt Bezug auf die Worte des Adressaten, denn dieser habe gesagt, er habe einen Gottestänzer aus dem Land der Bewohner des östlichen Horizonts mitgebracht, einen solchen Zwerg, wie ihn der Schatzmeister des Gottes Urdjededba aus Punt mitgebracht habe zur Zeit des Asosi. Er habe seiner Majestät – also dem jungen König – gesagt, dass niemals einer wie er von irgendeinem anderen mitgebracht worden sei, der vordem das Land Jam besucht hatte. Er müsse sogleich stromab zur Residenz kommen, sich eilen und diesen Gottestänzer mitbringen, von dem er berichte, er sei am Leben und gesund und sicher, und der das Herz des Königs von Ober- und Unterägypten erfreuen solle, Neferkare, er lebe immerdar! Wenn der Pygmäe mit ihm hinabgehe in das Schiff, so müsse er zuverlässige Leute bereitstellen, die um ihn sind auf dem Deck, er müsse aufpassen, dass er nicht ins Wasser falle! Ferner müssen auch zuverlässige Leute um ihn herum in seiner Kabine die Nacht verbringen, und er selbst solle in der Nacht zehn Mal nachschauen.

Die Nekropole von König Pepi II.

A *Taltempel*
B *Aufweg*
C *Totentempel*
D *Pyramide Pepis II.*
E *Nebenpyramide*
F *Pyramide der Königsmutter Neith*
G *Pyramide von Königin Iput II.*
H *Pyramide von Königin Udjebten*

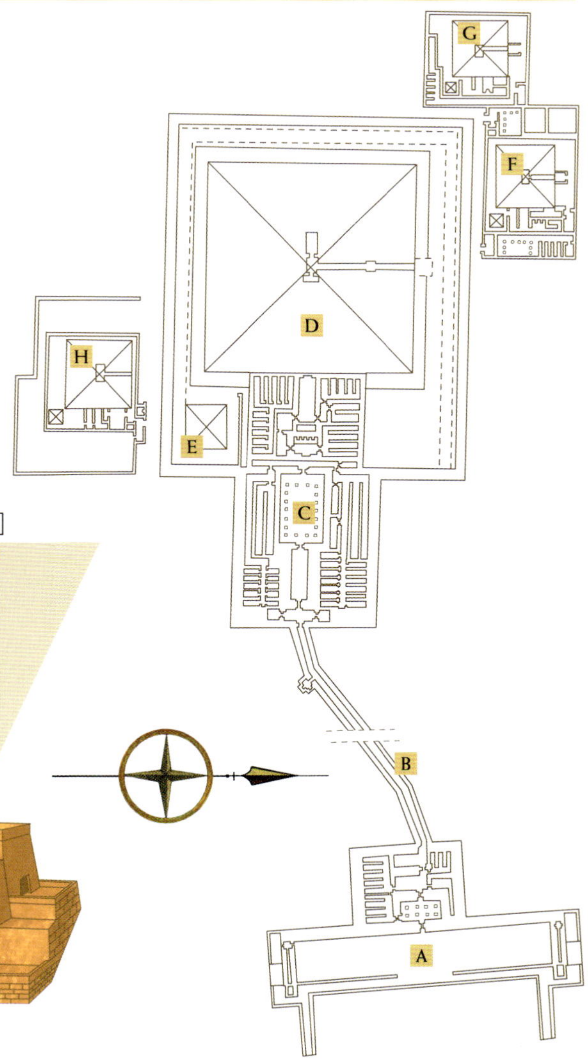

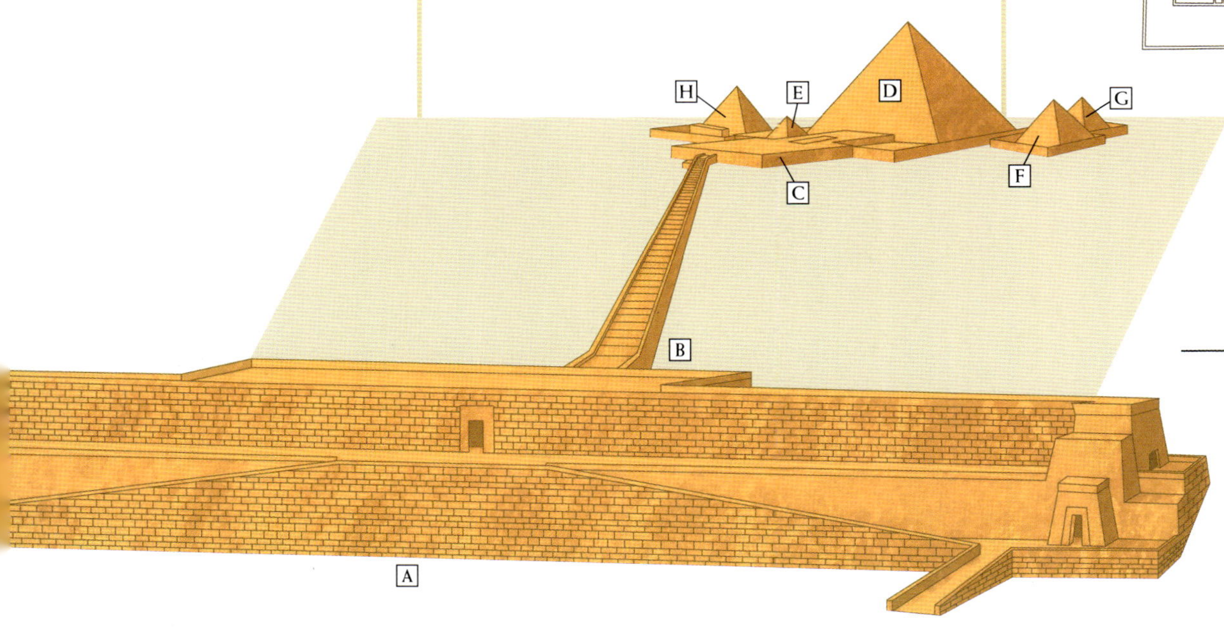

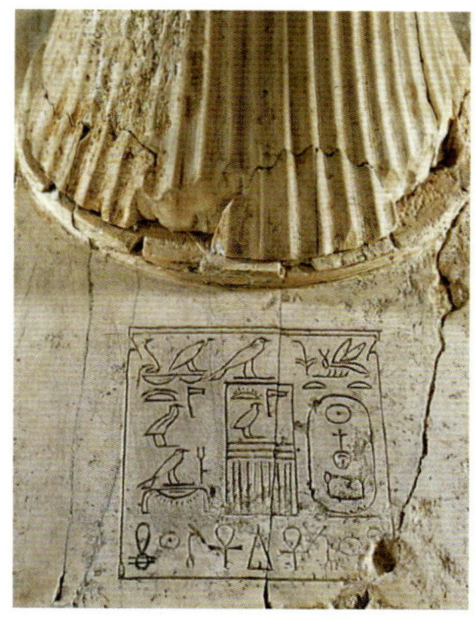

Er wünsche mehr, diesen Zwerg zu sehen, als alle Erzeugnisse der Steinbrüche des Landes Punt, schrieb der kleine König. Wenn der Adressat die Residenz erreiche und sein Pygmäe sei am Leben, gesund und sicher, so werde er ihm eine größere Belohnung zuteil werden lassen, als dem Schatzmeister des Gottes Urdjededba zur Zeit des Asosi, die dem Wunsche des Königs, diesen Pygmäen zu sehen, angemessen sei.

Ein weiteres Unternehmen mit dem Ziel, Güter aus Afrika zu importieren, hatte weniger Erfolg und der Anführer Mechu starb während dieser Expedition. Sein Sohn brachte die sterblichen Überreste bei einer späteren Reise zurück nach Ägypten.

Die Grabanlage Pepis II. wurde in den 1930er Jahren von dem Schweizer Ägyptologen G. Jéquier erforscht und bekannt gemacht, dem die Entdeckung und die Restaurierung des vollständigsten Flachrelief-Satzes der 6. Dynastie zu verdanken sind. Um die Pyramide Pepis II. mit dem Namen „Von Dauer ist das Leben des Pepi" herum wurden drei kleinere Pyramiden ausgegraben, deren Grabkammern mit Pyramidentexten gestaltet sind. Sie sind drei Gemahlinnen des Pepi zuzuordnen: Neith, Iput II. und Udjebten.

Merenre II.

Manetho und die Abydos-Liste geben Merenre II. als Nachfolger von Pepi II. an. Seine kurze Herrschaft währte nicht länger als ein Jahr. Höchstwahrscheinlich war er der Sohn von Pepi II.; es besteht die Vermutung, seine Mutter sei Neith gewesen. Die Stätte seiner Beisetzung kennt man nicht.

Netjerkare Siptah

Kürzlich wurde die Überlegung aufgestellt, beim Nachfolger Merenres II., Pharao Netiqerty Siptah (dessen Name im Rahmen einer Neurestaurierung des Turiner Königspapyrus erschien), König Netjerkare aus dem Kanon von Abydos und der berühmten Königin Nitokris, von der bei Manetho und Herodot die Rede ist, handele es sich in Wahrheit um ein und dieselbe Person. Zwar stammen das Turiner Papyrus und der Abydos-Kanon aus derselben Zeit, es kann aber sein, dass durch unterschiedliche Traditionen der Name Netjerkare in Netiqerti oder Nitoqerti umgewandelt wurde, woraus dann in der griechischen Zeit Nitokris wurde.

Als König (und daher wiederum männlichen Geschlechts) nahm dieser Herrscher bei der Krönung den Namen Netjerkare an; bei seiner Geburt hingegen hatte man ihm den Namen Siptah („Sohn des Ptah") gegeben. Trotz der über zwei Jahrtausende alten und von den klassischen Autoren überlieferten Überzeugung ist die Geheimnis umwobene Gestalt „Nitokris" eher als Mann zu betrachten und nicht als Frau, da der Name Siptah ein Männername ist. Netjerkare war der letzte König der 6. Dynastie, es ist jedoch nicht einfach, das Ende des Alten Reiches präzise festzusetzen. War es vielleicht eher früher, als etwa die Hälfte der Regierungszeit Pepis II. vergangen war und als der langsame Verfall der königlichen Autorität begann? Oder fällt es mit dem Ende der 6. Dynastie zusammen? Und vollzog sich die komplizierte Folge nach König Netjerkare natürlich und ohne Bruch, oder war sie ein Ergebnis der verschiedenen Krisen, die Ägypten in dieser Zeit erschütterten?

Die fünf goldenen Jahrhunderte der Pyramiden des Alten Reiches gingen hier zu Ende. Wie war es möglich, dass eine solch hoch entwickelte Kultur, die Bauwerke für die Ewigkeit hervorbringen konnte und sich auf eine ruhmreiche theologische und königliche Erfolgsgeschichte stützte, in dieser als „Dunkel" bezeichneten Ersten Zwischenzeit verschwand? Die Gründe für den Niedergang des Alten Reiches bleiben unklar, waren aber zweifellos vielfältig. Im Zusammenhang mit der rückläufigen Kontrolle durch den König infolge von Schenkungen und Zugeständnissen, die man seit den Pharaonen der 4. Dynastie gemacht hatte, nahm die königliche Autorität ab. Dies begann unter der langen Herrschaft Pepis II. und war mit einem Erstarken der örtlichen Gouverneure verknüpft, aber auch mit einem Klimawechsel, der die Steppen entlang des Nilufers nach und nach in Wüsten verwandelte.

Das Ende des Alten Reiches – einer der glorreichsten Epochen in der Geschichte der Menschheit – löste einen Wandel im Geist und in der Denkweise der Ägypter aus. Die dramatischen Auswirkungen sind in einem berühmten Dokument niedergelegt. In dem so genannten Ipuwer-Papyrus heißt es, es hätten Ereignisse stattgefunden, die es seit Anbeginn der Zeit nie gegeben habe: Der Pöbel habe den König entthront, er, den man als Falken beigesetzt hatte, sei brutal aus seinem Sarkophag gerissen worden. Die Grabkammer in der Pyramide sei entweiht! Und schließlich sei es einer Handvoll unfähiger Männer in der Regierung des Königreiches gelungen, dem Lande den König zu rauben!

275 Mitte und unten
Eine der sehr seltenen Kopfstützen aus Elfenbein, versehen mit dem Namen Pepis II. Sie hat noch die gebogene Form des Elefantenstoßzahnes, aus dem sie gearbeitet wurde. Die Inschrift lautet: „Der König Ober- und Unterägyptens, Neferkare, der Horus, der Eine der Zwei Herrinnen, göttlich in ihrer Erscheinung, der Goldhorus, dem Leben und Stärke gegeben wie Re". Die Kopfstütze befindet sich heute im Musée du Louvre.

274
Die Pfeiler im Hof des Totentempels Pepis II. sind mit eingeschnittenen Zweiergruppen verziert: der König wird von Göttern umarmt, hier von Horus.

275 oben links
Die Pyramide von Pepi II. gibt Aufschluss über Details zur Konstruktionsweise. Die Stufen wurden mit stützenden Wänden aus unregelmäßigen Steinen errichtet, die mit Tonmörtel gebunden und mit Kalksteinblöcken eingeschalt sind.

275 oben rechts
Die Tür zum Totentempel von Königin Iput II. ist der Pyramide von Pepi II. zugewandt.

Architektur der Pyramidenanlagen für die Königinnen der 6. Dynastie

Die 6. Dynastie unterbrach die Entwicklung der Pyramidenbauten zur Ehre der Königinnen und schloss daher an ein Modell an, das man als klassisch bezeichnen könnte. Das Grab einer Königin wurde am Fuße des Grabes ihres Königsgemahls errichtet, wobei der Eingang üblicherweise der Pyramide des Königs zugewandt war. In Ost-West-Richtung gelegen – also vom Land der Lebenden zum Land der Toten fortschreitend – wurde gegenüber dem Tempel mit der Mumie der verstorbenen Königin ein Tempel für den Totenkult errichtet. Die Anlage verfügte jedoch weder über einen Taltempel noch über eine Rampe für Prozessionen.

Die Tempel der Königinnen sind ein Abbild der Königstempel in kleinerem Maßstab, sowohl in der Organisation (Funktion und Grundriss) als auch in der Architektur selbst (Türen und Pfeiler). Der Totentempel wurde in einen vorderen Bereich mit Eingangshalle und Hof (mit Portiken) und einen kleineren Tempel unterteilt, der wiederum das Heiligtum und einen Raum mit Statuennischen barg. Das Heiligtum war das wichtigste Element des Tempels und war auf die Mitte der Pyramide und der Sargkammer ausgerichtet. Einzelne Elemente konnten über ein Vestibül, einen Vorraum oder sogar über einen Magazinbereich verfügen. Eine winzige Nebenpyramide schließlich befand sich in der südöstlichen Ecke der Umfassungsmauer.

Die Seiten der Königinnenpyramiden maßen etwa 21 Meter, auch in der Höhe (hatten also eine Neigung von 2 / 1 oder 63 °). Dies entspricht ungefähr einem Vierzehntel der Grundfläche und einem Zehntel des Volumens der Königspyramiden. Der Eingang zur Grabkammer befindet sich in der Mitte der Nordwand der Pyramide. Eine solche Anlage wurde auf der Grundlage der Königspyramide gebaut. Die Wände in den Anlagen von Königinnen sind aber wohl nicht vor dem Ende der 6. Dynastie mit Pyramidentexten dekoriert worden.

Die Dekoration in den Totentempeln der Königinnen

Die Totentempel der Königinnen waren normalerweise in derselben Art und Weise dekoriert wie die Tempel ihrer Gemahle. Allgemein waren Rituale und Opfer thematisch von der Idee des ewigen Lebens inspiriert, wichen aber insofern ab, als im Tempel des Königs die Dekoration aufwändiger war und die Macht seiner Herrschaft und seinen Sieg über das Chaos bekräftigte. Neben den Darstellungen auf dem von kleinen Obelisken flankierten Eingangsportal der Königinnen-Tempel standen ebenfalls ihre Titel und ihr Name. Die Szenen in der Eingangshalle zeigten die Königin jeweils auf einem kleinen Podest, wie sie den Göttinnen Hathor und Bastet gerade Opfergaben

darbringt. Sie empfängt im Gegenzug von ihnen das Zepter, wodurch ihre eigene Göttlichkeit und ihre Macht bestätigt sind. Auf den Flachreliefs im Hof wohnt die Königin der Prozession ihrer Güter bei, die von Frauen mit Erzeugnissen aus ihren jeweiligen Ländern personifiziert sind; vorangestellt ist ihnen jeweils der Name des Herrschaftsgebietes. Ferner nimmt die Königin die Huldigung ihrer Diener entgegen, die Tierherden und Opfergaben für den Totenkult im Heiligtum überbringen.

Der Raum mit den Statuennischen war Schauplatz eines täglichen Rituals. Durch Öffnungen in der Ostwand fällt das Licht der Morgensonne herein, es streift die Statuen und verleiht ihnen während der Feier eine gewisse Lebendigkeit. In der mittleren Nische befand sich höchstwahrscheinlich eine Statue der Königin, während die seitlichen Nischen für die Statuen der Göttinnen bestimmt waren. Die Flachreliefs an der Wand zeigen die Königin, wie sie Zeremonien zur Verehrung dieser Göttinnen vorsitzt.

Jüngste Entdeckungen in Sakkara-Süd

Die Mission Archéologique Française in Sakkara hat seit ihrer Gründung im Jahr 1963 durch Professor Jean Leclant die mit Texten dekorierten Pyramiden in der königlichen Nekropole in Memphis erforscht und untersucht. In den Grabkammern dieser Pyramiden hatte Gaston Maspero gegen Ende des 19. Jahrhunderts die Pyramidentexte entdeckt. Die Texte sollten die Unsterblichkeit des Herrschers gewährleisten.

Nach der Erforschung, Restaurierung und Untersuchung der Grabanlage Pepis I. in Sakkara-Süd waren immer noch über 12 Hektar Land zu erkunden. Man vermutete dort die Nekropole der königlichen Familie.

Die Königinnenpyramiden aus der anschließenden Regierungszeit Pepis II., die sich dicht bei der Grabstätte des Königs im äußersten Süden von Sakkara befanden, hatten bereits in den 1930er Jahren weitere Pyramidentexte offenbart.

Welche Art der Behandlung hatten Königinnen früherer Pharaonen erfahren?

276 oben
Dieses von Vögeln bevölkerte Papyrusdickicht markierte den Übergang vom Tal, also der Welt der Lebenden, in das ausgedörrte Hochland, die Welt der Toten. Diese Darstellung aus dem Tempel Anchnespepis II. endet in einem geometrischen, zeitlos modernen und abstrakten Muster.

276 Mitte und unten
Die Königsmutter Anchnespepi II., hier mit der Geierhaube; Darstellung auf den Flachreliefs im Hof ihres Totentempels. Diese bemerkenswerte Königin, Gemahlin zweier Könige und Mutter eines dritten Königs, regierte, bis Letzterer erwachsen war.

276–277
In dieser virtuellen Rekonstruktion der Nekropole Pepis II. wirken die Pyramiden der Königinnen im Vergleich der Königspyramide bescheiden: die Flächen und das Volumen der Königinnenpyramiden betragen lediglich etwa ein Zehntel der Pharaopyramide. Computermodell von EDF/Labrousse.

278–279
In zehn Forschungseinsätzen wurden über 2500 Quadratmeter Wüste in Grabungen untersucht. Sechs zur Nekropole Pepis I. gehörende und zuvor nicht bekannte Pyramiden wurden dabei freigelegt. Weitere Arbeiten könnten noch mehr Überraschungen bescheren. Computermodell von EDF/Labrousse.

278 unten links
Im Totentempel von König Pepi I. wurden kostbare Materialien verwendet: Alabaster für Fußböden, Rosengranit für Säulengänge und Türlaibungen. Die farbenfrohen Flachreliefs unterstrichen den Glanz der gesamten Szene.

278 unten rechts
Nach dem Tode König Pepis I. erlangte seine Grabstätte eine solche Berühmtheit, dass manche später ihre Gräber unter seinem Schutz errichten wollten, wie Königin Meritites II., Gemahlin eines Königs namens Neferkare.

279 rechts
Diese Türlaibung aus Granit und der daneben aufgestellte Obelisk (gehört zu einem Paar) sind mit Titel, Namen und Darstellungen der Königsgemahlin von Pepi I. in stehender oder auf einem Thron in sitzender Haltung versehen. Sie trägt entweder den Namen Inenek oder aber Inti.

Die Nekropole der Königsfamilie von Pepi I.

Seit der Entdeckung der beiden kleineren, südlich der Pyramide von Pharao Pepi I. gelegenen Pyramiden im Jahre 1988 hat die Mission Archéologique Francaise bei ihren Ausgrabungsarbeiten in Sakkara ein unglaublich dicht bebautes und den Mitgliedern der königlichen Familie vorbehaltenes Gebiet freigelegt. Die Pyramiden von Inenek/Inti, Nubunet und Anchnespepi II. sowie die Inschriften, die Königin Mehaa und eine Gemahlin von Pepi I., die die ältere Tochter eines Königs war, erwähnen, bestätigen die Positionen von fünf der sechs kürzlich bekannt gewordenen Königinnen Pepis I. in der Geschichte der 6. Dynastie. Diesen kann man die Pyramiden zweier späterer Königinnen hinzufügen, Anchnespepi III. (Gemahlin Pepis II.) und Meritites II. (Gemahlin eines Königs Neferkare). Darüber hinaus erwähnen Inschriften auf einigen verstreuten Blöcken eine weitere Königin, Nedjeftet, von der nicht bekannt ist, wessen Gemahlin sie war.

Versucht man, die chronologische Entwicklung der Nekropole zu rekonstruieren, so ist das früheste Grab höchstwahrscheinlich das der Inenek/Inti, einer Gemahlin Pepis I. Die beiden Granitpfosten im Eingang zu ihrem Tempel – der dem Tempel ihres Mannes gegenüber liegt – tragen Inschriften ihres Namens, abwechselnd Inenek und Inti. Die Königin wird in sitzender Haltung und an einer Lotusblume riechend dargestellt. Zu beiden Seiten des Einganges stehen zwei graue Obelisken aus Kalkstein. Sie sind rot angemalt, damit sie aussehen wie der teurere Rosengranit. Auf diesen ist die Königin stehend dargestellt, auch hier wiederum ihr Name (entweder Inenek oder Inti) und einige interessante Elemente, die Bestandteile ihrer Titel sind. Die Vielzahl ihrer Rollen zeugt von ihrer Bedeutung. Sie hatte beispielsweise den Titel Wesir inne, was eine äußerst ungewöhnliche Position für eine Frau war.

In der Grabanlage von Pepis Gemahlin Nubunet wurden bis jetzt erst die Pyramide und Teile des Tempels mit dem Eingang zur Anlage ausgegraben. Sie liegt östlich gegenüber der Anlage der Inenek/Inti. Das Eingangstor, von dem nahezu alle Komponenten identifiziert und an ihre ursprüngliche Position gebracht werden konnten, lag ebenfalls der Pyramide des Königs zugewandt. Die Königin wird auf beiden Torpfosten dargestellt. Ihr Gesicht ist von einer voluminösen dreiteiligen Perücke umrahmt, sie ist in eine Art Tuch mit Schulterriemen gehüllt und trägt einen großen Halskragen. Eine Hand ruht in natürlicher Haltung an ihrer Seite, in der anderen hält sie eine Lotusblüte und riecht daran. Ihr wichtigster Titel und ihr Name sind mit den Worten „Braut des Königs, die er liebt, Nubunet" angegeben.

Geht man nach Westen, die „Königinnenstraße" entlang, so kommt man zur südwestlichen Ecke der Umfassungsmauer von der Königspyramide. Dort steht ein bislang nicht erklärtes Gebäude. Am Eingang sind eine Namensinschrift und eine Darstellung des Hernetjerichet zu sehen, einem Sohn von Pepi I. Der Prinz, der höchstwahrscheinlich starb, bevor er den Thron besteigen konnte, wird von seiner Mutter Königin Mehaa in das Grab geleitet. Sie ist ebenfalls eine Gemahlin Pepis I.; bis zur Entdeckung dieser Inschrift wusste man jedoch nicht von ihr.

In der Nähe des Grabes, aber leider außerhalb des Forschungsgebietes, wurde die Spitze eines kleinen Obelisken gefunden. Man vermutet, er habe seinem Zwilling gegenüber am Eingang zu einer Königinnen-Grabanlage gestanden. In den

Nekropole der Königsfamilie von Pepi I.

- A *Königin Nubunet*
- B *Königin Inenek/Inti*
- C *Prinz Hernetjerichet*
- D *Pyramide einer unbekannten Person*
- E *Königin Meritites II.*
- F *Königin Anchnespepi III.*
- G *Königin Anchnespepi II.*

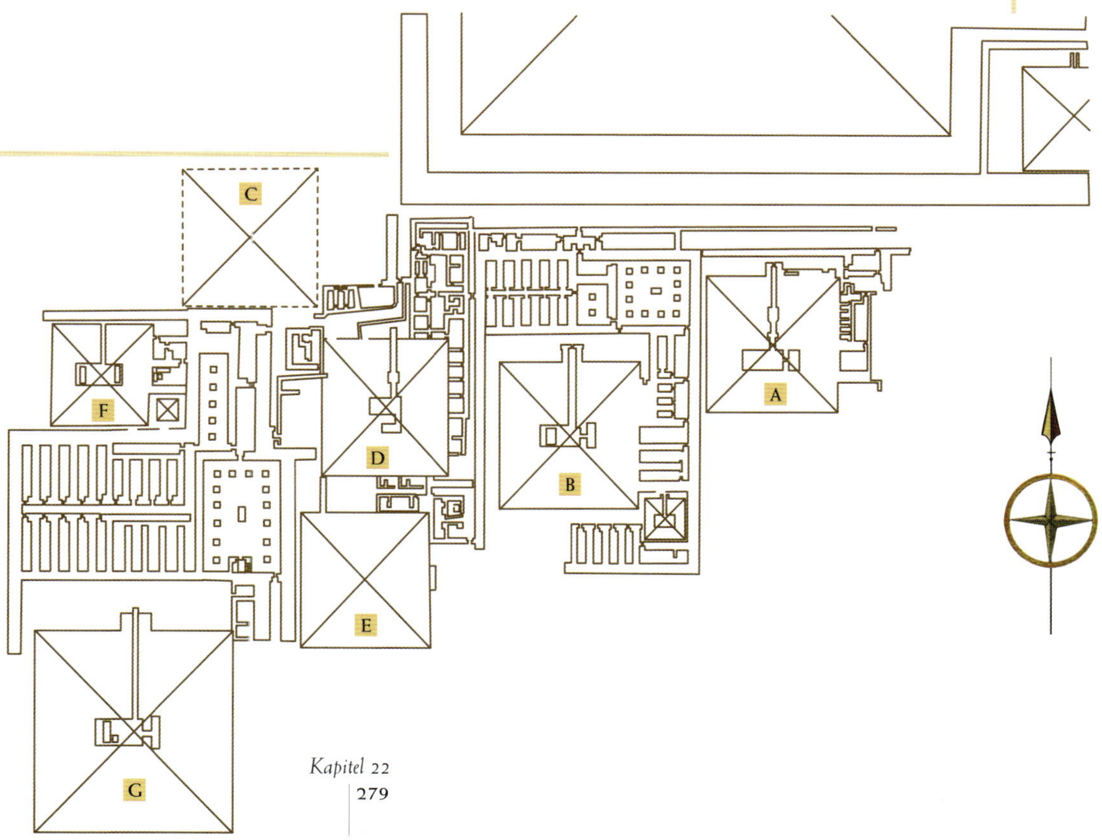

280 links
Ein außergewöhnliches Bildnis der Königsmutter Anchnespepi II. Sie wird als Regentin gezeigt, auf ihrem Schoß ihr Sohn Pepi II. Es ist das erste bekannte Exemplar für diesen seltenen Statuentypus. Erst 800 Jahre später erscheint im Neuen Reich etwas Entsprechendes. Heute im Brooklyn Museum of Art.

280 oben rechts
Dass in der Pyramide der Königsmutter Anchnespepi II. Pyramidentexte gefunden wurden, ist ein Ereignis. Zum ersten Mal wird damit einer Königin dieses höchste Privileg zuteil, das ihr den Weg in die Ewigkeit öffnete.

280 unten rechts
Der Türsturz über dem Eingang zum Totentempel der Königsmutter Anchnespepi II. zum Zeitpunkt der Entdeckung. Dieser große, 17 Tonnen schwere Granit-Monolith wäre von den Maßen her für ein Monument des Königs geeignet.

Obelisken sind in Textspalten drei der Titel von einer Gemahlin Pepis I. eingeschnitten. Der Titel „Braut des Königs" wird mit dem Namen der Pyramide von Merire/Pepi in Verbindung gebracht. Auf „Von Dauer ist die Schönheit der Merire" schließlich folgt der Titel „Erstgeborene Tochter des Königs (oder „eines Königs")".

Ebenfalls unweit von Hernetjerichets Grab befindet sich ein großer Architrav aus Granit, 17 metrische Tonnen schwer. Er ist mit den Titeln der berühmten Königsmutter Anchnespepi II. versehen. Sie war die Mutter Pepis II. Die Größe des Architravs lässt vermuten, dass die Grabanlage der Königsmutter in der Nähe stand, und in der Tat lieferten weitere Untersuchungen zahlreiche Funde.

Bis jetzt ist nur ein Teil des Grabdenkmales für Anchnespepi II. vom Sand befreit. Einige mit exzellenten Gravuren verzierte Blöcke aus den Hofmauern wurden gefunden. Man setzte viele dieser Blöcke zusammen und konnte so eine wichtige Szene rekonstruieren: Die Königin steht auf einem Boot, eine kleine Frauengestalt namens Neith geht voraus. Deutet auch nichts darauf hin, dass es sich hierbei um die Königin Neith handelt (Gemahlin von Pepi II., deren Pyramide in Sakkara-Süd sehr bekannt ist), so bietet sich die Hypothese, die Königin sei hier mit ihrer Tochter dargestellt, doch geradezu an.

Die im Tempel der Königsmutter gefundenen Blöcke sind nicht nur wegen ihres ästhetischen Wertes interessant. Die Dekoration besitzt auch einen hohen historischen Informationsgehalt. Eine der Inschriften trägt zum Beispiel fundamental zum Verständnis der Familienbeziehungen der Könige am Ende der 6. Dynastie bei: Königin Anchnespepi II. muss ihren Neffen Merenre I. geheiratet haben, der wiederum der Sohn von ihrer Schwester oder Halbschwester Anchnespepi I. war. Wer aber war der Vater von Pepi II., Pepi I. oder Merenre I.?

Durch die Vermessung dieses Sektors tritt der von königlichen Architekten entworfene ursprüngliche Grundriss zutage. Sie gruppierten die Gräber für die Mitglieder der Königsfamilie um sein Monument herum. Der anfängliche Entwurf wurde aber offensichtlich schon bald geändert: Drei im ursprünglichen Plan nicht vorgesehene Pyramiden für Personen aus einer Zeit nach der Herrschaft von Pepi I. wurden noch mühsam in die Nekropole eingefügt. Es handelt sich um die Pyramiden von Anchnespepi III. (Ehefrau von Pepi II.), Königin Meritites II. (Ehefrau eines Königs Neferkare) und einer unbekannten Person.

Der Grabkomplex von Anchnespepi III. wurde in einen engen Bereich östlich der Pyramide geradezu hineingezwängt. Der Tempel ist so einfach wie möglich gehalten und besitzt im Süden eine winzige Nebenpyramide. Die Pyramide selbst ist von bescheidener Größe (30 Ellen pro Seite anstatt den 40 Ellen früherer Königinnenpyramiden) und hat eine schlichte Innengestaltung. Der Sarkophag wurde aus einem riesigen Block Puddingstein geschnitten und in der Westseite in der Grabkammer im Boden versenkt. Im Sarkophaginneren gibt eine umlaufende Hieroglyphenzeile (Flachrelief) die Titel der Königin wieder. Dieses bandartige Gestaltungselement wiederholt sich auf den Wänden der Grabkammer. Die Beschriftungen definieren die Königin jeweils als Tochter Merenres I. und als Gemahlin Pepis II. Es finden sich jedoch keinerlei Pyramidentexte in diesem Bauwerk. Diese Tatsache ist in gewisser Weise verwirrend, denn soweit bis jetzt bekannt, war Anchnespepi III. die einzige der Gemahlinnen von Pepi II., der man den positiven Effekt der berühmten Grabtexte vorenthielt.

Diese Entdeckung hat mehr Fragen aufgeworfen als beantwortet. Warum wurde Anchnespepi III. nicht – wie es damals Sitte war – in der unmittelbaren Nähe ihres Mannes Pepi II. beigesetzt, sondern bei der Königsmutter Anchnespepi II.? Lag der Grund darin, dass die zu der Zeit regierende Königsmutter die Macht innehatte? Oder sollte sie nahe bei ihrer Mutter Anchnespepi II. beigesetzt werden, die, wie wir wissen, eine Gemahlin von Merenre I. war? Warum befinden sich im Grab von Anchnespepi III. keine Pyramidentexte? Als letzte Gemahlin von Pepi II. müsste sie dieselbe Behandlung erfahren haben wie die Ehefrauen vor ihr. War die Sitte, die Königinnengräber mit Pyramidentexten zu versehen, nur ein vorübergehendes Phänomen, das noch unter Pepi II. wieder verschwand?

Zwei Pyramidenanlagen liegen zwischen den Gräbern der Königinnen Inenek/Inti und Anchnespepi II. in einem Durchgangsbereich der Nekropole. Eine davon, die zeitweise als Westpyramide bezeichnet wurde, war der Auftakt zu einer Reihe von Entdeckungen ab dem Jahre 1988. Viele Stücke wurden in der Pyramide gefunden, auch eine vergoldete Holzsandale; leider war nichts davon mit einem Namen gekennzeichnet. Dieser Grabbau aus ungebrannten Ziegeln ist in seiner äußeren Form ungewöhnlich lang und schmal, erstreckt sich in nördlicher Richtung und wurde häufig verändert. Im Rahmen von Forschungsarbeiten im südlichen, unmittelbar angrenzenden Gelände stieß man auf eine weitere Pyramide. Eine mächtige Grabstele mit einem Gewicht von mehr als 12 metrischen Tonnen wurde restauriert und steht nun wieder in dem Heiligtum an der Pyramidenostseite. Die Inschriften bekunden die Existenz einer Königin Meritites II. Sie war die Tochter (oder vielmehr ein Abkömmling) von Pepi I. und die Gemahlin eines Königs Neferkare. Ferner wurden Elemente gefunden, die zu einem mit Statuen der Königin dekorierten Fünfsäulenhof gehören. Textfunde erwähnen ihren Namen und einige ihrer Titel.

Besitzen die bis jetzt freigelegten Monumente auch einen außergewöhnlichen historischen Wert – neue Pyramidentexte waren nicht darunter. Die Entdeckung der Grabanlage der Königsmutter Anchnespepi II. hingegen ließ neu hoffen. Schon bald wurde der Standort ihrer zerstörten Pyramide identifiziert und Sand und Schutt abgetragen, so dass ein riesiger Krater entstand und man zu den Resten der westlichen und nördlichen Wand der Grabkammer der Königin vordringen konnte. Eine reiche Belohnung nach all den Jahren der geduldigen Arbeit! Passagen aus den Pyramidentexten waren eingraviert und in einem wunderschönen, die Ewigkeit symbolisierenden Grün gemalt. In kurzer Zeit wurden an dieser Stätte etwa 1200 Fragmente mit Inschriften gefunden. Der Sarkophag von Anchespepi II. stand noch an seinem Platz, war jedoch bedauerlicherweise von Grabräubern aufgebrochen worden.

Die Entdeckung dieser neuen Pyramide mit Pyramidentexten nimmt eine Sonderstellung ein. Lediglich die Pyramiden der drei Königinnen des letzten Pharaos des Alten Reiches besaßen diese Inschriften: die Pyramiden der Königinnen Neith, Iput II. und Udjebten. Der Fund von Pyramidentexten in der früheren Generation (in der Pyramide von Anchnespepi II, der Mutter Pepis II.) ist eine Sensation. Zum ersten Mal wurde hier einer Königin das Privileg der Pyramidentexte gewährt, die ihr dem Glauben nach den Weg in die Ewigkeit zugänglich machten.

Verdankte sie diese Ehre ihrer Position als königliche Gemahlin? Königin Anchnespepi II. war als Gemahlin zweier Pharaonen, Mutter eines dritten Pharao und Regentin in der Zeit, als ihr Sohn noch ein Kind war, von außerordentlicher Bedeutung und eine außergewöhnliche Frau. Die Dimensionen ihrer Grabanlage und viele Charakteristika ihres Grabes legen die Vermutung nahe, sie sei wie ein König beigesetzt worden.

Die Ausgrabungen in der Nekropole der königlichen Familie von Pepi I. werden mehr Informationen über einen Abschnitt der ägyptischen Geschichte liefern, den man bis jetzt nicht sehr gut kennt. Das Ende der 6. Dynastie, der letzten Dynastie des Alten Reiches, ging der Ersten Zwischenzeit und einer Umwälzung der fundamentalen Ideale der Pharaonen unmittelbar voraus. Gegen Ende der Herrschaftszeit von Pepi II. – dem Sohn von Anchnespepi II. – beendeten soziale und religiöse Unruhen das goldene Zeitalter der Pyramiden. Die Fortführung der Arbeiten im Grab der Königsmutter Anchnespepi II. und die Ansammlung von Grabdenkmälern in der Nekropole von Pepi II. sind äußerst vielversprechend. Sie werden diese Zeit des Umschwunges erhellen, in der eine neue soziale Klasse am Anfang eines neuen Jahrtausends das Recht errang, sich auszudrücken und Macht auszuüben.

Kapitel 23

Das Dekorationsprogramm der Pyramidenanlagen im Alten Reich

Zahi Hawass

Schlichte, mit einem Königsnamen versehene Stelen, aufgestellt außerhalb der Königsgräber der Frühdynastischen Zeit, entwickelten sich im Laufe des Alten Reiches zu einem aufwändigen Dekorationsprogramm. Es war dafür konzipiert, den König eines erfolgreichen Lebens im Jenseits zu vergewissern und die rechte Ordnung des Universums aufrecht zu erhalten. Man kann diese Entwicklung anhand von Szenen zum königlichen *Sed*-Fest in der Anlage von Djoser (3. Dynastie) über Reliefs aus den Anlagen des Snofru aus der frühen 4. Dynastie und Relieffragmenten aus den Tempeln des Cheops bis hin zum Standard-Dekorationsprogramm der Pyramidenanlagen der 5. und 6. Dynastie nachvollziehen.

Dekorative Szenen tauchen in der ersten Pyramidenanlage auf: in der des Königs Djoser Netjerichet aus der 3. Dynastie. Nischen unter der Stufenpyramide selbst und unter dem Südgrab stellen den König dar. Er trägt die weiße Krone, einen Rock und den Tierschwanz; er hält die Geißel und führt einen rituellen Tanz auf. Es handelt sich um Darstellungen von Zeremonien anlässlich des *Sed*-Festes, bei dem der Herrschaftsanspruch des Königs erneuert wurde und er die unter seiner Regentschaft erreichten Leistungen feierte.

Wichtige Wandreliefs fand man in Dahschur im unteren Tempel der Knickpyramide des ersten Königs der 4. Dynastie, König Snofru. Der Eingangskorridor zum Tempel ist an Ost- und Westwand mit Relieffriesen dekoriert. Der Fries auf der Westwand zeigt die königlichen Güter in Oberägypten in Gestalt von weiblichen Opferträgerinnen mit den Namen der jeweiligen Güter auf ihrem Haupt. Der Fries auf der Ostwand ist ähnlich, die dargestellten Güter jedoch befinden sich in Unterägypten. Über diesen Registern sind Szenen, die den König vor verschiedenen Göttern zeigen. Die Portikuswände wurden ebenfalls mit Darstellungen von personifizierten königlichen Gütern geschmückt. Einige Pfeiler im Portikus wurden mit *Sed*-Festszenen verziert, in denen der König sein *Sed*-Gewand und die Krone Oberägyptens trägt und die Geißel hält. In anderen Fällen trägt er einen Rock und tanzt, wiederum mit der Geißel in der Hand. Andere Pfeilergemälde zeigen den König, wie er bedeutende religiöse Stätten feierlich aufsucht, vor den Göttern steht oder von einer löwenköpfigen Gottheit umarmt wird. Im Tempel sind sechs Nischen. Über der Nischenöffnung ist jeweils der Name des Königs eingeschnitten, flankiert von Emblemen und Sternen als Zeichen für den Nachthimmel.

Fragmente von Wandreliefs aus der Cheops-Pyramidenanlage wurden in Giseh gefunden, aber auch in Lischt, wo man sie als Füllmaterial in einer Pyramide der 12. Dynastie verwendete. Die Reliefs in Giseh zeigen das *Sed*-Fest, auf den Fragmenten aus Lischt sind Prozessionen von personifizierten Gütern zu sehen, ausländische Gefangene, Schiffe, Szenen mit Tieren und *Sed*-Festszenen. Eine fragmentarische *Sed*-Festdarstellung aus der Anlage des Cheops, auf der unter anderem ein weißes Nilpferd zu sehen ist, fand man eingemauert in die Wand eines Treppenaufganges in Bab el-Futuh in Kairo. Herodot zufolge war der Aufweg zur Cheops-Pyramide mit Figuren verziert.

Nur wenige oder gar keine Wandreliefs wurden in den Anlagen der Nachfolger des Cheops gefunden. Djedefre in Abu Roasch und Chephren und Menkaure (Mykerinos) in Giseh. Ich habe den Eindruck, dass die in diesen Pyramidenanlagen gefundenen Statuen demselben Zweck dienten wie die Wandreliefs, die man in anderen Anlagen fand. Im Allgemeinen stellen diese Statuen den König in der Begleitung von verschiedenen Göttern und Göttinnen dar.

In den Pyramidenanlagen des Sahure (5. Dynastie) und des Pepi II. (6. Dynastie) fand man Wandreliefs in beträchtlicher Menge. Sie vermitteln uns

282 unten
Auf diesem Relief aus der 5. Dynastie im Grabe von Ni-anch-chnum und Chnumhotep (Sakkara) sind Handwerker zu sehen, die wahrscheinlich an Gegenständen der Grabausrüstung arbeiten, möglicherweise an Stelen.

283
Relief aus dem Südgrab in der Stufenpyramidenanlage des Djoser in Sakkara. Es zeigt König Djoser bei einem Lauf während des Sed-Festes. 3. Dynastie.

eine gute Vorstellung vom dekorativen Schema, das im Alten Reich Standard wurde.

Im ersten Portikus vom Taltempel des Sahure sind mehrere Szenen. Auf der Nordwand wird der König bei der Jagd gezeigt. Auf der Südwand sieht man Szenen vom *Sed*-Fest, in denen der König sitzend dargestellt ist, angetan mit seinem Gewand und mit einer Geißel in der Hand; vor ihm einige Priester. Außerdem sind dort Szenen mit Göttern und Göttinnen zu sehen und der König in Gestalt eines großen Sphinx, der Libyer und Asiaten zertrampelt.

Im Aufweg in der Anlage des Sahure hat man einige der Szenen aus dem Taltempel noch einmal aufgegriffen, jedoch mit anderen Göttern und Göttinnen. Unlängst entdeckte Blöcke zeigen die Feierlichkeiten im Zusammenhang mit dem Aufsetzen des Pyramidions auf die Spitze der Pyramide, darunter auch Tänzer, Ringer, Prozessionen von Priestern und Beamten, aber auch eine Gruppe ausgemergelter Beduinen aus der Gegend, in der der Stein für das Pyramidion gebrochen wurde. Man brachte sie mit, um sie vor Gericht zu stellen.

Die Wände des Totentempels sind mit Prozessionen der königlichen Güter verziert sowie mit Darstellungen des Königs bei der Jagd, beim Fischfang und beim Götteropfer. Der König wird hier umfassend gezeigt; er hält Pfeile in der Hand. Andere Szenen zeigen Asiaten mit fremdländischen Töpferwaren, Tiere und Vögel, den König, der in Begleitung seiner Höflinge dem Aufbruch von zwölf hochseetüchtigen Schiffen in ein nicht benanntes Land beiwohnt, und Szenen, in denen König und Höflinge die Rückkehr der mit Waren und einer Gruppe asiatischer Menschen beladenen Schiffe beobachten. Es handelt sich nicht um Gefangene, sondern um Menschen aus den Bereichen Handel oder Diplomatie. In weiteren Szenen bringen die Götter Horus und Anubis dem König Gaben.

Die gleiche Thematik findet sich im Pyramidenkomplex von Pepi II. und in Relieffragmenten aus einigen anderen Anlagen des späten Alten Reiches. Jede Komponente – Taltempel, Aufweg und Totentempel – besitzt ein eigenes Repertoire an Szenen, aber die Szenen selbst wiederholen sich in den einzelnen Anlagen. Möglicherweise wurden Szenen sogar von Anlage zu Anlage nachgearbeitet. Eine Szene im Komplex des Sahure zeigt den König beispielsweise, wie er einem gefangenen libyschen Häuptling vor den Augen seiner beiden Söhne und seiner Frau, die um Gnade bitten, den Schädel einschlägt. Exakt dieselbe Szene bis hin zu den Namen der Frau und der Söhne erscheint wieder im Totentempel Pepis II., obwohl ein Zeitraum von beinahe zwei Jahrhunderten die beiden Könige trennt.

Demnach hielten diese Szenen nicht notwendigerweise historische Ereignisse aus dem Leben des Königs fest, sondern erfüllten vielmehr einen symbolischen und religiösen Zweck. Sie entstanden, um die Göttlichkeit des Königs und durch ihn die ordnungsgemäße Funktion der ägyptischen Welt zu gewährleisten. Dieses Grundprogramm, das in den Anlagen stets wiederholt wurde, diente der Erhaltung des Kosmos und war Teil der Vorkehrungen für das jenseitige Leben des Königs.

Die Wanddekoration, die man in den Pyramidenanlagen des Alten Reiches antrifft, kann in mehrere Kategorien unterteilt werden:

1. Szenen zur Darstellung der Vorherrschaft

Diese Szenen stellen den König dar, wie er ungebändigten Kreaturen des Universums wie wilden Tieren und Fremden seinen Willen und seine Macht aufzwingt. In diese Kategorie gehören Bilder von einem in den Sümpfen jagenden und fischenden, einem in der Wüste jagenden oder einem die Feinde zerschmetternden König. Auch Schiffe, die in fremde Länder segeln, zählen dazu.

2. Szenen zur Identifikation des Königs mit den Göttern

Diese Szenen haben die Funktion, den König in der Gestalt des Horus und in Begleitung der ägyptischen Götter und Göttinnen darzustellen. Der König bringt diesen Gottheiten Opfer dar, was zu seinen ersten Pflichten als Herrscher zählt. Im Gegenzug zeigen sie sich dafür erkenntlich, indem sie ihm ihre Zuneigung schenken und Herrschaftsrecht gewähren.

3. *Sed*-Festszenen

In diesen Szenen kann der König in seinen Palästen sein, mit seinen Beamten und Höflingen zusammen oder in seiner *Sed*-Kapelle; er trägt die Krone Ober- und Unterägyptens, ist mit einem Gewand bekleidet und hält die Geißel, um seine Eigenschaft als König und seine Macht über Ober- und Unterägypten zu demonstrieren. Andere Szenen zeigen ihn beim Aufführen eines Tanzes, mit dem er seinen Erfolg und seine gute Herrschaftsweise feiert, und mit dem er zeigt, dass er vollendet hat, was die Götter von ihm forderten.

4. Opferszenen

Garantiert einwandfreie Opfergaben waren wichtig für den Erfolg des Totenkultes. Viele Szenen zeigen Prozessionen von Opferträgern, einschließlich Personifikationen der königlichen Güter in Ober- und Unterägypten, oft sind auch Höflinge und Beamte des Königs dabei.

5. Der König empfängt Opfergaben von den Göttern

Hierbei handelt es sich um die letzte Szene in der Reihe der Wandreliefs. Sie ist stets im Opferraum zu finden und zeigt den König, wie er gerade Opfergaben und Göttlichkeit von den Göttern empfängt. Alle Götter nehmen ihn an und er wird ihnen gleich, denn er hat das irdische Werk, das sie von ihm gefordert hatten, vollendet und ist nun ein Gott.

Diese Szenen wiederholen sich in allen königlichen Tempeln in der Pyramidenanlage, und manchmal auch innerhalb eines Tempels. Das Dekorationsprogramm einschließlich der Statuen, der Kultgegenstände und der architektonischen Elemente wurde in allen Anlagen stets als Bekräftigung dafür entworfen, dass die Herrschaft des Königs perfekt gewesen sei und dies eine besondere Beziehung zwischen dem König und den Göttern geschaffen habe, die schließlich in der Vergöttlichung des König gipfelte.

Untersuchungen der Wandreliefs und anderer Elemente in der Pyramidenanlage veranschaulichen den zu Grunde liegenden Zweck der Anlage: Zu seinen Lebzeiten wird für die Verehrung des Königs als Horus gesorgt, nach seinem Tode als Sonnengott Re. Die Königin als Göttin Hathor wird in diesen Anlagen mit ihm in Verbindung gesetzt. Durch die Ausführung der entsprechenden Riten und indem das Königspaar vollendete, was von ihnen sowohl von den Göttern als auch von ihnen als Göttern gefordert wurde, gewährleistete es ebenfalls die ordnungsgemäße Funktion der ägyptischen Welt.

284–285
In dieser nautischen Szene sieht man Männer auf einem Schiff, die in die Hände klatschen und feiern. Sie stammt aus dem Aufweg der Pyramide des Unas in Sakkara, 5. Dynastie.

Kapitel 24

Die Gräber der 5. und 6. Dynastie in Sakkara

Karol Myśliwiec

In der 4. Dynastie, zur Zeit der Errichtung der größten Pyramiden, vollzogen sich in der Verwaltungsstruktur des Pharaonenstaates wesentliche Veränderungen. Die enormen technischen und künstlerischen Anstrengungen aller Menschen des ganzen Landes stellten nicht nur allerhöchste Anforderungen an die Fertigkeiten, sondern auch an die Organisation. Die nachfolgende 5. Dynastie erbte aufgrund dieser Entwicklung ein regelrechtes Heer spezialisierter Baufachleute, (Kunst-)Handwerker, Schreiber und Verwalter in unterschiedlichen Rängen. Die höchsten Positionen in der sozialen Hierarchie wie beispielsweise die des Wesirs waren mit zunehmender Häufigkeit von Personen besetzt, die nicht der königlichen Familie angehörten. Die obersten Verwalter der späteren Provinzen (*Nomos*), die *Nomarchen*, zählten zu den bedeutendsten Persönlichkeiten der 6. Dynastie. Ihre gewaltigen und normalerweise aus dem Felsen gehauenen Gräber werden in solch entlegenen Orten Oberägyptens wie Assuan, Achmin, Edfu und Dendera gefunden, oder aber in Balat in der Oase Dachla, wo man sie aus Schlammziegeln erbaute. Unter den Hieroglyphen-Inschriften, mit denen die Wände dieser Gräber dekoriert sind, findet man biographische Texte von herausragender Bedeutung für die Geschichte des späten Alten Reiches. Diese Bauten geben Zeugnis von zwei im Grunde einander widersprechenden Strömungen in der ägyptischen Verwaltung des Alten Reiches: Zentralisierung und Dezentralisierung. Manche Wissenschaftler tendieren eher dazu, die Auflösung der Zentralverwaltung in kleine Bezirke als den wichtigsten Faktor zu betrachten, der zum Zerfall der Macht des Königs am Ende der 6. Dynastie geführt hat. Jüngste Untersuchungen fokussierten einen anderen, wichtigen Punkt, der zum ersten Zusammenbruch des wirtschaftlichen Aufschwungs beigetragen haben muss: Klimaveränderungen in Ägypten um 2200 v. Chr. Die Feuchtigkeit nahm ab, dadurch wurde die ägyptische Landwirtschaft immer mehr abhängig von der jährlichen Nilüberschwemmung und die Nomaden wanderten in Richtung Niltal.

Es mag mehrere Gründe für das Aufbrechen der zentralisierten Macht im ausklingenden Alten Reich geben. Man kann jedoch in der 5. und der 6. Dynastie eine schrittweise Schwächung des Pharaos und eine Bedeutungszunahme bei seinen höchsten Beamten beobachten. Anhand ihrer Grabbauten ist dies besonders gut nachzuvollziehen. Königliche Pyramiden und insbesondere die Pharaonengräber werden in dieser Zeit kleiner, die Bauweise weitaus schlichter, während Gräber ihrer adeligen Zeitgenossen oftmals größer und in Grundriss und Dekoration komplizierter sind als es die Gräber von nicht königlichen Personen jemals gewesen waren.

286 und 287 unten
Details aus der Mastaba des Ti, der in der zweiten Hälfte der 5. Dynastie lebte.

268 oben
An den Wänden von Mastabas aus dem Alten Reich sind lange Opferträger-Prozessionen dargestellt, die Speisen und andere Gegenstände für den Verstorbenen herbeischaffen. Die beiden im Grab des Ptahhotep gemalten Männer bringen Lotusblumen, Papyrusstängel, ein Kalb und ein Ritualgefäß.

Ptahschepses

Wie alle früheren Gräber, die Menschen aus der Oberschicht gehörten, bestehen die Adelsgräber der 5. und 6. Dynastie im Wesentlichen aus zwei Teilen: einer unterirdischen Sargkammer und einem Oberbau in Form einer Bank (arabisch: *Mastaba*). Beide Teile sind durch einen rechteckigen, senkrechten und jeweils unterschiedlich tiefen Schacht miteinander verbunden. Der obere Teil ist in das Mauerwerk des Oberbaus integriert und der untere Teil in den Fels geschlagen. Ein steil abwärts gehender Korridor ersetzt in einigen wenigen Fällen den Schacht und kann als archaisierendes Merkmal verstanden werden, als ein Wiederaufgreifen von Elementen aus früheren Anlagen des Alten Reiches. Die *Mastaba* wird entweder aus Kalksteinblöcken oder Schlammziegeln oder aber einer Kombination aus beidem gebaut. Außerdem war in der zweiten Hälfte des Alten Reiches der Grabtypus einer in den Felsen geschlagenen Kapelle mit darüber liegendem Schlammziegelbau beliebt.

In der memphitischen Nekropole hat man in Abusir, Giseh, Abu Roasch und Sakkara die bedeutendsten Ansammlungen von in die 5. Dynastie zu datierenden Adelsgräbern gefunden. Die Höflinge der nachfolgenden Dynastie sind hauptsächlich in verschiedenen Teilen von Sakkara beigesetzt worden. Diese *Mastabas* mit einzigartigen Reliefdekorationen an den Wänden sind heute die stärksten Touristenmagnete dieser Stätte. Allgemein ist die Tendenz zu bemerken, dass die höchsten Beamten mehr und mehr in der Nähe der Pyramide des Königs beerdigt werden wollten, dem sie gedient hatten. Ihre Gräber sind normalerweise architektonisch und künstlerisch anspruchsvoller als die unbedeutenderen *Mastabas*, die um diesen Kernfriedhof herum gefunden wurden. Sie zeugen von in der ägyptischen Geschichte beispiellosem Wohlstand und Macht. Ganz besonders ist das bei der großen Grabanlage für Ptahschepses der Fall, dem „Aufseher aller baulichen Anlagen des Königs", der mit einer Tochter König Neuserres (5. Dynastie) verheiratet war. Dieses einmalige Bauwerk stellt einen Wendepunkt im Bau ägyptischer Grabanlagen dar und wurde in Abusir in der Nähe der Pyramide des Neuserre entdeckt. Insbesondere in Sakkara diente es bis zum Ende der 6. Dynastie Generationen von Adeligen und Architekten des Alten Reiches als Vorbild. Dimensionen wie bei dieser *Mastaba* (80 x 107 m) und einen solch komplexen Entwurf, in dem man die wichtigsten Elemente aus königlichen Grabentwürfen wiederfindet, hatte es noch nie zuvor gegeben. Von diesem Zeitpunkt an wurden Nachahmungen der königlichen Architektur ein gängiges Merkmal von *Mastabas* der höchsten Adeligen. Diese Entwicklung beschränkte sich nicht nur auf den Grundriss als solchen, sondern erfasste auch die Dekoration, in der man viele Motive imitierte, die in königlichen Werkstätten der 5. Dynastie für Toten- und Sonnentempel der späteren Könige erdacht worden waren.

288 links
Ein anderer Mann namens Ptahschepses war Prinz und lebte während der Herrschaft des Unas. Sein Gürtel aus Gold, Karneol, Obsidian und Türkis wurde in einem Sarkophag mit seiner Mumie gefunden, unweit des Taltempels von Unas Grabanlage. Ägyptisches Museum, Kairo.

288 rechts
Der Name Ptahschepses („Ptah ist edel") war bei den memphitischen Adeligen des späten Alten Reiches sehr beliebt. Ein Mann dieses Namens war Richter und Aufseher der Buchhalter. In seiner Mastaba *(C 10) in Sakkara fand man eine kleine Kalkstein-Statue (42 cm hoch). Der Richter wird als Schreiber dargestellt. Die charakteristische Haartracht lässt erkennen, dass die Skulptur aus der 5. Dynastie stammt. Ägyptisches Museum, Kairo.*

288–289
Die mächtige Mastaba *des Ptahschepses in Abusir, Vorbild für spätere Gräber der bedeutendsten Adeligen in Sakkara, ahmt die Architektur von Königsgräbern nach. Sie wurde in drei Abschnitten errichtet und von einem Team von Archäologen aus der Tschechischen Republik in den Jahren 1960–1970 ausgegraben. Vor dem Eingang steht ein Paar achtstieliger Lotussäulen.*

289 unten
Ein Altarhof ist das zentrale Element der Mastaba *des Ptahschepses. Unter den umliegenden Räumen sind Magazine, eine Kapelle mit Statuennischen, eine Opferkammer und so weiter. Hinter der* Mastaba *ist die Pyramide des Königs Sahure zu sehen.*

290–291
Die Nilpferdjagd mit der Harpune war bei ägyptischen Männern ein beliebter Sport. Darin schwang auch die symbolische Bedeutung mit, über Feinde zu siegen. Dieses in Mererukas Grab dargestellte Papyrusdickicht ist durchaus als Handbuch der ägyptischen Zoologie zu betrachten. Frösche und Libellen hocken auf den Stängeln und scheinen das Geschehen zu verfolgen.

Mereruka

291 oben
Mereruka, Oberrichter und Wesir zur Regierungszeit des Teti, hat die größte aller Mastabas im Umfeld der Pyramide dieses Pharao in Sakkara. Zwei Teile seiner Anlage dienen seiner Frau Watetchethor und seinem Sohnes Meriteti als Gräber. Das Relief zeigt Mereruka mit einem Rock, einer kurzen Perücke und einem breiten Halskragen; er hält einen Stab und ein Zepter.

291 unten
Verschmitzt-humorvolle Einfälle sind häufig in den Arbeiten der Künstler zu finden, die die Mastabas gestalteten. Bei genauem Hinsehen kann sich der Betrachter dieser Szene am Wasser über zwei herrliche Details amüsieren: ein Nilpferd verschlingt ein Krokodil und ein Mann ergreift einen Mungo – eines der flinksten Tiere Ägyptens – am Schwanz.

Einige architektonische Merkmale aus der Grabanlage des Ptahschepses wurden später in den *Mastaba*s der höchsten Beamten in Sakkara kopiert. Beispielsweise findet sich ein Raum mit einer auf das Gebäudedach führenden Treppe – inspiriert von ähnlichen Strukturen in den Tal- und Pyramidentempeln – in den *Mastaba*s von Mereruka, Kagemni, Anchmahor und Nefersechemre. An Elementen aus königlichen Bauten früherer Zeiten (bis Userkaf) orientierte Pfeilerhöfe treten in Privatgräbern in Sakkara bis zur Mitte der 6. Dynastie in Erscheinung, beispielsweise in den *Mastaba*s von Ti, Ptahhotep I., Achethotep, Kagemni, Mereruka und Chentika-Ichechi. Ein weiteres Element, das an königliche Grabdenkmäler und an die Anlage des Ptahschepses erinnert, sind die aus vielen Räumen bestehenden Magazinbereiche, die man in vielen *Mastaba*s in Sakkara gefunden hat (z. B. in der *Mastaba* des Mereruka und der des Chentika-Ichechi). Trotz aller Bemühungen, das Grab des großen Ptahschepses zu imitieren, hat doch keiner der in Sakkara bis zum Ende der 6. Dynastie beigesetzten Adeligen seine architektonischen Leistungen – eine zusammenfassende, vollständige Version königlicher Grabanlagen in Klein – übertroffen oder auch nur erreicht. Die größte *Mastaba* des Alten Reiches in Sakkara, die für Mereruka errichtet wurde und 29 Räume umfasst, misst „nur“ 48 x 81 m.

292–293 oben
Fischjagd zu Papyrusnachen mit kleinen Netzen und Körben und Fischfang mit dem Schleppnetz sind die Szenen aus den untersten Registern eines großen Bildes. Der Verstorbene ist mit seiner Frau, Dienern und Schreibern dargestellt. Die Darstellung verschiedener Fischarten im Schleppnetz wirkt wie eine Enzyklopädie zur ägyptischen Fischkunde.

292–293 unten
Schreiber in kauernder Stellung verzeichnen die Opfergaben aus allen Gütern des Landes für Mererukas Totenkult auf Papyrusrollen. Hinter ihnen führen zwei Männer Tiere zu dem Toten, der gemeinsam mit seiner Frau am Ende dieser Szene dargestellt ist.

293 oben
Die zarte Sinnlichkeit der Beziehung zwischen Mann und Frau wird von den ägyptischen Künstlern mit einfachen Gesten wiedergegeben. Die Art, in der die Körper gezeichnet werden, unterscheidet zwischen männlicher und weiblicher Schönheit. Beide Geschlechter können im Grunde ähnlichen Schmuck tragen, beispielsweise Armreifen. Adelige Männer haben häufig ein gefaltetes Tuch in der Hand.

293 unten
Lotus ist seit den ersten Darstellungen in ägyptischen Adelsgräbern mit Frauen assoziiert. Hier sitzt die Gemahlin des Mereruka – die der königlichen Familie entstammte – vor einem mit halben Brotlaiben reich bestückten Opfertisch und riecht an einer Lotusblume. Ein großer Bereich von Mererukas Mastaba war für ihren Totenkult bestimmt.

Mereruka

294 oben
Die Sargkammer ist über einen in den Boden eines kleinen Raumes geschlagenen Schacht zugänglich. Sie enthielt den Sarkophag mit dem Körper des Verstorbenen. Unter den gemalten Dekorationen des Raumes sind Darstellungen von Opfergaben, Opferlisten und Opfertexte.

294 Mitte
Die Dekoration der Sargkammer ist zum großen Teil unvollendet. Die Wand, auf der der Künstler die Figuren und Hieroglyphen im Entwurfszustand belassen hat, steht in starkem Kontrast zu dem fertig gestellten Werk über dem Eingang. An manchen Stellen sind noch Spuren von waagerechten und senkrechten Linien zu erkennen, die dem Künstler beim Entwurf zu Beginn der Arbeit als Hilfslinien dienten.

294 unten links
Ein Teil von Mererukas Grab war für seinen Sohn Meriteti vorgesehen, auch ein Oberrichter und Wesir. Bei der mächtigen Scheintür sind Darstellungen von Meriteti, an einem Tisch sitzend, sowie von Opferlisten, Priestern und Opferträgern in die Seitenwände der Kapelle eingeschnitten.

294 unten rechts
Die lange Kammerflucht in der Mastaba des Mereruka erinnert an einen Palast, der unregelmäßige, eine rechteckige Fläche füllende Grundriss sieht jedoch eher wie ein Labyrinth aus. In den Reliefs zur Wandgestaltung wechseln endlose Reihen von Opferträgern und monotone Darstellungen des Verstorbenen mit Szenen aus dem alltäglichen Leben ab.

295 oben
In der Nordwand der Pfeilerhalle befindet sich eine Nische mit einer Kalksteinstatue des Mereruka in schreitender Pose, durch die der Eindruck erweckt wird, er gehe auf den oben auf der vierten Stufe vor der Nische stehenden Opfertisch zu. Zweidimensionale Darstellungen des Mereruka schmücken Wände und Pfeiler des Raumes.

295 unten
Auch Mererukas Bruder Ihi wurde von den Künstlern, die das Grab gestalteten, verewigt. Der korpulente Würdenträger sitzt in der Mitte eines Papyrusnachens und genießt ein von einem Diener dargebotenes Getränk.

296-297
In einer langen Reihe einzelner Episoden sieht man, wie verschiedene Tiere gefüttert und angeliefert werden; im untersten Register ist das Mästen von Hyänen zu sehen und ganz oben eine Gruppe von Handwerkern beim Schiffsbau. Der Wesir, seine Frau und seine Mutter schauen zu. Links sieht man ihn in Begleitung zweier Söhne.

Kagemni

298
Für den Transport schwerer Güter zu Lande verwendete man Schlitten. Zwei Arbeitsgruppen zu je vier Männern werden hier dabei gezeigt, wie sie große Öl- und Salbgefäße auf Schlitten transportieren. Ein weiterer Mann schüttet vor jedem Schlitten Wasser auf den Boden, um den Untergrund aufzuweichen.

299 oben
Diese Darstellung des Grabeigentümers ist geradezu ein Lehrbeispiel für die Konventionen, die so bezeichnend sind für die von den ägyptischen Künstlern praktizierte „draufschauende" Betrachtungsweise der Natur. Einige Körperbereiche werden frontal abgebildet, andere im Profil. Dasselbe Streben nach „Objektivität" erlaubt ihnen, Finger und Zepterposition in einer im Grunde nicht natürlichen Art und Weise darzustellen. Der Körper eines Mannes wurde üblicherweise in Rot gemalt.

299 unten links
Kagemni, Oberrichter und Wesir, lebte zu Beginn der 6. Dynastie (Herrschaft von König Teti). Seine herrliche Mastaba unweit der Pyramide des Teti verfügt über ein Labyrinth an Räumen. Die Westwand eines der Räume ist eine mächtige Scheintür; der obere Teil fehlt.

299 unten rechts
Kagemni steht an der Spitze einer langen Prozession von Opferträgern, die sieben Register dieser Szene beanspruchen. Der Würdenträger trägt ein Pantherfell, der Pantherschwanz hängt zwischen den Beinen herunter.

Kagemni

300 oben links
Opferträgerprozessionen schreiten auf eine Scheintür zu. Dieses Motiv findet sich in vielen Registern entlang der Seitenwände der Kapelle (hier die Nordwand). Sie bringen alles herbei, was der Verstorbene im Jenseits benötigt: Brot, Fleisch, Geflügel, Körbe voller Obst und so weiter. Auch verschiedene Tiere werden mitgeführt.

300 unten links
Fragment einer Sumpf-Szene, Nordwand der Pfeilerhalle. Drei Männer fischen in einem Papyrusnachen: Einer arbeitet mit einem kleinen Netz, der Zweite mit einer Angelschnur, an der mehrere Haken befestigt sind. Typisch für solche Szenen: Durch die große Menge und die Artenvielfalt der Fische ist dies wie eine Übersicht über Fischarten.

300–301
Eine der beliebtesten Alltagsszenen, die in Mastabadekorationen zu finden sind, zeigt Rinder beim Durchqueren eines Kanals. Die ganz jungen Kälber wurden entweder von Männern getragen oder an einen Papyrusnachen gebunden, wie im unteren Register dieses Reliefs aus dem Grab des Kagemni zu sehen ist.

302 links
Diese großformatige Kalksteinstatue des Ti (198 cm) stand ursprünglich in seiner Mastaba in Sakkara und befindet sich im Ägyptischen Museum in Kairo. Die strenge Form steht in Kontrast mit der Feinheit und dem Naturalismus der Reliefdekoration in diesem Grab.

Ti

Einige architektonische Merkmale der Grabanlage des Ptahschepses wurden in späteren *Mastabas* Standardkomponenten. Die Gräber der höchsten Beamten haben üblicherweise einen Oberbau mit vielen Räumen, aber nie sind zwei Oberbauten identisch. In den Grundrissen sind vielfältige individuelle Lösungen erkennbar und manchmal stellten die örtlichen Gegebenheiten eigene Anforderungen. Die großen *Mastabas* haben normalerweise einen Eingangsportikus, eine Pfeilerhalle, einen Bereich mit Magazinräumen, einen *Serdab* (Geheimkammer für eine Statue des Verstorbenen) und vor allem einen ost-westlich orientierten Opferraum mit einer mächtigen, nach Osten schauenden und in die Westwand des Raumes gemeißelten Scheintür. Dieses Bindeglied zwischen dem Reich der Toten und dem Reich der Lebenden ist das wichtigste Element im Oberbau eines Grabes, selbst wenn es nur aus einem einzigen Raum besteht.

In Sakkara konzentrieren sich die *Mastabas* der 5. und 6. Dynastie in Gruppen um die Pyramiden der Könige herum, sind aber auch über die ganze Stätte verstreut. Als das Gebiet um die Stufenpyramide des Djoser zu Beginn der 5. Dynastie (Pyramide des Userkaf) wieder als königlicher Friedhof genutzt wurde, errichtete man einige Privatgräber, teilweise aus Lehmziegeln, am Westrand der frühzeitlichen Nekropole. Im Folgenden breitete sich der Friedhof in südwestlicher Richtung aus. Die größte Konzentration an *Mastabas* aus der 5. Dynastie findet sich nordwestlich der Umfassungsmauer der Stufenpyramide (beispielsweise die *Mastabas* von Ti, Ptahschepses (II.), Ptahhotep und Achtihotep). Auch um die Pyramidenanlage des Unas herum sammeln sich zahlreiche späte Gräber dieser Dynastie. Bei vielen handelt es sich um aus den Felsen geschnittene Kapellen oder Gräber, die teilweise in die Felsen hineingetrieben wurden. Ein Beispiel dafür ist die „*Mastaba* der beiden Brüder" Nianchchnum und Chnumhotep aus der zweiten Hälfte der 5. Dynastie, oder aber das Grab des Wesirs Mehu, das in die erste Hälfte der 6. Dynastie zu datieren ist. Die erstgenannte *Mastaba* stellt Ägyptologen noch immer vor Rätsel, und sie sind dabei, die Art der Beziehung zwischen den beiden „Aufsehern der Handpfleger des Hofes", „Propheten des Re im Sonnentempel des Neuserre" zu ergründen. Die Symmetrie gewisser Szenen beider Männer gemeinsam unterstreicht die Gleichheit ihrer sozialen Positionen. Manche Wissenschaftler erkennen darin, dass sie Brüder (Zwillinge?) oder enge Freunde waren, aufgrund der Intimität ihrer Zugewandtheit in einigen Szenen interpretieren andere Forscher die Männer hingegen als Liebespaar.

Einige kleine Gräber mit nur einem oder zwei Räumen sind in die Steilstufe an der Südseite des Aufweges von der Pyramide des Unas oder in die Seite der nun trockenen Gräben im Süden der Umfassungsmauer zur Stufenpyramide gebaut.

302 rechts oben
Ti, Aufseher von zwei Pyramiden und vier Sonnentempeln, lebte in der zweiten Hälfte der 5. Dynastie. Sein herrliches Grab im Nordwesten der Stufenpyramide hat eine Innenhalle mit zwei Pfeilern und zwei Scheintüren; eine ist auf dem Foto zu sehen. Alle Seiten der Pfeiler sind mit Namen und Titeln des Verstorbenen beschriftet.

302 Mitte rechts
Im Unterschied zu den Sargkammern anderer Mastabas aus derselben Zeit ist die Kammer, die den nicht verzierten Sarkophag des Ti birgt, über eine Treppe zugänglich, die vom Boden der Pfeilerhalle aus zu einem schrägen Durchgang führt.

302 unten rechts
Die Flachreliefs auf den Wänden der Mastaba des Ti zählen zu den Meisterwerken in der altägyptischen Kunst. Sie vereinen künstlerische Eleganz und technische Perfektion – wie in dem hier abgebildeten Segelschiff.

303
Der oberste Friseur des Königshofes, Ti, hier gestützt auf einen Stab und in Begleitung seiner (knienden) Frau Neferhetepes, schaut zu den Tieren, die seine Hofleute herbei führen. Die Schreiber im unteren Register nehmen die Opfergaben auf.

Ti

304–305
Ein auf einer langen Flöte spielender Musiker begleitet die Männer bei der Erntearbeit (oberes Register), währenddessen wird eine Schafherde über das besäte Feld geführt, damit die Tiere die Saat in den weichen Boden treten (unteres Register). Dies sind zwei Standardmotive bei in Mastaba-Wände geschnittenen landwirtschaftlichen Szenen.

305 oben
Zwei Register aus einer langen Folge von Ernteszenen auf der Ostwand der Opferkammer, Mastaba des Ti. Im unteren Register sind Weizen tragende Esel zu sehen. Ti und seine Frau schauen zu (auf dem Foto nicht sichtbar).

305 unten
Ti im Papyrusdickicht. Er steht in einem Papyrusnachen und sieht nackten Männern auf einem anderen Schiff bei der Nilpferdjagd zu. Naturalistische Merkmale in der Darstellung der Jäger wie die kahle Stirn oder der gewölbte Bauch weisen sie als Angehörige einer unteren Schicht aus.

306 oben
Hier wird Ptahhotep II. in seiner Eigenschaft als ältester Sohn von Achtihotep gezeigt. Er ist gerade damit beschäftigt, Opfergaben von den Gütern für den Totenkult seines Vaters zu verzeichnen. Dieses Relief kann man auf der Ostwand in der Halle von Achtihoteps Grab bewundern.

306 unten
Bei der Mastaba des Ptahhotep im Nordwesten der Stufenpyramide handelt es sich um eine Grabanlage, die für zwei Ptahhoteps und einen Achtihotep errichtet wurde. Letzterer war ein Sohn Ptahhoteps I. und der Vater Ptahhoteps II. Sie alle waren gegen Ende der 5. Dynastie Oberrichter und Wesire. Im Grab des Achtihotep ruhen Architrave auf vier Pfeilern.

307
Ptahhotep („Ptah ist glücklich") zählte zu den bedeutendsten Adeligen der späten 5. Dynastie; dieses Flachrelief stammt aus seiner Mastaba in Sakkara. Ein breiter Halskragen und eine lange Kette mit Amulett zieren seinen nackten Oberkörper. Auf der Wand vor ihm ist sein Name in Hieroglyphen geschrieben.

308 oben
Ein Kaleidoskop von Genreszenen ist in sieben Registern auf der Ostwand des Kultraumes zu sehen; Ptahhotep und sein ältester Sohn, der ebenfalls Ptahhotep heißt, schauen zu. Vogeljagd und Fischfang sind in den beiden unteren Registern lebhaft dargestellt.

308 – 309
Das Relief im vierten Register dieses Panoramabildes berichtet von einer Jagd in der Wüste und verblüfft den Betrachter mit einer starken Dynamik. Die kämpfenden und kopulierenden wilden Tiere erinnern an gemalte Szenen aus den Sonnentempeln der 5. Dynastie.

309 oben
Rechts außen in dieser Szene fängt der Jäger mit einem Lasso einen von zwei wilden Bullen, die neben einer Antilope her rennen. In demselben Register sind auch zwei Igel dargestellt. Einer verlässt gerade seinen Bau und frisst eine Heuschrecke.

Iruka-Ptah

310–311
Iruka-Ptah, Mundschenk und Fleischer beim königlichen Mahl, lebte in der zweiten Hälfte der 5. Dynastie. Sein Grab wurde in den Fels getrieben; es liegt gleich südlich vom Aufweg des Unas. In drei Wände sind vierzehn Nischen gemeißelt, in denen Statuen des Verstorbenen stehen.

311 oben
Oben an der Ostwand ist eine Folge mit Schlachthof-Szenen zu sehen. Einer der Metzger enthäutet einen Ochsen mit einem Messer, ein anderer schneidet in die Eingeweide und legt die Rippen frei; ein Dritter hält die Hinterbeine des Tieres.

311 unten
Einige der Statuen und auch einige der Wandszenen und -inschriften haben noch ihre ursprüngliche Vielfarbigkeit. Die Hieroglyphengruppe über dieser Statue auf der Ostwand gehört zu einer langen Inschrift und besagt „...in der Westwüste..."

312 oben links
Nefer („Der Gerechte") war während der Herrschaft des Neuserre Vorsitzender der Sänger. In seinem Grab sind außer ihm selbst seine Eltern Kakai und Meretites beigesetzt. Für sie wurden in der Kapellenwestwand zwei Scheintüren gearbeitet. Die Inschriften identifizieren Kakai als Sängerprüfer.

312 unten links
Das in den Felsen eines alten Steinbruches getriebene Grab von Nefer, Meretites und Kakai liegt dem Aufweg von Unas Anlage zugewandt. Es verfügt über eine lange, L-förmige Kapelle und elf Schächte. Einer davon (der Zugang ist im Fußboden zu sehen) führt in eine Sargkammer, in der sich ein Sarkophag mit einer männlichen Mumie befindet.

312 rechts
Einige Mitglieder von Kakais Haushalt sind auf der Westwand der Kapelle mit ihren Opfertischen dargestellt. Die drei in Leopardenfelle gekleideten Männer mit den kurzen Perücken sind wahrscheinlich seine Söhne. Alle werden als Vorsitzende der Sänger bezeichnet.

313
Nefer und seine Frau gehen auf ihre Scheintür zu. Das Relief auf der Westwand der Kapelle zeigt den Grabbesitzer mit einem langen Stab und Zepter; seine Gemahlin hält eine Gans in der linken Hand. Name und Titel sind in den Inschriften, die die Szene einfassen, zu lesen.

Nefer

314 oben
Vier Opferträger im Relief über der Scheintür von Meretites, Westwand der Kapelle. Der Erste räuchert Weihrauch, die beiden Nächsten bringen eine Gans und eine Gazelle und der Letzte führt ein Kalb herbei.

314–315
Eine Folge von Szenen aus dem Alltag bedeckt die Ostwand der Grabkapelle. Sie erstrecken sich zwischen großformatigen Abbildungen des Grabinhabers und seinen Familienmitgliedern. Fischfang mit Wadennetz und Vogelfang mit Klappnetz sind die Motive im untersten Register.

315 oben
Eine der Sumpfszenen (oberes Register) zeigt unbekleidete Männer mit kahlen Stirnen beim Schneiden und Wegtragen von Papyrus. Offensichtlich ist das Material zum Bau von Papyrusnachen bestimmt, was in der Folgeszene dargestellt ist.

Qar

Im Jahr 2001 begannen ägyptische Archäologen, einen bedeutenden Bereich dieser Nekropole im Westen der Pyramide des Unas auszugraben. Einige jüngste Entdeckungen sind besonders erwähnenswert: ein kleines, aber hoch interessantes Grab für eine Person namens Qar, Oberster Arzt am königlichen Hofe gegen Ende der 5. Dynastie sowie Überreste zweier größerer Gräber. Die Wandmalereien der Kapelle im Grab des Arztes sind stark beschädigt, in der intakten Sargkammer machte man hingegen eine ungewöhnliche Entdeckung. Zwischen etwa fünfzig Tongefäßen – der qualitativ hochwertigsten Töpferware aus dem Alten Reich – fand man einen Satz medizinischer Instrumente aus Kupfer. Die meisten Gefäße sind mit Namen und Titel des Verstorbenen versehen, und zwar mit schwarzer Tinte auf die weiche Oberfläche des roten geschlämmten Tones geschrieben. Bisweilen gibt es Serien mit vier gleich geformten Exemplaren, besonders zahlreich aber sind kugelförmige Gefäße, die ohne den Überzug aus geschlämmtem Ton gebrannt wurden und möglicherweise flüssige Arzneimittel enthalten hatten. Viel größer ist eine aus weiß-gräulichem Mergelton gefertigte Amphore mit zwei Henkeln in der Korpusmitte; vermutlich handelt es sich um einen Warentyp, der aus Palästina nach Ägypten importiert wurde.

Vier runde Opfertische, die man in demselben Lager fand, sind hinsichtlich der gemalten Verzierungen einzigartig. Sie waren in vielen Teilen erhalten, die vor den Versuchen, die Tische zusammen zu setzen, zunächst sorgsam konserviert werden mussten. Sie wurden einst aus rotem Ton gefertigt, der nach dem Brennen eine beinahe metallische Struktur hat. Alle Tische haben einen kleinen, zylindrischen Fuß und die Tischfläche zieren jeweils höchst empfindliche polychrome Malereien verschiedener Gegenstände, die man von Opfertischen in Wandgemälden ägyptischer Gräber kennt. Könnte es sich um ein weiteres Register mit Opfergaben im Zusammenhang mit der Ernährung des Toten nach dem Tode handeln?

Die Gräber der 6. Dynastie scharen sich großenteils um die Königspyramiden, also um die Pyramide des Teti nordöstlich der Umfassungsmauer der Djoser-Pyramide und die Pyramiden der nachfolgenden Könige aus der 6. Dynastie (beispielsweise Pepi I. und Pepi II.) in Sakkara-Süd. Die beiden *Mastaba*-Arten kennzeichnen Anfang und Ende der 6. Dynastie und sind hinsichtlich der Form grundverschieden. Sie illustrieren folglich die Entwicklung der ägyptischen Gesellschaft im letzten Jahrhundert des Alten Reiches. Der Friedhof um die Pyramide des Teti umfasst viele mehrräumige *Mastabas* mit solidem, gemauertem Oberbau und umfangreicher, feiner Dekoration an den Wänden. Als Beispiele seien die *Mastabas* von Mereruka, Kagemni, Nefersechemre, Anchmahor, Chentikai-Ichechi oder Ptahschepses genannt. Sie lassen auf eine wohlhabende Oberschicht schließen, während die sehr schlichten Kollektivgräber aus Lehmziegeln mit nur einem Minimum an Dekoration, die man in Sakkara-Süd fand, von einer allgemeinen Verarmung der ägyptischen Gesellschaft am Ende des Alten Reiches zeugen. Französische Archäologen prägten für diese einfachsten *Mastabas* den Begriff „tombes à four" (Ofengräber), weil die hohen Ziegelgewölbe, die als stützende Bögen über steinernen Dachbalken dienten, sie wie Bäckeröfen aussehen ließ.

316 unten
Beide Seitenwände der Kultkapelle sind mit Malereien auf einer Putzschicht versehen. Auf der Nordwand wird der Verstorbene an einem Opfertisch sitzend gezeigt (oberes Register); ferner eine Prozession von Opferträgern, darunter drei Männer, die gefaltete Leintücher tragen.

317 oben
Eine weitere Opferliste ist in die Tischfläche dieses runden Opfertisches aus ägyptischem Alabaster graviert. Er wurde zusammen mit vier ebenso großen Terrakotta-Tischen in der intakten Sargkammer am unteren Ende eines tiefen Schachtes gefunden. Die Terrakotta-Tische sind mit polychromen Malereien von Opfergaben verziert.

317 unten
Vier der zahlreichen Tongefäße aus der Sargkammer des Arztes Qar. Jedes ist mit einer Inschrift aus schwarzer Tinte versehen, die Namen und Titel des Verstorbenen angeben. Bei der Amphore handelt es sich um ein importiertes Gefäß, die anderen, in großer Zahl an dieser Fundstelle entdeckten, Gefäßtypen sind ägyptische Erzeugnisse. Das polierte rote kugelförmige Gefäß und der Wasserkrug mit Ausguss bilden zusammen ein Set für das Händewaschen vor dem Essen. Es sind Nachbildungen von Prototypen aus Metall.

316 oben
Das Grab des Obersten Arztes aus dem Palast, Qar, ausklingende 5. Dynastie, wurde im Jahr 2001 von ägyptischen Archäologen westlich der Pyramide des Unas entdeckt. An der Westwand der bescheidenen oberirdischen Kultkammer befindet sich eine rechteckige Kalksteinstele, die mit einer Opferliste in einer rasterartigen Struktur beschriftet ist.

Meref-Nebef

Unlängst entdeckte ein Team von Archäologen aus Polen und Ägypten bei Ausgrabungen westlich der Umfassungsmauer zur Djoser-Pyramide (seit 1987) einen weiteren Friedhof von Adeligen aus der 6. Dynastie. Unmittelbar unter einer Sandschicht kamen breite, in westlicher Richtung von der Djoser-Pyramidenumfassung absteigende Terrassen ans Licht, in denen Hunderte schlichter Gräber aus der ptolemäischen Epoche verborgen waren. Die Stufen wurden aus dem Berg gehauen und es entstanden lange Fassaden, die sich in Längsrichtung und gen Westen gewandt erstrecken. Darin befanden sich die Eingänge zu vielen Adelsgräbern des späten Alten Reiches. Die schönste bis jetzt freigelegte Grabkapelle gehört dem Wesir Meref-Nebef, der in der ersten Hälfte der 6. Dynastie lebte. Im Gegensatz zu anderen *Mastaba*s aus der gleichen Zeit ist die Farbigkeit der Reliefs aus diesem Grab zu einem großen Teil erhalten. Viele Motive, die man auch aus anderen Gräbern kennt, haben also hier zum ersten Mal „Farbe bekannt". Leider stellte dieses Meisterwerk ägyptischer Kunst die Konservatoren sofort vor eine immense Herausforderung. Das mit den Reliefs verzierte Felsgestein ist äußerst bröckelig, enthält viel Salz, das wiederum dazu neigt, sich an der Oberfläche eines Gemäldes zu sammeln. Ein Konservatorenteam von den Nationalmuseen in Warschau und Krakau hat alles in seiner Macht Stehende unternommen, um dieses einzigartige Dekorationswerk für die Nachwelt zu erhalten.

Wie sich herausstellte, ist das Grab des Meref-Nebef auch eine wichtige historische Quelle. Einige ungewöhnliche Merkmale des Wesirs und seines Grabes ließen die turbulenten Zeiten, in denen hohe Beamte in zunehmendem Maße Vorrechte des Königs für sich beanspruchten, in einem anderen Licht erscheinen. Vor allem anderen überraschte die geringe Größe dieser *Mastaba*, die nur aus einem einzigen, in den Felsen gemeißelten Kultraum, einem Oberbau aus teilweise wieder verwerteten Ziegeln über der Kultkapelle und einem tiefen Schacht hinter der Ostwand der Kapelle zu einer über zehn Meter unterhalb der Kapelle gelegenen Sargkammer bestand. Dieser Bau wirkt im Vergleich zu den großen steinernen und über viele Räume verfügenden *Mastaba*s anderer Wesire in Sakkara sehr bescheiden. Da Meref-Nebefs Wesir-Titel lediglich auf der Fassade seiner Kultkapelle erscheint, kann man davon ausgehen, dass er erst recht spät in seiner beruflichen Laufbahn zu diesem Amt aufstieg, nämlich als sein Grab schon so gut wie fertig gestellt war. Die Beförderung erfolgte möglicherweise erst nach dem Tode von König Teti, vielleicht in der kurzen Regierungszeit seines kurzlebigen Nachfolgers Userkare, des Vorgängers von Pepi I. In dieser Beziehung ähnelte die Karriere des Wesirs der des Oberrichters Kagemni, dessen Lebenslauf aus den in die Wände seiner *Mastaba* in Sakkara gemeißelten Inschriften bekannt ist. Nachdem er zwei aufeinander folgenden Königen gedient hatte (Djedkare-Isesi und Unas), wurde er vom nächsten König – Teti I. – bei dessen Thronbesteigung zum Wesir befördert. An einigen unvollendeten Teilen der Fassade vom Grab des Meref-Nebef ist zu erkennen, dass der ehrgeizige, neureiche Adelige fieberhaft mit Vergrößerungsarbeiten an seinem Grab begonnen hatte; der Tod überraschte ihn jedoch, bevor er sein eitles Werk abschließen konnte.

Auch die drei Namen Meref-Nebefs geben Aufschluss über seinen Größenwahn. Mit einem der Namen, Unas-Anch, gedenkt er des letzten Königs der 5. Dynastie, und der Name Fefi erinnert klanglich an den ersten König der folgenden Dynastie, nämlich Teti. Einige Titel des Meref-Nebef weisen ihn als Priester und Verwaltungsbeamten im Zusammenhang mit der Pyramide des Teti aus.

Die Anwesenheit von vier „geliebten Ehefrauen", bei verschiedenen Anlässen wiederholt als ein Meref-Nebef begleitendes Harfenistinnen-Quartett dargestellt, ist ebenfalls ungewöhnlich. Selbst dieser Harem hat aber scheinbar seinen Appetit in Liebesdingen nicht vollends stillen können, denn eine fünfte Dame prangt in Großformat an einem der repräsentativsten Plätze: im Eingang der Kapelle. Sie wird in derselben vertraulichen Pose gezeigt wie eine der Gemahlinnen in der Parallelszene auf der anderen Wand des Eingangs. Da überhaupt kein Titel der schönen Unbekannten angegeben ist und sie in dem ganzen Raum lediglich in dieser Szene erscheint, kann man wohl berechtigterweise davon ausgehen, dass es sich um eine Mätresse gehandelt hat.

Die freud- und lustvolle Atmosphäre an Meref-Nebefs Hof muss sich nach seinem Tode aber dramatisch verändert haben. Andere Szenen und Texte an den Wänden der Kultkapelle zeugen von einem Konflikt, der seine Familie und vor allem seine Nachkommenschaft schwer erschütterte. Mit Ausnahme des jüngsten Sohnes, der den Namen seines Vaters (Fefi) trägt, sind die Abbildungen seiner Söhne und die entsprechenden Begleittexte absichtlich weggekratzt worden. Der jüngste war offensichtlich der Gewinner in dem Erbstreit, und vermutlich auch der Bilderstürmer, der anordnete, die Abbildungen und Namen seiner Brüder zu zerstören. Wahrscheinlich haben er und seine Frau später in der Kapelle ein Relief zur Originaldekoration hinzufügen lassen. Diese auf unregelmäßigen und mit einer Gipsschicht überzogenen Steinblöcken ausgeführte Szene ist stilistisch ganz anders als die übrige Dekoration. Ein Meref-Nebef – wohl der Junior – wird dargestellt, und seine Frau Hemi erscheint in keiner anderen der ansonsten im Grab gefundenen Szenen. Ist das Motiv auch eine friedvolle Fischfangepisode, so verbirgt sich dahinter doch ein stilles Zeugnis von erbitterten Kämpfen unter Meref-Nebefs Söhnen nach seinem Tode.

Angesichts eines weiteren Werkes, das der Wut des Bilderstürmers zum Opfer fiel, muss dieser Konflikt auch politische Aspekte gehabt haben. In einem auf die beiden parallelen Wände des Einganges gemeißelten Inschriftenfragment ist an Stellen, an denen Meref-Nebef als „Geehrt unter dem König" beschrieben wird, diesem dasselbe Schicksal zuteil geworden wie den verhassten Brüdern. Die Texte wurden sorgsam ausgekratzt und eine Stelle trägt Spuren eines sarkastischen Schimpfnamens, der später mit schwarzer Tinte anstelle des Wortes „König" eingefügt wurde, so dass es „Geehrt unter der Wüste" hieß. Wir wissen nicht, welcher König es war, der diesen Wesir bevorzugte, aber die Schande, die möglicherweise nach seinem Tode über diesen König kam, ist ein Kennzeichen für politische und soziale Unruhen in der ägyptischen Hauptstadt gegen Ende des Alten Reiches. Beschädigungen ähnlicher Art fand man auch in anderen, zeitgleichen Gräbern in Sakkara.

Da die Anzahl der Räume in den *Mastaba*s der 5. und 6. Dynastie zunahm, stand natürlich auch mehr Wandfläche für Reliefs und Malereien zur Verfügung. Somit boten sich den Künstlern nie da gewesene Möglichkeiten, ihr Repertoire an Motiven zu erweitern. Früher hatten sie sich hauptsächlich auf Darstellungen des Verstorbenen, Opfertischszenen und bei Inschriften auf Aufzählungen der Titel des Verstorbenen und der Opfergaben im Zusammenhang mit seinem Kult beschränkt. Die memphitischen Bildhauer dieser beiden Dynastien imitierten das für königliche Beisetzungen und Sonnentempel erdachte Muster, und schufen so eine authentische Welt mit naturalistischen und lebendigen Szenen, die einerseits alle möglichen Einzelheiten aus dem Alltag dieser Tage erzählt und andererseits die Vorstellung der Ägypter in

318
Das polnisch-ägyptische Team arbeitet seit 1987 an Ausgrabungen des Friedhofes im Westen der Djoser-Pyramide. Überreste von Lehmziegel-Oberbauten von Mastabas *aus dem Alten Reich wurden zweitausend Jahre später in der ptolemäischen Epoche für schlichte Gräber wiederverwendet.*

319
Das bescheidene Grab des Wesirs Meref-Nebef – erste Hälfte der 6. Dynastie – verfügt über eine in den Felsen getriebene Kultkapelle mit Reliefs, die in den bröckeligen Kalkstein gearbeitet sind. Auf der Südwand ist der Verstorbene mit einer Dame dargestellt, sie schauen halbnackten Tänzerinnen zu.

320–321
Auf der Westwand der Kapelle des Meref-Nebef sind zwei Scheintüren für ihn gearbeitet. Die gepunktete, rot bemalte Oberfläche soll wie Granit aussehen. In vier Registern haben Opferträger, ein Opfertisch vor dem Verstorbenen und eine Opferliste über dem Tisch ihre strahlende ursprüngliche Polychromie bewahrt.

320 unten links
Auf der Ostwand der Kapelle ist Meref-Nebef mit einem Wurfholz bei der Vogeljagd von einem Papyrusnachen aus dargestellt. Besonders farbenfroh und voller dramatischer Spannung ist die Darstellung der Tierwelt vor ihm.

Meref-Nebef

Bezug auf das Jenseits wiedergibt. In dieser Kunst gibt es Tausende von individuellen Lösungen, und es ist so gut wie ausgeschlossen, zwei exakt gleiche Versionen eines Motivs zu finden. Es existieren aber einige streng beachtete Regeln im allgemeinen Dekorationskonzept für die Entwürfe bestimmter Szenen. Zum einen hängen die Motive der Wanddekoration mit der Funktion des betreffenden Raumes zusammen, und zum anderen werden einige Elemente aufgrund ihrer magischen Bedeutung in beinahe jedem Raum wiederholt.

Dazu gehören zunächst einmal der Name des Verstorbenen und seine Titel sowie Bildnisse von ihm. Nach altägyptischem Glauben lebt jeder Mensch solange fort, wie sein Name und seine körperliche Erscheinung bekannt sind, schriftlich festgehalten werden und solange man sich an die Person erinnert. Aus diesem Grund werden in allen Gräbern bedeutender Adeliger Namen und Abbild der Person häufig wiederholt. Die anderen Szenen stellen bisweilen sehr detailliert und oft bemerkenswert humorvoll dar, wie in der Unterwelt für die Bedürfnisse des Verstorbenen gesorgt werden wird. An erster Stelle steht dabei natürlich das leibliche Wohl. Dazu braucht man dauerhaft Opfergaben, die von den für seinen Totenkult zuständigen Priestern beschafft werden: alle erdenklichen Lebensmittel – von Brot, Kuchen, Obst, Gemüse, Fleisch und Geflügel bis zu verschiedenen Getränken, hauptsächlich Bier und Wein. Sie werden aufgelistet und mit anderen rituellen Gegenständen wie beispielsweise geheiligten Ölen zusammen abgebildet. Großformatige Bildnisse des Verstorbenen, vor einem an ein üppiges „Stillleben" erinnernden Opfertisch sitzend, sind normalerweise bei einer Scheintür zu finden. Die Scheintür ist der wichtigste Ort in allen Grabkapellen. Diese imposante, mit Inschriften (darunter Namen und Titel des Verstorbenen) sowie Abbildungen des Verstorbenen verzierte Stele wurde stets in die Westwand der Kapelle gemeißelt oder eingefügt. Hier legten Priester Opfergaben auf einer Bank vor der Stele nieder, um die Fortführung seines Lebens nach seinem Tode zu gewährleisten. Üblicherweise sind oberhalb eines „Stilllebens" detaillierte Listen der Opfergaben eingraviert: viereckige Flächen mit einem Raster, und in jeder Teilfläche wird ein Gegenstand aufgeführt. Häufige andere Motive in der Nähe von Scheintüren sind lange Opferträger-Prozessionen, die Lebensmittel, Blumen und andere vornehmlich für Rituale bestimmte Gegenstände herbei bringen. In *Mastabas* mit mehreren Räumen findet man auch Szenen, die verschiedene frühere Stadien der Speisenzubereitung zeigen, beispielsweise die Jagd, Fisch- und Vogelfang, die Ernte oder das Backen. Ferner sind Handwerker und Künstler bei der Arbeit zu sehen und man sieht, wie sie Schmuck, Möbel und andere Gegenstände für den Verstorbenen anfertigen.

Besonders interessant sind Szenen, in denen ein Adeliger in einem Papyrusnachen den Sumpf durchquert. Hier konnte ein Künstler sein Wissen über die Natur Ägyptens zeigen und phantasievoll kreativ sein. Da er bemüht war, so viele Tierarten wie möglich auf einer einzigen Tafel unterzubringen, haben diese Bilder oft den Charakter einer Enzyklopädie zur Tierkunde am Nil und sind manchmal meisterhaft detaillierte Bildkompositionen. Mit dem Verstorbenen und seinem Gefolge, die im Hintergrund eines Papyrusdickichts dargestellt sind, erleben wir die Tragödien der Vögel mit, wenn Mungos oder Ginsterkatzen die wehrlosen Jungen in ihren Nestern angreifen, und wir lachen beim Anblick von Nilpferden und Krokodilen, die einander im Kampf bezwingen wollen. Ein klassisches Werk dieses Genres ist die Sumpfszene in der *Mastaba* des Ti, späte 5. Dynastie. Mit der natürlichen Komposition und der feinen, präzisen Ausführung besonderer Details gehört diese Tafel zu den Meisterwerken der altägyptischen Kunst. Bei späteren Sumpfszenen aus *Mastabas* der 6. Dynastie neigen die Kompositionen dazu, schematischer zu werden und bestimmten Motiven fehlt die Eleganz der früheren Reliefs. Ursprünglich waren diese Szenen ein Kaleidoskop der Farben gewesen, aber die einst polychrome Malerei ist in den meisten Fällen verschwunden. In dieser Hinsicht bietet die Miniaturszene in der Kultkapelle des Meref-Nebef (frühe 6. Dynastie) die einmalige Gelegenheit, die Kunstfertigkeit des Malers aus dieser Zeit und die vielfältigen Schattierungen auf seiner Farbpalette zu bewundern.

Eine andere Szene zeigt den Wesir in einem Augenblick der Muße und nimmt fast die ganze Südwand der Grabkapelle in Anspruch. Er wird in Begleitung einer Frau dargestellt, deren persönliche Angaben mit den Inschriften verloren gingen, die ursprünglich Bestandteil des Reliefs waren. Die beiden lassen sich von akrobatischen Darbietung halbnackter Tänzerinnen und dem Spiel von vier Harfenistinnen verwöhnen, die als Gemahlinnen des Wesirs bezeichnet werden. Ein kleiner Bereich links außen an der Ostwand ist mit einigen kleinen Genreszenen – verschiedene Handwerker bei der Arbeit – angefüllt.

320 *unten rechts*
Hier ist der Fischfang dargestellt. Stil und Technik dieses Bildes verraten, dass es sich um einen Zusatz zur ursprünglichen Dekoration handelt. Vielleicht hatte ein Sohn des Wesirs, der ebenfalls Meref-Nebef hieß, dieses Relief in Auftrag gegeben.

321 *oben*
Eine der natürlichen Lebensformen im Papyrusdickicht ist dieser wunderschöne Schmetterling, der ohne Zweifel als Danaus chrysippus *(Afrikanischer Monarch) bestimmt werden kann.*

Mehu

Seit Beginn der 6. Dynastie konnten Oberbau-Räume einer *Mastaba* und die Wände der Sargkammer, die man vom Boden des Schachtes aus betrat, dekoriert werden. Die Dekoration war auf Opferlisten und -darstellungen beschränkt und spiegelt einige Veränderungen im allgemeinen Grabkonzept gegen Ende des Alten Reiches wider. Die Sorge um das jenseitige Wohl des Verstorbenen konzentriert sich nun eher in der Sargkammer und nicht im Oberbau, woran man deutlich die Funktionsverschiebung des Oberbaus von Wohnstatt des Toten zur Kultkapelle ablesen kann.

Sowohl die architektonische Form als auch die Dekoration der *Mastaba*s schildern die soziale Position der Besitzer. Viele Lehmziegelgräber besitzen als einziges mit Hieroglyphen-Inschriften und Darstellungen des Verstorbenen verziertes Element eine Kalkstein-Scheintür, die in die Westwand der Kapelle eingefügt wurde. Eine dichte Ansammlung solcher Grabstätten wurde unlängst zwischen dem Grab des Meref-Nebef und der Umfassungsmauer der Djoser-Pyramide gefunden. Vor der Ostfassade dieser Gräber steht im Allgemeinen eine längsgerichtete Kapelle, deren Westwand wie eine Palastfassade mit Wandvertiefungen gestaltet ist. In einer dieser Wandnischen befand sich die Scheintür. Leider haben Grabräuber die meisten dieser Stelen von ihren eigentlichen Plätzen entfernt. Manche warf man in den Schacht oder sogar in die undekorierte Sargkammer. Anhand der Scheintüren können Archäologen den Grabinhaber identifizieren. Unter den Beamten von geringerem Rang als Meref-Nebef waren auch zwei Priesterinnen der Göttin Hathor (altägyptische Göttin der Liebe), die zuweilen als „einzigartiger Schmuck des Königs" bezeichnet wurde. Ihre Funktion am königlichen Hof wird von den Ägyptologen immer noch diskutiert. Die einzige Scheintür, die man in diesem Teil von Sakkara bis jetzt an ihrem Originalstandort gefunden hat, ist die für einen gewissen Pehenptah beschriebene Kalksteinplatte. Ihr fehlt lediglich der obere Teil mit den Titeln des Verstorbenen.

Ein weiteres charakteristisches Merkmal dieser *Mastaba*s sind die zwei im Mauerwerk des Oberbaus verborgenen Schächte, einer im Norden, einer im Süden. Der erste hat üblicherweise eine Sargkammer für den Verstorbenen, wo man auch ein Skelett oder die Überreste davon findet. Der zweite endet einfach mit flachem Boden und enthält große Mengen von zerbrochenen Töpferwaren, manchmal auch Reste von Bandagen, Holzkisten und andere Gegenstände, die möglicherweise beim Einbalsamieren verwendet wurden. Diese Schächte hatten scheinbar eine rein rituelle Funktion im Zusammenhang mit der Beisetzung.

Wandlungen in der religiösen Vorstellung vom Leben nach dem Tode kamen in Architektur und Dekoration der *Mastaba*s zum Ausdruck und scheinen jeweils auf Neuerungen im Zusammenhang mit dem verstorbenen König zu folgen. Die Adeligen kopierten seit der Mitte der 5. Dynastie (Grab des Ptahschepses in Abusir) bestimmte Elemente der königlichen Grabanlage in ihren eigenen Gräbern, und die Dekoration ihrer *Mastaba*s entwickelte sich zu Urformen für Sonnen- und Grabtempel dieser Zeit. Die seit der Zeit des Unas in die Innenwände von Königspyramiden gemeißelten Pyramidentexte wurden eine weitere Inspirationsquelle. Ihr Einfluss ist auf der Fassade von Meref-Nebefs Kultkapelle gut zu sehen: sie ist in den Felsen geschlagen und hat die Form einer länglichen, rechteckigen Nische mit zwei schmalen Seitenwänden und einer breiten Rückwand (Außenseite der Kapellenwestwand). Die Dekoration ist hinsichtlich der wohl durchdachten Komposition ein Meisterwerk. Die Rückwand ist in drei Register eingeteilt, die inhaltlich ein harmonisches Ganzes bilden.

Hinsichtlich der Form kontrastieren sie jedoch miteinander. Das obere Register ist mit einer Hieroglyphen-Inschrift gefüllt. Vier horizontale Linien erstrecken sich über die gesamte Länge der Wand über dem Eingang, bilden also eine Art Türsturz. Sie verraten die Basisdaten über den Wesir, darunter seine drei Namen, die in einer Art „Muster-

322 oben links
Terrassenartig steigen die Felsstufen in westlicher Richtung vom Gürtel um Djosers Grabanlage zu einem tiefen „trockenen Graben" hinab. Auf beiden Seiten dieses Grabens sind frontal mehrere unterirdische Strukturen in den Untergrund getrieben, darunter auch dieser geheimnisvolle Korridor. Er führt zu einer Kammer, in der man eine gewaltige, für Rituale bestimmte Harpune und Knochen von wilden Tieren fand.

322 unten links
Eine dichte Ansammlung von Mastabas *aus dem späten Alten Reich erstreckt sich zwischen dem Grab des Meref-Nebef und der Umfassungsmauer der Stufenpyramide. Von ihren Lehmziegel-Oberbauten sind nur kümmerliche Reste erhalten, denn in früheren Zeiten wurden sie von Grabräubern zerstört. Ihre einst versteckten, unterirdischen Bereiche und die senkrechten Schächte zu den Sargkammern offenbaren nun den Ägyptologen ihre restlichen Geheimnisse.*

322 oben rechts
Mehu war Wesir und Justizminister in der Zeit von König Teti (frühe 6. Dynastie). Er wird vor einem mit halben Brotlaiben bestückten Opfertisch sitzend abgebildet. Ausschnitt aus dem Relief auf der Südwand der Opferkammer seiner in den Felsen getriebenen Mastaba *in Sakkara; Lage südlich der Umfassungsmauer der Stufenpyramide.*

323
Eine große Scheintür für den Verstorbenen nimmt die ganze Westwand der Opferkammer in seinem Grab in Anspruch. Architektonisch eingerahmt und mit der Unterteilung durch Vertiefungen ist sie der Fassade eines Königspalastes nachempfunden; die rotbraune Farbe imitiert Quarzit.

Mebu

324–325
Vier der zahlreichen, auf der Südwand der Opferkammer dargestellten Opferträger. Zwei tragen mit Lotusblumen geschmückte Halskragen. Der Obstkorb in Form eines Nachens, den der dritte Mann trägt, und die Tiere, die der vierte Mann opfert, sind eine Betrachtung wert: über den Schultern drei Gazellen, ein Steinbock und eine Säbelantilope neben ihm.

324 unten
Die nächsten drei Männer aus demselben Register tragen unterschiedliche Tiere und mit Früchten gefüllte Körbe. Der Korb des ersten Mannes ist mit Lattich abgedeckt, und der Korb des dritten Mannes hat die Form eines Papyrusnachens.

325 unten
Die Opferträger-Prozessionen auf der Südwand der Opferkammer haben ein Pendant auf der Nordwand, nämlich Reihen ähnlicher Personen, die Mebu Gänse und Störche darbringen. Allesamt schreiten in Richtung Scheintür und dem Opfertisch davor.

lebenslauf" verteilt sind. In diesem konventionellen Text erscheint der sinnenfreudige Fefi fast wie ein Heiliger. Der Text wird mit einem kleinen „Label" abgerundet, das den Wesir mit seinen Söhnen zeigt. Es befindet sich am Schluss der Inschriften und ist in seiner Form von den Pyramidentexten inspiriert. Die Hieroglyphenzeichen sind als versenkte Reliefs ausgeführt und abgesehen vom Umriss ist kein Detail modelliert. Die konkav eingetieften Zeichen wurden mit einer blaugrünen Paste gefüllt, die lediglich an ein paar Stellen erhalten ist. Die weiße Originalfarbe um die Hieroglyphen herum ist wesentlich besser erhalten. Sowohl die Technik als auch die Farbgebung imitieren die Form der Pyramidentexte, deren älteste Version man in der Pyramide des Unas wenige hundert Meter südlich des Grabes fand. Anscheinend waren Adelige und Künstler gleichermaßen fasziniert von dieser neuen Erfindung und es muss ihnen gefallen haben, dies in ihren eigenen Gräbern aufzugreifen.

Das mittlere Register erstreckt sich zu beiden Seiten des schmalen Einganges und enthält einen weiteren Hieroglyphentext. Es handelt sich um einen „Aufruf an die Lebenden", und im Gegensatz zu dem vorigen Text ist dieser in über 50 kurzen senkrechten Spalten verfasst. Er steht in jeder Hinsicht im Gegensatz zu den Inschriften darüber. Die Zeichen sind als Hochreliefs gearbeitet und ihre konvexe Oberfläche ist in einer Art und Weise polychromiert, die auch das kleinste Detail der Hieroglyphen zur Geltung bringt. Sie heben sich von einem monochromen blau-grauen Untergrund ab.

Eine Art bildhafter „Unterschrift" unter den Texten schließt die Fassadendekoration im untersten Register ab. Hier ist der Wesir acht Mal gemalt; er geht auf den Eingang zu seiner eigenen Kapelle zu. Wie auch in der Dekoration von königlichen Denkmalbauten kommen hier erneut Vorstellungskraft und Fähigkeiten des Künstlers zum Ausdruck. Er betreibt gewissermaßen Eigenwerbung und die Religion dient ihm dabei als wichtigstes Instrument. Text und Bild ergänzen sich; der Künstler betrachtet sie als zwei wesentliche Bestandteile einer harmonischen Kreation.

Treten in Sakkara einige Elemente auch wiederholt in Architektur und Dekoration von *Mastabas* aus dem späten Alten Reich auf, so wissen wir doch längst noch nicht alles über diese Nekropole. Bei jeder Ausgrabung gibt es Überraschungen. Manche kamen im Westen des Grabes von Meref-Nebef ans Licht. An der Felskante, die die Terrassenfolge in diesem Teil der Nekropole abschließt, kamen einige ungewöhnliche, in den Felsen getriebene Strukturen zum Vorschein. Ein langer Korridor endet mit einer Kammer, in der eine einzigartige Ansammlung von Skeletten wilder Tiere auf einer Aufschüttung lag. Und sie barg einen außerordentlichen Ritualgegenstand: eine große, mit Schlangenreliefs verzierte Harpune. Die ebenfalls hier gefundenen Töpferwaren geben Aufschluss darüber, dass diese Lagerstätte in die 6. Dynastie zu datieren ist. Hing dieser rätselhafte Ort mit einem Königs- oder Götterkult zusammen? Ein anderer Korridor führt zu mehreren Kultkapellen. In ihren Fußböden hob man Schächte aus – war eine Familie oder eine andere Personengruppe an diesem Ort begraben? Wie weit nach Norden und Süden reichen die Felsterrassen in Sakkara-West?

Diese und andere Fragen bleiben vorerst unbeantwortet. Sicher ist jedoch, dass die 5. und 6. Dynastie die Entwicklung der ägyptischen *Mastaba* geprägt haben. In dieser Zeit wurde der Oberbau erheblich vergrößert und reicher verziert. Als Archetypen dienten die mehrräumigen königlichen Sonnenheiligtümer und Grabanlagen der 5. Dynastie. Die Tatsache, dass zu Beginn der 6. Dynastie Dekorationen in die Sargkammern Einzug hielten, zeugt von grundlegenden Veränderungen in der Begräbnis-Metaphorik in dieser Zeit. Der Oberbau wird vornehmlich zur Kultstätte, während materielle Aspekte des Lebens im Jenseits in der Sargkammer hervorgehoben werden, also näher bei der Mumie.

Ägyptische Reliefs und Gemälde hatten in Bezug auf künstlerische Feinheit in dieser Zeit einen Höhepunkt erreicht. Sie besaßen eine Reinheit und Vielfalt der Form, die nie übertroffen und in späteren Zeiten nur selten erreicht wurden.

Kapitel 25

Die Pyramiden des Mittleren Reiches

Dieter Arnold

Mit Sicherheit waren politische Unruhen, wirtschaftliche Probleme und das Bröckeln der Vorstellung von der Göttlichkeit des Pharao im ausklingenden Alten Reich Gründe dafür, dass man es in der Ersten Zwischenzeit aufgab, nennenswerte Königspyramidenanlagen zu errichten. Durch die Wiederherstellung der königlichen Macht unter dem thebanischen Herrscher Mentuhotep Nebhepetre in der 11. Dynastie wurde die alte Auffassung von der Göttlichkeit des Königsamtes wieder belebt. Dies trug zur Bildung eines neuen, oberägyptischen Typus' königlicher Monumentalgräber bei, dem Tempel des Mentuhotep von Der el-Bahari in Theben. Hätten die nachfolgenden Könige in Theben residiert, so hätte dieses in Form und Funktion neuartige Gebäude ihre Grabanlagen wohl stark beeinflusst. Mit der Residenzverlegung nach Unterägypten jedoch wurde die oberägyptische Tradition unterbrochen und die königlichen Baumeister gerieten wiederum in den Bann der memphitischen Pyramidenbautradition. Die ersten unterägyptischen Pyramiden des Mittleren Reiches, erbaut von Amenemhet I. und seinem Sohn Sesostris I., sind in Lischt erhalten.

326
Dieser Pfeiler bzw. diese „Osirisstatue" von Sesostris I. datiert aus der 12. Dynastie. Sie besteht aus bemaltem Kalkstein, ist 239 cm hoch und wurde von Gautier (1894–95) in Lischt am Aufweg zur Pyramide des Sesostris gefunden. Befindet sich im Ägyptischen Museum Kairo

327
Dieser Kopf einer weiblichen Statuette (Holz, bemalt, mit Vergoldung) ist 10,5 cm hoch und wurde 1907 bei Ausgrabungen des New Yorker Metropolitan Museum of Art entdeckt. Zu datieren in die 12. Dynastie, Regierungszeit von Amenemhet I. Befindet sich im Ägyptischen Museum Kairo.

Pyramiden des Mittleren Reiches

328–329
Panoramaaussicht auf die Pyramide des Amenemhet I. Lischt, 12. Dynastie.

328 unten
In diesem Landkartenausschnitt ist die Lage der Pyramiden von Amenemhet I. (rechts) und Sesostris I. (links) in Lischt angezeigt.

Die Pyramiden in Lischt

In der Regierungszeit von König Amenemhet I. wurde das Land wohl von internationalen Konflikten geplagt. Auch die Koregentschaft mit seinem mächtigeren Sohn und Thronfolger Sesostris I. konnte nicht verhindern, dass Amenemhet I. – der ältere König – durch die Hand seiner Leibwache starb. Man fragt sich, warum Amenemhet I. sein Grab nicht in der traditionellen Hauptstadt Memphis errichten bzw. nicht dort residieren konnte und welche Gründe ihn dazu trieben, beides an einen Ort namens Itjtaui („Amenemhet ergreift beide Länder", also Ober- und Unterägypten) in der Nähe der modernen Stadt Lischt und auf halbem Wege zwischen Kairo und der Oase Faijum zu verlegen. Die ersten Ausgrabungen führte Gaston Maspero im Friedhof von Lischt im Jahr 1882 aus, gefolgt in den Jahren 1895–96 vom Institut Français d'Archéologie Orientale unter der Leitung von Joseph Gautier. Von 1906 bis 1934 und seit 1990 arbeitet dort die ägyptische Expedition des New Yorker Metropolitan Museum of Art. Die gesammelten Ergebnisse dieser Unternehmungen bilden den Grundstein für unser Wissen über Kunst und Geschichte des Mittleren Reiches.

Die Pyramidenanlage von Amenemhet I.

Dass in Lischt eine Pyramide für einen Herrscher mit oberägyptischen Wurzeln gebaut wird, legt die Vermutung nahe, es habe einen Kompromiss zwischen den in Ober- und in Unterägypten gebräuchlichen königlichen Grabbauten gegeben. Darüber hinaus lässt eine Anzahl von architektonischen Eigentümlichkeiten und Fehlern in der Pyramidenanlage vermuten, dass die Erbauer nicht mehr über den Erfahrungsschatz im Pyramidenbau verfügten, den die Baumeister im Alten Reich erworben hatten. Diese Pyramidenanlage ist gekennzeichnet von kleinen Dimensionen, unüblichen Proportionen und dem Fehlen einer Trennung von königlichem und privatem Bereich.

Die Pyramide hatte die im Vergleich zu den Bauten der nachfolgenden Könige der 12. Dynastie bescheidenen Maße von 84 x 84 m und war vermutlich 59 m hoch. Steingewinnung im großen Stil war wohl ein Problem, daher wurden viele der verwendeten Blöcke von anderen Gebäuden genommen. Im Mauerwerk der Pyramide und den umstehenden Gebäuden wurden sehr viele dekorierte Blöcke aus Tempeln des Alten Reiches mit den Namen von Cheops, Chephren, Userkaf, Unas und Pepi II. gefunden. Die ausgiebige Verwendung von Reliefblöcken mit den Namen so vieler Könige darauf deutet möglicherweise auf eine vorausgegangene Welle von Tempelzerstörungen hin.

Im Jahr 1882 öffnete Maspero den Pyramidenraum und stieß auf einen senkrechten Schacht im Boden, in dem nach sieben Metern Tiefe das Grundwasser stand. Unsere Expedition des Metropolitan Museum of Art ließ 1994 eine Unterwasserkamera in das Wasser hinunter und man sah, dass die Fortsetzung des Schachtes mit sauberem Sand gefüllt ist und sich im Süden eine flache Nische öffnet. Folglich birgt die Pyramide noch einige Geheimnisse: die mit Sicherheit existierenden, aber unerreichbaren wieder verwerteten Blöcke aus dem Alten Reich, anhand derer wir einige Pyramidentempel des Alten Reiches rekonstruieren könnten, und die Rätsel des Brunnenschachtes.

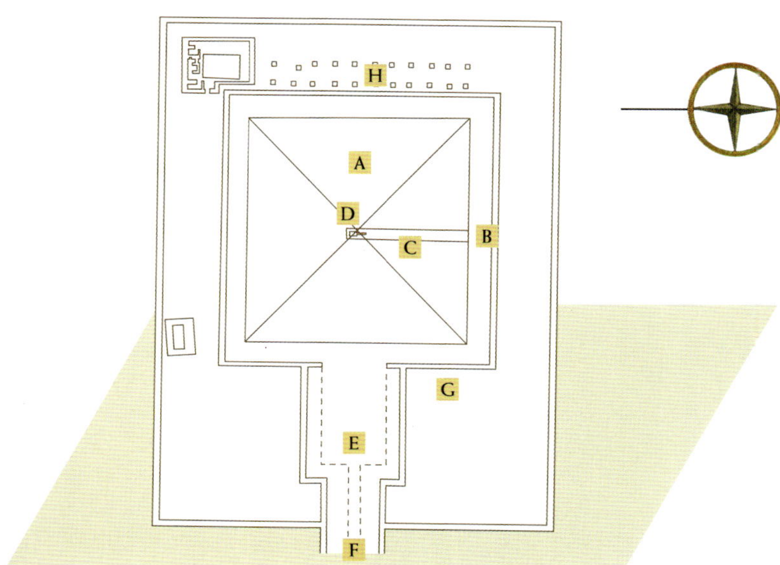

Die Pyramide von Amenemhet I. in Lischt

A *Pyramide*
B *Eingang*
C *Eingangskorridor*
D *Sargkammer*
E *Pyramidentempel*
F *Aufweg*
G *Innere Umfassungsmauer*
H *Grabschächte der Königsfamilie*

329 oben
Rechte Hälfte eines Türsturzes aus dem Pyramidentempel des Amenemhet I. in Lischt. Der inthronisierte König wird an seinem Sed-Fest gezeigt. Er empfängt von der Standarte des Gottes Seth das Symbol für zahllose Jahre. Das New Yorker Metropolitan Museum of Art fand den Türsturz aus bemaltem Kalkstein bei Ausgrabungen im Jahr 1907 in der Nähe der Pyramide des Amenemhet I.; er datiert aus der 12. Dynastie, also der Regierungszeit von Amenemhet I. Befindet sich im Ägyptischen Museum in Kairo.

330 links und oben rechts
Diese Kalksteinstatue des Sesostris I. hat eine Höhe von 200 cm. Gautier förderte sie in den Jahren 1894–95 in Lischt bei Ausgrabungen an der Pyramide dieses Königs zutage; sie datiert aus der 12. Dynastie. Rechts oben ist ein Detail aus dem Statuensockel zu sehen. Ägyptisches Museum Kairo.

330 Mitte rechts
Pyramide von Sesostris I. in Lischt aus westlicher Richtung betrachtet. Sie wurde in der 12. Dynastie erbaut.

330 unten rechts
Schaut man von der Pyramide von Sesostris I. in Lischt über die Nordwest-Ecke hinunter, erblickt man die Überreste der Nebenpyramide Nr. 5, die ebenfalls aus der 12. Dynastie datiert.

Die Pyramidenanlage von Sesostris I.

Sesostris I. war der Sohn und Thronnachfolger von Amenemhet I. Es gelang ihm, die Situation des Landes zu stabilisieren, die Macht der Königfamilie zu stärken und viele große Tempel in ganz Ägypten wieder aufzubauen.

Die Baumeister des Königs entwarfen eine Pyramidenanlage, die in gewisser Hinsicht dem Urtypus einer Pyramidenanlage der 5. und 6. Dynastien folgte, bereicherten sie aber durch innovative architektonische Merkmale.

Die Basis der Pyramide maß 105 x 105 m und die Höhe betrug wahrscheinlich 61,25 m. Die Methode für den Bau des Pyramidenkerns lässt erkennen, dass in technischer Hinsicht experimentiert wurde. Den Pyramidenkern hielt ein gitterartiges Mauerskelett zusammen, dessen Zwischenräume mit kleinen Steinblöcken verfüllt waren. Der steil abfallende Eingangskorridor führte von Norden in die Grabkammern des Königs. Im Jahr 1882 zerschmetterten Masperos Arbeiter einige große, obeliskförmige Granitbalken, die den Eingangskorridor blockierten. In einer Entfernung von 48 Metern zum Eingang endete die Blockade, aber Grundwasser verhinderte ein weiteres Vordringen. Aus Überresten der königlichen Grabausstattung, die man weiter oben in einem Grabräubertunnel fand, wurde klar, dass in früheren Zeiten Diebe die Kammern des Königs durch Graben eines Paralleltunnels erreicht hatten, bevor der Grundwasserspiegel angestiegen war. Es gelang nicht, dass Wasser aus dem Eingangskorridor zu pumpen, und so wird dieses Problem eine andere Generation von Ägyptologen und Ingenieuren herausfordern.

Der Pyramidentempel war ein großer Kalksteinbau, erbaut an der Ostseite der Pyramide. Der Grundriss entsprach in den wesentlichen Elementen den Pyramidentempeln der späten 5. und der 6. Dynastie. Einige Hundert Fragmente von der Reliefdekoration der Innenwände sind erhalten, und manche befinden sich heute im Metropolitan Museum of Art; der Rest wieder im Grab. Die Opferhalle war mit Abbildungen von Opferträgern dekoriert, manche weisen immer noch Spuren der Originalmalereien auf. Götterprozessionen zogen durch den quadratischen Vorraum und Kampfszenen wurden außerhalb des Tempels dargestellt, entweder im Hof oder im Aufweg.

Der innere Pyramidenhof war an allen Seiten von einer fünf Meter hohen Kalksteinmauer umgeben, die mit spektakulären und mit dem Horusfalken gekrönten Wandtafeln dekoriert war. Diese trugen als Inschriften die Namen des Königs über der so genannten „Palastfassade", die von lebensgroßen Fruchtbarkeitsfiguren getragen wird. Diese geniale Dekoration der Umfassungsmauer weist die Pyramidenanlage des Königs als „Palast der Ewigkeit" aus.

Gautier machte im Jahre 1894 eine weitere erstaunliche Entdeckung: Er stieß auf eine Gruppe aus zehn sitzenden, vollständig erhaltenen Kalksteinskulpturen von Sesostris I. Die Statuen waren in der Pharaonenzeit rituell beigesetzt worden, vermutlich als eine Änderung der Baupläne sie überflüssig machte.

Die Privatgräber

Die Pyramiden von Amenemhet I. und Sesostris I. sind nicht nur von Tausenden von oberirdischen Gräbern und Grabschächten umgeben, sondern auch von einigen Gräbern aus der 12. Dynastie, die sich durch imposante *Mastaba*-Oberbauten oder kleine Totentempel auszeichneten. Das Grab des Sesostrisanch war besonders aufwändig gestaltet: eine mit einem frühzeitlichen Wandtafel-Motiv (zerstört) dekorierte *Mastaba* und eine vollständig erhaltene und mit Pyramidentexten versehene Sargkammer. Nördlich des Aufweges befinden sich die Überreste der Umfassung vom Grab des Priesters Imhotep mit einer mit Sargtexten versehenen Sarkophaggrube.

Südöstlich der Pyramide von Sesostris I. entdeckte man 1987 den großen Grabbezirk des Wesirs Mentuhotep. Er enthielt nicht nur Überreste von Statuen und von Reliefdekoration, sondern auch einen Granitsarkophag mit ungewöhnlich gut erhaltenen Inschriften und Malereien.

Pyramide des Sesostris I. in Lischt

A *Nicht untersuchte Pyramidenkammer*
B *Innerer Pyramidentempel*
C *Innere Umfassungsmauer*
D *„Ka-Pyramide"*
E *Pyramide der Königin Neferu*
F *Äußerer Pyramidentempel*
G *Äußere Umfassungsmauer*
H *Aufweg*

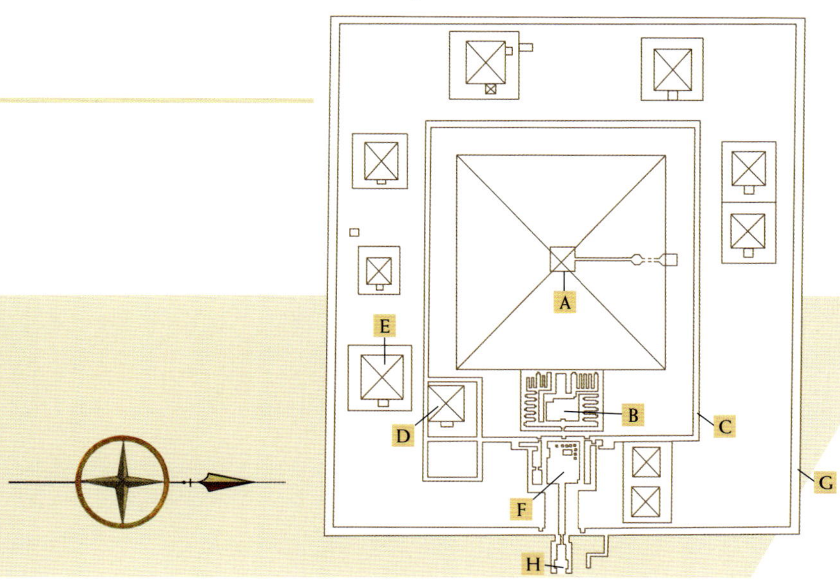

Pyramiden des Mittleren Reiches

332–333
Luftaufnahme (aus südwestlicher Richtung) der Pyramide des Sesostris II. in el-Lahun, datiert aus der 12. Dynastie.

333 unten links
Die in die 12. Dynastie einzuordnende Uräusschlange von Sesostris II. wurde aus Gold, Lapislazuli, Karneol und Feldspat gearbeitet. Sie ist 6,7 cm groß und wurde 1920 von Guy Brunton (British School) im Rahmen von Ausgrabungen gefunden. Befindet sich im Ägyptischen Museum Kairo.

Lageplan der Pyramiden-gelände El-Lahun und Kahun

A *Pyramide von Sesostris II.*
B *Taltempel*
C *Pyramidenstadt Kahun*

Die Pyramidenanlage von Sesostris II. in El-Lahun

Sesostris II. wählte einen unerwarteten Platz unweit des Zugangs zur Oase Faijum als Standort für seine Pyramide. Seine nur neun Jahre kurze Regierungszeit reichte offensichtlich nicht aus, um die Pyramide ordnungsgemäß zu vollenden. Manche Aspekte der Anlage deuten auf eine frühzeitige Einstellung der Bauarbeiten hin. Ein Felshügel aus Kalkstein dient der Pyramide (Grundfläche 107 x 107 m) als Kern oder Fundament. Von diesem Felsen geht ein strahlenartig angeordnetes Mauerskelett aus großen Kalksteinblöcken aus, das den Lehmziegelkern stützt. Die Verkleidung aus Kalksteinblöcken hatte anscheinend einen Winkel von 42° 35′, und folglich war die Pyramide nur mäßig geböscht und nicht sehr hoch.

Petries Ingenieur George Fraser öffnete 1889–90 das Innere der Pyramide. Die Krypta ist ein meisterhaftes Bauwerk aus Granit und birgt einen Sarkophag mit ungewöhnlicher Form. Guy Brunton führte 1920 weitere Ausgrabungen im Pyramideninneren durch. Dabei stieß er im Schutt auf einen herrlichen königlichen Uräus, der offensichtlich zur Grabausstattung des Königs gehört hatte und von einem Grabräuber versteckt worden war.

Flinders Petries größter Erfolg in den Jahren 1888–90 bestand in der Entdeckung und Freilegung der Pyramidenstadt von Sesostris II., dem heutigen Kahun. Diese Niederlassung zählte mit Tell el-Amarna, Elephantine und Tell el-Dab'a zu den wichtigsten Orten mit Wohnbebauung im Ägypten der Pharaonen. Die kleine Stadt war von einer 350 x 400 m messenden Mauer umgeben und mit Hilfe eines rechtwinklig verlaufenden Straßensystems in Gebäudeblocks eingeteilt. Die Blocks bestanden aus Häusern unterschiedlicher Größe und Schichtzugehörigkeit. Das Spektrum reichte von Arbeiterwohnungen mit vier Zimmern bis zu Anwesen der Oberschicht mit bis zu 70 Räumen. Der Ort wurde ferner wegen der Papyri bekannt, die uns wertvolle Einblicke in das religiöse Leben der kleinen Stadt mit ihren etwa 5000 bis 7000 Einwohnern vermitteln.

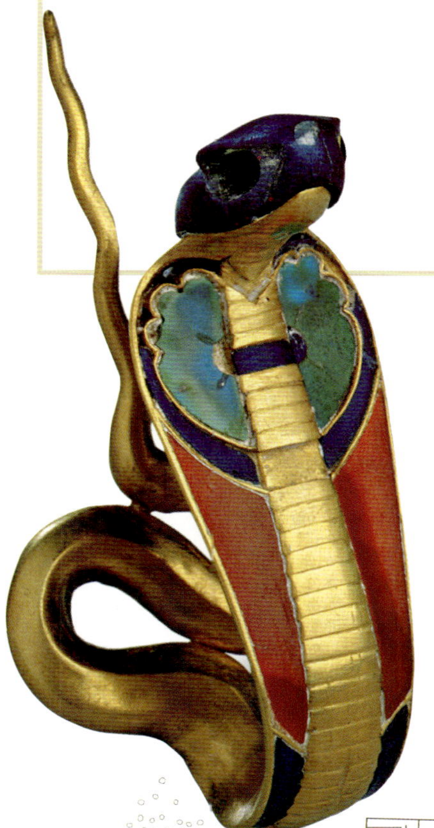

Grundriss der Pyramide von Sesostris II. in El-Lahun

A	*Pyramide*	E	*Kultkapelle*
B	*Eingang zur Pyramide*	F	*„Ka-Pyramide"*
C	*Eingangskorridor*	G	*Mastaba-Gräber der königlichen Familie*
D	*Fundstelle des Uräus*		

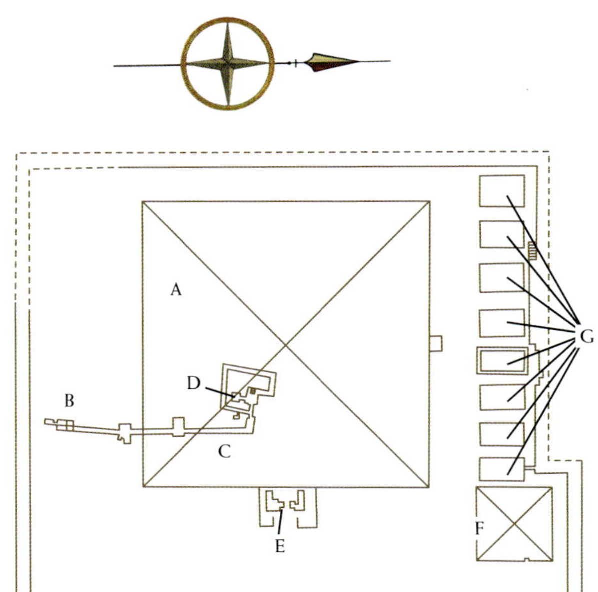

334 oben links
Auf dieser Aufnahme der in die 12. Dynastie datierenden Pyramide von Amenemhet III. (Hawara) ist im Vordergrund ein Fragment einer mächtigen Kalksteinstatue zu sehen.

334 oben rechts
Römische Ruinen auf dem „Labyrinth" in unmittelbarer Nähe zur Pyramide von Amenemhet III. in Hawara.

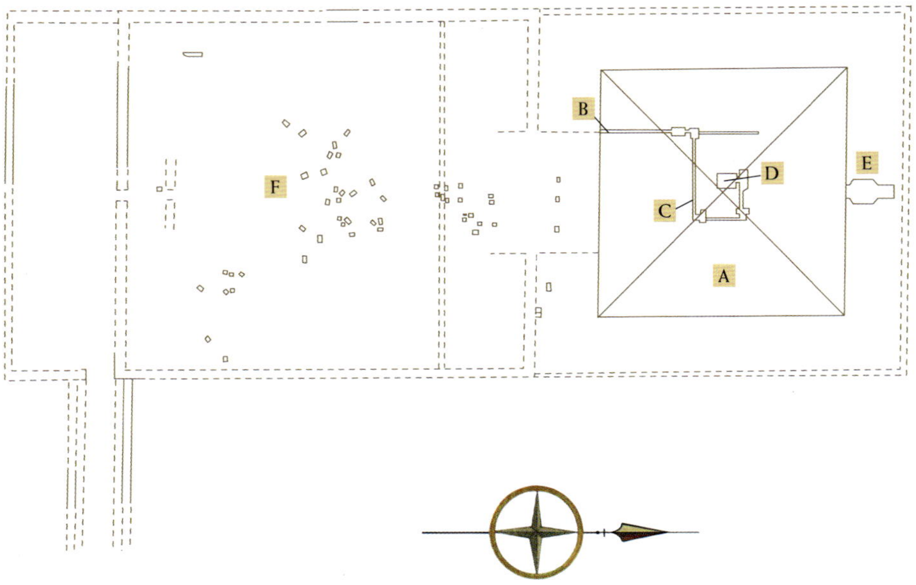

Grundriss der Pyramide von Amenemhet III. in Hawara

- A *Pyramide*
- B *Eingang*
- C *Eingangskorridor*
- D *Sargkammer*
- E *Kultkapelle*
- F *„Labyrinth"*

334–335
Blick von Süden auf die Pyramide des Amenemhet III. in Hawara; in der Mitte der Eingang zur Pyramide.

335 oben
Diese Statue (gelber Kalkstein) des Amenemhet III. aus der 12. Dynastie ist 160 cm hoch und wurde 1895 in Hawara beim Ausgraben eines Kanals entdeckt. Ägyptisches Museum, Kairo.

335 unten
Diese isometrische Ansicht zeigt die schützende Dachkonstruktion über der Krypta der Sargkammer in der Pyramide von Amenemhet III. in Hawara. Rekonstruktion von Dieter Arnold.

Pyramiden des Mittleren Reiches

Die Pyramidenanlage von Amenemhet III. in Hawara

Als Ersatz für seine ältere Pyramide in Dahschur (siehe unten) errichtete Amenemhet III. am Eingang zur Oase Faijum, unter dem modernen Namen Hawara bekannt, eine zweite Pyramide. Auch dies ist ein unvermuteter Standort, weit von Memphis entfernt. Der Umzug ist möglicherweise damit zu erklären, dass in der Nähe bereits ein Tempel Amenemhets III. existierte, der in griechisch-römischen Zeiten „das Labyrinth" genannt wurde. Das Tempelareal wurde in der Antike von Besuchern und Schriftstellern, darunter Herodot, Strabon und Diodor sehr bewundert. In der Folge wurde das prächtige Bauwerk von Steinräubern so stark zerstört, dass weder Ausgrabungen an diesem Ort noch die Analyse alter Quellen ein klares Bild dieser einzigartigen Struktur haben erbringen können. Wir können davon ausgehen, dass die Anlage ein Konglomerat zahlreicher kleiner Tempel oder Kapellen gewesen sein muss, die eine ungeheure Sammlung ägyptischer Götterstatuen barg. Die Pyramide wurde an der Nordseite der Tempelanlage hinzugefügt. Die Baumeister ließen hierbei äußerste Vorsicht walten, um die Sicherheit der königlichen Sargkammer zu gewährleisten. Im Jahre 1890 öffnete Flinders Petrie die Sargkammer unter abenteuerlichen Umständen: Da man den Eingang zur Pyramide in der Nordseite nicht gefunden hatte, trieb Petrie einen engen Tunnel durch den Ziegelkern. Nach einem Monat erreichte er das Dach der Sargkammer. Die Gegebenheiten im Tunnel müssen unvorstellbar gewesen sein, denn er berichtet, plötzlich seien an der Seite Stücke abgerutscht, ein Dach sei oben an manchen Stellen geborsten, habe an anderen Stellen so gehangen, als ob eine winzige Berührung ausgereicht hätte, es zum Einsturz zu bringen. Ein solcher Einsturz würde über eine Länge von etwa 20 Fuß (etwa 6,5 Meter) tonnenweise Ziegel von den Seiten und dem Dach in Bewegung bringen. Schließlich sei Petries Maurern nach all diesen Problemen der Durchbruch durch das Quarzitdach der Kammer gelungen, und er habe hinein geschaut, sei mit dem Kopf voraus auf dem Lehm, der den Raum teilweise füllte, hineingerutscht und er habe erkennen können, dass unten eine Kammer mit etwas darin lag, in der Kammer habe Wasser gestanden, und zwar lediglich brusthoch. Die Unterwasseruntersuchung der Kammer war nicht weniger ungewöhnlich. Die jungen Männer nahmen die Gegenstände nach und nach vom Boden der Kammer auf, indem sie sie mit dem Fuß auf das breite Blatt einer in Ägypten gebräuchlichen Hacke schoben und immer in kleinen Mengen nach oben brachten. Auf dem Sarkophag war ein Mann, der alle herauf beförderten Dinge untersuchte und die unerwünschten Dinge in die Sarkophage warf. So trennte er die für gut und die für schlecht befundenen Gegenstände.

So fragwürdig die Methode auch erscheinen mag, Petrie fand auf diese Weise doch vermutlich die archäologischen Basisinformationen, die er suchte, nämlich die Überreste des Sarges von Amenemhet III.; nichts Spektakuläres, aber doch genug Beweise dafür, dass der König tatsächlich hier bestattet worden war.

Für die Krypta war ein einziger Block des härtesten zur Verfügung stehenden Steines, Quarzit, wannenartig ausgehöhlt worden. Nach der Bestattung konnte dank eines klugen Mechanismus' die Deckenplatte der Kammer herabgelassen und so der Zugang für immer versiegelt werden. Darüber bildeten Kalksteinblöcke mit einem Gewicht von 55 Tonnen ein zweites Dach, und dieses wurde wiederum von einem großen Ziegelgewölbe überspannt. Diese geniale Konstruktion schützte das Grab hervorragend gegen den Druck der Pyramide, konnte allerdings Grabräubern nicht standhalten und auch nicht verhindern, dass Grundwasser (das seither bis zum Pyramideneingang angestiegen ist) die Kammer flutete.

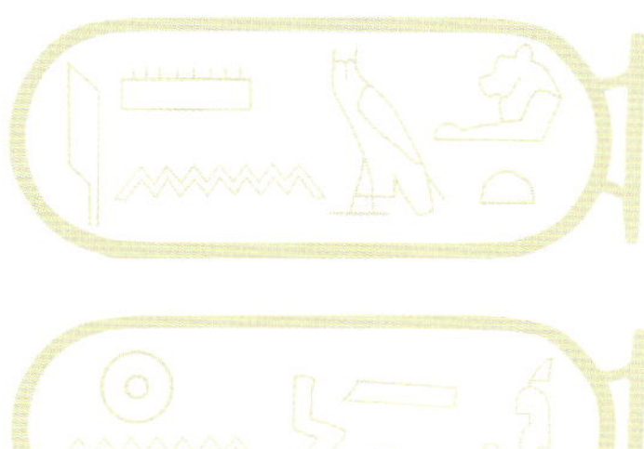

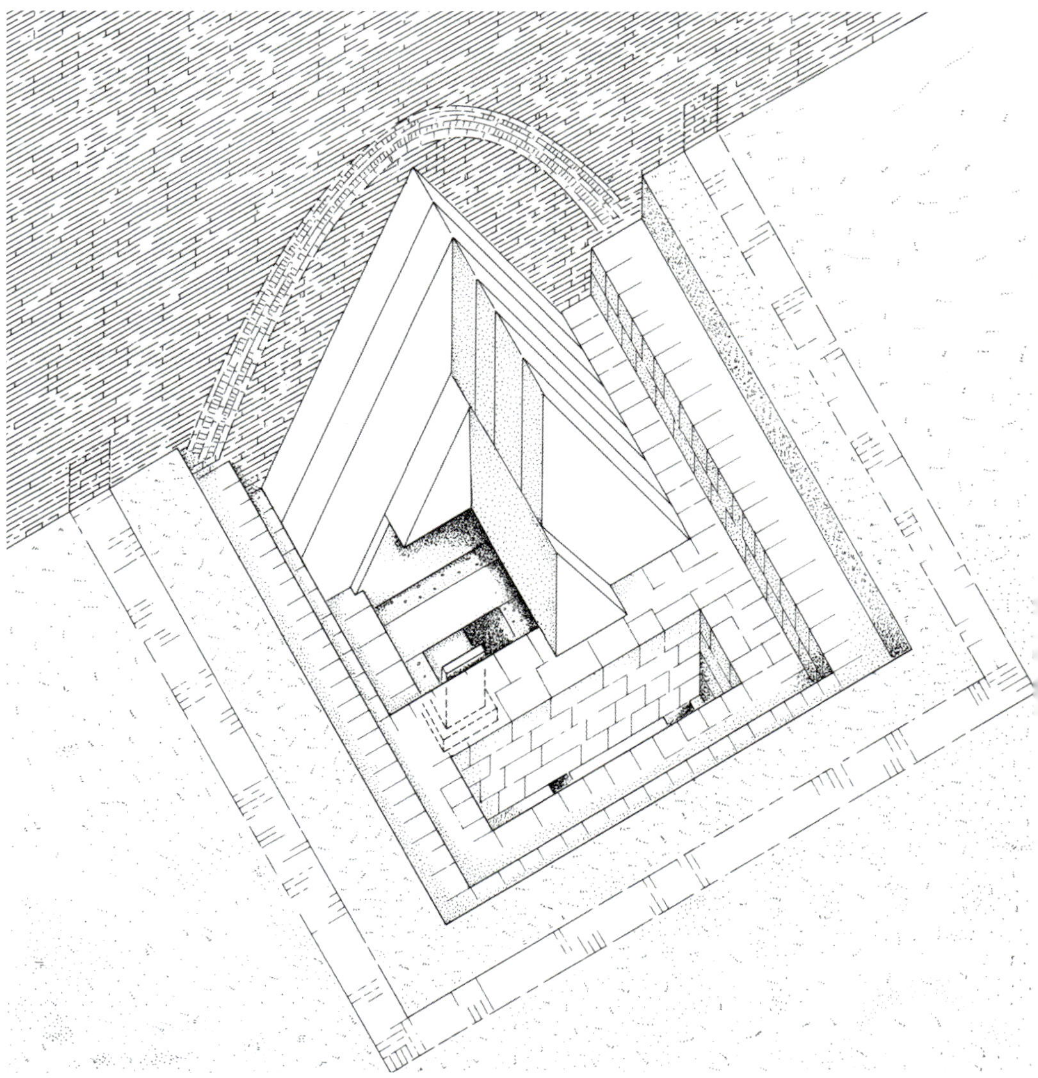

336
Diese Statue von Amenemhet III. aus schwarzem Granit ist 73 cm hoch und datiert aus der 12. Dynastie. Sie wurde 1904 in der Cachette von Karnak gefunden und wird nun im Ägyptischen Museum in Kairo aufbewahrt.

337 oben
Der aus Gold, Karneol, Feldspat und Glaspaste gefertigte Halskragen der Neferu-Ptah ist 36,5 cm lang und 10 cm breit. Er stammt aus der 12. Dynastie, Regierungszeit Amenemhets III. Man fand ihn im Jahr 1956 in Hawara im Rahmen der Ausgrabungen der ägyptischen Altertümerverwaltung in der Nähe der Pyramide von Neferu-Ptah. Befindet sich im Ägyptischen Museum in Kairo.

337 unten links
Die Geißel der Neferu-Ptah, Fayence, Karneol, Blattgold und Holz (neu), hat nun eine Länge von 36,5 cm und stammt aus der 12. Dynastie, aus der Regierungszeit Amenemhets III. Man fand sie im Jahr 1956 in Hawara im Rahmen der Ausgrabungen der ägyptischen Altertümerverwaltung in der Nähe der Pyramide von Neferu-Ptah. Befindet sich im Ägyptischen Museum in Kairo.

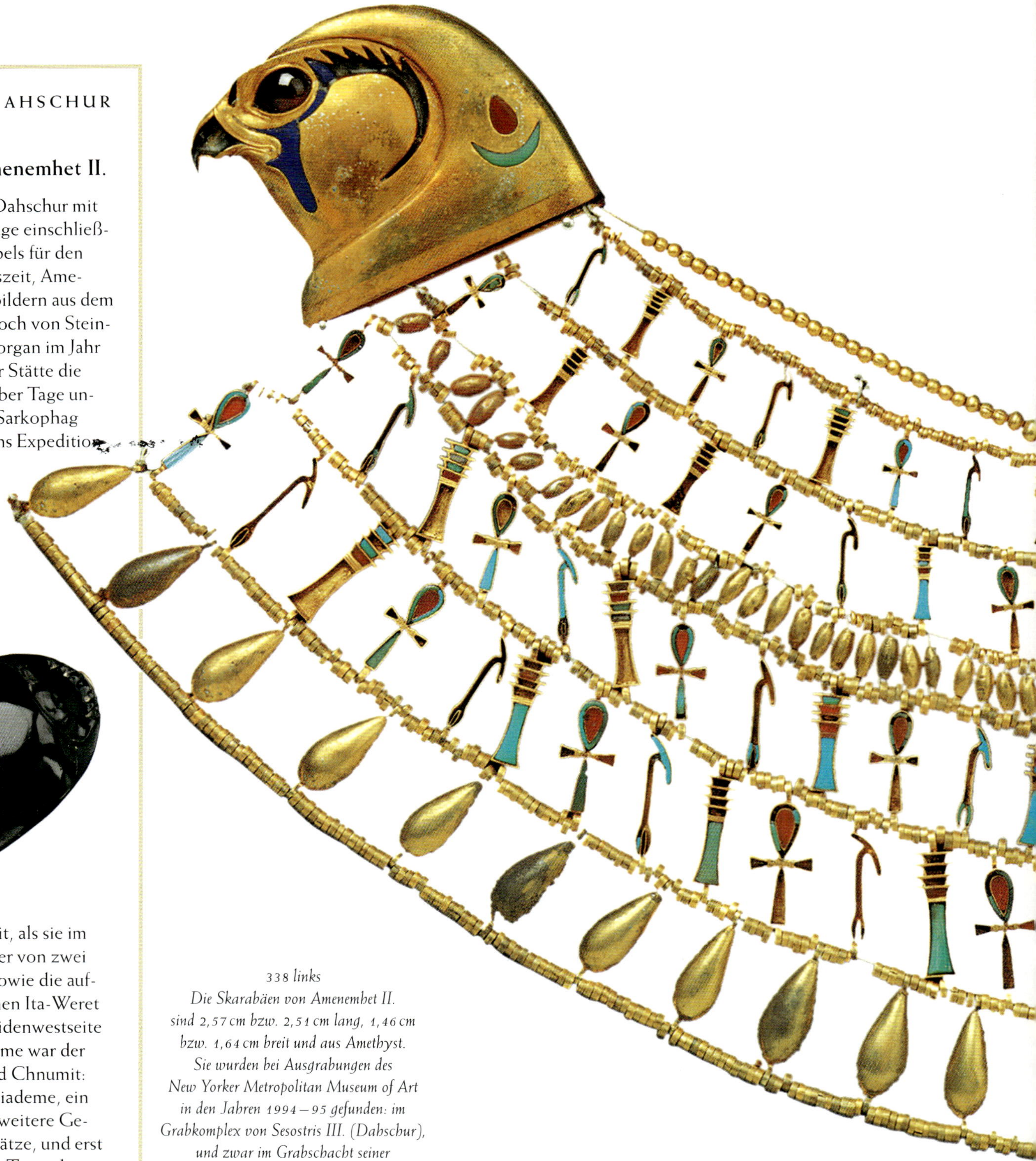

Die Pyramiden von Dahschur

Die Pyramidenanlage von Amenemhet II.

Allem Anschein nach folgte man in Dahschur mit der beeindruckenden Pyramidenanlage einschließlich eines mächtigen Pyramidentempels für den Herrscher mit der langen Regierungszeit, Amenemhet II., recht gründlich den Vorbildern aus dem Alten Reich. Das Bauwerk wurde jedoch von Steindieben so massiv zerstört, dass de Morgan im Jahr 1894 bei seinen Ausgrabungen dieser Stätte die Pyramidenkammern von oben und über Tage untersuchen konnte. Den königlichen Sarkophag fand er natürlich leer vor. De Morgans Expeditio

gelangte zu beispielloser Berühmtheit, als sie im Jahr 1895 auf die unversehrten Gräber von zwei Prinzessinnen – Ita und Chnumit – sowie die aufgebrochenen Gräber der Prinzessinnen Ita-Weret und Sit-Hathor-Meryt an der Pyramidenwestseite stieß. Auslöser der Begeisterungsstürme war der Schmuck an den Körpern von Ita und Chnumit: Fuß- und Armbänder, Halskragen, Diademe, ein Dolch und andere Waffen und viele weitere Gegenstände. Es waren regelrechte Schätze, und erst der viel spätere Fund der Schätze des Tutanchamun und der Königsgräber von Tanis stellte sie in den Schatten. De Morgan glaubte logischerweise, es handele sich bei den Prinzessinnen um königliche Frauen aus der Zeit des Amenemhet II. Erst in jüngster Zeit haben Ägyptologen nachgewiesen, dass die königlichen Damen am Ende der 12. Dynastie beigesetzt worden waren.

338 links
Die Skarabäen von Amenemhet II. sind 2,57 cm bzw. 2,51 cm lang, 1,46 cm bzw. 1,64 cm breit und aus Amethyst. Sie wurden bei Ausgrabungen des New Yorker Metropolitan Museum of Art in den Jahren 1994–95 gefunden: im Grabkomplex von Sesostris III. (Dahschur), und zwar im Grabschacht seiner Gemahlin Königin Weret II. Befindet sich im Ägyptischen Museum Kairo.

338–339
Der Halskragen der Prinzessin Chnumit ist aus Gold, Lapislazuli, Türkis, Karneol, Granat und Feldspat gearbeitet. An den Enden 3,8 cm hoch und 4,3 cm breit. Jacques de Morgan fand ihn 1894 in der Nähe der Grabanlage von Amenemhet II. in Dahschur, im Grab der Chnumit. Er ist in die 12. Dynastie in die Zeit von Amenemhet III. zu datieren. Ägyptisches Museum Kairo.

339 oben links
Das Armband von Prinzessin Chnumit (12. Dynastie, Amenemhet III.) aus Gold, Karneol, Lapislazuli und Amazonit mit einer 1,9 cm hohen Schließe. Jacques de Morgan fand es 1894 in Dahschur in der Nähe der Grabanlage von Amenemhet II. im Grab der Chnumit. Ägyptisches Museum Kairo.

339 oben rechts
Im Jahr 1894 fand Jacques de Morgan dieses aus Gold, Karneol, Lapislazuli und Amazonit gefertigte Armband der Prinzessin Chnumit mit einer 1,9 cm hohen Schließe in Dahschur, Grabanlage von Amenemhet II., im Grab der Chnumit. Es datiert aus der 12. Dynastie (Regierungszeit von Amenemhet III. oder danach). Ägyptisches Museum, Kairo.

339 unten
Dieses aus Gold, Karneol, Lapislazuli und Amazonit gefertigte Diadem der Prinzessin Chnumit mit einem Durchmesser von 21 cm fand Jacques de Morgan im Jahr 1894 in Dahschur, Grabanlage von Amenemhet II., im Grab der Chnumit. Es datiert aus der 12. Dynastie (Regierungszeit von Amenemhet III. oder danach). Ägyptisches Museum, Kairo.

340–341
Die zur 12. Dynastie gehörende Pyramidenanlage von Sesostris III. in Dahschur, aus südlicher Richtung betrachtet. Im Vordergrund die restaurierte, aus Ziegeln gebaute äußere Umfassungsmauer.

340 unten
Diese Rekonstruktion stellt den Pyramidentempel von Sesostris III. und die innere steinerne Umfassungsmauer aus der 12. Dynastie dar. Computermodell von David Johnson.

341 oben
Dieser Titel bedeutet „Mitglied der Elite und hoher Beamter“. Das Metropolitan Museum of Art fand ihn 1995 in der nördlich der Pyramide von Sesostris III. gelegenen Mastaba von Nebit. Er datiert aus der 12. Dynastie, Regierungszeit von Sesostris III.

341 unten
Diese schwarze, 150 cm hohe Granitstatue von Sesostris III. stammt aus der 12. Dynastie. Edouard Naville vom Egypt Exploration Fund fand sie 1905 vor dem Tempel des Mentuhotep Nebhepetre in Theben. Ägyptisches Museum Kairo.

Die Pyramidenanlage von Sesostris III.

Der Nachfolger von Sesostris II., Sesostris III., wählte das Wüstenplateau im Nordosten der Pyramide des Snofru als Standort für seine mächtige Pyramidenanlage. Auch hier arbeitete zunächst de Morgan in den Jahren 1894–95, und das Team des New Yorker Metropolitan Museum of Art hat die Erforschung des Ortes seit 1990 wieder aufgenommen.

Der Stil des Gebäudes weist einerseits archaistische Imitationen von Vorbildern aus dem Alten Reich auf, andererseits ist aber eine innovative Entwicklung zu erkennen, die schließlich die königlichen Grabanlagen des Neuen Reiches hervorbrachte.

Die Pyramide hatte eine Neigung von 50 Grad und ein Basismaß von 108 x 108 m. Die unterirdischen Kammern sind mit Kalkstein ausgekleidet und Abbild eines Königsgrabes aus dem Alten Reich. Die Proportionen der Kammern und die Qualität der Steinbearbeitung bezeugen, dass Baumeister höchsten Ranges am Werke waren, und die Perfektion des königlichen Granitsarkophages ist erstaunlich.

Königliche Frauen wurden unter kleineren Pyramiden entlang der Nord- und der Südseite der Königspyramide beigesetzt. Lediglich die Hauptkönigin Weret bekam einen Raum unter der Königspyramide. In einer versteckten Nische des Eingangsschachtes zu ihrer Kammer entdeckte man 1994 einen Schatz. Alle Särge in den Königinnengräbern waren gründlich geplündert worden, ausgenommen jedoch zwei Schmuckkästchen, die de Morgan 1895 in der Begräbnisgalerie unter den nördlichen Königinnenpyramiden gefunden hatte. Diese Schätze, die den Prinzessinnen Merit und Sit-Hathor gehört hatten, machten den Schmuck des Mittleren Reiches noch berühmter.

Die Arbeitsgruppe des New Yorker Metropolitan Museum of Art förderte bei ihren Ausgrabungen Tausende von Wanddekorationsfragmenten aus dem Pyramidentempel und einem so genannten „Südtempel" zutage, der später in einen kleineren Pyramidenkomplex auf der Südseite integriert worden war. Gegenwärtig arbeitet ein Team dieser Arbeitsgruppe an der Rekonstruktion des Dekorationsprogramms.

Die Pyramidenanlage von Sesostris III. ist von zahlreichen *Mastaba*s aus dem Alten und dem Mittleren Reich umgeben. De Morgan hatte bereits früher manche von ihnen erforscht und ein paar werden derzeit von der Arbeitsgruppe des Metropolitan Museum ausgegraben und untersucht. Im Jahr 2001 ist ein Teil der *Mastaba* des Nebit, Bürgermeister der Pyramidenstadt, aus alten Blöcken wieder aufgebaut worden, die in der Antike infolge eines Erdbebens eingestürzt waren. Ein Schacht im Hof dieses Grabes führte zu einer noch viel älteren Grabkammer. Sie stammt aus der frühen 4. Dynastie und man hatte sich streng an die Vorgabe des Prototypen gehalten – Snofrus Pyramidenkammern mit Kraggewölben aus jeweils zehn Lagen von Kalksteinblöcken als Deckenkonstruktion. Ebenfalls im Jahr 2001 wurde die *Mastaba* eines anderen Beamten aus dem Mittleren Reich ausgegraben: das Grab des Chnumhotep. Die Überreste dieser *Mastaba* sind für Architekturhistoriker geradezu ein Schatz, denn dank der verbliebenen Blöcke der Verkleidung ist es zum ersten Mal möglich, eine *Mastaba* mit dem alten Wandvertiefungssystem aus Vorsprüngen und Nischen mit einer komplizierten Scheintür zu rekonstruieren.

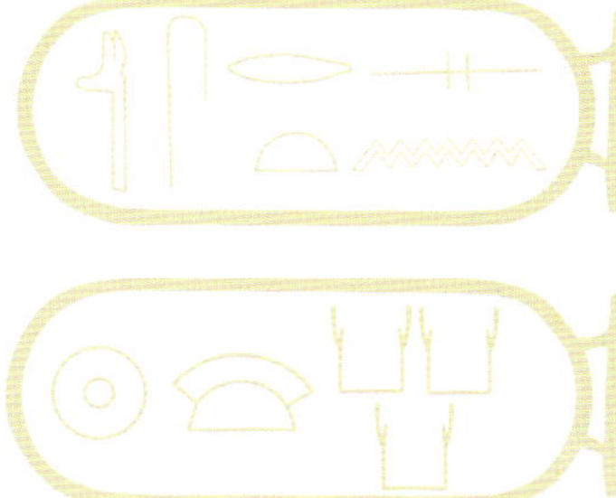

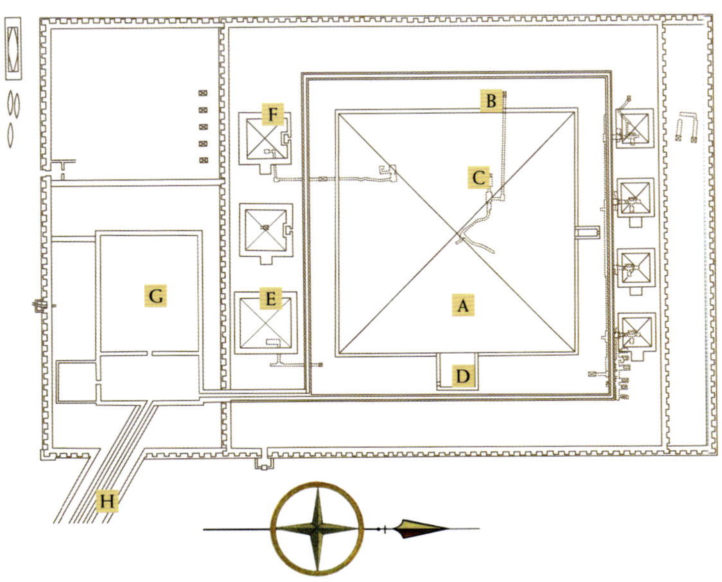

Grundriss der Pyramidenanlage von Sesostris III. in Dahschur

A *Pyramide*
B *Eingang*
C *Sargkammer*
D *Pyramidentempel*
E *„Ka-Pyramide"*
F *Pyramide von Königin Weret II.*
G *Südtempel*
H *Aufweg*

Pyramiden des Mittleren Reiches

342 links
Diese Kolossalstatue von Sesostris III., Rosengranit, 315 cm hoch, wurde im Jahr 1903 in Karnak gefunden. Sie stammt aus der 12. Dynastie, Regierungszeit von Sesostris III. Ägyptisches Museum Kairo.

342 oben rechts
Die 2,7 cm große Schließe einer Kette der Sit-Hathor ist aus Gold, Karneol, Lapislazuli und Türkis gearbeitet. Sie wurde 1894 von Jacques de Morgan in Dahschur, Grabanlage von Sesostris III., im Grab der Sit-Hathor gefunden. 12. Dynastie, Regierungszeit Sesostris' III., Ägyptisches Museum Kairo.

342 unten rechts
In den Jahren 1894–95 gruben die Arbeiter von Jacques de Morgan auf der Suche nach dem Grab von Sesostris III. diesen nunmehr halb eingestürzten Tunnel.

343 oben
Diese Kette mit Pektoral ist Amenemhet III. gewidmet. 12. Dynastie, Regierungszeit von Amenemhet III. Gefertigt aus Gold, Karneol, Lapislazuli und Türkis, Länge 10,5 cm. Sie wurde 1894 von Jacques de Morgan in Dahschur, Grabanlage von Sesostris III., im Grab der Prinzessin Mereret gefunden. Ägyptisches Museum Kairo.

343 unten links
Im Jahr 1894 fand Jacques de Morgan in Dahschur, Grabanlage von Sesostris III., im Grab der Prinzessin Mereret diesen Gürtel von ihr. Er datiert aus der 12. Dynastie (Herrschaft des Sesostris III.), aus Gold und Amethyst gearbeitet und 60 cm lang. Ägyptisches Museum Kairo.

343 unten rechts
Diese Sesostris II. gewidmete und aus Gold, Karneol, Lapislazuli und Türkis gearbeitete Kette mit Pektoral ist 4,9 cm breit. Jacques de Morgan fand das Schmuckstück 1894 in Dahschur, Grabanlage von Sesostris III., im Grab der Prinzessin Sit-Hathor. 12. Dynastie, Herrschaft Sesostris' II. Befindet sich nun im Ägyptischen Museum Kairo.

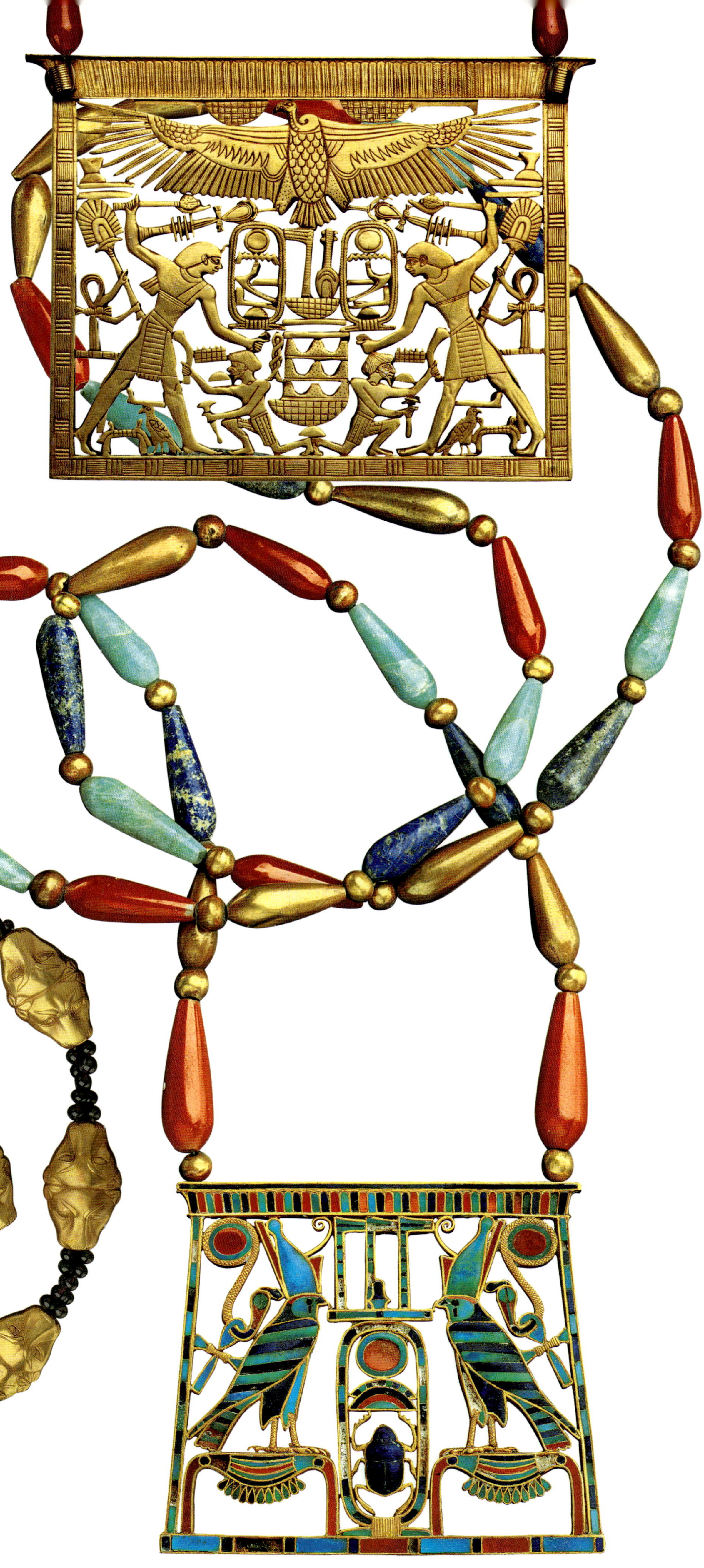

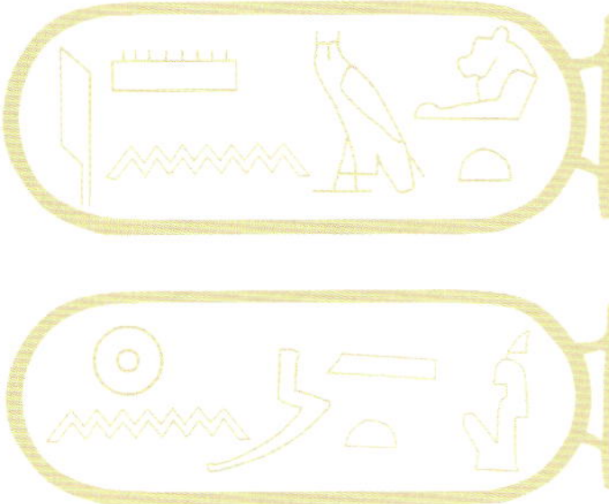

344 links
Diese Statue stellt den Ka des Auibre Hor in seinem Schrein dar. Sie ist aus Holz, Blattgold und Halbedelsteinen gearbeitet und 170 cm hoch, der Schrein hat eine Höhe von 207 cm. Von Jacques de Morgan im Jahr 1894 gefunden; 13. Dynastie, Regierungszeit des Auibre Hor. Ägyptisches Museum Kairo.

344 rechts
Die Pyramide des Amenemhet III. in Dahschur, 12. Dynastie; Ansicht aus westlicher Richtung.

Die Pyramidenanlage von Amenemhet III.

Der Sohn Sesostris' III., König Amenemhet III., begann schon früh in seiner Regierungszeit mit dem Bau seiner ersten Pyramide, nämlich offenbar während der Koregentschaft mit Sesostris III. und als die Bauarbeiten an der Pyramide seines Vaters noch nicht abgeschlossen waren. Die Pyramide mit einem Basismaß von 105 x 105 m erreichte eine Höhe von 75 Metern und auch dieser Bau wurde aus Ziegeln errichtet und mit Kalkstein verkleidet. Der Innenbereich weist kompliziert angeordnete Korridore und Kammern auf zwei Ebenen auf, darunter 15 Vorräume und ein zusätzliches „*Ka*-Grab" für den König. In einem herrlichen, mit Vorsprüngen und Nischen dekorierten Granitsarkophag sollte der Körper des Königs zur Ruhe kommen. Jedoch traten in der Bauphase der Pyramide ernste Probleme auf: Die Dächer der Kammern und Korridore wurden vom Gewicht der Pyramide niedergedrückt und bekamen solche Risse, dass sie mit Holz und Mauerwerk abgestützt werden mussten. Der König konnte unmöglich in einer schadhaften Pyramide beigesetzt werden, und folglich musste er eine neue Pyramide in Hawara bauen. Für die Baumeister muss dies – milde ausgedrückt – unerfreuliche Konsequenzen gehabt haben.

König Auibre Hor war ein unbedeutender Herrscher der 13. Dynastie. Er kam zu neuem Ruhm, als de Morgan sein schlichtes und nur wenig beschädigtes Grab innerhalb der Anlage von Amenemhet III. in Dahschur aufspürte. In der kleinen Grabkammer befand sich nicht nur der Sarkophag, sondern auch ein Holzschrein mit einer lebensgroßen Holzstatue des Königs, eine so genannte „*Ka*-Statue". Kein Besucher des Ägyptischen Museums in Kairo kann sich der Faszination der magischen Augen des in seiner Kapelle stehenden Königs entziehen.

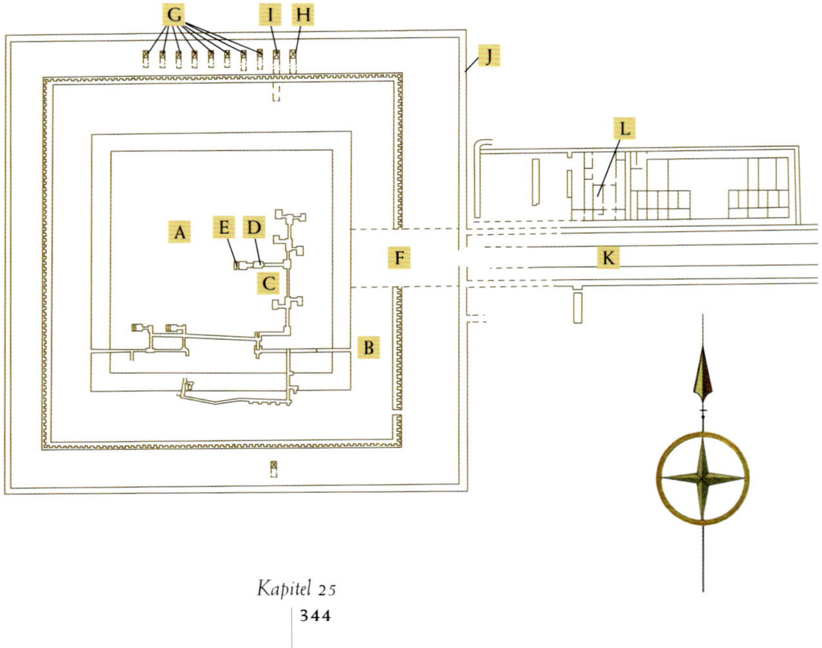

Grundriss der Pyramidenanlage des Amenemhet III. in Dahschur

A *Pyramide*
B *Eingang*
C *Korridorsystem*
D *Vorraum*
E *Sargkammer*
F *Pyramidentempel*
G *Gräber der Königsfamilie*
H *Grab des Königs Auibre Hor*
I *Grab der Prinzessin Nub-Hetep-Chered*
J *Äußere Umfassungsmauer*
K *Aufweg*
L *Priesterhäuser*

Jüngste Entdeckungen in den Pyramiden des Mittleren Reiches

Der Alltag der an Ausgrabungen arbeitenden Menschen hat sich seit den Zeiten von Petrie und de Morgan stark verändert. Die Arbeitsbedingungen sind sehr viel besser geworden, das Heer der Boden hackenden und Körbe schleppenden einheimischen Jungen und Männer wurde durch eine neue Generation von ausgrabungserfahrenen Arbeitern ersetzt. Der Ausgrabungsprozess als solcher veränderte sich, und aus dem Abenteuer, etwas zu erforschen, wurde methodisches Aufzeichnen und Erhalten. Geblieben ist die spannungsvolle Hoffnung auf eine Entdeckung und die freudige Begeisterung im Erfolgsfalle. Da die meisten Archäologen heute an Stätten arbeiten, die bereits von Generationen von Dieben und Forschern gründlich „untersucht" wurden, sind solche gefühlsstarken Erlebnisse selten geworden.

Lange Wochen hatten Mitglieder des Ausgrabungsteams im Jahr 1988 in Lischt-Süd an der Freilegung des Schachtes zum Grab von Mentuhotep, Wesir aus der 12. Dynastie, gearbeitet. Als sie die zerstörte Grabkammer endlich betraten, fanden sie einen zertrümmerten Sarkophag aus Quarzit. Groß war ihre Überraschung, als sie auf einen zweiten Granitsarkophag stießen: die Diebe hatten ihn verschont, da er nie einen Sarg enthalten hatte. Er war an der Außenseite mit Ornamentgravuren und innen mit perfekt erhaltenen Malereien und Inschriften dekoriert.

1994 beendete dasselbe Team in Dahschur die Freilegung des Grabschachtes von Königin Weret, der Gemahlin Sesostris' III. Als der Ausgrabungsleiter Ahmed Abdel Hamid am Boden des Schachtes stand, wurde er zufällig auf eine kaum zu erkennende unebene Stelle in der Seitenwand des Schachtes aufmerksam. Hier war an mehreren Stellen flickenartig Schlamm über die Felsoberfläche geschmiert worden. Bei näherer Untersuchung erwies sich, dass darunter Hohlräume mit einem Schatz der Königin lagen: je zwei Arm- und Fußbänder mit breiten goldenen Schließen und Karneol-, Türkis- und Lapislazuliperlen, zwei Amethyst-Skarabäen von Amenemhet II., ein Gürtel mit goldenen Kaurischnecken und eine Schließe mit feinen Hieroglyphen-Einlegearbeiten. Die intensiven Emotionen bei der Freilegung von Schacht und Fundstelle sowie beim Sichten des Schuttes sind für die Teammitglieder unvergesslich.

345 oben
Armband von Königin Weret II., Gemahlin von Sesostris III. Es ist aus Gold, Karneol, Lapislazuli und Türkis gearbeitet, 4 cm breit und 15,5 cm lang. Das Team des New Yorker Metropolitan Museum of Art fand es bei den Ausgrabungen 1994–95 in Dahschur, Grabanlage von Sesostris III., im Grabschacht der Königin. Es datiert aus der 12. Dynastie, etwa in die Zeit von Amenemhet II. und Sesostris III. Ägyptisches Museum Kairo.

345 unten links
Gürtel von Königin Weret II., Gemahlin von Sesostris III. Er ist aus Gold, Karneol, Lapislazuli und Türkis gearbeitet. Das Team des New Yorker Metropolitan Museum of Art fand ihn 1994–95 in Dahschur, Grabanlage von Sesostris III., im Grabschacht von Weret II. Er wurde in die 12. Dynastie, etwa in die Zeit von Amenemhet II. und Sesostris III. eingeordnet. Ägyptisches Museum Kairo.

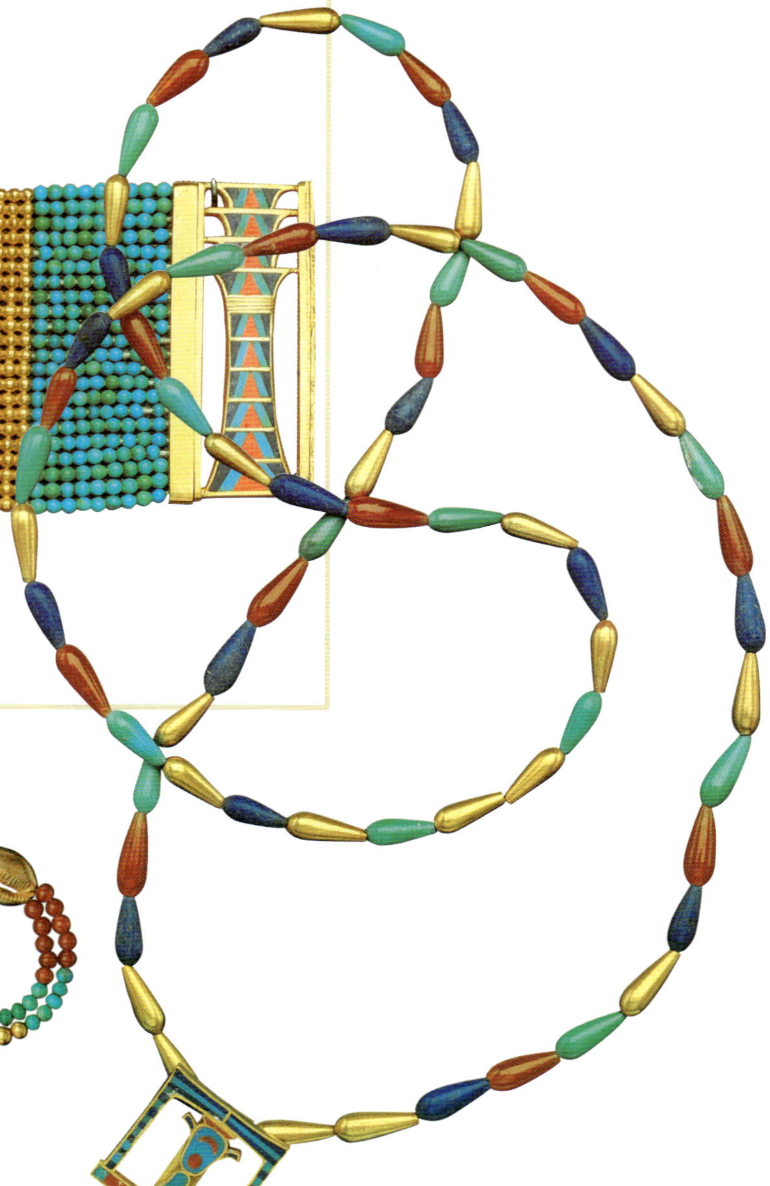

345 unten rechts
Diese Kette von Königin Weret II., Gemahlin von Sesostris III., datiert aus der 12. Dynastie, etwa zur Regierungszeit von Amenemhet II. und Sesostris III. Sie ist aus Gold, Karneol, Lapislazuli und Türkis gearbeitet und 62,9 cm lang; der Anhänger ist 1,7 cm hoch und 1,7 cm breit. Das Team des New Yorker Metropolitan Museum of Art fand sie 1994–95 in Dahschur, Grabanlage von Sesostris III., im Grabschacht von Weret II. Ägyptisches Museum Kairo.

Pyramidenbau im Mittleren Reich

Mit Sicherheit war der Gipfel der Pyramidenbaukunst unter Snofru und Cheops in der 4. Dynastie erreicht, und es ist nur schwer vorstellbar, dass diese Kunst noch verbessert werden konnte. Die logistischen Abläufe zu Herstellung und Transport, zum Heben und Niedersetzen von Millionen von Blöcken wurden wahrscheinlich nicht mehr wiederholt. Die Architektur des Mittleren Reiches veranschaulicht aber einen Fortschritt bei der Verarbeitung von Steinen und Ziegeln.

Die Pyramidenverkleidung aus Blöcken ist geblieben und bestätigt, dass die Steinarbeiten höchste Standards erreicht hatten. Die Oberflächen der Blöcke sind perfekt geglättet, die Kanten scharf geschnitten und die Böschungswinkel präzise ausgemessen. Krampen und entsprechende Kerben legen die Vermutung nahe, dass für viele – oder sogar alle – Verbünde der Verkleidungsblöcke solche Holzklammern verwendet wurden. Neben Pyramidia aus Diorit oder anderen harten Steinen zeugen Granit- oder Kalksteinblöcke für die Wände der Grabkammern von der hohen Präzision bei der Steinbearbeitung. Die unvermeidbaren Ausbesserungsarbeiten an den Verkleidungsblöcken oder den Wänden wurden meisterhaft ausgeführt, indem man passende Stücke einfügte.

Ziegel- und Steingebäude hatten im Alten Reich nur bescheidene oder gar keine Fundamente. In der 12. Dynastie wurde dieser Zustand erheblich verbessert. In der Pyramidenanlage von Sesostris III. ruhte das Mauerwerk auf einem Fundament aus zwei Kalksteinblock-Schichten, das zusätzlich von drei bis fünf Schichten Ziegelsteinen untermauert war. Ziegelmauern wurden auf massiven Basisplattformen errichtet, die aus mehreren Ziegelsteinschichten bestanden und am Fuße der Mauer auf beiden Seiten überstanden. Die Umfassungsmauern wurden auf beiden Seiten verputzt und gegen Witterungseinflüsse mit getünchten Mörtelschichten geschützt.

In der 12. Dynastie wurde ein weiteres interessantes technisches Detail entwickelt. In der Pyramide des Sesostris III. haben die Fugensteine zwischen den Dachplatten des Pyramidentempels (Abdichtung gegen Regen) glatte und pilzförmige Flächen. In dem nur wenig später erbauten Südtempel wurde bei den Fugensteinen mit einem weit ausgeklügelteren Nut- und Federsystem gearbeitet, durch das ein Dach absolut wasserdicht werden konnte.

Im Mittleren Reich setzte man die alten Traditionen des Ziegelbaus, technisch deutlich verbessert, fort. Das augenfälligste Merkmal in königlichen Pyramidenanlagen bestand darin, dass die Steinmauern nach und nach Ziegelmauern wichen. Man neigt dazu, das Erbauen einer Pyramide mit Lehmziegelkern als Zeichen für rückläufige wirtschaftliche Erfolge zu werten, aber es liegen keine Hinweise darauf vor, dass die Wirtschaft im Ägypten der 12. Dynastie für den Bau von Steinpyramiden zu geschwächt gewesen wäre. Ich möchte dieses Phänomen vielmehr als ein Experiment der Baumeister betrachten, das die Entwicklung von leichteren und schnelleren Baumethoden (verglichen mit dem Auftürmen riesiger Steinblöcke in früherer Zeit) zum Ziel hatte.

Die gewaltigen Ziegelmauermassen in den Kernen der Pyramiden und der Umfassungsmauern wurde mit Sand verfugt, damit sich keine Risse und Brüche bildeten, was bei der Verwendung von nassem Mörtel hätte geschehen können. Die Maurer wussten ferner, dass sie die Stabilität des Mauerwerks erhöhen konnten, indem sie die Ziegel mit der Schmalseite nach außen und der Langseite von der Pyramidenfront aus nach innen legten.

Die Pyramidenanlagen von Sesostris III. und Amenemhet III. in Hawara zeigen ferner, dass die Maurer des Mittleren Reiches fähig waren, komplizierte Bögen und Gewölbe aus Ziegeln zu bauen. Ein der Druckentlastung dienender Bogen über dem Eingang zum Aufweg in der Anlage von Sesostris III. bestand aus sieben je 1,65 Meter dicken, aus Ziegeln gemauerten Bögen, die sowohl an die Wand als auch an die Anschlussstellen der Untermauerung des Aufweges harmonisch anschließen mussten. Ein weiteres, heute leider zerstörtes Beispiel war das 18,75 Meter lange Ziegelgewölbe über der großen Bootsgrube im Süden der Pyramidenanlage. Es bestand aus fünf je 1,30 Meter dicken Bögen mit einer Spannweite von vier Metern. Sehr große gemauerte Druckentlastungsgewölbe schützten auch die steinernen Dächer der königlichen Sargkammern in den beiden oben genannten Pyramiden. Ihre Maße sind nicht feststellbar, sie können aber gut und gern 4,5 Meter dick gewesen sein. Diese riesigen Gewölbe lassen eine Entwicklung erkennen, deuten aber auch darauf hin, dass Ziegelbauten in der 12. Dynastie weit verbreitet waren.

Verstreut im Gebiet um die Pyramide von Sesostris I. fand man Überreste von Baustraßen und Rampen. Diese „Schlittenbahnen" bestanden aus fünf Meter breiten Bahnen mit Balken (wiederverwertete Bootsplanken), zwischen die Kalksteingeröll und Mörtel gefüllt wurde. Der Kern und die Oberfläche der Transportwege hatten eine betonähnliche Härte. Eine gemauerte Rampe zur Nivellierung der 8° Gefälle des Plateaus wurde aus Bauschutt aufgefüllt und mit zwei Stützwänden gehalten. Auf der halben Strecke nach oben hatte man zu beiden Seiten der Rampe zwei senkrechte Holzbalken in tiefe Ziegelfundamente versenkt. Sie dienten Zugvorrichtungen zur Befestigung der Seile. Man fand die Stützwände von zwei gemauerten Rampen; sie waren in einem Winkel an die Pyramiden gebaut und mit Sicherheit für den Pyramidenbau genutzt worden.

346 oben
Eingang zur Pyramide des Sesostris I. (12. Dynastie) in Lischt; Ansicht aus nördlicher Richtung.

346 unten
Dieses Foto zeigt die Transportstraßen im Osten der Pyramide von Sesostris I. in Lischt (12. Dynastie). Zur Verstärkung der Straßenaufschüttung aus Mörtel und Geröll wurden Bootsplanken verwendet. Expedition des New Yorker Metropolitan Museum of Art 1988.

347 oben
Querschnittansicht der Dachkonstruktion der Sargkammer Sesostris' III. in seiner Pyramide in Dahschur.

347 Mitte rechts
Transportschlitten aus Zedernholz, im Jahr 1918 von der Expedition des New Yorker Metropolitan Museum of Art in der Grabanlage des Sesostris I. in Lischt gefunden. Fundort war eine Lagerstelle im Hof der Südpyramide von Sesostris I. Länge 173 cm, Breite 78,5 cm, Metropolitan Museum of Art, New York.

347 unten
Rekonstruktionszeichnung der beiden wichtigsten Baurampen der Pyramide des Sesostris I., in Lischt, aus Südwesten betrachtet. 12. Dynastie.

Kapitel 26

Die Adelsgräber des Mittleren Reiches

David P. Silverman

348
Ägyptische Soldatengruppe, bemaltes Holz, aus dem Grab des Mesehti, Assiut, 11. Dynastie, heute im Ägyptischen Museum Kairo. Zu der Grabausstattung des Mesehti gehörten Modelle. Dass er militärische Gruppen wählte, könnte ein Hinweis auf soziale und politische Gegebenheiten in dieser Zeit sein.

349
Statue des Mentuhotep II. Nebhepetre, bemalter Sandstein, aus Der el-Bahari, 11. Dynastie, heute im Ägyptischen Museum, Kairo. Diese Statue des Mentuhotep ist wohl ein Denkmal. Der Pharao trägt einen speziellen Sed-Festmantel, und Bart, Gestus und Hautfarbe können mit Osiris assoziiert werden.

Die Adeligen führten einen Trend fort, der sich schon früh in der ägyptischen Geschichte fest eingebürgert hatte: den Bau von großen Monumentalgräbern als eine vorbereitende und unterstützende Maßnahme beim Erwerb und der dauerhaften Sicherung des ewigen Lebens im Jenseits. Der Brauch an sich blieb im Großen und Ganzen gleich, man veränderte ihn jedoch in manchen Punkten. Im Alten Reich hatten die Adeligen lange Zeit ihre Gräber auf Friedhöfen bei den Grabstätten der Pharaonen errichtet, unter denen sie Dienst getan hatten. Diese wiederum befanden sich in der näheren Umgebung der memphitischen Hauptstadt in Unterägypten in der Nähe und/oder Umgebung der Pyramide des Pharao. Als das Alte Reich zu Ende ging und die Erste Zwischenzeit begann, nahm die Zentralgewalt des Herrschers ab und die Macht der Adeligen wuchs. Der König hatte keine Kontrolle mehr über die Ressourcen für den Bau großer, das Landschaftsbild dominierender Anlagen mit Pyramiden, und er war auch nicht mehr in der Lage, eine einflussreiche und machtvolle Atmosphäre zu erzeugen, die die Adeligen in seine Nähe gezogen und bewirkt hätte, dass sie ihre Gräber nahe dem seinen zu bauen wünschten.

Mit dieser Kontrollverlagerung in der Verwaltung ging eine entsprechende Veränderung der Bestattungspraktiken einher. Einige hohe Beamte – insbesondere aus den Gebieten zwischen Memphis und Theben – zogen es vor, ihre Grabbauten an dem Zentrum ihrer eigenen Macht zu errichten. Die hohen Beamten und Verwalter der Provinzen schlossen sich daher dem herrschenden Pharao in Bezug auf die Wahl seiner Grabstätte nicht an. Viele der Nomarchen oder „Gouverneure" der Verwaltungsbezirke, in die Ägypten unterteilt war (Nomoi), deren Familien im späten Alten Reich und vor allem in der Ersten Zwischenzeit zu Macht und Einfluss gekommen waren, errichteten durchaus beeindruckende Monumente. Sie lagen nicht in der Umgebung der nördlichen Hauptstadt Memphis, sondern in den Machtbereichen der jeweiligen Personen, also vor allem – aber nicht nur – in Mittel- und Oberägypten. Diese Vorgehensweise dauerte noch bis weit in das darauf folgende Mittlere Reich an. Nicht alle aber verfuhren so: Einige hohe Beamte entschlossen sich in der Tat für eine Grabstätte in der Nähe des Herrschers, dem sie gedient hatten. Als der Pharao im Laufe der Mittleren Reiches seine zentrale Autorität wieder festigte, verlegten die Adeligen wiederum die Standorte für ihre Gräber, und später in der 12. Dynastie begannen sie ganz deutlich, die Nähe zu der vom König für sich ausgewählten Stätte zu favorisieren. Dies steigerte sich während der Herrschaftszeit von Sesostris III., was möglicherweise mit der Erweiterung der ägyptischen Landesgrenzen während seiner Regierungszeit zusammenhing. Jedenfalls entschieden sich Monarchen und hohe Beamte in der späten 12. und der 13. Dynastie für Grabstätten in der Nähe der memphitischen Hauptstadt. Viele Gräber von Personen aus der Mittel- und Unterschicht hingegen konzentrierten sich weiterhin in ländlichen Gegenden.

Adelsgräber

Offenbar haben Elemente der früheren königlichen Bauten den Architekten der großen Monumentalgräber Modell gestanden, als sie für nicht königliche hohe Beamte die Wohnstätten für die Ewigkeit entwarfen. Viele Gräber befanden sich hoch über dem Fluss in den Klippen am westlichen Nilufer und manche besaßen aufwändig gestaltete Säle, Portiken und aus dem Fels gehauene Höfe. Die Grundrisse sahen bisweilen einen langen Aufweg mit überdachtem Eingang vor, durch den der Begräbniszug den rituellen Gang zur Sargkammer in der oberen Terrasse tief im Innern des Felsens beginnen würde. Einige vor allem in den ebenen Wüstenregionen befindliche Grabanlagen hoher Beamter sind anders strukturiert; sie besitzen wie in früheren Zeiten einen rechteckigen Oberbau aus Stein oder Lehmziegeln, den man aufgrund seiner einzigartigen Form mit dem arabischen Wort für „Bank" als *Mastaba* bezeichnete. Man betrat die Sargkammer entweder direkt durch einen schrägen Schacht oder indirekt durch einen senkrechten Schacht, der eine Verbindung zu einem waagerechten Nebenkorridor hatte. In anderen Fällen gab es schlichtere Begräbnisse, mit flachen Erdlöchern.

Viele Dekorationselemente aus Grabanlagen vergangener Zeiten wurden in die Gräber des Mittleren Reiches integriert. Sowohl in den Reliefs als auch bei den Gemälden verwendete man aber auch innovative ikonografische Elemente, die auf den Wänden der Grabbauten erscheinen. Bei den Textschöpfungen erweiterten die Beamten die Standardformeln um vielfältige Zusätze und führten einige für den Bereich der Gräber neue Texte und Kenotaphe ein. Im Gegensatz zu den Privatgräbern im Alten Reich waren die Grabwände (und auch die Sarg- und Sarkophagwände) nun häufig mit religiöser Literatur beschrieben (Sargtexte). Sie dienten demselben Zweck wie die Texte der Inschriften (Pyramidentexte), die frühere Könige im Innern ihrer Monumentalgräber hatten anbringen lassen. Manchmal wiederholten diese Texte im Wesentlichen das, was ursprünglich auf den Wänden der Pyramidenkammern geschrieben stand; bei einigen Texten handelt es sich eindeutig um überarbeitete Fassungen solchen Materials. Andere sind anscheinend einzig für diesen Zweck ersonnen worden, denn von ihnen finden sich keine früheren Fassungen für den König. Im Mittleren Reich bauten die Bildhauer ihr Repertoire aus, und es umfasste nun neue und eigene Formen der Gestaltung von Statuen, die speziell für die Verwendung in Grabanlagen konzipiert waren. Die Blockstatue tritt beispielsweise zu Beginn der 12. Dynastie zum ersten Mal in Erscheinung und kam in oberirdischen Grabkapellen und später in Gedenkstätten oder Tempeln rege zum Einsatz. Einige dieser Innovationen erreichten eine recht große Beliebtheit und fanden in vielfältigen Genres Anwendung. Auch bei der Grabausstattung sind Veränderungen und Entwicklungen zu erkennen: Mumienmasken, anthropoide Särge, Uschebtis (dieser ägyptische Begriff bezeichnet Statuetten, die im Jenseits für den Verstorbenen Arbeiten erledigten) und Kanopengefäße (ein Satz aus vier Behältern für die mumifizierten inneren Organe) mit menschenköpfigen Deckeln tauchen regelmäßiger auf. Die Kanopengefäße wurden nun häufig in einem Korb in einer Nische – meistens in der Ostwand der Sargkammer – beigesetzt.

350
Wandtafel innen im Sarg von General Sepi. Bemaltes Holz, Fundort Der el-Barsha, 12. Dynastie, befindet sich im Ägyptischen Museum Kairo. Sargtexte wurden im Mittleren Reich beliebt. Sie bestanden aus Begräbnistexten, die auf die Innenseite der Särge (und manchmal der Sargkammern) gemalt und/oder gemeißelt wurden und den Bürgern der Oberschicht ein Leben im Jenseits gewährleisten sollten. Eine Sammlung solcher Sprüche mit dem Titel Das Buch der beiden Wege *war das erste illustrierte Buch über das Jenseits und beschäftigt sich ausschließlich mit diesem Thema.*

351 *oben*
Ein Satz Kanopengefäße des Inpuhotep aus bemaltem Holz und Kalkstein aus der 12. Dynastie. Fundort Sakkara, befindet sich im Ägyptischen Museum Kairo. Der Brauch, Lunge, Leber, Darm und Magen zu mumifizieren und getrennt aufzubewahren, dauerte während fast der gesamten ägyptischen Geschichte an. Inschriften assoziieren jedes Gefäß mit einem der vier Horussöhne und dieser schützte den Inhalt. Der Deckel ganz rechts in der Gestalt eines Kopfes ohne Bart stellt aller Wahrscheinlichkeit nach Imseti dar.

351 *unten*
Aufriss des Grabes von Ibi, Sakkara, Regierungszeit Amenemhets I., 12. Dynastie. Ein senkrechter Schacht im Hof der Opferkapelle des Ibi führt hinab zu einem Korridor, der durch frühere Gräber verläuft und sich schließlich zu Ibis Sargkammer öffnet. Diese befindet sich unter der Temenos-Mauer zur Grabanlage des Teti aus dem Alten Reich.

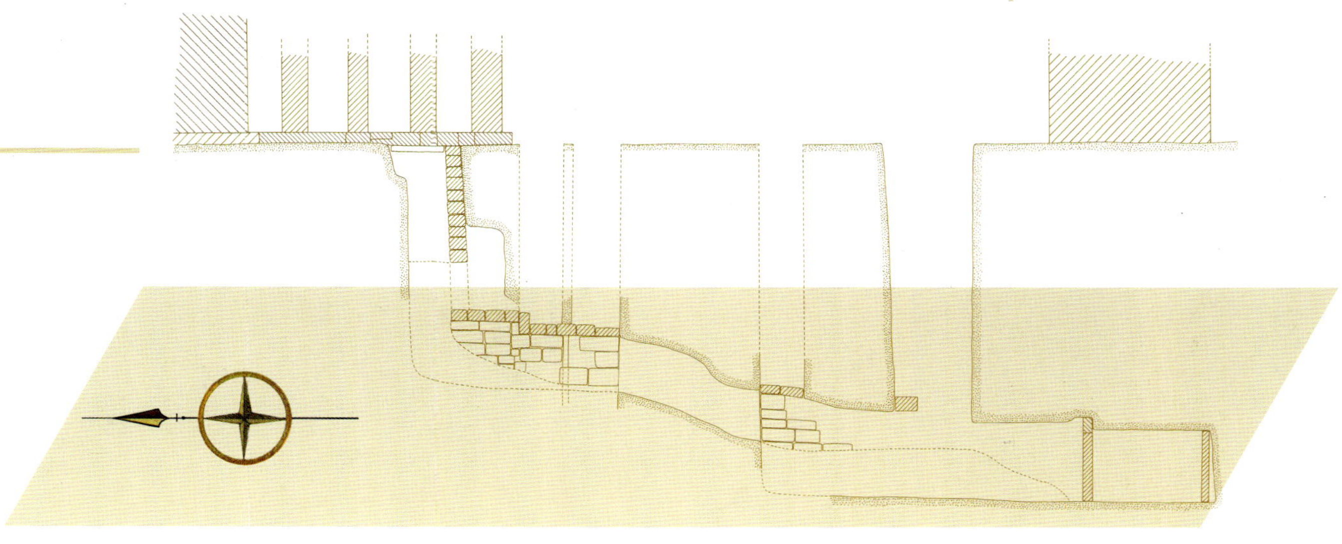

Die Gräber des Südens

Die erfolgreiche neuerliche Einigung des Landes unter Pharao Mentuhotep II. Nebhepetre (11. Dynastie) bildete den Auftakt zum Mittleren Reich. Da er in Theben lebte, beschloss er, von dort aus zu regieren und machte Theben zur Hauptstadt. Wie seine Vorfahren bevorzugte auch er das Westufer als Ort für seine Grabdenkmäler. Viele seiner Amtsvorgänger seit dem Ende des Alten Reiches hatten weiterhin Pyramiden geschaffen, wenn auch bescheidener – zuweilen ließen sie diese aus Lehmziegeln errichten. Mentuhotep II. jedoch baute ein Monumentalgrab aus Stein in einen Felshang bei Der el-Bahari. Ob eine Pyramide dazugehörte oder nicht, ist unklar. Er wählte für seine letzte Ruhe eine Stätte in den Felsen, unterhalb des imposanten, konisch geformten Berges, der in der arabischen Sprache el-Qurn („das Horn") genannt wird. Manche Ägyptologen glauben mittlerweile, dass die alten Ägypter dieses auffällige landschaftliche Merkmal gewissermaßen als symbolische Pyramide betrachteten. Die meisten hohen Beamten seines Hofes sind bei der Standortwahl für ihre Grabstätte wohl seinem Beispiel gefolgt, Adelige aus anderen Provinzen hingegen ließen sich lieber vor Ort beerdigen, dort, wo ihre eigene Macht Bedeutung hatte.

Thebanische Gräber dieser Zeit konzentrierten sich in den Felsen bei Der el-Bahari am westlichen Nilufer Thebens oder in der näheren Umgebung davon. Diese Gegend ist heute vor allem wegen der Überreste der Grabanlagen von Mentuhotep II. und Königin Hatschepsut (Neues Reich) bekannt, die sich selbst zur Pharaonin ausgerufen hatte. Vor der Landeseinigung hatten die Herrscher der 11. Dynastie einen Ort für ihre Begräbnisse ausgewählt, der sich etwa eine Meile östlich unweit der Ebene el-Tarif im „Antef-Friedhof" befand (der Name bezieht sich auf eine Reihe von Königen dieses Namens). Viele zeitgenössische und spätere Gräber befanden sich hier.

Der Brauch, Privatgräber um Herrschergräber zu scharen – auch wenn es sich um Provinzfürsten handelte (in diesem Falle Fürsten des thebanischen Nomos sowie eines bestimmten Teiles von Oberägypten) – spiegelt eine früher in den memphitischen Königsfriedhöfen übliche Tradition wider. Aber nicht alle Beamten folgten diesem Muster.

352 oben
Königliche Tempel, in die Felsen um Der el-Bahari am westlichen Nilufer Thebens gebaut. Die Tempel von Mentuhotep II. Nebhepetre (11. Dynastie), Thutmosis III. und Hatschepsut (18. Dynastie) wurden unter dem herausragenden Felsvorsprung mit dem Namen el-Qurn (arabisch für „das Horn") errichtet. Dieser Standort wurde möglicherweise zum Teil deshalb gewählt, weil die Pyramidenform des Berges für dieselben Dinge stehen sollte wie die tatsächlich gebauten Pyramiden früherer Epochen.

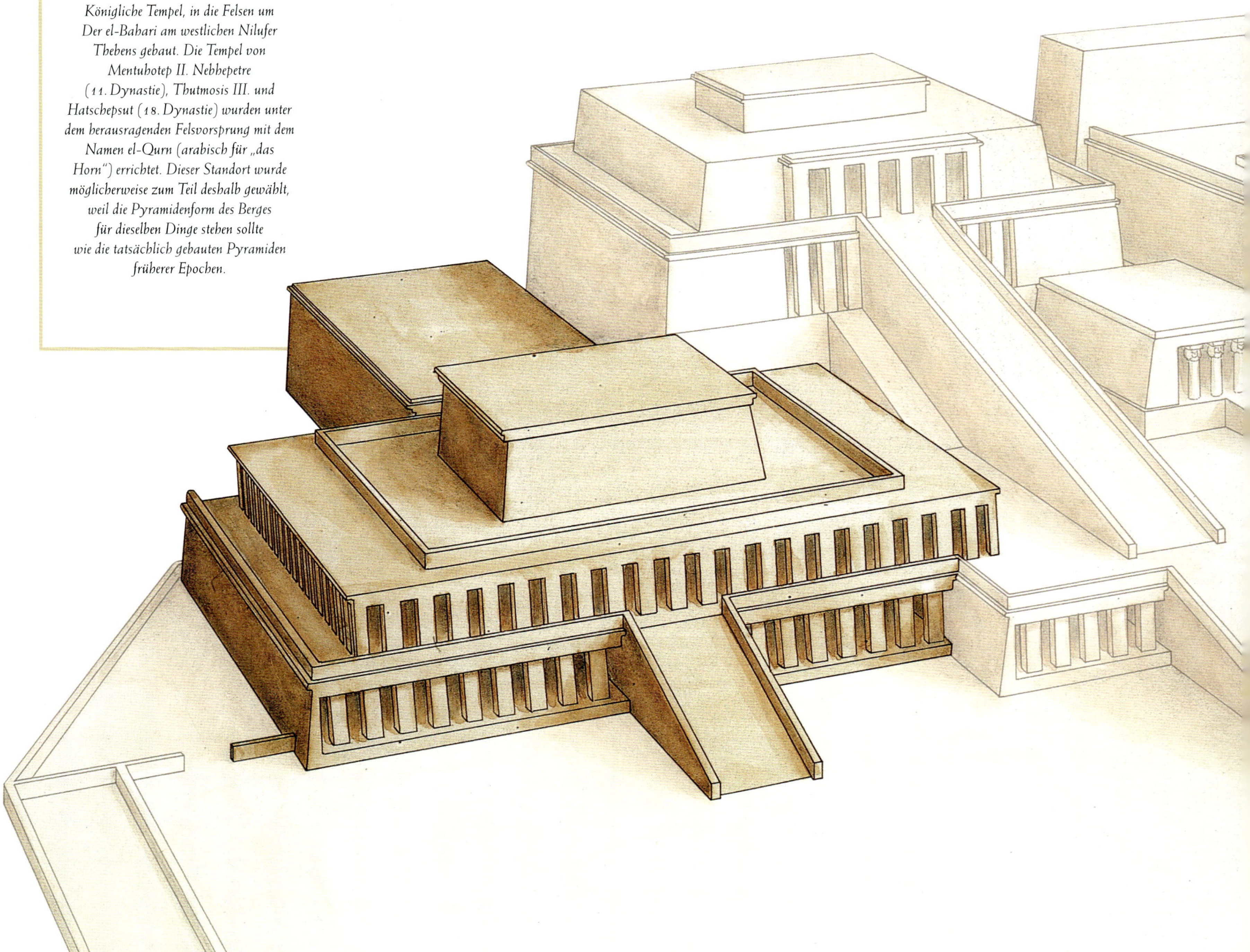

Einige wählten einen anderen Ort für ihr Begräbnis. Die Ausrichtung mancher dieser Gräber aus der 11. Dynastie wurde möglicherweise von einem anderen Bauwerk beeinflusst, und zwar vom Tempel des Montu in Karnak auf dem östlichen Nilufer, denn sie liegen diesem direkt gegenüber. Viele dieser Privatgräber, die sich recht tief in der Wüste bei den schlichten Lehmziegelpyramiden ihrer Herrscher befinden, hatten einen Hof mit vielen Eingängen nebeneinander in der Rückwand. Sie führten in eine Querhalle, gelegentlich mit angeschlossenen Räumen. Bisweilen werden sie aufgrund der Anordnung mit dem arabischen Wort für „Reihe" als *Saff*-Gräber bezeichnet. Häufig verfügen sie über einen Pfeilerportikus.

352–353
Die Tempel von Mentuhotep II. Nebhepetre, Thutmosis III. und Hatschepsut in Der el-Bahari (westliches Nilufer, Theben). Der früheste Bau – der Totentempel Mentuhoteps aus der 11. Dynastie (links) – diente ganz deutlich als Vorlage für die beiden anderen Tempel, die beide aus dem Neuen Reich datieren. Nur die Anlage des Mentuhotep verfügte auch über eine Sargkammer.

353 rechts
Den Saff-Gräbern der 11. Dynastie sind häufig große Höfe an der Stirnseite vorgelagert. Sie sind Vorbildern aus früheren Zeiten nachempfunden und konzentrieren sich in dem Gebiet zwischen Theben und Dendera. Normalerweise bilden zwei Pfeilerreihen (A) in der Rückwand eine Fassade, die sich zu einer zentralen Langhalle (B) öffnet. Diese wiederum weitet sich nach hinten in eine Pfeilerhalle (C). Ein Korridor (D) führt von diesem Raum in die Sargkammer.

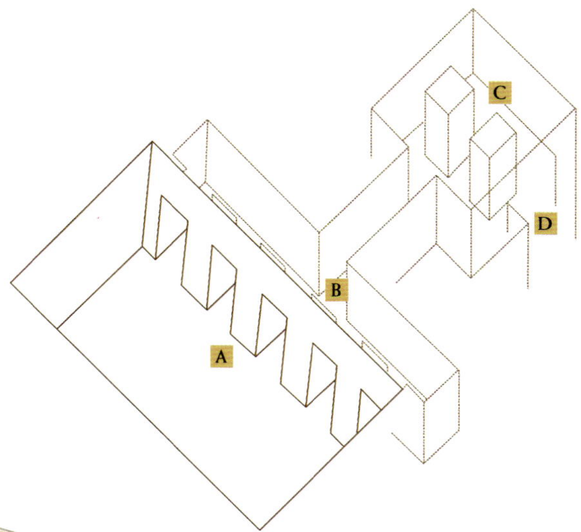

354 links

Opferträgerin aus bemaltem Holz, aus dem Grab des Meketre, Der el-Bahari, Ende der 11./Anfang der 12. Dynastie, befindet sich in Kairo. Meketre war ein Beamter aus dem Gebiet Theben, dessen berufliche Laufbahn zwei Dynastien umspannte. Diese Statue und viele Grabmodelle waren Teil seiner Grabausstattung. Da die Figur recht groß und detailliert gearbeitet ist, liegt die Vermutung nahe, sie habe eine bedeutende Rolle im Begräbnisritual und im Jenseits spielen sollen; möglicherweise ist sie die Personifikation eines Gutes von Meketres Totenstiftung.

354 rechts

Modell eines Hauses aus bemaltem Holz, aus dem Grab des Meketre, Der el-Bahari, Ende der 11./Anfang der 12. Dynastie, befindet sich im Ägyptischen Museum Kairo. Unter den zahlreichen Modellen, die man im Grab des Meketre fand, war auch diese Miniatur einer Hausfassade mit Garten. Die hell bemalten Säulen tragen das Portikusdach. Vor dem Portikus ist ein Wasserbecken, das an den anderen drei Seiten von Frucht tragenden Sykomoren umgeben ist.

Jüngste neuerliche Analysen vieler nicht königlicher Gräber in Der el-Bahari und den angrenzenden Gebieten legen nahe, dass verschiedene dieser zunächst in die 11. Dynastie eingeordneten Gräber Beamten gehörten, die bis in die frühe 12. Dynastie hinein lebten. Ein Beispiel ist das Grab des Meketre. Wie auch bei einigen anderen Gräbern von Beamten ähnlichen Ranges führte ein langer Weg in einen Hof, dessen Rückwand in die Frontseite eines Felsens gehauen war. Man baute einen Portikus mit einer Pfeilerreihe, die Durchgänge zu einer innenliegenden Querhalle bildeten. Von dort aus gelangte man in eine Kapelle im Felsen sowie in weitere Räume und in manchen Fällen in eine unterirdische Sarkophag-Kammer. Die verputzten Wände des Portikus waren mit Szenen bemalt und im Korridor zur Kapelle hatte man feine Reliefs gearbeitet. Entsprechungen zu den Alltagsszenen, die im Allgemeinen auf den Wänden von Privatgräbern der Vergangenheit gefunden wurden, tauchen hier in dreidimensionaler Form als bemalte Holzmodelle auf. In einem Seitenraum stieß man bei Ausgrabungen auf diese „dreidimensionalen Gruppenbilder". Viele Figuren waren in Rundbildern angeordnet und führten unterschiedliche Tätigkeiten des alltäglichen Lebens vor Augen, die Meketre in seinem jenseitigen Leben gewahrt wissen wollte. Im Gebiet um den Tempel des Mentuhotep II. wurden viele andere Gräber in die Felsen gebaut, darunter auch das seines Höflings Harhotep. Die Wände seines Sarges und seiner Sargkammer weisen hauptsächlich religiöse Texte für das Wohl des Verstorbenen auf. Der Wesir Dagi besaß ein großes Grab in Schech Abd el-Gurna. Die Fassade aus mehreren Pfeilern war kunstvoll gearbeitet und über dem Eingang saß ein architektonisch interessantes Detail: versenkte Lehmkegel. Die Wände des Haupteingangs schmückten fein geschnittene und bemalte Reliefs des Beamten und seiner Familie. Für Angehörige niedrigerer Klassen wurden auch einfache Begräbnisse vorbereitet, und für Soldaten errichtete man Massengräber.

355 links
Modell einer Schreinerwerkstatt aus bemaltem Holz, Grab des Meketre, befindet sich in Kairo. Meketres Grab enthielt dreidimensionale Modelle von vielen Szenen des täglichen Lebens, die seit dem Alten Reich auch auf Grabwänden zur Darstellung kommen. In diesem Rundbild sind Schreiner emsig mit Holzarbeiten beschäftigt.

355 rechts
Modell einer Weberei aus bemaltem Holz, Grab des Meketre, Der el-Bahari, ausklingende 11./anbrechende 12. Dynastie, Ägyptisches Museum Kairo. Die hier gezeigten Tätigkeiten sind eine Miniaturdarstellung einer Situation, die im Hause des Verstorbenen zum Alltag gehörte. Frauen üben verschiedene Tätigkeiten im Zusammenhang mit dem Weben aus, darunter auch Spinnen und Bedienen eines Webstuhls.

Die Architekten des Mittleren Reiches waren sich darüber im Klaren, dass sie alle Gräber vor Dieben schützen mussten. Oft wendeten sie dieselben Vorkehrungen (oder auch in abgewandelter Form) sowohl in Privatgräbern als auch in Königsgräbern an. Dies war offensichtlich im Grabe des Cheti der Fall. Cheti war ein Adeliger am Hof Mentuhoteps II. und besaß ein Grab im Felsgebirge bei Der el-Bahari. Der Architekt entwarf einen typischen Grabgrundriss, bei dem die Rückwand des Vorhofes die Fassade bildete. Dahinter aber baute er mehrere Kammern, die mögliche Grabräuber von der tatsächlichen Grabkammer ablenken sollten.

Uschebti-Figurinen – kleine Statuetten, die im Jenseits für den Verstorbenen arbeiten würden – waren früher zu anderen Zwecken als Bestandteil der Grabausstattung eingeführt worden. Nun erschienen sie zunehmend in thebanischen Privatgräbern, jedoch später als im Norden und anderen Gebieten. Die Verwendung anthropoider Särge und Mumienmasken hat ebenfalls hier ihre Ursprünge. Wie in früheren Zeiten tauchen auf den Wänden vieler Gräber (vor allem in den öffentlich zugänglichen Bereichen) Szenen aus dem alltäglichen Leben auf, eingeteilt in Register.

356–357
Modell einer Szene zur Rinderzählung, bemaltes Holz, aus dem Grab des Meketre, Der el-Bahari, ausklingende 11./anbrechende 12. Dynastie, Ägyptisches Museum Kairo. Dieses Rundbild erschafft einen Miniatur-Portikus, in dem Meketre höher als alle anderen sitzt und die Zählung und Prüfung, die sich vor ihm abspielt, überwacht. Neben ihm sitzende Schreiber halten die Handlung fest, ein Aufseher mit erhobenem Stab sorgt für Ordnung und Hirten halten die Herde mit Stöcken zusammen.

357 unten
In diesem Modell mit Fischern in ihren Booten – auch aus dem Grab des Meketre –sind vorn und hinten aufmerksame Ruderer dafür zuständig, die beiden Boote parallel zu halten. In dieser Position konnten die Fischer, die die Seilenden hielten, das in der Mitte hängende Schleppnetz handhaben.

356 Mitte und unten
In Meketres Grab befand sich eine Vielzahl von Booten, die für die vielfältigen Tätigkeiten im Bereich der Nilschifffahrt im Ägypten des Mittleren Reiches standen. Das obere Modell ist ein Transportschiff, das den Grabinhaber und Familienmitglieder befördert. Auf dem unteren Schiff sind Crewmitglieder bemüht, das Segel so zu drehen, dass die Windverhältnisse optimal ausgenutzt werden.

358–359
Stele von Amenemhet und seiner Gemahlin Iji, bemalter Kalkstein, Fundort Theben, datiert wahrscheinlich aus der frühen 12. Dynastie, jetzt im Ägyptischen Museum Kairo. Sie trägt Inschriften für Amenemhet und seine Gemahlin Iji, die sicherstellen sollten, dass sie angemessene Grabopfer erhielten. Das Paar sitzt links und umarmt den in ihrer Mitte sitzenden Sohn Antef. Rechts steht eine Figur in kleinerem Maßstab, die als Hapi identifiziert wurde, möglicherweise handelt es sich um Antefs Frau.

358 unten
Grab von Sarenput I. in Assuan, Qubbet el-Hawa, 12. Dynastie. Am Westufer in Assuan befanden sich die in den Fels getriebenen Gräber von Beamten. Viele von ihnen waren in diesem wichtigen Ort am ersten Nilkatarakt stationiert. Ursprünglich war diesem von sechs Pfeilern getragenen Portikus ein imposanter Hof vorgelagert. Eingeschnittene Darstellungen des Verstorbenen erscheinen auf der Fassade gegenüber dem Eingang.

Gelegentlich führte man neue ikonografische Elemente ein. Eine Szene mit dem regierenden Pharao ist zum Beispiel zum ersten Mal in Theben zu sehen, in den Gräbern von Cheti und Antefoqer. Die Wände der unterirdischen Sarkophagkammer widmete man jedoch häufig Darstellungen der Grabausstattung und Abschriften religiöser Inschriften zum jenseitigen Wohle des Verstorbenen. Die Texte können in der Gestalt von Sarg- und/oder Pyramidentexten vorliegen, und ein ähnliches Programm kann man ebenfalls auf den Innenwänden von Sarg und/oder Sarkophag finden. Dies gilt nicht nur für Theben, an mehreren Orten in ganz Ägypten existieren Parallelen aus der Zeit des Mittleren Reiches.

Viele Adelige aus verschiedenen Gebieten entschieden sich, Totengedenkstätten im etwas weiter im Norden gelegenen Abydos, unweit der „Terrasse des Großen Gottes", zu errichten. Damit war die Gottheit Osiris gemeint, der dieser Ort geweiht war. Dann würde zu der Zeit im Jahr, in der das Fest zu Ehren von Osiris begangen wird, auch das Andenken an den Verstorbenen neues Leben erhalten, und zwar durch die Anwesenheit seiner Gedenkstätte. Diese Lehmziegelbauten werden in Texten als *miḥˁt* bezeichnet, was häufig mit Kenotaph übersetzt wird. In einer solchen Kapelle konnten Widmungsinschriften auf einer einzigen Stele oder auf mehreren Stelen für viele Familienmitglieder aus mehreren Generationen sein. Vor der Gedenkstätte konnte ein Hof liegen, in dem sich oftmals ein abgetrennter Bereich für einen Baum befand. Normalerweise lag dahinter ein aus Ziegeln gemauerter Raum mit Gewölbe. Stelen, die Aufschluss über den Verstorbenen und andere solchermaßen geehrte Familienmitglieder gaben, wurden in einer Nische in einer der Wände aufgestellt. Bisweilen erbaute man schlichte Lehmziegelgräber in der Wüstenebene, und manche der Grabinhaber waren möglicherweise mit den Inhabern dieser Kapellen in Verbindung zu bringen. Im Allgemeinen hatten sie die Form einer *Mastaba* mit einem Unterbau, in dem sich üblicherweise mehr als ein Schacht befand. Bei manchen gibt es jedoch keine Hinweise auf einen Oberbau. Bei Ausgrabungen in jüngster Zeit legte man ferner einen den Mittelschichten vorbehaltenen Friedhof aus derselben Zeit frei, und diese Begräbnisse sind eher schlicht. Der königliche Erlass Neferhetepes I. (13. Dynastie) erläutert die Beliebtheit dieser Stätte und auch die Beschränkungen, die für manche Bereiche galten, denn darin werden nur bestimmte Viertel für die Nutzung als Begräbnisplätze abgegrenzt.

Weiter südlich lag am Ersten Nilkatarakt, einer natürlichen Sperre, der Ort Assuan, der seit frühesten Zeiten strategisch wichtig war. Auf den Felsen des westlichen Nilufers setzten viele Nomarchen des Mittleren Reiches die Tradition der Beamten des Alten Reiches fort und legten auf der hohen Terrasse hoch über dem Fluss ihre letzten Ruhestätten an. Eine Treppe führt den Felsen hinauf und mündet in einen Hof. Wie in den thebanischen Gräbern bildet die Rückseite dieses Hofes die Fassade. Wie im Grabe des Sarenput I. kann dem Eingang ein Portikus vorgelagert sein. Sowohl seine Anlage als auch die von Sarenput II. setzen sich an einer Ost-West-Achse fort, und zwar mit einem in den Felsen getriebenen Pfeilerraum, der über einen recht langen Korridor mit einer anderen Kammer verbunden ist. Durch Schächte oder über Treppen gelangte man zu den Verstorbenen. Im Korridor des letztgenannten Grabes sind drei Nischen auf Nord- und Südseite mit Figuren darin. Diese Hochreliefarbeiten sind so erhaben, dass sie fast wie dreidimensionale Skulpturen wirken. Sie sind bemalt und erinnern an die anthropoiden Särge, die in dieser Zeit aufkamen. Während dieses Grab im Inneren noch immer gemalte Wanddekorationen aufweist (mit der typischen blauen Hintergrundfarbe, die hier im Allgemeinen ab der 6. Dynastie verwendet wurde), scheint diese Art der Dekoration nach der Regierungszeit von Amenemhet II. zu enden.

Auch an anderen Orten in Oberägypten befinden sich Gräber aus dem Mittleren Reich, beispielsweise in Dendera, Naga el-Deir, Gebelein, Moalla und Achmin. Häufig stammen sie aus der Zeit nach der erneuten Landeseinigung und sind schlichter gehalten. Diese Stätten hatten sich in der ersten Zwischenzeit an einer wichtigen Position befunden und viele besaßen um das wesentliche Grabdenkmal des örtlichen Verwalters herum große Friedhöfe von Privatleuten. Diese Anordnung war auch andernorts in Ägypten nicht unüblich und ähnelte in gewisser Weise den Lageplänen früherer königlicher Pyramidenanlagen mit ihren angrenzenden Nekropolen.

359 oben
Da die Sonne im Westen untergeht, assoziierte man diese Himmelsrichtung mit dem Tod und daher befanden sich Gräber traditionellerweise auf dem westlichen Nilufer. Das hier abgebildete Westufer bei Assuan diente Beamten seit der Zeit des Alten Reiches als Friedhof, und die langen Aufwege vom Nilufer hinauf zu den in die Felsen getriebenen Gräber sind immer noch teilweise erhalten.

360 oben
Beni Hasan wurde ein wichtiges Zentrum für die Begräbnisse hoher Beamter des Nomos Oryx. Die in den Felsen getriebenen Gräber aus dem Mittleren Reich gehören zu einer Gruppe und sind aufwändiger gestaltet als die Gräber der zweiten Gruppe, die in die Erste Zwischenzeit bis in die 11. Dynastie zu datieren sind.

Die Gräber in Mittelägypten

Orte mit Gräbern aus dem Mittleren Reich kann man im ganzen Land finden, um die zentralen Gebiete herum, die in der vorausgegangenen Zeit die Kernpunkte der Macht einer Provinz darstellten, besteht jedoch eine stärkere Konzentration. Wie zuvor bereits gesagt, waren die Verwaltungsbezirke (Nomoi) um das Gebiet Theben in Oberägypten ein solcher Schwerpunkt. Die thebanischen Nomarchen der 11. Dynastie und ihre Verbündeten wetteiferten mit den mittelägyptischen Herakleopolitanern der 9. und 10. Dynastie und ihren Anhängern um die Vormachtstellung. Schwerpunkt des Einflusses von Herakleopolis war Mittelägypten, ein Gebiet, das in der Provinz eine beträchtliche Bedeutung erworben hatte und in dem die örtlichen Adeligen begonnen hatten, am Ende des Alten Reiches beträchtlich viel Macht anzuhäufen. Möglicherweise haben sie diese Kontrolle früh in der Ersten Zwischenzeit bis über weite Teile des Landes ausdehnen können. Nomarchen datierten sogar Inschriften in ihren Gräbern in Bezug auf ihre eigene Amtszeit, nicht bezogen auf die Regierungszeit eines Königs. Die örtlichen Beamten, die diesen Nomarchen direkt unterstellt waren, beziehen sich in ihren eigenen Inschriften wiederum auf die Amtszeit des Gouverneurs in ihrem Bezirk (zum Beispiel die Hatnub-Graffiti) und nicht auf die Amtszeit des Pharao. Im Mittleren Reich tendierte man bei Adelsgräbern eher zu großen, in die Felsen getriebenen Anlagen mit Pfeilerportiken und Kapellen mit Scheintüren im Innenbereich. Ihre Pläne wiesen viele architektonische Innovationen auf, aber auch Anklänge an frühere Modelle. Dieser Begräbnisstil war bereits in Stätten des Alten Reiches wie Giseh, Meir, Der el-Gebrawi und Assuan in Erscheinung getreten, entfaltete nun aber mannigfache Gestaltungsformen. Auch ikonografisch bewegte man sich sowohl in der Vergangenheit als auch in der Zukunft, und in den Texten setzte man gleichermaßen die alten Traditionen fort und führte neues Material ein. Sargtexte wurden in vielen Gräbern hochrangiger Beamter zum Hauptgegenstand. Zu den wichtigen Orten in der 12. Dynastie zählten unter anderen Beni Hasan, Der el-Barsha, Assiut, Meir, Der Rifa und Qaw el-Kebir.

Die Nekropole in Beni Hasan umfasst zwei Terrassenreihen oben am Felsgebirge, das sich am Rande der Wüste erhebt. Diese letzten Ruhestätten von Nomarchen und Würdenträgern des 16. Nomos während der 11. und 12. Dynastie können aufgrund ihrer Komplexität in drei Gruppen unterschiedlichen Typs unterteilt werden. Viele haben keinen Portikus und bestehen lediglich aus ein paar Räumen gänzlich ohne Säulen. Die Gruppe eines anderen Typus besitzt Säulen in einer Mittelhalle und auch eine Vertiefung in der Rückwand und ähnelt in diesen Punkten den Grundrissen mancher Gräber des Alten Reiches; auch die Gräber dieser Gruppe haben keinen Portikus. Zur dritten Gruppe zählen größere, kompliziertere Grabanlagen mit Säulenportikus und einem Schrein, der in der großen Säulenhalle in die Mitte der Rückwand gemeißelt ist. Zu manchen dieser Gräber führen Aufwege vom Fuße des Berges hinauf.

Das Grab des Nomarchen Cheti (Nr. 17) aus der 11. Dynastie fällt in die zweite Kategorie. Es hat eine rechteckige Hauptkammer, in deren Osthälfte zwei Säulenreihen stehen. In der Nähe der Südwand sind zwei Grabschächte. Die gemalte Wanddekoration erzählt von vielen typischen Szenen, umfasst aber auch Kampfszenen, in denen Truppen, aber auch Tote und Verwundete detailliert und über die Ränder der Register hinaus dargestellt werden. Der am aufwändigsten gestaltete Typ ist sehr schön durch das Grab des Amenemhet vertreten, Nomarch während der Herrschaft von Sesostris I. Den Portikus schmücken zwei Säulen, und in der Mitte seiner Rückwand befindet sich der Eingang zur Hauptkammer mit vier kannelierten Säulen. In der Rückwand dieses Raumes wiederum wurde ein Schrein für sitzende Bildnisse des Verstorbenen, seiner Mutter und seiner Frau herausgearbeitet. Szenen aus dem alltäglichen Leben sind auf die Wände gemalt, und darunter sind wie auch in anderen Gräbern Darstellungen von Ringern und militärischen Aktionen. Das Grab des Chnumhotep II., der während der Regierungszeit von Amenemhet II. Nomarch war, fällt ebenfalls in die dritte Kategorie. Die Wände seiner Hauptkammer mit Portikus ziert eine einzigartige Darstellung asiatischer Nomaden in einer Karawane. Die einzelnen Gestalten unterscheiden sich je nach ethnischer Zugehörigkeit durch körperliche Merkmale sowie Stil und Stoff der Kleidung. In der Haupthalle findet sich außerdem eine lange Inschrift, die viele Details zur Geschichte der Provinz liefert. Särge aus Gräbern in dieser Gegend waren mit religiösen Texten für das jenseitige Wohl des Verstorbenen beschrieben. Manche Grabdekoration aus Beni Hasan birgt interessante ikonografische Details, wie zum Beispiel einen Greifvogel (auch in el-Barsha), eine Karawane libyscher Menschen oder aber Zwerge.

Der el-Barsha war in der Ersten Zwischenzeit und im Mittleren Reich die Nekropole für die Hauptstadt des 15. Nomos, und die Nomarchen und einige ihrer Gefolgsleute wurden in Felsengräbern bestattet. Viele der hiesigen Namen sind mit den Personen in Verbindung zu bringen oder sogar als diese zu identifizieren, die in den Graffiti im Steinbruch von Hatnub spezifiziert werden. Anscheinend war die obere Terrassenstufe von el-Barsha in erster Linie den hohen Beamten vorbehalten, während man die Gefolgsleute dicht unter ihnen auf einer niedrigeren Ebene beisetzte. Auch Lehmziegel-*Mastaba*s kamen zur Anwendung, diese wurden jedoch früher und an der Wüstenebene am Fuße des Berges erbaut. Wie in Beni Hasan reicht auch hier das Spektrum von schlichten über etwas aufwändigeren bis zu komplexen Grabanlagen. Der erste Typus hat lediglich eine Kammer, die man durch den Eingang in der Fassade betritt und einen Schacht im Boden, der in die Sargkammer führt. Aus der Rückwand wurde eine Statuennische herausgearbeitet. Die zweite Gruppe weicht insofern davon ab, als der rechteckigen Kammer ein Pfeilerportikus vorgelagert ist. Die Sargkammer kann bei diesem Grabtypus auch über einen Schacht in der Nähe des Portikus zugänglich sein. Bei der dritten Kategorie steigt die Anzahl der Hauptkammern auf zwei, und die Schächte zu den Begräbnissen befinden sich in der ersten Kammer. Das bekannteste hiesige Grab des Nomarchen Djehutihotep zählt zur zweiten Gruppe.

Der Portikus hat zwei Säulen und in der Rückwand befindet sich ein Eingang zu einem großen,

rechteckigen Raum. Hinten in diesem Raum war ein Schrein aufgestellt, der ursprünglich einmal mit Türen geschlossen wurde. Das bemerkenswerteste Element der Wanddekoration handelt vom Transport einer Kolossalstatue auf einem Schlitten vom Steinbruch Hatnub (bemaltes Flachrelief). Die Größe des Grabes und der Statue veranschaulichen, wie viel Macht und Bedeutung dieser und manch anderer Nomarch gerade im Mittleren Reich besaßen, das die Regierungszeiten von Amenemhet II. sowie Sesostris II. und III. umfasste. In einem Grab (Djehutinacht) finden sich ikonografische Symbole für die Ländereinigung, was für ein nicht königliches Grab ungewöhnlich ist; man trifft auf Stile aus sowohl der Zeit vor, als auch aus der Zeit nach der Ländereinigung in der Dekoration an (Ahanacht) und im Grab von Nehri II. wird die Decke der Hauptgrabkammer dazu genutzt, besondere Sargtexte zu dokumentieren. Eine Sprüchesammlung mit dem Namen *Buch der Zwei Wege* erscheint fast ausschließlich an diesem Ort. Mit Ausnahme eines einzigen Falles, in dem diese Sammlung auf der Decke eines Grabes festgehalten ist (besagtes Grab von Nehri II.), findet sie sich fast immer nur auf den Bohlen von Holzsärgen. El-Barsha zählt in Bezug auf Särge und Kammern mit Sargtextfunden zu den bedeutungsvollsten Stätten.

Bei Meir handelt es sich um eine Nekropole für die Beamten des 14. Nomos. Die dortige Reihe von Grabdenkmälern weist eine kontinuierliche Genealogie der Inhaber auf, was darauf hinzudeuten scheint, dass das Amt des Nomarchen ab dem Ende des Alten Reiches und das Mittlere Reich hindurch erblich war. Auch hier sind die Gräber in den Felsen getrieben, aber sie sind nicht von einer so beeindruckenden Größe wie die zuvor besprochenen Anlagen; ferner scheint keines einen Portikus zu haben. Einige bestehen aus einem einfachen Raum mit Statuennische in der Rückwand, aber Größe und Standort dieses Schreines können variieren. Eine andere Gruppe unterscheidet sich insofern, als dass der einzige Raum dieser Gräber Pfeiler besitzt. Die dritte Kategorie verfügt über eine Pfeilerkammer vor einem Eingang zu einem Innenraum mit Statuennische. Die meisten dieser Gräber (nicht alle) sind mit bemalten Flachreliefs dekoriert. Das Grab des Uchhotep (der zur Amtszeit von Sesostris III. Dienst tat) ist das Letzte dieser Gräber und es hat nur in dem großen Raum mit der hinten liegenden Opfernische bemalte Szenen. Die Qualität der Arbeit kann sich jedoch mit den hochwertigsten Funden in El-Barsha messen. Im Grab eines Vorfahrens mit demselben Namen fand man eine bemerkenswerte Reliefdarstellung eines Bedja-Stamm-Mitglieds und in der Hauptkammer vom Grab des Senbi befindet sich eine naturalistische Wüstenszene, in der die Tiere nicht in Registern angeordnet sind.

Auch im Friedhof der Nomarchen von Assiut, 13. Nomos, sind solche Felsengräber die Norm. Während die früheren, aus der herakleopolitanischen Zeit datierenden Bauten recht schlicht gehalten sind, haben die der Beamten des Mittleren Reiches im Allgemeinen einen komplizierteren Grundriss. Beide Grundriss-Haupttypen weisen mehrere Räume entlang einer Mittelachse auf. Der erste, vom Grab des unter Sesostris I. dienenden Djefhapi geprägte Typ hat keine Pfeiler und umfasst zwei große Hallen. Der Schrein befindet sich in der Mitte der Rückwand des zweiten Raumes, der zwei Nebenräume hat und daher dreigeteilt ist. Der erste Raum weist dieselbe Struktur auf. Hier geht es zu beiden Seiten des Eingangs zur rückwärtigen Kammer jeweils in einen Nebenraum. Ein Nachfolger desselben Namens, der unter Amenemhet II. Dienst tat, errichtete für sich ein Grab, das wiederum einen anderen Typus repräsentiert, aber im Wesentlichen lediglich eine kompliziertere Fassung des ersten Typus darstellt. Es besitzt einen Außenhof mit Pfeilerhalle (oder Portikus) im hinteren Bereich, und in der Mitte dieser Pfeilerhalle befindet sich der Eingang zu einem rechteckigen Raum. Auf diesen folgt ein Korridor mit gewölbtem Dach zu einer Querhalle. In der Querhalle befindet sich an der Rückwand ein dreiteilig aufgebauter Schrein. Der an einer Achse orientierte Grundriss mit Schwerpunkt auf dem rückwärtigen dreigeteilten Opferbereich ähnelt dem Schema, das den königlichen Gräbern des Alten Reiches zugrunde lag, und in etwas abgewandelter Form tritt es auch in den Privatkapellen des Mittleren Reiches in Sakkara auf.

Die in die Felsen getriebenen Gräber der Beamten des Mittleren Reiches (11. Dynastie) in Deir Rifa waren in Größe und Zweck ähnlich. Auch diese Grundrisse richteten sich an einer Achse aus, Säulen erscheinen jedoch nur in den Außenbereichen und der Schrein ist nicht dreiteilig angelegt. In einem der Gräber (Nechetanch) hat der steinerne Architrav des Portikus eine „Holzoptik" bekommen. Dieses Dekorationsmotiv ist eine Interpretation der funktionellen Holzbalken in einem Gebäude, das als Vorbild gedient hatte. Auch andernorts kennt man ähnliche Details (Gräber von Amenemhet und Chnumhotep in Beni Hasan und ein Modell aus dem thebanischen Grab des Meketre). Imposante Gräber wurden in den Regierungszeiten von Amenemhet II. und Sesostris III. in Qaw el-Kebir errichtet. Diese Nekropole wurde für drei Nomarchen des 10. Nomos gebaut. Der Komplex wurde entlang einer Längsachse mit Räumen und Korridoren, die in eine dreiteilige Struktur im rückwärtigen Bereich führen, errichtet. Dem Fluss zugewandt, hatten auch diese Anlagen einen überdachten Portikus, der wiederum zu einem überdachten Aufweg führte. Über den Aufweg gelangte man zu den Hauptbereichen des Grabes. Das größte Grab ist das des Wahka II., dessen Aufweg über 225 Meter lang ist und in einen Hof mit Säulenportikus mündet. Grabschächte in der Hauptkammer führen zu Sargkammern seiner Verwandten, und ein Schacht aus dem innersten Raum in seine eigene Sargkammer. Elemente der hier verwendeten Architektur sind teilweise Interpretationen oder Weiterentwicklungen von Modellen aus dem Alten Reich (beispielsweise Aufweg, unterer Anlagebereich und Dreiteilung im Grundriss der rückwärtigen Anlage). Die offenen Rampen, Treppen und terrassierten Baupläne lassen den Einfluss oberägyptischer, eher zeitgenössischer Vorbilder erkennen. Interessanterweise hatte Wahka II. offenbar nicht den Titel eines Nomarchen inne, und sein Grab scheint in all seiner Eindrücklichkeit die Reihe der Gräber dieses aufwändig gearbeiteten, in den Felsen getriebenen Typus' für die Elite im Mittleren Reich mehr oder weniger abzuschließen.

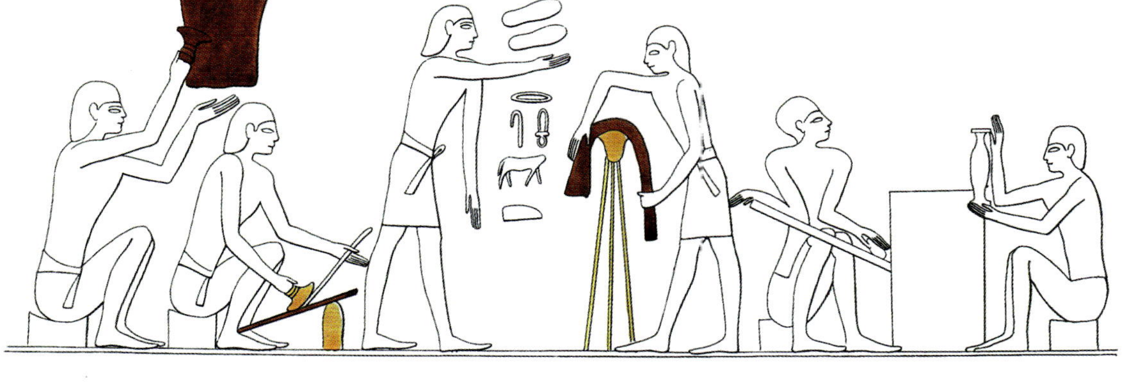

360–361 unten
Die Wände von Beamtengräbern berichteten seit dem Alten Reich bis über die Frühzeit des Neuen Reiches hinaus oft von Tätigkeiten, die Bestandteil des Lebens des Verstorbenen waren. Das Anfertigen von Lederwaren aus Tierhäuten (rechts), wozu beispielsweise Sandalen gehörten (links), ist nicht ungewöhnlich und ist in Städten wie Beni Hasan zu finden. Bei vielen Gewerken benötigte man Feuer; Flamme und Hitze konnte man mit Blasrohren und Blasebalgen regulieren (Mitte).

362 oben
Die Pyramide von König Sesostris II. in Lahun, 12. Dynastie. Sesostris II. beschloss, es seinen Vorfahren nicht gleich zu tun. Diese erbauten ihre Grabmonumente in Lischt und Dahschur, er aber errichtete seine Pyramide weiter südlich in der Oase Faijum. Bei der Nordseite seiner Pyramide erbaute man eine Reihe von Mastabas für die königliche Familie und eine kleine Pyramide für die Königin.

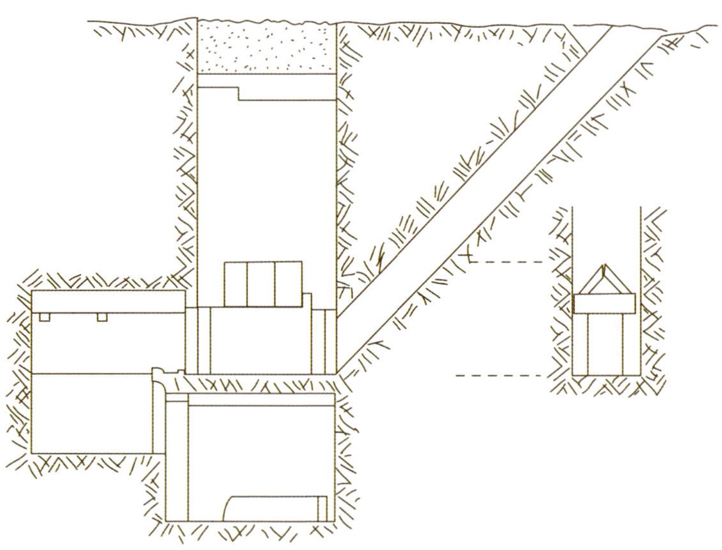

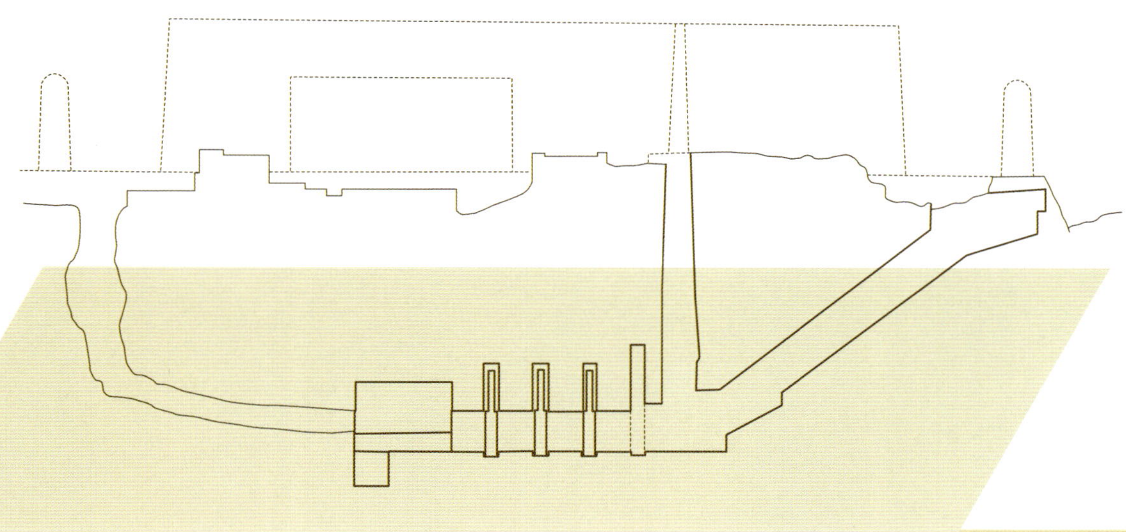

362 Mitte und unten
Plan und Ansicht des Grabes von Sesostrisanch in Lischt, 12. Dynastie. Der Architekt dieses Beamtengrabes verband mehrere Methoden, um die Sicherheit des Grabes zu erhöhen. Er setzte einige Steinplatten ein, die zum Verschließen des Kammerzugangs dienten und die auf einer Holzschiene verschoben werden konnten, und er baute einen mit Geröll gefüllten Schacht, der sich über möglichen Grabräubern entleert hätte. Keine der Vorkehrungen war jedoch letztlich wirkungsvoll genug.

Die Gräber in Nordägypten

Der größte Unterschied der Gräber im Norden liegt im Standort – sie befanden sich meistens in der Wüste oder auf Deltaebenen. Der Grundriss folgt daher dem *Mastaba*-Typus, ähnlich den Gräbern, die auf memphitischen Friedhöfen des Alten Reiches üblich waren. Zwar waren die Versionen des Mittleren Reiches ganz deutlich von Vorbildern aus der Vergangenheit inspiriert, unterschieden sich jedoch häufig recht stark von ihnen, denn oftmals setzte man verschiedene technologische Neuerungen (beispielsweise Vorrichtungen zur Irreführung möglicher Grabräuber), architektonische Innovationen (separate Kapellen), charakteristische Stile und Ikonografien sowie bestimmte Textvariationen (Sargtexte) ein. Nicht immer war ein Oberbau in dieser besonderen, rechteckigen Form vorhanden, und es gab durchaus auch Gräber ganz ohne solche oberirdischen Bauten. Möglicherweise ist dies aber in vielen Fällen erst infolge von Zerstörungen, Wiederverwertung oder Zerfall des Materials so gekommen. Auch bei den Gräbern der Ebenen schienen Abwandlungen einiger der weniger komplizierten Strukturen, die man in den zuvor besprochenen Felsengräbern fand, zur Anwendung gekommen zu sein.

In el-Qatta nordwestlich von Kairo hatten die meisten Gräber wohl keinen Oberbau, wenngleich bei Ausgrabungen in manchen Gebieten einige wenige Spuren von oberirdischen *Mastabas* gefunden wurden. Die Gräber ohne Oberbau haben kennzeichnenderweise signifikante Sargkammern, viele davon mit mächtigen Tonnengewölben. Die an anderen Grabstätten normalerweise in der Ostwand befindliche Kanopennische ist hier gelegentlich in der Südwand untergebracht. Weiter nördlich und ein gutes Stück östlich liegt im Ostdelta der Ort Kom el-Hisn. Unweit davon befindet sich ein Friedhof mit dem bedeutendsten und „exklusivsten" Grab aus dem Mittleren Reich: dem Grab des Beamten Chesu dem Älteren aus der 12. Dynastie. Es ist nur die einzelne, mit Stein ausgekleidete Sargkammer mit fein geschnittenen Darstellungen des Verstorbenen auf der Südhälfte der Westwand erhalten. Die Nordhälfte dieser Wand wie auch ein Großteil von Süd- und Ostwand sind hauptsächlich mit Hunderten senkrechter Textspalten versehen: in Registern gravierte Sargtexte und Pyramidentexte.

Im Verlauf der 12. Dynastie änderte sich die gängige Begräbnispraxis der Könige, als Amenemhet I. als Hauptstadt das nördliche Itjtaui wählte.

Diese Stadt lag im Gebiet zwischen Dahschur und Medum, nicht weit von der Oase Faijum entfernt. Diese Nordverschiebung des Zentrums der königlichen Verwaltung fiel mit Amenemhets

Gründung einer königlichen Nekropole im nahe gelegenen Lischt zusammen. Möglicherweise hat er früher in seiner Amtszeit mit dem Bau eines Monumentalgrabes in Oberägypten begonnen, denn in Theben existiert die Plattform eines unvollendeten Totentempels im Tal, nordwestlich vom Ramesseum, die von manchen Wissenschaftlern Amenemhet zugeschrieben wird (andere hingegen glauben, sie sei Mentuhotep III. zuzuordnen). Er mag den Bau abgebrochen haben, als er sich in Richtung Norden konzentrierte. Klar ist jedoch, dass er ab einem gewissen Punkt (die Vermutungen schwanken zwischen dem dritten bis fünften Jahre seiner Amtszeit oder aber erst dem 20. Jahr, wobei der frühe Zeitpunkt wahrscheinlicher ist) beschloss, mit dem Bau seiner neuen Hauptstadt und unweit davon mit seiner Pyramidenanlage zu beginnen. Die Wahl einer neuen Hauptstadt war kein Sakrileg, denn viele seiner Vorgänger, die ebenfalls eine neue Dynastie begründeten, hatten dasselbe getan. Sein Nachfolger Sesostris I. entschied sich für eine Beisetzung an derselben Stätte. Die meisten Provinznomarchen errichteten ihre Pyramidenanlagen weiterhin in dem Gebiet ihrer eigenen Macht, viele Beamte hingegen, die diesen Pharaonen näher standen, beschlossen, dem Beispiel ihres Herrschers zu folgen und bauten Gräber in Lischt. Diese Persönlichkeiten an den Spitzen der neuen Departments in der umgesiedelten Hauptstadt waren dem Pharao zweifellos sehr nahe. Nicht alle Pharaonen der 12. Dynastie wählten diesen Ort für ihre letzte Ruhestätte. Manche bevorzugten als Standort für ihre Pyramidenanlagen beispielsweise Dahschur, Lahun, Hawar und vielleicht Abydos (manche Wissenschaftler rätseln noch immer, ob Sesostris III. in Abydos oder Dahschur begraben ist). Viele hochrangige Hofleute dieser Pharaonen folgten ihren Königen an die neuen Orte. Gegen Ende der Regierungszeit Sesostris III. verließen Beamte in der Regel ihre örtlichen Zusammenschlüsse, um ihre Gräber in der Nähe der Königspyramide ihres Pharao zu errichten.

Da die königlichen Anlagen dieser Dynastie in Wüstenebenen lagen, wählte man für die angeschlossenen Privatgräber in der Regel die Form der *Mastaba*. Viele besaßen Höfe und Umfassungsmauern aus Lehmziegeln, manche Oberbauten hatten im Inneren mehrere Räume. Zu den Sargkammern hatte man über Schächte oder Korridore Zugang, und in manchen Fällen waren auch einige zusätzliche unterirdische Kammern vorhanden. Generell befanden sich die *Mastabas* außerhalb der *Temenos*-Mauer, welche die Pyramidenanlage umgab, und zwar wahrscheinlich, weil diese den königlichen Raum absteckte. Das Exklusivrecht des Königs auf diesen Raum wurde im Mittleren Reich aber nicht immer respektiert. Die *Mastaba* des Antefoqer beispielsweise war zwar nur von bescheidenen Ausmaßen mit einem Schacht zur Sargkammer, wurde aber innerhalb der Umfassungsmauer der Anlage von Amenemhet I. errichtet (nach seinem Tode). Vielleicht ist die Nähe dieses Grabes zu dem des Königs ein Anzeichen für die enge Beziehung, die diesen Adeligen und den Pharao verband. Er war in der Tat ebenfalls von Theben gekommen und hatte dort ein Grab erbaut, angeblich für seine Mutter Senet.

Bisweilen verwendeten oder veränderten die Architekten in Privatgräbern Schutzmaßnahmen, die den in Königsgräbern gefundenen Vorkehrungen ähneln (Altes oder Mittleres Reich). Dazu gehören zum Beispiel Fallsteine, die sich an Ort und Stelle „verankern" oder aber Schiebesteine. Der Architekt der *Mastaba* des Sesostrisanch (Beamter unter Sesostris I.) setzte solche Mechanismen ein, um die Sargkammer und das, was sie barg, zu schützen. Zusätzlich baute er einen sich verjüngenden Schacht am Ende des aus dem Oberbau kommenden, absteigenden Korridors ein. Er füllte ihn mit Geröll, das sich kurz vor dem ersten der vier Fallsteine über einen Eindringling ergießen würde. Dieses große Monument verfügte auch über eine Kapelle am Ostende der Längsachse. Ferner gab es noch weitere Räume und über dreißig Nebengräber. In den äußeren Mauern sind noch Überreste von eingelassenen Wandtafeln, die denen des Alten Reiches ähneln. Viele Gräber der wichtigsten Beamten dieses Gebietes haben einen recht komplizierten unterirdischen Grundriss, der an den Typus erinnert, den der herrschende Pharao angewandt hat. Andere Gräber waren nicht so kompliziert, beispielsweise die dreiteilig strukturierten Gräber in flachen Erdlöchern: Eingang, Opferkammer und Sargkammer. Neben der Pyramide des Amenemhet befand sich eine Reihe solcher Gräber. Eines davon (von dem es heute heißt, es datiere frühestens aus der Zeit von Amenemhet III.) gehörte Senebtisi, einer anscheinend gut situierten Frau, die zwar nicht königlich war, aber dennoch eine äußerst kostbare und umfangreiche Grabausstattung besaß. Die Grabausstattung und der Schmuck reichten qualitativ und quantitativ beinahe an Funde in königlichen Gräbern in Dahschur heran. Es sieht so aus, als seien die Grabfiguren, die *Uschebtis*, zum ersten Mal in Lischt mit einem speziellen Text versehen gewesen, der sie auffordert, die erforderlichen Arbeiten zu verrichten.

Die Pyramide von Sesostris II. wurde in Lahun erbaut, und viele hohe Beamte des Hofes ließen sich in der dortigen Nekropole beisetzen. Häufig besaßen die Gräber separate Kapellen. Bei manchen waren Pfeilerportiken einer Querhalle mit drei Schreinen vorgelagert. Diese Struktur kannte man sowohl von anderen zeitgenössischen Orten als auch aus früheren Zeiten. Die von Königen der 11. Dynastie erbauten Stadttempel beispielsweise besaßen eine breite rückwärtige Halle mit drei Nischen, und eine solche Anordnung ist auch aus königlichen Pyramidentempeln bekannt. Das Grab des Inpy hatte auch einen solchen Grundriss mit Vorhof, der zum Teil in den Felsen gebaut war und der an die massive Lehmziegel-*Mastaba* des Inhabers angrenzte. Das unterirdische Raumgefüge ist recht kompliziert und der Architekt integrierte eine Schein-Sargkammer in den oberen Bereich, während er die „echte" Sargkammer darunter versteckte. Viele *Mastabas* wurden aus Lehmziegeln errichtet. Bisweilen waren Wandtafeln in die Mauern eingelassen, die möglicherweise frühere architektonische Details wiedergeben. Manche waren mit Stein verkleidet. Manchmal führte ein Schacht zu einem waagerechten oder absteigenden Korridor. In anderen Fällen mündete ein absteigender Durchgang direkt in die unterirdischen Hauptkammern. Diese bestanden entweder aus einem einzigen Raum für das Begräbnis oder aus mehreren Räumen. Unweit davon errichtete Amenemhet III. in Hawara eine seiner Pyramiden und wiederum nicht weit entfernt von diesem Bauwerk legten Adelige unterirdische Grabkammern mit schrägen Korridoren an, die von einer Steinkapelle aus abwärts führten.

Das etwas nördlich von Lischt gelegene Dahschur war Standort der Pyramidenanlage von Amenemhet II. Der spätere König Amenemhet III. aus der 12. Dynastie und Sesostris III. erbauten ihre Grabanlagen ebenfalls hier. Ob das Monument von Sesostris III. für Zeremonien oder als Denkmal konzipiert war oder aber in Wirklichkeit Begräbniszwecken diente, wird noch diskutiert. Manche Adeligen des Hofes errichteten ihre Gräber in der Nähe, so findet sich beispielsweise im Norden der Anlage von Sesostris III. eine Reihe von *Mastaba*-Bauten. Im Rahmen von jüngsten Ausgrabungen stieß man ferner auf drei Stein-*Mastabas*; eine davon gehörte einem Wesir. Die größte *Mastaba* hatte einen schrägen Korridor, der zu einer großen Grabkammer führte. Ein anschließender Korridor führte in die schlichtere Sargkammer einer Frau, eventuell seine Gemahlin. Südlich der Umfassungsmauer der Anlage Amenemhets II. liegt die Sargkammer des Adeligen Saiset, auf deren Wänden man Pyramidentexte fand. Auch an anderen, nicht weit entfernten Stätten wie Masghuna waren Adelsgräber in geringer Entfernung zu späteren Pyramiden aus möglicherweise der nächsten Dynastie errichtet worden.

Sakkara besaß in der 12. Dynastie keine königliche Nekropole, jedoch einige Beamtengräber aus dem Mittleren Reich. Einige wurden in der Nähe der Pyramidenanlage des Teti angelegt, da die meisten der betreffenden Beamten eine Verbindung zum Totenkult dieses Königs aus der 6. Dynastie

364 links
Die Beamten Ihi und Hotep aus dem Mittleren Reich, 12. Dynastie, bauten ihre Gräber in Sakkara auf dem Friedhof in der Nähe der Pyramidenanlage von Pharao Teti, Altes Reich. Grundriss und Dekoration ihrer Gräber griffen zum Teil auf königliche Vorbilder zurück, zum Beispiel beim Aufbau von Hof und Kapelle, beim absteigenden Korridor und den Pyramidentexten auf den Wänden der Sargkammern.

364–365
Vorlesepriester, zu erkennen an dem Band über der Brust und den Inschriften vor sich, bringen dem Ihi Opfergaben. Im senkrechten Hieroglyphen-Register über der Szene ist verzeichnet, dass das Geflügel und die Fleischstücke zu den Produkten aus Ihis Gütern im ganzen Lande gehören.

hatten. Die frühesten Gräber im Mittleren Reich waren wohl die Gräber von Ihi und Hotep, die man nun in die Zeit des Amenemhet I. datiert. Diese Persönlichkeiten errichteten keine *Mastaba*s, sondern jeder von ihnen hatte sich eine oberirdische Steinkapelle mit Lehmziegel-Umfassungsmauer bauen lassen. Der Innenraum bestand je aus einem Hof mit Säulen und am Südende der Rückwand befand sich eine Öffnung, durch die man in eine schmale Querhalle gelangte. Deren Rückwand wiederum war dreigeteilt: zwei Statuenschreine und eine Opferkapelle mit einer Scheintür. Das ergab einen Plan mit Elementen aus der Frühzeit, der aber auch Parallelen zu anderen, zeitgemäßeren und oben erläuterten Vorbildern aufweist. In diese Kapellen stellte man Blockstatuen (Würfelhocker), die für sich genommen eine Innovation waren und einen neuen Statuenstil einleiteten, der in dieser Dynastie und danach sehr populär werden sollte. Im Hof einer jeden Kapelle befand sich ein Schacht zu einem leicht absteigenden, horizontalen und nur etwa 10 Meter langen Korridor, der jeweils in einer Sargkammer endete. Im Grabe des Ihi bestand dieser Bereich aus zwei benachbarten Räumen, einer davon vollendet. Bei Hotep handelte es sich um eine einzige Kammer. Der Sarkophag war in den Boden eingelassen, eine Einbuchtung reichte bis in die Südwand. Die Kanopen samt Ausstattung befanden sich in beiden Gräbern in einer Nische in der Ostwand. Der unterirdische Bereich mit einem langen Korridor, der in eine vollständig mit Pyramidentexten dekorierte Sargkammer führt, erinnert an frühere königliche Anlagen. Auch diese beiden Gräber lagen innerhalb der Grenzen des heiligen Bereiches des Königs, allerdings waren sie auf dezentere Art und Weise eingedrungen als Antefoqer in Lischt. Für Passanten war gar nicht ersichtlich, dass man dem König die Gräber quasi untergeschoben hatte (ganz anders als bei Antefoqer, dessen Grab später gebaut wurde), denn die Kapellen lagen auf der Nordseite der Pyramide außerhalb der Umfassungsmauer und die Sargkammern waren unter der Erde. Sie befanden sich unter der Mauer und streckten sich in den heiligen Raum des Königs hinein.

Zu einem späteren Zeitpunkt in der 12. Dynastie errichteten zwei andere Beamte mit den Namen Sech-Wesket und Sa-Hathor-Ipi ihre Sargkammern vollständig innerhalb der Umfassungsmauern der Anlage des Teti, was möglicherweise auf eine Lockerung der Beschränkungen oder ein verändertes Anstandsgefühl schließen lässt. Manches deutet darauf hin, dass sie wie ihre Vorgänger auch einen Oberbau außerhalb der Grenzen der Mauer bauten, der aber eine andere Struktur gehabt haben mag. Gestützt auf unlängst entdeckte Reliefs, die von einer *Mastaba* stammen könnten, handelte es sich vielleicht sogar um ein solches Bauwerk. Ein sehr langer horizontaler, leicht absteigender Korridor verlief erst knapp 25 Meter unter der Erde, bevor er sich in der Nähe der Nordwand von Sech-Weskets Sargkammer weitete. Bis jetzt hat man zwei steinerne Fallsteine lokalisiert, und vor Erreichen des Schachtes könnte sich ein Dritter befinden (vielleicht parallel zu dem Muster im Grab des Sesostrisanch).

Da die Gegend um Sakkara in einer nahezu ununterbrochenen Linie mit Gräbern aus der 6. Dynastie bis gut in das Mittlere Reich hinein geradezu durchlöchert wurde, liegt es im Bereich des Möglichen, dass die Beamten, die in der 12. Dynastie hier beigesetzt wurden, durchaus eine politische oder familiäre Verbindung zu diesem Gebiet hatten. In der Tat hielten Ihi und Hotep Titel im Totenkult des Teti und Sa-Hathor-Ipi und Sech-Wesket scheinen auch ähnliche Stellungen innegehabt zu haben. Es besteht auch die Möglichkeit, dass die beiden Letztgenannten mit einer Familien-Gedenkkapelle in Verbindung zu bringen sind, die auf der gegenüber liegenden Seite (Südseite) der Pyramide des Teti erbaut wurde. Manche Wissenschaftler sind der Meinung, sie habe denselben Zweck gehabt wie die Totengedenkstätten in Abydos. Gestützt auf ikonografische, paläografische und phraseologische Analysen kann man wohl sagen, dass dieser Ort Generationen übergreifend ist, und zum ersten Mal vielleicht in der Zeit der Ländereinigung oder kurz davor und zum letzten Mal in der 13. Dynastie genutzt wurde. Möglicherweise haben starke Familienbande und Anknüpfungen an frühere königliche Totenkulte diese Beamte primär beeinflusst, sich lieber für eine Beisetzung in Sakkara zu entscheiden anstatt für einen Ort in der Nähe des herrschenden Pharao.

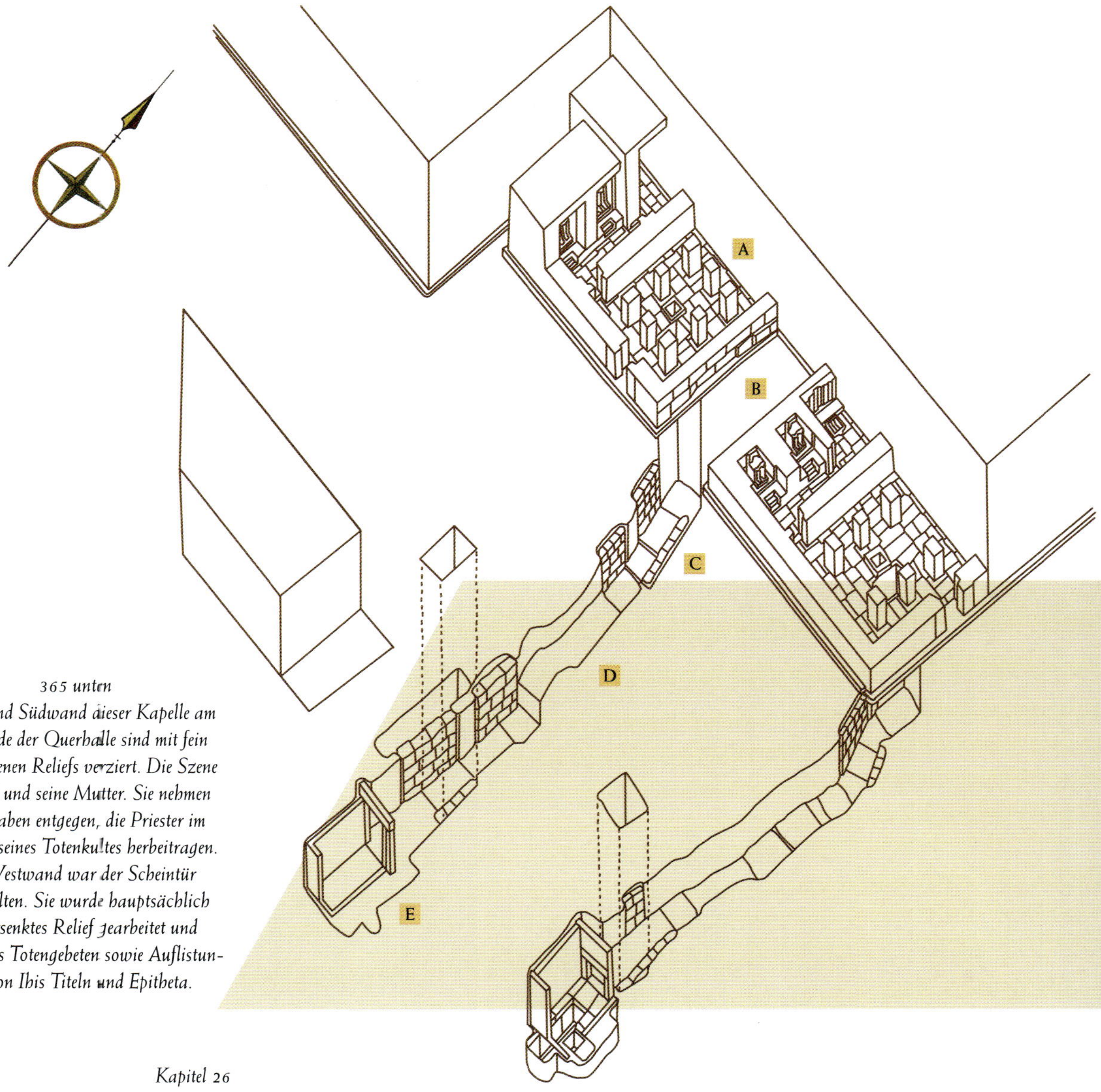

Ansicht der Grabanlage des Ihi und des Hetep

A *Hof mit Säulen*
B *Querhalle mit Opferkapelle und zwei Statuenkammern*
C *Senkrechter Schacht*
D *Absteigender Korridor*
E *Sargkammer*

Wie im Aufriss gut zu sehen, führt der Korridor in den Anlagen von Ihi und Hotep jeweils von einer Ecke aus über eine recht lange Strecke zur Sarkophagkammer, und dadurch wurde es möglich, den Verstorbenen in der heiligen Erde der südlich gelegenen Königspyramidenanlage des Teti zu bestatten.

365 unten
Nord- und Südwand dieser Kapelle am Nordende der Querhalle sind mit fein geschnittenen Reliefs verziert. Die Szene zeigt Ihi und seine Mutter. Sie nehmen Opfergaben entgegen, die Priester im Rahmen seines Totenkultes herbeitragen. Die Westwand war der Scheintür vorbehalten. Sie wurde hauptsächlich als versenktes Relief gearbeitet und besteht aus Totengebeten sowie Auflistungen von Ihis Titeln und Epitheta.

Kapitel 27

Königliche und private Plastik des Alten und des Mittleren Reiches

Hourig Sourouzian

Die Plastik befasst sich im Ägypten des Alten und des Mittleren Reiches hauptsächlich mit dem König und seiner Elite.

Königliche Statuen treten in frühen königlichen Grabanlagen in Abydos und Sakkara in Erscheinung, aber auch in den frühzeitlichen Göttertempeln von Hierakonpolis oder Abydos. Statuen von Privatleuten sind bis zu diesem Zeitpunkt eher selten und werden nur mit einem Bezug zum Herrscher hergestellt; sie zeigen die Person als Teil des Umfeldes des Königs.

Im Alten Reich gedieh die Rundbildnerei gut. Die meisten Statuen stammen aus königlichen Totentempeln der Region um Memphis und ihren Nebenfriedhöfen mit den Gräbern der hohen Beamten. In den Göttertempeln wurden hingegen weniger Statuen gefunden, das liegt jedoch im Wesentlichen daran, dass diese Tempel selten die Zeit überdauert haben. Stets wurden sie von nachfolgenden Königen umgebaut oder ersetzt, denn diese strebten danach, „alles, was vor ihnen war zu übertreffen". Auch die Götterstatuen, die sie verschonten, haben nur in seltenen Fällen überlebt. Von den Palästen des Alten Reiches sind keinerlei Spuren erhalten, und somit können wir nicht erfahren, mit welchen Statuenarten sich der König in seiner Residenz darstellen ließ. Dennoch kann man durch Transpositionen der königlichen Residenz in die Grabanlagen – errichtet aus beständigen Materialien für die Ewigkeit errichtet und mit Darstellungen des Verstorbenen Königs und seiner Elite versehen – einen Blick auf das offizielle Erscheinungsbild sowie die Pflichten und Auftritte des Königs in seinem Alltag erhaschen und die ihn umgebenden Hofleute in Augenschein nehmen, denn dies zu erläutern und zu verewigen war Sinn und Zweck der Statuen. In den Grabanlagen in der Umgebung der Pyramide gehörten sowohl Königs- und Götterstatuen als auch Stelen, Barken, Opfertische, Ständer und anderes Gerät zur Tempelausstattung. Sowohl im Taltempel, in dem der König verehrt wurde, als auch im Totentempel, durch den der König schrittweise in die himmlische Welt eintrat, nachdem er in die Sphären der Götter eingeführt und dort akzeptiert worden war, waren jedem Tempelbereich gewisse Statuentypen vorbehalten. Die Rundbilder waren steinerne Transpositionen von Begräbnisszenen und Ritualszenen (die wiederum auch als Flachreliefs auf den Tempelwänden erschienen). Statuen waren folglich ein integraler Bestandteil der Architektur.

Das Repertoire der offiziellen Plastik umfasst bestimmte Königsbildnisarten, die den König jeweils in einem bestimmten, einem gewissen Ritual entsprechenden Gestus zeigten. Diese Darstellungen setzen sich von den Tempeltoren (wo der König durch Zerschmettern seiner Feinde das Chaos abwies) über den ersten Hof (in dem er eine Reinigung erfuhr, um den Göttern Opfer darzubringen) bis zum Innenbereich fort, in dem er nach seiner Wiedergeburt von der Löwengöttin oder einer anderen Muttergöttin willkommen geheißen, gestillt und aufgezogen wurde. Sie enden schließlich damit, dass er zum König über Ober- und Unterägyptens gekrönt und dem großen Gott vorgestellt wurde, der ihm die Herrscher-Insignien für die Ewigkeit überreichte. Dieser Werdegang, den wir noch detaillierter aus den besser erhaltenen Tempeln des Mittleren und Neuen Reiches kennen, wird nicht nur mit Reliefszenen auf den Tempelwänden aufgezeichnet, sondern auch mit Statuen dokumentiert. Diese sowohl groß- als auch kleinformatigen Bildnisse berichten innerhalb des Tempelbezirks von allen Ereignissen der göttlich-königlichen Herrschaft, vom Tage seiner Geburt über die Krönung und schließlich bis zur Aufnahme in die Götterwelt. Große Feierlichkeiten wie die Krönung oder das nach 30 Herrschaftsjahren an die Krönungsriten erinnernde Jubiläumsfest nehmen einen wichtigen Platz im Tempel ein. So hat jede Statue einen speziellen Platz in der Grabanlage und jedem Gestus entspricht eine bestimmte Tracht mit entsprechenden Attributen.

366
Sphinx Amenembets III. aus schwarzem Granit, datiert aus der 12. Dynastie. Höhe 150 cm, Länge 236 cm und Breite 75 cm. Dieser imposante Sphinx gehört in eine Gruppe von Königsbildnissen aus dem Mittleren Reich, die man – wiederverwendet – in Tanis fand. Im Gegensatz zu klassischen Sphingen stellt dieser den König realistischer dar: ein Löwe mit Königsgesicht trägt den Uräus und den Bart. Eingerahmt wird das Gesicht von Löwenohren und Löwenmähne. Das ausdrucksstarke, mit einer gewissen Schwere gearbeitete Gesicht trägt die typischen Züge Amenembets III. Befindet sich im Ägyptischen Museum Kairo.

Das Material der Bildhauer war unter den einzelnen Herrschern verschieden und hing von der Qualität des Steinbruches ab, der in der jeweiligen Regierungszeit als Quelle diente. Für die erhaltenen oder aus Aufzeichnungen bekannten Königsstatuen verwendete man die härtesten Steine, die kostbarsten Metalle und die widerstandsfähigsten Hölzer. Wegen des schadhaften Erhaltungszustandes mancher Quellen ist es nicht möglich, Konventionen in Bezug auf die Materialwahl herauszufiltern. An den erhaltenen Exemplaren kann man lediglich ablesen, dass man in den Amtszeiten von Djoser und Snofru sowohl in der Plastik als auch in der Architektur ihrer Grabanlagen Kalkstein den Vorzug gab. Vom Palermostein weiß man, dass Snofru – wie vor ihm Chasechemui in der 2. Dynastie – Statuen aus Kupfer hatte anfertigen lassen. Im westlich von Medum gelegenen Seila fand man in einer Kapelle unweit der Stufenpyramide des Snofru Alabasterfragmente einer Statue des Königs. Dasselbe Material entdeckte man im Taltempel des Cheops, der wahrscheinlich auch Diorit verwendete, denn man stieß in den entsprechenden Steinbrüchen auf seinen Namen. Chephren entschied sich meistens für Diorit und Grauwacke, Mykerinos auch, gelegentlich jedoch auch für Alabaster. In der 5. Dynastie wurde für Königsstatuen im Pyramidentempel des Neferefre Kalkstein, Granit und Alabaster verwendet. Im Göttertempel von Hierakonpolis hatte Pepi I. Kupferstatuen dargebracht, während hingegen kleinere Statuen von Königen der 6. Dynastie von der Verwendung von Alabaster und Grauwacke (ungewisser Herkunft) zeugen. Beim momentanen Stand der Dokumentation ist es schwierig zu sagen, ob die Wahl des Materials eher dem König oblag oder gestützt auf verpflichtende Anforderungen erfolgte, die aufgrund von bisher nicht bekannten Konventionen galten. Und im zweiten Falle: War die Wahl des Materials von der Tempelkategorie abhängig gewesen, vom Standort im Tempel oder der Symbolik von Farben und Materialien im Zusammenspiel mit der Architektur?

Die frühesten Statuentypen sind die des schreitenden, stehenden und sitzenden Königs. Mit dem schreitenden König wird das Bild des aus seinem Palast tretenden Monarchen verewigt, der im Begriff ist, eine Zeremonie abzuhalten. In der jenseitigen Königsresidenz – die wir Grabanlage nennen – wird es dem König dank dieser Statuen möglich, aus seiner Wohnstätte der Ewigkeit (dem Grab) heraus zu kommen und an allen Ritualen teilzunehmen. Dieser Typus ist bereits in der Frühzeit bezeugt. Und die Tradition, dass er den linken Fuß nach vorn setzt, wird bis zum Ende der ägyptischen Plastik fortbestehen. Eine zumeist für Steinstatuen angewandte Variante zeigt den König mit am Körper herabhängenden Armen. Das schönste Beispiel für diesen Typus ist die herrliche Statue von König Snofru. Sie wurde in die Nische in einer der rückwärtigen Kapellen des Taltempels (Dahschur) eingefügt. Snofru trägt die weiße Krone Oberägyptens und den gefalteten kurzen Königsschurz. Dieser wird um die Taille mit einem Gürtel gehalten, der mit einem rhombisch geformten Element verziert ist. Die Schnalle hat die Form einer Kartusche und trägt den Namen des Königs. Ein breiter Halskragen und ein Armband mit Blumendekor vervollständigen seine Tracht. Bei der zweiten Variante dieses Typus' wird der König auch in schreitender Haltung gezeigt, eine Hand hängt seitlich herab und die andere (die einen Stab hält) ist nach vorn ausgestreckt. Diese seit den frühesten zweidimensionalen Königsbildnissen bekannte Variante mit dem erhobenen Unterarm ist schwierig in Stein auszuführen und war daher eher in Form von Holz- oder Metallstatuen möglich. Dabei wurden die Arme separat geformt und anschließend mit dem Körper verbunden. Dieser Typus ist am besten in der größeren der beiden Kupferstatuen von Pepi I. verkörpert, die man im Tempellager von Hierakonpolis fand und die vor kurzem im Ägyptischen Museum Kairo gereinigt und konserviert wurde.

Der Typus des stehenden, in festliche Gewänder gehüllten Königs mit geschlossenen Füßen und über der Brust gekreuzten Händen, in denen er Zepter und Stab hält, erscheint in den Portiken der für Feste bestimmten Höfe des Djoser in Sakkara. Später, im Mittleren Reich, wurde er in eine mumienartige Figur verwandelt, indem er eine Osiris ähnelnde Haltung bekam. Zu diesem noch weit vor den ersten Darstellungen des mumifizierten Osiris liegenden Zeitpunkt repräsentierte dieser Statuentyp ein Bild des feierlichen Königs, der bei den zahlreichen Festen wie zum Beispiel dem 30-jährigen Thronjubiläum Zeremonien vollzieht. Eine Variante zeigt den König auf dem Thron und in die Jubiläumsgewänder gehüllt. Auch dieser Statuentyp ist seit der Frühzeit bekannt und am schönsten in der berühmten Statue des sitzenden König Djo-

368 links
Diese Statue des stehenden Königs Snofru (Kalkstein bemalt) stammt aus seinem Taltempel in Dahschur. Sie datiert aus der 4. Dynastie und hat eine Höhe von 200 cm. Ägyptisches Museum Kairo.

368 oben rechts
Diese Kupferstatue des stehenden Pepi I. wurde eingelagert im Tempel von Hierakonpolis gefunden. 6. Dynastie, Höhe 60 cm. Ägyptisches Museum Kairo.

ser (6. Dynastie) verkörpert, die den König mit einer riesigen helmartigen und mit der Vorform des *Nemes*-Königskopftuches bedeckten Perücke zeigt. Unter seinem Kinn ist für die Zeremonie ein sehr langer falscher Bart befestigt. Seine Hände kommen aus den Gewändern hervor, die linke Hand ruht flach auf dem Knie, die rechte Hand liegt zur Faust geschlossen auf seiner Brust. Andere ähnliche, aber nur fragmentarisch erhaltene Djoser-Statuen zeigen den König mit der Geißel in der Hand (ausgeführt als erhabenes Relief auf seinem Oberkörper), und in späteren Beispielen aus dem Alten Reich wurde der König mit den beiden Königsinsignien Krummstab und Geißel dargestellt, wie in der Alabasterstatuette von Pepi I. auf dem Thron.

Eine andere Variante dieser Pose, bei der der König nur die Geißel hält, zeigt ihn wiederum sitzend und mit dem Faltenrock anstelle des Gewandes. Dieser Typ wird von der Elfenbeinstatuette des Cheops veranschaulicht; er trägt hier die rote Krone Unterägyptens.

Ganz anders ist der weiter verbreitete Statuentypus, der den König in sitzender Haltung zeigt. Er trägt den Königsschurz und seine Hände ruhen im Schoß. Dabei ist entweder eine Hand geöffnet und die andere geschlossen oder aber beide sind geöffnet und liegen flach auf den Knien. Dies ist der klassische Typus des Königs auf dem Thron, und in der Geschichte der ägyptischen Kunst ist er reichlich zu finden. Statuen des sitzenden Königs stellte man in Säulenhallen oder im Grabkomplex auf, wie beispielsweise mit der großen Statue im Taltempel des Chephren (Giseh) geschehen. Der Statuentypus vermittelt ein Bild vom göttlichen Aspekt der Gestalt des Königs; er sitzt vor dem Opfertisch. Die linke Hand liegt flach in seinem Schoß, die rechte Hand ist geschlossen, er stützt sie aufrecht auf den Oberschenkel und hält ein Tuch. Sein Kopf ist mit dem *Nemes*-Königskopftuch bedeckt, und dahinter steht ein Falke mit ausgebreiteten Schwingen als Personifikation des dynastischen Gottes Horus. Der Sitz wird von Löwen getragen und ist an den Seiten als Symbol für die Einigung der Beiden Länder mit den heraldischen Pflanzen Ober- und Unterägyptens verziert. Diese Statue verkörpert die enge Beziehung zwischen dem Herrscher und dem Gott. Der König ist Horus' Stellvertreter auf Erden, der Gott wiederum manifestiert sich selbst durch die Erscheinung des Königs als lebendigen Horus. Mehrere sitzende, kleinere Statuen aus Diorit und Grauwacke wurden rings um den Hof und die Pfeilerhalle von Chephrens Taltempel herum aufgestellt. Gestützt auf die gefundenen Exemplare (nun im Ägyptischen Museum Kairo zu sehen) und die Spuren der Statuensockel im Tempel schätzt man ihre Zahl auf insgesamt 27.

369
Diese Kalksteinstatue des sitzenden Königs Djoser fand man in seiner Grabanlage in Sakkara. Sie datiert aus der 3. Dynastie. Bemalter Kalkstein, Höhe 142 cm, Breite 45,3 cm, Tiefe 95,5 cm. Ägyptisches Museum Kairo.

Königliche und private Plastik

370
Der Große Sphinx von Giseh ist 20 m hoch und 73,5 m lang: eine monumentale, aus dem Felsen herausgearbeitete Skulptur im äußersten Süden der Grenze der Cheops-Pyramidenanlage. Zum ersten Mal ist hier der Kopf eines Königs (mit Königskopftuch) mit dem kraftvollen Körper eines Löwen kombiniert.

371 links
Elfenbeinstatue des sitzenden Cheops. Fundort war der Tempel des Chontamenti-Osiris in Abydos. Datiert aus der 4. Dynastie, Regierungszeit des Cheops; Höhe 7,5 cm, Breite 2,5 cm und Tiefe 2,9 cm. Ägyptisches Museum Kairo.

371 rechts
Diese Dioritstatue des sitzenden Chephren mit dem Falkengott Horus hinter seinem Kopf stammt aus seinem Taltempel in Giseh. Datiert aus der 4. Dynastie. Höhe der Statue 168 cm; befindet sich im Ägyptischen Museum Kairo.

Vier sitzende Alabasterstatuen wurden im Hof vom Taltempel des Mykerinos gefunden. Sie schauen alle nach Osten und flankieren paarweise den Eingang zum Heiligtum.

Statuengruppen des Königs zusammen mit Göttern oder Mitgliedern der Königsfamilie entwickelten sich im Laufe des Alten Reiches. Im Festhof der Pyramide des Djoser ist ein Sockel mit vier Paar Füßen erhalten geblieben. Die besterhaltenen Beispiele für diesen Statuentypus sind aber selbstverständlich die berühmten Statuengruppen mit Mykerinos: Fünf Triaden und eine Dyade, meisterhaft in Grauwacke gearbeitet. Die Triaden stellen den König stehend zwischen der Göttin Hathor und der Personifikation eines Nomos. Nur bei einer Triade, die sich heute im Bostoner Museum of Fine Arts befindet, sitzt Hathor in der Mitte und wird vom König und der Nomos-Göttin flankiert. Der König hält entweder Hathors Hand oder wird von ihr und der Personifikation des Nomos umarmt. In der Triade, in der er neben der auf dem Thron sitzenden Göttin Hathor steht, hält er einen Amtsstab. Er hat die Krone Oberägyptens auf dem Haupt und der kurze gefaltete Königsschurz wird mit einem Gürtel in der Taille gehalten. Ein gestreifter Bart ziert sein Kinn. Die Göttin trägt das Haar in einer gestreiften, helmartigen Frisur und ist mit einem langen, eng anliegenden Gewand bekleidet. Gesichtszüge und Anatomien der Figuren sind meisterhaft ausgeführt. Die Skulptur wurde mit gemalten Elementen vervollkommnet, und zwar Kosmetik, Kette und Details im Gürtel des Königs.

Bei den Dyaden handelt es sich um den schreitenden Mykerinos, der von einer Königin umarmt wird. Hier trägt er das *Nemes*-Königskopftuch und die Königin eine helmartige Perücke, unter der vorne ein wenig natürliches Haar hervorschaut. Auch hier wurden die Details in der Aufmachung vermutlich mit Gold überzogen oder farblich gestaltet. Weitere Mykerinos-Statuen bevölkerten den Taltempel. Die bemerkenswertesten sind die zuvor erwähnten Alabasterstatuen, die ihn sitzend zeigen. Diese Skulpturen belegen die herausragenden Fähigkeiten der ägyptischen Kunsthandwerker, die ästhetische Qualität und technische Leistung harmonisch verbinden. Fragmente von Statuengruppen aus den Reichen von Snofru und Djedefre zeugen von Bildnissen des Königs auf dem Thron mit der zu seinen Füßen auf dem Sockel sitzenden Königin. Bis jetzt gibt es keinen Beweis für einen Prinzen oder ein männliches Familienmitglied, das zusammen mit dem König dargestellt wurde. Das erste bekannte Beispiel für die Darstellung eines Königssohnes in Form einer Gravur seitlich auf der Königsstatue fällt erst in die 13. Dynastie.

In einer außergewöhnlichen Dyade (die sich heute in der Ägyptischen Sammlung in München befindet) aus der Zeit des Neuserre werden zwei beinahe identische Figuren des schreitenden Königs Seite an Seite gezeigt. Der Sinn dieses Doppelbildnisses ist noch nicht geklärt, der Typus als solcher jedoch fand im Bereich der privaten Plastik viele Nachahmer: Sie stellten „vorgetäuschte Gruppen" her, in denen dieselbe Person zwei Mal, drei Mal oder noch öfter nebeneinander dargestellt wurde.

In einer anderen Statuengruppenart kniete der König und hielt zwei Gefäße mit Wein oder Milch in den Händen. Diese Bildnisse wurden in der Regel vor einer Götterstatue aufgestellt, die aber nur selten erhalten blieb. Im Totentempel des Chephren fand man eine Statuenhand, die ein Weingefäß hält, und das erste bekannte vollständige Beispiel dieser Art datiert aus der Amtszeit von Pepi I. Die Herkunft dieser Statuette ist unbekannt, und es ist nicht möglich, herauszufinden, ob sie aus einer Grabanlage oder einem Göttertempel stammt.

Außerhalb des Tempels oder in seiner Nähe hatte in der 4. Dynastie eine Skulptur Premiere, die so außergewöhnlich war wie die Erfindung der Pyramide selbst. Der königliche Kopf wurde mit dem Körper eines Löwen vereint und daraus ging der Große Sphinx von Giseh hervor, an der Südgrenze der Grabanlage des Cheops direkt dem Felsen abgerungen. Diese spektakuläre Innovation in der ägyptischen Kunst kann als erste Monumentalskulptur ihrer Art betrachtet werden. Der Große Sphinx stellt König Cheops dar. Er trägt dieselben Gesichtszüge wie die Elfenbeinstatuette des sitzenden Cheops aus Abydos und nicht die des Nachfolgers Chephren, dem er aufgrund einer falschen Interpretation eines mehrere Jahrtausende später geschriebenen, lückenhaften Textes auf der „Traumstele" von Thutmosis IV. üblicherweise zugeschrieben wurde. Jüngste Forschungen und kritische Analysen in der Kunstgeschichte liefern archäologische, stilistische und ikonografische Beweise, um den Großen Sphinx Cheops zuzuordnen.

Ein kleinerer Kalksteinsphinx stammt aus dem Pyramidentempel des Djedefre in Abusir. Wiederum in Giseh fand man ein rechteckiges, hinten gerundetes Paar Füße, die den Eingang zum Taltempel des Chephren flankieren und die Existenz eines Königssphingen- oder Löwenpaares belegen. Vor kurzem stieß man bei Ausgrabungsarbeiten des ägyptischen Supreme Council of Antiquities in Sakkara am Eingang zum Taltempel des Unas auf Teile von vier Kalksteinsphingen. Aus der 6. Dynastie sind einige wenige Beispiele von monumentalen und kleinen Sphingen erhalten geblieben. Darunter befindet sich das erste bekannte Beispiel für einen Sphinx mit Menschenhänden, der Gefäße mit Wein als Opfergaben darbringt.

Bei den derzeitigen Ausgrabungen der Waseda Universität Japan in Abusir fand man Votivsphingen aus Terrakotta. Zwischen den Pfoten steht eine Königsgestalt, die den Namen Cheops trägt. Diese Votivgaben wurden in einem Heiligtum zur Regierungszeit des Pepi I. aufbewahrt und bestätigen die Verbindung Großer Sphinx-Cheops.

372 und 373
Diese beiden Triaden des Mykerinos fand man in Giseh im Taltempel des Königs. Sie wurden aus Grauwacke gearbeitet und zeigen den König zwischen Hathor und einer Nomos-Personifikation. Der König ist in jeder Triade in der Mitte, rechts flankiert von der Göttin Hathor und links von der Nomos-Göttin. Die hervorragende technische Qualität geht mit der hohen künstlerischen Qualität der Skulpturen einher. Links ist die Triade mit der Göttin des 7. oberägyptischen Nomos zu sehen. Die Statuengruppe ist 96 cm hoch, 61 cm breit und 37 cm tief. Rechts ist die Triade mit dem thebanischen Nomos abgebildet. Höhe 89 cm, Breite 53 cm, Tiefe 40 cm. Beide Statuen befinden sich im Ägyptischen Museum Kairo.

Königs- und Götterstatuen waren so etwas wie Gefäße für die Bittgebete und Opfergaben. Durch sie konnte der König all die Gaben entgegennehmen, die vor die Altäre seines Tempels gebracht wurden. Die ebenfalls in der Beamtennekropole beigesetzten Mitglieder des Hofes hatten auch Anteil an diesen Opfergaben. Seit der Frühzeit sammelten sich die Gräber der Höflinge und Beamten um das Grab des Monarchen. Im Alten Reich umgaben Mitglieder der Königsfamilie, Architekten und Pyramidenbauer, Expeditionsführer, Priester und Schreiber den König in seiner Residenz für die Ewigkeit, so, wie sie auch zu Lebzeiten im Hof um den Königspalast gewesen waren. Ihre Gräber oder *Mastabas* entwickelten sich rasch zu bedeutenden Wohnstätten für das Jenseits. Anstelle eines Totentempels verfügen die Privatgräber über eine Nische oder eine Opferkapelle mit einem Tisch voller Opfergaben, und anstelle eines Heiligtums haben sie eine verborgene Kammer, *Serdab* genannt. Aus gut erhaltenen Gräbern wissen wir, dass – parallel zu den Grabkammern des Königs – in Nische und *Serdab* Statuen des Verstorbenen standen. Für einen Beamten bedeutete der Besitz einer Statue ein Privileg, wie auch der Status, durch einen königlichen Erlass Grabinhaber zu sein, ein großes Vorrecht darstellte. Der Bau eines Grabes war den königlichen Steinbrucharbeitern, Architekten und Maurern zu verdanken, und die königlichen Werkstätten der Bildhauer, Künstler und Handwerker sorgten für die Dekoration und das Mobiliar. Durch den königlichen Befehl konnten diese Grabinhaber an den offiziellen Opfergaben teilhaben. Ihre Statuen wurden durch gewisse Regeln auf besondere Typen und Materialien festgelegt. Nicht jeder Normalsterbliche hatte das Recht, ein Grab in unmittelbarer Nähe zur Pyramide seines Königs zu besitzen, und wenn jemandem einmal diese Gunst als Gegenleistung für herausragende Fähigkeiten und Leistungen zuteil wurde, so konnte er innerhalb einer eingeschränkten Bandbreite von Statuentypen wählen. Durch jüngste Ausgrabungen von Zahi Hawass im Südteil des Plateaus von Giseh wissen wir heute, dass die Kategorie der Pyramiden arbeiter und -bauer über ein eigenes, wenn auch bescheidenes, Grabviertel sowie bestimmte Statuen zur Auswahl verfügte.

Im frühen Stadium sind die Statuentypen im Wesentlichen auf zwei Haltungen beschränkt, sitzende oder stehende Personen, was offensichtlich den Statuen des Königs nachempfunden war. Sie unterscheiden sich von den Statuen des Königs durch die begrenzte Anzahl, das kleinere Format, andere Kleidung, und insbesondere die anderen Attribute. Die schreitende und die sitzende Haltung sind am gebräuchlichsten, denn sie ahmen die entsprechenden Haltungen des Königs nach. Die Positionen der Hände – entweder Handflächen geöffnet oder aber geschlossen auf der Brust bzw. dem Oberschenkel – hängt sehr stark von den bei den Bildnissen des herrschenden Königs gewählten Handpositionen ab. Mit fortschreitender Zeit nehmen Anzahl und Typen der Statuen zu, so dass schließlich auch Schreiber und Statuengruppen darunter sind. Die Beamten greifen die Konventionen der Statuengruppen des Königs mit Göttern, Königinnen oder Prinzessinnen auf und bilden Menschen aus ihren Familien ab, zum Beispiel die Ehefrau und die Kinder, und sogar „vorgetäuschte Gruppen" mit nur sich selbst. In diesen Gruppen gibt es umfangreiche Kombinationen beider Haltungen (sitzend und schreitend) mit vielfältigen Posen: Seite an Seite stehen, sitzen oder schreiten, in gegenseitiger Umarmung, eine Person sitzt und die andere steht; Personen in Begleitung ihrer nackten, Daumen lutschenden Kinder wie bei der Statuengruppe von Seneb und Senetites. Solche Statuengruppen sind zahlreich vorhanden und äußerst interessant, nicht nur zum Studium von Klassen und Titeln, sondern wegen ihres großen Beitrages zur Geschichte der ägyptischen Kunst im Alten Reich.

Königliche Statuen in kniender Haltung sind sehr selten erhalten, die Statue des Grabpriesters Hetepdief aus dem frühen Alten Reich bestätigt aber, dass dieser Typus schon recht früh in der ägyptischen Plastik existierte.

Als Material für Privatstatuen fand hauptsächlich Kalkstein Anwendung, der dann farbenfroh gestaltet wurde, um der Statue gewissermaßen Leben zu verleihen. Bisweilen wurde der Kalkstein auch rot oder schwarz bemalt, damit er wie Granit aussah, denn dieses Material wurde Normalsterblichen im Alten Reich nur selten oder zu besonderen Gelegenheiten zugebilligt. Die wenigen Ausnahmen aus Rosengranit oder schwarzem Granit sind in die ausklingende 3. Dynastie zu datieren. Zu den bekannteren Exemplaren gehören Anch im Museum Leiden und im Louvre, Anchwa im Britischen Museum, Methjen in Berlin und Prinzessin Redjef in Turin. Aus der 4. Dynastie sind in diesem Zusammenhang die Rosengranitstatue des Setka im Louvre zu nennen sowie das Basaltbildnis des Pernianch in Kairo. Gegen Ende der 4. Dynastie hatte der Vorsteher aller königlichen Arbeiten, Babaef, eine große Zahl von Statuen aus unterschiedlichen Materialien angefertigt: aus Grauwacke, Rosengranit, Diorit, Basalt, Kalkstein und Alabaster. Wesir Ptahschepses aus der 5. Dynastie nannte nicht nur eine sehr große *Mastaba* in der Nähe seines Königs in Abusir sein eigen, sondern auch viele unterschiedliche lebensgroße und überlebensgroße Statuen aus Materialien aller Art, darunter auch Quarzit. In der 6. Dynastie schließlich besaßen manche Beamte eine Grauwacke-Statue, wie beispielsweise Prinz Tjau aus Sakkara, heute im Ägyptischen Museum Kairo. Es handelte sich stets um Prinzen oder sehr hochrangige Beamte, Wesire, Königssöhne und so weiter. Andere Personen niedrigeren Ranges waren möglicherweise aufgrund von besonderen Diensten oder Leistungen Günstlinge des Königs, wie der Schiffsbauer Anchwa oder der Zwerg Pernianch.

Auch Holz ist ein Standardmaterial für Statuen von Privatleuten. Genau wie Kalkstein überzog man das Holz mit einer dünnen Putzschicht und bemalte es. Viele Statuen aus dem Alten Reich haben eingelegte Augen. Das verleiht ihnen einen solch lebendigen Ausdruck, dass der Betrachter wie bei den Statuen von Rahotep und Nofret aus Medum oder Kaaper („Scheich el-Beled") auch heute noch regelrecht ergriffen ist.

Zu Beginn des Alten Reiches (3. und teilweise 4. Dynastie) wurden die Personen mit ihren Attributen dargestellt, die man als Hochrelief auf der Statue selbst ausführte. Beispiele dafür sind die Statue des stehenden Sepa mit Stab und Zepter, des sitzenden Anchwa mit Dechsel (Schiffsbauerwerkzeug) und die Statue des Pernianch mit Zepter und einem langen Stab. Aus der Amtszeit des Snofru in Dahschur existiert sogar eine Statue des Musikers Ipi. Er wird als Flötist gezeigt und hält eine lange Rohrflöte in den Händen.

374 oben
Statue des Zwergen Pernianch. Gefunden in seinem Grab in Giseh, Westfriedhof, 4. Dynastie, Regierungszeit des Chephren. Sie ist aus Granodiorit gearbeitet und 48 cm hoch, 14 cm breit und befindet sich im Ägyptischen Museum Kairo.

374 unten
Diese Statuengruppe aus bemaltem Kalkstein stellt Mersuanch und seine Töchter dar. Fundort Mastaba des Mersuanch in Giseh, datiert aus der 4. Dynastie; Höhe 28 cm, Breite 21 cm und Tiefe 20,5 cm. Ägyptisches Museum Kairo.

375
Diese Statuengruppe aus Giseh stellt Seneb und seine Familie dar und wurde in seinem Grab auf dem Westfriedhof gefunden. Sie ist aus bemaltem Kalkstein, befindet sich heute im Ägyptischen Museum in Kairo und datiert aus der 4. Dynastie. Höhe 34 cm, Breite 25,5 cm, Tiefe 25 cm.

In der 4. Dynastie gibt es die Tendenz, dass die Attribute verschwinden oder von kurzen Stöcken ersetzt werden, die entweder stellvertretend für längere Stäbe gedacht sind oder das zusammengerollte, Dokumente enthaltende Tuch imitieren, das der König in seinen Händen hält.

Bei den Privatstatuen der 4. Dynastie herrscht der Trend vor, das nun lebensgroß dargestellte Modell zu individualisieren. Es entstehen viele großartige Meisterwerke, welche die Baumeister der großen Pyramiden abbilden. Als Beispiel seien hier die Statuen von Prinz Rahotep und Nofret erwähnt, die in der Grabkapelle ihrer *Mastaba* in Medum gefunden wurden. Rahotep war ein Sohn des Snofru, Hohepriester des Re in Heliopolis und Vorsteher aller königlichen Bauprojekte. Er sitzt auf einem Stuhl mit hoher Rückenlehne, der rechte Arm liegt auf seiner Brust, der linke auf dem Oberschenkel. Die Hände sind geschlossen, um das Halten von Attributen anzudeuten. Er trägt einen kurzen Schurz, der mit einem Knoten unterhalb des Bauches gehalten wird, sein Haar ist kurz, der Oberlippenbart schmal. Die Halskette hat ein herzförmiges Amulett. Seine Frau Nofret wird beschrieben als „Eine, die der König kennt". Sie sitzt in ähnlicher Haltung wie Rahotep, hat aber beide Hände vor sich auf ihren Körper gelegt. Sie trägt eine schwere, schulterlange Perücke und um den Kopf ein Rosetten verziertes Diadem. Auf der Stirn spitzt ihr natürliches Haar hervor. Sie ist in einen langen Umhang gehüllt, unter dem die Träger ihres eng anliegenden Kleides zu sehen sind. Ein breiter Halskragen aus konzentrischen Ringen mit farbigen Perlen schmückt ihre Brust. In Übereinstimmung mit den künstlerischen Konventionen ist die Haut des Mannes ockerbraun gemalt, die der Frau hingegen hell und cremefarben. Die Augen sind in eine Kupferfassung eingelegt. Die Hornhaut besteht aus durchscheinendem Quarz, die Pupille aus Bergkristall. Auf der hohen Lehne stehen in schwarzen Hieroglyphen Name und Titel der Statueninhaber. Dieses Statuenpaar eröffnet den großen Reigen von Porträts illustrer Persönlichkeiten am Hofe, die nicht nur den Bau der außergewöhnlichsten Gebäude Ägyptens beigewohnt haben, sondern auch die Entwicklung einer äußerst ruhmreichen Gesellschaft.

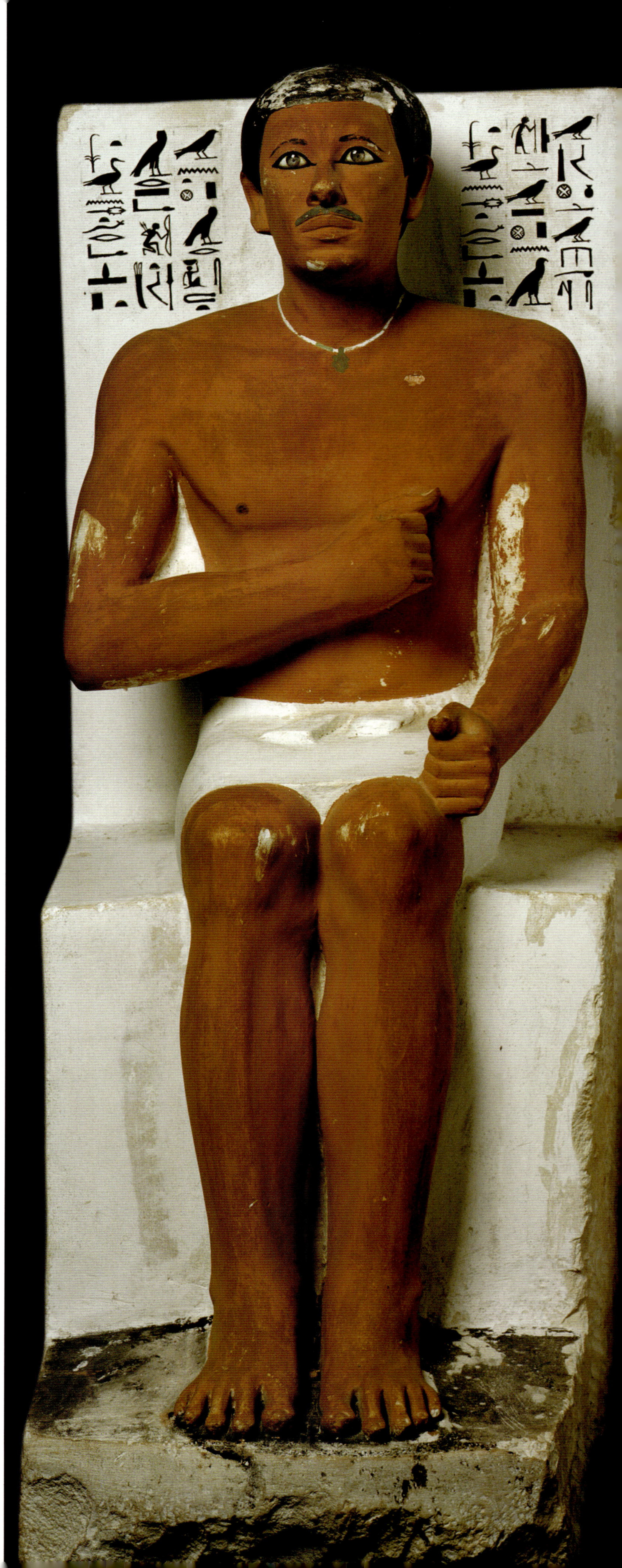

376–377
Die Statuen von Prinz Rahotep und seiner Gemahlin Nofret – derzeit im Ägyptischen Museum Kairo – fand man in ihrer Mastaba *in Medum. Sie sind aus bemaltem Kalkstein und datieren aus der frühen 4. Dynastie, Anfang der Regierungszeit des Snofru. Rahotep: Höhe 121 cm, Breite 51 cm, Tiefe 69 cm. Nofret: Höhe 122 cm, Breite 48,5 cm, Tiefe 70 cm.*

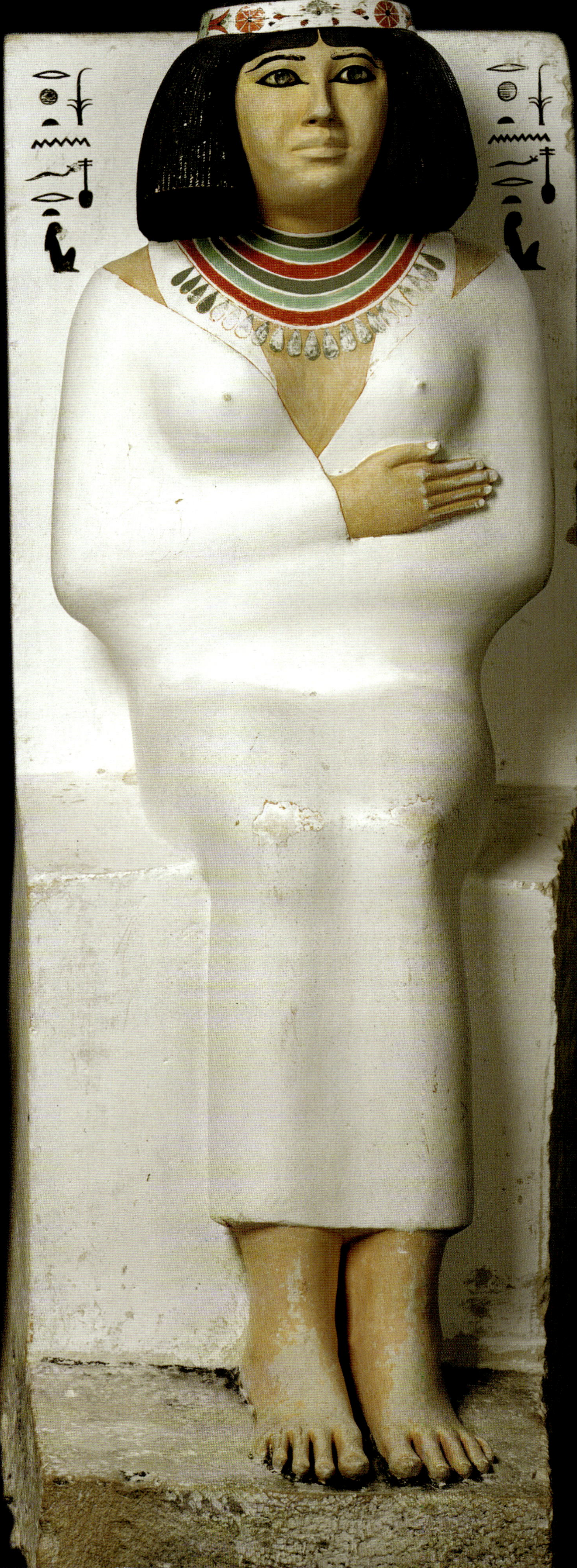

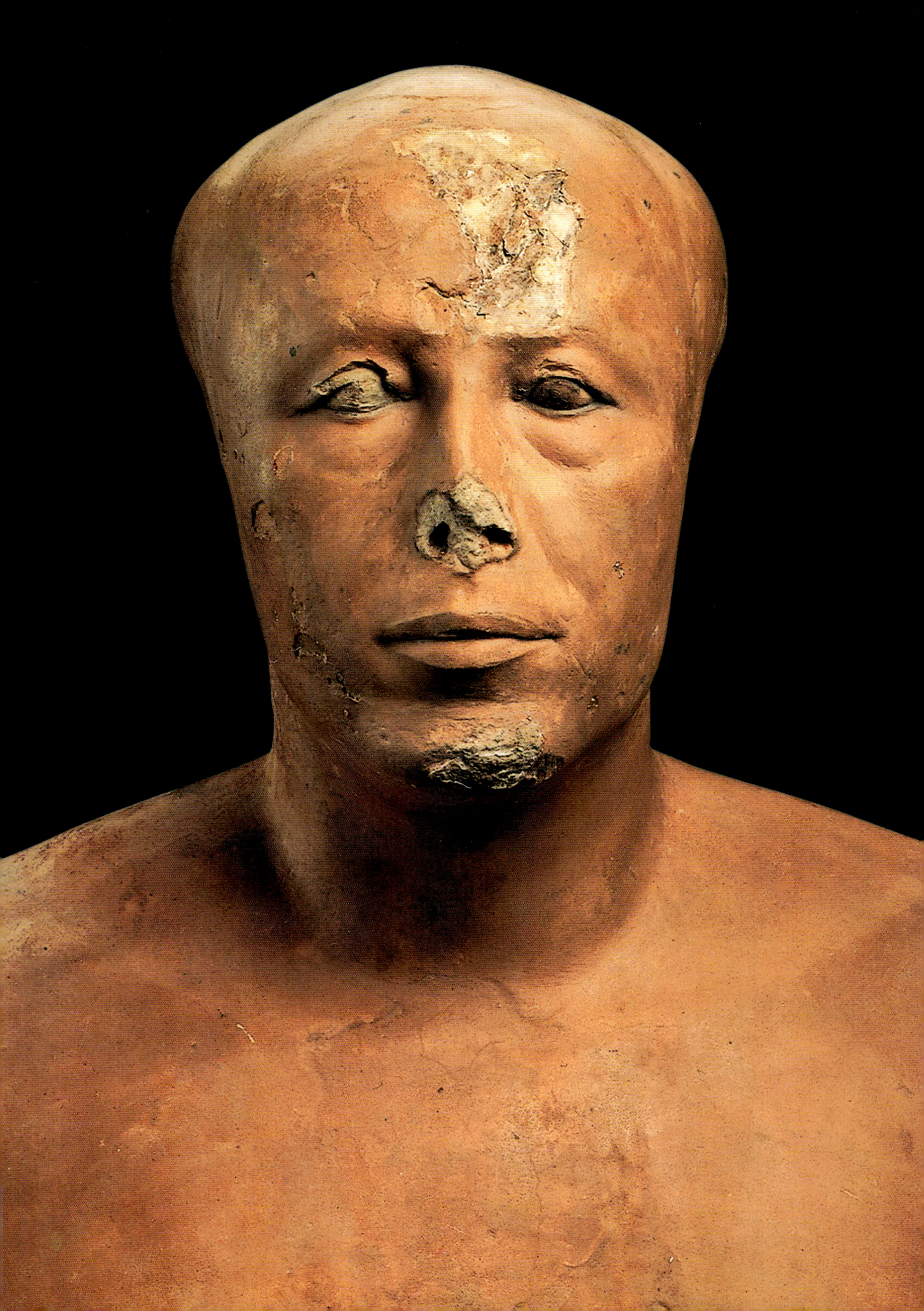

Königliche und private Plastik

In einem bestimmten Zeitabschnitt unter der Regierung des Cheops tauchen auch Monumentalstatuen für Mitglieder der königlichen Familie auf, sehr wahrscheinlich im Zusammenhang mit der Großen Pyramide und dem Großen Sphinx. Ein Beispiel dafür ist die bemerkenswerte Statue des Prinzen, Pyramidenbauers und Wesirs Hemiun, der den Titel „Königssohn" führte, weil er ein Enkel Snofrus war. Er leitete den Bau der großen Pyramide des Cheops, seines Onkels. Sein Vater Nefermaat war Inhaber einer mächtigen *Mastaba* in Medum, der älteste Sohn von König Snofru und ein älterer Bruder des Cheops. Hemiun besaß als Aufseher aller baulichen Anlagen des Königs ein Grab auf dem Westfriedhof der Cheops-Pyramide; darin stand im *Serdab* seine Statue. Grabdiebe zerstörten den Kopf, aber da Junker bei der Entdeckung der Statue im Jahr 1912 Fragmente sicherte, konnte er rekonstruiert werden. Aufgrund der imposanten Größe und der beeindruckenden Präsenz zählt sie zu den beachtlichsten Statuen. Die Gestalt sitzt auf einem würfelförmigen Stuhl, die linke Hand ruht flach auf dem Knie und die rechte, zur Faust geschlossen, auf dem Oberschenkel. Hemiun ist in einen kurzen Schurz gekleidet, den ein Knoten in der Taille zusammenhält. Auch physiognomisch beeindruckt der Prinz, dessen großer Kopf durch ein Doppelkinn noch betont wird. Seine Beleibtheit ist ebenfalls sehr realitätsnah herausgearbeitet: der mächtige Brustkorb wird durch eine „Speckrolle" noch umfangreicher, die massigen Arme umrahmen den sehr fülligen Rumpf und der Nabel ist im Grunde ein „Schlitz" in seinem dicken Bauch. Die überaus kräftigen Beine und nebeneinander stehenden Füße mit den exakt gearbeiteten Zehnägeln unterstreichen die monumentale Erscheinung der Skulptur. Dies ist in jeder Hinsicht ganz klar das Porträt eines sehr hohen, zur Elite gehörenden Beamten, eine offensichtliche Darstellung königlicher Macht. Als Person ist es das verlebendigte Bild eines Pyramidenbaumeisters, majestätisch wie das Bildnis des Königs, ewig wie die Masse der Pyramide. Der vertiefte, mit farbiger Paste ausgefüllte Hieroglyphentext (Nefermaat entwickelte diese Technik in Medum) gibt Auskunft über Namen und Titel.

Hemiun ist kein Regelfall. Vielleicht wurden die Gräber schon gegen Ende der Herrschaft des Snofru und gewiss aber unter der strengen Herrschaft des Cheops anstelle von Statuen mit rechteckigen Platten ausgestattet, auf denen der Verstorbene vor einem Opfertisch sitzend dargestellt war. Am Boden der Schächte fand man in diesen Gräbern Kalksteinköpfe der Grabinhaber, die mit großem Geschick regelrecht nur als Köpfe angefertigt worden waren und die man im Allgemeinen „Ersatzköpfe" nannte. Sie haben die Gesichtszüge des Verstorbenen und können so gesehen möglicherweise als idealisierte Porträts der Grabinhaber gelten. Die aufwändigste Arbeit dieses Typs ist die Büste von König Chephrens Bruder und Wesir Prinz Anch-haf.

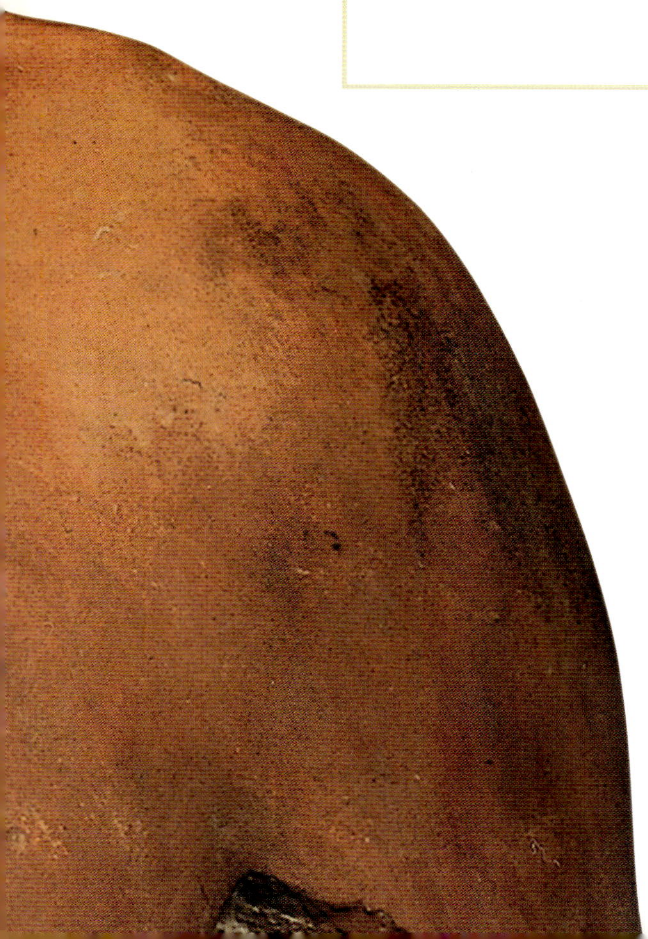

378
Die bemalte Kalksteinbüste des Anch-haf stammt aus seiner Mastaba *auf dem Ostfriedhof in Giseh. Höhe 50,6 cm, 4. Dynastie. Aufbewahrt im Museum of Fine Arts, Boston.*

379
Die Statue von Prinz Hemiun, 4. Dynastie, wurde in seiner Mastaba *auf dem Westfriedhof des Cheops (Giseh, G 4000) gefunden. Sie ist aus Kalkstein gefertigt, 155,5 cm hoch, 61,5 cm breit und 104,7 cm tief. Aufbewahrt im Pelizaeus-Museum Hildesheim.*

380 links
Die Holzstatue des Priesters Kaaper mit dem Beinamen „Scheich el-Beled" wurde in seiner Mastaba in Sakkara gefunden und wird nun im Ägyptischen Museum Kairo aufbewahrt. Sie ist aus Sykomorenholz hergestellt und stammt aus der 4. Dynastie. Höhe 112 cm.

380 rechts
Diese Holzstatue einer Frau, die man in der Mastaba des Kaaper in Sakkara fand, ist wahrscheinlich ein Bildnis seiner Gemahlin. Sie trägt eine kurze Perücke und ein eng anliegendes Kleid. Die Statue stammt aus der 4. Dynastie, ist 61 cm hoch und kann heute im Ägyptischen Museum Kairo bestaunt werden.

Unter Mykerinos und gegen Ende der 4. Dynastie hält private Plastik wiederum Einzug in Gräber und zwar in stark zunehmendem Maße. Eine 2,40 m hohe und leider erheblich beschädigte Kolossalstatue aus Giseh (heute im Ägyptischen Museum Kairo) stellt Mykerinos' Gemahlin dar, Königin Chamerernebti II. In einigen Gräbern der memphitischen Nekropole fand man aus Stein gemeißelte Statuen der Grabinhaber und Mitglieder der Familie. Das anschaulichste Beispiel ist das Grab des Meresanch III. in Giseh.

Zu den bewegendsten und berühmtesten Bildnissen der 4. Dynastie zählt die lebensgroße Holzstatue des Vorlesepriesters Kaaper. Er wurde in der ganzen Pracht seiner (Leibes-)Fülle dargestellt, sein waches rundes Gesicht wird durch eingelegte Augen besonders lebhaft. Die Arbeiter von Mariette haben in ihm den „Scheich el-Beled", also ihren Dorfbürgermeister, wiedererkannt. In der 5. Dynastie gaben Beamte wie Ti und Ptahschepses, die sehr große Gräber besaßen, sogar überlebensgroße Statuen in Auftrag, während die Statuen der normalen Beamten eher zu einer gewissen stilistischen Übereinstimmung und zu standardisierten Größenmaßen und Proportionen neigten. Die Statue des Mereruka in seinem Grab in Sakkara ist außergewöhnlich groß und in die Rückwand der Nische gemeißelt. In der 6. Dynastie werden die Privatstatuen kleiner, aber zahlreicher, die Körperhaltungen werden vielfältiger, und die Proportionen erfahren Veränderungen. Wie der König, so erscheinen die Personen nun mit kleinerem Kopf auf einem langen Körper mit hoher, schmaler Taille.

381
Diese Büste der Holzstatue eines Mannes fand man in einem Grab in Sakkara. Die außerordentliche Lebendigkeit des Gesichtes wird von dem lebhaften Ausdruck der eingelegten Augen noch verstärkt. Die Statue ist 69 cm groß und stammt aus der 4. oder 5. Dynastie. Befindet sich im Ägyptischen Museum Kairo.

Der Statuentypus des Schreibers tritt in der frühen 4. Dynastie auf und hält sich bis zur Spätzeit. Wahrscheinlich unter dem Einfluss der Haltung des knienden und den Göttern Opfer darbringenden Königs war es gestattet, den Beamten in kauernder Position und mit einem ausgerollten Papyrus mit göttlichen Texten im Schoß darzustellen. In dieser Haltung kann man eine Person beim Schreiben, Lesen, Zuhören oder einfach Meditieren oder Beten abbilden. Anerkanntermaßen hatten nicht alle als Schreiber wiedergegebenen Personen diese Funktion am königlichen Hofe auch tatsächlich inne, aber es waren allesamt hochrangige Beamte, denen es zustand, so dargestellt zu werden, als seien sie der Fähigkeit des Schreibens mächtig, was als höchste anzustrebende Auszeichnung galt. Unter den zahlreichen Schreiberstatuen sind die des Schreibers Kai (im Louvre) und seines Kollegen (Ägyptisches Museum) aus Sakkara am beeindruckendsten. Trotz der konventionellen, unnatürlichen Sitzhaltung haben sie sehr realistische Gesichtszüge, die durch die Frische der Farben und der eingelegten Augen noch lebendiger wirken.

Da die Beamten des Königs diesen im Jenseits umgeben, schlossen sie ihrerseits nach und nach Diener und Personen aus ihren Haushalten in das Repertoire der Grabstatuenwerke mit ein. Diesen Leuten oblagen häusliche Arbeiten und insbesondere alle Tätigkeiten im Bereich des Landbaus und der Ernte sowie das Backen, Bierbrauen, Fischen, Jagen, Schifffahrt und Transport, also alle Berufe, die in enger Beziehung zu den Opfergaben standen, die der Verstorbene auf seinem Opfertisch vor der Scheintür zu finden wünschte. Auf diesem Wege wurden Statuen von Dienern nach und nach Bestandteil der Plastik, wie durch eine große Zahl von Bierbrauern, Bäckern, Töpfern und so weiter belegt ist.

Zur Welt des Königs gehörten auch gefesselte oder von ihm zertrampelte Gefangene, vor allem dort, wo der König als hybrides Wesen erscheint, beispielsweise als Greif (falkenköpfiger Löwe) oder Sphinx. In der 5. Dynastie treten solche ihre Feinde niederstampfenden Geschöpfe in zweidimensionalen Bildnissen auf den Wänden der Aufwege zu den Totentempeln in Abusir auf. Der liegende Sphinx an den Tempeltoren kann als Übertragung dieses Themas in die dreidimensionale Plastik betrachtet werden. Gefangenenköpfe kennt man seit der Regierungszeit des Djoser, und Statuen gefesselter Gefangener fand man am Eingang von Tempeln der 6. Dynastie in Sakkara.

Im Mittleren Reich wird die zunächst in Theben ansässige Königsresidenz wieder in die Region Memphis verlegt, und man beginnt wiederum mit dem Bau von Pyramiden. Neben den Anlagen der Königspyramiden und ihren Totentempeln sind auch einige Göttertempel aus dieser Zeit erhalten, welche die Könige den wichtigsten Gottheiten ihrer Residenz oder Hauptstadt geweiht hatten. In ihnen stieß man auf alte und neue Königsstatuentypen aus hartem Gestein, Holz und Metall, die mittlerweile eine kolossale Größe erreicht hatten. Überdies bergen die Tempel nun auch vielfältige Privatstatuen. Seit dem Ende des Alten Reiches hatten sich die ehemaligen Verwalter der Verwaltungsbezirke (Nomoi) zu praktisch unabhängigen Fürsten oder Gouverneuren gemausert und dementsprechend auch Vorrechte erworben, die einst ausschließlich dem König zugestanden hatten. Sie weihten Statuen in den Tempeln ihrer Residenzen. Ihre Grabanlagen in Mittelägypten wuchsen, bis es schließlich umfangreiche Komplexe mit vorgelagerten Pylonen und Höfen waren, sie wurden mit der ausgesuchtesten Ausstattung versehen und natürlich mit imposanten Statuen. Manche sind erhalten geblieben, zum Beispiel die äußerst eindrucksvollen Exemplare aus Qaw el-Kebir, die sich heute im Turiner Museum befinden. Andere sind verloren, eine aber ist durch eine ungewöhnliche Aufzeichnung überliefert: Auf der Wand seines Grabes in el-Barsha ist eine sitzende Kolossalstatue von Djehutihotep, Gouverneur des 15. Nomos, abgebildet. Sie ist auf einem Schlitten befestigt und dieser wird von vier Reihen zu je 43 Männern gezogen. Mittlerweile hatten die Beamten in hohen Rängen auch nach und nach das Privileg erhalten, Statuen nicht nur in ihren Gräbern aufstellen zu dürfen, sondern auch innerhalb der Göttertempelbezirke an den Prozessionswegen und den ersten Höfen. Von diesen Statuen existieren sehr viele und darunter sind neue Varianten alter Posen, aber auch neue Typen. Für die privaten Statuen wurde mehr harter Stein verwendet als je zuvor, und manche dieser Werke sind regelrechte Kunstwerke von außergewöhnlichem Wert – manche aber auch ganz offensichtlich Eilanfertigungen.

382 links
Der sitzende Schreiber aus einem Grab in Sakkara, der gerade eine Papyrusrolle beschriftet, wurde aus bemaltem Kalkstein gefertigt und stammt aus der 5. Dynastie. Er ist 53,7 cm hoch, 44 cm breit und 35 cm tief. Musée du Louvre.

382 rechts
Diese Statuette aus bemaltem Kalkstein zeigt einen Metzger, der gerade eine Gans zerlegt und reinigt. Sie wurde in einem Grab des Westfriedhofes in Giseh gefunden. 5. Dynastie, heute im Cairo University Museum.

383
Dieser sitzende Schreiber in Arbeitspose ist in die 5. Dynastie zu datieren und wurde im Westfriedhof, Giseh, gefunden. Er ist 46,5 cm hoch und 23,5 cm breit. Befindet sich im Cairo University Museum.

Im Mittleren Reich werden die klassischen Statuentypen, die den König in schreitender oder sitzender Haltung oder aber als Sphinx darstellen, beibehalten, erfahren jedoch deutliche stilistische Veränderungen und ikonografische Ergänzungen. Der kniende König, der zwei Gefäße mit Wein oder Milch in den Händen hält, ist nun in den Göttertempeln definitiv bestätigt. Diese Bildnisse wurden vor Götterstatuen aufgestellt, die sich jedoch nur in seltenen Fällen erhalten haben.

Zwei Beispiele aus der 12. Dynastie für Kolossalstatuen des klassischen Typs erläutern den neuen Trend bei den Königsskulpturen: die Kolossalstatuen des (schreitenden) Sesostris I. aus Rosengranit und eine Statue des sitzenden Amenemhet II. aus schwarzem Granit. Wie einige weitere Exemplare von königlichen Kolossalstatuen aus dem Mittleren Reich wurden sie im Tempel von Tanis gefunden. In Tanis residierten die Könige des Ostdeltas in der Dritten Zwischenzeit. Die Kolosse stammten ursprünglich aus Memphis oder den Residenzen der Ramessiden im Delta, wo Ramses II. sie neu beschriftet und wieder aufgestellt hatte, und wurden möglicherweise in Tanis wieder verwendet. Verglichen mit den friedvollen, majestätischen Gesichtszügen der Monarchen des Alten Reiches hatten sie einen anderen ästhetischen Ansatz und verkündeten eine neue Botschaft. Spricht eine Frage, Besorgnis und Trauer aus ihren Gesichtern, oder ist der Ausdruck eher als Aggression und Machtgier zu interpretieren? Anatomisch sind diese Königsstatuen ausnehmend gut gearbeitet, ihre athletischen Proportionen suggerieren Kraft, glatte Oberflächen vermitteln den Eindruck von Jugend und bedrohlich gespannten Muskeln. Es ist eine Zeit, in der Ägypten in neue Gebiete vordringt und die jetzigen Könige übernehmen die Herrschaft über ein großes Reich.

384 links
Diese Statue König Sesostris I. wurde später von Ramses II. neu beschriftet und wieder verwendet. Sie wurde im Memphis im südlichen Prozessionsweg des Ptah-Tempels gefunden. Rosengranit, bemalt; 9,10 m hoch, stammt aus der frühen 12. Dynastie mit Inschriften und Retuschen aus der 19. Dynastie. Mit Rahina (Memphis) Museum Compound.

384–385
Diese Zeichnung nach einer Szene auf einer Wand im Grab des Djehutihotep in el-Barsha beschreibt den Transport der Kolossalstatue eines Provinzverwalters, und zwar des Gouverneurs vom 15. oberägyptischen Nomos. Er ließ seine eigene, auf einen Schlitten gebundene Kolossalstatue malen; sie wird von vier Reihen zu je 43 Männern gezogen. Frühe 12. Dynastie.

Königliche und private Plastik

385 unten links
Diese Zeichnung zeigt, wie beim Transport schwerer Steinblöcke Wippen hätten eingesetzt werden können. Man kennt Wippen nur aus Modellen in den Lagern bei Tempelfundamenten.

385 rechts
Dieser sitzende Koloss – ein Herrscher aus der 12. Dynastie, von Ramses II. neu eingesetzt und beschriftet – wurde in Tanis gefunden, wo er in der Dritten Zwischenzeit wieder verwendet worden war. Er ist aus schwarzem Granit gearbeitet, 320 cm hoch und stammt aus der Mitte der 12. Dynastie, Regierungszeit von Amenemhet II. oder Sesostris II. Ägyptisches Museum, Berlin.

Königliche und private Plastik

Anhand einer Holzstatue von König Auibre Hor in schreitender Pose – die linke, ein Zepter haltende Hand hängt herab, die rechte hält einen Stab vor den Körper – lässt sich die Kontinuität des recht archaischen schreitenden Typus erkennen. Die Ikonografie liefert dem Betrachter ein Detail, das für das Verständnis der Bildhauerei wichtig ist: Der König wird mit Götterbart dargestellt und über seiner helmartigen Perücke erheben sich zwei Hände (Symbol für das *Ka*). Es handelt sich hier folglich um die Darstellung des *Ka* von König Auibre Hor, seines Alter Ego, das nach diesem Leben fortbestehen wird. Durch den *Ka* kann der König Opfergaben entgegennehmen.

Unter den neuen Statuentypen in Götter- und Totentempeln zeigt einer den schreitenden König, dessen Hände flach auf dem dreieckigen Beterrock liegen und der gemeinhin das *Nemes*-Königskopftuch trägt. Gemeinhin als betender König bezeichnet, entspricht dieser Typus in Darstellungen auf Tempelwänden dem Bildnis des stehenden Königs, der die Götter anbetet oder von ihnen eine Reinigung empfängt, bevor er selbst vergöttlicht wird. Diese Pose wurde natürlich von den hohen Beamten kopiert, wobei sie die Gestik der Hände auf ihren langen Röcken imitierten.

In königlichen Grabanlagen wurde in Theben bis in die 11. Dynastie die frühzeitliche Darstellungsform des in sein Jubiläumsgewand gehüllten Königs beibehalten, zu sehen bei den berühmten Statuen des Mentuhotep, die ihn in einem kurzen Gewand sowohl in sitzender (Ägyptisches Museum Kairo) als auch in stehender Haltung (Metropolitan Museum of Art New York) präsentieren. Auch in großen Göttertempeln fand dieser Typus noch Anwendung. Zu Beginn der zweiten Hälfte der 11. Dynastie tauchte ein mumienförmiges Bildnis des Königs auf. Er hatte eine königliche Haltung, kreuzte die Arme über der Brust und hielt die Königsinsignien in den Händen. Der Körper jedoch war vollständig in ein Leichentuch gehüllt, das dem Tuch des Osiris, Totengott und Gott der Wiedergeburt, glich, weshalb dies als Osiris-Statue bezeichnet wurde. Dieser Typus mag aus einer Verwechslung mit der Gestalt des Osiris hervorgegangen sein oder aber – was wahrscheinlicher ist – man hat hier absichtlich eine Verschmelzung mit dieser Gottheit vorgenommen, deren Popularität seit dem Ende des Alten Reiches beträchtlich gestiegen war. Wie auch immer: In den Höfen der Tempel aus der 12. Dynastie erschienen nun mumienförmige Königsbildnisse, und zwar sowohl in den königlichen Totentempeln wie unter Sesostris I. in Lischt als auch in Göttertempeln wie in Karnak. Dieser Typus wird sich bis weit in das Neue Reich hinein halten.

386

Die Ka-Statue von König Auibre Hor wurde in der Grabanlage des Amenemhet III. in Dahschur gefunden und datiert aus der 13. Dynastie. Sie ist aus Holz gearbeitet, mit einer dünnen Gipsschicht überzogen und bemalt und hat eingelegte Augen. Höhe 170 cm, Breite 77 cm und Tiefe 27 cm. Ägyptisches Museum Kairo.

387

Diese Statue von Nebhepetre II. Mentuhotep wurde in einer in den Felsen getriebenen Kammer unter dem ersten Hof des Grabtempels von Mentuhotep II. in Der el-Bahari gefunden. Bemalter Sandstein, Höhe 138 cm, Breite 47 cm, Tiefe 101 cm; 11. Dynastie. Befindet sich im Ägyptischen Museum Kairo.

In der 12. Dynastie tritt zur Regierungszeit Amenemhets III. in seinem Pyramidentempel in Hawara der Typus der Königsdyade in Gestalt von zwei Seite an Seite schreitenden Königsbildnissen wieder in Erscheinung, gefolgt von einer Doppelstatue von König Neferhotep I. in Karnak, 13. Dynastie. Die Dyaden des klassischen Typus kannte man bereits unter Neuserre, die Dyade von Amenemhet III. aus schwarzem Granit, ein Doppelbildnis des Königs, ist hingegen sehr originell. Sie wurde in Tanis (in anderer Verwendung) gefunden. Der König erscheint in zweifacher Ausfertigung in der Gestalt einer Nilgottheit, macht spiegelgleich mit dem äußeren Bein einen Schritt und trägt Fischkörbe, aus denen Lotusranken heraushängen. Diese künstlerisch hochwertige und hervorragend ausgeführte Doppelstatue gibt die strengen Gesichtszüge des Königs Amenemhet III. vorzüglich wieder, die am besten bei den „Mähnensphingen" von Tanis zu erkennen sind.

Der Große Sphinx prägte gewissermaßen einen Stil und wurde beständig kopiert. Die Könige der 12. Dynastie ordneten Sphingen auf den zu ihren Tempeln führenden Prachtstraßen paarweise an. Ein bestimmtes Paar wurde immer und immer wieder verwendet, bis man es in späteren Zeiten nach Tanis brachte, wo es schließlich gefunden wurde. Es ist so unmittelbar von dem Großen Sphinx beeinflusst, dass Wissenschaftler eine Zeit lang geneigt waren, es dem Alten Reich zuzuordnen. Eine Art Mähnensphinx, der schon im Alten Reich bekannt war, erscheint im Mittleren Reich während der Herrschaft von Amenemhet III. häufiger. Einige Sphingen mit dem Gesicht des Königs, umrahmt von einer recht natürlich aussehenden Löwenmähne und mit Löwenkörper, gelangten sogar bis nach Tanis, nachdem Herrscher seit der Zeit der Hyksos bis zu den Ramessiden und den Königen der Dritten Zwischenzeit sie mit Inschriften versehen hatten.

In der 12. Dynastie bildet sich ein neuer Typus bei der Privatplastik heraus, der bis in die Spätzeit favorisiert wird: der Würfelhocker (Blockstatue). Er zeigt den Inhaber in kauernder Haltung, der Körper ist in ein Gewand gehüllt, die Hände schauen hervor und sind über den Knien gekreuzt. Bisweilen sind auch die Beine oder die Füße frei. Später wird die Person Lattich, eine Lotusblume oder ein anderes Emblem halten. Diese äußerst schematisierte Skulptur ist möglicherweise von Abbildungen von Personen in einer Sänfte angeregt. Was machte diese kompakten Statuen so attraktiv, war es die Wirtschaftlichkeit in Bezug auf Arbeitsaufwand, Materialersparnis, die Tatsache, dass sie dauerhafter waren; dienten sie als stabiler Ort zum Niederlegen von Opfern oder waren die vielen glatten und ebenen Flächen der springende Punkt, die so viel Platz für autobiographische Inschriften zum Lobpreis der eigenen Person und für Opferformeln boten (welche den massiven Korpus in der Regel bedeckten)? Vielleicht gab es einen ganz einfachen praktischen Grund, denn die Inschriften auf der Statue enthalten normalerweise einen Appell an die Lebenden, die vorübergehen: Sie mögen ein Gebet sprechen und etwas Wasser und Brot als Opfer darbringen. Daher könnte der Würfelhocker in der Tat die ideale Form für die Entgegennahme von Opfern gewesen sein. All diese Überlegungen könnten

388 oben links
Die Dyade Amenemhets III. als Opferträger wurde in Tanis in erneuter Verwendung gefunden. Sie ist aus Granit gefertigt und hat folgende Maße: Höhe 160 cm, Breite 100 cm, Tiefe 80 cm. Wird im Ägyptischen Museum Kairo aufbewahrt.

388 unten
Quarzitstatue des Wesirs Gau, 13. Dynastie, 99 cm hoch. Ny Carlsberg Glyptotek Kopenhagen.

389 oben
Blockstatue des Hotep aus seinem Grab in Sakkara, frühe 12. Dynastie, grauer Granit. Sie ist 74 cm hoch und befindet sich im Ägyptischen Museum Kairo.

zutreffen und sind doch nicht ganz erschöpfend. Wahr ist jedoch, dass die ägyptische Kunst mit diesen Statuen einen außergewöhnlichen und in der Folgezeit nicht übertroffenen Grad der Abstraktheit erreicht.

Wahrscheinlich durch den Einfluss der Darstellungen des Königs in seinem Jubiläumsgewand finden wir nun immer mehr Statuen von in einen Umhang gehüllten Privatpersonen in sitzender, schreitender oder kauernder Haltung. Ebenso en vogue und speziell von Wesiren bevorzugt ist nun der lange, direkt unter der Brust geknotete Rock. Zwei Beispiele veranschaulichen in aller Deutlichkeit, welche außergewöhnliche Präsenz, Strahlkraft und Autorität von diesen Privatbildnissen ausgeht. Die schwarze Granitstatue des Wesirs Sebekemsaf im Kunsthistorischen Museum Wien stellt einen korpulenten Mann dar, nicht ganz lebensgroß, schreitend, die Arme hängen seitlich am Körper. Er trägt den langen, mit einer Zierborte eingefassten Rock der Wesire. Kahlköpfig, rundgesichtig, mit tief liegenden Augen, plastischen Augenbrauen und ausgestalteter Gesichtsmuskulatur ist sein Ausdruck sehr ernst. Im Kopenhagener Museum für Altertumskunst Ny Carlsberg Glyptotek ist ein Exemplar aus Rosengranit zu sehen. Der Wesir Gau sitzt in der Haltung eines Schreibers mit naturalistischen Augenbrauen, wulstigen oberen Augenlidern und breitem, schmallippigem Mund trägt er die Züge, die die bevorstehende Zweite Zwischenzeit charakterisieren.

Eine Anmerkung zur Porträtkunst als solcher steht noch aus. Immer wieder wird gefragt: Waren diese Statuen Porträts oder vergleichbar mit stilisierten Hieroglyphen, die das Idealbild zeigen sollen? Solange weder Zauberkräfte noch kriminologische Techniken uns präzise Informationen über das Aussehen dieser Menschen, der Könige, Königinnen, Priester und Beamten, liefern können, ist diese Frage nicht zu beantworten. In der Kunstgeschichte spielt sie aber auch keine Rolle, denn egal ob man von Konventionen oder stilistischen Unterschieden spricht, ob von stilisiertem oder naturalistischem Charakter, ob idealisiert oder realistisch – es sind die „offiziell gültigen" Merkmale, an denen wir Djoser mit seinem ernsten Ausdruck auf den dicken, wulstigen Lippen sofort erkennen, Cheops anhand des großen, viereckigen Gesichtes, das wir auch beim Sphinx finden. Wir erkennen Djedefres harmonisch-weiches Gesicht und Chephrens distanzierte Königlichkeit, Mykerinos' kleinen runden Kopf und den athletischen Körper, oder die jugendlichen Züge des Userkaf, so zart, dass man in seinem Porträt zunächst die Göttin Neith wahrnahm, bevor in einem bestimmten Lichte sein Bart zu sehen war. Das ernste Gesicht von Pepi I. und der drohende Blick Mentuhoteps II. oder das zerfurchte Gesicht Sesostris' III. lassen sich nicht vergleichen. Und wie könnte man bei den Statuen von Privatpersonen trotz des gemeinsamen Merkmals der Dickleibigkeit Rahotep mit Seneb oder Hemiun, mit dem „Scheich el-Beled" oder aber mit dem Wesir Sebekemsaf verwechseln? Abschließend sei gesagt, dass die ägyptischen Statuen Bildnisse der Modelle sind und in diesem Sinne als Porträts betrachtet werden können. Und als Gedanke am Rande: Weder in der Vergangenheit noch heute oder in Zukunft müssen sich Künstler dafür rechtfertigen, ob das Werk Ähnlichkeit mit dem „Original" hat oder nicht. Wichtig ist, dass der Betrachter die charakteristischen Züge des Modells so erkennt, wie der Künstler sie gesehen hat. Die berühmten Porträts der Dora Marr von der Hand Pablo Picassos sind auf den ersten Blick zu erkennen – ausgeschlossen, sie mit einem anderen Frauenporträt des Künstlers zu verwechseln.

389 unten rechts
Schwarze Granitstatue des Wesirs Sebekemsaf, Höhe 150 cm, 13. Dynastie. Wird heute im Kunsthistorischen Museum Wien aufbewahrt.

390–391
Der Sphinx von Amenemhet III. aus der 12. Dynastie ist aus Granit. Er wurde in neuer Verwendung in Tanis gefunden und befindet sich nun im Ägyptischen Museum Kairo.

DIE PYRAMIDEN
Zahi Hawass

Zahi Hawass, ein weltweit anerkannter ägyptischer Archäologe, ist heute Generalsekretär des Supreme Council of Antiquities und Leiter der Ausgrabungsarbeiten an den Pyramiden in Giseh, in Sakkara und in der Oase Bahrija. Während der vergangenen zwanzig Jahre hat er rund um die Pyramiden Grabungsarbeiten durchgeführt und mehrere wichtige Entdeckungen gemacht, zu denen die Gräber der Pyramidenbauer und das Tal der Goldenen Mumien in der Oase Bahrija gehören. Hawass hat zahlreiche Bücher und Artikel über die Pyramiden, darunter *The Pyramids of Ancient Egypt*, und weitere Bücher zum Thema Ägyptologie verfasst. Er hält Vorträge in aller Welt. Mit zahlreichen Fernsehauftritten hat Hawass sein Land Ägypten den Menschen in aller Welt nahe gebracht. Zahi Hawass wurde 1988 vom ägyptischen Präsidenten Mubarak für die Erhaltung des Sphinx mit dem Preis Erster Klasse für Kunst und Wissenschaft ausgezeichnet. Im Oktober 2000 erhielt er als eine von dreißig internationalen Persönlichkeiten als Anerkennung für seine Leistungen auf dem Gebiet der Archäologie von der American Academy of Achievement den Golden Plate Award. 2001 ernannte ihn die National Geographic Society zum Explorer in Residence, und im Jahr 2003 wurde sein Name auf eine CD für die Mars Exploration Rover Mission gebrannt.

Bildnachweis
1 Marcello Bertinetti/Archivio White Star
2–3 Giulio Veggi/Archivio White Star
4 Marcello Bertinetti/Archivio White Star
5 Araldo De Luca/Archivio White Star
6–7 Araldo De Luca/Archivio White Star
8 Araldo De Luca/Archivio White Star
9 Araldo De Luca/Archivio White Star
10–11 Araldo De Luca/Archivio White Star
13 Kenneth Garrett
16–17 Kenneth Garrett
19 Araldo De Luca/Archivio White Star
20–21 Araldo De Luca/Archivio White Star

WESHALB EINE PYRAMIDE? DIE PYRAMIDENRELIGION
James Allen

James Allen promovierte auf dem Gebiet der Ägyptologie an der University of Chicago mit einer Dissertation über die Grammatik der Pyramidentexte. Er arbeitete als Inschriftenforscher bei der Luxor-Expedition der Universität und in Kairo als Direktor des American Research Center in Egypt. Seit 1986 ist er an der Yale University in der Forschung tätig und lehrt sowohl an dieser Einrichtung als auch an der University of Pennsylvania. Gegenwärtig ist Allen Kustos für Ägyptische Kunst im New Yorker Metropolitan Museum of Art und Vizepräsident des Internationalen Ägyptologen-Verbandes. Über seine Spezialgebiete Sprache, Texte und Religion des Alten Ägypten sowie über die Geschichte des Mittleren Reiches und der Amarnazeit hat Dr. Allen umfassend geschrieben. Er ist Autor der Publikation *Genesis in Egypt: the Philosophy of Ancient Egypt Creation Accounts* und hat auch unlängst sein Werk *Middle Egyptian: an Intrudoction to the Language and Culture if Hieroglyphs* veröffentlicht.

Bibliografie

Allen, J.: Reading a Pyramid. In: *Hommages à Jean Leclant*. Bibliothèque d'Étude 106, Bd. 1. Institut Français d'Archéologie Orientale, Kairo 1994, S. 5–28.
Barta, W.: Die Bedeutung der Pyramidentexte für den verstorbenen König. *Münchner Ägyptische Studien* 39. München 1981.
d'Auria, S. H. et al.: *Mummies & Magic: The Funerary Arts of Ancient Egypt*. Boston 1988, S. 27–59.
Quirke, S.: *Ancient Egyptian Religion*. London 1992.
Ritner, R. K.: The Cult of the Dead. In: D. P. Silverman (Hrsg.): *Ancient Egypt*. London 1997. S. 132–147

Bildnachweis
22 Araldo De Luca/Archivio White Star
22–23 Giulio Veggi/Archivio White Star
24, 25, 26, 27 Araldo De Luca/Archivio White Star

DIE VERWALTUNG DER PYRAMIDE
Vassil Dobrev

Vassil Dobrev, ein französischer Archäologe, wurde 1961 in Varna (Bulgarien) geboren. 1992 promovierte er an der Pariser Sorbonne mit seiner Dissertation zum Thema „Researches on the Kings of the Fourth Egyptian Dynasty". Von 1995 bis 1998 war er Wissenschaftliches Mitglied des Institut Français d'Archéologie Orientale (IFAO) in Kairo. Seit 1987 ist er bei den Ausgrabungen der Pyramiden und Tempel Pepis I. und dessen Königinnen in Sakkara-Süd tätig. Seit 2000 ist Dobrev für das IFAO-Projekt zur Kartierung von Sakkara-Süd verantwortlich und arbeitet als Leiter der IFAO-Mission in Tabbet el-Guesch (Sakkara-Süd). Dobrev ist Autor mehrerer wissenschaftlicher Studien, seine Spezialgebiete sind die Inschriften der Pyramidenbauer und die Geschichte der Pyramiden.

Bibliografie

Dobrev, V.: Les marques de la pyram de de Pépy Ier. Notes complémentaires. *BIFAO* 98 1998. S. 151–170.
Eyre, C. J.: Work and the Organisation of Work in the Old Kingdom. In: M. A. Powell (Hrsg.): *Labor in the Ancient Near East*. American Oriental Series, vol. 68. New Haven 1987, S. 5–47.
Posener-Kriéger, P.: *Les Archives du temple funéraire de Néferikarê-Kakaï (Les papyrus d'Abousir). Traduction et Commentaire, 2 vol.* BdÉ 65. IFAO, Kairo 1976.
Reisner, G. A.: *Mycerinus: The Temples of the Third Pyramid*. Cambridge (Massachusetts) 1931, S. 273–275, Anhang E, Taf. XI–XII.
Roth, A. M.: Egyptian Phyles in the Old Kingdom. The Evolution of a System of Social Organization. *SAOC* 48, Chicago 1991.

Bildnachweis
28 Giulio Veggi/Archivio White Star
29 Vasko Dobrev
30 Marcello Bertinetti/Archivio White Star

DER BAU EINER PYRAMIDE IM ALTEN REICH
Mark Lehner

Mark Lehner gehört zu den führenden Experten auf dem Gebiet der Pyramiden und des Sphinx von Giseh. Es ist Präsident der gemeinnützigen Forschungsorganisation AERA, Inc., die das Giza Plateau Mapping Project unterstützt. Im Rahmen dieses Projekts führen Archäologen, Geochronologen, Paläobotaniker und Fachleute für die Tierwelt in der Nähe des Sphinx und der Pyramiden Ausgrabungsarbeiten zum Freilegen der Siedlungen aus der Zeit des Alten Reiches durch. Lehner ist im Fernsehprogramm *Explorer* der National Geographic Society und bei NOVA in der Sendung *Secrets of Lost Empires*, einer Serie über die Technik des Altertums, mit dem Beitrag *This Old Pyramid and Obelisk* aufgetreten. Es ist der Autor des 1997 erschienenen Buches *The Complete Pyramids* (Titel der deutschen Ausgabe: *Geheimnis der Pyramiden*). Neben seinen bereits erschienenen oder im Druck befindlichen Büchern und Artikeln ist Lehners Buch über den Sphinx von Giseh bei University of Chicago Press in Vorbereitung. Von 1990 bis 1995 war Lehner Assistant Professor für ägyptische Archäologie an der University of Chicago. Heute arbeitet er als Research Associate am Oriental Institute der University of Chicago und am Harvard Semitic Museum. Lehner wurde in North Dakota geboren, wo er auch aufwuchs und seine Hochschulausbildung begann. 1973 ging er für ein Jahr als Auslandsstudent an die American University nach Kairo, die er als Bakkalaureus auf dem Gebiet der Anthropologie abschloss. Er lebte vierzehn Jahre lang in Ägypten und war in dieser Zeit für ägyptische, britische, französische und deutsche archäologische Projekte tätig. Von 1979 bis 1983 war er Field Director und dann Direktor des vom ARCE unterstützten Giseh-Projekts. 1984 begann er mit dem Giza Plateau Mapping Project (GPMP), das ebenfalls vom American Research Center in Egypt sowie von der Yale University gefördert wird, an der Lehner auf dem Gebiet der Ägyptologie promoviert hat. 1988 begannen im Rahmen des GPMP Ausgrabungsarbeiten mit dem Ziel, die einstige Besiedelung und die Infrastruktur für die damaligen Pyramidenbauer zu erkunden. Bisher wurde eine Arbeiterstadt mit Werkstätten, Lagergebäuden, Bäckereien und einem großen königlichen Verwaltungszentrum aus der Zeit der Pyramiden (um 2500 v. Chr.) entdeckt.

Bibliografie

ALLGEMEINES
Arnold, D.: *Building in Egypt. Pharaonic Stone Masonry*. New York und Oxford 1991.
Badawy, A.: The periodic system of building a pyramid. *JEA* 63 (1977), S. 52–58.
Dunham, D.: Building an Egyptian Pyramid. *Archaeology* 9, Nr. 3 (1956), S. 159–165.
Garde-Hansen, P.: *On the Building of the Cheops Pyramid*. Cascais 1974.
Hodges, P. und E. B. J. Keable: *How the Pyramids Were Built*. Shaftesbury (Dorset) 1989.
Isler, Martin: *Sticks, Stones and Shadows: Building the Egyptian Pyramids*. Norman 2001.
Lauer, J.-P.: Comment furent construits les pyramides. *Historia* 86 (1954), S. 57–66.
Mencken, A.: *Designing and Building the Great Pyramid*. Baltimore 1963.
Petrie, W. M. F.: The Building of a Pyramid. In: *Ancient Egypt* (1930), S. 33–39.
Smith, Craig: Program Management B.C. *Civil Engineering* (Juni 1999), S. 34–41.

NACHSCHUB UND TRANSPORT
Bietak, M.: Zur Marine des Alten Reiches. In: *Pyramid Studies and Other Essays Presented to I. E. S. Edwards*. London 1988, S. 35–40.
Bradbury, L.: Kpn-boats, Punt trade, and a lost emporium. *JARCE* 33 (1996), S. 37–60.
Fischer, H. G.: Two tantalizing biographical fragments of historical interest, 1.a speedy return from Elephantine. *JEA* 61 (1975), S. 33–35.
Goyon, G.: Les navires de transport de la chausée monumentale d'Ounas. *BIFAO* 69 (1971). S. 11–41.
Goyon, G.: Les portes des pyramides et le grand canal de Memphis. *RdÉ* 23 (1971), S. 137–153.
Haldane, C.: A new method of ancient Egyptian hull construction, preliminary report. *Mariner's Mirror* 74 (1988), S. 141–152.
Haldane, C.: The Lisht timbers: a report on their significance. In: D. Arnold (Hrsg.): *The Pyramid Complex of Senwosret I*. New York 1992, S. 102–112.
Landström, B.: *Ships of the Pharaos*. Garden City 1970.
Schenkel, W.: Kanal. *LÄ* III (1980), S. 310–312.
Sølver, C. V.: Egyptian obelisk ships. *Mariner's Mirror* 33 (1947), S. 39–43.

LANDSCHAFTLICHES UMFELD
Aigner, T.: Facies and origin of nummulitic buildups: an example form the Giza Pyramids Plateau (Middle Eocene, Egypt). *N. Jb. Geol. Paläont. Abh.* 166 (1983), S. 347–368.
Aigner, T.: Zur Geologie und Geoarchäologie des Pyramidenplateaus von Giza, Ägypten. *Natur und Museum* 112 (1983), S. 377–388.
Lehner, M.: The Development of the Giza Necropolis: The Khufu Project. *MDAIK* 41 (1985).

STEINBRÜCHE
Engelbach, R.: *The Aswan Obelisk*. Kairo 1922.
Engelbach, R.: *The Problem of the Obelisks: From a Study of the Unfinished Obelisk at Aswan*. London 1923.
Harrell, J. A.: An inventory of ancient Egyptian quarries. *NACRE* 146 (Frühjahr 1989), S. 1–7.
Harrell, J. A. und T. M. Bown: An Old Kingdom basalt quarry at Widan el-Faras and the quarry road to Lake Moeris. *JARCE* 32 (1995), S. 71–92.
Harrell, J. A. und V. M. Brown: *Topographical and Petrological Survey of Ancient Egyptian Quarries*. Toledo 1995.
Klemm, D. und R. Klemm: Herkunftsbestimmung altägyptischen Steinmaterials. *SAK* 7 (1979), S. 103–140.
Klemm, D. und R. Klemm: *Steine der Pharaonen*. München 1981.
Röder, J.: Steinbruchgeschichte des Rosengranits von Assuan. *Archäologischer Anzeiger* 3 (1965). S. 461–551.

DIE NOVA-PYRAMIDE
Lehner, M.: The Pyramid. In: *Secrets of Lost Empires*. New York 1996, S. 46–93.

WERKZEUGE, TECHNIKEN UND ARBEITSWEISEN
Hinkel, F. W.: Hölzernes Fördergerüst an der Cheopspyramide? *Das Altertum* 2, Nr. 28 (1982), S. 113–118.
Lane, M.: The pull-saw in Egypt. *Ancient Egypt and the East* (Juni 1935), S. 55–58.
Lucas, A. und Harris, R.: *Ancient Egyptian Materials and Industries*. London 1962.
Moores, R. G.: Evidence for the use of a stone-cutting drag saw by the Fourth Dynasty Egyptians. *JARCE* 28 (1991), S. 139–148.
Petrie, W. M. F.: *Tools and Weapons, Egyptian Research Account* 22. London 1917.
Ryan, D. P.: Old rope. *KMT* 4, Nr. 2 (1993), S. 72–79.
Teeter, E.: Techniques and terminology of rope-making in ancient Egypt. *JEA* 73 (1987). S. 71–77.
Zuber, A.: Techniques du travail des pierres dures dans l'Ancienne Égypte. *Techniques et Civilizations* 30.5, Nr. 6 (1956), S. 196–215.

VERMESSUNG UND AUSRICHTUNG
Borchardt, L.: Ein altägyptisches astronomisches Instrument. *ZÄS* 37 (1899), S. 10–17.
Borchardt, L.: *Längen und Richtungen der vier Grundkanten der großen Pyramide bei Gise*. Berlin 1926.
Cole, J. H.: *The Determination of the Exact Size and Orientation of the Great Pyramid of Giza*. Survey of Egypt Paper Nr. 39. Kairo 1925.
Dorner, J.: *Die Absteckung und astronomische Orientierung ägyptischer Pyramiden*. Innsbruck, 1981.
Dorner, J.: Studien über die Bauvermessung und astronomische Orientierung. *AfO* 32 (1985), S. 165–166.
Goyon, G.: Quelques observations effectuée autour de la pyramide de Khéops. *BIFAO* 47 (1969), S. 71–89.
Isler, M.: An ancient method of finding and extending direction. *JARCE* 26 (1989), S. 191–206.
Isler, M.: The merkhet. *VA* 7 (1991), S. 53–67.
Isler, M.: The gnomen in Egyptian antiquity. *JARCE* 28 (1991), S. 155–186.
Lauer, J.-P.: À propos de l'orientation des grandes pyramides. *Bulletin de l'Institut d'Égypte* (1960), S. 7–15.
Lehner, M.: Some observations on the layout of the pyramids of Khufu and Khafre. *JARCE* 20 (1983). S. 7–25.
Lehner, M.: The Giza Plateau Mapping Project season 1984–85. *NARCE* 131 (Herbst 1985). S. 23–56.
Lehner, M.: The Giza Plateau Mapping Project. *NARCE* 135 (Herbst 1986), S. 29–54.
Lepsius, R.: *Die alt-ägyptische Elle*. Berlin 1865.
Neugebauer, O.: On the orientation of pyramids. *Centaurus* 24 (1980), S. 13.
Petrie, W. M. F.: *Ancient Weights and Mearures*. London 1926.
Pochan, A.: Observations relatives au revêtement des deux grandes pyramides de Gisa. *Bulletin de l'Institut d'Égypte* 16 (1934), S. 214–220.
Zába, Z.: *L'orientation Astronomique dans l'ancienne Égypte, et la précession de l'axe du monde*. Prag 1933.

RAMPEN, HEBEL, THEORIEN ZU HEBEVORRICHTUNGEN
Arnold, D.: Überlegungen zum Problem des Pyramidenbaues. *MDAIK* 37 (1981), S. 15–28.
Cunningham, J.: Techniques of pyramid building in Egypt. *Nature* 332, Nr. 3 (1988).
Dunham, D.: Building an Egyptian Pyramid. *Archaeology* 9, Nr. 3 (1956), S. 159–1965.
Fitchen, J.: Building Cheops' pyramid. *Journal of the Society of Architectural Historians* 37 (1978), S. 3–12.
Isler, M.: Ancient Egyptian methods of raising weights. *JARCE* 13 (1976), S. 31–41.
Isler, M.: On pyramid building. *JARCE* 22 (1985), S. 129–142.
Isler, M.: On pyramid building II. *JARCE* 24 (1987), S. 95–112.
Lowdermilk, R.: Re-inventing the machine Herodotus said built the Great Pyramid. *KMT* 2, Nr. 4 (1991), S. 45–53.

NEIGUNGSWINKEL, VERKLEIDUNG
Arnold, D.: Manœuvering casing blocks of pyramids. In: John Bains et al. (Hrsg.): *Pyramid Studies*

and Other Essays presented to I. E. S. Edwards. London 1988, S. 12–24.
Isler, M.: Concerning the concave faces on the Great Pyramid. *JARCE* 20 (1983), S. 27–32.
Lally, M.: Engineering a pyramid. *JARCE* 26 (1989), S. 207–218.
Lauer, J.-P.: Sur le choix de l'angle de pente dans les pyramides d'Égypte. *Bulletin de l'Institut d'Égypte* 37 (1956), S. 57–66.
Lauer, J.-P.: Observations sur les pyramides. *BdÉ* 30. Kairo 1960.
Robins, G. und C. C. D. Shute: Determining the slope of pyramids. *GM* 57 (1982), S. 49–54.

Bildnachweis
33 oben Archivio White Star
33 unten Araldo De Luca/Archivio White Star
34, 35 Giulio Veggi/Archivio White Star
36, 37 Alberto Siliotti/Archivio Geodia
38 Mark Lehner
39 Alfio Garozzo/Archivio White Star
43, 45 Marcello Bertinetti/Archivio White Star

DIE BAULICHE ENTWICKLUNG DES ÄGYPTISCHEN KÖNIGSGRABES
Zahi Hawass

Bibliografie
Edwards, I. E. S.: *The Pyramids of Egypt.* Überarb. Aufl. New York 1985.
Hassan, S.: *The Sphinx: Its History in the Light of Recent Excavations.* Kairo: Universität Kairo 1949.
Hawass, Zahi: *The Khufu Statuette: Is It an Old Kingdom Sculpture?* Melanges Gamal Eddin Mochtar. BdÉ. Institut Français d'Archéologie Orientale Nr. 971 (1985).
–: *The Funerary Establishments of Khufu, Khafra, and Menkaura during the Old Kingdom.* Dissertation. University of Pennsylvania Microfilm, Ann Arbor (MI) 1987.
–: Histories, Mysteries of Man. In: W. M. F. Petrie: *The Pyramid and Temples of Gizah.* London 1990.
–: Pyramid Construction: New Evidence Discovered in Giza. In: Guksch, H. und Polz, D. (Hrsg.): *Stationen. Beiträge zur Kulturgeschichte Ägyptens. Gewidmet R. Stadelmann.* Mainz 1998.
–: *The Pyramid of Ancient Egypt.* Carnegie Institute, Pittsburgh 1990.
Lehner, M.: The Development of the Giza Necropolis: The Khufu Project. *MDAIK* 41 (1985).
Maragioglio, V. und Rinaldi, C.: *L'Architettura della piramidi menfite, Bde. 2–8.* Turin und Rapallo 1963–1977.
Reisner, G. A.: *The Development of The Egyptian Tomb Down to Accession of Chéops.* Cambridge, Mass. 1935.
Smith, W. S.: *The Art and Architecture of Ancient Egypt.* 2., von W. K. Simpson überarb. Aufl. Harmondsworth 1981.

Bildnachweis
46 Giulio Veggi/Archivio White Star
47 Marcello Bertinetti/Archivio White Star
48 Alfio Garozzo/Archivio White Star

DIE BAULICHEN BESTANDTEILE DER PYRAMIDENANLAGE
Zahi Hawass

Bibliografie
Badawy, A.: *A History of Architecture I.* Berkeley: University of California 1966.
Brinks, J.: *Die Entwicklung der königlichen Grabanlagen des Alten Reiches.* Hildesheim 1979.
Edwards, I. E. S.: *The Pyramids of Egypt.* Überarb. Aufl. New York 1985.
Fakhry, A.: *The Pyramids.* 2. Aufl. Chicago: University of Chicago Press 1974.
Hawass, Z.: The Pyramid. In: D. P. Silverman und D. Baird (Hrsg.): *Ancient Egypt.* London und New York: Oxford University Press 1998.
–: *The Funerary Establishments of Khufu, Khafra, and Menkaura during the Old Kingdom.* Dissertation. University of Pennsylvania Microfilm, Ann Arbor (MI) 1987.
–: Pyramid Construction: New Evidence Discovered in Giza. In: H. Guksch und D. Polz (Hrsg.): *Stationen. Beiträge zur Kulturgeschichte Ägyptens. Gewidmet R. Stadelmann.* Mainz 1998.
Maragioglio, V. und C. Rinaldi: *L'Architettura della piramidi menfite, Bde. 2–8.* Turin und Rapallo 1963–1977.
Petrie, W. M. F.: *The Pyramids and Temples of Gizeh.* London 1883.
Smith, W. S.: *The Art and Architecture of Ancient Egypt.* 2., von W. K. Simpson überarb. Aufl. Harmondsworth 1981.
Stadelmann, R.: *Die ägyptischen Pyramiden.* Mainz 1985.

Bildnachweis
52, 53 Araldo De Luca/Archivio White Star

DIE PRÄDYNASTISCHE ZEIT
Renee Friedman

Renee Friedman ist Heagy Research Curator in der Ägyptischen Abteilung des British Museum und Leiterin der Hierakonpolis-Expedition. Ihr Spezialgebiet ist die vordynastische Zeit Ägyptens. Sie studierte an der University of California in Berkeley und hat bisher an einer Reihe von Ruinenstätten in Ägypten – in Giseh, Mendes, Tell el-Muqdam sowie in Hierakonpolis, wo sie seit 1983 tätig ist, Grabungsarbeiten durchgeführt. Renee Friedman ist Mitautorin und Herausgeberin mehrerer Bücher, darunter *Egypt Uncovered* (1988), *The Followers of Horus* (1992) und *Egypt and Nubia: Gifts of the Desert* (2002).

Bibliografie
Adams, B.: Predynastic Egypt. *Shire Egyptology* 7. Aylesbury 1988.
Adams, B.: Ancient Nekhen: Garstang in the City of Nekhen. *ESA* Nr. 3. SIA Publishing 1995.
Adams, B. und K. Cialowicz: Protodynastic Egypt. *Shire Egyptology* 25. Großbritannien 1997.
Darnell, J. C.: *Theban Desert Road Survey in the Egyptian Western Desert, vol. 1: Gebel Tjauti Rock Inscriptions 1–45 and Wadi el-Hôl Rock Inscriptions 1–45.* Oriental Institute Publications 119, Chicago 2002.
Friedman, R. et al.: Preliminary Report on Field Work at Hierakonpolis 1996–1998. *JARCE* 36 (1999), S. 1–35.
Friedman, R. und B. Adams: *The Followers of Horus: Studies dedicated to Michael Allen Hoffman.* Oxford 1992.
Friedman, R.: *Egypt and Nubia: Gifts of the Desert.* London 2002.
Hoffman, M. A.: *Egypt Before the Pharaos.* New York, Texas 1979/1991.
Midant-Reynes, B.: *The Prehistory of Egypt: From the First Egyptians to the First Pharaos.* Oxford 2000.
Spencer, A. J.: *Early Egypt: The Rise of Civilization in the Nile Valley.* London 1993.
– (Hrsg.): *Aspects of Early Egypt.* London: British Museum Press 1996.
Shaw, I. (Hrsg.): *The Oxford History of Ancient Egypt.* Oxford 2000.
Wendorf, F. und R. Schild: *Holocene Settlement of the Egyptian Sahara, vol. 1: The Archaeology of Nabta Playa.* New York 2002.

Bildnachweis
54, 55 Araldo De Luca/Archivio White Star
56, 57 links Renee Friedman
57 rechts Araldo De Luca/Archivio White Star
58, 59 Renee Friedman
60 The British Museum
61 Kenneth Garrett

DIE GRÄBER AUS DER ZEIT DER 1. UND 2. DYNASTIE IN ABYDOS UND SAKKARA
Günter Dreyer

Günter Dreyer studierte in Hamburg und Berlin Ägyptologie, Assyriologie und Archäologie des Alten Nahen Ostens und promovierte 1978 über die Tempelgaben in den frühen Zeiten Ägyptens. Er führte mit dem Deutschen Archäologischen Institut Ausgrabungen in Luxor, Elephantine, im Wadi Garawi, in Abydos und Giseh durch. 1989 wurde Dreyer Stellvertretender Direktor, 1998 Direktor des DAI in Kairo. 1997 habilitierte er sich an der Berliner Universität mit seiner Arbeit über frühe Schriftzeugnisse aus Ägypten. Heute beschäftigt er sich vorwiegend mit Ausgrabungen der ältesten Königsgräber in Abydos.

Bibliografie
Spencer, A. J.: *Early Egypt.* London: British Museum Press 1993.

ABYDOS
Amélineau, E.: *Les Nouvelles Fouilles d'Abydos I–III.* Paris 1895–1904.
–: *Le Tombeau d'Osiris.* Paris 1899.
Petrie, W. M. F.: *The Royal Tombs of the First Dynasty I–II.* Mem. Egypt Expl. Fund 18, 21. London 1900–1901.
Dreyer, G.: *Umm el-Qaab I. Das prädynastische Königsgrab U-j in Abydos und seine frühen Schriftzeugnisse.* Archäologische Veröffentlichungen 86. Mainz 1998.
Dreyer, G. et al.: Umm el-Qaab. Nachuntersuchungen im frühzeitlichen Königsfriedhof. Vorberichte (preliminary reports). *MDAIK* 38, 46, 49, 52, 54, 56. Mainz 1982–2000.

SAKKARA
Emery, W. B.: *Great Tombs of the 1st Dynasty I–III, Excavations at Saqqara.* Kairo 1949; London 1955–1958.
–: *The Tomb of Hemaka. Excavations at Saqqara.* Kairo 1938.
–: *Hor Aha. Excavations at Saqqara.* Kairo 1939.
Lauer, J. Ph.: Histoire monumentale des pyramides d'Égypte. *Bibliothèque d'Étude* 39. Kairo 1962.

Bildnachweis
62 Araldo De Luca/Archivio White Star
63 Günter Dreyer
64 oben RMN
64 Mitte und unten Günter Dreyer
66 Araldo De Luca/Archivio White Star
67 oben Günter Dreyer
67 Mitte Araldo De Luca/Archivio White Star
68–69 und 68 unten Günter Dreyer
69 unten links Araldo De Luca/Archivio White Star
70 und 71 Privatsammlung
72–73 Privatsammlung
73 oben, Mitte und unten Araldo De Luca/Archivio White Star
74 Günter Dreyer
75 Araldo De Luca/Archivio White Star
76 oben und unten Araldo de Luca/Archivio White Star
76–77 Günter Dreyer

DIE KÖNIGLICHEN TALBEZIRKE VON ABYDOS UND HIERAKONPOLIS
Matthew Adams und David O'Connor

David O'Connor ist Lila Acheson Wallace Professor für Ägyptische Kunst und Archäologie am Institute of Fine Arts der New York University, Emeritus der University of Pennsylvania und leitete früher die Ägyptische Abteilung des Museum of Anthropology and Archaeology dieser Universität. Er hat in Ägypten und im Sudan ausgedehnte Ausgrabungsarbeiten durchgeführt. Zu seinen Veröffentlichungen gehören u. a. *Ancient Nubia: Egypt's Rival in Africa* und *Ancient Egypt: A Social History* (Mitautor). O'Connor beendet gerade ein Buch mit dem Titel *Abydos: The Evolution of a Sacred Landscape.*

Matthew Douglas Adams hat an der University of Pennsylvania sowohl auf dem Gebiet der Anthropologie als auch der Ägyptologie promoviert. Er ist Research Scholar am Institute of Fine Arts der New York University und Research Associate des University of Pennsylvania Museum. Er arbeitet seit 1981 in Abydos und ist dort seit 1991 als Projektleiter tätig. Adams leitet das Abydos Settlement Site Project und hat im alten Abydos Ausgrabungen durchgeführt. Er ist Associate Director des Abydos Early Dynastic Project und hat bereits viele der nordabydenischen frühdynastischen Königsmonumente ausgegraben. Außer in Ägypten hat Dr. Adams auch archäologische Feldforschung in der Türkei, in Syrien und Nordamerika betrieben. Er ist Autor mehrerer Artikel und Berichte; sein wissenschaftliches Interesse gilt Ägypten als komplexe Gesellschaft, dem Königtum und dem Charakter des frühen Staates in Ägypten, der sozio-ökonomischen Organisation Ägyptens und der Siedlungsarchäologie in Ägypten.

Bibliografie
Kemp, B.: Abydos: The Royal Tombs of the First Dynasty. *JEA* 52 (1966), S. 14–22.
O'Connor, D.: New Funerary Enclosures (Talbezirke) of the Early Dynastic Period. *Journal of the American Research Center in Egypt* 26 (1989), S. 51–86.
–: Boat Graves and Pyramid Origins: New Discoveries at Abydos, Egypt. *Expedition* 33/3 (1991), S. 5–17.
O'Connor, D. und M. Adams: Moored in the Desert: Digging an Ancient Armada. *Archaeology* (Mai/Juni 2001), S. 44–45.

Bildnachweis
78, 79, 80 oben, 80–81 Giulio Veggi/Archivio White Star
81 oben, 82–83, 83 David O'Connor
84, 85 Giulio Veggi/Archivio White Star

DIE STUFENPYRAMIDEN
Ali Radwan

Ali Radwan ist Professor an der Kairoer Universität, wo er Ägyptische Kunst und Archäologie lehrt. Er war früher Dekan an der Kairoer Universität und hat Ausgrabungsarbeiten in Abusir durchgeführt.

Bibliografie
Allen, J. P.: Funerary Texts and Their Meaning. In: S. d'Auria, P. Lacovara und C. H. Roehrig (Hrsg.): *Mummies and Magic: The Funerary Arts of Ancient Egypt.* Boston 1988, S. 38–49.
Altenmüller, H.: Bemerkungen zur frühen und späten Bauphase des Djoserbezirkes in Saqqara. *MDAIK* 28 (1972), S. 8–12.
Barsanti, A.: Ouverture de la pyramide de Zaouiét el-Aryan. *ASEA* II (1901), S. 92–94.
Cwiek, A.: Date and Function of the So-called Minor Step Pyramids. *GM* 162 (1988), S. 39–52.
Dreyer, G. und W. Kaiser: Zu den kleinen Stufenpyramiden Ober- und Mittelägyptens. *MDAIK* 36 (1980), S. 43–59, Taf. 68–77.
Dreyer, G. und Swelim, N.: Die kleine Stufenpyramide von Abydos-Süd (Sinki). *MDAIK* 38 (1982), S. 83–93, Taf. 11–14.
Dreyer, G.: Der erste König der 3. Dynastie. In: H. Guksch und D. Polz (Hrsg.): *Stationen. Fs. R. Stadelmann.* Mainz 1998, S. 31–34.
Dodson, A.: On the Date of the Unfinished Pyramid of Zawyet el-Aryan. *Diskussions in Egyptology* 3 (1985), S. 21.
Edwards, I. E. S.: *The Pyramids of Egypt.* Harmondsworth 1961.
Fakhry, A.: *The Pyramids.* Chicago 1969.
Faulkner, R. O.: *The Ancient Egyptian Pyramid Texts.* Oxford 1969.
Firth, C. M., J. E. Quibell und J.-Ph. Lauer: *The Step Pyramid. I, II.* Kairo 1935, 1936.
Fischer, H. G.: Some Emblematic Uses of Hieroglyphs with Particular Reference to an Archaic Ritual Vessel. In: *Ancient Egypt,* in: *The Metropolitan Museum Journal* (1977). S. 31ff, 181 (Palette aus Heluan).
Friedman, F. D.: The Underground Relief Panels of King Djoser at the Step Pyramid Complex. *JARCE* 32 (1995), S. 1–42.
Goneim, M. Z.: *The Buried Pyramid.* London 1956.
–: *Horus Sekhem-Khetm the Unfinished Step Pyramid at Saqqara, I.* Kairo 1957.
Greven, L.: Der Ka in Theologie und Königkult der Ägypter des Alten Reiches. *ÄF* 17. Glückstadt 1952.
Hawass, Z.: A Fragmentary Monument of Djoser from Saqqara. *JEA* 80 (1994), S. 45–56.
Helck, W.: Der Name des letzten Königs der 3. Dynastie und die Stadt Ehnas. *SAK* 4 (1976), S. 123–130.
–: Gane. *LÄ* II (1977), S. 391, Anm. 95.
–: Die Datierung der Gefäßaufschriften aus der Djoserpyramide. *ZÄS* 106 (1979), S. 120–132.
–: Sanacht. *LÄ* V (1984), S. 375f.
–: Zum Statuensockel des Djoser. In: I. Gamer-Wallert und W. Helck (Hrsg.): *Gegengabe, Fs Emma Brunner-Traut.* Tübingen 1992, S. 143–150.
Hornung, E.: Exploring the Beyond. In: E. Hornung und B. M. Bryan (Hrsg.): *The Quest for Immortality: Treasures of Ancient Egypt.* München, London und New York 2002, S. 33.
Kaiser, W.: Zu den Königlichen Talbezirken in Abydos und zur Baugeschichte des Djoser-Grabmals der 1. und 2. Dynastie. *MDAIK* 25 (1969), S. 1–21.
–: Ein Kultbezirk des Königs Den in Sakkara. *MDAIK* 41 (1984), S. 47–60.
–: Zur unterirdischen Anlage der Djoserpyramide und ihrer entwicklungsgeschichtlichen Einordnung. In: I. Gamer-Wallert und W. Helck (Hrsg.): *Gegengabe, Fs Emma Brunner-Taut.* Tübingen 1992, S. 167–190.
Kees, H.: *Der Götterglaube im Alten Ägypten.* Leipzig 1941, S. 214ff.
Krejcí, J.: The Origins and Development of the Royal Necropolis at Abusir during the Old Kingdom. In: M. Bárta und J. Krejcí (Hrsg.): *Abusir and Saqqara in the Year 2000.* Prag 2000, S. 477, Abb. 2 und 4.

Lauer, J.-Ph.: *La Pyramide à Degrés, I–III.* Kairo 1936–1939.
–: Histoire Monumentale des Pyramides d'Égypte I: Les Pyramides à Degrés (IIIe Dynastie), *BdÉ* 39 (1962).
–: Les petites pyramides à degrés de la IIIe dynastie. *Rev. archeologique* (1962), S. 5–15
–: Recherche et découverte de tombeau sud de L'Horus Sekhem-Khet sans son complexe funéraire à Saqqarah. *BIE* 48/49 (1969), S. 121–131.
–: *Saqqara: The Royal Cemetery of Memphis.* London 1976.
Leclant, J. und G. Clerc: Fouilles et travaux en Égypte et au Soudan. *Orientalia* 57, Nr. 3 (1988), S. 336, Abb. 40, 41.
Lehner, M.: Z 500 and the Layer Pyramid of Zawiyet el-Aryan. In: P. Der Manuelian (Hrsg.): *Studies in Honor of W. K. Simpson II.* Boston 1996, S. 507–522.
–: *The Complete Pyramids.* London, Kairo 1997.
Lesko, L. H.: Seila 1981. *JARCE* 25 (1988), S. 7–33.
Müller, H. W.: Löwenskulpturen. *MJbK* XVI (1965), S. 20.
–: Gedanken zur Entstehung, Interpretation und Rekonstruktion ältester ägyptischer Monumentalarchitektur. In: *Ägypten – Dauer und Wandel*, in: DAIK, Sonderschrift 18, Mainz 1985, S. 7–33.
O'Connor, D.: New Funerary Enclosures (Talbezirke) of the Early Dynastic Period at Abydos. *JARCE* 26 (1989), S. 51–86.
Otto, E.: Die Religion der Alten Ägypter. In: *Handbuch der Orientalistik. Abt. 1, Bd. VIII, 1.* Leiden 1964, S. 55.
Parra Ortiz, J. M.: Houni et Snéfrou: Les Pyramides de Meïdoum et Dahschour. *GM* 154 (1996), S. 77–91.
Radwan, A.: Recent Excavations of the Cairo University at Abusir: A Cemetery of the 1st Dynasty. In: D. Kessler und R. Schultz (Hrsg.): *Gedenkschrift für Winfried Barta*, in: *MÄU* 4 (1995), S. 312, Anm. 11.
–: Mastaba XVII at Abusir (First Dynasty): Preliminary Results and General Remarks. In: M. Bárta und J. Krejcí (Hrsg.): *Abusir and Saqqara in the Year 2000.* Prag 2000, S. 509–514, Abb. 2.
–: Some Remarks Concerning the Superstructure of Some Mastabas at Abusir. In: Z. Hawass (Hrsg.): *Egyptology at the Dawn of the Twenty-First Century. Proceedings of the Eighth International Congress of Egyptologists, Cairo 2000.* Kairo 2000.
Ricke, H.: Bemerkungen zur ägyptischen Baukunst des Alten Reiches I. *Beiträge, Bf* 4 (1944).
Ritner, R. K. O.: Gardiner 363: A Spell Against Night Terrors. *JARCE* 27 (1990), S. 37f, Abb. 5.
Schraff, A.: Die Ausbreitung des Osiriskultes in der Frühzeit und während des Alten Reiches. *SBAW*, Heft 4 (1948).
Seidel, M. und D. Wildung in C. Vandersleyen (Hrsg.): *Das alte Ägypten* (Propyläen Kunstgeschichte 15. Berlin 1975, S. 218–220.
Seidel, M.: Die königlichen Statuengruppen I. *HAB* 42 (1996), S. 5–9.
Sourouzian, H.: Inventaire iconographique des Statues en Manteau Jubilaire. In: *Hommages à J. Leclant.* BdÉ 106, Bd. 1 (1994), S. 50ff.
–: L'iconographie du roi dans la statuaire des trois premières dynasties. In: *Kunst des Alten Reiches.* DAIK, Sonderschrift 28 (1995), S. 133ff.
–: Concordances et Écarts entre Statuaire et Représentations à deux dimensions des Particuliers de L'Époque Archaïque. In: N. Grimal (Hrsg.): *Les Critères de Datation Stylistiques.* BdÉ 120 (1998), S. 305ff.
Stadelmann, R.: Pyramiden. *LÄ* IV (1982), S. 1205ff.
–: Das vermeintliche Sonnenheiligtum im Norden des Djoserbezirkes. *ASAE* 69 (1983), S. 373–378.
–: Die Oberbauten der Königsgräber der 2. Dynastie in Sakkara. Mélanges G. E. Mokhtar II. *BdÉ* 97/2 (1985), S. 295–307.
–: *Die ägyptischen Pyramiden – vom Ziegelbau zum Weltwunder.* Mainz 1985.
–: *Die großen Pyramiden von Giza.* Graz 1990.
–: Zur Baugeschichte des Djoserbezirks, Grabschacht und Grabkammer der Stufenmastaba. *MDAIK* 52 (1996), S. 295–305.
–: Origins and Development of the Funerary Complex of Djoser. In: P. Der Manuelian (Hrsg.): *Studies in Honor of W. K. Simpson.* Boston 1996, S. 787–800.
–: Représentations de la famille royale à l'Ancien Empire. In: Chr. Ziegler (Hrsg.): *L'Art de l'Ancien Empire.* Paris: Musée de Louvre 1999, S. 174, Abb. 5.
Stiénon, J.: El-Kolah. *Chronicle d'Égypte* 59 (1950), S. 43–45.
Swelim, N.: Additional Views Concerning the Monument Called Sinki. *MDAIK* 38 (1982), S. 94f.
–: *Some Problems on the History of the Third Dynasty.* Alexandria 1983.
–: *The Brick Pyramid at Abu Roash, Numbered I by Lepsius.* Alexandria 1983.
–: Some Remarks on the Great Rectangular Monuments of Middle Saqqara. *MDAIK* 47 (1991), S. 389–402.
Tray, L.: *Patterns of Queenship in Ancient Egyptian Myth and History.* Uppsala 1986, S. 56ff.
Verner, M.: *The Pyramids: The Mystery, Culture and Science of Egypt's Great Monuments.* Kairo, New York 2002.
Westendorf, W.: *Das Alte Ägypten.* Baden-Baden 1968, S. 30.
Wildung, D.: Die Rolle ägyptischer Könige im Bewußtsein ihrer Nachwelt. *MÄS* 17 (1969).
–: Imhotep. *LÄ* III (1980), S. 145–148.
–: Two Representations of Gods from the Early Old Kingdom. *Miscellanea Wilbouriana* I (1972), S. 145ff.
Wilson, J. A.: Buto and Hierakonpolis in the Geography of Egypt. *JNES* 14 (1995), S. 209–236.
Ziegler, Chr. (Hrsg.): *L'art égyptien au temps des Pyramides, Cat.* Paris 1999, S. 34–51, 148–165.

Bildnachweis

86 Oriental Institute of The University of Chicago
87 bis 93 Araldo De Luca/Archivio White Star
94–95 Marcello Bertinetti/Archivio White Star
95 oben Giulio Veggi/Archivio White Star
96 Marcello Bertinetti/Archivio White Star
98, 99 Araldo De Luca/Archivio White Star
100, 101 Giulio Veggi/Archivio White Star
102, 102–103, 103 unten links Marcello Bertinetti/Archivio White Star
103 unten rechts Giulio Veggi/Archivio White Star
104 oben Marcello Bertinetti/Archivio White Star
104–105, 106–107, 107 unten Marcello Bertinetti/Archivio White Star
107 oben, 108 oben, 109 unten rechts Giulio Veggi/Archivio White Star
108–109, 109 unten links Marcello Bertinetti/Archivio White Star
110 oben Araldo De Luca/Archivio White Star
110 Mitte und unten Giulio Veggi/Archivio White Star
111 Miroslav Verner

DIE PYRAMIDEN DER 4. DYNASTIE

Rainer Stadelmann

Rainer Stadelmann wurde am 24. Oktober 1933 im bayrischen Oettingen als Sohn eines Professors für Klassische Sprachen geboren. Er studierte in München und Heidelberg Ägyptologie. Er besuchte Ägypten erstmals vom Dezember 1955 bis zum April 1956 und nahm an den Ausgrabungsarbeiten am Sonnenheiligtum des Userkaf in Abusir teil. Im Frühjahr 1960 erlangte er seinen ersten Doktorgrad mit einer Dissertation über „Syrisch-Palästinensiche Gottheiten in Ägypten" und wurde an der Universität Heidelberg wissenschaftlicher Assistent für Ägyptologie. 1967 erlangte er in Heidelberg mit der Habilitationsschrift über „Altägyptische Bauinschriften und Namen von Bauteilen" seinen zweiten Doktorgrad und wurde er Lehrbeauftragter. Im April 1968 wurde Stadelmann Wissenschaftlicher Direktor des Deutschen Archäologischen Instituts in Kairo und Honorarprofessor an der Universität Heidelberg. 1989 wurde er Erster Direktor des DAIK. Er führte Ausgrabungen auf der Insel Elephantine, am Totentempel Sethos' I. in Gurna und an den Pyramiden des Snofru in Dahschur durch. Neueste Ausgrabungs- und Erhaltungsarbeiten finden am Tempel Amenophis' III. und an den Memnonskolossen statt. Stadelmann veröffentlichte mehrere Bücher über die Pyramiden und in internationalen Fachzeitschriften rund 100 wissenschaftliche Artikel in Deutsch, Englisch und Französisch.

Bibliografie

Edwards, I. E. S.: *The Pyramids of Egypt.* London 1985.
Fakhry, A.: *The Monuments of Sneferu at Dahschur I–II.* Kairo 1959.
Hawass, Z.: *The funerary establishment of Khufu, Khaefra and Menkaura during the Old Kingdom.* Pennsylvania 1987.
Lauer, J. Ph.: *Le Mystère des Pyramides.* 1988.
Lehner, M.: *The Complete Pyramids.* 1997.
Stadelmann, R.: *Die Großen Pyramiden von Giza.* ADEVA 1990.
–: *Die ägyptischen Pyramiden.* Mainz 1997.
Vercoutter, J.: *L'Égypte et la vallée du Nil. NOUVELLE CLIO Tome I. Des Origines à la Fin de l'Ancien Empire.* Paris 1992.

Bildnachweis

112 Araldo De Luca/Archivio White Star
113 Privatsammlung
114–115 Marcello Bertinetti/Archivio White Star
114 unten Araldo De Luca/Archivio White Star
115 Giulio Veggi/Archivio White Star
116–117, 117 oben Marcello Bertinetti/Archivio White Star
117 unten Giulio Veggi/Archivio White Star
118, 119, 120–121 Marcello Bertinetti/Archivio White Star
121 Marcello Bertinetti/Archivio White Star
122–123 Marcello Bertinetti/Archivio White Star
122 unten Giulio Veggi/Archivio White Star
123 oben Araldo De Luca/Archivio White Star
124 oben Giulio Veggi/Archivio White Star
124 unten Araldo De Luca/Archivio White Star
126–127 Giulio Veggi/Archivio White Star
128–129, 129 unten Marcello Bertinetti/Archivio White Star
129 oben Giulio Vetti/Archivio White Star
130 Araldo De Luca/Archivio White Star
131, 132–133, 133 Marcello Bertinetti/Archivio White Star
132 unten links Giulio Veggi/Archivio White Star
132 unten rechts, 134, 135, 136 unten links und rechts Araldo De Luca/Archivio White Star
136–137, 137 Marcello Bertinetti/Archivio White Star

DIE KÖNIGINNENPYRAMIDEN DER 4. DYNASTIE IN GISEH

Zahi Hawass

Bibliografie

Badawy, A.: *History of Egyptian Architecture I.* Giseh 1954.
Borchardt, L: *Das Grabdenkmal des Königs Sahu-Re II.* Leipzig 1913.
Edwards, I. E. S.: *The Pyramids of Egypt.* Überarb. Aufl. New York 1985.
Fakhry, A.: *The Pyramids.* Chicago und London 1969.
Hawass, Z.: *The Funerary Establishments of Khufu, Khafra, and Menkaura during the Old Kingdom.* Dissertation. University of Pennsylvania Microfilm, Ann Arbor (MI) 1987.
–: Aktualisierung in W. M. F. Petrie: *The Pyramid and Temples of Gizah.* Histories & Mysteries of Man, London 1990.
Lehner, M.: *The Pyramid Tomb of Hetep-heres and the Satellite Pyramid of Khufu.* Mainz 1985.
Maragioglio, V. und C. Rinaldi: *L'Architettura delle piramidi menfite, Bde. 2–8.* Tip. Artale, Turin und Rapallo 1963–1977.
Reisner, G. A.: *A History of the Giza Necropolis, vol. II: The Tomb of Hetepheres, Mother of Cheops.* Cambridge (MA) 1955.
Riser, E.: *Der Königliche Harim im alten Ägypten und seine Verwaltung.* Wien 1972.
Simpson, W. K.: *The Mastabas of Kawab, Khafkhufu I, II, and III.* Boston 1978.
Stadelmann, R.: *Die ägyptischen Pyramiden.* Mainz 1985.
Vyse, H.: *Operation carried on at the Pyramids of Giza 2.* London 1841.

Bildnachweis

132 unten links Giulio Veggi/Archivio White Star
132 unten rechts, 134, 135, 136 unten links und rechts Araldo De Luca/Archivio White Star
136–137, 137 Marcello Bertinetti/Archivio White Star
138, 139 Giulio Veggi/Archivio White Star
140, 141 Marcello Bertinetti/Archivio White Star
142, 143, 144, 145 rechts Giulio Veggi/Archivio White Star
145 links Marcello Bertinetti/Archivio White Star
146, 148–149, 149 unten Giulio Veggi/Archivio White Star
149 oben Marcello Bertinetti/Archivio White Star

DIE NEBENPYRAMIDE DES CHEOPS

Zahi Hawass

Bibliografie

Hassan, S.: *Excavations at Giza 10. The Great Pyramid of Khufu and its Mortuary Chapel.* Kairo 1960.
Hawass, Z.: The Discovery of the Satellite Pyramid of Khufu, GID. In: P. Der Manuelian (Hrsg.): *Studies in Honor of William Kelly Simpson.* Boston: Museum of Fine Arts 1996.
–: *The Funerary Establishments of Khufu, Khafra, and Menkaura during the Old Kingdom.* Dissertation. University of Pennsylvania Microfilm, Ann Arbor (MI) 1987.
–: Aktualisierung in W. M. F. Petrie: *The Pyramid and Temples of Gizah.* Histories & Mysteries of Man, London 1990.
–: The Discovery of the Pyramidion of the Satellite Pyramid of Khufu (GID). *Iubilate Conlegae: Studies Memory of Abd Aziz Sadek, T. 1, Varia Aegyptiaca, vol. 10* (1997).
Lauer, J. Ph.: *Pyramide à degrés I.* Kairo 1935.
Lehner, M.: *The Pyramid Tomb of Hetep-heres and the Satellite Pyramide of Khufu.* Mainz 1985.
Maragioglio, V. und C. Rinaldi: *L'Architettura delle piramidi menfite, Bde. 2–8.* Tip. Artale, Turin und Rapallo 1963–1977.
Reisner, G. A. A.: *History of the Giza Necropolis, vol. II: The Tomb of Hetepheres, Mother of Cheops.* Cambridge (MA) 1955.
Reisner, G. A.: *Mycerinus: The Temples of the Third Pyramid at Giza.* Cambridge (MA) 1931.
Smith, W. S.: *The Art and Architecture of Ancient Egypt.* Harmondsworth 1981.
Stadelmann, R.: Die Pyramiden des Sneferu in Dahschur: Erster Bericht über die Grabungen an der nördlichen Steinpyramide. *MDAIK* 38 (1982).
–: *Die ägyptischen Pyramiden.* Mainz 1985.
Vyse, H.: *Operation carried on at the Pyramids of Giza 2.* London 1841.

Bildnachweis

151 Giulio Veggi/Archivio White Star

DAS GEHEIMNIS DER HETEPHERES

Zahi Hawass

Bibliografie

Lehner, M.: The Development of the Giza Necropolis: the Khufu project. *MDAIK* 41 (1985).
Hawass, Z.: *The Funerary Establishments of Khufu, Khafre, and Menkaura during the Old Kingdom.* Dissertation. University of Pennsylvania Microfilm, Ann Arbor (MI) 1987.

Bildnachweis

153, 154, 155 Araldo De Luca/Archivio White Star

DIE VERBORGENEN TÜREN IN DER CHEOPS-PYRAMIDE

Zahi Hawass

Bibliografie

Hawass, Z., M. Waters und C. Sandreal: The Recent Investigation of the so-called doors inside the great pyramid. O. O., o. J.
Stadelmann, R. unter Mitarbeit von R. Gantenbrink: Die sogenannten Luftkanäle der Cheopspyramide. Modellkorridore für den Aufstieg des Königs zum Himmel. *MDAIK* 50 (1994), S. 285–294.

Bildnachweis

157, 158 Kenneth Garrett

DAS PYRAMIDION

Zahi Hawass

Bibliografie

Arnold, D.: Rituale und Pyramidentempel. *MDAIK* 33 (1977).
Badawy, A.: *A History of Architecture I.* Berkeley: University of California 1966.
Edwards, I. E. S.: *The Pyramids of Egypt.* Überarb. Aufl. New York 1985.
Fakhry, A.: *The Pyramids.* 2. Aufl. Chicago: University of Chicago Press 1974.
Hawass, Z.: The Discovery of the Satellite Pyramid of Khufu, GID. In: Peter Der Manuelian (Hrsg.): *Studies in Honor of William Kelly Simpson.* Boston: Museum of Fine Arts 1996.
–: *The Funerary Establishments of Khufu, Khafra, and Menkaura during the Old Kingdom.* Dissertation. University of Pennsylvania Microfilm, Ann Arbor (MI) 1987.
–: Pyramid Construction: New Evidence Discovered in Giza. In: H. Guksch und D. Polz (Hrsg.): *Stationen, Beiträge zur Kulturgeschichte Ägyptens. Gewidmet R. Stadelmann.* Mainz 1998.

–: The Discovery of the Pyramidion of the Satellite Pyramid of Khufu (GID). *Iubilate Conlegae: Studies Memory of Abd Aziz Sadek, vol. 1. Varia Aegyptiaca, vol. 10*, 1997.
–: The Old Kingdom Pyramidion: Is it Cased with Gold? *Fayza Heikel Festschrift, BIFAO* 2000.
Hölscher, U.: *Das Grabdenkmal des Königs Chephren.* Leipzig 1912.
Maragioglio, V. und C. Rinaldi: *L'Architettura delle piramidi menfite, Bde. V und VI.* Rapallo 1966.
Petrie, W. M. F.: *The Pyramids and Temples of Gizeh.* Mit einer Aktualisierung von Z. Hawass. Histories & Mysteries of Man, London 1990.
Reisner, G. A.: *History of the Giza Necropolis, vol. 1: The Tomb of Hetepheres, Mother of Cheops.* Cambridge (MA) 1942.
Stadelmann, R.: Die Pyramiden des Snofru in Dahschur: Erster Bericht über die Grabungen an der nördlichen Steinpyramide. *MDAIK* 38 (1982).

Bildnachweis
160 Araldo De Luca/Archivio White Star
162 Giulio Veggi/Archivio White Star
163 Giulio Veggi/Archivio White Star

DIE KÖNIGLICHEN BARKEN IN GISEH
Zahi Hawass

Bibliografie
Abubakr, A. M.: Divine Boats of Ancient Egypt. *Archaeology* 8 (1955).
Abubakr, A. M. und A. Y. Mustafa: The Funerary Boat of Khufu. *Festschrift Ricke, BÄBA* 12 (1971).
Borchardt, L.: *Das Grabdenkmal des Königs Ne-user-Re.* Leipzig 1907.
Černy, J.: A Note on the Recently Discovered Boat of Cheops. *JEA* 41 (1955).
Edwards, I. E. S.: *The Pyramids of Egypt.* Überarb. Aufl. New York 1985.
Fakhry, A.: *The Pyramids.* Chicago und London 1969.
Faulkner, R. O.: *The Ancient Egyptian Pyramid Texts.* Oxford 1969.
Grinsell, L.: *Egyptian Pyramids.* Gloucester 1947.
Hassan, S.: *Excavation at Giza, vol. I.* Oxford 1932, *vols. II–X.* Kairo 1936–1960.
Hawass, Z.: The Pyramids. In: D. P. Silverman, Duncan Baird (Hrsg.): *Ancient Egypt.* London, New York: Oxford University Press 1998.
–: *The Funerary Establishments of Khufu, Khafra, and Menkaura during the Old Kingdom.* Dissertation. University of Pennsylvania Microfilm, Ann Arbor (MI) 1987.
Jenkins, N.: *The Boat Beneath the Pyramid.* New York 1980.
Jéquier, G.: *Le Monument funéraire de Pepi II, vol. 1.* Kairo 1938.
Landström, B.: *Ship of the Pharaohs: 4000 Years of Egyptian Shipbuilding.* London 1970.
Lauer, J. P.: Les barques de Chéops. *RC* 33 (1955).
Lehner, M.: *The Pyramid Tomb of Hetep-heres and the Satellite Pyramid of Khufu.* Mainz 1985.
Lipke, P.: *The Royal Ship of Cheops.* Greenwich Archaeological Series Nr. 9, Greenwich 1984.
Lucas, A. und J. R. Harris (Hrsg.): *Ancient Egyptian Materials and Industries.* London 1962.
Maragioglio, V. und C. Rinaldi: *L'Architettura delle piramidi menfite, Bde. 2–8.* Turin und Rapallo 1963–1977.
Nour, M. Z. et al.: *The Cheops Boat, vol. 1.* Kairo 1960.
Petrie, W. M. F.: *The Pyramids and Temples of Gizeh.* London 1883.
Saleh, A.: Excavation around Mycerinus Pyramid Complex. *MDAIK* 30 (1974).
Stadelmann, R.: Pyramiden. *LX* 32, IV8 (1982).
Thomas, E.: A Further Notes on Rock-cut Boats. *JEA* 42 (1956).
–: Solar Barks prow to prow. *JEA* 42 (1956).

Bildnachweis
164, 165, 166–167, 167 Araldo De Luca/Archivio White Star
166 oben und Mitte Marcello Bertinetti/Archivio White Star
168, 169 Araldo De Luca/Archivio White Star
170–171 Araldo De Luca/Archivio White Star

DER SPHINX
Mark Lehner

Bibliografie
Anthes, R.: Was veranlasste Chefren zum Bau des Tempels vor der Sphinx? *Festschrift Ricke. BÄBA* 12 (1971).
Baikie, J.: The Sphinx. In: J. Hastings (Hrsg.): *Encyclopedia of Religion and Ethics, vol. 12.* Edinburgh 1920, S. 767–768.
Bergmann, E. V.: Die Sphinx. *ZÄS* 18 (1880), S. 50–51.
Birch, S.: On excavations by Capt. Caviglia, in 1816, behind, and in the neighbourhood of the Great Sphinx. *The Museum of Classical Antiquities* 2 (1852), S. 26–34.
Borchardt, L.: Über das Alter des Sphinx bei Giseh. *Sitzungsberichte der Preussischen Akademie der Wissenschaften, Berlin* 35 (1897), S. 752–760.
Brock, L. P.: Problems of the Great Sphinx. *KMT* 1, Nr. 3 (1990), S. 24–28.
Esmael, F. A. (Hrsg.): *Book of Proceedings: The First International Symposium on the Great Sphinx.* Kairo 1992.
*Gauri, K. L.: Deterioration of stone on the Great Sphinx. *NARCE* 114, (Frühjahr 1981), S. 35–47.
–: Geologic Study of the Sphinx. *NARCE* 127 (Herbst 1984), S. 24–43.
*Hassan, S.: *The Sphinx: Its History in Light of Recent Excavations.* Kairo 1949.
Hawass, Z.: *The Secrets of the Sphinx: Restoration Past and Present.* Kairo 1998.
Hawass, Z. und M. Lehner: The Passage under the Sphinx. *Hommages à Jean Leclant. BdÉ* 106/1 (1994), S. 201–216.
–: The Sphinx; Who built it, and why? *Archaeology* 47, Nr. 5 (Sept./Okt. 1994), S. 30–47.
Jordan, P.: *Riddles of the Sphinx.* Phoenix Mill 1998.
*Lehner, M., J. P. Allen, K. L. Gauri: The ARCE Sphinx Project: A Preliminary Report. *NARCE* 112 (Herbst 1980), S. 3–33.
*Lehner, M.: *Archaeology of an Image: The Great Sphinx of Giza.* Dissertation. Yale University 1991.
*Lehner, M.: Computer rebuilds the ancient Sphinx. *National Geographic* 179, Nr. 4 (April 1991) S. 32–39.
Lehner, M.: Reconstructing the Sphinx. *Cambridge Archaeological Journal* 2, Nr. 1 (1992), S. 3–26.
*Mariette, A. und M. D. Rougé: Note sur le fouille executées par Mariette autour du grand Sphinx de Gizeh. Lettres de Mariette citées par M. de Rouge. *L'Athenaeum française* 3, Nr. 28 (1854).
*Ricke, H.: Der Harmachistempel des Chefren in Giseh. *BÄBA* 10 (1970), S. 1–43.
Schott, S.: Le temple du Sphinx à Giza et les deux axes du monde. *BSFE* 53–54 (1969), S. 31–41.
Schott, S.: Ägyptische Quellen zum Plan des Sphinxtempels. *BÄBA* 10 (1970), S. 49–79.
Stadelmann, R.: Le grand Sphinx de Giza, chef-d'œuvre de règne de Chéops. *Académie des Inscriptions & Belles-Lettres* (Juli–Oktober 1999), S. 863–879.
Zivie-Coche, C.: *Sphinx, History of a Monument* (Übers. D. Lorton). Ithaka und London 2002.

Bildnachweis
172 Giulio Veggi/Archivio White Star
173 Archivio White Star
175, 176–177, 178 Marcello Bertinetti/Archivio White Star
179 Marcello Bertinetti/Archivio White Star
181 unten links und rechts Giulio Veggi/Archivio White Star
180–181 Marcello Bertinetti/Archivio White Star
182 Giulio Veggi/Archivio White Star
183 The British Museum
184, 185, 188–189 Guilio Veggi/Archivio White Star

DIE GRÄBER HOHER BEAMTER IN GISEH
Peter Der Manuelian

Peter Der Manuelian (B. A., Harvard University; Dr. der Ägyptologie, University of Chicago) ist Mellon Research Fellow der Ägyptischen Kunst im Bostoner Museum of Fine Arts und Dozent für Ägyptologie an der Harvard University und an der Tufts University. Er ist zusammen mit William Kelly Simpson Mitherausgeber der *Giza Mastabas Series* und arbeitet derzeit am „Giza Archives Project", in dessen Rahmen eine wissenschaftliche Website mit Ausgrabungsbildern und Archivmaterial von der Nekropole Giseh geschaffen werden soll.

Bibliografie
Abu-Bakr, A. M.: *Excavations at Giza 1949–1950.* Kairo 1953.
Allen, J. P.: Ree-wer's Accident. In: *Studies in Pharaonic Religion and Society in Honour of J. G. Griffiths* (EES Occasional Publication 8). Egypt Exploration Society. London 1992, S. 14–20.
Altenmüller, H.: Daily Life in Eternity – The Mastabas and Rock-cut Tombs of Officials. In: R. Schulz und M. Seidel (Hrsg.): *Egypt. The World of the Pharaos.* Köln 1998, S. 78–93.
Arnold, D.: *When the Pyramids Were Built: Egyptian Art of the Old Kingdom.* New York 1999.
Baud, M.: *Famille royale et pouvoir sous l'Ancien Empire égyptien. 2 vols.* Institut Français d'Archéologie Orientale, Kairo 1999.
Bolshakov, A. O.: *Man and His Double in Egyptian Ideology of the Old Kingdom* (Ägypten und Altes Testament 37). Wiesbaden 1997.
Brovarski, E.: *The Senedjemib Complex Part I: The Mastabas of Senedjemib Inti (G 2370), Khnumenti (G 2374) and Senedjemib Mehi (G 2378). Giza Mastabas 7.* Boston: Museum of Fine Arts 2001.
Brunner-Traut, E.: *Die altägyptische Grabkammer Seschemnofers III. aus Gîsa.* 2. Aufl. Mainz 1982
Brunner, H. und E. Brunner-Traut: *Die Ägyptische Sammlung der Universität Tübingen.* Mainz 1981, S. 13–26.
Callender, V. G. und P. Jánosi: The Tomb of Queen Khamerernebty II at Giza. A Reassessment. *MDAIK* 53 (1997), S. 1–22.
Cherpion, N.: *Mastabas et hypogées d'Ancien Empire. Le Problème de la Datation.* Brüssel: Conaissance de l'Égypte ancienne 1989.
Covington, L.: Mastaba Mount Excavations. *Annales du Service des Antiquités de l'Égypte* 6 (1905), S. 193–218.
Curto, S.: *Gli Scavi Italiani a el-Ghiza* (1903). Rom 1963.
Dunham, D.: *The Egyptian Department and its Excavations.* Boston: Museum of Fine Arts 1958.
Dunham, D. und W. K. Simpson: *The Mastaba of Queen Mersyankh III.* (G 7530–7540). *Giza Mastabas 1.* Boston: Museum of Fine Arts 1974.
Eyre, C. J.: Work and Organisation of Work in the Old Kingdom. In: M. A. Powell (Hrsg.): *Labor in the Ancient Near East* (American Oriental Series, vol. 68). New Haven (CT): American Oriental Society 1897, S. 5–47.
Fisher, C. S.: *The Minor Cemetery at Giza* (The Eckley B. Coxe Jr. Foundation, New Series, vol. 1). Philadelphia: University Museum 1924.
Fischer, H. G.: *Egyptian Women of the Old Kingdom and of the Heracleopolitan Period.* 2. Aufl. New York: The Metropolitan Museum of Art 2000.
Gamer-Wallert, I.: *Von Giza bis Tübingen. Die bewegte Geschichte der Mastaba G 5170.* Tübingen 1998.
Harpur, Y.: *Decoration in Egyptian Tombs of the Old Kingdom: Studies in Orientation and Scene Content.* London und New York 1987.
Hassan, S.: *Excavations at Giza, 10 vols.* Oxford: Oxford University Press und Kairo 1932–1960.
Hawass, Z.: The Workmen's Community at Giza. In: *Haus und Palast im alten Ägypten. Internationales Symposium 8. bis 11. April 1992 in Kairo.* Wien 1996, S. 54–67.
–: The Pyramids. In: D. P. Silverman: *Ancient Egypt.* London 1997, S. 168–191.
Jánosi, P.: Die Grabanlagen der Königin Hetepheres II. *Zeitschrift für Ägyptische Sprache und Altertumskunde* 123 (1996), S. 46–62.
Junker, H.: *Gîza 1–12. Akademie der Wissenschaften in Wien, Phil.-Hist. Klasse. Denkschriften, 12 Bde.* Wien 1929–1955.
–: *The Offering Room of Prince Kaninisut.* Wien: Kunsthistorisches Museum 1931.
Lehner, M.: *The Pyramid Tomb of Hetep-heres and the Satellite Pyramid of Khufu* (Sonderschriften, Mitteilungen des Deutschen Archäologischen Instituts, Abteilung Kairo 19). Mainz 1985.
–: *The Complete Pyramids: Solving the Ancient Mysteries.* London und New York 1997.
–: The 1988/1989 Excavation of Petrie's "Workmen's Barrack at Gize". *JARCE* 38 (2001), S. 21–60.
Lichtheim, M.: *Ancient Egyptian Literature: A Book of Readings, vol. 1: The Old and Middle Kingdoms.* Berkeley: University of California Press 1973.
Málek, J.: The Old Kingdom. In: I. Shaw (Hrsg.): *The Oxford History of Ancient Egypt.* Oxford: Oxford University Press 2000, S. 89–117.
Málek, J.: *In the Shadow of the Pyramids: Egypt during the Old Kingdom.* Norman (OK): University of Oklahoma Press 1986.
Der Manuelian, P.: Excavating the Memphite Cemeteries: The Giza Necropolis. In: *L'Art égyptien au temps des pyramides* und *Egyptian Art in the Time of the Pyramids* (Kapitel in Ausstellungskatalogen). Paris: Musée du Louvre, S. 124–133; New York: Metropolitan Museum of Art 1999, S. 139–153.
–: The Problem of the Giza Slab Stelae. In: H. Guksch und D. Polz (Hrsg.): *Stationen: Beiträge zur Kulturgeschichte Ägyptens: Festschrift für Rainer Stadelmann.* Mainz 1998, S. 115–134.
–: March 1912: A Month in the Life of Ameican Egyptologist George A. Reisner. *KMT* 7, Nr. 2 (Sommer 1996), S. 60–75.
–: George Andrew Reisner on Archaeological Photography. *JARCE* 29 (1992), S. 1–34.
–: Digital Epigraphy. An Approach to Streamlining Egyptological Epigraphic Method. *JARCE* 35 (1998), S. 97–113.
–: A Race against Time in the Shadow of the Pyramids. The Museum of Fine Arts, Boston and the Giza Necropolis, 1902–1990. *KMT* 1, Nr. 4 (1990–91), S. 10–21.
Mariette, A.: *Les mastabas de l'ancient empire. Fragment du dernier ouvrage de A. Mariette, publié d'après le manuscrit de l'auteur par G. Maspero.* Paris 1889. Nachdruck New York 1976.
The Metropolitan Museum of Art: *Egyptian Art in the Age of the Pyramids.* New York: The Metropolitan Museum of Art 1999.
Petrie, W. M. F.: *The Pyramids and Temples of Gizeh.* London 1883, 1885; Neuaufl. mit Aktualisierung von Z. Hawass. London: Histories & Mysteries of Man 1990.
Priese, K.-H.: *Die Opferkammer des Merib.* Berlin: Staatliche Museen zu Berlin 1984.
Reisner, G. A.: *Mycerinus: The Temples of the Third Pyramid at Giza.* Cambridge (MA) 1931.
–: *A History of the Giza Necropolis, vol. 1.* Cambridge (MA): Harvard University Press 1942.
Reisner, G. A. und W. Stevenson Smith: *A History of the Giza Necropolis, vol. 2: The Tomb of Hetep-Heres the Mother of Cheops: A Study of Egyptian Civilization in the Old Kingdom.* Cambridge (MA) 1955.
Roehrig, C. H.: Reserve Heads: An Enigma of Old Kingdom Sculpture. In: *Egyptian Art in the Age of the Pyramids*, Ausstellungskat. New York: The Metropolitan Museum of Art 1999, S. 72–81.
Roth, A. M.: The Practical Economics of Tomb-Building in the Old Kingdom: A Visit to the Necropolis in a Carrying Chair. In: D. P. Silverman (Hrsg.): *For His Ka. Essays Offered in Memory of Klaus Baer* (SAOC 55) Chicago: Oriental Institute 1994, S. 227–240.
–: *A Cemetery of Palace Attendants. Giza Mastabas 6.* Boston: Museum of Fine Arts 1995.
Saleh, A. A.: Excavations Around Mycerinus Pyramid Complex. *MDAIK* 30 (1974), S. 137–154.
Schmitz, B. et al.: *Untersuchungen zu Idu II, Giza. Ein Interdisziplinäres Projekt.* Hildesheimer Ägyptologische Beiträge 38. Hildesheim 1996.
Simpson, W. K.: *The Mastabas of Qar and Idu (G 7101 und 7102). Giza Mastabas 2.* Boston: Museum of Fine Arts 1976.
–: *The Mastabas of Kawab, Khafkhufu I and II (G 7110–20, 7130–40, and 7150 and subsidiary mastabas of Street G 7100). Giza Mastabas 3.* Boston: Museum of Fine Arts 1978.
–: *Mastabas of the Western Cemetery: Part I Sekhemka (G 1029), Tjetu I (G 2001), Iasen (G 2196), Penmeru (G 2197), Hagy, Nefertjentet, and Herunefer (G2352/53), Djaty, Tjetu II, and Nimesti (G 2337X, 2343, 2366). Giza Mastabas 4.* Boston: Museum of Fine Arts 1980.
–: Topographical Notes on Giza Mastabas. In: M. Görg und E. Pusch (Hrsg.): *Festschrift Elmar Edel 12. März 1979.* Ägypten und Altes Testament 1. Bamberg 1979, S. 489–499.
Seidel (Hrsg.): *Egypt: The World of the Pharaos.* Köln 1998, S. 46–77.
Siliotti, A.: *Guide to the Pyramids of Egypt.* New York: Vercelli 1997.
Smith, W. S.: The Stela of Prince Wepemnofret. *Archaeology* 16 (1963), S. 2–13.
–: *The Art and Architecture of Ancient Egypt.* Überarb. u. erweit. von William Kelly Simpson. New Haven: Yale University Press 1998.
Stadelmann, R.: Giza. In: D. B. Redford (Hrsg.): *The Oxford Encyclopedia of Ancient Egypt.* Oxford: Oxford University Press 2001, S. 25–30.
–: Der strenge Stil der frühen Vierten Dynastie. In: R.
–: Royal Tombs from the Age of the Pyramids. In: R. Schulz und M.
–: Builders of the Pyramids. In: Sasson (Hrsg.): *Civilizations of the Ancient Near East II.* New York 1995, S. 719–734.

Stadelmann, R. und H. Sourouzian (Hrsg.): *Kunst des Alten Reiches*. DAI Sonderschrift 28. Philipp von Zabern, Mainz 1995, S. 155–166.
Strudwick, N.: *The Administration of Egypt in the Old Kingdom: The Highest Titles and Their Holders*. London und Boston 1985.
Tefnin, R.: *Art et Magie au Temps des Pyramides. L'énigme des têtes dites ‚de remplacement'*. Monumenta Aegyptiaca 5. Brüssel: Fondation Egyptologique Reine Elisabeth. 1991.
Weeks, K.: *Mastabas of Cemetery G 6000. Giza Mastabas 5*. Boston: Museum of Fine Arts 1994.

Bildnachweis
190, 191 Araldo De Luca/Archivio White Star
192, 193 Marcello Bertinetti/Archivio White Star
194 Mit freundlicher Genehmigung des Museum of Fine Arts, Boston
195 links Peter Der Manuelian
195 rechts Mit freundlicher Genehmigung des Museum of Fine Arts, Boston
196–197 Hearst Museum of Anthropology, University of California at Berkeley
199 unten Mit freundlicher Genehmigung des Museum of Fine Arts, Boston
200 bis 209 Araldo de Luca/Archivio White Star
210–211, 211 links Giulio Veggi/Archivio White Star
211 rechts bis 223 Araldo De Luca/Archivio White Star
224–225 Giulio Veggi/Archivio White Star

„UNVOLLENDETE" PYRAMIDEN AUS DER ZEIT DER 4. DYNASTIE
Michel Valloggia

Michel Valloggia, Professor für Ägyptologie an der Universität Genf und Direktor der Archäologischen Mission in Abu Roasch, ehemaliges „Membre scientifique à titre étranger" des Institut Français d'Archéologie Orientale in Kairo. Valloggia war in der Zeit zwischen 1976 und 1993 verantwortlich für die archäologischen Ausgrabungen im Oasengebiet Charga (Dusch) und in der Großoase Dachla (Balat). Er ist außerdem Korrespondierendes Mitglied des Deutschen Archäologischen Instituts in Kairo und arbeitet als Berater im Auftrag der UNESCO.

Bibliografie
Hassan, S.: *Excavations at Giza IV*. Kairo 1943.
Jéquier, G.: *Le Mastabat Faraoun*. Kairo 1928.
Lehner, M.: *The Complete Pyramids*. Kairo 1997.
Maragioglio, V. und C. Rinaldi: *L'architettura delle Piramidi Menfite, 7 Bde.* Rapallo 1963–1977.
Valloggia, M.: *Fouilles archéologiques à Abu Rawash. Rapports préliminaires des campagnes 1995–2002 in Genava*. Genf 1995–2002.
–: *Au cœur d'une pyramide. Une mission archéologique en Égypte*. Gollion 2001.

Bildnachweis
226 oben, 226–227 RMN
226 unten Michel Valloggia
228, 229 Giulio Veggi/Archivio White Star
230, 231 Michel Valloggia
232 Mit freundlicher Genehmigung des Museum of Fine Arts, Boston
232–233, 234–235 Marcello Bertinetti/Archivio White Star
234 oben Giulio Veggi/Archivio White Star

DIE PYRAMIDEN AUS DER ZEIT DER 5. DYNASTIE
Miroslav Verner

Miroslav Verner, Jahrgang 1941, absolvierte an der Karls-Universität Prag ein Studium der Ägyptologie und der Vorgeschichte. Er stand fünfundzwanzig Jahre lang an der Spitze des Tschechischen Instituts für Ägyptologie und leitet seit 1976 die Ausgrabungsarbeiten tschechischer Archäologen im ägyptischen Abusir. Verner ist Professor an der Karls-Universität Prag und wirkt daneben als Gastprofessor an den Universitäten von Wien und Hamburg sowie an der American University in Kairo.

Bibliografie
Borchardt, L.: *Das Re-Heiligtum des Königs Ne-woser-re, Bd. 1: Der Bau*. Berlin 1905.
–: *Das Grabdenkmal des Königs Ne-user-re*. Leipzig 1907.
–: *Das Grabdenkmal des Königs Nfer-ír-ke-re*. Leipzig 1909.
–: *Das Grabdenkmal des Königs Sa-hu-re*. Leipzig 1910–1913.
Edwards, I. E. S.: *The pyramids of Egypt*. Überarb. Aufl. Harmondsworth 1993.
Fakhry, A.: *The Pyramids*. Chicago 1961.
Jánosi, P.: *Die Pyramidenanlagen der Königinnen*. Wien 1995.
Lehner, M.: *The Complete Pyramids*. London – Kairo 1997.
Maragioglio, V. und C. Rinaldi: *L'architettura delle piramidi menfite. VII*. Rapallo – Turin 1977.
Stadelmann, R.: *Die ägyptischen Pyramiden. Vom Ziegelbau zum Weltwunder*. 2. Aufl. Mainz 1985.
Verner, M.: *The Pyramid Complex of Khentkaus*. Prag 1995.
–: *The Pyramids: Their Archaeology and History*. London 2002.
–: *Abusir. The Realm of Osiris*. Kairo 2002.
–: The Mysterious Sun Temples. *KMT 14/1* (2003), S. 44–57.

Bildnachweis
236, 237 Araldo de Luca/Archivio White Star
238–239 Marcello Bertinetti/Archivio White Star
238 unten, 239 oben Giulio Veggi/Archivio White Star
240 oben, 240–241 Marcello Bertinetti/Archivio White Star
240 unten, 242 Araldo De Luca/Archivio White Star
243, 244–245 Marcello Bertinetti/Archivio White Star
244 unten, 245 oben Giulio Veggi/Archivio White Star
245 unten Araldo De Luca/Archivio White Star
246–247 Marcello Bertinetti/Archivio White Star
247 Miroslav Verner
248 Marcello Bertinetti/Archivio White Star
249, 250, 251 unten Araldo De Luca/Archivio White Star
251 oben Giulio Veggi/Archivio White Star
252, 253, 254 oben links, 254 rechts, 255 Marcello Bertinetti/Archivio White Star
254 Mitte links, 254 unten links Giulio Veggi/Archivio White Star
256 oben Miroslav Verner
256–257 Giulio Veggi/Archivio White Star
257 Araldo De Luca/Archivio White Star
258 Marcello Bertinetti/Archivio White Star
259 Araldo De Luca/Archivio White Star

DIE STEINE VON ABUSIR
Zahi Hawass und Miroslav Verner

Bibliografie
Borchardt, L.: *Das Grabdenkmal des Königs Ne-user-re*. Leipzig 1907.
Fakhry, A.: *The Monuments of Snefru I: The Bent Pyramid*. Kairo 1959.
Firth, C. M. und J. E. Quibell: *The Step Pyramid I*. Kairo 1935.
Ghoneim, Z.: Horus Sekhem-Khet I. Kairo 1957.
Grinsell, L.: *Egyptian Pyramids*. Gloucester 1947.
Hawass, Z.: Newly Blocks from the Causeway of Sahure. *MDAIK* 32 (1996).
Hölscher, U.: *Das Grabdenkmal des Königs Chephren*. Leipzig 1912.
Jéquier, G.: *Le Mastabat Faraoun*. Kairo 1928.
–: *La Pyramide d'Oudjebten*. Kairo 1928.
–: *Le monument Funéraire de Pepi II*. Kairo 1940.
Lauer, J. P.: *La Pyramide à degrés I*. Kairo 1936.
Maragioglio, V. und C. Rinaldi: *L'architettura delle piramidi menfite II und VI*. Rapallo 1963–1970.
–: *Notizie sulle piramidi di Zedefra, Zedkara Isesi, Teti*. Turin 1962.
Petrie, W. M. F.: *Meidum*. London 1892
Posener-Kriéger, P. und J. L. Cenival: *The Abusir Papyri: Hieratic Papyri in the British Museum. 5th series*. London 1968.
Reisner, G. A. W. und S. T. Smith: *A History of the Giza Necropolis, vol. II*. Cambridge 1955.
Stadelmann, R.: *Die ägyptischen Pyramiden*. Mainz 1985.
Verner, M.: *Forgotten Pharaos, Lost Pyramids, Abusir*. Prag 1994.

Bildnachweis
260, 261 Giulio Veggi/Archivio White Star
262 Miroslav Verner Star

DIE PYRAMIDEN AUS DER ZEIT DER 6. DYNASTIE
Audran Labrousse

Audran Labrousse, Architekt und Doktor der Literatur und Humanwissenschaften, promovierte 1988 an der Sorbonne und forscht am CNRS. Er führte in der Zeit zwischen 1969 und 1973 Ausgrabungen im Iran, bei Sedeinga und von 1976 bis 1994 im Sudan durch. Labrousse arbeitet seit 1973 in Ägypten, wo er die Mission Archéologique Française in Sakkara leitet.

Bibliografie
Berger-El Naggar, C., J. Leclant, B. Mathieu und I. Pierre-Croisiau: *Les Textes de la Pyramide de Pépy Ier. 1. Description et analyse, sous la direction de J. Leclant*. Kairo: IFAO 2001.
Jéquier, G.: *La pyramide d'Oudjebten*. Kairo 1928.
–: *Les pyramides des reines Neit et Apouit*. Kairo 1933.
–: *Le monument funéraire de Pepi II. T. I: Le tombeau royal, t. II: Le temple, t. III: Les approches du temple*. Kairo 1936, 1938, 1940.
Labrousse, A.: *L'architecture des pyramides à textes. 3 vol: Saqqara Nord, 1/2; Saqqara Sud*. IFAO. Kairo 1996/2000.
–: *Les pyramides des reines, une nouvelle nécropole à Saqqâra*. Paris 1999.
Piacentini, P.: *L'autobiografia di Uni, principe e governatore dell'Alto Egitto. Monografia di SEAP I, Kleine Reihe*. Pisa 1990.

Bildnachweis
264 Araldo De Luca/Archivio White Star
265 Audran Labrousse
266, 267 unten links und rechts Araldo De Luca/Archivio White Star
266–267 Giulio Veggi/Archivio White Star
268 Araldo De Luca/Archivio White Star
268–269 Marcello Bertinetti/Archivio White Star
269 oben, 270 oben, 270–271 Audran Labrousse
270 unten Nationalmuseum Warschau
271 unten National Museum of Scotland
272 oben, 273 oben, 273 Mitte Araldo De Luca/Archivio White Star
272–273 Marcello Bertinetti/Archivio White Star
274, 275 oben links und oben rechts Giulio Veggi/Archivio White Star
275 Mitte und unten RMN
276 Audran Labrousse
278–279 Marcello Bertinetti/Archivio White Star
278 unten Giulio Veggi/Archivio White Star
279 rechts Audran Labrousse
280 links Brooklyn Museum of Art
280 rechts Audran Labrousse

DAS DEKORATIONSPROGRAMM...
Zahi Hawass

Bibliografie
Arnold, D.: Rituale und Pyramidentempel. *MDAIK* 33 (1977).
Bleeker, C. J.: *Egyptian Festivals: Enactments of Religious Renewal*. Leiden 1967.
Bonnet, H.: *Reallexikon der Ägyptischen Religionsgeschichte*. Berlin 1952.
Borchardt, L.: *Das Grabdenkmal des Königs Sahure II*. Leipzig 1913.
Brinks, J.: *Die Entwicklung der Königlichen Grabanlagen des Alten Reiches*. Hildesheim 1979.
Edwards, I. E. S.: *The Pyramids of Egypt*. Harmondsworth 1961.
Fakhry, A.: *The Monuments of Sneferu at Dahshur II: The Valley Temple*. Kairo 1961.
Goedicke, H.: *Re-used Blocks from the Pyramid of Amenemhet I at Lisht*. New York 1971.
Hawass, Z.: *The Funerary Establishments of Khufu, Khafra, and Menkaura during the Old Kingdom*. Dissertation. University of Pennsylvania Microfilm, Ann Arbor (MI) 1987.
Hornung, E. und E. Staehelin: *Studien zum Sedfest*. Genf und Basel 1974.
Jéquier, G.: *Le Monument funéraire de Pepi II, vol. I: Le Temple funéraire*. Kairo 1936.
Maragioglio V. und C. A. Rinaldi: *L'Architettura delle Piramidi menfite, Bde. 2–8*. Turin und Rapallo 1963–1977.
Posener-Kriéger, P.: *Les Archives du temple funéraire de Neferirkare-Kakai. Les Papyrus d'Abousir, vol. I, II*. Kairo 1976.
Reisner, G. A. und W. S. Smith: *A History of Giza Necropolis, vol. II*. O. O. 1955.
Reisner, G. A.: *Mycerinus: The Temples of the Third Pyramid at Giza*. Cambridge (MA) 1931.
Smith, W. S.: *A History of Egyptian Sculpture and Painting in the Old Kingdom*. Boston und London 1946.
Smith, W. S.: *The Art and Architecture of Ancient Egypt*. Harmondsworth 1981.
Wilson, J.: The Artists of Egyptian Old Kingdom. *JNES 6* (1947).

Bildnachweis
282 Araldo De Luca/Archivio White Star
283, 284–285 Giulio Veggi/Archivio White Star

DIE GRÄBER AUS DER ZEIT DER 5. UND 6. DYNASTIE IN SAKKARA
Karol Myśliwiec

Karol Myśliwiec ist Leiter des Forschungszentrums für Archäologie des Mittelmeerraumes der Polnischen Akademie der Wissenschaften und Professor für Altägyptische Archäologie an der Universität Warschau. Darüber hinaus leitet er die polnisch-ägyptischen Ausgrabungsarbeiten in Sakkara. Myśliwiec, der seit 1969 in Ägypten an verschiedenen Stätten Ausgrabungen durchführt, leitete 1985–1995 auch die polnisch-ägyptischen Rettungsgrabungen in Tell Atrib (Nildelta). Er ist Autor zahlreicher Bücher und Artikel über ägyptische Archäologie, Kunst und Religion.

Bibliografie
Altenmüller, H.: *Die Wanddarstellungen im Grab des Mehu in Saqqara*. Archäologische Veröffentlichungen des DAIK 42. Mainz 1998.
Donovan, L. und K. McCorquodale (Hrsg.): *Egyptian Art: Principles and Themes in Wall Scenes*. Prism Archaeological Series 6. Kairo 2000.
Harpur, Y.: *Decoration in Egyptian Tombes of the Old Kingdom*. Oxford 1987.
Jánosi, P.: The Tombs of Officials: Houses of Eternity. In: *Egyptian Art in the Age of the Pyramids* (Ausstellungskatalog). New York 1999, S. 27–39.
Kanawati, N. und A. Hassan: *The Teti Cemetery at Saqqara, vol. II: The Tomb of Ankhmahor*. The Australian Centre for Egyptology Report 9. Warminster 1997.
Kanawati, N. und M. Abd er-Raziq: *The Teti Cemetery at Saqqara, vol. VI: The Tomb of Nikauisesi*. The Australian Centre for Egyptology Report 14. Warminster 2000.
Moussa, A. M. und H. Altenmüller: *Das Grab des Nianchchnum und Chnumhotep*. Archäologische Veröffentlichungen des DAIK 21. Mainz 1977.
Myśliwiec, K.: *New Faces of Sakkara: Recent discoveries in West Sakkara*. Tuchów 1999.
–: Saqqara: una tomba piena di misteri. *Le Scienze* (ital. Ausgabe des *Scientific America*) 377 (2000), S. 76–85.

Bildnachweis
286, 287, 288 links und rechts Araldo De Luca/Archivio White Star
288–289 Marcello Bertinetti/Archivio White Star
289 unten Giulio Veggi/Archivio White Star
290 bis 305 Araldo De Luca/Archivio White Star
306 oben links, rechts, 307 Araldo De Luca/Archivio White Star
306 unten links Giulio Veggi/Archivio White Star
308 bis 317 oben Araldo De Luca/Archivio White Star
317 unten, 318, 319, 320, 321, 322 Mitte und unten Karol Myśliwiec
322 oben, 323, 324, 325 Araldo De Luca/Archivio White Star

DIE PYRAMIDEN DES MITTLEREN REICHES
Dieter Arnold

Dieter Arnold ist Leiter der Ägypten-Abteilung des New Yorker Metropolitan Museum of Art. Er hat vierzig Jahre lang Ausgrabungen in Theben, Lischt, Dahschur und an anderen Orten durchgeführt. Arnold hat zahlreiche Publikationen über ägyptische Architektur verfasst, darunter *Die Tempel Ägyptens* (Augsburg, 1995), *Lexikon der ägyptischen Baukunst* (Düsseldorf, 2000) und *The Pyramid Complex of Senwosret III at Dahshur* (New York, 2000).

Bibliografie
AMENEMHET I.
Gautier, J.-E. und G. Jéquier: *Mémoire sur les fouilles de Licht*. Kairo 1902, S. 87–107.
Ausgrabungsberichte im *Bulletin of the Metropolitan Museum of Art*. New York, Juli 1907 – Dezember 1922.

Sesostris I.

Arnold, Dieter, mit Beiträgen von Dorothea Arnold und einem Anhang von Peter Dorman: *The Pyramid of Senwosret I.* New York 1988.

Gautier, J.-E. und G. Jéquier: *Mémoire sur les fouilles de Licht.* Kairo 1902, S. 1–85.

Ausgrabungsberichte im *Bulletin of the Metropolitan Museum of Art.* New York, Juli 1907 – Dezember 1922.

Amenemhet II.

Morgan, Jaques de: *Fouilles à Dahchour en 1894–1895, vol. 2.* Wien 1903, S. 28–37.

Sesostris II.

Petrie, W. M. F.: *Illahun, Kahun and Gurob 1889–1890.* London 1891.

–: *Kahun, Gurob and Hawara.* London 1890.

Petrie, W. M. F., G. Brunton und M. A. Murray: *Lahun II.* London 1923.

Sesostris III.

Arnold, D. mit Beiträgen und einem Anhang von Adela Oppenheim und Beiträgen von James Allen: *The Pyramid Complex of Senwosret III, Architectural Studies.* New York 2003.

Morgan, J. de: *Fouilles à Dahchour Mars–Juin 1894, vol. 1.* Wien 1895, S. 47–85.

Amenemhet III. in Dahschur

Morgan, J. de: *Fouilles à Dahchour Mars–Juin 1894, vol. 1.* Wien 1895, S. 87–117.

Arnold, D.: *Der Pyramidenbezirk des Königs Amenemhet III. in Dahschur.* Mainz 1987.

Amenemhet III. in Hawara

Petrie, W. M. F.: *Hawara, Biahmu and Arsinoe.* London 1889.

Petrie, W. M. F., G. A. Wainwrights und E. Mackay: *The Labyrinth, Gerzeh and Mazghuneh.* London 1912.

Bildnachweis

326, 327 Araldo De Luca/Archivio White Star
328–329 Alfio Garozzo/Archivio White Star
329, 330 links, 330 oben rechts Araldo De Luca/Archivio White Star
330 Mitte und unten rechts Giulio Veggi/Archivio White Star
332–333 Marcello Bertinetti/Archivio White Star
333 Araldo De Luca/Archivio White Star
334 Giulio Veggi/Archivio White Star
335 oben Araldo De Luca/Archivio White Star
335 unten Dieter Arnold
336, 337, 338, 339 Araldo De Luca/Archivio White Star
340 oben Giulio Veggi/Archivio White Star
340 unten, 341 oben Dieter Arnold
341 unten, 342 links, 342 oben rechts, 343 Araldo De Luca/Archivio White Star
342 unten rechts Dieter Arnold
344 links, 345 Araldo De Luca/Archivio White Star
344 rechts Marcello Bertinetti/Archivio White Star
346 oben Alfio Garozzo/Archivio White Star
346 unten Dieter Arnold
347 rechts Dieter Arnold

DIE ADELSGRÄBER DES MITTLEREN REICHES

David P. Silverman

David P. Silverman ist Eckley B. Coxe Jr. Professor für Ägyptologie und Leitender Kustos der Ägyptischen Abteilung des Museum of Archaeology and Anthropology der University of Pennsylvania in Philadelphia. Er hat an der University of Chicago promoviert und mehrere große Ausstellungen, u. a. *Treasures of Tutankhamen*, geleitet. Silverman hat an einer Reihe von Ausgrabungsstätten in Ägypten, darunter in Abydos, Bersche, im Delta und in Giseh, gearbeitet und leitet seit 1990 eine Sakkara-Expedition. Silverman hat zahlreiche Artikel über Sprache, Religion und Kunst geschrieben und ist Autor, Mitautor und Herausgeber mehrerer Bücher, darunter *Ancient Egypt, Kingship in Ancient Egypt, Religion in Ancient Egypt, Interrogative Constructions* und *Masterpieces of Tutankhamun.*

Bibliografie

Akoris: *Report of the Excavations at Akoris in Middle Egypt 1981–1992.* The Palaeological Association of Japan, Inc. Egyptian Committee. Koyo Shobo, Kyoto 1995.

Allen, J. P.: Some Theban Officials of the Early Middle Kingdom. In: P. Der Manuelian (Hrsg.): *Studies in Honor of William Kelly Simpson, vols. I–II.* Boston: Department of Ancient Egyptian, Nubian, and Near Eastern Art. Museum of Fine Arts 1996, S. 1–26.

Arnold, Dieter: *Das Grab des Jnj-jtj.f. Die Architektur.* Philipp von Zabern, Mainz 1971.

–: Sechster Vorbericht über die vom Deutschen Archäologischen Institut Kairo in Qurna unternommenen Arbeiten (8. Kampagne). *MDAIK 27* (1971), S. 125–130.

–: Gräber des Alten und Mittleren Reiches in El-Tarif. *Archäologische Veröffentlichungen 17.* Mainz 1976.

–: *Building in Egypt: Pharaonic Stone Masonry.* New York, Oxford: Oxford University Press 1991.

–: Royal Cult Complexes of the Old and Middle Kingdoms. In: B. E. Shafer: *Temples of Ancient Egypt.* London, New York: I.B. 1997, S. 31–85.

–: *The Encyclopedia of Ancient Egyptian Architecture.* Princeton: Princeton University Press 2003.

Arnold, Dieter mit Beiträgen von Dorothea Arnold und einem Anhang von P. F. Dorman: *The Pyramid of Senwosret I.* New York: The Metropolitan Museum of Art. The South Cemeteries of Lisht, vol. 1. Publications of the Metropolitan Museum of Art Egyptian Exhibition 22, 1991.

Arnold, Dieter, mit Beiträgen von Dorothea Arnold und F. Arnold und einem Anhang von C. Haldane: *The Pyramid Complex of Senwosret I.* New York: The Metropolitan Museum of Art. The South Cemeteries of Lisht, vol. 3. Publications of The Metropolitan Museum of Art Egyptian Expedition 25, 1992.

Arnold, Dieter und J. Settgast: Bericht über die Arbeiten des Deutschen Archäologischen Instituts Kairo in Qurna von 1963 bis 1970. *ASAE 61* (1973), S. 177–190.

Arnold, Dorothea: Amenemhat I and the Early Twelfth Dynasty at Thebes. *Metropolitan Museum Journal* 26 (1991), S. 5–48.

–: The Metropolitan Museum of Art's Work at the Middle Kingdom Sites of Thebes and Lisht. In: N. Thomas (Hrsg.): *The American Discovery of Ancient Egypt. Essays.* Los Angeles: Los Angeles County Museum of Art/American Research Center in Egypt 1966, S. 56–77.

Badawy, A.: *A History of Egyptian Architecture: The First Intermediate Period, the Middle Kingdom, and the Second Intermediate Period.* Berkeley und Los Angeles: University of California Press 1966.

–: Ancient constructional diagrams in Egyptian architecture. *Gazette des Beaux Arts, Paris* 128 (1986), S. 51–56.

Bourriau, J.: Patterns of Change in Burial Customs during the Middle Kingdom. In: S. Quirke (Hrsg.): *Middle Kingdom Studies.* New Malden (Surrey): SIA 1991, S. 3–20.

–: *Pharaos and Mortals: Egyptian art in the Middle Kingdom.* Katalog von Janine Bourriau, mit einem Beitrag von Stephen Quirke. Cambridge University Press, Cambridge und Fitzwilliam Museum 1988.

Brovarski, E: Ahanakht of Bersheh and the Hare Nome in the First Intermediate Period and Middle Kingdom. In: W. K. Simpson und W. M. Davis (Hrsg.): *Studies in Ancient Egypt, the Aegean, and the Sudan: Essays in honor of Dows Dunham on the occasion of his 90th birthday, June 1, 1980.* Boston: Department of Egyptian and Ancient Near Eastern Art, Museum of Fine Arts 1981, S. 14–30.

–: Akhmim in the Old Kingdom and First Intermediate Period. In: *Mélanges Gamal Eddin Mokhtar. Publié sous la direction de Paule Posener-Kriéger. 117–153, Volume I et II.* Kairo: Institut Français d'Archéologie Orientale 1985.

Brovarski, E. et al.: *Report of the 1990 Field Season of the Joint Expedition of the Museum of Fine Arts, Boston, University Museum, University of Pennsylvania, Leiden University* (Bersheh Reports I). Boston: Museum of Fine Arts 1992.

Calendar, G.: The Middle Kingdom Renaissance (c. 2055–1650 BC). In: I. Shaw (Hrsg.): *The Oxford History of Ancient Egypt.* Oxford: Oxford University Press 2000, S. 148–183.

D'Auria, S., P. Lacovara und C. H. Roehrig: *Mummies and Magic: The Funerary Arts of Ancient Egypt.* Boston: Museum of Fine Arts 1988.

Firth, C. M. und B. Gunn: *Teti Pyramid Cemeteries.* Kairo: Impr. de l'IFAO 1926.

Fischer, H. G.: *Denderah in the Old Kingdom and its Aftermath.* Dissertation Abstracts, vol. XV, no. 11. Ann Arbor (MI) 1955

–: *Inscriptions from the Coptite nome: Dynasties VI–XI.* Analecta Orientalia 40. Rom: Pontificium Institutum Biblicum 1964.

–: *Dendera in the Third Millenium B. C., down to the Theban Domination of Upper Egypt.* Locust Valley, New York: J. J. Augustin Publisher 1968.

Franke, D.: The Career of Khnumhotep III of Beni Hasan and the So-Called Decline of the Nomarchs. In: S. Quirke (Hrsg.): *Middle Kingdom Studies.* New Malden (Surrey): SIA 1991, S. 51–68.

Freed, R. E.: *The Development of Middle Kingdom Egyptian Relief Sculptural Schools of Late Dynasty XI with an Appendix on the Trends of Early Dynasty XII (2024–1878 B. C.).* New York University Dissertation 1984.

Lustig, J.: Kinship, Gender and Age in Middle Kingdom, Tomb Scenes and Texts. In: J. Lustig (Hrsg.): *Anthropology and Egyptology. A Developing Dialogue.* Sheffield: Sheffield Academic Press 1997, S. 43–65.

Marochetti, E. F.: Variations of the mastaba tomb during the Middle Kingdom. In: *Atti del VI Congresso Internazionale di Egittologia, Bde. I–II.* Turin: Comitato Organizzativo del Congresso 1993, S. 121–127.

–: On the Design, Symbolism, and Dating of some XIIth Dynasty Tomb Superstructures. *GM* 144 (1995), S. 43–52.

Newberry, P. E.: *Beni Hasan.* London: Egypt Exploration Fund 1893–1900, T. 1–4.

Quirke, S. (Hrsg.): *Middle Kingdom Studies.* New Malden (Surrey): SIA 1991.

Richards, J. E.: Understanding the Mortuary Remains at Abydos. Northern Cemetery Project: Preliminary Research Report. *Newsletter ARCE* 142 (Sommer 1988), S. 5–8.

–: *Mortuary variability and social differentiation in Middle Kingdom Egypt.* Dissertation. University of Pennsylvania. Philadelphia 1992.

–: Ancient Egyptian Mortuary Practice and the Study of Socioeconomic Differentiation. In: J. Lustig (Hrsg.): *Anthropology and Egyptology: A Developing Dialogue.* Sheffield: Sheffield Academic Press 1997, S. 33–42.

Roehrig, C. H.: The Early Middle Kingdom Cemeteries at Thebes and the Tomb of Djari. In: J. Assmann, E. Dziobek, H. Guksch, F. Kampp (Hrsg.): *Thebanische Beamtennekropolen. Neue Perspektiven archäologischer Forschung. Internationales Symposion Heidelberg, 1993.* Heidelberg: Heidelberger Orientverlag 1995, S. 255–269.

Seidlmayer, S. J.: *Grabfelder aus dem Übergang vom Alten zum Mittleren Reich: Studien zur Archäologie der Ersten Zwischenzeit.* Heidelberg: Heidelberger Orientverlag 1990.

Silverman, D. P.: Middle Kingdom Tombs in the Teti Pyramid Cemetrey. In: *Abusir and Saqqara in the Year 2000.* Archiv orientální Supplementa IX. Prag: Akademie der Wissenschaften der Tschechischen Republik, Orientalisches Institut 2000, S. 259–282.

Silverman, D. P., Jennifer Wegner und Joseph Wegner (Hrsg.): *Middle Kingdom Egypt.* Philadelphia: University of Pennsylvania Museum of Archaeology and Anthropology Press 2004.

Simpson, W. K.: Lepsius Pyramid LV at Dahshur: the Mastaba of Si-Ese, Vizier of Amenemhet II. In: J. Baines, T. G. H. James, A. Leahy, A. F. Shore (Hrsg.): *Pyramid Studies and Other Essays Presented to I. E. S. Edwards.* London: The Egypt Exploration Society 1991, S. 57–60.

Spanel, D. B.: *Beni Hasan in the Herakleopolitan Period.* Dissertation. University of Toronto 1985.

–: The Herakleopolitan Tombs of Kheti I, Jt(.j)jb(.j), and Kheti II at Asyut. *Orientalia* 58 (1989), S. 301–314.

Willems, H.: *The Coffin of Heqata (Cairo JdE 36418): A Case Study of Egyptian Funerary Culture of the Early Middle Kingdom.* Leuven: Uitgeverij Peeters en Department Oriëntalistiek 1996.

–: The Nomarchs of the Hare Nome and Early Middle Kingdom History. *JEOL* 28 (1983–1984), S. 80–102.

–: *Chests of Live: A Study of the Typology and Conceptual Development of Middle Kingdom Standard Class Coffins.* Leiden: Ex Oriente Lux 1988.

–: Deir el-Bersheh. Preliminary Report. *GM* 110 (1989), S. 75–95.

–: A Note on the Date of the Early Middle Kingdom Cemetery at Ihnâsiya al-Madîna. *GM* 150 (1996), S. 99–109.

Winlock, H. E.: The Theban Necropolis in the Middle Kingdom. *AJSL* 32 (1915–1916), S. 1–37.

–: Graffiti of the Priesthood of the Eleventh Dynasty Temples at Thebes. *AJSL* 58 (1941), S. 146–168.

–: The Eleventh Egyptian Dynasty. *JNES* 2 (1943), S. 249–283.

–: *The Rise and Fall of the Middle Kingdom in Thebes.* New York: The Macmillan Company 1947.

Bildnachweis

348, 349, 350, 351 Araldo De Luca/Archivio White Star
352 oben Marcello Bertinetti/Archivio White Star
354, 355, 356, 357, 358–359 Araldo De Luca/Archivio White Star
358 unten, 359 oben, 360 oben David Silverman
360 unten, 361 Archivio White Star
362, 364 oben, 364–365 Giulio Veggi/Archivio White Star
364 unten, 365 unten Araldo De Luca/Archivio White Star

KÖNIGLICHE UND PRIVATE PLASTIK DES ALTEN UND MITTLEREN REICHES

Hourig Sourouzian

Hourig Sourouzian ist Ägyptologin und Kunsthistorikerin und Korrespondierendes Mitglied des Deutschen Archäologischen Instituts in Kairo. Sie hat in Paris Ägyptologie, Kunstgeschichte und Alte Sprachen studiert und an der École des Langues Orientales ein Studium der Fächer Klassisches Arabisch und Altarmenisch absolviert. Für ihre 1989 veröffentlichte Abhandlung über die Monumente des Königs Merenptah erhielt sie an der École du Louvre ein Diplom. Frau Sourouzian promovierte auf dem Gebiet Ägyptologie (Doctorat d'Etat ès Lettres) an der Pariser Sorbonne mit einer Forschungsarbeit über die Skulptur der 19. Dynastie (erschienen). Bei ihrer Arbeit in Ägypten nahm sie an mehreren archäologischen Missionen in Karnak, Theben-West, Dahschur und Tanis teil, ebenso an Ausgrabungsarbeiten des Schweizer Instituts am Tempel des Merenptah in Theben, wo sie mit der Untersuchung der Tempelstatuen und der Veröffentlichung der Ergebnisse betraut war. Sie publizierte mit Mohamed Saleh (Mitautor) einen Katalog der bedeutendsten Arbeiten des Museums. Sie lehrt Ägyptische Kunst und Archäologie an der American University in Kairo und an der Ludwig-Maximilians-Universität München. Frau Sourouzian veröffentlichte mehrere Artikel und Berichte über ihre Arbeit und arbeitete an zahlreichen Ausstellungskatalogen und Büchern mit. Darüber hinaus hat sie in Armenien bei einer Untersuchung von Baudenkmälern mitgearbeitet, die durch das Erdbeben von 1989 gefährdet sind. Seit 1988 leitet sie die archäologische Mission am Tempel Amenophis' III. in Theben, nachdem sie die Stätte auf die Liste der „100 am stärksten gefährdeten Monumente" (World Monuments Watch) gesetzt hat.

Bildnachweis

366, 368, 369 Araldo De Luca/Archivio White Star
370 Giulio Veggi/Archivio White Star
371 bis 377 Araldo De Luca/Archivio White Star
378 Mit freundlicher Genehmigung des Museum of Fine Arts, Boston
379 Roemer- und Pelizaeus-Museum
380 bis 383 Araldo De Luca/Archivio White Star
384 links Rainer Stadelmann
384–385 Archivio White Star
385 rechts Rainer Stadelmann
386, 387, 388 links Araldo De Luca/Archivio White Star
388 unten Rainer Stadelmann
389 oben Araldo De Luca/Archivio White Star
389 rechts Kunsthistorisches Museum
390–391 Araldo De Luca/Archivio White Star